철학사의 전환

일러두기

1. 일본 인명 표기는 모두 현지음으로 하고 중국 인명 표기에서 신해혁명 이전 인물은 우리 한자음으로 하고 그 이후 인물은 현지음으로 했다. 또한 중국 지명은 우리 한자음으로 표기했다. 필요한 경우 지명의 현지음을 괄호로 밝혀두었다.
2. 리理와 같은 개념어 및 몇몇 단어는 두음법칙을 따르지 않았다.
3. 중국사의 시대 구분은 통상의 분류를 따르지 않았다.
4. 학술지 게재 논문의 출처는 뒷부분에 밝혀놓았다. 제목과 내용이 달라졌으므로 이전 글을 확인하려면 해당 학회지를 참조하면 된다.
5. 참고문헌은 권말에 통합해서 수록했다.

철학사의 전환

동아시아적
사유의
전개와
그
터닝포인트

신정근 지음

글항아리

책머리에

지금은 모든 게 넘쳐난다.

철학을 전공하겠다고 생각했을 때만 해도, 철학사라 하면 정인재 선생이 1983년에 옮긴 펑유란(1895~1990)의 『중국 철학사』를 읽었다. 아니 이것밖에 읽을 것이 없었다. 정치인 박근혜는 축약본에 대해 가장 어려운 시기에 내심의 평온을 되찾아주었다고 평했고, 시골의사 박경철은 원판에 대해 한 인간의 노력과 학문, 그리고 통찰에 저절로 경이를 표하게 만드는 책이라고 했다. 이처럼 이 책은 선문가만이 아니라 다양한 사람의 지지를 받고 있다. 사실 이 책의 원서는 두꺼운 원판(1934)이 아니라 1948년에 더크 보드와 함께 영어권 독자들에게 소개할 목적으로 내용을 줄인 축약본이었다(원판은 1999년에 박성규 선생에 의해 번역되었다). 그 뒤에도 정인재 선생은 라오쓰광의 책을 옮겼다(1986). 근래 리쩌허우의 사상사 3부작(고대·근대·현대)이 소개되었고(2005), 거자오광의 책이 소개되다가 중단되고 있다.(2007) 펑유란과 라오쓰광은 그 뒤에 각각 '신편' 중국 철학사도 썼다.

중국의 철학사(사상사) 소개와 앞서거니 뒤서거니 일본 학자의 중국사상사 또는 중국 철학사가 소개되었다. 오이환 선생이 가노 나오기의 책을 옮겼고(1986), 조성을 선생이 가나야 오사무가 엮은 책을 옮겼으며(1986), 이동희 선생이 다케우치 요시오의 책을 옮겼다.(1987)

그 사이에 영어권의 사상사(철학사)도 학계에 모습을 드러냈다. 이동준·이동희 선생이 크릴의 책을 옮겼고(1981), 나성 선생이 선진시대에 집중된 슈월츠와 그레이엄의 책을 잇달아 옮겼으며(1996, 2001), 한평수 선생이 드 배리의 책을 옮겼다.(2001) 그 외에도 양재혁·최해숙 선생은 독일 포르케의 고대철학사를 옮겼다.(2004) 유병태 선생은 프랑스 그라네의 『중국사유』를 옮겼다.(2010)

한국은 중국 사상문화를 연구하는 세계적 중심지 중의 한 곳이다. 이는 어느 누구도 부정할 수 없는 사실이다. 드물지만 한국에서 유명종 선생과 박일봉 선생 등이 중국사상사의 집필에 도전했는데 제목처럼 중국 전체를 포괄하지 못하고 부분만 다루고 있다. 송영배 선생은 『제자백가의 사상』(1997)으로 제자백가 사상의 기본 뼈대와 원문을 소개했고, 이강수 선생은 『중국 고대철학의 이해』(1999)로 고대철학사를 다루었다. 이렇게 철학사 또는 사상사의 업적만 놓고 보면 한국은 다른 나라들에 비해 후진국인 게 틀림없다.

근대부터 동서고금의 융합이 학문의 운명이 되었다. 동아시아의 근대는 번역과 더불어 문을 열었다고 해도 지나친 말이 아니다. 새로운 세상의 기억도 경험도 그림도 전망도 없는 상황에서 앞서 있던 나라의 언술 체계를 서둘러 옮기는 수밖에 없었다. 한국의 근대 시기에 식자층 가운데 암울했던 시대의 전도를 예측하기 위해서 후쿠자와 유키치

(1835~1901)와 량치차오(1873~1929)가 서양을 보고 옮긴 글의 세례를 받지 않은 사람은 드물 것이다. '후쿠자와 유키치 키드' 아니면 '량치차오 키드'라고 할 수 있다. 물론 번역은 끝이 아니라 창작의 밑바탕일 뿐이다. 다른 곳의 근대를 번역해서 모방했더라도 일정한 숙성 기간이 지나면 자신만의 색깔을 내게 된다. 번역이 아주 많고 좋아서 그런지 우리는 창작의 의욕과 시도를 잃은 모양이다. 번역이 창작을 촉진하는 것이 아니라 창작을 가로막고 있는 셈이다. 가히 번역 중독이라고 할 수 있겠다. 탈근대의 시대를 맞아서 다른 곳의 선진 업적을 소개하는 번역물이 넘쳐나고 있다.

동양(동아시아) 철학사도 번역의 홍수 속에 창작은 빈약한 처지를 벗어나지 못하고 있다. 펑유란의 책은 이제 『간명한 중국 철학사』로 제목이 바뀌었지만 여전히 맹위를 떨치고 있다. 1970년대까지만 해도 교수가 드물어서 이 대학 교수가 다른 학교에 강사로 나가곤 했다. 그 시절에는 여러 학교를 오가며 학생을 가르치던 '모두의 선생님'이 있었다. 1980년대 들어 교수가 늘어나서 한 대학에서만 가르치는 그들끼리의 선생님이 생겨났다. 이런 지형의 변화에도 불구하고 펑유란의 철학사는 모두의 교과서 노릇을 톡톡히 했다. 아울러 동양철학의 연구 기지를 두루 거친 김용옥의 귀국 이후에 그가 내놓은 문제제기는 당시 동양철학에 관심을 둔 이들에게 많은 영향을 끼쳤다. 동양철학을 한다면 두 사람의 영향을 받았다는 점에서 '펑유란 키드' 아니면 '김용옥 키드'가 많았다고 할 수 있다.

그로부터 30년도 더 흘렀지만 펑유란의 철학사에 견줄 만한 우리의 철학사는 아직 곁에 없다. 대학에 제일 많이 개설되는 것이 '중국 철학사' 류의 강좌이다. 강의실에서 넘치는 숱한 말들이 허공에 사라질 뿐 책으로 활자화되고 있지 않는 것이다. 이는 펑유란의 저주라고 할 만하다. 그의 책이 참으로 잘 써진 것이기에 그것을 넘어설 책이 나올 필요가 없다고 할 수는 없을 것이다. 하지만 철학사 하면 아직도 "펑유란의 책 정도는 반드시 읽어야지!"라고 말하고 다른 책은 잘 권하지 않는다. 나는 단순히 한국 사람이 중국 철학사를 써야 한다는 것이 아니라 한국 사람이라면 펑유란과 다른 중국 철학사를 써야 하지 않을까, 라는 바람을 말하고 있는 것이다.

나는 아직 철학사의 집필에 도전할 힘도 없고 능력도 없고 연륜도 없다. 이 책은 펑유란과 다르게 철학사를 바라보는 설계도를 그리며 그간 썼던 글과 이 책의 출간을 위해 새로 쓴 글을 모은 것이다. 당연히 철학사를 빛낸 숱한 별들을 전부 다루지 못했다. 그래서 감히 '철학사'라 하지 못하고 '철학사의 전환'이라는 제목을 달았다. '철학사의 터닝포인트'라는 의미이다. 철학사는 선배(부모)들이 길을 밝히고 후배(자식)들이 처음에 그 빛을 쬐다가 나중에 그것을 뒤집는 사상의 결투장이다. 짧게 말해서 철학사는 부친 살해의 역사이다.

아직 주위의 철학사를 보면 빛나는 사상의 결실을 사전처럼 나열하거나, 탄생의 비화와 확산의 과정을 들려주거나, 아무런 연계 없이 한 꾸러미에 차곡차곡 꾸려놓거나, 이제 중국의 철학사에서조차 강조하지 않는 철 지난 계급사관을 도식적으로 적용해서 철학사를 한칼에 베어버리는 책들이 많다. 객관적으로 볼 때 서양인의 손으로 쓰인 철학사가 독창적인 문제의식을 보여주고 있다.

'중국' 하면 누구에게도 뒤지지 않는 면면히 이어진 역사의 유구함만큼이나, 타자와의 교섭 없이 모든 것이 그 안에 있는 자기 충족성을 떠올린다. 중국에 간 외국인들이 이구동성으로 땅이 넓고 자원이 풍부하다고 하면 중국인들은 이를 '디다우보地大物博'라고 한다.

이 책의 문제의식은 두 가지 전제, 유구한 역사와 자족적 문화를 근본적으로 회의하는 데에서 출발한다. 나는 중국 철학사를 "타자와 디아스포라에 내몰린 문화 정체성의 끊임없는 재구축의 여정"이라는 시각에서 바라보고자 한다.

타자는 중국적인 것과 이질적 존재를 가리킨다. 인종으로는 삼대의 삼묘三苗, 서주의 융족戎族, 동주의 동이東夷, 한 제국의 흉노匈奴, 남북시대의 오호五胡, 송의 탕구트족, 거란족과 여진족, 원의 몽골족, 명의 도이島夷, 청의 만주족, 근대의 양이洋夷 등을 가리킨다. 제도와 가치로는 이질적인 결혼과 상속제 그리고 풍속과 복식, 국가와 관직 그리고 물질적 가치 등의 외물, 과학과 민주주의 등을 가리킨다.

디아스포라(유배)는 중국인이 문화의 발생지라는 중원에서 살지 못하고 끊임없이 다른 곳으로 쫓겨났던 경험을 말한다. 삼대에는 이민족과 잡거雜居했고, 서주가 동주로 바뀌면서 주족은 호경을 떠나서 낙양으로 옮겨가야 했고, 세력의 강약에 따라 한 제국과 흉노족은 땅과 사람을 내주었고, 위진 이후 한족漢族은 중원을 내주고 강남으로 옮겨 살아야 했고, 원청 제국에서 한족은 주변인으로 살아야 했고, 근대에는 동남아를 비롯해서 세계 각국으로 이민을 떠났다.

문화 정체성은 사서오경으로 텍스트화되고, 삼대三代로 역사화되고, 화華로 종족화되고, 도道로 이념화되고, 리理로 실체화되고, 성性으로 개별화되고, 군자와 양지良知·동심童心으로 주체화되었다.

중국인은 삼대에서부터 근대에 이르기까지 줄곧 타자와 대결하면서 자립을 유지하거나 유배 또는 식민의 상황으로 떨어졌음에도 불구하고 문화 정체성을 지키기 위해서 시대정신을 재구축해왔다. 현재 중국은 문화 정체성을 과도하게 실체화하여 애국주의와 배타적 민족주의로 이루어진 중화주의로 결정화시키고 있다. 제자백가와 성리학과 같은 전근대의 문화 정체성은 다시 역외로 확산되고 동아시아 문화의 동일성으로 상승할 정도로 보편성을 획득했지만, 중화주의와 같은 근현대의 문화 정체성은 동아시아 문화로 확산되지 못하고 갈등과 대립을 유발한 채 타자를 흡수하는 블랙홀로 작용하고 있다.

중국인은 '창문 없는 방room without window'에 산 것이 아니라 '다른 것과 늘 뒤섞여 있던 곳room mixed with others'에서 쫓겨났다가 다시 돌아오면서 결코 잃어버릴 수 없는 문화 정체성을 시대마다 달리 구축하는 작업을 되풀이했던 것이다. 시대마다 타자의 정체와 디아스포라의 경험이 다르기 때문에 문화 정체성의 재구축도 늘 다른 언어로 지어져 다른 구조를 지녔던 것이다. 따라서 철학사는 연속과 불연속(단절)이 뒤섞이면서 빚어진 무지개 빛깔을 아로새기고 있다.

언젠가 모든 조건이 갖추어진다면 연속과 단절의 시대정신을 드러내면서 사상가별로 철학사를 서술하고 싶다. 이 책은 지금까지 써온 것을 일관된 문제의식으로 새롭게 재가공한 결과물이다. 이 책은 서설과 5막 17장으로 구성되어 있다. 서설은 이번에 새롭게 쓴 글이다. 이 글을 통해 철학사를 통람하는 전체적인 구도를 그리려고 했다.

이 글들은 모두 1997~2011년에 썼던 글 중에 특정 주제에 치우치지 않고 철학사의 터닝포인트가 되는 글을 추린 것이다. 물론 학술지에 게

재되었을 당시의 원고를 최대한으로 수정하고 보완했다. 원래 급하게 글을 쓰는 편이라 시간이 흐른 후 보니 틀리고 어색하고 궁색하고 구닥다리가 되고 큰 소리를 친 부분이 많았다. 이번에 나의 글을 남의 글 읽듯이 찬찬히 들여다보면서 가능한 한 바로잡으려고 했지만 여전히 급한 성미로 눈에 들어오지 않아 그대로 지나친 부분이 많으리라 생각된다.

틀린 부분을 바로잡고 근거를 집어넣고 새로운 연구 성과를 덧보태고 문장을 가다듬었다. 또 그 사이 진득하게 생각을 거듭한 결과 조금 앞으로 나아갔거나 완전히 바뀐 나의 사고를 정리해서 각기 다른 시기에 쓰인 글을 모두 지금 이 시점의 동일한 버전으로 돌려놓았다. 무엇보다도 철학사의 터닝포인트라는 측면에서 개별 사상가와 논쟁이 어떤 의의를 지니는지를 보강했다. 그 결과 처음에는 전체를 염두에 두고 글을 쓰지 않았지만 지금은 나름대로 일관된 흐름을 갖추게 되었다. 물론 고쳤다고는 하나 나 자신을 뜯어고칠 수 없는 한 미숙한 부분은 그대로 남아 있을 것이다.

전체적으로 보면 과거에 썼던 글을 철학사 쓰기의 작업을 위해 장구한 역사에 깔린 뚜렷한 흐름과 틀을 밝히는 쪽으로 손보았다. 경우에 따라 과도한 성형수술로 인해서 원래의 모습을 잃은 것도 있고 여전한 것도 있다. 이 책의 글은 개별적으로 발표된 것과 다르다고 할 수 있다. 문제의식은 뜨끈뜨끈하지만 요령과 깊이가 한결같이 미숙하고 천박한 나의 모습을 보려면 장 끝에 제시한 출처에 실린 글을 보면 좋겠다.

내가 내 글을 읽어봐도 글이 물찬 제비처럼 속도감 있게 시원스레 흘러가지 않고 빡빡해서 흐름이 끊긴다. 재주 탓도 있겠고 돌다리도 두드리고서 건너는 성미도 한몫을 하는 듯하다. 이번에는 곳곳에 더 보완해야 할 호언이 들어 있다. 미숙하지만 앞으로 채워야 할 목표이겠거니 생각하고 읽는 분이 이 점을 널리 혜량해주시길 빌어 마지않는다. 늘 부족한 글을 읽어서 허점을 찾아주는 김미영, 모영환, 임종수 박사와 서동신, 이시우, 최정연님의 고마움을 잊을 수 없다. 또 지난 원고를 잘 간수하지 못해 다섯 편의 글을 정성껏 정리해준 금종현 박사, 이찬희, 최진혁님에게 큰 도움을 받았다. 아울러 동아시아 사상·문화예술 아카데미와 사단법인 선비정신과 풍류문화연구소에서 의미 있는 미래를 준비하는 회원과도 기쁨을 함께 나누고 싶다. 처음에 출판 제의를 했을 때 선뜻 호응하고 성긴 글을 예쁘게 만들어주신 글항아리의 강성민, 이은혜 선생에게 진심으로 감사드린다.

수어재에서 여여 신정근 씁니다

차례

중국 철학사 새롭게 바라보기:

타자와 디아스포라에 내몰린 문화 정체성의 끊임없는 재구축 여정

제1막 서주시대

서주시대는 철학사(사상사)의 기초를 다지는 시공간에 해당된다.

서주시대는 근대의 사유, 예컨대 진보사관이 싹트기 이전에 고대의 황금시대로 여겨졌다. 훗날 제자백가 중에서 유가는 이 시대를 성자聖者와 왕자王者가 하나로 합쳐진 성왕들의 거룩한 시대로 보았다. 그들은 이 거룩한 시대를, 만들어낸 상상의 세계가 아니라 삼대三代, 즉 하·은·주로 엄연히 실재했던 역사로 보았다. 도가는 이 시대를 인간이 간지와 욕망으로 세상을 분류하고 파괴하기 이전의 평화로운 고향으로 보았다. 따라서 사람이 타락하고 사회가 불안해지면 질수록 유가와 도가는 삼대에의 복귀를 소리 높여 외쳤다. 물론 법가의 경우 두 학파와 달리 이 시대를 물질과 정신의 두 측면에서 현재의 전국시대보다 모두 뒤떨어진 시간대로 보았다. 유가와 도가의 관점이 워낙 강했던 터라 법가의 관점은 근대 사유가 싹트기 전까지 묻혀 있었다.

서주시대에는 철학사에 이름을 올릴 만큼 독창적인 사상을 일구어낸 인물은 없었다. 하지만 오늘날 오경五經으로 전해지는 문헌에서 시대를 이끌어갔던 성왕聖王들의 자취를 엿볼 수 있다. 아울러 갑골문과 금석문을 통해 우리는 은나라 사람들이 점을 통해 알고자 했던 미지의 세계와 기념하고자 했던 욕망의 세계를 엿볼 수 있다. 그들 중 절반은 신화와 전설의 시대에, 나머지는 역사에 발을 담근 채 뒤따를 춘추전국시대의 제자백가들을 위해 무궁무진한 사유의 자양분을 길러냈다. 오경은 훗날 종교적으로나 정치적으로 거룩한 책으로 미화되지만 사실 성왕들의 언행록에 지나지 않는다. 성왕이 조정 회의, 공식 행사, 사적 공간에서 정책을 두고 묻고 답한 말이나 구체적인 사태를 풀기 위해서 움직이는 행동을 담고 있다. 물론 그 언행록은 보다시피 편안하게 떠드는 이야기나 신변잡기를 늘어놓은 것이 아니라 생활세계에서의 불안과 혼돈을 걷어내고 평화와 질서를 확립해가는 모범을 담고 있었다.

성왕들은 혼란한 세계에 질서를 집어넣고 다투는 세상에서 평화를 키우는 데에 많은 관심을 두었다. 이를 위해 성왕들은 먼저 세계를 은족殷族과 주족周族의 지배력이 직접적으로 미치는 영역과, 다른 이민족이 삶을 영위하는 지역으로 구분했다. 이민족이 사는 지역을 동서남북으로 세분해서 각각 이융만적夷戎蠻狄으로 불렀다. 그들은 두 개의 이질적인 세계를 각각 화華와 이夷로 구분하고 전자의 우월적 지위와 가치를 주장했다. 이때 화는 크다, 꽃, 절정 즉 발전의 세계를 가리키고 이는 밋밋하다, 뒤떨어지다, 바닥 즉 미개의 세계를 가리켰다.

성왕들은 화華 지역을 맥락에 따라 다양한 이름으로 불렀다. 세계의 중심을 나타낼 때는 국중國中으로 불렀다. 이 이름은 오늘날 널리 쓰이는 중국中國의 최초 형태이다. 공간적으로 구획할 때는 구주九州라고 불렀다. 세계의 전체를 포괄할 때는 천하天下라고 불렀다. 문화의 정체성과 배타적 특성을 가리킬 때는 중화中華 또는 화하華夏라고 불렀다. 이는 오늘날 자문화 중심주의ethnocentrism라고 할 중화주의의 최초 형태라고 할 수 있다. 화 지역이 하늘 아래의 모든 영역을 외연으로 한다고 하지만, 실제로는 황하의 중하류 지역에 지나지 않는다.

서주시대에는 훗날 철학사에서 중요하게 다루어질 세 가지 주제를 발굴해냈다. 첫째, 당시에 무엇이 자연의 운행을 조절하고 인간 사회의 운명을 결정하는가 하는 질문을 던졌다. 그들은 그 대답으로 상제上帝와 천天의 인격적 존재를 찾았다. 상제와 천은 좋아하고 싫어하는 감성이 있으며 어떤 인물이 왕이 될 만한지 점지하기도 했다. 그래서 왕을 달리 천자天子, 즉 하늘의 아들로 불렀던 것이다. 이런 점에서 상제와 천은 태초의 세상을 개벽한 창조신이라기보다는 은족과 주족의 생명과 안전을 지켜주는 부족신과 수호신의 특성을 지녔다고 할 수 있다.

아직 이 단계에서는 상제와 천의 뜻이 인간 세계에 전달되는 방식과 관련해서 합리적인 설명을 시도하지 않았다. 당시에는 새鳥가 천과 인간 사이를 매개하는 전령으로 간주되거나 이적의 출현이 천의 긍정적·부정적 의사의 표현으로 간주되었다. 이런 점에서 서주시대는 아직 보통 사람이 주인공이 아니라 성왕과 같은 영웅들이 주역인 신화 전설의 시대라는 특성을 완전히 벗어나지 못했던 것이다.

둘째, 성왕이 천으로부터 지상세계의 통치권을 위임받아서 천자가 된 뒤에 어떻게 하면 사람의 자발적인 복종을 끌어낼 수 있을까 하는 문제를 탐구하기 시작했다. 서주시대의 사정을 전하는 금석문 및 『시경』과

『서경』을 보면 사람을 움직이는 원천으로 덕德과 력力 또는 덕과 형刑이 대비되고 있다.

력은 군사력을 바탕으로 힘의 우위를 통해서 상대를 제압하는 것이고 형은 신체형을 포함해서 강력한 법 집행을 통해 질서에 도전하려는 의지를 꺾어놓는 것이다. 덕은 상대가 처한 문제 상황을 해결하고 고통에 처한 사람을 구원하는 등 왕이 자신의 이해를 앞세우지 않는 것이다. 물론 왕자도 형벌에 의존하지만 그것은 반성과 개전의 기회를 충분히 제공한 뒤에 마지막에 의존하는 수단이다.

서주시대의 문헌에서는 력의 정치가 일시적인 성공에 이를 순 있어도 결국 망국亡國의 길로 나아가게 되는 반면, 덕의 정치는 일시적으로 곤경에 처할지라도 종국엔 백성과 이민족으로부터 진심에서 우러나는 자발적 복종을 거두게 된다는 점을 힘써 강조하고 있다.

셋째, 혁명에 의한 은주의 교체가 현실화되자 새 왕국의 천자는 자신이 세운 왕업이 어떻게 하면 끊어지지 않고 계속 이어질 수 있을까 하는 물음을 풀어야 했다. 천자라고 하더라도 행위를 하면 그만인 게 아니라 그 결과에 따라 반드시 책임을 져야 했기 때문이다. 자칫 잘못하면 천자의 잘못된 행위로 인해서 건국 영웅들이 일군 왕업을 조기에 끝내버릴 수 있었다. 따라서 당시 천자는 책임을 져야 하는 행위자로서 처음의 선한 각오와 생각이 끝까지 변함없이 지속되도록 노력해야 했다.

이와 같은 사태와 관련해서 앞서거니 뒤서거니 시종始終을 포함하는 숱한 조어가 생겨났다. 한번 조어가 생겨나자 비슷한 의미를 전달하는 새로운 조어가 훗날 계속해서 만들어졌다. 첫 시작이 있다면 끝매듭도 훌륭하게 해야 한다는 유시유종有始有終, 시작만큼 끝마무리를 아름답게 해야 한다는 유종지미有終之美, 처음과 끝이 변함없이 한결같아야 한다는 시종일관始終一貫, 처음과 끝이 시간의 경과에도 불구하고 아무런 변화가 없다는 시종여일始終如一 등등이다. 이것은 안정된 현재와 밝은 미래를 예시하는 길이다. 반대로 처음만 있고 끝이 없는 유시무종有始無終, 처음에는 거창하게 시작했다가 끝에 가서는 흐지부지되고 마는 용두사미龍頭蛇尾, 처음과 끝이 틀어져서 완전히 다른 시종불일始終不一 등등도 생겨났다. 이것은 안정된 현재를 불안하게 만들고 희미한 미래를 암울하게 만드는 길이었다.

이상의 물음과 탐구를 거치면서 오경에 나타난 성왕의 모델이 바뀌기 시작했다. 초기에는 그렇게 힘들이지 않고 모든 일을 척척 해내는 영웅적·초월적 성왕에서 후기에는 매사를 숙고하며 자신의 단점을 채우느라 노력해야 하는 인간의 얼굴을 한 성왕의 모델을 보이고 있다. 이에 따라서 천자는 자신이 한 일을 좋게 끝맺기 위해서 매사에 매순간 긴장의 끈을 놓지 않아야 했다. 또 천자는 자신의 부족함을 인정하고 실수의 가능성을 줄이기 위해서 권력에 도취되어 오만함이 드러나는 것을 경계하고 누구에게라도 늘 배우는 겸손한 자세를 취해야 했다. 이것이 경敬이었다.

천자의 모델 변화는 같은 시대의 사람들에게 연쇄적으로 영향을 끼쳤다. 신과 같이 처음부터 완전한 존재가 아니라, 천자도 후천적으로 끊임없이 학습하고 수양해야 비로소 실수와 잘못을 덜할 수 있는 존재가 되었다. 천자는 신민을 통치하는 절대 권력을 가졌지만 인격 면에서 절대적이지 않을 수 있었다. 이로써 천자는 신민과 다르면서도 같은 존재가 되었다. 이로써 천자는 유일신의 분신 또는 신의 대리인의 방향으로 나아가지 않았는데, 이는 동아시아 지성사의 방향을 결정짓는 중대한 터닝 포인트라고 할 수 있다. 이는 춘추전국시대에 군자와 소인이 성인을 대신해서 언술 주체로 등장하는 현상의 복선이라고 할 수 있다.

제2막 춘추전국시대

춘추전국시대(기원전 8세기~기원전 3세기)는 철학사(사상사)의 갈래와 주제 그리고 자료가 쏟아져 나왔던 발육의 시공간이었다.

춘추전국시대는 주 왕조의 통제력 상실과 더불어 나타난 혼란한 시대를 이른다. 훗날 이 시대는 절대적 우위를 확보한 존재가 없고 확고한 주도 세력이 없다는 맥락에서 극심한 혼란의 대명사로 불리기도 한다.

이 혼란은 유왕幽王이 절세미인으로 알려진 포사褒似와 애정 행각을 벌이면서 포락형炮烙刑의 혹형, 가짜 봉화 사건, 비정상적인 태자 선정 등 국정을 정상적으로 운영하지 못한 데에서 비롯되었다. 이 와중에 비주류의 왕족이 북쪽의 외세, 즉 견융犬戎을 끌어들여서 문제를 수습하고자 했지만 견융은 오히려 수도 호경을 약탈하고 점령군으로 행세했다. 그 뒤 제후들의 도움으로 견융을 축출했지만 도성이 파괴된 뒤라 평왕平王이 동쪽 지역의 경략經略을 위해서 국초에 건설해둔 부도 낙양洛陽으로 천도하게 되었다. 이 이후에 호경 시절을 서주라고 하고 낙양 시절을 동주라고 한다. 동주는 다시 전반부의 춘추시대와 후반부의 전국시대로 나뉜다. 이 명칭은 각각 오경 중의 하나인 『춘추』와 일곱 나라의 외교전을 그린 『전국책』에서 따온 말이다.

서주시대의 종언은 단순히 행정 중심의 이전이 아니라 왕조 체제가 안고 있는 숱한 모순과 연결되어 있다는 점에서 인문학적 성찰의 대상이 되었다.

그중에서도 세계 질서의 중심에 있는 천자의 위상 정립이 중요한 의제로 등장했다. 영웅적, 초월적 성왕에서 인간의 얼굴을 한 성왕으로 천자의 역할 모델이 바뀌었다고 하더라도 천자가 후천적인 학습과 수양을 거절하고 타락과 부정을 저지를 때 이를 제재할 수단이 없었다. 유왕이야말로 인간의 얼굴을 한 천자가 학습을 통해 성왕의 길로 나아가지 않고 부패하고 비행을 저지르는 폭군의 길로 나아간 전형적인 실패자라고 할 수 있다.

동주시대가 개막되었고 어느 누구도, 실패의 가능성을 드러낸 인간의 얼굴을 한 천자를 대체할 방안을 찾을 수 없었다. 이 틈새에 천자를 대신해서 패자霸者가 등장했다. 패는 맏이, 우두머리를 뜻하는 백伯과 같은 뜻이다. 패자는 천자가 제 노릇을 하지 못하는 공간에서 군사적 우위를 바탕으로 중원 세계의 질서를 유지하던 수장, 사령관을 가리킨다. 패자는 절대적 우위가 아니라 상대적 우위를 차지하고 있었기 때문에 주변 나라와 동맹을 맺어서 중원 세계의 안보를 지탱하고자 했다. 패자에 의한 동맹을 집단안보 체제라고 할 수 있다.

정치 질서의 측면에서 불안정이 심화되었다고 해서 춘추전국시대가 하늘과 땅을 분간할 수 없을 정도로 암흑의 공간이었던 것은 결코 아니다. 중앙의 통제가 약화되는 만큼 구속을 받지 않아 활짝 꽃을 피우는 공간이 생겨났다. 그것이 바로 사상의 공간으로 자유가 거의 무제한으로 확대되었다. 이런 무제한 자유 공간을 가리켜서, 많은 꽃이 한꺼번에 피어나고 많은 사상가가 자유롭게 주장을 내놓고 서로 비평한다는 백화제방百花齊放, 백가쟁명百家爭鳴이라는 말이 생겨났다. 또 다양한 갈래를 이론화하고 그 속에서 뛰어난 성취가 있었던 것을 제자백가諸子百家의 출현이라고 한다. 이는 세계사의 관점에서도 분명 커다란 의의가 있는 일대 사건이라고 할 수 있다. 따지고 보면 이와 비슷한 시기에 황하 유역만이 아니라 갠지스 강의 인도와 지중해의 그리스에서도 철학과 종교가 크게 일어났다. 이렇게 보면 약속하지 않았는데도 세계 문명(문화)이 거의 동시에 발생했다고 할 수 있다.

어떻게 세계적으로 비슷한 시대에 그토록 수많은 사상가가 한꺼번에 나타날 수 있었을까? 아마도 비슷한 시기에 미증유의 격변이 일어났기 때문에 사상가의 동시 출현이라는 현상이 생겨났을 것이다.

이 시기에는 세계적으로 씨족 공동체의 유제遺制가 해체되면서 중앙집권적 국가가 서서히 그 모습을 드러냈다. 국가의 등장은 구체적으로 세금·요역·군역뿐만 아니라 제도적으로 조상 기원·제사·관습·상징 등에서 커다란 변화를 낳았다. 이 시대의 변화는 18세기의 산업화와 도시화, 21세기의 정보화 사회의 출현만큼이나 사고의 전환을 요구했던 것이다. 국가의 출현에 따라 인류는 설화와 신화의 집단 지성에서 사상과 논리의 개인 지성의 시대로 들어서게 되었다. 그 결과 인류 문명사에서 전례가 없을 정도로 황하, 갠지스 강, 지중해 연안 등에서 공자, 싯다르타, 소크라테스 등 무수한 사상가가 나타나서 개인의 이름을 알렸던 것이다.

춘추전국시대에는 사실상 주나라가 천자 나라로서 상국上國 역할을 하지 못했다. 이 때문에 서주 초기에 주나라로부터 분봉을 받은 제후 나라는 일차적으로는 자국의 힘으로, 이차적으로는 동맹 체제에 의존해서 생존할 길을 찾아야 했다. 오늘날의 세계도 미국이 경찰국가의 역할을 한다고 하더라도 개별 국가가 경쟁하는 국제사회의 특성을 드러내고 있다. 춘추전국시대는 실로 어떤 절대적 유대가 사라지고 정글의 법칙에 지배되던 국제사회의 특성을 띤다고 할 수 있다.

천자국의 보호 장치가 사라진 뒤 개별 국가는 불안한 동맹 체제에 의지하면서도 스스로 살아남기 위해 다양한 활로를 개척했다. 그때 가장 먼저 나온 것이 부국강병富國強兵의 길이었다. 나라를 군사적으로 강하고 경제적으로 부유하게 만들어서 경쟁 국가와의 대결 상황에서 우위를 점하는 것이었다.

주 왕조의 무력화와 더불어 국가는 권력만이 아니라 지식조차 독점할 수 없게 되었다. 이에 따라 지식의 소유자는 새로운 수요자(후원자)를 찾아 유동하는 유세객을 낳았다. 유세객은 더 나은 이론을 정립하기 위해서 자기 논리를 보강해야 했다. 그들 중에는 개인의 학덕을 바탕으로 민간 학교를 개설하기도 하고, 제나라의 후원으로 직하학궁에 참여한 이도 있다.

춘추전국시대는 백가쟁명이었던 만큼 숱한 사상가가 꼬리에 꼬리를 물고 나타났다. 책을 남기지는 않았지만 단편적인 주장을 펼친 인물로 정나라의 자산, 제나라의 안영, 위나라의 거백옥 등이 있다. 이들은 고대의 현자 그룹이라고 부를 만하다.

고대의 현자 그룹을 이어서 공자를 필두로 묵자와 양주가 출현했다. 그 뒤로 전국시대의 현실을 지도하는 이론을 낳았던 상앙과 한비자 그리고 손자가 있었고, 시대의 현실을 암울한 눈으로 고발했던 노자와 장자가 있었고, 시대의 모순을 완화시키고 인간다운 사회를 일구고자 노력했던 맹자와 순자 등이 있었다.

제자백가가 출현해서 논의한 주제는 굉장히 폭넓고 다양해서 개괄하기가 쉽지 않다. 그러므로 그 시대의 주요 주제를 제시하고, 국가관을 축에 두고서 그들 간의 사상적 지형도를 그려볼 수 있다.

대표적인 주제와 논쟁으로는 이런 것이 있었다. 자연과 사람의 관계를 다루는 천인天人, 시대의 가치 우열을 다루는 고금古今, 시대를 살아가는 대표적인 인간 유형으로서 군자와 소인, 사람의 변화를 일구어내는 힘과 관련해서 덕德과 형刑, 사회 질서의 원칙과 관련해서 예禮와 법法, 사람의 본질적 가치와 관련해서 물物과 생生, 재화의 분배와 국가의 역할과 관련해서 공公과 사私, 인성의 선악을 따지는 성선과 성악, 사회와 역사의 전개에 대한 사람의 바람직한 행위 방식을 다루는 유위有爲와 무위無爲, 생존 경쟁을 위한 유력한 해결책으로 전쟁에 대한 찬전贊戰과 반전反戰 그리고 의전義戰 등등.

제자백가는 새롭게 등장한 중앙집권적 관료국가와 관련해서 저마다 날카롭게 대립하는 입장을 내놓았다.

첫째, 초기 변법가 및 상앙과 한비자 등 법가는 국가를 시대 혼란을 해결할 수 있는 최선의 조직으로 보았다. 법가는 삼대와 서주시대의 성왕처럼 특별한 재능을 지닌 군주가 있다고 하더라도 시대의 혼란을 해결할 수 없다고 보았다. 사람은 개인의 특별한 힘이 아니라 고도로 집중되고 체계적으로 조직된 물리력에 의해서 생명과 재산을 유지할 수 있었다. 물리력은 인위적인 계획에 따라 얼마든지 증감이 가능한 물질로 나타날 수 있다. 물질의 최대 집적은 생존의 수단이자 목표였던 것이다.

이를 위해서 법가는 개인이 주체가 되어서 필요와 목적에 따라 연대하는 것이 아니라 국가가 중심이 되어서 신민을 적재적소에 배치함으로써 각자가 최대의 역량을 발휘하도록 사회를 조직해야 한다고 보았다. 국가를, 부국강병의 인적·물적 기반을 조직하고 장기간에 걸친 혼란을 끝장낼 수 있는 선善의 기구로 보았다.

묵가는 법가의 국가관과 가깝다. 하지만 그들은 국가를 경쟁하던 파벌로 구성된 관료기구보다는 기획과 실행력을 갖춘 전위조직으로 운영하고자 했다. 관료조직은 위계적인 의사 결정의 절차를 거치고 이해관계를 달리하는 집단에 의해 대립하므로 효율성과 전문성이 떨어졌다. 묵자는 거자鉅子가 중심으로서 단일한 목표를 위해 최선의 실행력을 일구어내기 위해서 자립적인 절대복종의 전위조직을 앞세웠다. 방어 전쟁을 위해서 용병 집단이 되기도 하고, 사회 운영을 위해 세세한 규정을 입안해 현실화시키는 정책 집단이 되기도 했다.

둘째, 은자隱者 집단과 양주를 비롯해서 노자와 장자 등의 도가는 사람이 씨족적 유대에서 자족적 삶을 꾸려가고 있는데 국가가 등장해서 사람들에게 씨족의 일원 이외에 국가의 신민이라는 새로운 부담을 부과했다고 보았다. 그들에게 국가는 불필요한 조직이었다. 국가가 강제로 부과한 의무를 수행하기 위해서, 사람은 고향을 떠나서 위험한 전장으로 수시로 불려나갔고, 피땀 흘려 생산한 소득을 세금으로 내야 했고, 들어보지 못한 지역의 각종 사업을 위해서 수시로 동원되었다.

군주가 국가의 생존을 위해서 신민에게 의무를 부과하는 것을 인정한다 해도, 그렇게 집적된 물질은 쉽게 군주 개인의 욕망을 위해서 쓰였다. 이때 국가는 군주가 신민의 복지를 해결하기 위해 어떠한 공적 역할을 하지 않은 채 군주 한 사람을 위해서 완전히 폭력과 강제력을 행사하는 사적 기구일 뿐이다. 그들은 국가가 시대의 문제를 해결한다는 명분을 내세우지만 실제로는 문제를 악화시키는 악의 축이라고 보았다. 그들은 시대정신을 대변하는 부국강병과 정반대되는 소국과민小國寡民을 구호로 내걸었다.

허행許行을 비롯한 농가는 국가를 부정하지 않는다. 하지만 국가가 사회 분업에 따라 군주와 관료 그리고 신민이 서로 다른 계층의 역할에 개입하지 않는 차등적 역할은 부정했다. 그들은 군주라고 하더라도 반드시 일정 정도 생산 노동에 종사해서 자신이 먹을 것을 스스로 생산해야 한다고 보았다.

노자와 장자가 국가의 존재를 부정적으로 보았다고 해서 그들이 괴물과도 같은 국가를 해체시키기 위해 행동을 개시했던 것은 아니다. 그들은 국가 바깥을 지향했지만 어쩔 수 없이 국가 안에 들어와 있었다. 어쩔 수 없는 상황에서 국가를 용인한다면 어떻게 했을까? 그들은 서주 이래 춘추전국시대가 문명을 내세운 인간의 오만에서 비롯되었다고 보았다. 자연은 인간의 어떠한 개입 없이 아무런 문제를 낳지 않고 자체적으로 잘 굴러간다. 마찬가지로 인간 사회도 목적을 세워서 사람을 동원하거나 기준을 세워서 사람을 변화시키려고 한다면 결국 목적의 달성과 기준의 확립을 위해 폭력과 조작을 하게 되고, 그 이면에서는 부적응자와 미달자의 고통이 양산될 수밖에 없는 것이다. 따라서 그들은 국가의 자연화, 즉 국가를 제작자와 수선자 그리고 작동자 없이 영구 동력에 의해서 움직이는 자동 기계로 운영하고자 했다. 이것이 국가 없는 국가이고 지배자 없는 지배자의 나라라고 할 수 있다.

셋째, 공자를 비롯해서 맹자와 순자 등의 유가는 국가와 관련해서 절대 신뢰도 아니고 불신도 아닌 감시와 견인의 관점에서 바라봤다. 춘추전국시대에 이르러 사람은 씨족과 국가에 이중적으로 소속되었는데, 유가는 국가가 씨족이 할 수 없었던 일을 할 수 있다고 보았다. 물론 유가가 국가를 자신들이 추구하는 왕도王道의 길로 견인해가려고 했던 만큼 군주와 그에 동조하는 이해집단은 부패와 타락 또는 전쟁과 투쟁의 길로 끌어가려고 할 수 있었다. 그들은 두 가지 길을 공천하公天下와 사천하私天下로 구분하고 공천하의 세상을 실현하고자 했다.

이를 위해서 그들은 군주가 정제되지 않은 일시적 충동에 휩싸이거나 우쭐거리는 자아도취에 빠져서 사태를 객관적으로 보지 못하거나 광기와 독단에 휘둘려서 빤히 보이는 실패의 길을 가려고 하는 것을 예방하기 위해서 학습과 수양을 강력하게 요청했던 것이다. 이것은 훗날 제왕학으로 불리는 경연經筵 제도로 정착되었다. 이러한 제어가 성공한다면, 그 후에 유가는 비록 신민을 주권자로 여기지는 않았지만 인민의 생명과 재산을 우선적으로 배려하는 인민의 복지국가를 만들고자 했다. 이로써 국가는 군주의 사적 기구로 변질되는 길을 예방하고 인민에게 적대적이지 않고 우호적인 기구가 될 수 있었던 것이다.

◎ 제3막 진한·위진과 남북시대

진한·위진과 남북시대는 춘추전국시대에 제기되었던 다양한 사상이 한 차례 종합되었다가 불교의 가세와 더불어 유불도의 정체성을 재확립하는 시기였다.

진한은 춘추전국시대에 있었던 국가 단위의 분열을 통합하여 제국의 시대를 열었다. 동아시아는 진한 제국이 문명의 중심에 위치하고서 중앙아시아와 동남아시아 그리고 요동반도와 한반도 및 일본에까지 영향력을 미치는 하나의 문화권을 형성하게 되었다. 한 제국은 북쪽 흉노족과의 대결에서 우위를 지키며 통제권을 유지하다가 3세기 중반부터 붕괴의 길로 들어섰다. 한나라의 붕괴와 위진의 교체기에 뒤이어 흉노匈奴·갈羯·선비鮮卑·저氐·강羌의 유목민족이 화북 지방으로 남하하자 한족은 이들을 저지하지 못한 채 장강 유역으로 쫓겨났다. 이 민족 대이동은 4~5세기에 걸쳐 유럽에서 일어났던 게르만족의 이동과 닮았다. 로마 제국의 통제력이 느슨해진 상황에서 게르만족이 라인 강 유역에 거주하고 있었다. 중앙아시아의 훈족이 게르만족을 공격하자 게르만족은 로마 제국의 경내로 진입하여 단기간에 그들의 왕국을 수립했고, 이에 서로마 제국은 멸망했다.

진한 제국 시대는 은주와 춘추전국시대 이래로 다양하게 성장해온 인종(민족)을 한족 중심으로 탄생하게 만들고, 또 다양한 기원을 가진 고대 풍습과 언어를 중화 문화로 결집하는 등 인종과 문화의 용광로 역할을 해냈다.

진한 제국은 은주 왕조와 비슷한 통일의 특성을 지니고 있긴 했지만 동시에 비교할 수 없는 차이가 있었다. 진한 제국은 은주 왕조가 기반을 둔 인종과 문화의 외연을 황하 중하류에서 현대 중국의 외연에 상응할 정도까지 급속도로 팽창시켰다. 아울러 진한은 은주의 씨족제와 비교할 수 없을 정도로 대내적으로는 중앙집권적 국가를, 대외적으로는 제국을 형성하여 민과 황제(천자), 개별 씨족과 중앙집권적 국가, 개별 국가와 제국, 이민족과 한족의 관련 양상을 완전히 새로운 국면으로 전환시켰다. 그만큼 진한시대의 철학(사상)적 토양은 춘추전국시대의 그것과 판이한 양상을 드러냈다.

춘추전국시대는 정치적 분열과 사상적 자유를 바탕으로 제자백가가 학문의 고유성을 내세우며 활약한 반면, 진한시대는 정치적 통일과 사상적 통제를 바탕으로 진법가秦法家, 황로도가黃老道家, 공양유학公羊儒學, 경학유학經學儒學처럼 지배 사상이 학문을 규율했다. 춘추전국시대는 제자백가들이 사상의 자유로운 차용과 비판을 통해 학적 개성을 추구했다면 진한시대는 관료-학자가 사상의 지배적 권위를 쟁취하고 유지하기 위해서 학문 세계를 정통과 이단 또는 주류와 비주류로 재편했다. 직하학궁이 춘추시대 사상의 자유와 거래를 상징했다면 궁정과 재야는 진한제국 시대 학문활동의 영역과 진리의 분화를 상징했다.

위진과 남북시대는 서로마 제국의 붕괴에 비견될 만한, 진한 제국의 뒤를 이어서 등장한 재분화의 시대였다. 중원 지역은 누구나 거주할 수 있는 공간이 아니라 중화의 문명이 싹트고 자란 신성한 세계의 중심이었다. 한족은 만들어진 인종으로서 중원 지역을 기억과 문화를 응축하고 있는 하나의 고향으로 수호해왔던 것이다. 위진과 남북시대에는 한족이 북쪽의 유목민족에 의해서 자신들의 생명을 잉태한 자궁이자 배꼽으로부터 쫓겨나서 그간 문화의 불모지라고 모멸했던 이질적인 세계로 옮겨갔다. 그들은 새로운 이주지에서 토착 문화에 적응하느라 기억 속의 중원 문화를 잊기보다는 오히려 고토의 회복을 꿈꾸며 기억을 문화로 창작했다. 그 결과 추방이 정치 군사적 패배인 것은 분명했지만 다른 한편 사상 문화적 확산을 가져왔다. 즉 중원 문화가 이전에는 전파되었지만 이제는 생활과 결부되기 시작했던 것이다. 단명하는 국가보다 장기 지속하는 가문이 토착 문화의 오염으로부터 중원 문화의 순수성을 수호하는 주체로 등장하여 각종 가규家規와 가훈家訓을 통해 자기 규율의 체제를 만들었다.

위진과 남북시대는 분화와 분열의 시대였지만 춘추전국시대와 같은 사상의 자유를 꽃피우지는 못했다. 정치의 통제력은 단명으로 끝났지만 단명의 초조함은 광포한 통제권을 발휘하게 만들었다. 위진시대에 사상가로 꼽히는 이들은 정치적으로 살해되거나 젊은 나이에 죽었다. 하안은 조씨曹氏와 사마씨司馬氏가 대립하는 와중에 가족과 함께 몰살당했다. 왕필은 하안이 찬탄해 마지않았던 인물이지만 조씨의 몰락에 뒤이어 병으로 세상을 일찍 떠났다. 혜강은 자유를 꿈꾸었지만 친구의 사건에 연루되어 죽음을 피하지 못했다.

이러한 맥락에서 위진과 남북시대는 일종의 광기의 시대라고 할 수 있다. 정치는 안정적(영원한) 지속을 꿈꾸지만 다시금 좌절이 되풀이되는 상황에서 사람은 불안과 공포에 잠식되는 만큼 짧은 시간 속에 긴 시간을 살아야 하는 다중 인격의 증상을 드러냈다. 진한 제국 시대를 주도했던 관료-학자의 역할은 끝나고 관료이기를 포기한 학자 또는 학자이기를 포기한 학자가 나타나기 시작했다. 이들이 바로 죽림칠현竹林七賢으로 일컬어지는 인물로, 혼탁한 세상으로부터 거리를 두고 청담淸談을 즐기고자 했다.

그들은 가치와 비판을 투명한 언어로 표현해야 하는 사상을 더 이상 자유롭게 펼칠 수 없었다. 지시와 의미가 다의적이고 개방적이며 은유와 상징이 코드화된 언어와 기호의 세계로 잠입해 들어갔다. 그 결과 위진시대는 경전經典과 성인의 권위를 빌려 구세救世의 의지를 불태우던 경학(유학)을 멀리할 수밖에 없었다. 그들은 운문과 산문의 시와 소설에 빠지기 시작했고, 선과 농담 그리고 조형의 회화에 눈을 돌렸다. 바야흐로 사상을 대신하거나 사상의 외피를 쓴 문학과 예술의 시대가 개막되었던 것이다.

진한·위진과 남북시대는 춘추전국시대와는 다른 철학 사상의 풍토를 지녔던 만큼 철학함의 방향이 달랐다.

진한시대 철학의 핵심 주제는 세 가지였다. 첫째는 공사公私였다. 씨족제는 공유제에 바탕을 둔 만큼 공과 사가 첨예하게 대립할 가능성이 적었다. 개별 인민과 씨족을 넘어선 상위의 국가가 등장한 이래로, 즉 전국시대 후기에 사상가들은 공천하公天下와 사천하私天下의 프레임으로 공사 문제를 집중적으로 논의했다. 이는 천자(황제)가 천명을 받았으므로 국가의 자원을 자신의 일족과 공신이 독점적으로 사용할 수 있는가 아니면 전 인민과 공유해야 하는가, 라는 방식으로 논의되었다. 즉 천자와 그 주위 인물이 특권을 어디까지 행사할 수 있는가, 라는 형태를 띠었다.

둘째는 천인지제天人之際였다. 은주시대의 천명은 천의 대리물, 예컨대 새나 부적 등을 통해서 사람에게 전달되었다. 춘추전국시대에는 회의주의와 이성주의가 대두하여 천과 인의 연계를 좀 더 이성적으로 설명해야 했다. 진한시대는 춘추전국시대에 활발하게 논의되기 시작한 기氣와 음양陰陽 그리고 오행五行 사상을 받아들여 천의天意가 인사人事에 반영되는 궤적을 합기적合氣的으로 설명했다. 천과 인은 동종의 기에 의해서 상호 공명하므로 인간은 자연의 기가 보이는 패턴, 즉 시령時令과 합치되는 삶을 살아야 했다. 아울러 하늘은 다시 자연의 기에 반응하는 인간의 패턴에 대해 상(상서, 이적)과 벌(재해, 재앙)로 반응하여 자신의 의지를 지상에서 관철시키고자 했다.

셋째 운명이었다. 진한시대의 사상계가 지배 사상 위주로 진행되고, 하늘과 사람의 관계가 기에 의해 설명되면서 사람이 어떻게 사회적 중심과 합기合氣의 흐름에 진입할 수 있느냐에 많은 관심을 두었다. 개인은 개인을 넘어선 사회와 자연의 객관적 형세를 잘 읽어내고 자기 쪽으로 끌어오려고 했다. 개인과 형세의 어울림이 바로 개인과 공동체의 운명에 직결되었다. 운명이 사람에게 긍정적으로 작용할 때 그것은 개인의 행복과 쾌락주의로 이어진 반면, 부정적으로 작용할 때 그것은 우연론과 비관주의로 이어졌다.

위진과 남북시대에 이르러 정치공동체의 단명이 거듭되면 거듭될수록 현실 세계의 선택에 따라 개인의 운명이 너무나도 극명하게 나뉘었다. 현실에서 어떠한 선택도 현재의 불안한 지속을 해결할 수 없었다. 진한시대의 철학자들은 기와 오행으로 천인 관계를 비롯해서 현상의 연관성을 설명하고자 했다. 위진과 남북시대의 철학자들은 현상들의 관계를 인식한다고 하더라도 최소한 자신의 안전마저도 확신할 수 없었다. 위진과 남북시대는 춘추전국시대까지의 다양한 민간 신앙을 도교와 불교라는 보다 정형화된 형태로 재조직했던 것이다.

위진과 남북시대 철학의 핵심 주제는 세 가지였다. 첫째, 종교적 구원이다. 한 제국 말기 이래로 위진과 남북시대 내내 '불안한 지속'의 시간이 멈추지 않자 사람들은 제자백가가 발견해낸 자력 구원보다는 절대자의 은총에 의한 타력 구원에 많은 관심을 보이기 시작했다. 때마침 불교가 전래되면서 사람들은 관료-학자들의 경학(유학)에서 말하는 성인보다 부처의 『자타카Jataka』 또는 『본생담本生譚』의 그림과 이야기 그리고 인과응보와 정신(영혼) 불멸의 교리를 통해 구원의 가능성을 신뢰하기 시작했다. 아울러 노자와 장자도 텍스트의 화자를 넘어서 콘텍스트의 창조자로 탈바꿈하면서 대중과의 접촉 면적을 넓혀나갔다. 이 시대는 설화와 신화에 막연하게 있던 현생의 이전과 이후가 불교를 통해서 훨씬 정교화되면서 사람들은 현세 구원과 함께 내세 구원을 믿기 시작했다.

둘째, 미美이다. 진한·위진과 남북시대에는 화상석·돈황석굴·용문석굴·운강석굴 등의 조형예술, 건안칠자建安七子의 서정시, 죽림칠현의 청담, 도연명의 전원시 등의 문예文藝활동 그리고 화론畫論, 시론詩論, 서론書論, 문론文論의 이론화 작업 등이 이어졌다. 이는 불안한 지속에도 영향을 받았지만 학자들이 더 이상 표현 매체를 문자에만 한정시키지 않고, 그들의 임무를 언어적 재현에만 국한시키지 않았던 것을 나타낸다. 그들은 선善에 기생해서 진眞에 이르던 것을 넘어 미를 통해 진과 직접 소통하는 길을 찾아 나섰던 것이다.

셋째, 현상을 넘어선 본질의 탐구이다. 진한시대 철학자들은 현상들의 연관을 합기적으로 설명하는 데에 초점을 두었다. 하지만 위진과 남북시대는 합기적 우주론이 현상을 설명할 수는 있어도 제대로 규제를 할 수는 없었다. 합기合氣와 역기逆氣의 삶이 차별화되지 않은 상황에서 천인합기적 세계관은 무기력하여 더 이상 존속할 수 없었다. 위진과 남북시대의 사상가들은 현상을 초월해서 현상에 필연적으로 질서를 가져오는 힘이자 원리를 탐구하기 시작했다. 이때 한 가닥은 첫 번째에 이야기한 절대자에 대한 관심으로 나아갔고, 다른 한 가닥은 현상을 규제할 뿐 현상의 영향을 원천적으로 배제하는 절대 세계의 탐구로 나아갔다.

특히 후자는 세계를 본질과 현상으로 양분하여 둘 사이의 관계를 수직적 위계 관계로 설정했다. 도道의 절대화라고 할 수 있다. 노자와 장자 그리고 『주역』은 도를 인격적 존재만이 아니라 이념적 존재로서 절대화시킬 수 있었기 때문에 함께 삼현학三玄學으로 불리었다.

◎ 제4막 수당과 송원명청 제국

수당과 송원명청의 시대는 제자백가와 유·불·도로 불리는 다양한 사상 조류가 끊임없이 경쟁하고 삼투한 끝에 종합의 흐름이 강력하게 생겨난 시기였다. 이 시대에 생겨난 삼교합일三敎合一의 흐름은 사상가별, 학파별 대립이 진행되는 과정에서도 결코 무시할 수 없는 자체의 동력을 확보했던 것이다.

수당과 송원명청 제국은 공교롭게도 유목민족과 경계의 이민족, 즉 비한족과 한족이 번갈아가면서 세계의 헤게모니를 장악했던 이력을 보이고 있다. 유목민족이 주도하던 남북시대를 끝내고 수당이 등장했고, 당이 무너지자 북의 오대五代와 남의 십국十國이 제각각 대립했고, 송이 혼란을 수습했지만 줄곧 서북의 중앙아시아와 동북의 유목민족의 위협에 시달렸고, 몽골족의 원이 혼란을 최종적으로 정리했다가 명에 패퇴했고, 다시 만주족의 청이 전근대 질서의 최종 주자가 되었다. 전체적으로 보면 좁게는 수당 이래, 넓게는 은주 이래로 중국인들은 삶과 역사의 무대를 황하 유역에서 장강 유역으로, 고원 지대에서 평야 지대로, 그리고 사막과 초원까지 넓혀가면서 한족과 비한족의 혼혈을 되풀이하면서 한족을 양산했다.

이민족과 한족의 주도권 대립으로 인해 한족은 자신의 유구한 문화 전통을 잉태시키고 발양시켜온 고토故土와 원하지 않은 결별을 강요당했다. 사람과 땅의 분리는 새삼스레 인문학적 사유와 상상력을 가동시키게 만들었다. 고향을 상실한 이후에 사람은 여전히 생존하지만 그곳에 있던 문화와 유적은 어떻게 되는 것인가? 이민족의 땅으로 간 한족은 어떻게 해야만 한족다움을 잃지 않을 수 있을까? 생존 이후에 삶의 의미를 묻게 된 것이다. 반대로 몽골족과 만주족은 점령 이후에 소수의 지배자와 다수의 피지배자라는 현실적 한계 때문에 강력한 식민 정책을 추진하지 못하고 온건한 적응 전략을 펼치며 자발적 복종을 끌어내야 했다.

나는 위진과 남북시대 그리고 수당과 송원명청의 시대에 걸쳐서 근원적인 사태 또는 지배적인 정조를 이민족의 정복conquest과 한족의 디아스포라diaspora로 압축할 수 있다고 생각한다. 동아시아인들은 서세동점의 시대에 침략의 고통과 비자발적 근대화를 당하면서 오늘날도 여전히 피정복과 디아스포라 의식으로부터 완전히 자유롭지 못하다. 은주 왕조와 진한 제국은 정복과 식민을 통해서 중국의 세계를 끊임없이 확장했다. 그 뒤 위진시대 이래로 청 제국에 이르기까지 한족은 고향의 상실, 이주민 개척 그리고 추격의 불안과 식민의 고통으로부터 자유로운 적이 없었다.

그리고 위진에서 5대10국 시대까지 이민족과 한족의 대결 과정에서 귀족 세력의 정치적, 군사적 동력이 철저하게 와해되었다. 특히 당 제국에서부터 이야기가 나오다가 송 제국에 이르러 과거제가 학자-관료 선발의 새로운 제도로 정착하게 되었다. 공직에 나선 학자-관료는 이전의 문벌귀족과 달리 고향을 떠나 임지를 떠돌아다니다 부모의 상례를 당해

귀향했다가 또다시 임지를 옮겨다녔다. 문벌귀족을 대신한 사대부들은 학자–관료의 길을 포기하지 않는 한 정착보다 유랑의 삶을 살 수밖에 없었다.

사대부는 문벌귀족과 비교할 수 없을 정도로 취약한 물질적 기반 위에 있었다. 이 때문에 아버지의 사망은 삶의 근간을 뒤흔드는 위기 상황을 낳았다. 학자–관료가 종사한 학문과 정치의 장은 보편 윤리가 작동하는 공공의 영역이었지만 정파의 대립으로 인해 신분 보장은 확실치 않았다.

북송의 장재(1020~1077)는 15세에 그의 아버지가 임지로 가던 중 병사했지만 고향으로 돌아가서 장례를 치르지 못했다. 남송의 주희(1130~1200)는 14세에 아버지를 여의면서 후원자인 아버지의 친구들이 사는 곳으로 옮겨가서 살았다. 그는 조상들의 고향을 두 차례 방문했을 뿐 다시 돌아가지 못했다. 명말청초의 안원(1635~1704)은 더 극적이다. 아버지는 주씨朱氏 집안의 양자로 들어갔다가 안원이 4세가 되던 해 남하하던 청군淸軍을 따라 집을 떠났다. 그가 12세가 되었을 때 어머니는 재혼을 했다. 그는 자신이 계속 주씨인 줄 알고 양할아버지와 양할머니를 조부로 여기고 자랐다. 양할머니가 돌아갔을 때 "3일 동안 음식도 먹지 않고 아침저녁으로 곡을 했던" 탓에 건강이 극도로 나빠지자 누군가가 안원에게 그가 주씨가 아니라 안씨인 것을 알려주어서 출생의 내력을 알게 되었다.

북송의 소식(1036~1101)은 학자–관료로서 좌충우돌하는 삶을 살다가 60세가 넘어서 해남도海南道로 귀양을 갔다. 명 왕양명(1472~1529)은 구도의 과정에서 심신이 쇠약해졌다가 정치적 문제로 35세에 용장龍場으로 귀양을 갔다. 오늘날 해남도와 용장은 중국의 일부이지만 당시만 해도 언어 소통이 쉽지 않고 소수 민족이 독자적으로 생활하고 있어서 중국 사람이 쉽게 갈 수 없는 곳이었다. 이곳에서 왕양명은 그간 자신을 괴롭혀오던 해묵은 진리를 터득하여 용장대오龍場大悟라는 근본 체험을 하기도 했다.

이렇게 보면 수당과 송원명청의 사대부 또는 학자-관료들은 패전, 부임, 유배, 부친 사망 등 갖은 계기로 인해서 피란(생존), 이상(생계), 좌절, 상실 등 디아스포라의 삶을 살 수밖에 없었다. 그들은 있어야(살아야) 할 곳에 있지(살지) 못하는, 즉 고향(뿌리)과 밀착하지 못하고 유리된 상황을 인정할 수밖에 없었다. 이로 인해서 그들은 무엇이 참으로 가치 있는 것인지 사색하게 되었다. 이제 그들은 자신과 자신을 둘러싼 것이 현상적으로 있다고 해서 그것이 본질적으로 가치 있는 존재인지 그 자격을 심의하게 되었다. 또 그들은 고향으로부터 유리되었더라도 후속적으로 자신의 문화적 정체성마저 잃을 수는 없었다. 그들은 시공간의 조건으로부터 영향을 받지 않고서 존재의 자격과 문화적 정체성을 유지하기 위해서 리理, 도道, 태극太極의 언어로 문화적 가치의 총체성을 담보하고자 했다.

수당과 송원명청 시대 철학의 핵심 주제는 다섯 가지였다. 첫째 종통宗統의 발굴이었다. 현실의 고향이 타자에 의해 유린되고 오염될지라도 타자의 영향을 전혀 받지 않는 순수한 세계가 완전히 사라지는 것은 아니다. 현재에 치욕을 당한다고 하더라도 그 이전의 유구한 역사마저 부정되는 것은 아니다. 그 이전에는 오늘의 치욕을 초래한 불순한 세계가 있을지라도 동시에 오늘의 치욕을 경계하고 미래의 회복을 설계할 과거의 영광이 엄연히 존재한다. 수당과 송명의 사대부들은 5호와 원청의 이

민족에 의해 결코 짓밟히지 않았던 순백의 세계를 계보도로 작성했다. 역사가 상황에 따라 이리저리 휘둘린 것이 아니라 뚜렷한 중심에 의해서 질서가 잡혀왔다는 족보族譜를 만드는 것이다. 족보 만들기는 구체적으로 고대의 황금시대를 하夏·은殷·주周의 삼대三代로 표상했고, 삼대의 전승을 도통道統으로 구체화시켰다. 이는 인종과 문화의 다양한 갈래를 하나의 중심으로 불러 모으며 자아와 타자를 준별하는 기준이 된다. 하지만 삼대와 도통이 배제의 특성을 강화시키는 것은 현실의 오염이 기억의 타락으로 이어지지 않도록 의식에 표백제를 쏟아붓는 격이었다. 그것은 자칫 역설적으로 현실과 이상의 괴리 사이에서 겪는 고통을 직면하기를 거부하는 결벽증의 투사로 비칠 수 있기도 하다.

둘째 문치文治의 우위였다. 위진에서 5대10국까지의 격변은, 이민족이 한족 세계에 대해 수세적 약탈에 그치지 않고 공세적 경영을 시도하면서 비롯되었다고 할 수 있다. 물론 이러한 외적 요인만 작용한 것은 아니다. 외적 요인으로 인해 중앙집권적 국가의 통제력이 느슨해지자 개별 지역의 유력가들이 지배받기를 거부하고 지배할 것을 선언하면서 단명의 소왕국이 우후죽순으로 생겨났다. 이렇게 보면 진한 제국 이래로 강력한 중앙집권적 국가가 등장했지만 기존의 질서 체계를 허물어뜨리는 대항 국가의 동력이 완전히 사라지지는 않았던 것이다. 역설적으로 위진에서 5대10국의 격변으로 인해서 대항 세력의 독립성이 철저하게 와해되었고 송 제국 이후로 외부의 침입이 문제가 되었지 내부의 동란이 크게 문제시되지 않았다.

송 태조 조광윤은 과거의 역사를 총체적으로 반성하고서 무단武斷의 욕망을 종식시키고 문치文治의 교양을 전면에 내걸었다. 이는 조선이 고려 말 무신 정권의 경험을 교훈으로 삼아 문신을 무신보다 훨씬 우대했던 정책과 일맥상통한다. 이로써 사대부는 지역 유력가와 결탁해 새로운 세계를 일구기보다는 과거제를 통해서 중앙집권적 국가의 학자-관료를 지향하게 되었다. 이는 동아시아 사회에 체제 변동이나 격심한 혁명의 소용돌이 없이 지주-소작인의 소농경제 체제에 바탕을 둔 황제지배 체제가 장기간 지속하게 된 원인이기도 하다.

셋째 초월의 욕구였다. 유한한 인간은 역사 이래로 무한을 꿈꾸어왔다. 은주시대의 사람들은 성인의 영지靈知를 통해 무지의 고통에서 벗어나고자 했다. 진한 제국 이래로 사람들은 내단內丹과 양생養生 등의 정교한 방법을 고안해서 신인神人의 영생을 꿈꾸며 무한한 행복을 소유하고자 했다. 송에 이르러 사대부들은 학문을 통해서 내성외왕內聖外王, 즉 자기 통제의 완성자이자 생활세계의 지배자를 꿈꾸었다. 이는 사대부들이 자신을 시대의 주체로 선언한 것이자 황권에 대항하지 않으면서 자치 공간을 확보하려던 시도라고 할 수 있다. 이로써 사대부는 태양계의 지구처럼 황제를 중심으로 도는 위성이기만 한 것이 아니라 자신의 주위를 궤도로 도는 위성을 가지게 되었다. 사대부는 문화적 정체성을 소유한 존재로서 황제를 돕기만 하는 그림자가 아니라 황제와 함께 우주의 질서도를 높이는 공치자共治者이고자 했다. 그들은 공치자의 위상에 이르기 위해서 학문적 수양을 통해 경제적 이익을 초월하여 보편의 시야를 갖는 성인이 되고자 했다. 송원명청과 조선이 멸망하기 이전에 학문은 기본적으로 거룩한 존재가 되어가는 학문, 즉 성학聖學이었다. 이황의 『성학십도』와 이이의 『성학집요』도 결국 그 성학의 존재를 확인시켜주고 있다.

넷째 본원의 수호였다. 국가와 개인의 차원에 걸친 디아스포라의 체험은 사람으로 하여금 현상과 고착되지 않고 그것으로부터 유동하는 관점을 갖게 해주었다. 고향을 잃어서 당장 돌아가지 못하더라도, 지금 군사력으로 이민족을 제압할 수 없다고 하더라도, 이민족이 세계사의 주도권을 장악하고 있다고 하더라도, 인격적으로 문제 있는 이가 정국의 주도권을 장악하고 있더라도, 이 모든 것은 우연이고 일시적이고 가치가 덜한 것이다. 중요하고 가치 있고 본질적인 것은 오랜 연원을 가지고 역사적으로 검증되어온 문화적 정체성이었다. 그것이 역사화된 것이 삼대이고, 계보화된 것이 도통이고, 정치화된 것이 왕도王道이고, 개별화된 것이 음양과 오행이고, 선험화된 것이 리理이고, 심성화하는 것이 성性이고, 본질화된 것이 태극이었다. 이렇게 보면 사대부는 본원과 현상을 존재와 부재의 변증적 관계로 매개해서 본질 우위의 세계를 세웠다. 감각적(현실적) 존재(충만)가 선험적 존재 사태를 함축하지 않고 감각적 부재가 선험적 존재를 함축한다.

다섯째 본질의 존재 층위이다. 송원명청과 조선시대 내내 본질의 층위가 선험과 경험의 세계를 오르내렸다. 주희는 본질의 층위를, 리와 기를 통해 혼융되지 않는 측면과 분리되지 않는 측면을 말하고, 미발未發과 이발已發을 통해 의식에 현현되지 않는 상태와 현현된 상태를 말했다. 엄밀한 규정에 의하면 리와 기가 분리될 수 없다는 측면만으로도 본질은 순수 형상이 될 수 없고 정신적 존재가 아니라 물질적 존재가 된다. 주희에게는 원래부터 형상과 질료 또는 정신과 물질을 엄격하게 구분하는 관념이 없었던 터라 그의 존재론은 이원론적 일원론[二而一]이라고 할 수 있다.

주희의 규정은 두고두고 논란이 되었다. 한편으로 본원을 기의 입김이 닿지 않는 순수 세계로 끌어가려고 시도했다. 다른 한편으로 본원이 기의 자장으로부터 벗어나는 순간 무의미와 불가지의 세계로 전락하게 된다고 경고했다. 전자는 본원을 현상으로부터 결코 손상되거나 오염될 수 없는 절대 성역에 자리매김하고자 했던 것이다. 후자는 본원이 현상과 늘 접속한 상태로 현실과 역사에서 질서 형성을 가능하게 하는 동력으로 자리매김한 것이다. 전자는 본원의 절대성을 확보하는 만큼 도도한 현실의 흐름에도 고고하게 맞설 수 있는 불요불굴의 사대부를 낳았지만 시대와 괴리된 본원의 불임을 방치했다. 후자는 본원의 무한 재생을 확보하는 만큼 혼탁한 현실에 뛰어들어 격랑에 흔들리는 배의 방향키를 굳건하게 잡을 수 있지만 과도한 자기 긍정의 함정을 피하기 어려웠다.

반성적으로 검토하면 원래부터 애매성을 함축한 주희의 각종 테제를 명징하게 규정하려 할수록 단순해지고 확실해지는 것이 아니라 복잡해지고 혼란스러워질 수밖에 없었다. 명확할 수 없는 것을 명확하게 해야겠다는 불가능한 과제를 숙명인 양 번쇄한 논쟁을 벌였다. 바로 이것이 전근대의 리기理氣와 심성心性 철학이 근현대 철학으로 전환되지 못한 결정적 원인이기도 하다. 리기와 심성 철학은 자기 완결적 특성을 지닌 일종의 패러다임이다. 리기와 심성 철학 중 어느 하나에 균열을 가하지 않고서 그것을 온전히 살린 채 재생할 수는 없다. 리기와 심성 철학을 현대적으로 재해석하려고 한다면 어떻게 해야 할까? 리 아니면 기, 반대로 기 아니면 리 또는 심 아니면 성, 반대로 성 아니면 심에 균열이 일어날 때 비로소 패러다임의 전환이 일어날 수 있다.

◎ 제5막 근현대

근대는 신해혁명으로 청 제국이 무너진 뒤에 다양한 정치 실험이 지속되었다가 마오쩌둥이 주도한 사회주의 혁명이 성공을 거둔 기간을 가리킨다. 나아가 이 시대는 사회주의 혁명 이후에도 문화, 언어, 관습 등 사회혁명의 성격을 띠었던 문화혁명의 기간을 포함한다.

이 시기 구분은 중국에서 행해지는 통상적인 역사 구분법과는 매우 다르다. 중국 학계에서는 보통 아편전쟁(1840~1842)까지를 고대로 보고 아편전쟁에서부터 5·4운동(1919)까지를 근대로 본다. 이어서 5·4운동에서부터 사회주의혁명(1949)까지를 현대로 보고 사회주의 혁명 이후부터 오늘날까지를 당대當代라고 한다. 우리는 근현대라는 시기 구분을 따르지만 당대라는 용어에는 낯설다.

나는 청 제국의 붕괴가 획기적인 사건이고 이후에 전개된 정치 실험이 입헌군주와 자유주의 정치사상 등을 거치면서 최종적으로 사회주의 혁명과 문화 혁명으로 귀결된다고 본다. 그 과정을 하나의 연속된 흐름으로 보고자 한다.

아울러 은주 왕조에서 청 제국에 이르는 과정도 고대라는 하나의 흐름으로 묶일 수 없다고 생각한다. 전 시기를 황제지배 체제와 학자-관료 체제의 병립으로 볼 수 있다. 하지만 부족 동맹, 국가의 수립 그리고 초기 제국과 후기 제국을 모두 동일한 특성으로 묶기에는 커다란 차이가 있다.(별도의 논의가 필요하므로 여기서는 이 정도만 언급한다.)

시기 구분은 단순히 시간의 범위를 구획하는 간단한 문제가 아니라 역사를 어떻게 규정하는가 하는 중대한 문제이다. 이슬람교에서도 무함

마드(570~632)가 610년 신의 계시를 받은 것을 기준으로 그 이전을 '자힐리야Jahiliya'라고 불렀다. 즉 자힐리야는 아랍어에서 사전적 의미로 무지하다는 뜻이지만, 종교적으로는 신에 대하여 무지한 시대라는 뜻이다. 이외에도 불교는 불기佛紀를 쓰고, 우리나라는 단기檀紀를 쓰기도 하며, 서양은 서기西紀를 쓰고, 북한은 주체主體 연호로 쓴다. 이처럼 획기적인 사건을 경계로 시간의 흐름을 잘라서 구분하여 기념하는 것이다. 결국 중국의 근현대, 당대의 구분도 중국의 모든 역사가 사회주의 혁명으로 귀결된다는 사실을 강조하는 것으로 볼 수 있다.

근현대에는 정치 체제만이 아니라 사상 문화에서도 커다란 변화가 일어났다.

정치 체제로는 황제지배 체제와 학자-관료 사회가 붕괴하고 사농공상士農工商 사민四民의 차별적 신분이 해체되었다. 물론 이후에도 변화의 도도한 흐름을 읽지 못하고 보황保皇의 기치를 내걸며 역사의 수레바퀴를 거꾸로 돌리려는 시도가 있었다. 캉유웨이는 새롭게 등장한 사람을 모두 천민天民으로 불렀다. 사회주의 혁명 이후에는 영화 「마지막 황제」(1987)에서 보듯 사람들은 다시 인민과 공민으로 불렸다. 오늘날도 중국이 대외적으로 '인권' 논의에서 자유롭지 못하듯 신분 해방의 정치 혁명이 곧 현실에서 완전한 풀뿌리 민주주의가 정착되었다는 것을 가리키지는 않는다.

사상 문화로는 내외의 도전으로 인해 패러다임의 교체가 일어나기 시작했다. 대외적으로는 서학西學과 서세西勢의 경험이다. 명나라 이래 선교사의 활약으로 서학이 소개되면서 다른 문화의 실체가 모습을 드러냈고 산업혁명을 겪은 서구 열강이 팽창 정책을 펼치면서 서세의 폭력성이 노골화되었다. 서학과 서세는 화이華夷 관념에 따라 양이洋夷로 규정되었다. 양이는 루쉰이 말한 정신승리법으로 격퇴될 수 있는 허수아비가 아니라 오히려 중화中華의 존재와 정체성을 송두리째 뽑을 만한 정체불명의 타자였다. 특히 아편전쟁, 영불 연합군의 베이징 공략 등은 구시대의 영광에 갇혀서 신시대의 도래에 까마득했던 중국의 허상을 여지없이 드러냈다.

대내적으로 반만흥한反滿興漢의 기치를 내건 한족 부활의 요구이다. 청 정부는 서세의 침략에 속수무책으로 당하고서 국내의 태평천국太平天國의 운동마저 겨우 외세의 힘을 빌려서 해결했다. 아울러 서세에 밀린 패배를 만회하기 위해서 엄청난 자원을 쏟아부어 자강自強 정책을 펼친 뒤에도 북양함대는 청일전쟁(1894~1895)에서 전멸로 이어질 정도로 처참하게 무너졌다. 이로써 근대의 중국인은 연속된 패배와 치욕을 만주족의 실패와 무능으로 진단하고서 한족의 부활을 기치로 내걸었다.

이러한 대내외적 경험은 대상이 다르지만 점차 공동의 과녁을 통해 합류하기 시작했다. 그것은 다름 아닌 전통傳統, tradition이었다. 이 시점에서 전통은 계승의 대상이자 발달의 목표가 아니라 비판과 회의의 대상이자 파괴와 결별의 목표가 되었다. 전통의 파괴와 부정은 이전에도 있었지만 근대의 그것만큼 깊지도 넓지도 않았다. 이전의 부정은 새로운 것이 바로 앞에 있었던 것을 대상으로 삼았지만 지금의 부정은 이전에 있어왔던 모든 것을 대상으로 삼았다. 이에 따르면 이전의 부정은 결국 새것이 기존의 것을 전통에서 뽑아내고 자신이 전통에 끼어들려고 하는 인정투쟁이었다면, 지금의 부정은 앞에 있었던 모든 것을 완전히 새로운 것으로 바꾸는 혁명이었다. 대립의 양상은 신新과 구舊 또는 전통과 근대의 투쟁으로 일어났던 것이다.

전통과 근대(현대)의 대결 양상은 아편전쟁 이후 시간의 추이에 따라 각각 다른 양상으로 전개되었다.

서세동점西勢東漸의 시대에 중국은 서양에 비해 절대적으로 약세에 놓여 있었다. 이때 서양은 모든 것을 가진 선진으로, 중국은 모든 것이 없는 후진으로 표상되었다. 근대의 중국은 이 상황을 타파하기 위해서 서양에는 있지만 중국에는 없는 것을 찾기 시작했다.

그들은 처음에 신식 무기와 해군이 없다고 생각해서 양무洋務를 위해 해군을 창립하고 군수공장을 설립했으며, 다음에는 무기에서 한 걸음 나아가 사회 제도가 부족하다고 보아 변법자강變法自強을 추구했다. 이때까지만 해도 중국인은 전면적인 변화가 아니라 부분적인 보완으로 문제 상황을 극복할 수 있다고 생각했다. 이에 그들은 본질적인 것은 중국을 고수하고 기술적인 것은 서양을 배우자는 중체서용中體西用을 목표로 삼았다.

중체서용이 근대에 곧장 서양과 비슷해진(닮은) 중국의 탄생을 가져오지는 못했다. 이에 그들은 서구화westernization의 가속화와 심층화가 원하는 바를 가져올 게 무엇인가를 생각하면서 그 핵심으로 민주와 과학을 꼽았다. 과거의 중국이 전제와 미신의 상태에 있었기에 지금의 결과를 초래한 만큼 이를 극복하려면 서양 문화의 핵심인 민주와 과학을 서둘러 받아들여야 한다는 것이었다. 이는 중체서용을 넘어서 전반서화全盤西化라는 신문화운동으로 전개되었다.

역사가 일직선이 아니라 나선형으로 나아가듯이 근대 이후에 휘몰아친 서구화의 열풍은 잠시 주춤했다. 서양은 세계의 근대사를 개척하면서 동시대 다른 지역 국가의 롤 모델로 자리매김했다. 근대의 이성과 계몽을 상징하던 서양이 연이어 세계대전을 치르면서 동시대에 어디에도 없었던 파괴와 살상을 일삼았다. 근대의 이성은 사람을 더 나은 역사 발전으로 이끌지 못하고 오히려 파괴와 살상, 대립과 투쟁으로 이끌었다. 이로써 근대 이성은 해방과 축복의 은총이 아니라 불구와 죄악의 근원이 되어버렸다.

지식인 중에는 세계대전 이후 서양의 실정을 문화론으로 전환시켜서 중국 문화의 복권을 부르짖는 이도 있었다. 사모아 섬의 투이아비 추장이 유럽을 관찰한 뒤 백인 에리히 쇼일만에게 말했다. "당신들은 우리에게 빛을 가져다준다고 믿고 있을지 모르나, 사실은 아니다. 당신들은 우리를 캄캄한 어둠 속으로 억지로 끌어넣으려 하고 있다."(최시림 옮김, 『빠빠라기』, 25) 량치차오도 전후의 유럽을 다녀온 뒤에 '환상'으로부터 깨어나 전통으로 눈을 돌리면서 투이아비 추장과 같은 생각을 했을 것이다. 서양 문화는 이성과 욕망(권리)의 추구에 바탕을 둔 투쟁의 문화로서 파국으로 치달을 수밖에 없는 반면에 중국 문화는 감성과 욕망(권리)의 절제에 바탕을 둔 조화의 문화로서 공존과 공생을 낳을 수 있었다. 성급한 이들은 서세동점이 동세서점東勢西漸으로 전환할 시점이라고 목소리를 높였다.

1920년 후반에 이르러 다양한 정파의 혼전이 좌우左右 또는 국민당과 공산당의 대립으로 압축되었고, 1949년 중화인민공화국의 등장 이후에도 문화혁명까지 여전히 좌우 대결로부터 결코 자유롭지 못했다. 이 기간 중에 관념 철학의 한가한 주제는 공론의 장에서 전혀 주목받지 못하고 사회는 온통 제국주의와 식민지의 투쟁, 이념과 체제의 대결이라는 소용돌이에 빨려들어 갔다.

학문과 예술은 민족과 계급의 이익에 이바지해야 한다는 현실적 요구에 충실하고자 사회주의 리얼리즘에 철저하게 종속되었다. 그 영향으로 인해 오늘날도 인문학은 비판보다 실용을 내세우고 지식 생산보다 체제 생산에 기여하면서 학문과 권력의 객관적 거리를 유지하지 못한 채 구호 인문학 또는 인문학의 캐치프레이즈(슬로건화)의 전통을 만들었다. 이러한 현상은 계몽보다 구국救國에 급급하여 성찰과 반성보다는 동원과 조직을 앞세웠던 시대의 원죄에서 생겨났다고 할 수 있다.

근대의 개막과 더불어 동아시아인은 사민의 신분제에서 벗어나 천민·공민·인민·국민이 되었다. 하지만 천민·공민·인민·국민은 개별적 주체로서 개인이 되지 못하고 민족적 주체로서 한국인·중국인·일본인 등이 되어야 했다. 이로 인해서 동아시아는 전근대의 사상부터 공동체주의 색채가 지배적이었는데 근대의 경험을 거치면서 한층 더 전체주의와 집단주의의 특성을 강하게 드러내었다. 이것은 근대의 수동적 경험에서 보국保國·보종保種·보교保敎의 기치를 내걸면서 보인保人을 생략했고, 인권人權보다 국권國權을 앞세워야 했던 시대 상황을 반영하고 있다. 이 영향으로 중국은 배타적 민족주의, 동원적 애국주의 그리고 둘의 결합체로서 중화주의가 여전히 맹위를 떨치고 있다.

특히 동아시아에서 한국은 식민지의 경험, 해방과 좌우 대립 그리고 남북한 단독 정부의 수립과 동족상잔의 비극을 겪은 뒤라 민족·우파·반공을 자유주의와 강하게 밀착시키면서 국가주의 특성을 한층 강화시켰다. 일제의 치안유지법(1925)에 바탕을 둔 국가보안법은 1948년에 제정·공포되었지만 행복추구권은 1980년에 이르러서야 제정되었다. 32년의 시간만큼 개인보다 국가를 우선적으로 보호해야 했다.

1970~1980년대 들어 동아시아는 경제 성장을 바탕으로 민주주의의 제도화를 일구어내면서 세계의 주목을 받았다. 서양에서 동양으로 일방적으로 흐르던 문화가 다원주의 가치와 맞물려 상대주의 경향을 강하게 드러내기 시작했다. 근대의 수동적 경험에서 시작된 서세동점이 드디어 동서상점東西相漸으로 서서히 이행하게 된 것이다.

이에 발맞추어서 현대 사회의 유교 연구자들은 유교적 가치와 현대 사회의 접목을 모색하기 시작했고, 앞서거니 뒤서거니 하며 유교 자본주의, 아시아적 가치 등이 학술 토론의 단골 주제로 모습을 드러내기 시작했다. 유교 자본주의와 아시아적 가치는 왜 유교의 현대화 또는 동아시아의 현대철학으로 확대 발전되지 못하고 지금 그 목소리가 잦아들게 되었을까? 이 문제는 결국 서양의 현대철학처럼 동아시아 현대철학의 성립 가능성을 묻는 질문으로 바꿔 생각해볼 수 있다.

동아시아인들은 근대의 수동적 경험을 통해 각자 피해자라는 의식을 내면화하고 있다. 중국은 주변의 거의 모든 국가와 영토 분쟁을 일으키고 있지만 서구 열강과 일본의 침략으로 반식민 처지로 떨어져서 주권을 제약당하고 문화재의 유출을 지켜봐야 했다는 원형 기억을 강조하고 있다. 일본은 이른 근대의 전환을 통해서 아시아에서 유일하게 제국의 길을 걸으며 아시아 여러 나라에 씻을 수 없는 고통을 남겼지만 원자폭탄의 투하로 입은 상흔을 내세우며 가해자이기 이전에 또 한편 피해자라는 사실을 선전하고 있다. 한국은 근대의 공간에서 러일전쟁과 청일전쟁 등으로 연이어 전장이 되었고 일본의 완전한 식민지로 장기간 주권을 행사하지 못했다가 해방 이후에 다시 좌우 이념의 대결장으로서 동족상잔의 비극을 겪었지만 아직도 냉전의 분단을 극복하지 못하고 있다.

동아시아인은 각각 서로에게 입힌 고통과 상처보다 상대로부터 받은 것을 더 부각시키고 있다. 이 때문에 우리는 근대의 경험을 제대로 성찰하지 못하고 오히려 정치적 상황에 따라 상호 적대 의식과 분노를 방조하여 현실을 대결의 국면으로 끌어가려 하고 있다. 유럽은 두 차례에 걸친 세계대전을 겪고서 통합의 길을 뚜벅뚜벅 걸어가고 있다. 이에 비해 동아시아는 아직도 각각 근대화의 성취에 도취된 채 분열을 지속하고 대립을 성장의 동력으로 삼으려 하고 있다. 동아시아인들은 서구 근대의 위기를 조롱했지만 결국 자신의 역사 경험을 서구인들만큼 철저하게 성찰하지 않는다고 할 수 있다. 반성 없고 성찰 없는 오늘날 동아시아인으로 하여금 계속 불편하게 만들며 대립의 목소리를 부추길 뿐 평화와 연대를 위한 공동의 집을 짓는 데에 눈을 감게 하고 있다.

바로 근대의 수동적 경험과 근대의 성취를 돌아보는 것이 동아시아 현대철학의 출발점이라고 할 수 있다. 따라서 근대의 경험과 성취를 쏙 빼버리고 전통과 현대를 접속시키면서 전통의 부활을 외친다면 그것은 현대철학이 아니라 굳은 지층을 탐구하는 고고학일 뿐이다. 오늘날 우리가 동아시아의 현대철학을 세우는 데에 동서고금 철학의 융합은 운명이다. 왜냐하면 오늘날 동아시아인은 100퍼센트의 전통인도 아니고 100퍼센트의 서양인도 아니라 전통의 의미 맥락을 기억하면서 근현대를 살아가고 있는 새로운 인간이기 때문이다. 철학자(사상가)는 자신들이 놓인 문제 상황에서 서로 다른 시대정신을 일구어왔으므로 오늘날도 동일한 과제를 풀어야 한다.

이 과정에서 동서고금 어느 것이라도 근원적으로 배제될 것은 없다.

서와 금이 동과 고를 배제한다면, 그것은 서양의 근대 성찰을 모르는 눈뜬장님이다. 동과 고가 서와 금을 배제한다면, 그것은 동아시아의 근대 성찰에 눈감는 자아도취일 뿐이다. 따라서 동아시아 현대철학은 근현대의 성찰과 과거의 재생이 결합되는 지점에서 비롯될 수 있다.

제1막

서주시대

제1장 **좋은 나라** beneficient state
『서경』, 덕의 나라를 향한 진군가

제2장 **메시아** Messiah
구원자로서의 철인과 유비추리의 성인

제3장 **약한 주체** weak subject
책임적 행위자의 기원과 전개

제1장

좋은 나라

『서경』, 덕의 나라를 향한 진군가

1 신상 정보의 확인

2500여 년에 걸친 동아시아의 철학사에는 세인과 학인들의 관심을 끌 만한 숱한 사건이 있었다. 『서경』도 학계만이 아니라 정계와도 연관되는 스캔들의 중심에 있었다. 또 사람들은 그 속에 풀리기를 기다리는 숱한 코드가 숨겨진 것으로 여겼다. 내로라하는 당대의 지성인들은 코드를 해독하기 위해 평생을 바치기도 했다. 나는 스캔들과 코드와 관련된 이야기를 풀어가는 방식으로 『서경』의 세계를 탐방하려고 한다.

오늘날 우리가 '서경書經'이라 부르는 문헌은 처음부터 그렇게 불린 것은 아니다. 한漢 제국 이전, 예컨대 공자 시대까지만 해도 아직 특정 문헌을 '경'으로 부르는 전통이 생겨나지 않았던 터라 그냥 '서書'로 불렀다.[1] 이밖에도 '상서尙書'라는 이름이 있다. 이 말은 아주 오랜 옛날 제왕들의 기록, 숭상해야 할 책, 일반에 공개한 왕실의 자료와 최상의 글, 윗사람이 말하고 아랫사람이 기록한 글 등의 뜻으로 풀이된다.[2] 오늘날 학문 분류에 따르면 오경의 『춘추』와 함께 역사학 분야에 해당된다.

여러 갈래의 이름은 모두 사관이 왕과 관련된 사적을 기록하던 관행과 관련이 있다(좌사는 말을 적고 우사는 사건을 적으니 사건은 '춘추春秋'라 하고 말은 '상서'라 한다).[3] 이처럼 이름이 다양하지만 따지고 보면 모두 기록물이라는 뜻이다. 기록물이긴 하지만 『서경』의 내용은, 대부분 정부가 어떤 중대한 결전決戰이나 결정을 앞두고 장병 또는 신하를 상대로 맹서를 하거나 왕이 임지로 떠나는 제후에게 전하는 당부의 말 등으로 채워져 있다. 이런 점에서 『서경』은 왕의 건국 과정과 통치 행위를 통해서 생성된 공적 기록물, 즉 비밀이 해제된 공문서에 해당된다.

동아시아 철학사에는 일군의 문헌을 묶어서 부르는 말이 많다. 예컨대 사서四書·경서經書·위서緯書와 5경·6경·13경 등이 있다. 사서는 『논어』 『맹자』 『대학』 『중용』의 넷을 묶어 가리키는 것이고, 경서는 중국 철학의 형성과 발전을 해명하는 데에 근본이 되는 책들을 말하며, 위서는 새로운 사회 요구에 대응할 수 없는 경서의 한계를 넘어서기 위해 한 제국 시절에 집중적으로 만들어진 일군의 책을 가리킨다. 5경·6경·13경 등은 경서에 포함되는 숫자의 차이를 나타내고 있다. 위의 분류 중에 『서경』은 경서에 속한다. 이로써 『서경』은 근·현대 이전까지 동아시아의 학문 공동체에서 세계의 질서 원리를 부여할 수 있는 귀중한 문헌으로 취급되어왔음을 알 수 있다.

2 스캔들이 생겨난 정황 두 가지

동아시아 학술사(경학사)에 숱한 논쟁이 있어왔지만 가장 오랫동안 그리고 뜨겁게 진행된 것으로는 금·고문 논쟁이 있다. 『서경』도 그 논쟁의 중심에 있었다. 두 가지 정황이 없었더라면 『서경』도 여느 '경'처럼 조용한 역사를 가졌을 것이다.

첫 번째 발단은 진시황(기원전 259~기원전 210) 시절에 실시된 분서焚書, 즉 도서를 대량으로 불사른 사건이다. 그는 경서가 현 왕권의 실정만이 아니라 정책 방향을 끊임없이 뒤흔드는 비판의 근거가 되어서 효율적인 정치 행위에 걸림돌이 된다고 여겼다. 이른바 경서를 익힌 학자-관료가 늘 "옛날에 이렇게 했는데, 어떻게 오늘날 저렇게 할 수 있느냐?"며 옛날에 근거해서 현재를 비판하는 이고비금以古非今의 언론을 펼쳤던 것이다. 그에게 경서는 진리의 보고가 아니라 비방의 무기였으므로 달갑지 않은 존재였다.[4] 그는 민간에서 경서의 제작·판매·유통·보관 등 모든 행위를 금지하는 법령을 제정했을 뿐만 아니라 왕실 도서관 소장분 이외의 책을 모조리 태워버렸다. 아울러 항우는 진 제국이 붕괴하던 시기에 유방과 경쟁하면서 진의 수도에 결정적 타격을 가하며 함양궁에 불을 질렀다. 이때도 왕실 도서관의 수많은 도서가 화마를 피하지 못했다. 두 차례에 걸친 분서로 『서경』이 공적 무대에서 완전히 사라진 것이다.

두 번째 발단은 한자 서체의 끊임없는 변화이다. 오늘날 우리가 보는 한자의 정자는 해서楷書이다. 진한 제국에 이르러 문자 기록의 수요가 폭발적으로 늘어나면서 서체가 끊임없이 간단한 네모꼴로 바뀌어갔다.[5] 경서의 공개적인 연구에 위협이 가해지자 학문의 절멸 또는 사망을 우려하던 사람들은 관료들이 펼치는 감시의 눈길을 피해 책을 여러 곳에 흩뜨려 몰래 감추기 시작했다. 예컨대 진 제국의 박사였던 복생伏生은 학문의 자유로운 연구가 가능한 뒷날을 기약하며 자신의 집 벽장 사이에 책을 무더기로 집어넣는 공사를 몰래 시행했다. 아울러 그는 시간이 나는 대로 『서경』의 내용을 계속 읊조리며 기억을 강화시켰다. 만에 하나 책이 발각되더라도 기억은 발각될 수 없기 때문이다. 한 제국이 수립된 뒤 사정은 급변했다. 한 제국은 문화와 전통의 복원을 기치로 내걸면서 경서와 관련된 금령을 해제시키고 사라진 경서 되찾기 운동을 전국적으로 벌였다. 물론 사라진 경서를 찾는 것은 중요하고 어려운 일이다. 하지만 경서를 찾는다고 해도 일이 다 끝난 것은 아니었다. 되찾은 책의 서체와 당시 통용되던 서체가 다를 것이기 때문이다.

사라진 『서경』을 찾아라!

다행히 격변기를 살아남은 복생은 90세에 가까운 나이에도 불구하고 떨리는 손으로 벽을 허물어 감췄던 책을 찾아보았다.[6] 그곳의 서책은 인간의 손길은 피했지만 자연적인 마멸을 이겨내지 못하여 이미 사라진 부분이 많았다. 특히 『서경』은 겨우 29편만이 남아 있었다. 또 복생이 숨겼던 책의 문자와 당시 통용되던 문자가 다른 것이 문제가 되었다. 당시 통용되던 서체를 금문今文이라 하고, 가깝게는 한 이전, 멀게는 진 이전의 문자를 고문古文이라고 한다.

한 제국은 의욕적으로 『서경』 복원 프로젝트를 추진했다. 복생이 이 일을 맡아주면 좋았겠지만 나이가 이미 너무 많았다. 문제文帝(재위 기원전 180~기원전 157)는 조착晁錯을 복생의 집에 파견해서 다시 꺼낸 『서경』을 금문으로 옮겨 쓰는 작업을 했다. 이 작업을 통해서 세상에 모습을 드러낸 것이 29편의 『금문상서』이다. 이후 이 책은 학관의 정식 교과목으로 채택되었다. 무제武帝 말기에 노나라 제후 공왕恭王은 공자가 살

「**복생수경도伏生授經圖**」, 비단에 채색, 45.5×25.5cm, 일본 오사카시립미술관 소장.

이 그림은 복생의 경서 복원 작업을 그림으로 표현하고 있다. 연로한 복생이 앙상한 팔을 서궤에 걸친 채 온 신경을 집중하며 텍스트를 검토하고 있다. 이 그림 하나가 진에서 한으로 이어지는 과정, 한 제국 학문의 특성을 압축적으로 보여주고 있다. 당나라의 시인이자 화자로 수묵 산수화의 창시자로 알려진 왕유王維(699?~759)의 작품으로 전해지나 확실하지 않다.

던 옛집의 확장 공사를 실시했다. 벽을 허무는 작업을 하던 중 그 속에서 숱한 옛날 전적들이 쏟아져 나왔다. 당시 공자의 12대손 공안국孔安國이 발굴 자료를 수습한 결과 『금문상서』보다 16편이 더 많은 새로운 『서경』을 찾을 수 있었다. 이 책이 고문으로 되어 있던 터라 45편의 『고문상서』라 부른다. 하지만 공안국이 정치적 사건에 연루된 탓에 『고문상서』는 학관에 등록되지 못하여 학인의 주목을 받지 못한 채 그 전승이 흐지부지되고 말았다.

후한이 몰락하고 삼국시대가 전개되면서 다시 경서는 적절한 보호를 받지 못했다. 흉노족 유총劉聰이 낙양洛陽을 침공하여 진晉 회제懷帝 정권에 결정적 타격을 가한 영가永嘉의 난(311)이 발생했다. 이 침공으로 진

산동성 곡부 공묘孔廟 시례당詩禮堂 뒤편의 노벽魯壁. 이곳이 고문상서가 발견된 장소로 알려져 있다.

정권의 일부 세력이 중원에서 강남으로 남하해서 남경南京에 새 정부를 세움으로써 위진과 남북시대가 개막되었다. 무시할 수 없는 또 다른 피해가 있었다. 한 제국이 어렵사리 복원해놓은 문화, 특히 경서가 다시 화마의 희생물이 되었다. 또 『서경』이 사라진 것이다.

이 일을 전후로 위魏와 동진東晉의 학자들이 간간히 『서경』을 되찾았다며 정부에 보고를 하곤 했다. 하지만 공인을 받지 못한 채 "『서경』을 찾았다"는 주장은 해프닝으로 끝나버렸다. 그러다가 동진의 매색梅賾이란 자가 그간 행방이 묘연했던, 공안국이 전수했다는 『고문상서』를 찾았다고 선언했다. 이를 58편의 『공전고문상서孔傳古文尚書』라고 한다. 그 뒤 학자들이 이 책에 주석을 달면서 매색이 발견한 책은 권위를 갖게 되었다. 특히 당 태종이 『오경정의』 작업을 추진할 때 공자의 32대손 공영달孔穎達(574~648)이 『공전고문상서』를 정본으로 삼으면서 진본 『서경』 찾기 운동은 일단락되는 듯했다.

정약용의 미션 수행, "진본과 위작을 구별하라!"

남송 무렵에 무엇이 『서경』의 진본인가를 둘러싸고 이런저런 목소리가 터져나오기 시작했다. 오역吳棫이 『서패전書稗傳』에서 『공전고문상서』의 내용이 『금문상서』와 일치하지 않는다면서 매색의 발견물에 회의를 표명한 이래 주희와 원 제국 오징吳澄(1249~1333) 등이 이 대열에 합류했다. 한번 회의의 물결이 일어나자 당대의 내로라하는 학자들이 하나같이 수사관을 자처하며 『서경』의 진본이 어떤 것인지, 즉 『공전고문상서』가 가짜인가라는 논쟁의 장에 뛰어들었다. 이 논란에 종지부를 찍은 것이 염약거閻若璩(1636~1704)의 『상서고문소증』이란 책이다. 그는—오늘날 모두 전해지지는 않지만—모두 128조목에 걸쳐 『공전고문상서』의 허위성을 낱낱이 밝혔다. 이로써 『공전고문상서』는 매색의 위작, 즉 가짜로 판명되면서 『위僞공전고문상서』로 불렸다. 물론 모기령毛奇齡(1623~1716)이 『고문상서원사古文尙書寃詞』를 지어서 매색의 발견물이 진본이라고 주장했지만 염약거에 의해서 확정된 가짜 판정을 뒤집기에는 역부족이었다.[7]

조선의 학자들도 중국 학술사에 벌어진 『서경』 스캔들에 무관심하지 않았다. 특히 정약용丁若鏞(1762~1836)은 『매씨서평梅氏書平』이란 방대한 저작을 통해 58편 『공전고문상서』 가운데 25편 『고문상서』가 위작임을 밝혀냈다.[8] 정약용이 위작설의 결론을 내리기 위해서 작성했던 조서의 일부를 들여다보자.

위작으로 알려진 『서경』의 글로 「대우모大禹謨」가 있는데 그 속의 한 구절을 예로 들어보자. "禹曰: 惠迪吉, 從逆凶. 惟影響."(우가 말했다. 도를 따르면 길하고 도를 어기면 흉할 것이다. 이는 그림자나 메아리와 같은 것이다.)[9] 「대우모」가 진본이라면 그 책이 쓰일 당시에 인용문의 영影 자는 경景 자로 되어야 한다고 보면서 정약용은 위작설을 주장했다.

> 나는 이렇게 생각한다. 구경九經·사서四書에는 영影이란 글자가 없다. 선진이나 서한의 글에도 하나같이 영 자가 없다. 예컨대 『주례』 「대사도」의 '토규측경土圭測景', 『장자』 「제물론」의 '망양문경罔兩問景', 『회남자』 「천문훈」의 '호위경주呼爲景柱'의 경우 모두 경景으로 되지 않은 곳이 없다. 『안씨가훈』에서 말한다. "진의 갈홍葛洪의 『자원字苑』에 이르

러서야 비로소 경景에 삼彡이 더해져서 영影 자가 쓰이기 시작했다." 그러므로 도연명의 「영답형影答形」이란 시에서도 영으로 되어 있으니, 영 자는 진나라 시대에 만들어진 속자인데 「우하서」(즉 『상서』)에 먼저 이 글자를 썼으니 괴이한 일이 아닌가?(이지형, 47~48, 850)

글자와 의미가 분화되기 이전에 경景은 문맥에 따라 빛과 그림자라는 상반된 의미를 동시에 나타냈다. 더 이상 의미의 혼동이 용인되지 않을 시점에 이르러서 경景은 빛이라는 의미를 가지고 그림자 의미는 영影으로 분화되어나갔던 것이다. 매색은 이런 의미 분화의 과정을 숙지하지 못한 채 자기 시대의 문자로 『고문상서』를 위작했던 것이다. 정약용의 꼼꼼한 분석력과 치밀한 지성 앞에 동진 이래 1700여 년간 진본으로 그 권위를 누려온 책이 마침내 위작으로 밝혀졌다.

3 금·고문 논쟁이 치열했던 이유는?

금·고문 논쟁이 장기간 지속되었다면 그 자체에는 쉽게 꺼지지 않는 불씨가 있었을 것이다. 도대체 그 불씨가 무엇이기에 동아시아의 최고 지성인이 끊임없이 그 논쟁에 개입하게 되었을까? 그 이유는 크게 두 가지로 압축할 수 있다. 하나는 이록利祿이고 다른 하나는 구진求眞이다.

이록과 관련해서 살펴볼 것이 한 제국의 오경박사五經博士 제도이다. 한 제국은 왕립대학 태학을 세우고 신빙성 있는 문헌 자료 연구와 그 성과의 전수를 지원하는 박사 제도를 운영했다.[10] 예컨대 구양생歐陽生, 대하후大夏侯, 소하후小夏侯 등 세 학파가 박사관에 편입되자 그들은 『서경』 연구를 독자적으로 진행했다.[11] 따라서 어떤 경에 대한 연구 집단이 박사관에 편입되면 그 학문의 정통성이 국가적으로 공인될 뿐만 아니라 자파의 텍스트를 전수할 수 있는 인적·물적 지원 방법을 확보하게 되었다. 이것은 오늘날 한국의 연구자들이 국립대학에서 학과를 설립 운영하거나 한국연구재단으로부터 BK·HK 등의 사업에 선정되는 것과 비슷하다고 할 수 있다.

고문 자료가 발굴되기 전에는 금문학파가 오경의 박사관을 거의 완전하게 장악하고 있었다. 하지만 고문 자료가 세상에 나타나면서 금문 경학의 독점 시대가 끝나고 금문과 고문의 학파가 각각 자파의 자료가 더 신빙성 있고 완전하다는 주장을 내세우며 각축하는 경쟁 체제를 만들어 나갔다. 이로부터 금문 경학의 특정 학파가 박사관에서 퇴출되기도 하고 고문 경학의 특정 학파가 박사관에 신설되기도 했다. 여기서 퇴출·신설·존속을 둘러싼 경쟁은 금문과 고문 자료라는 유래의 차이와 결부되어서 한층 치열하게 전개될 수밖에 없었다.

춘추·전국시대만 해도 정부나 준정부 조직을 갖춘 정치 집단은 행정 실무의 수행이나 통치 이념의 입안과 관련해서 지식인을 우대하는 양사養士 정책을 펼쳤다. 지식인은 물적·정치적 기반이 없더라도 난립하는 정치권으로부터 자율성을 견지할 수 있었다. 하지만 진한 제국이 등장한 이후 별도의 물적 기반이 없을 경우 지식인들은 오로지 관직에 진출하는 것으로 존재감을 드러낼 수밖에 없었다.[12] 역설적이게도 송 제국의 진종眞宗(재위 997~1022)은 「권학문勸學文」을 지어서 남성들에게 공부야말로 성공하는 인생을 보장한다는 노래를 읊는다. "남성들이여, 일생의 포부를 펼치려고 한다면 창 앞에서 육경을 부지런히 읽어라!"라고 권장했다. 그 이유로 책 속에 진리가 있다고 말하지 않고 곡식과 화려한 저택 그리고 거마와 아름다운 부인이 있다는 물질적 보상을 내세우고 있다.[13] 이러한 사고방식은 찾아보면 상당히 오래된 것이다. 일찍이 공자에서부터 나타나기 때문이다. 그는 제자들에게 관직으로부터 일정 정도 자유로우면서 학문에 몰두하기를 바랐지만 다른 한편 생산 노동보다 관직에 종사하면 안정적인 생활을 하는 특권을 누릴 수 있다고 말하고 있다.[14]

다음으로 구진求眞, 즉 진리의 탐구라는 측면을 살펴보자. 앞의 정약용의 글은 "괴이한 일이 아닌가?"라는 말로 끝나고 있다. 이 지적은 『위고문상서』가 경으로서 자격을 지니지 못했다는 단정이다. 나아가 가짜가 진짜 행세를 했지만 결국 가짜로 들통이 난 『위고문상서』에 대해 내리는 학적 사형 선고이다.

정약용은 매색이 『고문상서』를 위작한 것만큼이나 모기령이 『고문상서원사』를 통해 "성인의 경전을 보위한다"고 한 목표를 신랄하게 비판한다. 모기령은 주희가 『고문상서』에 의혹을 표시한 것을 두고 "고문의 억울함은 주자로부터 비롯되었다"며 사사건건 주희의 주장을 반박했다. 이에 대해 정약용은 주희가 의심하지 말아야 할 것을 의심하여 보물의 가치를 훼손시킨 것이 아니라 매색의 『상서』에 진실로 의심할 만한 것이 있었던 까닭에 의심한 것이라는 논리를 펼친다. 즉 진위를 가리기 위한 의심은 금기시될 것이 아니라 권장되어야 할 바람직한 학문적 태도로 고려되고 있다. 나아가 정약용은 공평한 태도를 내세우며 호승심을 학문으로 치장하는 모기령의 학문 자세를 비판했다.(이지형, 45~46, 755~756)

4 위작으로 드러났는데 왜 『위고문상서』는 『서경』에서 삭제되지 않았을까?

만약 이 글을 읽다가 '도대체 『서경』이 어떤 책이기에 이렇게 논란이 되는가?'라는 생각이 들어 도서관에서 책을 찾아본다면 깜짝 놀랄 것이다. 『위고문상서』 부분이 『서경』 속에 버젓이 남아 있기 때문이다. 금·고문 상서의 논쟁치고는 참으로 괴이한 결말이다. 위작이나 궤변의 당사자에 대한 파문의 조치도 없었을 뿐만 아니라 위작 부분을 삭제도 하지 않았다니 말이다. 정경canon과 외경apocrypha의 구별이 엄격한 전통에서 생각해보면 진짜와 가짜의 병치는 무척이나 납득하기 어려운 일이다.[15]

왜 이런 희한한 일이 벌어졌을까? 아마도 학적 관행이나 효용론적 진리관 등과 관련이 있을 듯하다. 근현대 『서경』의 주석서가 나오기 전에 『오경정의五經正義』에 수록된 공영달의 『상서정의』와 채침蔡沈(1167~1230)의 『서집전書集傳』이 있다. 전자는 당 제국까지의 고주古注를 수록하고 있고, 후자는 송 제국의 신주新注를 반영하고 있다. 시대의 차이가 있음에도 불구하고 두 책은 모두 『위고문상서』를 버젓이 『서경』 속에 싣고 있다. 그 결과 훗날 『서경』을 학습하는 사람들은 금고문 논쟁의 발단과 그 귀결을 들어서 알고 있더라도 진짜와 가짜가 병치된 책을 여전히 『서경』의 텍스트로 간주하는 관행에서 벗어나지 못했던 것이다.[16]

김학주가 번역한 『서경』의 일러두기 4번을 보면 재미있는 내용이 있다. "『위고문』 25편은 비록 정경으로서는 문제가 있다 하더라도, 이미 천여 년 동안 우리 조상들이 그대로 읽어 큰 영향을 받고 있던 터라 금문과 구별만 해주고 똑같이 번역하고 주석을 달았다."(김학주, 9) 그는 『위고문상서』 25편이 위작이라는 사실을 숙지하고 있었다. 하지만 가짜가 1700년 간 진짜로 행세하면서 그렇게 받아들여져 창출된 결과를 무시할 수 없다는 것이다. 아울러 이 말 속에는 위작일지라도 진짜로서 행세를 했고 그로 인해 영향을 끼쳤다면 그것 자체로도 의의가 있다는 속뜻을 깔고 있다. 즉 효용을 낳았으면 진리 대우를 받을 만하다는 특징을 드러내고 있다. 이런 사유 방식이 얼마나 만연했는지 매색의 위작을 신랄하게 비판했던 정약용마저도 "매색의 『상서』는 여러 말을 모아 일가를 이룬 것이니, 좋은 말과 바른 교훈이 또한 없지 않다"[17]는 평가를 내리고 있다.

도대체 왜 위작이면서 그 성과가 통째로 부정되지 않고 효용론을 통해 진리로 되살아났을까? 예컨대 위작으로 알려진 「대우모」에 보면 "개별화된 사람의 마음은 인내 없이 위태롭기 그지없고 도의 마음은 자기 수양 없이 미미하기 그지없다. 오직 순수하고 오직 한결같은 마음으로 진실로 중정함을 지킨다"는 구절이 있다.[18] 이 구절은 매색의 위작을 의심했던 주희마저도 철인 왕 요·순·우임금이 서로 전수한 철학적 비결로 간주했다.(「중용장구 서」) 아울러 이 구절 속의 인심人心과 도심道心 그리고 정일精一과 집중執中 등이 신유학의 사유 체계를 작동시키는 핵심으로 여겨지고, 나아가 이 구절이 철인 왕끼리 사자師資 전승한 16자의 심법心法으로 평가되었다. 즉 「대우모」가 위작이지만 그 속에는 결코 의심할 수 없는, 아니 반대로 존중해야 할 진리를 담고 있는 자료가 있는 듯 취급되었다. 사정이 이렇게 되자 『서경』에서 「대우모」의 추방 사건은 결코 일어날 수 없는 일이 되었던 것이다. 역설적이게도 진리가 진짜에는 부재하고 가짜에는 존재하게 된 것이다.

5 덕德의 나라를 향한 진군가

『서경』을 읽다보면 덕德은 가장 눈에 띄는 명사형 중 하나이다. 고전 문헌에 대한 훈련이 착실하지 않으면 아마도 이 덕을, 일반적으로 사람들의 도덕적 행위를 가능하게 하는 내면의 도덕심으로 이해하려고 들 것이다. 하지만 『서경』에서 덕은 대부분 왕덕王德의 줄임말로 철인 왕이 사회 질서를 창출하는 데 발휘하는 특별한 권능의 뜻으로 쓰인다. 이것은 막스 베버가 『경제와 사회』에서—전통적·법률적 권위와 구별하여—초인간적·초자연적 힘을 가리키며 쓰는 카리스마charisma 개념과 상당히 유사하다.

예를 들어 『서경』의 첫 편 「요전堯典」은 전설적인 철인 왕 요임금의 행적을 기록하고 있다. 그는 "큰 덕을 충분히 발휘하여 모든 종족을 가깝게 지내도록 했다"라며 덕의 소유자로 그려지고 있다. 그의 덕은 지배권이 미치는 범위 안의 모든 종족을 하나로 결집시키는 재능과 관련이 있다. 이 덕이 이야기되는 바로 앞부분에서 세상을 변화(감화)시키기 위해서 뿜어내는 그의 "빛이 온 세상에 두루 비치고 하늘과 대지 곳곳에 이르렀다."[19] 그는 천상의 세계와 소통할 수 있으며 그의 은혜는 공간적 제약을 넘어서 미치지 않는 곳이 없다. 이런 점에서 덕은 후대의 덕성과 구별되면서 일반 사람들이 거역하지 못하고 성왕들이 인도하는 세계로 끊임없이 동참하게 하는 초월적 능력과 관련된다고 할 수 있다.

그렇다면 이 덕은 어떻게 사용되는가? 구체적으로 말하자면 덕이 어떻게 행사될 때 세계의 질서를 증대시키는 방향으로 작동하게 할 수 있을까? 이와 관련해서 위작으로 알려진 「대우모」에 흥미 있는 이야기가 실려 있다. 순임금은 자신의 지배 영역과 인접해 있으면서 곧잘 마찰을 일으키는 묘족苗族 때문에 골머리를 앓았다. 그는 우禹에게 묘족 문제를 군사적으로 해결할 것을 지시했다. 우는 연합군을 모집해서 전장에서 묘족의 도덕적 타락을 지적하는 등 전쟁의 명분을 설명함으로써 군사의 사기를 진작시키고 30여 일에 걸쳐 줄기차게 공격했지만 묘족의 항복을 받아내지 못했다.

이때 순임금의 다른 신하 익益이 "오직 덕만이 하늘을 감동시키며 아무리 먼 곳이라도 미치지 못하는 곳이 없다"며 전략을 수정할 것을 요청했다. 왜냐하면 "오만한(건방진) 자는 손해를 입게 되고 겸손한 자는 이익을 받는데, 이것이 바로 천도이기 때문이다"라고 주장한다.[20] 이에 따라 군대를 뒤로 물리고 순임금이 문덕文德을 펼치자 묘족이 70여 일 만에 자발적으로 복종해왔다고 한다.

묘족 문제를 처리하는 방식과 관련해서 오늘날의 말로 하면 우는 매파로서 군사적인 해결책을 내세우고, 익은 비둘기파로서 평화적인 방법을 주장하고 있는 셈이다. 사태는 우의 방법으로 시작되었다가 결국 익의 방법으로 마무리되고 있다. 그런데 『서경』에서 금문상서로 알려진 「탕서」「목서」「대고」 등을 보면 이야기가 전혀 다르다. 이들은 각각 은의 탕이 하의 걸桀임금을, 주의 무가 은의 주紂임금을, 주의 주공이 은의 부흥 세력을 각각 군사적으로 무자비하게 정벌하는 내용을 다루고 있다. 여기서 새로운 지도자는 천명天命을 받아서, 무력 혁명을 도탄에 빠진 인민을 해방시키고 구원으로 이끄는 길로 고려하고 있다. 즉 세계의 질서를 회복하는 일에서 「대우모」의 '덕의 길'과 방법을 달리하고 있다.

이 시점에서 『서경』 가운데 금문상서만 남고 위고문상서가 없다면 어떻게 될까라는 점을 상상해보자. 그러면 『서경』에는 정치적 견해를 달리하는 내부의 적이나 지배 영역의 충돌을 일으키는 외부의 적들을 대상으로 '진격!' '돌격!'을 독려하는 군가 소리가 드높았을 것이다. 텍스트의 기원상으로 진짜와 가짜가 병치됨으로써 현존하는 『서경』에는 진격을 알리는 말발굽 소리가 약간 잦아든 틈새로, 언설을 통해 문제를 해결하려는 '말들의 시장'이 들어서게 된 것이다. 둘을 합치면 『서경』은 덕의 나라를 세우고 지키기 위해 때로 진군의 군악이 울려 퍼지는 세계였던 것이다. 이로써 『서경』은—확연하게 둘로 나누기는 어렵지만—전자는 금문상서가 파서 흐르게 된 강물이라면 후자는 위고문상서가 파서 흐르게 된 강물이라고 할 수 있다. 이 두 강물이 세계 질서를 형성하는 거대한 물결로서 존중받아왔던 만큼 위고문상서는 『서경』의 대하에서 결코 증발될 수 없었던 것이다.

6 에필로그

『서경』은 어떤 책인가? 시대적 상황에 따라 대답은 달라진다. 전통시대(전근대)의 경우 『서경』은 세계에 질서를 부여하기 위해 분투한 지적·실천적 결실이 녹아 있는 성경이었다.[21] 철인 왕과 지식인들이 자신의 시대를 불안하고 타락한 것으로 느끼는 만큼 『서경』 속의 철인 왕들이 내놓은 지혜의 빛에 의존하지 않을 수 없었다. 오늘날의 시각에서 평이하게 말하면 『서경』은 전체적으로 요·순·우·탕·문·무라는 철인 왕들이 왕조의 구별을 뛰어넘어서 인민의 복지가 보장되는 이상 국가를 실현하기 위해 분투하는 자료라고 할 수 있다. 하지만 문왕과 무왕 이전의 이야기는 설혹 사실이라고 하더라도 후대 사람들의 문자화 작업을 통해 재해석된 대필의 혐의를 벗을 수 없다. 이런 점에서 보면 『서경』은 주족周族의 건국建國과 수성守成 이야기를 다룬 기록물이라고 할 수 있다.[22]

건국과 관련해서 역성혁명과 천명天命이 주요하게 논의되고 있다. 왜냐하면 신하의 나라였던 주족이 천자의 나라였던 은족을 정벌한 만큼 왕조 교체를 정당화해야 했기 때문이다. 이에 주족의 건국이 권력욕에 불타는 야심가가 벌이는 하극상이 아니라 도탄에 빠진 인민을 구원하는 거룩한 사업으로 재해석되고 있다.

수성과 관련해서 경敬·시종여일始終如一·민덕敏德·무일無逸 등이 중요하게 다루어지고 있다. 주의 건국 자체는 새로운 철인 왕의 등장을 허용할 수밖에 없다. 왜냐하면 왕이 타락하면 새롭게 천명을 받은 자가 구원자로 나설 수 있기 때문이다. 주족은 자기 왕조가 영원할 수는 없지만 장기적으로 지속하려면 왕에게 주어진 소명을 성실히 이행할 수밖에 없는 것이다. 이로써 덕의 의미도 달라진다. 요나 순의 덕이 천상과 대지를 넘나들며 세계에 질서를 부여하는 초월적 권능이라고 한다면, 문왕·무왕 이후의 덕은 해야 할 것과 하지 말아야 할 것이 선악으로 분류된 바탕 위에서 유전된 규범을 준수함으로써 전통적 권위를 갖게 되는 것이다. 물론 아직도 이 덕은 왕의 덕이지 보통 사람들이 소유할 수 있는 모두의 덕은 아니다.

다시 이 둘은 화化 개념으로 압축될 수 있다. 『역』과 『장자』는 헤라클레이토스의 Panta rhei(모든 것은 흐른다)처럼 만물 유전, 즉 변화의 존재론을 설파한다. 『서경』에서 화는 그것과 다르다. 그것은 어떻게 하면 인민을 나와 같게 생각하고 행동하도록 변화시킬까, 또 어떻게 하면 인민이나 이웃 국가를 물리력에 의존하지 않고서 나의 의지에 자발적으로 순응하게 할까, 라는 물음과 관련되어 있다. 즉 나의 세계를 무한히 확장하도록 하는 팽창의 문제이다. 『서경』의 용어로 말하면 먼 곳을 회유하고 가까운 곳을 안정시키는 유원능이柔遠能邇, 즉 제국의 정치 철학이라고 할 수 있다.[23]

제2장

메시아

구원자로서의 철인과 유비추리의 성인

1 여는 글

중국 유가 철학에서 사람은 항상 더 나은 사람이 되기를 갈구하며 살아가야 한다. 또 유가에서는 특정 사람이 성취한 사람됨의 품격을 범인凡人·사인士人·현인賢人·성인聖人(철인哲人) 등의 용어로 분류한다. 위의 두 주장을 결합하면 사람은 범인에서 성인으로 나아가기 위해서 끊임없는 노력을 경주해야 한다. 여기서 '더 나아진다'는 술어는 그 이전의 사람됨을 완전히 부정하고 새로운 차원의 사람으로 되어가는 상승을 의미하지 않는다. 왜냐하면 유가 철학의 사람됨의 단계에서는 근원적으로 넘어설 수 없는 경계가 설정되어 있지 않기 때문이다. 사람은 계속 좋아진다고 하더라도 이전 단계에서 성취한 품격을 온전히 가지고 다음 단계로 올라선다. 긍정과 부정의 계기가 동시에 들어가므로 확장이란 말이 그 특성을 드러내기에 적절한 듯하다.

이처럼 여러 단계의 사람됨은 어떤 면에서 다르다거나 차이난다고 할 수 있을까? 이 점은 특정 개인의 사회적 역할과 영향력에 의해서 구별될 수 있다. 예컨대 천자의 사회적 역할은 다른 사람의 사회적 역할과 달리 만인, 즉 하늘 아래의 모든 사람을 상대로 해서 실행된다.(이런 범위 설정은 이념적일 뿐이지 결코 현실적이지는 않다.) 즉 그가 명주明主로서 사회 모든 성원에게 좋은 영향력을 끼칠 수도 있고 암주暗主로서 반대의 영향력을 끼칠 수도 있다. 반면 필부匹婦와 필부匹夫는 각각 짝이 되는 한 사람과 관계를 맺으므로 그 영향력의 범위가 아주 좁다. 이러한 사회적 역할의 차이로 인해 천자의 사람됨은 출발부터 범인·사인·현인의 수준에서 문제시되지 않고 바로 성인 수준에서 문제시된다. 결국 천자는 성인이 되느냐가 초점이 된다.

하지만 현실에서 군주는 편차가 매우 다양하다. 만약 그가 명주라면 성인이 될 수 있지만, 암주라면 범인의 수준으로 떨어질 수 있다. 그 결과 성인-군주는 공동체에 평화와 질서를 가져오지만 범인-암주는 전쟁과 혼란을 일으킬 수 있다. 이처럼 전근대 시기에 군주가 세계 내부에서 갖는 영향력은 엄청난 것이다. 한편으로 만인에게 영향을 끼치는 천자는 세습으로 주어지는 귀속 지위이다. 그 천자가 어떤 사람에 도달하느냐는 성취 지위이다. 예컨대 그가 문명과 제도를 처음으로 만드는 창시자가 될 경우 성인이 되는데, 이는 귀속 지위가 아니라 성취 지위이다.[1] 즉 원래 그는 처음에 그냥 천자일 뿐이었지만, 행사를 통해서 만인에게 혜택을 주었기 때문에 성인의 품격을 획득할 수 있었다. 천자가 아니더라도 사람이 자기 수양을 하여 주어진 조건으로부터 확장된 인물이 될 수 있다. 이처럼 유가라면 천자만이 아니라 모든 사람이 성인이 될 수 있다는 주장을 공유한다.[2]

이 글에서는 철인과 성인의 문제가 최초로 나오는 『서경』 『시경』을 대상으로 두 가지 인격 유형의 의미를 밝혀보고자 한다. 종래 이 주제와 관련해서 주로 『논어』의 성인이나[3] 송명시대 유가의 성인관[4]을 중점적으로 다루었다. 그 결과 성인의 특징이 많이 밝혀졌다. 하지만 범위의 제한으로 인해 『논어』에는 성聖이 나오지만 철哲 자가 한 번도 쓰이지 않는 점, 전국시대 이후 성인·철인의 의미가 신비화되는 점 등 두 개념의 변화를 통시적으로 규명하는 데에 한계를 드러내고 있다.

이런 한계를 벗어나기 위해서 나는 서주시대에서 춘추시대에 이르기까지 사회 변동을 담당하는 주체가—지배 계급의 내부에 한정된다고 하더라도—변화되고 있다고 전제한다. 그 바탕 위에서 나는 변화된 주체들에게 어떤 유형의 덕목이 새롭게 달리 요구(기대)되었는지를 실증적으로 분석하고서, 철哲과 성聖의 의미를 구체적으로 해명하려고 한다.

이러한 과정에서 자연히 동양(중국)철학의 최초 물음이 무엇인가라는 문제와 잇닿게 된다. 최초의 질문자들은 그리스의 탈레스와 플라톤처럼 추상적 지식의 소재나 그것을 획득하는 방법을 탐구하기보다는 어떤 유형의 행실을 거듭하여 개개인을 둘러싼 사회적 환경에 긍정적 영향을 끼치는가에 지대한 관심을 쏟았다. 형식적으로 표현하자면, 그들은 "너 자신을 알라!"보다는 "너의 행실을 신중히 하라!"를 격언으로 삼았다고 할 수 있다. 이러한 특성은 같은 덕德이라고 하더라도 지식에 치우치느냐 행위(행사)에 치우치느냐라는 차이를 나타낼 수 있다.

2 사회 주도 계층의 신분 하향과 덕목의 관련 양상

주 왕조가 창건될 당시나 서주시대에 주 천자는 어떤 영역이든 모두 활동의 중심을 차지했다. 이러한 사실은 은·주 왕조 때 천자가 '천하에 오직 나 한 사람'이란 뜻의 '여일인余一人' 또는 '여일인予一人'으로 자칭하던 것에서 확인할 수 있다.[5] 여일인이 갑골문과 『좌전』 『국어』에서도 확인되듯이 왕(왕자)과 천자는 일찍부터 하늘과 인간을 매개하면서 지상세계를 통치하는 유일한 주권자로 여겨져왔다.

그러나 춘추시대(기원전 770~기원전 464)는 안정된 서주시대와 달리 여러 분야에서 사회 변동이 일어났다. 사회계층 변동의 실증적 연구에 따르면 시기마다 왕조의 중심적인 역할을 수행했던 계층이 변했다. 그 주체는 공족 출신·경대부·사 계층으로 신분의 하향적 변화를 뚜렷하게 보여주고 있다. 『서경』의 경우 중요한 결정과 현명한 정책을 결정할 때 왕은 현신의 도움을 받지만 늘 중심에 위치해 있다. 『좌전』과 『국어』의 경우 왕 또는 천자는 세상의 변화를 주도하지 못할 뿐만 아니라 어리석거나 불행한 일을 일으킨 원인 제공자로 나온다. 초기에 그를 대신해서 제후가 세계 질서의 중심인물로 등장하다가 후기로 갈수록 사가 전쟁을 승리로 이끌고 복잡한 국제 현안을 풀어내는 주인공으로 나타나고 있다.

위의 사실을 실증적으로 확인하기 위해서 『한서』 「고금인표古今人表」와 『좌전』의 등장인물의 사적事跡을 중심으로 위 시기를 10주기로 구분했다. 시기별로 문헌에 보이는 인물의 수를 집계했다. 그 결과 제4기(기원전 632~기원전 603) 이후에 공족 출신은 총 인물 수나 전 계층의 백분율(10퍼센트 이하)에서 뚜렷한 하향 곡선을 그리고 있다. 경대부 계층은 동일한 시기부터 인물 수나 백분율(70퍼센트를 웃돎) 면에서 폭발적인 증가세를 보이다가 마지막 제8, 9기에 하락세를 보이고 있다. 반면 사 계층은 동일한 시기부터 비약적인 상승세를 나타내고 있다.[6]

위의 사실을 바탕으로 우리는 『서경』 『시경』의 서주시대와 『좌전』의 춘추시대 문헌들을 교차적으로 검토해보면 발언자들이 중점적으로 빈번하게 요구(기대)하는 덕목들이 다르게 나타난다는 사실을 확인할 수 있다. 이를 바탕으로 사회 변동의 주체와 그들에게 요구(기대)되던 덕목 변화의 연관성을 살펴보려고 한다.

중국 철학사에서 인仁은 소위 보편적인 덕목으로 간주되지만 서주 초기 문헌에는 매우 적게 등장하므로 인은 대상으로 잡지 않았다.[7] 그래서 위의 문헌에서 왕·경대부·사와 관련되는 덕목으로 거론되는 철哲·성聖·덕德·현賢·예禮 등으로 대상을 한정하고자 한다.

〈표1〉 문헌과 중요 덕목어 출현 빈도수

용어＼문헌	『서경』	『시경』	『좌전』	『논어』
철哲	10(18)	12	2	0
성聖	2(22)	8	25	8
현賢	1(18)	2	17	25
예禮	4(18)	10	492	75
덕德	54(224)	71	254	40

* 『서경』은 서주 초기 저작으로 추정될 수 있는 편명에만 국한했다.[8]
* 『서경』의 ( ) 안 숫자는 전편을 대상으로 한 경우임.

철哲의 경우 서주 초기 왕에게 기대(요구)되던 덕목으로 여겨지다가 춘추시대에 와서는 잘 쓰이지 않는다는 것을 알 수 있다. 성의 경우 철과 달리 계속 쓰이지만 『좌전』의 예나 『논어』의 인에 비교한다면 중요도가 점차 줄어들었다고 할 수 있다. 덕과 예는 『시경』 『서경』에서도 어느 정도 사용되나 『좌전』에서 비약적인 증가세를 보이고 그 추세는 『논어』에서도 계속되고 있다. 현은 시간의 경과에 따라 완만한 증가세를 보이고 있다.

이러한 사실을 위의 계층 변화와 연관지어 생각해보면 철과 성은 『서경』 『시경』의 서주 초기 왕에게 주로 기대(요구)되었고, 덕과 예는 『춘추』 『논어』의 춘추 시기 대부와 사 등에게 주로 기대(요구)되었고, 현은 춘추 후기 사에게 주로 기대(요구)되었던 덕목이라고 정리할 수 있을 듯하다. 이를 바탕으로 사회적 역할의 중심과 덕목의 동반적인 변화의 과정과 의미를 밝혀보자.

먼저 『서경』 『시경』을 중심으로 서주 초기 왕(왕자)과 그에게 요구되던 덕목을 살펴보자. 서주 초기의 사실을 반영할 수 있는 자료의 신빙성 면에서 현행 『서경』 전체를 대상으로 하지 않고 일부를 대상으로 한다.

용례를 살펴보면 철은 은·주 왕조의 임금, 특히 왕조의 개창자에게만 편중해서 쓰이다가 여厲·유幽왕 시기에 와서 희화화되면서 지칭 대상도 확대되고 그 고유한 의미가 소멸되거나 아니면 다른 술어로 대체되어버린다.

구체적으로 알아보자. 『서경』을 보면 철은 모두 열 번 중 다섯 번이 은 선철왕殷先哲王 식으로 은 왕조 초기 개창자를 지칭하고, 네 번은 주 왕조 성왕이 임금으로서 결여하고 있는 또는 구비해야 할 요건으로 사용된다. 『시경』의 경우 철이 열두 번 쓰인다. 「대아」 「하무下武」 「주송周頌」 「옹雝」 「상송商頌」 「장발長發」 등에서 철은 주 왕조 문왕이나 상 왕조 개창자를 대상으로 하고 있다. 「소아」 「홍안鴻鴈」 「대아」 「증민烝民」 등에서 철은 주 왕조 중흥자로서 선왕 시기의 작품으로 특정한 신하에게 확대되어 쓰이고 있다. 나머지 「소아」 「소민小旻」 「대아」 「억抑」 「대아」 「첨앙瞻卬」 등에서 철은 여·유왕 시기에 주 왕조의 국정을 혼미하게 만든 원인으로 지목되는 포사褒姒를 희화적으로 가리키고 있다.[9] 이로써 철은 왕의 조건이지만 현실의 왕에게 결여된 덕목이 되어버렸다. 나아가 민民 중에 철인이 있다는 새로운 발견을 표현하고 있는데, 이는 인민을 불행하게 만든 지금의 왕조를 무너뜨려서 질서를 바로잡을 새로운 왕자의 출현을 희구하는 것으로 해석할 수 있다.

3 서주시대: 『서경』『시경』의 천자와 철哲, 혁명가

지금까지의 논의를 바탕으로 이제 『서경』『시경』에 쓰인 철의 의미를 분석해보기로 하자. 철은 「대고」에 보인다. 이 문헌은 무왕이 주 왕조를 개국하고서 얼마 뒤에 죽자, 나이 많은 삼촌 주공이 나이 어린 조카 성왕을 보좌해서 국정을 안정시키고 있었는데, 주위에서 주공이 조카를 두고 자립할지도 모른다는 소문이 돌자 이에 대처하는 내용을 담고 있다.

> 나처럼 나이 어린 사람이 천자의 지위를 계승했다. 나는 왕조의 개창자들처럼 1)구원자(혁명가)의 반열에 들 정도[造哲]로 2)민을 평안한 상

황으로 영도하지〔民康〕 못하는데 3)하물며 천명의 향배를 예측할〔知天命〕 수준에 도달할 수 있겠는가? (…) 선인이 받은 천명을 분주하게 부연하고 위대한 공업〔開國〕을 실추시키지 않기 위해서 나는 하늘이 내려준 징벌의 권한을 거절할 수 없도다.[10]

먼저 1을 2와 3에 모두에 연결시키느냐, 아니면 2에만 연결시키고 3을 따로 떼어놓느냐에 따라 철의 요건이 달리 파악된다. 공안국孔安國(『한문대계』 제12책, 7권 20), 공영달孔穎達(『십삼경주소』 제1책, 13권 16~17), 취완리屈萬里(1907~1997) 등이 모두 전자의 풀이를 따르고 있다. 이를 받아들인다면 철哲은 안민安民과 지천명知天命을 포괄한다고 볼 수 있다. 그렇다면 철은 백성에게 안정된 생활을 보장하고 천명의 향배를 예측하는 상태라고 말할 수 있다. 이를 보다 명확하고 간명하게 규정하기 위해 기존의 해석자들이 철을 어떻게 설명하는지를 살펴보자.

공안국은 철을 지智로 풀이하는데[11] 이것만으로 오늘날 한글의 어느 단어에 해당하는지를 알 수 없다. 호시노 히사시星野 恒의 지식知識(『한문대계』 본, 책12, 7권 30 두주), 취완리의 명지明智(위의 책, 89), 김승혜의 현명, 지혜(위의 책, 54)는 과연 철의 의미를 규명하는 데에 적절한 단서를 제공할 수 있을까? 지식·명지·지혜의 풀이는 모두 철을 구체적 행위보다는 추상적 지식과 연결시킨다는 측면에서 공통적이다. 이 경우 지식의 내용이 명확하게 설명되지 않아 철의 내용도 모호한 채로 남아 있다.

논의의 편의를 위해서 위의 세 가지 번역어 중에서 지혜라는 대응어가 적절한지를 아리스토텔레스의 『니코마코스 윤리학』[12]에 나오는 지혜sopia, 실천적 지혜phronesis와 비교해보자.

아리스토텔레스의 철학적 지혜sopia는 그 단초가 달리 있을 수 없는 존재자를 대상으로 하여(178) 근본 명제의 인식과 그 근본 명제를 이용하여 논증할 수 있는 상태를 가리킨다.(181) 『서경』에서 철은 현실적으로 민을 평안하게 하는 방법과 관련이 있다. 이 방법은 단 하나일 수 없으며 이럴 수도 있고 저럴 수도 있다. 아울러 다른 계기인 천명의 향배도 반드시 특정 왕조나 특정 개인과 독점적으로 연결되지 않는다. 천명은 천의 판단과 민심의 변화에 따라 이 사람에게 부여될 수도 있지만 그가 커다란 잘못을 저지르면서 다시 저 사람에게도 옮겨갈 수 있다.

또 인용된 「대고」의 다음 문장을 보면 사람이 사태 해결을 위해 지성을 발휘하지 않고 거북점을 치는 내용이 나온다. "나라를 안정시키는 왕, 즉 무왕께서 나에게 커다란 보배로운 거북을 건네주면서 하늘의 빛(의사)을 알아보게 했다. 곧 점을 치니 '서쪽 지역에 큰 어려움이 있으리라. 서쪽 사람들은 안정을 찾지 못하여 이에 동요하고 있다'라고 했다."[13] 성왕은 자신의 이성을 발휘하여 지금 닥친 문제를 해결하는 방안을 찾아서 선택하지 못하고 신탁에 의존하고 있다. 「대고」의 인간은 아직 신으로부터 완전히 독립하지 못한 상태에 있는 셈이다.

이렇게 보면 인용문의 '철哲: 지혜'는 인식의 대상과 상태 두 가지 측면에서 모두 철학적 지혜의 특성을 가지고 있지 않다. 그러므로 철을 지혜라고 번역한다 하더라도 그때의 지혜는 철학적 지혜를 가리킬 수 없다.

두 번째로 아리스토텔레스의 실천적 지혜와 인용문의 '철: 지혜'를 비교해보자. 실천적 지혜는 달리 있을 수 있는 대상을 성찰하고(174, 177) 인간적인 선에 관해서 참된 이치를 따라 행동할 수 있는 상태를 가리킨다.(179~180) 그리고 실천적 지혜는 무엇을 해야 하고 무엇을 해서는 안

된다는 것을 규정하고 명령하지만(188) 실천적 지혜라는 앎 그 자체는 행위를 산출해낼 수 없다.

인용문의 '철: 지혜'가 달리 있을 수 있는 대상을 면밀하게 숙고하므로 그것은 실천적 지혜와 닮아 보인다.(190~191) 그러나 실천적 지혜는 올바른 이치를 따르는 상태일 뿐만 아니라 올바른 이치를 머금고 있어 자신이 이성을 갖고 자주적으로 이치를 따르고자 한다.(193) 위의 '철: 지혜'는 행위의 선택에 앞선 심사숙고가 앞 사람 또는 건국 영웅의 수명受命 사실에 의존하지 성왕 자신이 이성을 가지고 자주적으로 심사숙고하여 선택하지 않는다. 자기 결행의 정당성은 조상의 천명 수수 사실 그 자체에 달려 있다. 결국 이러한 맥락에서 이 '철: 지혜'는 실천적 지혜와 같다고 볼 수는 없다.

'철: 지혜'로 볼 수 있는 다른 방법을 생각해보자. 일상어의 "지혜롭게(슬기롭게) 사태를 처리하다"처럼 지혜는 경험이 풍부한 늙은이(어르신)가 젊은이가 빠지기 쉬운 지나친 비관과 낙관을 피한 채 태연하고 탁월하게 사태를 처리하는 상태를 가리킬 수 있다. 인용문의 성왕은 자신의 발언에서 나타나듯이 경험이 없는 어린 사람이면서 사태의 전개 방향에 대한 두려움과 결행에 앞선 초조함으로 인해 안절부절못하고 있다. 그렇다면 성왕은 지혜롭지 못한 인물이다. 어찌 보면 이 점은 당연한 일일 뿐 비난과 칭찬의 대상이 될 수 없다. 왜냐하면 나이 어린 성왕이 갑작스럽게 당한 국난의 위기에서 경험이 풍부하며 온갖 지략을 다 짜내는 어른으로 변신하기를 바란다면, 그것은 인용문을 너무 신화적이거나 영웅적 사고로 읽어낸 것이라 볼 수 있기 때문이다.

그럼에도 불구하고 한편 '철: 지혜'를 지혜로 볼 수 있다고 가정한다면, 성왕 자신이 지금 현재 지혜를 소유하고 있진 않지만 앞으로 지혜를 소유하여 그것을 발휘할 수 있을 거라고 주장하는 셈이다. 좀 더 과도하게 해석하면 그는 앞으로 게으름을 피우지 않고 지혜의 탐구(사랑)에 매진하겠다고 스스로 다짐한 것으로 볼 수 있다. 이게 사실이라면 서주시대의 초기, 즉 기원전 11세기경에 철학이 시작되었다고 말할 수 있다. 그렇다면 적어도 인용문 다음이나 「대고」가 아닌 다른 편에서 지혜의 탐구와 그 방법을 가지고 논의를 진행해야 한다. 실제로 『서경』을 샅샅이 뒤져봐도 그런 내용은 없다. 반복되는 내용이 있다면 그것은 다름 아니라 명덕신벌明德愼罰이다.[14] 만약 여기서 명덕의 덕을 아리스토텔레스가 말한 지적인 덕으로 본다면,[15] 명덕은 '이성적 추론을 명료하게 하다' 또는 '명명백백하게 추론하는 것'을 가리킨다고 할 수 있겠다. 하지만 이 덕은 결코 그런 맥락으로 쓰이지 않고 있다.(조금 뒤에 논의할 예정이다.)

이제 철을 지혜 부류로 해석하기 위해서는 연구자가 나름대로 지혜의 개념을 규정하는 경우가 마지막 대안으로 남는다. 김승혜는 철을 '백성을 편안하게 하여 천명을 아는 지혜'(54)라고 규정한다. 이 규정을 위의 인용문 형식과 대비해보면 '철哲=민강民康+지천명知天命'으로 보는 셈이다. 이에 따르면 위의 규정은 "철은 철이다" 내지 "민강+지천명은 민강+지천명이다"라는 식의 동어반복이 되고 만다. 철 자체의 의미만을 분석해서 민강+지천명의 의미가 도출될 수는 없을 것이다.

지금까지의 논의를 정리해볼 때 '철: 지혜' 번역(해석)의 문제점은 철을 지식 개념으로 보려는 데서 빚어지지 않았나 생각된다. 나는 철을 지식 중심의 개념wisdom-oriented concept이라기보다는 특정 인물의 행위 중심의 개념deed-oriented concept으로 봐야 하지 않나 생각한다. 행위 맥락에서 철의 의미를 알아보기 위해, 먼저 철의 어원 분석을 해보기로 하자.

현대의 대표적인 문자학 연구자인 시라카와 시즈카白川靜(1910~2006)[16]의 철의 풀이를 살펴보자. 그에 따르면 1) 철哲의 초기 글꼴은 절折(扌+斤)인데, 수扌는 강신용 사다리神梯의 상형이고, 근斤은 부정을 피하다, 몸과 마음을 정갈히 하다의 뜻이다. 절은 이 둘의 결합으로 신 섬김(제사)을 거행할 때 깨끗하고 맑은 마음을 나타낸다. 2) 철의 중문重文, 뜻과 발음이 모두 같고 그 형태만 다른 이체자로 철悊·철嚞·서誓 등이 있다. 절折 부분 아래의 입, 말, 마음 등은 신에 기도, 맹세하는 의미를 나타낸다. 3) 특히 철悊은 신에게 봉사하는 경건하고 맑은 심리 상태를 명확하게 나타낸다. 4) 『서경』 「주고」의 은철선왕殷哲先王의 철도 천에 교통하는 사람을 나타낸다.[17]

공영달은 「대고」의 인용문을 다음처럼 풀이했다. "인민은 가깝지만 하늘이 멀므로 쉬운 것에 따라 어려운 것을 밝힌다. 천자는 반드시 지극히 신령해야 하는데, 지극히 신령해야 천명을 알 수 있다. 이 구절은 성왕 자신이 안민할 수 없고 자신이 천명을 알지 못하는 것을 밝히고 있다. 스스로 질책하면서 겸손해하고 있다."[18] 그중에 천자가 지령내지천명至靈乃知天命해야 한다는 부분을 보면 공영달은 시라카와 시즈카와 마찬가지로 왕(천자)의 제사장 기능을 부각시키고 있다.

그런데 주 왕조는 신하로서 천자의 나라 은 왕조를 멸망시키고 나라를 세웠다. 그 이후에 천명과 왕(나라)의 관계가 더 이상 고정적이지 않고 변화하게 되었다. 즉 천명이 영원하지 않다는 천명미상天命靡常(「대아」 「문왕文王」), 천명은 되풀이해서 주어지지 않는다는 천명불우天命不又(「소아」 「소완小宛」), 천명은 지키기가 쉽지 않다는 천명불이天命不易(『서경』 「군석

君奭」)로 나타나게 되었다. 이는 천이 일방적으로 정당성을 부여하면 모든 문제가 해결되는 것이 아니라 왕이 실제로 좋은 통치를 해야만 천명을 유지할 수 있다는 새로운 관념을 보여주고 있다. 따라서 설혹 시라카와 시즈카의 주장을 인정한다고 하더라도 「대고」의 문장에서 철과 지천명의 관계는 설명되지만 철과 민강의 관계는 설명되지 않는다. 즉 시라카와 시즈카의 주장은 은 왕조의 상황을 완전하게 해명할 수 있지만 주 왕조의 상황은 부분적으로밖에 해명할 수 없다.

청 제국의 뛰어난 경전학자 왕인지王引之(1766~1834)가 『서경』 「여형」의 "철인유형哲人惟刑"의 철을 창의적으로 풀이하고 있는데, 눈여겨볼 만하다. 결론적으로 말하자면 이 구절은 "철인만이 형벌을 줄 수 있다"의 의미가 아니라 "인민을 통제하는 방법은 오직 형일 뿐이다"로 해석해야 한다. 그는 해석의 근거를 다음과 같이 제시했다. 1)종래대로 해석하려면 형刑 자 앞에 용用 자를 보완해야 한다. 2)이 구절 앞부분에 "백이가 법령을 반포하여 인민을 오직 형벌로 통제했다伯夷降典, 折民惟刑"는 구절이 있고,[19] 『묵자』 「상현」에서 철인유형이 철민유형哲民惟刑으로 인용되어 있다. 3)철哲은 절折의 가차이다. 절折이 정자이고 철哲이 가차자이다. 4)절折로서의 철哲은 '통제하다, 제재하다, 막다[制]'의 뜻이다.[20]

나는 여기서 1)절과 철이 통용될 수 있다, 2)양자가 통용될 때 철은 통제하다의 의미를 갖는다는 점을 받아들이고 논의를 진행하고자 한다. 아울러 단옥재의 철哲 자 주석을 보면 철의 초기 글꼴인 절折은 수(扌, 手)와 근斤의 합성어로 손에 쥔 도끼 또는 도끼를 손에 쥐다를 의미하지 않고 초艸와 근斤의 합성어로서 도끼로 풀을 베다[斷]를 나타낸다고 주장한다.[21] 왕인지와 단옥재의 두 주장을 종합하면 철은 민을 통제하거나 잡초와 같은 사람(범법자)[22]을 처벌한다는 뜻을 갖는다고 볼 수 있다. 즉 제초가 악인 제거의 비유로 쓰이고 있다.

지금까지의 논의를 바탕으로 다시 원문으로 돌아가보자. 성왕 자신은 불조철弗造哲로 자처하지만 전인(문왕과 무왕)의 위대한 결과를 수호하기 위해서 하늘이 부여한 악에 대한 징벌권을 행사할 수밖에 없다고 주장하고 있다. 또 수명受命과 대공大功을 동일한 내용에 대해 다른 표현으로 본다면 조철造哲의 문왕과 무왕은 천명을 받아 위대한 공업을 성취한 인물이라고 볼 수 있다. 이 정도로는 철의 의미 규정이 너무 복잡하다. 대공은 전 왕조의 마지막 폭군을 단죄·처단하여 민을 도탄에서 구원한 행위, 즉 제폭구민除暴救民이라고 할 수 있다. 앞의 용례 분석에서 철이 왕조의 개창자에게 편중되어 쓰인다는 점을 고려하면 개창자의 폭군 처단과 민의 구원(일상으로의 복귀)으로 요약될 수 있다. 또 구원은 처단을 전제해야 가능하므로 철은 구원자의 의미를 갖는다고 할 수 있다. 이러한 행위를 아무나 할 수 없다면 철은 영웅적인 구원자(혁명가)라고도 할 수 있다.

그러므로 철哲은 천명을 받아서 폭군을 처단하고 학정에 시달리는 민을 구원하는 신왕조의 개창자와 긴밀하게 연관되어 있다. 개창자는 혁명의 실행 여부와 실시 시기를 절묘하게 결단하여 구출과 회복이라는 위대한 공업을 달성하게 된다. 당사자는 "그 공업의 현저하게 돋보임(빛남)"이라는 평가를 받게 된다. 이때 철은 명明, 즉 밝다 또는 밝음으로 풀이된다.

주의할 게 있다. 명철明哲이라고 해서 앞에서 부정했던 방식으로 이해해서는 안 된다. 즉 명철은 인간이 지성, 이성을 발휘하여 근본 법칙을 인식함으로써 사람이 무지에서 계몽되었다는 맥락이 아니다. 그것은 영웅이 빈을 구원하여 일상으로 복귀하도록 함, 즉 사람에게 학정에서 광명을 되찾아준다는 행사行事의 측면으로 보아야 한다.

철은 구체적이고 중대한 행위를 유효하게 실행하는 능력과 결과에 대한 긍정적 평가의 의미를 담고 있다. 철인哲人 또는 철왕哲王은 적합한 행위 방안을 심사숙고하여 행위 면에선 유효성을, 결과 면에선 그 누구도 이의를 제기할 수 없는 위광을 갖게 된다. 예컨대 『서경』「여형」의 철옥哲獄은 난마처럼 얽혀 있는 복잡한 송사를 명쾌하게 판결하다를 의미할 수도 있지만, 이보다 누명을 받아온 사람의 혐의를 벗겨주어 그 사람에게 명예를 회복시켜줘서 새 삶을 살게 하다라는 맥락을 나타낸다고 할 수 있다.

완전히 일치하지는 않겠지만, 알렉산더가 동쪽 정벌에 나서서 오늘날 터키 지역에 해당되는 고르디우스 왕국의 신전 기둥에 단단한 매듭으로 묶인 수레를 단칼로 내리쳐서 끊었다. 이는 하나씩 풀려고만 하면서 결코 풀지 못하는 것을 한 칼로 끊어서 문제를 풀어냈던 것이다. 알렉산더와 고르디온의 매듭 그리고 철인과 절옥은 묵은 난제를 풀어낸다는 점에서 닮았다고 할 수 있다.

왕조 개창자로서 영웅은 후손들에게 어떤 영향력을 끼치는가? 후손들의 입장에서 보면 개창자의 유업에 어떠한 태도를 보여야 하는가가 문제이다. 이와 관련되는 용어가 유효한 역할 수행 능력의 존중[敬德], 귀감삼기[式], 유업 계승[孝思] 등이다.

덕은 『서경』에서 경덕敬德의 형태로 빈번하게 나타난다. 후대에는 주로 경을 두려워하다, 경건 또는 경건히 하다라는 식으로 심리적 태도로 보았다. 이 때문에 덕을 전통과 도덕을 위반하지 못하게 하는 경계 의식,

도덕을 소중하게 간직하고 다른 곳으로 신경을 돌리지 않게 하는 마음의 본성으로 해석하기도 한다. 그런데 두려움은 왕이 자신의 직무를 제대로 성실히 준수하지 못했을 때 천명을 잃지 않을까 또는 왕조를 망하게 하지 않을까, 라는 역사적 사실 내지 경험과 관련되므로, 경은 순전히 주관적인 정감이 아니라 늘 객관적 걱정거리나 문젯거리와 연관된다.

무시무시한 인격적 존재로서 천과 합일하는 체험이나 왕조 교체의 필연적인 냉엄한 법칙을 묵묵하게 받아들이는 정서처럼 경은 실천과 독립적인 인간의 근원 감정으로 볼 수 없다. 또 덕도 『서경』에서 아직 심성 문제와 결부되어 있지 않으므로 개창자가 보여준 왕으로서의 역할 수행 양태, 간단히 말하자면 행실로 보아야 한다.[23] 그렇다면 경은 왕의 구체적 처신 하나하나가 천명과 왕조의 장래 사이의 연계성을 늘 각성하고 있다는 맥락을 나타낸다. 이런 맥락이라면 경은 존중하다, 가볍게 보지 않다, 신중하게 처신하다라는 뜻을 나타낸다고 할 수 있다. 이러한 맥락을 종합하면, 경덕은 개창자가 보여준 행실을 존중하여 후손도 동일한 궤적을 밟아나가서 자신에게 주어진 사회적 역할을 후손에게 물려주도록 노력한다는 뜻이다.

이러한 특성은 우리가 덕德 자 앞의 동사 유형을 살펴보면 한층 더 분명하게 알 수 있다. 후대의 왕은 개창자들이 보여준 행위 양태와 짝이 되도록(비견되도록) 노력하라(세덕작구世德作求, 「대아」「하무」; 『서경』「강고」), 왕의 역할을 민첩하게 실행하라(경덕經德, 「주고酒誥」; 민덕敏德, 「강고」) 등에서 확인할 수 있다.

또한 덕이 특정 행위 유형의 실행과 연관되어 있다는 것을 왕에 대한 상투적인 경계어를 통해서도 알 수 있다. 이를 전 왕조의 마지막 왕을 대상으로 하는 금지 유형의 행실과 권장 유형의 행실로 나누어서 따져 보자.

전자로 술독에 빠지지 마라, 개인의 안일에 힘쓰지 마라, 잔치로 품위를 잃지 마라,[24] 천명을 방기하지 마라, 정사를 게을리 하지 마라, 쾌락에 탐닉하지 마라,[25] 조상의 공덕을 훼손하지 마라[26] 등을 들 수 있다. 후자로 제사 때만 술을 마셔라, 개창자의 유훈에 귀 기울여라(「주고」, 107), 제사를 제때에 제대로 지내라(「다방」, 151), 위의(위엄 있는 몸가짐)를 유지하라(「억抑」, 18권 4~5), 간언諫言, 즉 반대 의견에 귀 기울여라(「소아」「소민小旻」) 등을 들 수 있다.

이렇게 보면 덕은 왕에게 내면적 덕성을 자각하도록 하거나 인격적 존재로서 천에 대해 외경심을 갖도록 촉구하는 문맥이 아니다. 그것은 왕의 구체적 행위 하나하나가 유형적으로 어떠한 결과를 초래할 수 있으므로 왕으로서 당연히 요구(기대)되는 역할을 성실하게 수행할 것을 촉구하는 문맥에서 쓰인다고 할 수 있다.

역사적으로 주의 중흥기로 간주되는 선왕宣王 전후 즉 여왕과 유왕 시기에 오면, 지금까지 살펴본 철의 용례가 이전과는 다른 특이성을 나타내기 시작한다. 즉 이미 살펴보았듯이 철의 지칭 대상이 확장되고 있다. 왜 이러한 현상이 생겨났을까? 김승혜는 이런 현상을 용어의 악용과 이미지의 흔들림으로 설명하고 있다.(69) 그렇지만 이 점만으로 『논어』에 철이 한 번도 쓰이지 않는 점을 밝혀내기에는 부족하다. 여왕과 유왕은 개창자들이 보여준 행위 유형과는 반대 유형의 행위가 습성이 된 왕들이다. 이들에게는 더 이상 개창자들과 유사한 행위의 준수를 기대할 수 없다. 이런 측면에서 철은 더 이상 주도적인 역할을 수행하지 못하고, 그것과 경쟁하던 다른 용어에 주도권을 내주게 되었을 것이다.

예컨대 「대아」 「첨앙」(18권 36)을 살펴보자. "철부哲夫가 성을 세웠으나 철부哲婦가 성을 기울이네."[27] 철부哲婦는 포사를 가리킨다. 이 구절은 남녀의 대비를 통해 남성은 건국을 했지만 여성(포사)이 남성이 일으킨 주 왕조를 무너뜨리고 있다고 묘사하고 있다. 이 구절이 바로 온 나라 사람의 마음을 홀려 나라를 망하게 한다는 경성지색傾城之色 또는 경국지미傾國之美 고사의 출처이다.

포사는 어떤 능력을 지니고 있기에 성(나라)을 무너뜨렸을까? 시에서는 포사의 특성을 장설長舌로 표현하고 있다. 정현은 그것을 다언어多言語로 풀이하고 있다. 그는 또 다른 곳에서 철을 지知로 풀이했지만[28] 여기서는 다모려多謀慮라고 풀이하고 있다. 이 장설을 수다스럽다, 말수가 많다는 사전적 풀이처럼 순전히 개인 차원의 버릇으로만 본다면 포사와 왕조의 멸망, 즉 경성傾城을 연결시키기는 어렵다.

다언어로서의 장설과 다모려로서의 철을 연결시켜보면 실마리가 풀릴 수 있다. 언어와 모려는 자신의 생각을 밝히고 욕망을 이루기 위해서 펼치는 주장이자 견해이다. 다언어와 다모려는 단순히 '많다'는 것이 아니라 다른 주장과 견해를 압도하여 어떠한 경우라도 자신의 것을 관철시킨다는 표현으로 볼 수 있다. 즉 철부는 왕비로서 기대(요구)되는 역할에 반하는 유형의 행위를 하는 게 정당하다며 자신의 주장을 강하게 펼치는 것으로 볼 수 있다. 나아가 철부는 자신만이 아니라 왕에게도 왕의 역할에 반하는 놀이를 계속하자고 요구했을 수도 있다. 극단적으로는 철부는 사람을 평가할 때 전통적 분류 방식과는 완전히 반대로 하는 것을 주장했을 수도 있다.

시를 보면 포사는 재물을 탈취할 뿐만 아니라 상식 이하의 만행을 서슴지 않았다. "이 사람은 마땅히 아무런 죄 없는데 그대는 반대로 잡아들이고, 저 사람은 마땅히 죄가 있는데 그대는 거꾸로 달가워하네."[29] 포사褒姒는 보통 사람 또는 선인善人을 악인惡人으로 허물을 씌워서 잡아가두고, 죄 많은 사람을 가까이하며 온갖 특혜를 주고 있다. 가치의 전도라고 할 수 있겠다. 특히 이 점은 흔히 역사적으로 왕조의 마지막 왕에 대한 개인적 향락, 무절제, 타락으로부터 구제할 수 없는 망나니의 이미지를 제고시키게 한다. 이로써 구왕조의 경성傾城과 신왕조의 건국은 도전자의 야욕으로 일어난 사건이 아니라 집권자가 원인을 제공한 사건이 된다. 여기서도 포사는 오래지 않아 있을 망국의 원인 제공자로 등장하고 있다. 망국의 원인 제공자와 철부의 연결은 참으로 역설적이다.

그리고 「소민小旻」에서도 철이 왕(천자)과 관련되지 않은 채 쓰이고 있다. 「첨앙」에서는 왕이 아니라 왕과 지근거리에 있는 왕비가 철로 묘사되었다. 여기서는 왕비조차도 아닌 왕을 수호하는 제후나 그보다 더 넓은 범위의 민民과 철을 연결시키고 있다. "나라가 하나로 모이지 않지만 잘 듣는 이도 있고 그렇지 않은 이도 있다. 인민이 넘치지는 않지만 문제를 해결하는 이도 있고 꾀가 많은 이도 있다."[30] 나라가 어수선하고 기대되는 인물이 그렇게 많지는 않지만, 지금의 문제를 풀 수 있는 인물을 기존 지배 집단이 아니라 외부에서 찾고 있다. 놀랍게도 시인은 민에서 새 시대를 열 가능성을 찾고 그 민을 철과 연결시키고 있다.

이 시는 앞부분에서 유왕幽王이 주위 사람과 잘 어울리지 못한 채 좋은 정책을 쓰지 않고 오히려 나쁜 정책을 쓰는 터무니없는 모습을 비판하고 있다.[31] 제일 앞에서 "높은 하늘이 벌을 내려서 온 세상에 두루 퍼지게 하네"[32]로 시작하며 오래지 않아 큰일이 생길 것을 예고하고 있다. 물론 시인은 주나라의 멸망보다는 유왕이 자신의 과오를 뉘우치고 다시 전통적인 왕의 역할에 충실하기를 바라고 있을 것이다. 하지만 시가 아래로 나아갈수록 절망은 깊어지고 슬픔은 가득 차서 새로운 희망을 찾지 않을 수 없었다. 이에 시인은 주 왕조의 실제적 멸망을 가정하고서 모장謀臧을 쓸 줄 알면서 당면한 문제 상황을 해결할 사람, 즉 민民 중에서 철왕哲王이 도래하기를 희구하게 되었던 것이다. 이로써 우리는 철이 왜 지배 집단이 아니라 평민과 짝해서 쓰이는지를 알 수 있다.

주 왕조를 갈아엎고 새로운 왕조를 열 만한 왕의 도래가 점쳐지지 않는다면, 도래를 꿈꿀 수는 있지만 철과 왕의 배합은 서주시대의 다음, 즉 춘추시대에서 예상할 수 없을 것이다. 예찬하려고 해도 그 대상이 부재하므로 둘의 결합이 일어날 수 없기 때문이다. 그리고 실제로 이 점은 『논어』에서 철哲 자가 한 번도 사용되지 않는 사실을 설명해줄 수 있을 것이다.

그렇지만 『예기』 「단궁 상」에 보면 공자가 죽음을 예감하고 부른 노래가 있다. "태산이 무너지는구나, 대들보가 쓰러지는구나, 철인이 시드는구나!泰山其頹乎, 梁木其壞乎, 哲人其萎乎!" 자공이 이 노래를 듣고서 선생의 앞날을 예감했다. "태산이 무너지면 우리가 앞으로 누구를 우러러 받들고, 대들보가 쓰러지고 철인이 시들면 우리가 앞으로 누구를 본받고 따르지? 선생님께서 아마 병이 나려고 하는 것이 아닌가?子貢聞之. 曰: 泰山其頹, 則吾將安仰? 梁木其壞, 哲人其萎, 則吾將安放? 夫子殆將病也?" 여기서 공자가 자신을 명시하지는 않았지만 인생의 마지막 순간에 이르러서야 비로소 철인으로 자칭한 것으로 볼 수 있다. 그도 결국 철인이 시대를 광정하는 인물로 보았고, 공개적으로 말하지 않았지만 자기 스스로 그러한 역할을 맡으려고 했던 것이다. 지금까지 우리가 다루어온 맥락과 일치한다고 할 수 있다.

4 서주시대: 『서경』『시경』의 왕족과 성聖, 유비(추리) 능력

원래 성聖 내지 성왕聖王은 철哲 내지 철왕哲王과 뒤섞여 쓰였다. 후대에 철이 점차 사용되지 않은 반면 성은 성인이라는 용어의 출현 이후 지속적으로 사용된다. 앞에서 철이 서주시대 이후로 쓰이기 어려운 의미 맥락을 논의했다. 이제 성의 용례와 의미가 철과 어떤 차이를 나타내기에 서주시대 이후로도 사멸되지 않고 지속적으로 쓰였는지를 살펴보자.

『논어』에 보면 태재는 자공에게 "공자가 성인인가?"(「자한」 6)라는 질문을 건네고 있다. 질문을 받은 자공은 다능多能을 이유로 공자가 성인에 해당된다고 주장했다. 하지만 공자는 다능과 성인의 연결을 부정했다.[33] 다능을 다양한 기술적 분야에서 능통한 것으로 본다면, 공자는 성인을 기술의 발휘를 통한 탁월한 만듦의 기능에다 결부시키는 것을 부정한다고 볼 수 있다. 즉 그는 제작자 이미지의 성인관을 부정하고 있다. 그러나 공자의 관점은 춘추전국시대 다른 사상가의 성인관과 반드시 일치하지는 않는다. 예컨대 『한비자』 「오두」를 보면 한비자는 유소씨·수인씨처럼 기물 내지 문명을 창조한 영웅을 성인으로 기술하고 있다.[34] 나아가 후대에는 회화, 음악 등 예술에서 새로운 기법을 만들어내거나 달인의 경지에 오른 사람을 성인이라고 평가한다.[35] 이처럼 최초 제작자로서 성인은 철인과 마찬가지로 '처음을 열다'라는 의미를 공유하고 있는 듯하다.

한편 아리스토텔레스의 경우 행위와 기술이 우연적인 것을 대상으로 하는 점에서는 유사하지만 행위는 그 자체를 목적으로 삼는 반면 기술(만듦)은 보다 일반적인 목적에 종속되어 있다는 점에서 뚜렷하게 구별되고 있다.(177~179) 서주와 춘추시대에 성인이 모범적인 행실(귀감)을 보인다면 성인 아닌 사람들이 이성에 의해 논증하지도 심사숙고를 통해 선택하지도 않은 채 그것을 똑같이 복사해야 할 규범으로 받아들인다면, 성인의 행위는 기술의 제작품과 같을 수 있다. 성인 아닌 사람들이 무반성적이고 기계적으로 성인의 행실을 가까이 닮으려고 한다면, 성인의 귀감은 일상의 도구와 동일해지기 때문이다. 우리가 익숙한 생필품을 사용하면서 회의하지 않듯이 전통을 준수하면서 회의하지 않을 수 있다. 이 성인관은 제작자와 같은 측면은 있지만 물건보다 훨씬 다양한 사람의 행위를 대상으로 구별할 필요가 있다. 나는 이러한 특성을 기물 제작자로서의 성인과 구별하여 제도·문화·전통의 창작자로서의 성인으로 명명하고자 한다.

이런 맥락에서 우리는 공자가 스스로 "전달하지만 창작하지 않는다"고 한 진술의 의미를 이해할 수 있다.[36] 그는 성인으로 알려진 요·순·문왕·무왕·주공이 창조한 전통의 계승자이지 그들의 전통을 뛰어넘어서 새로운 전통을 창시하는 사람이 되고자 하지 않았던 것이다.[37] 이러한 성인관은 『예기』에서 성인을 문명(예악)의 창작자로 설명하는 것과 그대로 일치한다.[38]

그러면 『서경』 『시경』 단계에서는 어떤 유형의 성인이 나타날까? 크게 세 가지 유형으로 구별할 수 있을 것이다.

첫째, 신과 교통력을 의미하는 주술적·종교적 성인관
둘째, 제도·규범의 창시자로서의 성인관
셋째, 특정 부류의 행위 성향이 화禍와 복福 두 가지 중 어느 하나의 유형으로 귀결되는지를 유비 추리하여 화를 피하는 모범적인 역할을 수행하는 성인관

먼저 첫 번째 유형을 살펴보자. 「상송」 「장발」에 보면 은 왕조의 시조인 탕임금의 인물됨을 예찬하고 있다. 그의 출현이 시간적으로 늦지 않게 딱 알맞았고 천명을 받고서 우쭐하지 않으며 총명과 공경이 나날이 더해진다고 묘사하고 있다.[39] 여기서 총명으로서의 성은 인간의 감각적 인식 능력이 더 명증하게 심화되어감을 말하는 것이 아니라 점술(의례)로 접신하거나 자연 현상을 통해 신의 뜻을 잘 포착한다는 맥락이다. 즉 신과의 소통력이 향상된다는 맥락이다.

이러한 성聖 자의 의미는 시라카와 시즈카의 어원 분석에서도 잘 나타난다.(1984, 499) 그에 따르면 성은 귀耳 의미소와 정呈 음소로 된 형성문자가 아니라 이耳·임壬·구口를 의미소로 하는 회의문자이다. 이耳와 임壬 부분은 귀 부분을 크게 강조한 사람의 모양이고 구口 부분은 기도할 때

제물을 담는 그릇이다. 성은 사람이 의례를 지내며 신에게 기도할 때 신의 응답과 계시를 잘 듣는다는 뜻이다. 이 주장은 성을 신통력 내지 신과의 교통력으로 표현하면서 제사장으로서 왕의 기능을 돋보이게 하고 있다.[40]

두 번째 유형은 「소아」「교언巧言」「대아」「판板」에 잘 나타나 있다. "웅장한 궁전과 종묘는 군자가 짓고, 반듯하며 위대한 제도는 성인이 고안한다."[41] 군자와 성인이 뚜렷하게 구분되지 않은 채 둘 다 건물을 세우고 제도를 만드는 역할을 수행하고 있다. 또 "입 밖에 내는 말은 쓸 만한 게 없고 생각해낸 계책은 멀리 내다보지 못하며 신경을 쓰는 성인이 없고 믿는다고 하나 진실하지 않네. (…) 내 말은 새겨들어야 하는데 비웃지나 말길. 옛사람들이 말하길 나무꾼에게도 물어보라 했거늘."[42] 성인은 아예 남의 말을 귀담아 들으려고 하지 않는다. 그러니 말하는 사람은 자신이 말하면 비웃음을 사지 않을까 걱정하며 옛날 조상들은 사람을 가리지 않고 나무꾼에게도 귀를 기울였다는 옛일을 떠올리고 있다. 이로써 같은 시 안에서 과거와 현재의 성이 묘하게 대비되면서 그 차이가 크게 증폭되고 있고, 그만큼 시인은 크게 슬픔을 느끼고 있다.

여기서 성인은 독단적인 자가 아니라 주위 사람들의 말을 새겨들어서 그것을 바탕으로 삶의 제도를 만드는 사람으로 그려지고 있다. 하지만 과거 성인이 만들어놓은 제도는 후대 왕에 의해 존중되지 않은 채 비웃음의 대상으로 전락하고 있다.

마지막으로 세 번째 유형을 살펴보도록 하자. 성은 철보다 출현 빈도수가 적은데 『서경』에는 두 번, 『시경』에는 모두 아홉 번 나타난다. 용례의 특성을 보면 성도 철과 마찬가지로 왕조 개창자에게 편중되어—「상송」「장발」의 탕임금—쓰이면서 영웅적인 면과 수명受命의 연관성을 강조하고 있다. 하지만 많은 경우—「소아」「교언」「대아」「판」「상송」「장발」—성은 천명과 무관하거나 다양한 계층의 인물이 성을 자처하는 맥락에서 쓰이고 있다. 또 다른 특징으로 성은 각종 주장이나 염念과 결부되면서 광狂·우愚가 반대 개념으로 제시되고 있다.

성은 왕조 개창자만이 아니라 좀 더 넓은 맥락에서 다양하게 쓰이고 있다. 이는 나중에 성이 철과 다른 운명을 걷는 이유가 되기도 한다. 성은 영웅적인 조상만이 자신의 후손에게 유효한(탁월한) 행위 유형을 귀감으로 제시하는 것이 아니다. 초기의 철과 달리 각종 계층의 사람들이 성(성인)으로 자처하고 있다는 점에서 그것은 개방적이면서 일반화될 특성을 가지고 있다고 할 수 있다. 이렇게 되면 철과 비교해서 성은 특정한 사람만이 만들어낼 수 있고 행동할 수 있는 영웅적인 특성이 아니라 일정한 조건을 갖추면 누구나 가질 수 있는 능력을 가리킨다. 이 능력은 주로 방법적인 앎knowing how과 관련해서 많이 쓰이고 있다.[43]

> 이 성인은 뒷일을 내다보거늘瞻言百里 저 앞뒤 막힌 자들은 도리어 광기로 들떠 있구나.[44]

이곳의 성聖에 대해 김승혜는 장래를 내다볼 수 있는 명철한 사람으로 풀이하고 있다.(62) 이 해석은 성을 풀이하면서 철에서 썼던 의미를 그대로 사용함으로써 둘 사이의 구별을 애매하게 처리할 뿐만 아니라 장래를 내다본다는 의미 맥락을 적극적으로 규정하지 않는다는 점에서 한계를 갖는다.

먼저 첨언백리瞻言百里의 의미를 파악함으로써 성의 의미를 알아보자. 이 말은 현재 어떤 특정 행위가 미래에 어떤 결과를 낳게 되는가에 대해 당장 눈앞의 결과가 아니라 먼 앞날의 결과를 예상한다는 의미 맥락으로 대체로 합의를 볼 수 있을 듯하다.[45] 현재의 일이 미래에 특정한 결과를 낳을 것을 어떻게 파악할 수 있는가에 대해선 기존의 풀이에서는 아무런 말을 하지 않고 있다. 자칫하면 성인은 미래를 투시하는 특별한 신통력의 소유자이거나 현재 알고 있는 전제에서 미래의 모르는 사실을 추론하는 명석한 이성의 소유자가 될 수도 있다.

『서경』『시경』에서는 공통적으로 인간의 행위를 선善과 악惡이라는 두 유형으로 분류한다. 선은 역할 충실, 위의威儀(품위의 유지), 제사 지내기 등 사회 통합에 기여하는 행위를 하는 것이고, 악은 역할 태만, 무절제한 음주와 사냥, 가혹한 착취 등 사회 통합자로서의 왕의 역할보다 개인적인 향락을 일삼는 행위를 하는 것이다. 이런 종류의 행위는 각각 처음始·앞先·초初가 되어 끝終·뒤後의 결과, 즉 화禍 아니면 복福과 틀림없이 연결되는 특성을 갖는다.[46]

좀 더 구체적으로 이야기해보자. 보통 사람은 처음으로 한 번 태만하게 행동하고서 다음에는 금방 성실하게 행동하는 것으로 돌아오리라 생각한다. 하지만 현실에서 한 번 행위의 금기를 넘어서면, 최초의 태만한 행동은 바로 다음에 성실하게 행동하기보다는 또다시 태만한 행동으로 이어진다. 이때에 사람이 근본적인 전환을 하지 않는다면 결국 끊임없이 태만하게 굴어서 태만한 것으로부터 벗어날 수 없는 악한 존재가 될 가능성이 크다. 이때 성聖은 처음으로 하게 된 태만한 행위가 최종의 결과로서 누구라도 피하고 싶어하는 전면적 상실을 낳을 수 있다는 것을 예상하는 능력을 가리킨다고 할 수 있다.

예컨대 왕이라면 처음 뭔가 하고 싶어서 궁중의 담장을 넘어갔다면, 그 처음이 나중에 개인적으로 왕위의 상실이고 전체적으로 왕조의 상실로 전개될 가능성을 낳을 수 있다. 성왕이라면 처음 하려는 행동의 가까운 미래와 먼 미래를 종합적으로 예상해서 자신을 바람직한 방향으로 통제할 수 있을 것이다.[47] 이러한 예측은 특별한 지성보다 오랜 역사적 경험의 일반화에 의존한다고 할 수 있다.

주 왕조에서 이전의 하·은 왕조의 역사적 멸망을 장기간에 걸쳐서 역사적으로 관찰하면 어떤 행동이 멸망의 결과로 이어지는지 인과관계를 규정할 수 있다. 이러한 행위의 인과관계를 일반화하면, 과거 누군가의 행동은 지금 내가 하는 행동의 결과를 비춰주는 거울과 같은 역할을 하게 된다.[48] 그래서 역사를 흔히 '거울'에 빗대서 말하곤 한다.[49] 또 사회의 주류 계층인 귀족이 늘 잘나갈 것 같지만 시대와 상황에 따라 영고성쇠의 부침을 보이는데, 이는 영원할 것 같은 자연의 변화와 마찬가지로 현재의 유동성, 정치 상황의 격변을 추체험하게 한다.[50]

현실에서 시·선과 종·후는 시공간적으로 떨어져 있지만 성을 발휘하여 시·선이 나중에 어떤 종·후로 이어질 것인지 둘 사이의 간격을 이어붙일 수 있다. 지금 단 음식을 먹으면 나중에 치아가 나쁘게 되리라는 것을 예상할 수 있고, 당뇨병 환자가 식사량을 조절하지도 않고 운동도 하지 않으면 언젠가 합병증이 생길 수 있다는 것을 추론할 수 있다. 이처럼 성聖은 행위 유형과 그 결과를 시종·선후라는 시간 용어로 구분하고서 둘 사이에 친화적 연접성이 있다는 것을 유비 추리해내는 능력을 가리킨다.[51]

이 유비 추리의 능력은 제도의 창조자로서 성인이 만든 전통·문화·규범의 준수, 존중으로 연결된다. 이 점을 설명하기 위해 인용문 앞 구절을 살펴보자.

> 전통에 순종하는 이 군주惠君를 인민이 주시하네, 사회적 공론에 관심을 두고 재상을 신중히 선발하네, 저 오만한(시건방진) 자不順는 제 주장만 옳다고 하고 제 마음 쏠리는 대로 하여 민을 갈팡질팡하게 만드네.[52]

먼저 혜군惠君과 불순군不順君의 주석을 살펴보자. 이에 대해 정현은 민에 순종하는 군주順民之君로, 주희는 의리에 복종하는順於義理也 군주로 풀이하고 있다.(『한문대계』 본, 18권 13)

정현이 말한 순민을 '민의 처지를 고려하는'으로 풀이한다면 인민을 자식처럼 아끼는 천자의 역할 수행과 부합된다. 만약 이를 '민의 주장에 순종하는'으로 해석한다면 서주시대 정치 제도와 사실상 거리가 먼 해석이다. 따질 필요도 없이 서주시대는 민주주의 시대가 아니기 때문이다. 주희의 풀이대로라면 성명과 의리의 자각을 전제로 해야 하는데, 이 전제가 송명 신유학의 틀을 넘어서 과연 서주시대의 문제의식과 연결될 수 있을지 의문이다.

결국 초점은 순順의 목적어를 무엇으로 보는 게 타당한가에 달려 있다. 나는 목적어로 성인 또는 왕조의 창시자가 창조한 제도로 보아야 아래 구절의 불순의 설명과 일치하고 문맥 전체가 부드럽게 이어진다고 생각한다. 후대의 왕은 시대의 변화를 내세우며 전통을 무시한다는 측면에서 오만할뿐더러 전통과 배치되는 정책을 반대에도 불구하고 그대로 밀어붙이고 있다. 이런 상황이 지속되자 민이 전통과 당대 왕의 명령 중 어느 것을 따라야 할지 확신이 서지 않게 된다. 이로 인해 그들은 무엇을 어떻게 해야 할지 모르는, 즉 방향 감각을 상실하게 된 것이라고 할 수 있다.

성인의 의미를 잘 이해하려면 늘 그것과 함께 거론되는 광인狂人의 의미를 살펴봐야 한다. 성인과 광인을 대조해보면 둘의 차이가 드러날 뿐만 아니라 성인의 의미도 한층 더 분명해질 수 있을 것이다. 성인은 광인 이외에 우인愚人과 대비되기도 한다. 우인은 유비 추리에 의한 예측 능력이나 심지어 현실적, 타산적 고려조차 하지 않아 미구에 어떤 화란이 일신상에 초래될지 모르는 사람을 염두에 두고 있다.

여기서 주의해야 할 것이 있다. 흔히 광狂이라 하면 심리 상태 또는 정신질환으로 바라보곤 하는데, 이것으로는 광의 의미를 제대로 파악할 수 없다. 예컨대 광을 환락 속에서 도리를 잃어버려 발광하게 된 상태로 이해하면, 멸망한 왕조의 마지막 왕이 광적인 쾌락을 즐기는 이미지를 드러낼 뿐이지 성인과 대비되면서 그 안에 담고 있는 의미를 포착할 수 없게 된다.

광의 의미를 알아보기 위해 『서경』 「다방多方」을 보자.

> 성인일지라도 염두에 두지 않으면 광인이 되고, 광인일지라도 염두에 둘 수 있으면 성인이 된다.[53]

성인과 광인의 구별이 전혀 예상 밖이다. 둘이 현격하게 차이가 나서 완전히 다른 것으로 짐작했는데, 오히려 둘은 종이 한 장의 차이밖에 나지 않는 것으로 이야기하고 있다. 또 성인과 광인은 고대 사회의 신분처럼 운명적으로 예정되어 있어서 변화 불가능한 대표적인 두 가지 인간 유형이 아니다. 둘은 생각의 최전선 또는 최초의 일념을 확고하게 하느냐에 따라 갈릴 뿐이다. 즉 그들은 어디에 관심을 두느냐에 따라, 또는 어떤 방식으로 행위하느냐에 따라 상시적으로 변환이 가능한 유형일 뿐이다.

여기서 다시 성인이 멀리 앞날을 내다본다는 첨언백리瞻言百里와 전통을 존중한다는 점을 함께 고려해볼 필요가 있다. 앞서 논의했던 두 가지를 고려하면 여기서 말한 염두念頭, 즉 생각의 최전선은 전통에 의거해서 지금이 나중에 어떤 결과를 가져올지 가설적으로 유비 추리하는 것을 가리킨다고 볼 수 있다.

성인은 막무가내이거나 즉흥적으로 움직이지 않고 현재와 미래를 이어서 생각하고 그에 따라 특정한 방향으로 몰입하여 행위하느냐와 관련된다고 할 수 있다. 여기서 성인은 철인과 마찬가지로 생각과 행위 둘 다 잘해야 한다. 성인은 하려는 일의 귀추를 유비 추리하고서 끝내는 것이 아니라 선이라면 그대로 밀고 나가야 하며 악이라면 제지해서 그만두어야 한다. 다만 성인은 춘추시대나 현대 사회의 세속적 사람과 달리 악인 줄 알면 스스로 방향을 조절할 수 있다. 성인은 아직 인간의 발견 이전 신화시대의 영웅적 특성을 지니고 있기 때문이다.[54]

성인과 광인의 상시적인 변환 사례를, 멸망한 왕조의 마지막 왕을 통해 살펴보자. 과장되었을지 모르지만 멸망한 왕조의 마지막 임금은 왕으로서의 역할에 관심이 없고 개인적인 향락에 몰입한 인물로 평가된다.

그는 왕조의 개창자(선왕, 조상)가 왕으로서 걸어가야 한다며 제시한 귀감을 더 이상 따르지 않고, 왕의 권력을 남용해서 사치와 향락을 무절제하게 일삼는다. 천, 조상은 더 이상 자신의 모범이 아니라 새로운 사람다움, 즉 쾌락을 즐기는 왕을 발견하고서 그것에 충실한 것을 막는 방해꾼일 뿐이다. 부정적으로 보면 그는 자신의 행위 유형이 초래할 결과, 즉 망국亡國을 도저히 예상할 수 없는 아니 예상하려고조차 하지 않는 오만한 인간이며, 왕으로 기대(요구)되는 역할을 집어던지고 사욕을 충족시키는 사람으로 변신하고 있다.

이때 마지막 왕은 반드시 망국의 상황을 맞아야 했을까? 여기서 바로 광인과 성인의 변환이 자리 잡을 수 있다. 설혹 마지막 왕이 개차반이더라도 언제 '염두'에 둔다면 그는 얼마든지 개과천선하여 멸국滅國으로 나아가는 상황을 수습할 수 있다는 것이다. 물론 이는 왕조의 흥망성쇠를 사회 경제적 측면보다 개인의 도덕성으로 환원해서 설명하는 도식이라고 할 수 있다. 광인과 성인의 변환 속에는 비록 신화적 요소를 완전히 벗어나지 못했을지라도 인간의 주관 능동성을 강조하고 있다는 것을 읽어낼 수 있다.

이제 광(광인)의 독자적인 의미를 좀 더 적극적으로 알아보자. 성과 대비해서 광은 전통을 무시할 정도로 오만하다 또는 과거 모범과 현재 정책의 불일치로 갈팡질팡한 의미 맥락에서 쓰였다.

먼저 글자 구성으로 살펴보자. 얼핏 보기만 해도 광狂은 '개 같은 왕'의 이미지를 연상시킨다. '犭'이 개犬와 같고 王이 왕이므로 둘을 합치면 개의 왕이라는 뜻으로 풀어낼 수 있기 때문이다. 그러나 광의 '王' 부분의 원래 글자꼴이 㞷이었므로 근거가 없다. 허신은 광을 犭의 의미소와 𡉚의 음소가 결합한 것으로 보고 미친 개狾犬로 풀이했다.(476) 이런 풀이는 앞에서 부정했던 개 같은 왕에서 왕을 사람으로 바꾼다면 호환될 수 있을 성싶다.

그런데 문제는 '미치다'는 의미를 어떻게 규정하느냐에 있다. 미치게 된 원인을 심리 상태와 결부시키면, 미친 것은 정신 이상이나 영혼의 병듦으로 초래된 정신질환을 가리키게 된다. 흥미롭게도 허신은 고문古文에서 광狂의 이체자로 부수가 犭이 아니라 忄이 되었다는 사실을 들려주고 있다. 이렇게 보면 광의 미치는 것이 심리 상태와 전혀 상관이 없다고 말할 수는 없다. 시라카와 시즈카는 광의 원인을 귀신에 들린 상태로 보고서 광을 일상성 부정에 연결되는 시적 광기로 본다.(1984, 190)

두 사람의 근거가 나름대로 확실하다고 하더라도 『시경』과 『서경』의 광을 정신질환으로만 볼 수는 없을 듯하다. 실마리를 풀어가기 위해 다시 「상유」의 두 구절이나 「다방」의 인용문을 들여다보자. 광은 선왕의 제도를 무시하거나 다른 사람의 반대 의견을 들으려고 하지 않은 채 제 주장만을 내세우는 행위 성향과 관련되어 있다. 「상유」의 자독비장自獨俾臧, 자유폐장自有肺腸의 구절을 떠올린다면, 광은 자기만이 옳으며 남의 말은 덮어놓고 자기주장만 열심히 퍼붓는 인간의 자기 확신, 즉 자시自是를 나타내고 있다.

이렇게 본다면 광이 가진 독특한 의미만이 아니라 그 뒤 춘추시대의 공자나 맹자가 광자狂者와 견자狷者를 모자란 듯 보면서도 긍정적으로 평가하는 문맥과 무리 없이 연결될 수 있다. 만약 광자를 정신이상자로 본다면, 공자와 맹자는 시대와 불화를 겪고서 정상인 내지 보통 사람들에 대한 신뢰를 완전히 상실해버렸다고 주장하는 셈이 된다.[55] 그래서 나는 '미치다'를 정신질환이 아니라 독선적 성향으로 보아야 한다고 생각한다. 좀 더 자세하게 말한다면 광은 언행이 전통적 규범을 부정하지만 어떤 일에 지나칠 정도로 몰입하여 제어할 줄 모르는 고집불통의 사람을 가리킨다.

이렇게 본다면 광인에 대비되는 성인은 유비 추리의 능력과 왕으로서의 역할에 성실한 유형이다. 이 유비 추리의 능력은 반드시 왕만이 전유할 이유가 없으며 역할 수행도 왕이 아니라 사회적으로 다양한 계층에게 확대 적용될 수 있다. 바로 이 점은 초기의 철哲이 대부분 왕조의 개창자에 편중되어 사용되었지만, 성聖이 왕조의 개창자보다 일곱 아들을 기르는 어머니처럼 각종 역할과 분야의 사람에게 개방적으로 사용될 수 있는 이유가 된다.[56]

성이 갖는 유비 추리 능력은 필연성을 확보하지 못한다. 유비 추리의 속성상 그렇기도 하거니와 생각과 행동 사이의 거리로 인해 그렇기도 하다. 이 때문에 주장과 결과 사이를 두고 어떤 사람은 부정적 결과로 귀결될 것이라고 유비 추리하는 반면에 다른 사람은 긍정적 결과로 귀결될 것이라고 유비 추리할 수 있다. "저 선배 원로를 불러서 점몽관占夢官에게 물어보게 하니, 모두들 하나같이 자신이 앞뒤를 제대로 예측할 수 있다고 하지만 누가 까마귀 암컷과 수컷을 제대로 구별할 수 있을까?"[57] 성인의 존재가 현재와 미래를 투명하고 확실하게 연결짓지 못하고 오히려 사회적 분란을 일으키는 주범으로 그려지고 있다.

이처럼 성인의 권위가 실추되면 특정한 행위 유형과 선악 유형을 전통적으로 유비 추리하는 지식도 절대적 권위를 잃게 된다. 실례로 게으름을 따져보자. 혹자는 태만이 또 따른 태만으로 이어지고 그러다가 그것이 개인의 행동 성향이 된다. 그 결과 최종적으로 그가 왕이라면 왕조의 멸망으로 귀결된다. 『시경』과 『서경』의 서주시대에서는 이를 두고 멸망은 다른 사람이 가져온 결과가 아니라 스스로 초래한 것이란 뜻의 자속고自速辜라는 말을 즐겨 사용한다.[58] 혹자는 태만은 신중함의 표현일 수도 있으므로 꼭 나쁜 것으로 볼 필요가 없다고 말할 수 있다. 나아가 망국은 태만과 같은 개인의 성향과 무관하고 지배 계층의 갈등과 같은 다른 요인에 의해 생겨났다고 말할 수 있다.[59] 이렇게 되면 태만은 반드시 제지시켜야 할 것인지 아니면 바람직하지는 않지만 크게 문제 삼을 필요는 없는 것인지 애매해진다. 그 결과 "모두가 자신이 성인이다"라고 주장하게 되면, 개별 규범만이 아니라 그 총체로서 규범 자체가 허물어진다.

성의 또 다른 특징으로는 유언비어訛言(「정월」, 참언讒言, 「교언」), 모장謀臧과 부장不臧(「소민」)처럼 타인의 의견을 청취하는 자세와 관련되어 많이 쓰인다는 것이다. 이는 성이 어원적으로 보면 잘 들음(귀 기울임)으로부터 연유했다는 것과 일맥상통한다. 또한 갑골문자에서 성은 과도할 정도로 큰 귀를 가진 사람이 서 있고 앞에 작은 입이 그려져 있는 데서 알 수 있듯이(김승혜, 62~63), 성과 귀의 연관성을 확인할 수 있다.

우리는 귀가 크다는 특징으로부터 성인이 모든 것을 잘 들어 통찰하고(李孝定, 3519), 많은 것을 듣고 헤아릴 능력이 있다(김승혜, 62)는 해석을 할 수 있다. 물론 성을 통찰력, 환하게 꿰뚫는 능력으로 보는 견해는 나름의 근거가 있다. 허신 이래로 성聖은 통通으로 풀이되고 있기 때문이다.[60]

그런데 문제는 이게 전부가 아니라 통찰력, 헤아리는 능력의 정체가 분명하지 않다는 데에 있다. 통찰력과 헤아리는 능력이 신비한 능력으로 확대될 수 있다. 사냥꾼은 멀리서 짐승 소리를 듣고서 그 짐승이 무엇인지 식별할 수 있다. 이것은 감각적 통찰력이다. 사람은 모든 것 또는 많은 것을 들어서 사람(사물)의 배후에 있는 말하지 않는 본질(의도)을 포착할 수 있다. 이 경우 들어서 아는 것은 청각에 부딪히는 물질적 음향을 수동적으로 만나는 것이 아니라 신 또는 영혼과 대화하는 특출한 귀를 전제해야 한다. 이런 사람은 다른 사람이 듣지 못하는 소리마저 듣는 초월적 존재이다. 이러한 성聖은 『서경』『시경』의 서주시대가 아니라 전국시대 이후에 인사만이 아니라 우주의 이치에 통달하고 만물과 하나가 된 신비한 인물로 묘사되는 경우와 연결될 수 있다.[61]

『시경』『서경』의 성은 자기의 행실을 옹호하거나 자신의 견해에 부합되는 주장만을 청취하고 간언을 들으려고 하지 않거나 왕이 자신만이 옳다고 생각하는 자시自是[62] 유형의 인물과 관련이 있다. 자시 유형의 극단화가 광인이고 그 반대가 성인聖人이다. 광인은 자신의 특정 행실과 미래의 결과를 연결해서 생각하려고 하지 않을 뿐만 아니라 누군가가 자신의 행위가 나쁜 결과를 가져올 수 있다며 설득하더라도 그것과 국가의 존망은 무관하다는 주장을 강변할 것이다. 그가 왕일 경우 개인의 욕망에 충실할 뿐 민의 복리와 사직의 안녕을 전혀 신경 쓰지 않으므로 왕위 수행의 결격자로 지목될 것이다. 성인은 늘 스스로 생각과 결과를 견주어 판단하고 또 자신이 생각하지 못한 것을 다른 사람으로부터 듣는다면 즐겨 받아들인다. 그가 왕일 경우 민과 사직의 문제에 진력하며 자기 일신을 돌보지 않아 왕위 수행의 적격자로 판정받게 될 것이다.

사회적 갈등을 더해가는 춘추전국시대에 왕과 귀족에서 성인보다는 광인의 자시 유형이 많이 나타났다. 그들은 전통의 구애를 받지 않고 독단적인 성향을 많은 분야에 여과 없이 표출했다. 사실 『서경』에는 철왕哲王 또는 성왕聖王과 현신賢臣이 협치協治하여 세계 질서를 바로잡는 이야기를 많이 담고 있다면, 『좌전』에는 두 부류의 협치보다는 암주暗主와 첨신諂臣이 일시적인 성공에 도취되거나 인민을 상대로 가혹한 착취를 일삼아 나라를 멸망으로 이끄는 이야기를 많이 담고 있다. 그들은 경제 정책에서 통상적인 세금을 고율로 올리고 관민 공유의 토지를 독점하는 전리專利, 즉 이익을 독점하려는 정책을 펼쳤다.

5 맺음말

이해의 편의를 위해 철哲과 성聖을 우리나라 사회 정치 현실에도 적용해보자. 최근 들어 정치만이 아니라 사회 각 분야에서 불통不通, 즉 소통의 부재를 호소하고 있다. 성聖은 오늘날의 말로 하면 소통의 달인이다. 불통은 광인에 해당될 듯하다. 불통의 소리가 높은 것만큼 현재의 현상을 가지고 불안한 미래와 짝짓는 유비 추리가 성행하고 있다. 물론 다른 한편에는 불안을 희망으로 바꾸기 위해서 각종의 통계 수치를 장밋빛 청사진으로 갖다 붙이고 있다. 우리나라에도 서주시대의 맥락에서 쓰인 소통의 대가로서 성인이 늘어난다면, 나라 또는 조직의 미래를 암울하게 유비 추리하는 소리가 줄어들 것이다.

다음으로 대통령 선거를 보면 우리나라 사람들은 철인 유형을 선호하는 듯하다. 지방자치선거와 총선이 지역 공동체를 세세하게 설계하는 전문적인 능력의 인물을 뽑는다면, 대선은 아무래도 국민이 당면한 문제를 한꺼번에 해결해줄 구원자(혁명가) 스타일을 바라는 듯하다. 하지만 헌정사를 보면 철인입네 하고서 대통령에 당선해서 집권했지만 난마처럼 얽힌 문제를 풀지 못하고 그것을 도리어 더 엉키게 하고 있다. 서주시대에도 철인이 사라지자 민民 중에서 철인이 도래하기를 노래 불렀다. 우리 중에는 혹 속더라도 여전히 다시 철인이 등장해서 일거에 묵은 현안을 풀어주리라 희망을 거는 사람이 있다. 이것은 동아시아 철학사에 반복된 철왕 대망론 또는 메시아 구원론이다. 21세기라면 우리는 우리가 이 시대의 문제를 푸는 메시아Messiah로 나설 수 있어야겠다.

철과 성을 지식 중심의 용어가 아니라 행사 중심의 용어라는 논의를 요약하면 다음과 같다.

철이 지혜 종류로 해석되기 위해서는 지혜가 무엇인지 그리고 어떻게 지혜를 획득할 수 있는지에 대한 것이 논의되어야 하는데, 『시경』『서경』의 주 왕조 초기 문헌에서는 그 점을 확인할 수 없었다. 예를 들어 주초 중국인의 철학적 물음의 해답이었던 명덕신벌明德愼罰을 살펴보자. 만약 여기서 명덕의 덕을 지적인 덕으로 본다면 명덕은 이성적 추론을 명료하게 하다 또는 분명하게 추론하다를 의미할 수 있다. 그러나 위의 덕은 그런 맥락에서 사용되지 않고, 행실과 행사의 맥락에서 파악해야 한다.

그리하여 어원 분석을 한 결과 철哲이 민을 통제하거나 잡초와 같은 사람(폭군)을 처벌함을 뜻한다는 것을 알게 되었다. 정리하자면, 철은 수명하여 폭군을 지칭하고 학정에 시달리는 민을 구원하는 신왕조의 개창자와 긴밀하게 연관되어 있다. 개창자는 혁명의 실행 여부와 실행 시기를 절묘하게 결단하여 구출과 회복이라는 위대한 공업을 달성하게 된다. 그 결과 당사자는 그 공업이 현저하게 돋보인다[明]는 평가를 받게 된다. 이런 맥락에서 명철明哲·명덕明德은 인간이 이성을 발휘하여 근본 법칙을 인식함으로써 그들을 일상으로 복귀시키는 것, 즉 학정에 시달리는 사람에게서 광명을 되찾아준다는 행사行事 맥락으로 파악해야 한다.

성聖의 경우 철哲과 달리 이미 서주와 춘추시대 사이에 두 차례의 의미 변용의 과정을 거친다. 신과의 교통력을 의미하는 주술적, 종교적 성인관에서 제도·규범의 창시자로서 성인관으로 바뀌고, 거기에서 다시 특정 부류의 행위 성향이 화禍와 복福 둘 중의 하나라는 특정 유형으로 귀결되는지를 유비 추리하여 유효한 역할을 수행하는 성인관으로 바뀐다. 마지막 단계의 성인관의 경우, 일견 성聖은 지식 중심으로, 술어로 볼 수 있을 듯하다. 물론 유비 추리의 능력으로서 성이 사물을 분류하고 결합시킨다는 면에서 앎의 문제와 관련이 전혀 없을 수는 없다. 그러나 유비 추리에 의한 분류와 결합은 엄밀한 경험적 속성 관찰이나 대전제로부터의 추론이 아니라, 특정 유형의 행위 내지 행위 성향이 화와 복이라는 닫힌 유형의 결과로 귀결된다는 점을 강조하는 데에 초점이 있다. 즉 성은 누구나 관찰할 수 있는 대상의 속성이나 누구나 합의할 수 있는 근본 법칙의 발견과 적용이 아니라 사회적 구성원들의 특정한 행위 유형의 분류와 결합에 초점이 있다고 할 수 있다.

결론적으로 말하자면 춘추시대의 중국인, 특히 위정자들은 자신의 일거수일투족이 사회에 어떤 영향력을 미쳐서 최종적으로 자신에게 어떻게 되돌아오는가에 주목했다고 할 수 있다. 즉 말과 행실은 화살과 같아서 상대를 해칠 수도 있고 자신을 파멸로 몰아넣을 수도 있으니.[63]

제3장

약한 주체

책임적 행위자의 기원과 전개

1 여는 글

중국 철학에서 '자아'에 관한 논의를 찾을 수 있을까? 흔히 동아시아를 개인주의보다 공동체주의가 발달한 문화라고 하므로 자아의식이 상대적으로 박약(부족)하리라 예상할 수 있기 때문이다. 그러나 이러한 예상은 편견과 착각일 뿐이다. 어느 지역 공동체나 문화권에 자아의식이 있느냐 없느냐라는 문제는 사이비 문제이다. 이것은 특정한 자아의 정의로 다른 지역을 재단하는 획일성의 폭력이다. 문제는 자아의 유무가 아니라 어떤 자아인가에 있다. 즉 문화마다 시대마다 자아의 특성이 어떻게 다르게 나타나는지를 문제로 설정해야 제대로 된 문제 설정이라고 할 수 있다.

이 글의 출발점(목적)은 분명하다. 오늘날 자아를 지시하는 용어로 널리 사용되는 자自·기己·아我의 어원을 밝혀내려고 한다. 자·기·아는 춘추전국시대에 철학적 논의의 대상으로 부각되기 시작했다. 이 용어는 후대 철학사에서 그 모습을 드러낼 자아의 정체성의 싹을 품고 있었다. 따라서 이 어원과 그 특징을 제대로 밝혀낸다면, 우리는 후대의 철학사에서 확대 재생산된 '자아' 문제를 검토할 수 있는 다양한 해법들을 찾아낼 수 있을 것이다. 사실 자아는 철학의 핵심 문제이기에 이러한 연구 성과가 많으리라 짐작할 것이다. 그렇지만 이 글을 쓸 당시 주로 구미의 학자가 몇 편의 글을 썼을 뿐 국내의 학자가 쓴 참고할 만한 자료는 한 편밖에 없었다.[1] 이 글은 동아시아 철학에 나타난 자아의 특성을 밝히는 데에 기초가 되고 다양한 논의를 이끌어내는 데에 바탕이 될 것이다.

우리는 오늘날 일상적인 용어로나 철학적인 용어로 자기自己·자아自我를 별다른 의식 없이 자연스럽게 사용하고 있다. 예컨대 연예하는 여자와 남자, 신혼부부는 상대를 '자기' '자기야'라고 부른다.[2] 또 자기주장이 강한 사람을 "저 사람, 참 '자아'가 강하다"고 말한다. 또 서양에서 학문을 한 사람들은 자아와 사회를 대립적인 문맥에서 쓰고 있다.

이처럼 오늘날 우리가 자연스럽게 사용하는 '자기'와 '자아'는 원래 나뉠 수 없는 단일한 어근의 용어가 아니라 각각 다른 어원을 가진 자와 기, 자와 아의 합성어였다. 말 개념의 현재성에만 관심을 두고 역사성에 신경 쓰지 않은 채, 현대인은 자신이 과거로부터 물려받은 혜택은 없고 고통만 있다고 착각하곤 한다.

우리는 한문 텍스트에서 글자를 만날 때 自를 스스로 자로, 我를 나 아로, 己를 몸 기로 각각 달리 풀이한다. 이 사실은 세 용어가 각기 독립적인 문맥에서 쓰였다는 사실을 그대로 드러내준다. 또 선진시대의 문헌에서 자·기·아 등은 합성어보다 개별적인 용어의 형태로 훨씬 더 빈번하고 중요하게 사용되었다. 이들이 드물게 합성어로 쓰이고 있더라도 그것은 오늘날의 의미와 다른 맥락을 나타냈다. 예컨대 自我는 고대 문헌에서 오늘날 주체의 뜻이 아니라 '우리 측으로부터' '나의 기준(입장)에서 보면' '나로부터' '내가 …한 이래로' 등 상투적인 어법으로 즐겨 쓰였다.[3] 다른 용례로 위기爲己·수기修己·성기成己·추기推己·무기無己·허기虛己·이기利己·비기肥己, 위아爲我·무아無我·진아眞我·가아假我 등이 제시될 수 있다.

오늘날 연구자들이 춘추전국시대 또는 중국 철학에서 자아self의 문제를 다루는 태도를 살펴보면 그들은 단순하지도 않고 주저하거나 미적거린다. 왜 그럴까? 자아 문제는 우리가 쉽게 생각하는 것보다 훨씬 복잡한 특성을 지니고 있기 때문인 듯하다.

나는 이 특성들을 다음과 같이 세 가지로 요약하고자 한다. 1) 자아self와 개인주의individualism 개념은 서양철학의 고유한 문맥에서 싹튼 용어이다. 이 용어를 중국의 전통 철학이나 사유 방식을 분석하는 데 적용할 수 있는가? 2) 만약 자아와 개인주의 개념을 중국 철학에 적용할 수 있다고 가정한다면, 서양철학에서 논의되는 자아 및 개인주의에 내재된 사유와 가장 유사한 형태가 언제 처음으로 나타나는가? 이 질문은 더 나아가 중국의 현대 기점이나 현대적 사유의 맹아를 언제 어디에서 찾을 것인가라는 문제와 연결되어 있다. 3) 동아시아(중국) 철학과 서양철학이 다른 방식으로 물음을 설정하여 각자 나름대로 고유한 문맥에서 진행되어왔다고 한다면, 동아시아 철학에서는 '자아' 문제를 서양철학의 '자아' 문제와 달리 어떻게 접근하고 있는가?

만약 동아시아(중국) 철학에서 사람이 개인으로 환원 불가능한 공동체적 특성을 가지고 있고 또 자연적인 관계, 즉 인륜人倫 공동체에서 분리되어 존재할 수 없다고 한다면,[4] 서양철학의 '자아' 개념을 동아시아(중국) 철학에 적용할 수 없다. 왜냐하면 서양철학에서 사람은 적어도 공동체로 환원 불가능한 개체의 특성을 지니고 자연적인 관계에서 분리되어 존재할 수 있기 때문이다. 따라서 중국 철학에서 '자아'를 찾으려고 시도하면 이는 애초에 없었던 사유를 있다고 강변하는 꼴이 되어버린다.

이와 달리 서양철학 개념의 의미를 느슨하게 규정하거나 의미의 외연을 확장시키면, 서양철학의 용어를 중국 철학에 적용할 가능성이 생긴다. 예컨대 드 배리de Bary는 개인주의와 개체성individuality을 구별하여 후자가 반드시 전자를 전제하지 않을 수 있고 또 개명된 문화권의 문학과 예술 분야에서 개체성을 권장해왔다고 주장한다. 유교에서 도덕 품성이나 지적 성취를 말할 때 사람마다 각기 다른 특성을 가질 수 있으므로 개체성이 존중되고 있다. 이에 의하면 개인주의는 동아시아(중국) 철학에 적용할 수 있는 것이다.[5]

하지만 서양철학의 용어를 중국 철학에 적용할 수 있다고 하더라도, 유사한(동일한) 사유의 발견을 지나치게 강조해서는 안 된다. 오늘날 서양 연구자들은 서양철학이나 중국 철학을 연구할 때 '자아self/selbst'라는 용어를 아무런 제약 없이 사용하지만, 역사적으로 보면 그 용어는 로크나 칸트 이후, 즉 17세기에서 18세기 사이에 철학적인 개념으로 쓰이기 시작했다. 반면 중국에서 자自·기己·아我 등의 용어는 공자 이후, 즉 기원전 6세기에서 5세기 사이에 이미 철학 용어로 쓰이고 있었다. 우리가 위의 사실을 기계적으로만 판단한다면 중국은 서양보다 적어도 2000년 이상 '앞서' 자아의식이 있었다는 결론을 끌어낼 수 있다.

하지만 서양철학의 self 또는 selbst는 사람이 교회나 귀족의 집단 의지로부터 해방되려고 하는 맥락에서 사용되었고, 중국 철학의 자·기·아는 사람이 자신의 사적 욕구를 통제하고 조절하여 전체 질서를 창출하고 그것과 동화되려는 맥락에서 사용되었다면,[6] 위의 기계적인 결론은 타당하지 않게 된다.

현대에 우리가 자아自我와 자기自己를 자연스럽게 씀에도 불구하고 춘추전국시대의 자·기·아의 용례는 다양하고 복잡한 양상을 띠고 있었다. 예컨대 공자는 무아毋我처럼 아를 부정적인 맥락으로 사용하지만 위기爲己처럼 자와 기를 긍정적으로 사용했다. 이와 달리 장자는 무기無己처럼 기마저 부정적으로 사용했다. 나는 이러한 제 양상의 이유와 의미를 변증하기 위한 일차적인 예비 작업으로 중국 철학에서 이른바 '자아'를 가리킬 만한 용어들, 자·기·아의 기원과 그것이 일인칭 대명사화되는 자취를 더듬어보고자 한다.

2 천명天命의 사회 철학적 의의와 그 변화

천명의 영원성

춘추시대 이전에도 '여일인余一人'이라는 일인칭 대명사가 있었다. 그것은 다른 사람이 아니라 특수한 신분의 왕만이 '나 한 사람'으로 지칭할 수 있는 전칭專稱 용어였다.[7] 그렇다면 '여일인'과 다른 일인칭 대명사가 나타나서 그것이 보편적으로 쓰이게 된 시기는 언제일까? 또 어떤 용어가 그렇게 사용되었을까? 나는 이 물음을 은주 왕조의 교체라는 역사적 사건과 결부시켜 논의의 실마리를 풀어가고자 한다. 이 역사적 사건은 단순히 권력 집단의 변화라는 정치적 특성만을 나타내지 않는다. 그것은 천명관의 변화라는 사상적 운동의 특성을 드러내고 있다. 천명관의 변화는 주체 형성에 영향을 줄 수밖에 없다는 것이 나의 가설이다. 천명을 받으려면 도전자는 기성의 왕과 다른 존재라는 점을 강하게 내세울 수밖에 없다. 그리고 이러한 강한 주장은 주체 형성으로 나아가게 된다.

서주西周 초기의 저작으로 고증된 『서경』이나 『시경』의 편들을 보면, 우리는 여러 곳에서 "하늘 명령은 변화한다", 즉 "한번 부과된 하늘의 명령은 결코 영원하지 않다天命靡常" "하늘의 명령이 한번 떠나면 또다시 주어지지 않는다天命不又" "하늘의 명령을 잃지 않고 계속해서 유지하기 쉽지 않다天命不易"는 자각을 찾아볼 수 있다.[8] 이 자각을 반대로 독해하면 주 왕조 이전에는 천명상天命常, 즉 한번 부과된 하늘의 명령은 변화 없이 영원히 지속된다는 믿음이 있었다고 볼 수 있다. 이 믿음의 사회 철학적 의의를 다음의 세 가지로 정리하고자 한다. 그것은 1) 특정 왕조의 정통성 보증, 2) 집단적 자아의식, 3) 행위 결과에 대한 영원한 면책성 등이다. 천명의 사회 철학적 의의와 관련하여 1) 정통성 보증의 측면은 종래 여러 연구에서 충분히 강조되었기 때문에 되풀이할 필요가 없을 듯하다.[9] 여기서는 2)와 3)의 측면에 초점을 두고 논의를 진행하고자 한다.

2)의 특성을 왕위의 계승繼位과 관련지어 이야기를 풀어가보자. 현대인은 한 왕조의 개창자에서 다음 왕으로 지위가 이어지는 과정을 '창시자 A → 2대 B → 3대 C …… → N → …… ' 식으로 표기할 것이다. 왕조의 개창자가 처음 수명하고서 나라를 세우고 치세를 하다가 죽으면 후손 왕들은 선왕의 자리를 이어받고 이런 방식으로 계위가 진행되면서 왕조가 영원히(또는 장기간) 지속되는데, 이러한 표기는 왕위의 순차적인 계승 과정을 간명하고 적절하게 설명하고 있다.

이렇게 표기하다보면 A, B, C, N 각각의 기호가 개별 인물의 생김새,

생명 등의 물리적 차이 이외에 또 서로 다른 별도의 개성, 인격 등의 윤리적 차이를 가리키는 듯하다. 만약 그렇다면 표기 방식은 천명과 계위의 결합을 사실대로 전달하지 않고 왜곡해서 표현하게 된다.

왕위가 현실에서 다음 사람, 그다음 사람 식으로 순차적으로 일어나는 계위 과정을 살펴보면 위 표기의 문제점을 찾을 수 있다. 인간인 왕들, 특히 개창자인 A는 다른 보통 인간과 마찬가지로 물리적 생명의 한계 때문에 죽음이라는 끝을 맞이할 수밖에 없다. 후손 왕들은 왕조의 상징과 권리의 상속자로서 A의 자리를 연속해서 이어가게 된다. 이 과정에서 후손 왕들은 최선을 다해 A의 언행을 재연해서 닮으려고 하고 A의 업적을 지키려고 하지 A와 완전히 또는 부분적으로 다른 것을 발휘하려고 하지 않는다. 왕이 바뀐다고 하더라도 조종祖宗, 즉 왕업의 기틀을 바꿀 수는 없는 것이다. 다시 말하자면 2대 이후의 후손 왕들은 유한한 생명을 집단적으로 연장시키는 과정에 참여해서 자기 선대의 왕과 독자적인 특성을 가진 개인으로 구분될 수 없다.

계위는 유한한 존재로서 왕이 가진 물리적 한계를 보충하여 영원으로 나아가는 연쇄적인 매개 과정이고 계위자는 물리적 생명의 한계를 중계하는 균질적인 매개자이다. 후손 왕들은 수명 사건 당시에 생존하지 않았음에도 불구하고 집단적 수명자의 자격을 상속할 뿐만 아니라 A의 재림(부활)을 통해 왕조의 영생에 기여하는 연속체이다. 이에 따라 계위 과정을 다시 표기한다면 '개창자 A, 2대 A′, 3대 A″, 4대 A‴ …… ' 식으로 될 것이다. 2대 A′는 개창자 A를 이어서 3대 A″로 왕조가 이어지도록 하는 역할을 맡은 것이다. 여기서 A와 A′가 완전히 다른 존재가 될 수 없고 둘은 단일한 인격체가 되어야 한다. 만약 A′가 A와 달라진다면, 다른 만큼 A′는 문제를 가진 존재가 된다. 나아가 A′는 다른 부분을 없애고 A와 완전히 같아지기를 요구받는다.

이렇게 되면 현실에서 왕들의 계위가 주기적으로 일어난다고 하더라도 개창자의 수명 사건과 그의 위대한 시작이 자신과 다를 바 없는 후손을 통해 아무런 시간적 단절을 겪지 않은 채 무한정 존속된다. 그러므로 두 번째 이후의 왕들은 생김새와 건강 등의 측면에서 다를지언정 권리와 인격의 측면에서 건국의 아버지와 전혀 구분되지 않는 '하나의' 연속체로만 간주된다.[10]

다음으로 3)을 살펴보자. 후손 왕들은 집단적 수명자로서 권리를 독점하고 있기 때문에 현재의 수명자와 '비非'수명자들의 역할 관계는 사회적으로 고착돼 있다. 천명의 영원성에 의하면 천명의 획득과 상실은 전적으로 하늘이 결정할 문제이다. 인간의 희망, 노력 그리고 인격 때문에 천명과 특정 인물의 수명의 폐쇄적(독점적) 결합이 흔들릴 수 없다. 이에 특정 왕조의 개창자가 처음에 한 번 수명하기만 하면 두 번째 이후의 왕들은 그 개창자의 후손이라는 단 하나의 이유로 인해 왕위를 자동으로 계승하도록 이미 결정되어 있는 것이다.

그 결과 자연히 후손 왕들은 자신들의 사회적 역할을 수행하면서 출중한 모범을 보이든 패악 무도한 짓을 하든 간에 모든 책임으로부터 면제되어 있다. 물론 바람직한 후손 왕이라면 권리의 연속체이자 행실의 연속체가 될 수 있다. 그렇다고 만일 후손 왕들 중에서 어떤 왕이 극도의 패악한 짓을 주저하지 않는다고 해도 바로 그 왕만의 부도덕성이나 책임을 물을 수 없다. 왜냐하면 한 왕조의 왕들은 집단적 수명이기 때문에 어떤 왕에게 바람직한 행실을 보이기를 희망할 수는 있지만 그렇지

못했다고 책임지게 하기 어렵기(불가능하기) 때문이다.[11]

여기서 우리는 은 왕조의 마지막 임금 주紂(기원전 ?~기원전 1046)를 실례로 들어보자. 주임금은 은 왕조를 무너뜨린 주周 왕조의 언론이나 그 후대의 사서에서 '만인萬人'에게 최대의 고통을 주면서 자신은 최대한 쾌락을 추구한 희대의 폭군이자 가학자로 평가되었다. 이러한 평가는 주 왕조 이후에나 가능하지 "천명상"이 통용되는 사회에서는 불가능하다. 왜냐하면 수명受命의 집단 상속자 중 일원에 대한 비판은, 사람이 천명과 특정인의 결합을 회의할 수 있는 다른 사유 체계에서 내릴 수 있는 판단이지 '천명의 영원성'이 지배하는 단계에서는 그 누구도 꿈에서조차 생각하기 불가능한 일이기 때문이다. 또 주임금은 '만인'을 자신과 동일한 특권을 누릴 수 있는 만'인'으로 생각할 수조차 없고 그에겐 세상에 자기 자신, 즉 '나 한 사람余一人'[12]만 있을 뿐이다.

주 왕조의 건국 영웅들은 바꾸어야(처단해야) 하지만 바꿀(처단할) 수 없는 주임금이란 존재가 폭정을 일삼고 있는 현실에서 천명의 사회 철학적 의미를 비판적으로 검토하지 않을 수 없었다. 바로 여기서 그들은 천명의 영원성에 대한 회의를 통해 '만인'이 만'인'일 수 있다는 자각[13]을 함으로써 '만인'이 여'일인'에 의해 극도로 고통받는 현실을 개선(극복)해야 할 필요성을 느끼게 되었다. 원래 여일인 이외의 존재들은 단지 수명 사건의 부재로 인해 수명한 사람을 위해 영원히 신민臣民의 사회적 역할을 수행해야 했다.

주임금의 경우 만인은 무한한 복종의 의무를 성실히 이행하지만 여일인은 무한한 향락의 권리를 전횡하고 있을 뿐이며, 만인은 최소한의 안정된 삶의 수준을 보장받지 못한 채 끝없는 고통에서 신음하고 있는 것이다. 이 상황에서 '만인'의 고착성과 '여일인'의 면책성은 도전을 받아 회의의 대상이 되었다. 주 왕조의 개창자들은 새롭게 조성된 회의의 공간에서 자신들의 새로운 역할을 창출하고자 했다. 그들은 천명과 특정인의 폐쇄적 결합을 부정하고 천명의 비영원성을 주장했다. 이에 따라 자신들이 은 왕조를 공격하더라도, 그것은 권력욕에서 비롯된 하극상이 아니라 고통에 신음하는 만인을 구원하는 해방 전쟁으로 규정하게 된다. 나아가 그들은 직접 행위하지 못하는 하늘을 대신하여 해방 전쟁에 나서서, 은 왕조에 내린 천명을 철회하고 자신들에게 천명을 부여하는 혁명革命을 정당화시킬 수 있었다.

이렇게 보면 은주의 왕조 교체는 지배 집단의 교체라는 정치적 사건만이 아니라 천명의 의미 변화라는 사회 철학적 의미를 지니고 있었던 것이다.

천명의 비영원성

주 왕조처럼 천명의 비영원성을 주장하게 되면 천명은 새로운 사회 철학적 의미를 갖게 된다. 천명이 영원하지 않으면, 최초의 수명자에서 바로 다음의 두 번째나 세 번째 왕으로의 계위는 자동으로 보증되지 않는다. 왕위 계승의 후보자는 선왕이 죽으면 자신이 왕위를 물려받으리라 예상할 수 없고 왕조의 천명이 자연적으로 상속될 수 없다. 천명의 비영원성에 따르면 천명은 수명자 자신이나 바로 다음 왕에서 상실될 수 있다. 천명의 영원성과 비영원성 논리에 따르면 왕은 왕으로서 자격을 가질 때에만 천명을 유지하면서 왕일 수 있지 그렇지 않으면 천명을 잃고 왕의 자리에서 축출될 수 있기 때문이다. 천명의 비영원성 논리에서는 왕위와 천명은 시기의 문제일 뿐 언제나 분리될 수 있는 것이었다.

주 왕조의 모든 왕, 현실적으로 두 번째 이후의 왕들은 모두 공통된 물음을 갖게 되었다. "어떻게 해야 자기 대에 왕조의 운명이 끝나지 않을 수 있을까?" 그들은 천명의 영원성 논리와 달리 늘 경敬, 즉 불안 의식을 가지고서 왕의 역할을 수행해야 했다. 즉 그들은 왕조의 운명이 종결되지 않게 하고자 그들 스스로 천명을 받은 개창자와 행실의 연속성을 유지하도록 노력해야 하고 그것을 통해 자기 다음과 그다음 식으로 자신의 왕조가 영속하기를 소망하게 되었다.

이러한 주 왕조의 왕들과 천명 사이의 갈등은 『시경』에 잘 나타나고 있다.

> 부지런한 문임금, 좋은 소문은 그치지 않네. 주나라에 복을 내리니 문임금의 자손이 누리네. 문임금의 자손들은 본가지와 곁가지 모두 백세까지 뻗어가네. (…) 은나라가 무리를 잃지 않았을 때 상제와 짝할 수 있었네. 마땅히 은나라를 거울로 삼아라, 위대한 천명은 지키기 쉽지 않다네. 천명 지키기 쉽지 않으니 네 몸에서 끊어지지 않도록 하라![14]

주 왕조의 현재 왕과 미래 왕들은 자신들이 은나라의 실정을 이유로 일어난 만큼 은나라의 전철을 되밟지 말아야 했다. 여기서 우리는 천명의 영원성과 구별되는 천명의 비영원성의 특성을 다음과 같이 세 가지로 정리할 수 있다. 그것은 1) 집단에서 분리된 개인의 등장, 2) 선례의 입안 필요성, 3) 귀책적 행위자 의식의 생성 등이다.

1) 천명의 영원성을 믿으면 계위자는 분절되는 시공간에서 무수한 행위를 하고 있지만 "내가 …을 나만의 방식으로 했다"처럼 창조적 행위를 할 수 있는 독립된 개체로 존재하기 어렵다. 집단적 연속체의 구성원으로서 후손 왕들은 행위의 종속 변수일 뿐 독립 변수로서의 개체가 아니기 때문이다.

천명의 비영원성을 주장하면 후손 왕들은 궁극적으로 선왕에 대한 권리 및 행실의 연속체로서 행위해야 하지만, 그들 개개인은 자신이 한 행위로 인해 좋든 나쁘든 결과나 영향력을 갖게 된다. 그들은 각각 이 결과에 의해서 개별적으로 평가될 수밖에 없기 때문에 상대적으로 집단적 연속체에서 제한적이지만 어느 정도 독립적 개체로 떨어져 나올 수 있다. 아울러 그들은 권리의 연속체 자격을 왕위 계승 원칙에 따라 출생과 더불어 자동으로 보장받지만, 행실의 연속체는 그렇지 않다. 그것은 개개인이 각자 추구해야 하는 영역으로 후천적으로 학습해야 한다. 다시 말하면 현재의 왕은 천명을 잃지 않기 위해서 늘 천명을 유지하는 데에 필요한 의무를 성실하고 완전하게 수행해야 한다. 이에 서주시대의 왕들은 하늘과 조상신에게 일방적으로 의존하기보다는 "땅 위의 왕이 땅 위의 사람들을 위해 무엇을 해야 한다"는 자각을 할 수밖에 없었다. 이 자각을 통해 천명의 상대화와 인간 역할의 발견이 천명의 비영원성을 돌이킬 수 없는 규범으로 삼게 되었다.

2) 1)에 의해 주 왕조의 후손 왕들은 제한적이나마 개체 의식을 자각하게 되자 자신들이 실행하도록 예비豫備되거나 예비되지 못한 행위들을

는 어떻게 해야 하는지 행위 방안을 모색해야 했다. 이로 인해서 중국 철학의 초기 단계에서 앎(지식)은 기본적으로 "어떻게 해야 잘할 수 있는가?How to do?"라는 실천적 방법론의 특성을 띠었다. 그 결과 『시경』을 보면 이 방법적 지식을 발휘해서 현실적 곤경에서 벗어나는 이야기를 시로 형상화하고 있다. 이 때문에 『시경』에는 주로 기지·꾀·방책을 가리키는 모謨·모謀·략略 등의 용어가 아주 많이 쓰이고 있다. 이들은 모두 자연과 사회를 규정하는 보편 원리로서 도道와 달리 특정한 상황을 해결할 수 있는 방법과 관련된다.[15]

만약 사태의 수행이나 수습 방안들이 선왕 단계에 이미 있었던 경우라면, 후손 왕들은 한 치의 오차도 없이 있는 방법을 그대로 복사하게 된다. 그들은 선왕들이 남긴 행실의 충실한 답습자이면 충분했다. 그렇게 되면 초점은 후손 왕들이 얼마나 과거의 사례들을 잊어버리지 않고 기억하고 있느냐의 문제로 집중된다. 이제 그들은 선왕들의 언행을 기억으로 보관하고 상황에 맞게끔 되살리는, 기억에 충실한 재연자再演者가 되어야 했다.

후손 왕들이 겪는 상황은 그러나 시공간의 다양한 조건을 무시해도 좋을 만큼 선왕들의 상황과 결코 동일하지 않다. "누가(x) 어떤 경우(y)에 어떻게 했다(z)"라는 선례가 있다고 가정해보자. y에 포섭될 만한 개별 사태들이 모든 점에서 동일하거나 밀접한 유사성을 갖지 않는 경우가 발생할 수 있다. 그러면 z는 y와 다른 상황에 해결 방안이 될 수 없었다. 그래서 x는 모든 후손 왕을 대표할 수 있는 집단적 개체가 아니라 새로운 방안을 만들어내야 하는 새로운 x′가 되어야 한다. 이제 후손 왕들은 선례의 충실한 답습자이면서 동시에 산출자의 역할을 수행해내야 했다.

전례가 없다고 상황을 방치한다면 후손 왕들은 역할을 제대로 수행하지 못했다는 평가를 받게 된다. 그런 평가가 쌓이면 해결되지 않는 사회 문제가 누적되고, 궁극적으로 천명을 잃게 될 수 있는 것이다.

3) 후대의 모든 왕은 자신의 행실에 따라 자기 왕조의 운명이 언제나 종결될 수 있다. 그러면 주 왕조도 개창자로부터 시작되어 언제든지 끝날 수 있음을 부정하기 어렵다. 또 후손 왕들의 개별적인 즉위卽位는 자기 이전의 왕과 구별되는 시작점이 된다. 각각의 재위在位는 자신의 재위 기간 동안 성공적으로 왕 역할을 수행해서 천명이 다음 왕으로 계승되도록 해야 하는 의무의 수행 기간이 된다. 즉 그들은 즉위와 재위를 합친 계위를 중단 없는 연속으로 보지 않고 언제 중단될지 모르는 불안한 연속으로 보게 된다. 이에 개별적인 왕은 자신이 처한 단계를 앞뒤의 왕과 끊어서 처음과 끝으로 나누고, 자신의 시작이 중단되지 않도록 해야 한다. 그들은 자기 이전의 왕조, 즉 하夏와 은殷의 멸망이라는 역사적 사건을 두고 '왜 멸망하게 되었을까?' 또는 '멸망하지 않고 영속하려면 어떻게 해야 하는가?'를 탐구하게 되었다.

이제 후손 왕들은 전해진 것을 그대로 되밟기만 하는 존재가 아니라 자신이 한 일이 잘된 것인지 되돌아보며 새로운 상황에서 길을 찾아야 하는 존재가 되었다. 이를 위해서 그들은 늘 현재 시점에서 과거를 그대로 흘려보낼 것이 아니라 과거의 귀결을 전체적으로 사고해야 하고, 멸망당한 최후의 왕들과 자신을 비교해서 자신에게 닮은 점이 있는지 없는지를 검색해서 봐야 한다. 이처럼 돌아보고 찾는 과정에서 자기 반성적 사고의 맹아가 그 모습을 드러내기 시작했다. 이제 계위자들은 특권적 지위를 누리며 행위를 낳기만 하고 그 행위의 결과에 대해 책임이 무한정으로 면제되지 않으며 반드시 평가를 받아야 했다. 나아가 그들은 부정적인 평가를 받지 않으려면 특정 유형의 행위, 즉 선善만을 지속해서 실질적으로 사회적 안정과 질서를 창출해내야 했다.

이렇게 되면 최초 한 번의 수명은 한편으로 분명히 하늘로부터 받은 은혜이자 공인이다. 그러나 다른 한편 그것은 왕위를 잇는 자들에게 엄청난 부담이자 그 부담을 지기 위해서 수많은 노력을 요구했다. 즉 수명으로 인한 즉위와 계위繼位는 주기적으로 새 출발을 알리는 잔치일 수도 있지만 종말을 고하는 고별식일 수도 있었다.

3 책임적 행위자와 일인칭 대명사의 연계

서주시대의 왕들이 천명의 비영원성을 자각하게 됨으로써 그들은 철학적으로 소박한 개체 의식을 지니게 되었고, 관례의 충실한 답습자이면서 새로운 선례의 입안자 역할을 하게 되었다. 아울러 그들은 자기 반성적 사고를 함으로써 행위의 귀책歸責 가능성을 모색해나갔다. 이제 우리는 개체 의식의 자각이 일인칭 대명사 자自·아我·기己의 범칭화 현상과 어떻게 연결되는지를 살펴보자.

나는 이하의 논의에서 일인칭 대명사 중 오吾 자를 포함시키지 않았다.[16] 물론 오가 일인칭 대명사와 주격으로 쓰인다는 점을 고려하면, 오를 분석 대상에 당연히 포함시켜야 할 듯하다. 그러나 오는 고대 문헌, 특히 『논어』에서는 수기修己, 위기爲己의 기나 자송自訟, 자성自省의 자처럼 반성적 사고와 긴밀하게 관련되지 않고, 철학적 문제를 담는 방식으로 사용되지 않기 때문에 논의에서 제외하고자 했다.

또 나는 수기·위기·극기 등의 기나 자송·자성 등의 자가 주어로 쓰이느냐 목적어로 쓰이느냐라는 문법적 기능에 초점을 두지 않는다. 오吾도 『논어』에서 모든 경우에 주어로만 사용되지 않을 뿐만 아니라[17] 이 글에서는 기나 자의 재귀적 특성에 주목하고 있기 때문이다. 즉 일인칭 대명사가 행위의 산출자를 가리키면서 그 행위의 결과가 행위자에게 회귀하여 귀속되는 책임 소재를 가리킨다는 점에 초점을 두고자 한다.

자自의 어원과 일인칭 대명사화

자自는 처음부터 일인칭 대명사가 아니었다. 어원과 의미 변화 과정을 추적하면 자가 어느 단계에서 일인칭 대명사로 비약하는지 그 계기를 포착할 수 있다. 아울러 자의 일인칭 대명사화는 그 이면에서 "천명이 영원하지 않다"는 자각의 결과로 밝혀진 행위의 산출자와 책임 부담자의 의미를 획득하는 것과 밀접한 관련이 있다.

먼저 춘추전국시대의 문헌에서 일인칭 대명사와 호환되면서 귀책의 당사자로 사용되는 신身에서 논의의 실마리를 풀어보자.

아무런 죄가 없는 사람을 마구잡이식으로 처벌하고, 무고한 사람을 죽인다. 마침내 원한이 모여들어 그대의 몸身에 쌓이리라.[18]

인용문은 부당한 처벌을 받은 사람들이 그런 일을 한 최종 책임자를 찾아서 사태 발생의 원인이 누구(당사자)에게 있다고 지탄하는 맥락이다. 여기서 누구의 책임 소재를 '몸'에서 찾고 있다.[19] 몸이 행위와 관련해서 어떤 특성을 갖는지 살펴보자.

신身의 원시적 의미는 임신하다의 뜻이다. 우리는 이런 용례를 「대아」「대명大明」의 "대임유신大任有身"에서 찾아볼 수 있다. 공영달孔穎達(574~648)은 이 '신'을 겹쳐 있다는 중重으로 풀이했다. 이는 "몸속에 다시 한 몸이 있다以身中後有一身"는 것이 두 가지로 포개져 있는 것을 가리킨다고 할 수 있다.[20] 그렇다면 신 자는 동형의 사람이 재생산되는 기관을 상징하는 것이다.

『설문해자』를 보면 신身은 궁躳(등뼈)과 같은 뜻으로 인人을 의미소로, 신申을 음소로 하는 형성자이다.[21] 이때 신 자는 사지와 뼈들로 이루어진 결합체의 명칭이면서 구부렸다 폈다 할 수 있는 움직임을 나타낸다.[22] 종합하면 신은 생산과 동작이 반복해서 일어나는 기관으로 파악되고 있다.

그런데 이 '신' 자는 일인칭 대명사로서 자自·아我·기己 등과 광범위하게 호환되어 쓰인다.[23] 이 호환 현상은 일인칭 대명사군의 의미 형성에 어떠한 영향을 끼칠까?

이제 자自의 어원부터 알아보자. 자는 갑골문에서 보일 정도로 상당히 일찍부터 쓰인 단어이다. 그때 자의 의미는 '…로부터 …까지(…自…至)' '…으로부터'이다.[24] 이 용례는 『시경』과 『서경』에서도 널리 쓰이고 있다. 예컨대 "동쪽으로부터 나온다" "성왕이 아침에 호경鎬京으로부터 왔다" 등이 이에 해당된다.[25] 자는 특정 공간상의 지점과 결합하여 운동, 이동이 시작되는 기점을 가리킨다.

앞으로 자自 다음에 어떤 유형의 명사가 오는지 살펴봄으로써 자의 의미가 어떻게 변모하는지를 알 수 있다. 자는 특정 시점, 시대와 결합하여 '지금부터 시작하여' '옛날 옛적부터'처럼 '…부터'를 의미한다.[26] 이 자는 앞에서 보았듯이 공간상의 출발점을 가리키면서 동시에 동사로 쓰여 '…로부터 시작되다'를 의미한다. 예컨대 "호경에서 학교를 여니 서쪽에서부터 동쪽에 이르기까지 남쪽에서부터 북쪽에 이르기까지 복종하지 않는 이가 없구나!" 등과 같다.[27]

또 자는 특정 유형의 행실을 대표할 수 있는 사람과 결부되어 '누구로부터 누구까지'라는 포함의 범위를 나타내며 동시에 그 범위에 포함되지 않는 사람을 배제하는 구별을 의미한다. 예컨대 "성탕으로부터 제을까지 제 역할에 충실하고 제사에 신중하지 않음이 없었다" 등과 같다.[28]

지금까지의 논의에서 자自 자는 공간·시간·사람과 결합하여 공통적으로 기점을 나타낸다는 점을 알게 되었다. 기점은 시공간상으로 분절되지 않는 단일체가 아니며 특정한 시공간은 그 외의 다른 시공간과 뚜렷이 구별되어 차별성을 갖는다. 마찬가지로 기준으로서의 사람도 땅 위의 아무런 차이가 없는 균질적인 모든 사람이 아니라 어떤 면에서 다른 사람과 구별되는 특이성을 가져야 한다.

그 뒤에 자는 '…부터' '시작되다'에서 특정 시간·공간·사람의 기점과 기준이 그 외의 시간·공간·사람에게 어떤 작용을 한다고 생각되어서 '…로부터 생겨나다' '말미암다由'라는 사건 발생의 원인을 의미하게 된다. 이

런 원인이 하늘에 있으면 "하늘로부터 사회 안정의 복을 내려 받는다"로 표현된다.[29]

주의 개창자 집단이 왕조의 운명에 대한 사람의 역할을 자각하면서 "하늘로부터 말미암는다"는 생각이 상대적으로 약화되고 사람의 책임이 강화되기 시작한다. 예를 들면 "하늘 아래 민들의 재앙은 하늘로부터(말미암아) 내리지 않는다. 이러쿵저러쿵 말 많아 등 돌려 서로 미워하니 즐겨 다툼은 주로 사람으로부터 말미암는다"처럼 자천自天의 자는 유인由人의 유와 동의어로 '말미암다'를 나타냈다.[30] 이러한 용례는 더욱 빈번해져 "좋은 말이 입으로부터 나오고, 나쁜 말도 입으로부터 나온다" "혼란은 하늘로부터 내리지 않고, 부인으로부터 생겨난다"에서 보듯이 자自는 원인을 보다 구체적으로 표현하게 되었다.[31]

여기서 더 나아가 자는 점차로 공간·시간이나 사람·하늘 등의 용어와 결합하지 않고, 동사와 결합하여 쓰인다. 이 용례는 기존의 용례와 비교하면 일종의 비약이라고 할 수 있다. 드디어 자가 일인칭 대명사로 쓰이는 신기원을 열었기 때문이다. 한 번 비약이 일어나자 봇물 터지듯 많은 용례가 생겨나기 시작했다.

예를 든다면 『시경』의 경우는 '자신이 돌보다'(자위自爲, 「소아」「절남산」), '자신이 끼치다'(자이自詒, 「소아」「소명」), '스스로 일으키다'(자립自立, 「대아」「판」), '스스로 찾다'(자구自求, 「대아」「문왕」「주송」「소비」「노송」「반수」), '스스로 즐기다'(자일自逸, 「소아」「시월지교」) 등이 있다. 『서경』의 경우에는 '스스로 저지르다'(자작自作, 「강고」「다방」), '자신이 얻다'(자득自得, 「강고」), '스스로 초래하다'[32](자속自速, 「주속」「다방」), '스스로 그만두다'(자식自息, 「주고」) 등이 있다.

이 자自는 부정적 현상의 원인이나 긍정적 현상의 주체로서 하늘의 역할이 완전히 배제될 뿐만 아니라 사람들 중에서도 집단적인 특정 성씨의 모든 사람을 가리키지 않는다. 자는 특정한 행위를 낳았던 바로 그 사람, 즉 당사자로서의 행위 주체를 가리킨다. 이때 자는 '…로부터'라는 조사나 '시작되다' '말미암다'라는 동사에서 "스스로 …을 하다" "자기 자신이 직접 …을 하다"와 같이 재귀적 특성을 갖는 일인칭 대명사로 쓰인다. 즉 자는 행위를 낳고 행위 결과를 떠안아서 책임을 져야 하는 귀속 대상을 가리키게 되었다.

> 너의 조상님을 기억에서 없애지 말고, 자신의 행실을 갈고닦아라. 영원히 천명에 부합하여 스스로自 많은 복을 찾아라求. 은나라가 무리(통치권)를 잃지 않았을 때 그들의 행실이 상제와 짝할 수 있었네. 은나라를 거울로 삼아라, 위대한 천명은 지키기 쉽지 않다네.[33]

자구自求는, 복福이 외부에서 주어지고 사람이 운 좋게 받은 것이 아니라 사람이 의도적으로 노력해서 추구한 결과로 성취한다는 점을 강조하고 있다. 후손은 자신이 좋아하는 결과를 어떻게 추구하고 무엇을 추구할까? 그 길은 후손 왕들이 왕조의 개창자(선조)와 행실의 연속체로서 그들의 행실을 자신의 행실로 그대로 재연(답습)해내는 데에 있다. 추구의 내용은 자기 초래의 목적어가 복福·호祜, 즉 행복 유형이나 죄罪·고辜, 즉 불행 유형의 둘로 구분되는 데서 알 수 있듯이 공리주의의 특성을 갖는다. 즉 자기 초래는 특정한 방식으로 어떤 행위를 했을 때 어떻게 하면 불행을 피하고 상대적으로 더 많은 행복의 결과를 가져올 수 있느냐와 관련되기 때문이다.

여기서 주의할 점이 있다. 자自로 지시되는 행위자는 다양한 사회적 역할망 중에서 구체적인 개인이지만, 그 결과는 행위자 한 사람에게만 국한되지 않고 그 행위로 인해 영향받거나 혹은 받을 수 있는 모든 사람과 연관된다. 즉 행위의 주동적인 산출자는 특정한 개인이지만 그것으로 인해 무한한 사람에게서 최소한 삶의 안정이란 것을 박탈할 수 있다. 이 지점에 이르면 행위자는 별 생각 없이 관습에 따라 하거나 기분 내키는 대로 움직여서는 안 된다. 자自의 행위자라면 행위가 자기 자신만이 아니라 사회 전체에 끼치는 포괄적인 결과마저 사전에 숙고하고서 실행해야 한다. 이로써 자는 행위 주체를 가리키기에 충분한 자격을 갖추게 되었다고 할 수 있다.

지금까지의 논의를 정리하면 서주 시기의 문헌에서 자自는 재귀적 대명사로 쓰이면서 제한적이지만 행위자 개체의 자기책임self-responsibility, 자기반성self-reflectiveness을 의미하게 되었다고 할 수 있다.

기己의 어원과 일인칭 대명사화 과정— 아我와의 대비적 고찰

우리는 앞에서 『시경』과 『서경』에서 자自가 재귀대명사로서 행위자의 책임과 반성을 가리키는 주체를 나타낸다는 점을 살펴보았다. 이어서 아我와 대비되는 기己의 특성을 밝히고자 한다. 기己가 춘추시대에 일인칭 대명사로 널리 쓰이게 된 반면, 아는 『시경』과 『서경』에서 이미 일인칭 대명사로 빈번하게 쓰이고 있었다.

그런데 춘추전국시대에 이르러 아는—모든 경우가 그런 것은 아니지만 철학적으로 주목할 만한 용례에서—『논어』의 무아毋我(「자한」 4)나 『맹자』의 위아爲我(「등문공」 하 9)처럼 부정적인 맥락으로 사용되고 있는 반면, 기는 보다 넓게 긍정과 부정 용례 모두에서 쓰이고 있다. 이러한 차이는 도대체 왜 생기는 것일까? 나는 아我의 어원을 살펴봄으로써 이 물음에 대한 답을 찾으려고 한다.

아我의 형태 중 왼쪽 부분을 재才, 즉 수手로 보느냐 수垂로 보느냐에 따라 두 가지 주장으로 나뉜다. 전자에 의하면 아는 회의자로서 "손으로 창을 쥐고서 자신의 몸을 지킨다"는 맥락이 된다.[34] 후자는 아我를 과戈와 수垂의 합성자로 본다. 이는 다시 수垂를 의미소로 보느냐 음소로 보느냐에 따라 아는 회의자가 될 수도 있고 형성자가 될 수도 있다. 회의자로 보면 아는 "창에 장식을 늘어뜨린 모양을 나타내어 창으로 자신을 보호하거나 창으로 남을 굴복시키다"의 맥락이 된다.[35] 형성자로 보면 "창을 가지고 죽이다"를 본의로 갖게 된다.[36]

따라서 글자 분석을 어떻게 하든 간에 아我는 공통되게 "무기를 다루어 상대를 죽이고 자신을 보호한다"라는 어원을 전달하고 있다. 요약하면 아는 어원에서 타자에게 적대적인 행위를 일삼는 전사·무사의 의미를 실어 나른다고 볼 수 있다.[37] 이러한 점은 일인칭 대명사가 글자 형성의 초기 단계에서 무기를 사용해서 타인을 공격하고 동시에 자신을 보호하는 특성과 밀접한 관련을 갖는다는 다소 일반적인 주장도 가능하게 해준다.[38] 만약 이러한 분석이 타당하다면 『논어』의 무아毋我에 대해선 종래와 아주 다른 해석을 할 수 있을 것이다. 종래에 무아는 이기적인 성향의 부재나 이기적인 성향의 억제를 가리킨다고 보았다. 어원의 맥락에 따르면 무아는 사적 성향이 아니라 적대적인 태도의 표출을 금지하는 의미를 나타낸다. 즉 무아는 타자에게 "적대적으로 대우하지 마라!"라는 요구로 볼 수 있는 것이다.

여기서 우리는 앞서 던졌던 물음에 대한 대답을 찾게 되었다. 아가 어원에서부터 타자와 적대시하는 의미 맥락을 지키고 있기 때문에 사람 사이의 공존을 주장하는 이라면 아에 대한 부정적인 어감을 가졌으리라 생각할 수 있다. 바로 이 때문에 아我는 기己와 달리 춘추전국시대의 문헌에서 부정적인 용례로 쓰이는 현상이 나타난 것으로 볼 수 있다.

이제 아와 대조적인 특징을 나타내는 기己의 어원을 알아보자. 기己자는 은 왕조 이래로 역법曆法의 용어와 인명으로 사용되었다가 주 왕조 초기의 금석문에서 기공己公, 즉 우리 군주와 다공多公, 즉 여러 군주의 대칭으로 쓰이면서 일인칭 대명사가 되었다.[39] 그렇지만 기己는 『시경』, 즉 공자 이전의 저술로 확실히 추정되는 문헌에서조차 잘 사용되지 않는다.[40] 그러다가 춘추시대의 문헌들(『좌전』과 『논어』) 가운데 특히 『논어』에서 기가 자주 보이고 철학적으로 중요한 용어, 예컨대 위기爲己·극기克己·수기修己 등으로 부상한다. 여기서는 기의 어원 규명에서 출발하여 공자가 아와 구별되는 기의 어떠한 특성에 주목하게 되는지를 살펴보고자 한다.

기己의 어원 논의를 정리해보면 크게 세 가지 입장으로 분류할 수 있다. 1) 도구 상형설, 2) 식물의 생장·회귀설, 3) 실모양설이다.

첫 번째 입장을 보면, 궈모뤄는 기己의 어원을 십간十干과 연결시킨다. 그는 십간 중에 갑甲·을乙·병丙·정丁 계열을 물고기의 특정 부위의 상형으로 보고, 무戊·기己·경庚·신辛·임任·계癸 계열을 농전農戰 도구의 상형으로 본다. 그는 기己를 화살에 줄을 메어 사냥하는 주살惟을 본뜬 글자로 보고 있다.[41] 이와 달리 시라카와 시즈카는 궈모뤄가 지간의 기원을 물고기의 부위와 농사·전투의 도구 두 갈래로 체계적으로 배당하는 방식을 부정한다. 지간의 문자는 음의 가차로 이루어졌기 때문에 십간 자체는 의미의 상호 연관성을 갖지 못하며, 원용된 문자들은 대개 두 개씩 한 조가 되어 본래의 의미를 간직하고 있다고 보았다. 그는 기己를 무戊와 묶어서 곡방曲方, 즉 구불구불한 것과 네모반듯한 것의 상대적인 모양으로 추정한다. 이에 따라 그는 기己를 글자의 모양을 닮은 곱자[矩]와 비슷한 기구로 보았다.[42]

두 번째 입장은 『설문해자』의 기己 자형 풀이를 반영하고 있다. 『설문해자』에 따르면 기는 글꼴 자체가 갑골문자·금문·소전 꼴에서 모두 꾸불꾸불한 모양을 하고 있다. 기는 만물이 돌돌 말아서 땅속으로 들어가는 구부러져 있는 모양을 본뜬 글자이다.[43] 왕균王筠의 설명에 따르면 만물은 땅에서 태어났다 땅으로 돌아가는데, 식물의 굽은 모양은 그런 회귀성을 상징하는 것이다.[44]

『백호통白虎通』「오행五行」에 보면 "기己는 개화 단계에 꽃방 안에서 눌러서 구부러져 있다 자라난다抑屈起"[45]고 되어 있다. 또 『예기』「월령」에 "기지언기야己之言起也"라는 구절이 나온다. 이에 대해 정현鄭玄은 "이 무렵 만물의 사지와 잎이 무성해지고, 그 싹들도 모두 눌러 구부러져 있다가 일어난다抑屈而起"[46]고 풀이했다. 이런 설명 방식은 앞에서 본 식물 회귀설과 마찬가지로 식물의 꾸불꾸불한 모양에 동일하게 주목하지만, 전자는 지간을 계절에 배당해야 하는 이론의 구속성 때문에 회귀로 풀이한 반면, 후자는 나뭇가지의 증식이나 꽃의 생장으로 설명하고 있다.

세 번째 입장을 보면 주준성朱駿聲(1788~1858)은 허신·단옥재 등이 기己

를 구부러진 모양으로 보는 점을 강력하게 부정한다. 그는 기己 자가 글꼴이 비슷해서 삼三 자로 오독되는 문헌의 사례를 근거로 제시하면서[47] '기'가 반드시 만물의 구부러진 모양을 본떴다고 주장할 이유가 없다고 보았다. 그는 기己를 세 줄의 가로선과 두 줄의 세로선의 꼴로 보고 서로 엉키지 않도록 실을 가르다, 가닥을 나눈다는 별사別絲의 의미로 본다. 나아가 그는 이 기己를 식별할 수 있는 계통과 실마리를 가리키는 기紀의 본래 글자로 간주하고 있다.[48] 한편으로 황옥삼黃玉森은 궈모뤄나 뤄전위羅振玉(1866~1940)와 동일하게 숙叔 자 등의 갑골문자 형태를 분석하면서도 기己가 반드시 화살에 줄을 매다는 주살이라는 특정 도구를 상정하지 않고, 단순히 물건을 묶는 데 편리한 새끼줄 종류로 취급하고 있다.[49]

그런데 위의 여러 설명에 따르면 기己가 어떤 과정을 거쳐 일인칭 대명사, 즉 '나'를 가리키게 되었을까?

궈모뤄와 자오지빈趙紀彬의 주장을 종합해서 검토해보면 단순히 기는 은 왕조 때에 주살 줄을 상형한 역법 용어였다가 주 왕조에 일인칭 겸양어로 쓰였다는 사실을 보고할 뿐이다. 그들은 주살 줄에서 일인칭 겸양어로 기의 의미와 기능이 변화한 과정을 설명하지 못하고 있다.

단옥재는 『석명釋名』「석천釋天」의 풀이에 주목했다. 그는 『석명』의 "기己는 모두 구별 가능한 일정한 모양을 가지고 있다"라는 주장을 받아들여서 "그것에서 남과 자신을 가리키는 파생적인 의미를 갖게 되었다. 자기를 남과 구별할 때 자기는 안에 있고 남은 밖에 있으므로 다른 것으로 식별이 가능하다"[50]고 해석하고 있다. 단옥재는 기가 구별 가능한 계통적 특징을 나타나는 데에서, 사람이 자신과 남을 구별하여 나를 가리키는 일인칭 대명사로 전화되는 과정을 설명하려 시도하고 있다.

린이광林義光의 설명에 따르면 구별 가능한 계통적 특징이란 네모나고 둥근 모양, 평평하고 곧은 모양의 몸꼴은 서로 비슷하지만 오직 꾸불꾸불한 모양이 다른 것에 비해서 식별에 훨씬 용이하다는 맥락이다.[51] 기己는 꾸불꾸불한 특성처럼 한 사람(사물)을 다른 사람(사물)과 구별되도록 해준다는 특징을 가리킨다. 이를 사람에게 적용하면 기 자는 사람마다 자아와 타자를 다른 것으로 식별하게 하는 계통적 특성을 가리키게 되는 것이다.

지금까지 우리는 기己의 어원을 고찰하고 그 결과를 기의 일인칭 대명사화의 과정과 연결시켜보려고 했지만 충분히 만족스러운 해결을 보지 못했다. 이러한 실패는 기존 연구자들이 기의 어원과 글자 그대로의 의미literal meaning 규명에만 초점을 둔 데에서 그 원인을 찾을 수 있다. 나는 기의 비유적 의미metaphorical meaning[52]에 초점을 두고 그것의 일인칭 대명사화 과정의 자취를 되밟아가려고 한다.

전체적으로 살펴보면 기己는 무엇을 상형했든 간에 구부러짐[萎縮], 활짝 펴짐[展開], 그리고 이름[昇華]의 계기를 공통으로 가지고 있다. 이 세 계기가 기의 어떤 비유적 의미를 전달하는지를 살펴보자. 사대射臺에 선 사람이나 땅속의 식물이나 실패에 감긴 실이나 모두 현재의 위치에서 움츠러들어 있다. 이 위축은 출발과 더불어 해제된다. 그다음은 자기 확장의 과정이다. 예컨대 허공을 가로지르는 주살, 땅을 뚫고 나온 식물, 실패에서 풀려나온 실은 위축된 상태보다 자기 몸집을 엄청나게 부풀리게 된다. 여기에는 위험도 있고 실패도 있다. 땅을 뚫고 나온 식물은 결실까지 진행해가지 못할 수도 있고,[53] 풀려나간 실은 엉켜 더 이상 자기 전개가 불가능해질 수 있고, 쏜 화살은 과녁과는 다른 방향으로 갈 수도, 도중에 떨어질 수도 있다. 이러한 위축에서 출발과 확장의 과정을 '사람'의 성장에 연결시켜 이 비유의 특성을 추출해보자.

첫째, 위의 세 단계는 각각의 고유한 가치를 가지고 있으면서 뒤의 단계는 앞 단계를 전제해야 한다. 식물의 성장에는 비약이 허용되지[獵等] 않듯이 사람도 성장하기 위해 예비 단계를 거쳐야 한다.[54] 둘째, 자기 전개는 시행착오를 겪는다. 실이 엉키면 풀기 전에 더 이상 전개를 못 하듯이 사람도 착오를 해결하기 위해 '걸어온 길'을 되짚어보아야 한다. 셋째, 자기 전개는 각기 다른 방식으로 승화를 지향한다. 꽃이 각기 다른 색깔로 제 아름다움을 표출하듯이 사람도 자신이 관계 맺는 일상에서 각기 다른 방식으로 삶의 결실을 지향한다.

마지막으로 이런 맥락의 기己가 아我와 어떻게 의미 차별화의 길을 걷는지 『논어』의 사례射禮를 통해 살펴보자. 글자 그대로의 의미에 따르면 기는 주살을 가리키므로 『논어』의 일인칭 대명사로서의 기도 무사의 의미를 함축하고 있어야 한다. 그 결과 기는 창을 다루는 무사로서 아의 의미와 구별되지도 않는다. 그러면 자연히 여기서의 '아와 기의 의미 차별화 시도'는 무의미해진다.

『논어』의 사례와 기의 비유적 의미를 분석하면 주살 어원의 기가 사람의 고기 획득이라는 생존과 관련된다. 이때 사람은 겨냥하기 쉬운 새를 향해 주살을 쏘고 그 화살이 새의 표피를 뚫고 들어가야 활쏘기의 목적을 달성한다. 반면 『논어』의 활쏘기는 잡기 쉽더라도 둥지에 든 새를 겨냥하지 않고 과녁 뚫기를 목적으로 하지 않는다.[55] 또 주살 어원은 맞추려는 사람과 맞춰지는 대상 간에 생존 확보, 더 많이 맞추려는 사람들

사이에 살상 우위의 각축, 경쟁이 치열하게 개입되고 결정적인 승부가 나지 않는 한 이기고 지는 것은 수시로 역전되면서 살상이 끊임없이 되풀이된다. 반면 『논어』의 활쏘기는 쏘는 사람과 맞는 대상 사이나 쏘는 사람들 사이에도 더 나은 살상 전문가가 되기 위한 경쟁이 개재되지 않는다.

다음으로 『논어』의 활쏘기의 비유적 의미를 고찰해보자. 활쏘기는 과녁까지 도달하는 데에 따른 승부, 쏘기 전후의 사우射耦 접대로 구성된다. 우선 활쏘기는 활을 매개로 하여, 쏘는 현재 지점에서 가야 하는 목표 지점으로의 물리적 이동이다. 쏜 화살은 과녁에 못 미쳐 떨어질 수도, 과녁에 도달할 수도, 과녁 위치까지 가더라도 엉뚱한 방향으로 빗겨갈 수도 있지만 양 지점의 거리는 메워져야 할 영역이다. 그러나 과녁을 뚫거나 혹은 그 너머를 계속 진행해서는 안 된다. 여기서 활쏘기를 시간측면에서 보면 쏘는 지점은 시간상으로 현재를, 과녁은 미래를 상징한다. 물리적 힘은 다르지만 사수는 현재의 이 지점에서 미래의 저 지점으로 나아가야 한다. 이때 화살이 떨어진 지점이 자신이 지금까지 도달한 수준, 기량을 상징한다. 이동 거리는 자기 능력에 대한 자기 확인이면서 다른 참가자들의 능력과 비교의 대상이 된다. 이 결과에 따라 나의 도달거리는 참여자들에게 평가되고 나는 이 평가에 승복한다.[56]

그러므로 『논어』에서 일인칭 대명사로 쓰이는 기己는 무기라는 의미를 탈각시키지 않고 그대로 온존하더라도, 그것은 무기의 원래 기능을 완전히 제거하고 기량의 상승과 역할 상대의 존중을 학습하는 사람을 가리키게 된다.

4 맺음말

지금까지의 논의를 정리하면 중국인들은 은 왕조와 주 왕조의 교체에서 천명의 비영원성을 자극함으로써 하늘, 사회적 관행에서 어느 정도 자유롭고, 집단에서 어느 정도 분리된 책임적 행위자 의식을 갖게 되었다. 이 책임자 의식은 언어적으로 자自·기己라는 일인칭 대명사의 범칭화 현상과 밀접한 상관성을 갖는다. 일인칭 대명사 중에서 아我는 독단적이고 적대적인 행위자를 가리키는 반면 자自·기己는 행위의 산출자로서 행위 숙련을 위해 배워야 하고, 행위의 결과에 책임을 져야 하는 자기 책임과 자기반성의 특성을 가리키게 되었다.

나는 이러한 결론을 토대로 종래의 몇 가지 연구 성과를 비판적으로 검토하고자 한다. 자自는 『논어』에서 기己와 신身에 비해 덜 자아-지시적이고 기와 신에서 추출할 수 있는 의미와 별다른 특징적인 차이점을 갖지 못한다는 주장[57]은 설득력이 없다고 할 수 있다. 또 『논어』의 무아毋我가 이기적인 성향의 부재나 이기적인 성향의 억제를 의미한다고 볼 수 없다. 오히려 그것은 차라리 타자를 "적대적으로 대우하지 마라!"는 의미로 해석할 수 있다. 마지막으로 극기克己를 사욕의 극복으로 해결하는 주장도 타당하지 않다. 왜냐하면 기는 '비도덕적인 행위를 낳은 원인으로서의 개인적 욕구'라는 의미를 갖지 않기 때문이다. 즉 춘추시대의 문헌에서는 아직 몸 또는 마음을 별개의 기능을 가진 두 영역으로 구분하여 그 각각을 몸으로 인한 욕망과 도덕률로 지칭하는 사유가 보이지 않는다.

나는 앞으로 지금까지의 일차적인 기원 논의를 바탕으로 춘추전국시대 또는 한초의 문헌에서 보이는 기와 아의 다양한 용례, 즉 공자의 수기修己, 양주 학파의 위아爲我, 장자의 무기無己·상아喪我(행위자 의식의 배제/무행위자 행위론), 『예기』「중용」의 성기成己·성물成物(행위자의 생활세계의 구원에 대한 책임 의식) 등에 대한 상호 교차적인 연구를 하고자 한다.[58]

제 2 막

춘추전국시대

제4장 **역사와 국가**history & nation
분열과 결속의 서사 구조와 철학적 조응

제5장 **예치와 법치**rule of ritual & rule of law
상앙의 법사상과 인간의 자율성

제6장 **앎과 본성**knowledge & character
맹자와 순자 사상의 결정적 차이

제7장 **마음**mind-heart
전국시대 2단계 심心 담론과 관자 심학心學의 위상

제8장 **감정**emotion
「중용」의 중화中和 사상과 감정의 위상 변화

제4장

역사와 국가

분열과 결속의 서사 구조와 철학적 조응

1 여는 글

서양철학사, 특히 고대 그리스 철학사의 서술을 보면 먼저 밀레토스Miletus의 상황을 간단히 다루고 그다음에 대뜸 탈레스Thales(기원전 640?~기원전 546?)의 "물이 만물의 근원이다"라는 말의 의미를 본격적으로 따지기 시작한다. 그리스(희랍) 철학을 전공한 한 연구자는 일찍이 1970년에 이러한 경향에 대해 못마땅한 듯이 한마디 했다. 그러한 서술 방식은 "마치 무대도 각본도 없는데 갑작스레 이름난 배우들이 나타나서 공연을 멋있게 해낸다는 식의 맹랑한 이야기"[1]라는 것이었다.

이러한 불만은 중국 철학사, 사상사의 서술에도 그대로 적용될 수 있다. 철학사의 책을 들여다보면 지은이는 보통 서주시대의 천명天命 사상[2]을 간략하게 다루고서는 뭐가 그리 급한지 뒤도 돌아보지 않고 곧바로 공자(기원전 551~기원전 479)의 철학으로 냅다 달려간다.

공자가 중국, 아니 세계 철학의 역사에서 '소수의 창조적 영웅'이라고 하더라도, 그가 과연 사상 문화의 불모지에서 오로지 자신의 지성으로만 모든 것을 만들어낼 수 있었을까? 그렇다고 한다면 위의 서술 방식도 그렇게 문제가 될 게 없다. 하지만 그렇지 않다면 사정은 달라진다.

진실은 전자가 아니라 후자이다. 왜냐하면 공자 자신도 과거의 유산을 이어받아 다음 세대에 건네줄 뿐이지 새롭게 무언가를 창작하지는 않는다는 '술이부작述而不作'이라는 말로 자신의 역할을 한정시키고 있기 때문이다. 그는 자신의 역할을 창조자가 아니라 메신저(전달자)로 보았던 것이다. 그리스 로마 신화에 따르면 공자는 성인 요순에 해당되는 제우스가 아니라, 제우스의 뜻을 전하는 헤르메스라고 할 수 있다. 헤르메스가 경계를 나타내는 표석 더미에 어원을 두고서 두 세계를 매개하듯이 공자도 과거와 현재, 성인과 범인 그리고 무의미와 의미를 중재하려고 했던 것이다. 아울러 그는 『논어』에서 때로는 『시경』 등의 연원을 밝히면서 출처를 명확하게 밝히지 않은 채 고대의 격언을 자기주장의 근거로 많이 인용하고 있다.[3] 그는 격언과 성인의 말씀을 진리 또는 그 근원으로 보았지 자신의 이성에 절대적인 신뢰를 보내지 않았다.

이러한 맥락에서 보면 틀이 갖추어졌든 그렇지 않든 공자 이전에 어떤 형식의 문화적 자산이 있었는가에 대한 연구의 필요성이 제기될 수밖에 없다. 그래야만 공자 자신이 술이부작의 역할을 명시적으로 주장했음에도 불구하고, 고대 유산을 원형대로 보존했다가 다음 세대로 그대로 넘겨주었는지, 아니면 변용과 재해석의 작업을 했는지가 정확하게 판가름 날 수 있다. 이를 위해 나는 공자의 인仁 사상에 대한 연구 성과[4]를 바탕으로 해서 『좌전左傳』 '인' 개념의 형상화 과정을 추적하고자 한다. 이 탐구는 공자 인 사상의 원류를 해명할 수 있을 뿐만 아니라 그의 작업이 갖는 의의를 밝힐 수도 있다.

『좌전』의 인을 연구한다고 하면 읽는 사람은 『좌전』에서 인仁이 얼마나 빈번하게 쓰이며 또 중요한 가치를 갖는가, 라는 질문을 할 수 있다. '인' 자는 『좌전』에서 31곳의 기사[5]에서 39번 쓰이고, 『논어』에서 58장에 걸쳐 105번 쓰인다. 『논어』가 1만2700자, 『좌전』이 19만6845자[6]라는 점을 감안하면 인仁은 『논어』에서 0.83퍼센트, 『좌전』에서 0.02퍼센트의 언어적 비중을 차지하고 있다.

물론 이 수치가 인 개념이 특정 문헌에서 차지하는 철학적 가치를 절대적으로 반영할 수는 없다. 어쨌든 『좌전』의 기록자는 춘추시대 서사敍事를 기록하면서 '인' 자의 필요성을 강력하게 느끼지 않았을 수 있는 반면, 『논어』에서는 적어도 100글자당 '인'이 한 번 정도 쓰인다는 점에서 둘은 커다란 차이를 드러낸다고 할 수 있다. 이러한 관점에서 우리는 '인' 자의 철학사 등재를 공자의 업적으로 돌려야 할지 모르겠다.[7]

그럼에도 불구하고 '인' 개념이 공자 이전에 미약하나마 있었다는 점을 전적으로 부정할 수는 없다. 여기서 나는 '『좌전』에 '인'이 미약하게 있다'에서 '미약하다'보다 '있다'에 주목하고자 한다. 『좌전』은 그 특성상 춘추시대의 사람, 행위, 시점을 유기적으로 결합시키는 서사 형태로 쓰여 있다. 이 기록자는 해당 시대의 사건을 기존의 개념으로 규정할 수 없는 사태 앞에서 새로운 개념, 즉 '인'의 도입을 필요로 했을 것이다. 바로 이 지점에서 나는 이 '미약하게나마 있었던' 인이 도대체 춘추시대의 어떠한 서사 구조[8]에 조응照應하여 배태되었고 또 특정한 의미로 형상화되는가를 밝히고자 한다.[9] 이러한 연구는 중국 철학이 어떠한 원형적 서사를 배경으로 해서 철학 이전의 '물음'을 철학적 탐색의 대상으로 상승시켜 나가는지 그 과정을 해명할 수 있을 것이다.

2 『좌전』에 대한 또 하나의 접근 방식

오늘날의 학문 분류는 대부분 듀이Melvil Dewey(1851~1931)가 고안한 십진분류법DDC을 변용하여 사용하고 있는데, 『좌전』은 그중 어떤 학문 분야에 해당될까?[10] 그 답이 역사학이라는 데에는 크게 이론이 없을 듯하다. 최근의 연구 성과[11]를 종합하면 『좌전』은 문학의 특성도 지니고 있는 듯하다.

플락Plaks에 따르면 서양의 문학은 서사敍事 중심의 특성을 띠면서 호머의 사시史詩, epic → 문예 부흥 시기의 전기傳奇, romance → 18세기 말엽에서 오늘날의 소설小說, novel로 발달해왔다. 이와 달리 중국의 문학은 서정抒情 중심으로 시詩 → 소騷 → 부賦 → 악부樂府 → 율시律詩 → 사곡詞曲 → 소설小說로 전개되었다.[12] 이러한 개괄은 서양과 중국 문학의 차이를 설명하는 표준적인 방식이다.

그는 나아가 중국 소설, 즉 명·청 시대 장편장회長篇章回 소설의 기원을 사마천의 『사기』에서 찾고 있다. 사마천은 『사기』에서 역사적 사실을 객관적으로 기술하면서도 일종의 다중 시각multiple foci of narration과 같은 '태사공왈太史公曰' 형식으로 작가의 개입을 주저하지 않는다. 이는 서술자의 주관적 개성을 표현하고 있을 뿐만 아니라 특히 「자객열전」 중 형가荊軻의 경우 허구적인 소설의 미학을 구현하고 있다.(3~33) 모의는 극비리에 진행되어야 하므로 당사자가 아니면 구체적인 사실을 도저히 알 수 없는데도, 사마천은 마치 그 정경을 내다보고 있는 듯이 세세하게 묘사하고 있다. 그래서 사마천을 위시해서 중국의 역사 서술에 즐겨 나타나는 문학과 역사학의 결합 형식을 문사일체文史一體 또는 사전문학史傳文學으로 일컫기도 한다.

푸슈옌傅修延은 플락이 적극적으로 고려하지 않았던 『좌전』의 '군자왈君子曰' 형식[13]에 주목한다. '군자왈'은 특정 사건의 서술이 끝난 뒤에 기록자가 개입하여 그 사건의 의의를 평가하는 형식으로 쓰이고 있다. 그는 그것을 전지적 작가 시점omniscient point of view으로 해석한다. 게다가 그는 『좌전』에 사실fact과 허구fiction가 혼융되어 있는 점을 부각시킨다. 그 결과 그는 『좌전』을 뛰어난 고전 문학의 작품으로 간주할 수 있다고 주장한다.(190~235) 따라서 『좌전』은 역사적 사실을 기록했다는 점에서 편년체 기술의 역사학historical narrative의 기원이 되면서 동시에 사실의 기록에 허구를 혼용했다는 점에서 고대 문학literary narrative의 대상이 될 수 있다.

나는 여기서 『좌전』이 역사학의 대상이 되느냐 문학의 대상이 되느냐를 판정하려 하지 않는다. 어떤 대상으로 보든 『좌전』이 '서사 구조'로 되어 있다는 점을 부인할 수는 없다. 이 글은 바로 『좌전』의 서사성에 주목해서 논의를 이끌어가고자 한다. 물론 '이야기'가 사실이냐 허구냐 또는 정보를 주느냐 감동을 주느냐에 따라 결정적인 차이가 있을 수 있다. 하지만 이야기는 공통적으로 사람이 시공간에서 타자를 만나서 경험하는 사건의 의미를 풀어내고 있다.[14] 나는 여기서 한 걸음 더 나아가 그 사건이 인간의 의식에서 언어를 통해 구조화되고 체계화되는 과정에 시선을 옮기고자 한다.

예를 들어 선공 2년(기원전 607)의 이야기를 살펴보자.

1) 조선자趙宣子, 즉 조돈趙盾[15]이 진晉 영공靈公의 학정을 여러 차례 비판했다.[16]

2) 영공은 그의 존재를 부담스러워해서 누발陋跋을 시켜 살해하려고 했다.

3) 자객이 이른 아침에 조돈의 집에 당도해보니 침실의 문이 열려 있는데, 조돈이 입궐 채비를 다 하고서 시간이 너무 이르다 싶은지 의자에 앉아서 눈을 감고 있었다.

4) 서예는 3)에 감동을 받아 정사에 저토록 열심인 사람을 죽일 수 없고, 군주의 명령을 저버릴 수도 없어서 뜰에 있는 홰나무에 머리를 부딪혀 자살을 해버린다.[17]

사관史官이 제 아무리 영공의 일거수일투족을 면밀하게 관찰한다고 해도 그가 2)의 지시를 보란 듯이 공공연하게 말하지 않을 터이고, 또 유언장을 남기지 않는 한 서예가 자살을 한 마당에 사관이 3), 4)의 내용을 채집할 방법은 없다. 좀 느슨하게 따지면 1), 2)까지 엄격하게 따지면 1)만이 사실이고 나머지는 허구일 수 있다. 이렇게 보면 결코 『좌전』이 객관적 사실만을 기록한 역사서라고 할 수는 없는 일이다. 『좌전』의 기록자는 어떻게 이런 불확실한 자료를 역사의 대상으로 택할 수 있었을까? 이 질문을 풀기 위해서 당시 진의 정치적 상황을 플롯으로 꾸며보자.

사람 p1(군주)이 다른 사람 p2(신하)의 빈번한 이견의 개진 내지 행실의 제지에 부담스러워하기 시작했다. p1은 때로는 참고 넘기기도 하고 때로는 협박을 해서 p2의 침묵을 기대했다. 하지만 p2는 계속해서 전과 같은 행위를 반복했다. 이에 p1은 p2를 어떻게든 처리했으면 하는 욕망을 품을 수 있다. p1은 이 욕망을 해결하기 위해 주위의 믿을 만한 사람에게 방법을 물어볼 수 있다. 그 과정에서 p3이 p1의 욕망을 해결하는 역할을 맡는 플롯을 구성해볼 수 있다.

『좌전』의 기록자는 역사적 사실만으로는 p1과 p2 사이의 이러한 플롯을 완성시킬 수 없다. 그는 바로 이 지점에서 2), 3), 4) 또는 3), 4)의 허구를 도입함으로써 하나의 플롯을 완성하게 된다. 역사를 엄밀한 사실의 기록으로만 본다면 『좌전』의 기록자는 역사를 포기해야 할지 모른다. 왜 『좌전』의 기록자는 이러한 역사 서술의 방식을 사용했을까? 그는 있었던 일에만 주목하지 않고 있을 수 있는 일을 일어나게 함으로써[18] 1)에 처한(처할 수 있는) p1(또는 잠재적 p1)로 하여금 2), 3), 4)로 진행될 만한 행위를 가상으로 겪게 한다. 이를 통해서 그는 p1 또는 잠재적 p1이 유사한 행위를 하지 못하게 한다. 그 과정에서 역사적 행위자들 사이에 감동impression 내지 자기반성self-reflection의 경험을 하게 만든다. 이것은 역사와 문학의 엄격한 경계가 소실되는 지점이면서 그 소실로 인해 『좌전』은 정보와 교훈을 동시에 제공하게 된다. 결국 이 플롯에서 교훈은 1)의 개별적 사건에서 출발하여 4)의 서예의 발언에서 드러나듯이 단순히 일회적인 불충不忠과 불신不信의 갈등보다 일반적인 차원으로 상승한다.

이 상승은 또 한 차례의 상승을 통해 추상적이며 보편적인 철학의 세계로 진입해간다. 『춘추』는 노 봉국封國 12제후의 역사를 편년체 방식으로 기술하면서 제후의 원년 첫 기사를 늘 "원년춘元年春, 왕정월王正月, 공즉위公卽位"라는 아홉 글자의 표준적인 형식으로 시작한다. 그렇지만 은공·장공·민공·희공 등은 "공즉위公卽位"를 기록하지 않았고 정공은 정월正月마저 생략해버린다.[19] 왜 그렇게 되었을까?

예컨대 은공隱公(재위 기원전 722~기원전 712)의 사정을 알아보자. 『좌전』은 그가 정식 계승자 신분이 아니라 나이 어린 정식 계승자를 대신하여 섭정攝政했기 때문에 표준적인 형식을 생략하게 되었다고 설명하고 있다. 환공은 섭정이든 제후이든 엄연히 군주의 자격으로 국정을 맡았다. 역사가 있었던(일어났던) 사실을 기록한다고 본다면, 『좌전』의 기록자는 사실보다 가치를 철저하게 앞세우며 역사 서술의 고유한 임무를 도외시한 셈이 된다.

이처럼 『좌전』이 역사와 문학의 경계를 소실시키는 작업을 통해 특수(개별)의 세계에서 보편(일반)의 세계로 상승해나가는 점을 고려한다면, 우리는 이 '도외시'를 단순히 책무의 망각이라고 할 수는 없다. 이 '도외시'는 생기지 말아야 할 사건이 생겨나고, 생겨나야 할 일이 생겨나지 않는 현실과 당위 사이의 괴리와 지체를 규제하는 발상이다. 혜공惠公의 죽음이 임박했을 때 은공 식고息姑는 적처의 소생이 아니므로 혜공을 잇는 일이 일어나면 안 되지만, 적처 소생인 환공 윤允이 너무 어려서 정사를 수행할 수 없었기 때문에 부득이하게 계위의 일이 일어났다.[20]

여기서 『춘추』의 기록자는 있었던 계위를 완전히 부정할 수도 없지만 일어나지 말아야 할 계위를 긍정할 수도 없는 딜레마에 놓인다. 이때 그는 "공즉위"의 생략을 통해 '있었던' 개별적 사건, 즉 현실現實을 정확하게 기록하면서 그것을 '일어나지 말았어야 할' 사건으로 무화시켜버린다. 이러한 기술에는 '있었던 일'이 모두 '바람직한 일'이 아니라는 구별 의식과 '일어남 직한 일'을 일어나게 해야 한다는 현실 구원의 의식을 표출하고 있다.

나는 이 구별과 구원의 의식이야말로 바람직한 것에 대한 탐구로 진행되고 철학의 세계에 대한 시선을 열어준다고 생각한다. 이러한 맥락에서 『좌전』의 기록자는 1) 사실과 허구를 혼재시킴으로써(뒤섞음으로써) 역사와 문학의 경계를 흐려지게 만들었지만 개별적인 정보와 함께 보다 일반적인 교훈(의미)을 추구하고, 2) 정확성과 도외시를 병치시킴으로써 역사와 철학의 틈새를 좁혀서 있었던 개별적 현실을 넘어 있어야 할 보편적 이상을 탐구하고 있는 것이다.

이러한 맥락에서 보면 『좌전』의 인仁을 살펴볼 수 있다. 용례를 보면 인은 제후국과 제후국, 군주와 신하, 윗사람과 아랫사람 사이에서 빚어지는 수많은 서사를 갈등, 대립, 전쟁 대 공존, 동맹, 평화라는 구조로 재편해서 세계를 바라보는 관점과 긴밀하게 결부되어 있다.

『좌전』에 나타난 사람과 국가 등의 관계 양상을, '바람직함' 또는 '바람직하지 않음'과 '있음' 또는 '없음'의 조합으로 풀이하면 다음과 같다.

1) 어떤 사건이 바람직하지 않지만 있었다면 앞으로 없어져야 한다.
2) 어떤 사건이 바람직하지만 없었다면 앞으로 있어야 한다.
3) 어떤 사건이 바람직하고 있었다면 앞으로도 계속 있어야 한다.
4) 어떤 사건이 바람직하지 않고 없었다면 앞으로도 완전히 없어야 한다.

예를 들면 제후 세습이 현실에서 일어날 수 있는 네 가지 상황을 생각해보자. 현재의 제후가 죽는다.(s1) 계위 후보자들(자식, 동생 등)은 각자의 권리를 내세울 수 있다.(s2) s2에서 한쪽이 다른 쪽에게 양보하여 정치적으로 공존할 수도 있고(s3) 끝까지 대립하여 내전으로 진행될 수도 있다.(s4)

분쟁의 가능성이 전혀 없다면 상황은 s1에서 s2 다음 단계로 진행되지 않는다. 그러나 『좌전』은 권리의 세습을 둘러싼 갈등이 하나의 지배적인 서사 구조로 되어 있으므로 그러한 종류의 사건이 바람직하지 않다고 해도 자동으로 일어나지 않을 수는 없다. 『좌전』은 s3을 2), 4)로 분류하고 s4를 1), 3)으로 분류한다. 나아가 s4는 일국의 구성원을 국론과 세력 면에서 이편 아니면 저편으로 분열하게 만들지만, s3은 공존을 통해 구성원 간의 우호를 증진시키고 동시에 타국의 세력과 성원을 흡수할 수 있게 만든다.

『좌전』에서는 이러한 서사 구조를 묘사하기 위해 전에 없던 새로운 개념, 즉 이貳와 인仁을 활용하고 있다. 이貳는 있어왔던 바람직한 관계를 떠나거나 바람직하지 않은 새로운 관계에 들어가는 서사[21]를, 인仁은 있어왔거나 없었지만 있어야 할 바람직한 관계를 있게 하는 서사를 기록할 때 사용된다.

이어지는 글에서 나는 세 가지 주요한 서사 구조, 즉 은인과 배반의 사람 관계, 양보와 대립의 사회적 역할 인수, 무모와 원만의 개인 성향의 측면에서 『좌전』의 기록자는 인仁을 바람직하므로 있어야 할 것으로 형상화하는지를 해명하고자 한다.

3 인仁 개념의 세 가지 형상화

사람 사이: 은인, 배반, 관용

진晉 문공(재위 기원전 637~기원전 628)은 진秦 목공穆公(재위 기원전 660~기원전 621)의 원조로 19년의 망명 끝에 반대파를 제거하고 제후의 자리에 오르는 데 성공했다.[22] 이런 점에서 목공은 누가 보더라도 문공의 은인恩人이다. 두 사람은 서로 우호적인 관계를 유지하면서 정鄭 봉국의 정벌을 단행했다. 그 이유는 망명 시절 유력한 공자에서 하루아침에 망명객으로 전락한 자신에게 정나라가 무례하게 대우했고(희공 23년. 양보쥔, 408; 희공 30년. 양보쥔, 479), 또 정은 두 진나라가 주도하는 북쪽 동맹 체제에서 이탈하여 남쪽 지역을 대변하는 초와 동맹을 맺어 자국을 공격했기 때문이다.(이어초貳於楚. 양보쥔, 409)

그런데 연합으로 출동했던 목공은 정鄭을 정벌한 뒤의 이해득실을 고려했다. 만약 정벌이 성공해서 정이 진晉에 귀속된다면, 자국에 유리할 게 하나도 없다고 본 것이다. 이에 그는 먼저 도착하여 문공을 기다리지도 않고 정과 단독으로 강화를 맺고 자국으로 철군해버렸다. 이런 점에서 목공은 문공과의 약속을 위반한 셈이다. 여기서 인仁이 등장하고 있다.

1) 나는 그의 도움으로 제후가 되었고 중국의 패자가 되었다.

2) 그가 약속을 위반했더라도 은인을 공격하면 인仁이 아니다.[23]

여기서 인의 의미는 쉽게 규정할 수 있을 듯하다. 위의 이야기를 접하고서 통상적인 언어 감각을 발휘하면, 우리는 이 사건을 배은망덕, 은혜를 원수로 갚기라는 이야기를 연상할 수 있다. 배은망덕의 이야기로 보면 이 인은 사람답다이고, 불인은 사람답지 않다를 의미한다고 볼 수 있다. 사람답다는 어떠한 구체적인 계기를 지시하는 형식적인 규정인지 확실하지 않기에 우리는 이 규정만으로는 인의 의미를 제대로 포착할 수 없다. 그러니 이 서사의 맥락을 조금 더 자세하게 살펴보기로 하자.

애초의 연합 기병起兵대로 목공과 문공이 공동으로 정나라 정벌을 단행했으면 양자 사이에 골치를 앓을 만한 새로운 변수가 생길 일이 없다. 실제 상황이 그것과 다르게 진행되었기 때문에 문공 측은 현 사태를 어떻게 수습해야 할지 결정을 내려야 했다.

자범子犯은 과거의 은혜보다는 현재의 위반을 부당한 행위로 판단하므로 항의를 위해서 전쟁을 불사해야 한다고 주장했다. 반면 문공은 자범과 다르게 생각했다. 목공과 정의 단독 강화가 마음에 걸리기는 하지만 정나라가 북쪽 동맹으로 복귀한 만큼 절반의 목적을 달성했을 뿐만 아니라, 목공과 전쟁을 벌인다면 은혜를 저버리는 '사람답지 않은' 대응을 하게 되는 것이다. 또 전쟁을 벌인다면 두 진 사이의 동맹을 훼손하게 된다. 이처럼 문공은 상황을 좀 더 종합적으로 판단하고서 회군을 주장했다.

자범은 목공에 대한 은혜 갚기와 목공의 약속 위반을 별개의 사건으로 보고 그 각각에 대한 상이한 대응을 주장하고 있다. 두 사건은 덕목의 충돌이 아니므로 과거의 은혜 때문에 현재의 약속 파기를 그냥 넘어갈 수 없다는 것이다. 즉 과거는 과거이고 현재는 현재라는 것이다. 물론 문공도 두 사건을 덕목의 충돌로 보아 당시의 상황을 동등한 가치를 가진 대안들을 선택하는 것으로 보지 않았다. 하지만 그는 둘에 분리 대응을 할 것이 아니라 연속(일관) 대응을 해야 할 뿐만 아니라 사태를 우선권의 맥락에서 판단해야 한다고 보는 듯하다.

그래서 문공은 자범과 달리 부당한 약속 위반에 대한 직접적인 대응보다는 과거의 은혜와 동맹의 유지를 더 중요하게 고려하고 있다. 문공은 사람다움을, 부당한 개별적 행위에 대한 철저하며 과감한 응징이 아니라 상황을 복합적으로 고려하여 상대의 과오를 너그럽게 수용하는 맥락으로 파악하고 있다. 따라서 나는 위의 인仁을, 상대의 과실을 엄격하게 추궁하여 처벌하기보다 용서함으로써 유사한 행위의 재발을 방지하게끔 하는 포용력tolerance의 의미로 규정하고자 한다.

그렇다면 불인不仁을 왜 포용력 없다로 번역해야 할까? 문공이 어려운 처지에 있을 때 상대로부터 결정적인 도움을 받았으면서, 패자霸者라는 안정적이고 우월한 지위를 차지한 뒤에 상대를 공격해서 손상시킨다면, 믿을 만한 사람으로 받아들여지지 않아 자신의 고립화를 초래하게 된다.[24]

이 점을 특정인 또는 특정국의 전비前非·전력前歷을 어떻게 처리해야 하는가의 맥락에서 고찰해보자. 결론부터 말하자면 사람, 특히 패자가 특정인(또는 특정국)의 전비·전력을 문제 삼지 않고 그 사람을 복직시켜 우대하거나 그 사람과의 관계를 원상회복시킴으로써 일국(중국)의 양분 상태를 자기(자국) 중심의 질서로 극적으로 통합할 수 있는데, 이런 사례가 『좌전』에서 매우 적극적으로 권장되고 있다.

그중 춘추시대 제齊 환공桓公(기원전 ?~기원전 643)의 관중管仲(기원전 ?~기원전 645)에 대한 대우가 이러한 것의 전형적인 사례이다. 제나라 양공襄公이 죽은 후 국정이 혼란한 상황에서 공자 소백小白과 포숙아가 한패가 되어 공자 규糾와 관중이 뭉친 집단과 대립했다. 이처럼 관중은 원래 제 환공의 반대파로(장공 8년. 양보쥔, 180) 그를 살해하려다 실패한 적이 있었다. 내전 당시에 관중은 소백을 향해 활을 쏘아 명중시켰는데 나중에 알고 보니 허리띠의 쇠고리(버클)를 맞혔다.(사구射鉤. 희공 24년, 양보쥔, 414)

내전에서 공자 규와 관중이 패배하여 규는 죽었지만 관중은 살아남았다. 그는 훗날 우정의 대명사로 알려진 포숙아와 절친한 친구 사이였을 뿐만 아니라 환공이 인정하는 상경上卿인 고해高傒보다 뛰어난 정치적 능력을 지니고 있었기에 살아남았을 것이다. 환공은 관중의 전비를 문제 삼지 않고 그의 출중한 정치적 능력을 높이 평가했다. 환공이 관중을 죽이지 않고, 또 살려두더라도 방치하지 않고 우대한 결과 환공은 제의 양분 상태를 통합하고 나아가 중국의 패자가 될 수 있었다.

환공과 마찬가지로 문공 또한 자신의 적을 가혹하게 처벌하지 않고 용서하는 처신을 했다. 예컨대 그는 망명한 자신을 살해하려다 자신의 옷소매를 베었던 사인寺人 피披—일명 발제勃鞮—(희공 4년. 양보쥔, 295; 희공 24년. 양보쥔, 414~415), 망명 다닐 때 재물 관리인이었다가 오히려 문공의 재물을 훔쳐서 도망갔던 두수頭須(희공 24년. 양보쥔, 415~416), 반反문공파로서 공실에 불을 질러 문공을 죽이려 했던 기예冀芮(희공 24년. 양보쥔, 414~415)의 아들 기결冀缺(희공 33년. 양보쥔, 501~502) 등을 어떻게 대우해야 하는가라는 문제에 부딪혔다.

당시 피披는 문공을 찾아와서 제 환공이 관중을 우대했던 예를 들먹이며 자신의 처지를 해명했다. 과거에 자신은 헌공獻公(재위 기원전 677~기원전 651)의 명령을 욕되게 할 수 없어 문공에게 적대적인 행위를 했는데, 지금 전력前歷을 문제 삼아 자신을 만나주지 않으면 "전력이 있는 사람들은 대부분 진晉에서 도망갈 것이다"라고 주장했다. 두수는 국내 잔류파와 망명 동행파를 차별대우해서는 안 되고, 제후가 일개 필부를 원수로 삼으면 처벌을 두려워하는 자가 많아진다고 주장했다. 구계臼季는 순舜임금이 곤鯀과 곤의 아들 우禹를 연좌시키지 않고 둘을 분리하여 우를 우대했던 점과 제 환공이 자신을 죽이려 했던 관중을 우대했던 사례를 원용해서, 아버지 기예와 아들 기궐을 구별하여 자신을 우대할 것을 요구했다.

이러한 것은 배반이라는 서사를 통해 앞의 문공과 목공 사이에 있었던 사례와 자연스럽게 포개진다. 이 중첩의 초점은, 특정인의 전비와 그것에 상응하는 처벌의 효과에 주목하지 않고, 전비를 무시한 채 특정인의 다른 측면을 중시하는 취절取節을 발휘해서(희공 33년. 양보쥔, 502) 거둘 수 있는 효과를 주목하는 데에 있다.

여기서 중요한 점은 사람이 여러 마디로 된 대나무에 비유되어 다양한 역할의 수행자로서 고려되는 데에 있다. 사람은 과거 사건의 연루자라는 단 하나의 절節, 즉 마디(측면)에 의해 전적으로 평가되어서는 안 되고 특정 사건 이후의 행적이나 특정 사건과 무관한 능력들, 즉 다른 나머지 마디들의 결합인 죽竹에 의해 종합적으로 평가되어야 한다. 다시 말하자면 사람은 대나무가 여러 마디로 되어 있듯이 다양한 전력과 능력의 마디들을 가지고 있다. 대나무 전체 중 한 마디가 썩었다고 대를 버리지 않듯이, 한 사람의 '이력履歷'들 중에 한 마디에 하자가 있다고 해서 그 사람 전체를 폐기처분할 수 없는 것이다.

이렇게 본다면 춘추시대에 이르러 사람은 '혈연'과 '전력'의 한 마디에 의해서만 전적으로 평가되지 않고, 그것들로부터 어느 정도 자유로운 여건에서 호흡하게 되었다고 할 수 있다. 그렇게 되면 범상자犯上者는 과거의 비행을 묵인받아 처벌되지 않았음으로 인해서 오히려 자신의 전비를 상쇄시키기 위해 자신을 묵인한 사람에게 헌신적으로 복속服屬하고 기투企投하게 된다. 결과적으로 보면 전비의 처벌이 능사가 아니라 전비의 묵인도 향후 유사한 과실의 재발을 방지하는 작용을 한다.[25] 그러므로 패자는 정의를 외치며 처벌을 앞세울 것이 아니라 화합을 외치며 묵인해야 하는 것이다.

누구나 전비를 묵인하기만 하면 환공이나 문공과 같은 결과를 낳을 수 있을까? 『좌전』의 용례를 보면 이러한 처신은 문공과 같은 '패자'라고 하는 특수한 지위에 있는 사람에 의해 이루어질 때, 그와 같은 효과를 거둘 수 있다. 만약 패자로서 문공이 목공을 상대로 전쟁을 벌였다면, 여타 제후국은 문왕 중심의 동맹 체제에 기꺼이 새롭게 편입하려 하지 않고, 기존의 동맹 참가국도 맹약을 이탈하여 다른 동맹 체제로 귀속하려고 몰래 움직일 수도 있다. 왜냐하면 어떤 봉국封國이 진晉과 우호 관계에 있거나 선린 정책을 편다고 하더라도, 배신을 일삼는 진을 상대로 양국 간의 평화를 보장받을 수 없기 때문이다.

문공의 일거수일투족은 그 행위 자체만으로 완결되지 않고, 연쇄적으로 특정 행위와 무관했던 봉국이나 사람에게도 어떻게 처신해야 할지를 결정하게 만든다. 인용문의 서사는 패자나 윗사람이 비非패자나 아랫사람의 사소하거나 일회적인 과실을 흔쾌히 묵인하고 보다 중대한 맹약을 굳건히 유지한다는 맥락을 나타낸다고 할 수 있다. 이때 인은 포용력이 있다거나 패자답다를 뜻하는 반면, 불인은 몰인정하다거나 잔인하다(인정사정 봐주지 않다)를 의미한다고 할 수 있다. 당시 사람들, 즉 비非패자들은 포용력 있는 사람, 즉 구심적求心的 존재에게 돌아가 그와 하나가 되거나[歸屬]과 몸을 내맡기는[企投] 이동을 하게 되는 반면, 잔인한 사람, 즉 원심적遠心的 존재로부터 멀리 떨어져 벗어나려는[離脫] 행태를 드러낼 수 있다.

결론적으로 말해서 문공은 잔인하거나 몰인정한 행실보다는 인정 있고 패자다운 행위를 한 덕택에 죽기 전까지 패자 역할을 할 수 있었던 것이다.[26]

사회적 역할: 사양-공존, 대립-분열

오늘날 한국 재벌가에서 2세대와 3세대의 세습이 여론의 도마에 오르곤 하지만 대부분의 사람은 개인의 능력과 적성에 따라 직업을 택하고 사회적 역할을 얻는다. 이와 달리 춘추시대에는 별다른 변수가 없는 한 신분이 종법宗法에 의해 규정되었다. 만약 종법이 현실에서 철저하고 완전하게 규제력을 발휘하지 못한다면, 비종자非宗子들이 종자宗子의 무능한 자질이나 도덕적 하자를 빌미 삼아 그의 특별한 독점 권리에 도전할 수 있었다.

제후 역할의 인수를 살펴보자. 현 제후의 죽음, 특히 준비되지 않은 갑작스런 죽음은 공동체를 혼란의 도가니로 몰아넣을 수 있다. 장례의 추모 기간은 사자의 공덕을 기리며 애도하는 엄숙한 의식이 진행되는 때가 아닌, 계위를 둘러싸고 첨예한 긴장감이 맞서는 대결의 국면으로 흐

를 수 있다.[27]

예컨대 송宋 환공桓公(재위 기원전 681~기원전 651)도 병석에 누워 후계자 문제를 염려해야만 했다. 계위의 후보자로는 적장자인 자보玆父, 즉 양공襄公(재위 기원전 650~기원전 637)과 서형庶兄 목이目夷가 있었다. 이러한 상황에서 자보는 환공에게 서형인 목이의 계위를 건의했다. 바로 여기서 '인仁'이 등장한다.

1) 자보: 목이 형은 연장자이고 인仁하니 제후가 될 만하다.
2) 목이: 자보 동생은 공위公位를 사양할 정도이니 누구보다도 인하고, 종법과 위반된다며 환공과 자보의 제안을 거절했다.[28]
3) 자보는 즉위한 뒤 목이를 인하다며 좌사左師로 임명한다.
4) 송국의 정세가 안정되었다.[29]

얼핏 문맥을 들여다보면 이 인은 사양辭讓 또는 양보와 의미상 커다란 차이가 없을 정도로 긴밀하게 연관되어 있어 '사양하다'로 해석해도 무방할 듯하다.[30] 그렇지만 인을 사양의 맥락으로만 보면 그 해석은 양공의 행위 2)와 조응할 순 있지만, 목이目夷에 대한 양공의 평가 1), 3)과 호응될 수 없다. 왜냐하면 양공은 사양하려고 했으므로 인하다고 할 수 있지만 1)에서 목이는 사양한 적이 없는데도 인하다고 거론되기 때문이다.[31] 또 그 해석은 사양 이후에 벌어진 일련의 사건, 즉 3)의 좌사 임명과 4)의 정국 안정을 유기적으로 설명할 수 없다. 사양은 계위에 한정되는 계기로 그 뒤의 행위를 일어나게끔 완전히 규제할 수 없기 때문이다. 따라서 나는 사양의 의미가 인仁 의미의 한 계기일 수는 있지만 전체에 걸쳐서 충분하게 관철된다고 생각하지 않는다.

이 지점에서 양공이 자신보다 나이는 많지만 종법상의 특권이 없는 목이를 '인'하다고 평가할 뿐만 아니라 정국 불안의 잠재적 근원인 그를 국정에 참여시킴으로써 일국의 안정을 꾀하는 점에 주목할 필요가 있다. 이 '인'은 단순히 사람의 행위 성향이나 도덕적 덕목이라기보다 특정인이 가지고 있는 사회적 위상과 결부되어 논의되어야 한다. 이 점은 양공이 인을 나이 많음[長]과 결부시키고 있는 주장에서 엿볼 수 있다.

나이 많음은 단순히 누구보다 시간 순서상 먼저 태어났다는 점만을 가리키지 않는다. 아울러 그것은 다른 사람(형제)보다 앞서 태어나서 공적을 쌓아 사회적으로 공인받을 수 있는 특수한 자격과 존중받을 만한 위격을 가리킬 수 있다. 여기서 나는 이 '인'의 의미를 확정하기 위해 춘추시대 공위 계승을 둘러싸고 진행됐던 다른 사례를 검토하는 우회적인 방법을 택하려고 한다.

첫째, 정鄭 봉국에서는 형인 장공莊公과 동생인 공숙단共叔段이 제후의 자리를 두고 갈등함으로써 결국 사태는 내전으로 진행되었다.(은공 원년) 둘째, 송宋 봉국 목공 사후, 여이與夷는 상공殤公이 되었지만 풍馮은 정국으로 망명을 떠나야 했다.(은공 3~4년, 희공 9년) 셋째, 위衛 봉국에서는 서출 주우州吁가 적자이자 형인 완完(즉 환공)을 살해하여 공위를 찬탈했다.(은공 3~4년, 36년) 넷째, 진陳 봉국에서는 환공 사후 삼촌인 타佗가 태자 면免을 살해하고 공위를 대체했다.(환공 5년)

위의 사례를 보면 경쟁하는 공위公位의 후보자 중 둘 다 나름대로 독자적인 정치적·군사적 기반을 가지고 있으면 둘의 대립은 쉽게 내전 상태로 이어졌다. 반면 누가 보더라도 한쪽의 압도적인 우세가 명백하다면, 열세의 경쟁자는 조국을 떠나 정치적 후견을 받을 만한 나라로 망명을 떠났다. 망명을 가더라도 그는 정치적 분쟁에 의해 언제든지 살해될 수 있었다. 즉 국내에서 두 정치 집단이 공존하는 경우는 드물다.[32]

이런 긴장관계에 놓여 있음에도 불구하고 자보와 목이 양자가 한 나라에서 공존하려면 어떻게 해야 할까? 둘 모두 독자적인 정치적 기반이 있으므로 권력 분점을 통한 세력 균형을 모색하는 수밖에 없다. 이런 맥락에서 보면 '인'은 사회적 역할의 인수와 관련해서 경쟁자 개개인이 독자적으로 구심점이 될 만한 위상과 떼려야 뗄 수 없다. 자보는 목이의 나이 많음을 이유로 먼저 계위를 사양했고, 자신이 제후가 된 뒤에도 목이를 특별하게 대우해야 했다. 반면 목이는 적법한 규정의 준수를 내세우면서 역할의 인수를 선뜻 받아들이지 않고 사양했지만 타국으로 떠나지 않으면서 관직을 수락해야 했다.

송의 양공과 목이의 공존 사례를 다른 봉국의 상황과 비교해보자. 진陳의 타佗는 내전·망명·살해라는 일련의 과정을 겪으면서 국인의 분산을 낳았다.(희공 5년) 위衛의 주우는 정치적 지지 세력의 이반, 친족의 이탈, 민의 불안을 초래했다.(은공 4년) 이런 맥락에서 보면 위의 '인'이 자리의 사양이라는 일회적인 사건으로 국정의 안정을 꾀했다기보다는 경쟁하는 두 세력의 상호 인정이라는 지속적인 사건으로 국가의 안정을 꾀했다고 보아야 한다.

이렇게 보면 '인'은 경쟁자들이 상대에 대해 공동체에서 중심적 역할을 독자적으로 수행하고 있음을 인정한다는 맥락이다.[33] 따라서 이 '인'은 제후 자리나 이해를 둘러싸고 대립으로 치달을 수 있는 상황에서 당사자들끼리 각자의 세력으로 분열하여 내전을 벌여서 충돌하지 않고, 서로를 인정하여 공존하는 의미를 지닌다고 할 수 있다.

개인의 성향: 무모-돌출, 원만-결속

백만 대군을 이끄는 장수將帥가 우유부단한 성격의 소유자라고 가정해 보자. 사적인 관계나 사안에서 그 사람의 우유부단함은 문젯거리가 되지 않는다. 원래 그런 사람이라며 이해하고 넘어갈 수 있다. 하지만 그 사람이 '공격이냐 퇴각이냐?'의 결정을 내려야 하는 공적인 관계나 사안에서 우유부단하다면, 그는 과연 장수로서 적합한 자질을 지닌 것인지 회의의 대상이 될 수 있다.

이렇게 보면 성격은 순전히 개인의 사소한 문제로 치부될 것이 아니라 사태의 진행 방향에 긍정적 또는 부정적 결과를 가져올 중대한 요소이다. 즉 성격은 다양한 인간 군상들characters이 역사에서 자신의 개성을 창출해내는 서사敍事의 주제가 될 만하다. 다혈질의 성급한 인물과 냉혈한의 신중한 인물은 어느 정도 성격을 억제하기도 하겠지만 결국 그 성격에 의해서 자신을 파멸의 구렁텅이로 몰아넣을 수 있다. 우리가 소설 『삼국지』에 열광하는 것도 좌충우돌하는 개성의 향연을 맘껏 즐길 수 있기 때문이다. 이런 점에서 춘추시대의 손자孫子가 장수(지휘관)의 다섯 가지 자질 가운데 개인의 성향으로서의 인仁을 논의하고 있는 의도는 충분히 헤아릴 만하다.[34]

정鄭은 남쪽의 초楚와 북쪽의 진晉 사이에 끼어서 거듭되는 두 강국의 간섭으로부터 살아남기 위해 어느 한쪽으로 완전히 기울지 않는 등거리

외교 정책을 폈다.[35] 이 정책은 북진 정책을 추진하는 초와 그것을 저지하려는 진의 틈바구니에서 수많은 외교 분쟁과 전쟁을 유발시키는 원인이었다. 기원전 598년에 정은 초와 진릉辰陵(오늘날 허난성 화이양淮陽현) 서쪽으로 60리 떨어진 지역에서 맹약을 맺었다. 한 해가 지나기 전에 정은 그해 겨울에 진에 관계 개선의 신호를 보냈다. 초는 이 사실을 알고 다음 해에 맹약 위반을 추궁하기 위해 정을 대상으로 정벌전을 일으켰다.

초가 정의 수도를 공략한 뒤 양공襄公으로부터 항복 의식을 받아내고 군대를 수도에서 물렸다. 진은 위험에 처한 동맹국을 돕기 위해 군대를 보냈지만 초보다 늦게 정의 수도 부근에 당도했다. 얼마 뒤 그들은 초가 이미 정나라 정벌을 완료했다는 소식을 듣게 되었다. 진의 지휘부는 초와 전쟁을 벌일 것인가 하는 문제로 내부에서 이견이 표출되었다. 초 진영도 마찬가지였다. 그들도 정의 정벌이라는 일차적 목적을 달성한 만큼 그냥 퇴각할 것인지 아니면 진과 전쟁을 벌일 것인지 이견이 생겨났다.

진의 진영에서 순림보는 회군을, 선곡은 도하渡河를 주장하여 의견이 나뉘었다. 선곡이 상관의 지시를 받지 않고 독자적으로 강을 건너자 상황은 어느덧 전쟁을 벌여야 한다는 쪽으로 가닥이 잡혔다. 초 진영에서는 이런 상황의 전개를 예의 주시하면서 회의를 했다. 그들은 진나라 지휘관의 성향(성격)을 근거로 자신들이 싸운다면 반드시 진의 군대를 이길 수 있다는 식으로 그 결과를 예견했다. 이것이 초와 진이 맞붙었던 필邲(오늘날 허난성 싱양滎陽현 동북쪽) 전투이다. 그런데 흥미롭게도 인이 상대국 지휘관의 성격을 논의하는 맥락에서 쓰이고 있다.

1) 진의 순림보荀林父가 신인新人이어서 아직 군령을 제대로 행사하지

못한다.

2) 그의 중군 부장인 선곡先穀은 자기주장이 강하고 다른 주장을 인정할 줄 모르며〔剛愎〕 인仁하지 않아, 상관의 명령에 복종하려 하지 않는다.

3) 삼군의 지휘관도 중군장, 즉 순림보의 통제에 일사불란하게 움직이려 하나 그렇게 되지 않는다. 군사들은 명령을 듣고 따르려고 하지만 귀담아 들을 만한 (명을 내릴) 상관이 없으니 사병들이 누구를 전폭적으로 따르겠는가?[36]

위에서 '강퍅剛愎'의 '강'은 육체적 강함이 아니라 주장이 강한 것을 말한다. 다시 말해 그것은 의사 결정에서 두 가지 방안이 경쟁할 때 각자 합리적인 근거를 제시하며 자기 견해의 타당성을 굽히지 않고 끝까지 고수하는 측면이 아니다. 그것은 더 적절한 방안을 모색하거나 절충하기 위해 다른 견해와 비교하여 검토하려는 논의 자체를 거부하는 상태를 말한다. 또한 강퍅의 퍅은 다른 견해가 있을 수 있다는 자체를 인정하지 않으려는 태도를 말한다.[37]

강퍅 성향이 억제되지 않고 그대로 드러난다면, 다른 것이 아니라 바로 그 성격으로 인해서 고도의 획일성과 집중이 요구되는 전쟁에서 적전 분열을 초래하게 된다. 따라서 강퍅(불인)의 성향이 전략 결정, 조직 운용과 결부될 때 전제적(독선적) 성향, 즉 자신만이 옳다는 자시自是로 전개되어 다른 주장을 용인하지 않거나 심지어 다른 사람을 제거하려는 행동으로 나아가기도 한다. 이 점은 후대에 후생侯生과 여생盧生이 진시황(기원전 259~기원전 210)을 '강퍅(자용)'한 인물로 묘사한 비평이나,[38] 자기주장을 고집하거나 제 주장만이 타당하다고 생각하면 적게는 사람을 죽이고 크게는 나라를 망친다[39]는 유악劉鶚(1857~1909)의 지적에서도 확인할 수 있다.

인은 강퍅 성향의 반대 상태이면서도 또 그러한 결과를 동시에 나타낸다고 할 수 있다. 위의 경우 불인은 진의 지휘부가 중군장 순림보를 중심으로 의견 통일이 되지 않아 제각각 행동하게 된 상태를 나타낸다. 일이 그렇게 진행된 이유가 선곡의 강퍅 성향에 있다면, 이 인仁은 원만하다이고, 불인은 원만하지 못하다 또는 모나다를 가리킨다고 할 수 있다.

이때 원만하다는 말은 "저 사람은 대인관계가 참 원만해!"에서처럼 개별 구성원으로서 그 사람의 성격이 다른 주장을 인정할 수 있는 너그러운 측면과 그 결과로 사태가 순조롭게 진행되어가는 측면을 동시에 나타낸다. 모나다는 말은 "저 사람은 성격이 모나서 어딜 가든 말썽거리를 만들어!"에서처럼 사사건건 제 주장을 굽히지 않거나 돌출적인 행동을 해서 일을 그르치는 측면을 가리킨다.

한나라 유향劉向(기원전 77?~기원전 6)은 인仁을 '반대 주장을 듣고 자기 주장이 부족하다는 것을 인정하는 것'[40]과 연결시키고 있다.[41] 나아가 이 점은 전국시대의 순자가 인인仁人을 전투와 관련해서 사람의 마음을 하나로 하는 일심一心, 힘을 하나로 모으는 동력同力의 맥락에서 사용하는 시도와도 일맥상통한다고 할 수 있다.[42] 이렇게 인이 통일성과 단일성을 중시하는 만큼 극단적인 경우에 불인不仁은 제거 내지 배제의 대상이 될 뿐 결코 연합이나 용서의 대상으로 고려되지 않는다.[43]

이제 마지막으로 언어적 주장과 '인'의 관계를 좀 더 생각해보자. 선곡의 성향은 두 가지 주장이 대립할 때 자기주장을 포기하고 다른 사람의 주장을 수용하는 사기종인舍己從人이나 자기와 다른 주장을 찾아 나서서

꼴과 땔나무를 하는 보통 사람에게도 묻는 순우추요詢于芻蕘의 조직 운용 원칙과 정반대이다.[44] '인'은 주장의 대립을 극단적으로 추구하지 않고 자기주장을 철회하거나, 나아가 자기주장을 명확하게 제시하지 않는 상태를 말한다. 이 점은 『논어』에서 인자仁者의 특성으로 규정되는 '어눌하다' 또는 '더듬거리다'라는 뜻의 인訒 이미지와 이어질 수 있다.[45] 반면 강퍅은 자기주장을 확고하게 끝까지 관철시켜서 저돌적이며 돌출적인 행위를 하는 측면을 가리킨다. 과연 선곡은 1년 뒤 적족狄族과 연계하여 청清(오늘날 산시山西성 지산稷山현 동서쪽)을 거점으로 초나라에 대한 유화 정책에 반기를 들다 패하고 멸족까지 당했다.(선공 14년. 양보쥔, 752) 이로써 『좌전』에서는 선곡을 통해 저돌적이고 모난 인물의 최후 모습이 어떠한지를 형상화하고 있다.

4 맺음말

지금까지의 논의에서 밝혀진 '인仁'의 다양한 갈래를 바탕으로 그 속에 들어 있는 공통된 의미 연관을 뽑아낼 차례이다.

『좌전』에 반영된 춘추시대는 중앙집권적 통일국가의 천자에 의해 질서가 유지되지 않고 세력의 부침에 따라 교체되는 패자의 주도력에 의해 국가 간의 동맹 질서가 유지되었다. 중심인물은 동맹 질서를 안정적으로 구축하기 위해 자신의 역할 수행 방식에 신중할 수밖에 없었다. 패자의 일상적인 동작이나 언어적 표현마저도 개인의 차원에서 완결되지 않고, '비'패자의 행위를 결정하는 데 중대한 영향력을 미치기 때문이다.

사회의 지도자가 자신의 특권을 내세워 상대를 폭압적으로 다룰 때와, 포용력 있고 인정 있게 대우할 때 그 결과는 전혀 달랐다. 지도자가 지위를 튼튼히 하고 오래 유지하기 위해서는 당연히 포용력 있게 처신해야 했다. 지도자가 포용력과 인정人情으로 사람을 대우하면 백성들과 작은 나라들은 그에게 귀속되지만, 그 반대로 처신하면 이탈하기 때문이다. 극단적인 경우 지도자는 자신을 죽이려고 했던 사람마저 포용해야 했다.

중심인물은 사회적 역할을 '고수한 채' 새로운 역할을 '거절해야' 했다. 당시는 신분사회였다. 어떤 사람이 현재의 지위에 만족하지 못할 경우, 특히 지도자의 한 사람으로서 역할 대체를 시도하면 결국 공동체 전체를 역할 재조정이라는 역위易位의 소용돌이에 빠뜨릴 수 있었다. 최초의 범행이 끊임없는 모방 범죄를 낳는 형국이다.

지도자는 자신의 언행과 일상생활에서 '원만하게' 처신하여 사람 사이의 조화를 도모해야 했다. 독선적이고 돌출적인 행동은 자신의 권위를 허물어뜨리고 존재 가치를 부정하는 결과를 낳을 수 있었다. 그 결과 공동체는 단일한 중심이 아니라 복수의 중심으로 분열되고 만다. 극단적인 두 주장이 대립할 때 자신의 입장을 철회하고 다른 주장을 받아들이는 사기종인舍己從人의 자세로 한목소리를 낼 수 있어야 했다.

이런 맥락에서 보면 『좌전』의 인은 분명히 사회의 중심적 인물, 즉 제후나 대부의 조직 운영 방식과 밀접하게 관련되어 있다. 인은 중국中國이나 일국의 중심적 인물이 자기가 중심이 되는 질서를 편제하기 위하여 사태에 따라 양보하고, 고수하고, 원만하게 처신하는 행위 성향과 관련이 있다. 그래서 나는 『좌전』에 나온 인의 의미를 세력의 규합alliance 또는 하나의 중심으로 모으기conglomeration로 규정하고자 한다.

세력의 규합으로서의 인仁이 지도자를 중심으로 하는 질서 유지와 밀접하게 관련되고 또 질서를 강렬하게 지향한다고 하더라도 다음과 같은 유보 조항이 필요하다. 규합으로서의 '인'이 포용력을 강조한다고 하더라도, 그것은 관용으로 얻을 수 있는 정치적 효과에 의존한다.

예컨대 제환공의 관중 대우나 진문공의 기결冀缺 처우에서 보이듯이, 지도자는 공위 계승 전쟁을 치르고 나서야 집권에 성공했다. 그들은 집권한 뒤에 다시 잔존한 반대파를 철저하게 제거하는 일에 나설 수도 있고 그들을 끌어안아 화합의 길로 나아갈 수도 있다. 그들은 반대파와 집권자를 구분하여 일국을 분열시키기보다 반대파의 전비前非를 묵인하고 오히려 그들을 중용했다. 이때 '인'은 자기주장을 강하게 고집하는 것보다 전 구성원이 한목소리를 내는 것과 관련이 있다. 그렇다고 해서 인이 역할 정점에 선 사람의 주장에 구성원들이 무조건적으로 동조하거나 아첨하는 것을 의미하지는 않는다.

'규합'으로서의 '인'이 아무리 내부 결속을 강조한다고 하더라도 나와 상대방 사이의 차별이 소멸되어 양자가 동등하게 되는 것을 의미하진 않는다.[46] 내부 결속은 중심의 외연이 안정되거나 확장되어야 하지만 중심의 나와 주변 타자(상대)의 차별을 전제하고 있다. 나아가 내부 결속은 타자(상대)가 중심의 나로부터 이탈하지 않고 나를 중심으로 결집하는 것처럼 중심의 절대성을 상정하고 있다. 따라서 규합으로서의 '인'은 나를 중심으로 하는 질서의 유지나 창출에 얼마나 이익이 되느냐를 우선적으로 고려하는 특성을 갖는다. '인仁'은 통일적 자아가 내재적 덕성을 발휘하여 덕목의 통일성을 실현하는 문맥이 아니라 중심인물과 사회 구성원이 각자에게 기대되는 역할을 몸소 실천하여 모범을 보임으로써 질서를 유지시키는 문맥으로 사용되고 있다.[47]

이런 점에서 우리는 『좌전』의 기록자와 공자가 환공이나 문공 등의 패자를 달리 평가하는 이유를 이해할 수 있다. 공자는 환공과 문공을 부정적으로 평가하는 반면,[48] 『좌전』의 기록자들은 두 사람을 중화 질서의 수호자로 묘사하면서 위대한 업적을 구현한 전형적인 인물로 형상화하고 있다. 이 규합으로서의 '인'은 절대주의 윤리설보다 상황 논리와 공리주의로 이어질 수 있다. 『좌전』의 기록자는 중화 질서의 유지와 창출이 바람직하고 가장 우선적이라고 보았기 때문에 그들은 행위의 기준을 동맹 질서의 안정, 중화 문명의 수호에 두었다. 그리고 이러한 특징이 곧 한계이다. 그 한계가 구체적으로 어떤 것인가는 공자에게 풀어야 할 과제로 넘겨졌다. 그 과제는 다음과 같다.

1) 모든 사람이 '인仁=규합'의 특성을 가질 수는 없다. 소수의 특별한 사람만이 '인=규합'의 특성을 소유하고 발휘할 수 있다. 이 인은 그 특성상 힘(권능)의 이미지가 있고 이 힘은 누구나에게 있는 최소한의 힘이 아니라 타자보다 압도적으로 많이 보유한 힘을 가리킨다. 이 힘은 공동체의 각종 단위마다 결국 한 사람에게 집중되어야지 여럿(모든 사람)이 나누어 가질 수 없는 것이다. 이 시대는 모두 힘을 갖고 모두 중심이 되는 사회가 아니라 위계마다 한 사람만이 중심이 되는 사회였기 때문이다.

2) 『좌전』 단계에서 학습은 제한적인 가치만을 갖는다. 지도력이 없는 사람은 지도력 있는 사람을 모방하여 탁월한 지도자로 탈바꿈할 수 있다. 이 탈바꿈은 제한적이다. 모방자는 끊임없이 모방해도 결코 모방의 대상과 동일한 수준에 이르거나 넘어설 수 없기 때문이다. 모방 대상의 힘(권능)과 권위는 그 사람만의 것으로 타인에게 절대로 건네질 수 없다. 모방자가 아무리 노력해서 모방 대상에 끊임없이 다가간다고 해도 두 사람 사이의 지체遲滯를 영원히 극복할 수 없다.

3) 힘(권능)이 갖는 파괴적 기능이다. 물리력으로 대표되는 힘은 분명 공동체의 문제 상황을 해결해주는 기제로 작용할 수 있다. 물리력이 무엇을 위해 어떻게 사용되는가에 대한 반성과 결합되지 않으면, 힘은 공동체의 고통을 없애기보다는 고통을 양산할 가능성에 노출된다. 중심이 상실된 뒤에 천자에 대해 제후가, 제후에 대해 대부大夫가, 대부에 대해 사士가 새로운 역할을 요구하면서 투쟁을 벌였다. 이 투쟁을 벌인다는 것 자체는 경쟁자로서 힘을 지니고 있다는 것을 반증한다.

이처럼 공자 이전의 '인仁'은 물리력으로 환원되는 기예나 전통의 단순 재현을 통해 사회 질서를 창출하고 중화 질서를 수호하려고 했다. 후대의 공자는 적어도 인과 힘(권위)의 관련성, 전통의 단순 재현과 주체적 해석 가능성의 차이를 비판적으로 숙고해야 했다. 아울러 그는 인을 개방적 학습의 대상으로 규정하여 그것을 소유할 수 있는 이론적·실천적 방법론을 제시해야 했다. 공자는 춘추시대 이래로 도도하게 강화되는 개별화 경향을 비판하면서도 수용하여 행위의 재귀성과 책임성을 자신의 인仁 사상과 결부시켰던 것이다.[49]

제5장

예치와 법치

상앙의 법사상과 인간의 자율성

1 여는 글

로마 제국이 유럽에서 제도와 문화의 터를 다진 만큼 진한秦漢 제국도 동아시아에서 비슷한 역할을 수행했다. 오래전부터 로마 제국은 세계사의 원형으로 주목을 받아왔지만 진한 제국은 그 중요성에도 불구하고 그에 걸맞은 대접을 받지 못했다. 만약 진 제국이 유럽의 로마 제국만큼 세계사의 관점에서 연구된다면, 제국을 형성하고 또 파멸로 이끈 군주(황제)에 대해 주목하지 않을 수 없을 것이다. 그렇다면 그 가운데 과연 어떤 군주(황제)가 진의 부강富強을 이끌고 멸망을 초래한 인물로 주목받게 될까? 내 생각으로는 목공穆公(재위 기원전 660~기원전 621), 효공孝公(재위 기원전 362~기원전 338), 혜문왕惠文王(재위 기원전 338~기원전 311), 진시황(재위 기원전 247~기원전 210) 등이 그 후보군에 반드시 들어가리라 생각된다. 사실 이들은 하나같이 로마 제국의 황제처럼 서쪽 변방의 나라를, 동아시아 지역의 판도에 커다란 영향력을 행사하는 제국으로 키워내는 데에 결정적인 역할을 했다.

진의 군주(황제) 한 명 한 명의 업적을 간단하게 알아보자. 목공은 백리해百里傒 등 현신의 보좌를 통해 내실을 다져서 전통 강국인 동쪽의 진晉에 대항할 정도의 국력을 키워 춘추 오패의 한 명으로 거론되기도 했다. 사실 역사에서 목공이 왜 변방 지역의 강자에서 시대의 패자로 성장하지 못했는지 의문스러울 정도로 진은 국력을 키웠다.

효공은 상앙商鞅(기원전 390~기원전 338)의 제안대로 변법을 추진해서 풍속을 쇄신하고 귀족 세력의 물적 기반을 붕괴시키는 등 1세기 뒤에 등장할 제국의 밑그림을 그렸다. 이때 제국을 운영할 만한 제도적 정비가 상당한 수준으로 이루어졌다고 할 수 있다.

혜문왕은 장의張儀의 가까운 나라와 교린하고 먼 나라를 공격하는 근교원공近交遠攻 전략에 따라 동방 육국六國, 즉 한·위·조·연·제·초의 연합을 견제할 수 있는 동진東進 정책을 추진하여 성과를 거두었으며, 왕호王號를 처음으로 사용했다. 이로 인해 진은 자국을 전장으로 만들지 않고 육국의 국력을 소진시키면서 정세의 주도권을 쥘 수 있었다.

알다시피 진시황은 이사李斯와 함께 여불위呂不韋가 정력적으로 입안하고 추진해온 통일 사업을 마무리해서 변방의 조국을 세계의 중심인 제국으로 탈바꿈시켰다.[1] 과거에 진시황은 주로 분서갱유와 장성의 축조 등과 맞물려 포악한 이미지로 설명되었지만 요즘 들어 통일을 이루어낸 지도자로 평가받고 있다. 지난날 한 제국이 진시황에게 덮어씌웠던 지독한 폭군의 형상에 균열이 생겨난 것이다.

처음에는 역사학계에서만 떠돌다가 지금은 일반인의 상식이 된 이야기가 하나 있다. 그것은 진 제국이 시황제의 죽음과 거의 동시에 급격히 붕괴되면서 단명으로 끝났다는 것이다. 이에 덧붙여 제국을 설계하고 운영하던 법가도 급속한 몰락의 원인을 제공한 혐의를 받았다. 법가는 제국을 장기적으로 유지시킬 수 없는 치명적인 결함을 지닌 게 아닌가라는 의혹 말이다.[2] 나아가 법가는 전시동원체제와 같은 비상사태에 효력을 발휘할 수 있을 뿐 장기간의 안정적인 평화를 기획하고 관리할 수 없는 사상으로 여겨졌다. 이러한 낙인 이론이 얼마나 위력을 발휘했던지 역사적으로 법가 성향이 짙은 사상가들도 법가라는 말에 놀라서 한 발짝 뒤로 물러날 정도였다.

'과연 진 제국은 단명했을까?' '법가는 제국의 형성과 유지에 어울리지 않는 사상일까?' 이 글은 두 가지 물음의 해답을 법가의 태생적 한계로 보는 입장을 엄정하게 재검토하는 데서 출발한다.

우리가 진 제국의 후반부 또는 절정에만 주목하면 그 단명설은 분명 타당성이 있다. 한편 제국으로서의 형성 과정을 전체적으로 살펴보면, 몰락이 분명 급격하게 진행되었다고 할 순 있지만 단명했다고 할 수는 없다. 적어도 효공부터 셈하면 법가는 150여 년간 지속적으로 진을 성장시키는 엔진 역할을 한 셈이다.[3] 다시 목공으로부터 따지면 진은 하루아침에 등장했다가 그날 저녁에 사라진 것이 결코 아니다. 나는 철학사의 맥락에 서서 상앙의 법치주의의 어떤 내재적 특징이 1.5세기에 걸쳐 서북쪽의 진을 천하의 제국으로 성장시키는 동력으로 작용했을까를 살펴보고자 한다.

기존의 상앙 또는 상앙 학파는 역사관[4]과 인성론[5]에서 많은 주목을 받아왔다. 아울러 상앙은 지성사와 문화사의 맥락에서도 연구자들의 많은 관심을 받아왔다. 대개 이들은 공통적으로 지식인의 활동 제한, 학술의 자유로운 토론 제약, 연좌제, 직업 선택과 거주 이전의 자유 불허 등을 거론하며 상앙의 법치주의를 폭압적 정치, 전체주의, 전제주의, 형벌 만능, 군국주의, 반문명의 대명사처럼 부정적으로 평가하고 있다.[6] 그 결과 유럽의 정치사상사에서 마키아벨리(1469~1527) 하면 국가의 이익을 위해서 수단의 도덕적 선악과 관계없이 효용성만을 중시했다는 악명을 떠올리는[7] 것처럼 상앙도 고스란히 그와 비슷한 평가를 받게 되었다.

나는 마키아벨리도 그랬던 것처럼 상앙의 법치주의도 뿌리 깊은 악명에 가려져 그 본모습이 제대로 밝혀지지 않고 있지만, 철학사적으로 무시할 수 없는 중요한 의의를 지니고 있다고 생각한다. 또 그에게 덧씌운 '악명'의 진실성도 과연 얼마나 타당한지 재검토해볼 필요가 있다. 나중에 밝혀지겠지만 악명에는 그 평가에 어울리는 측면도 있는 반면, 분명 사람의 욕망과 공포를 그대로 꿰뚫어본 관찰에 대한 질시도 들어 있을 것이다.

이 글에서는 바로 행위 원칙의 객관주의, 인간 이해의 현실주의와 욕망의 긍정 그리고 법치의 전제 조건으로서 자율적 행위자의 설정 등의 문제를 다루고자 한다. 이 문제들은 상앙의 용어로 말한다면 각각 임법任法·치욕致欲·자치自治 등에 해당된다. 맨 앞의 것은 법가의 트레이드마크처럼 널리 알려져 있지만, 뒤의 둘은 지금까지의 상앙 연구에서 그다지 주목을 받은 적이 없는 주제이다. 더 적극적으로 말하면 내가 『상군서』를 열독하면서 처음으로 발굴해낸 개념이다. 따라서 그만큼 논쟁의 가능성이 많은 것이라 할 수 있다.

이 글에서 위의 세 가지 주제를 제대로 밝혀낸다면, 이 논의는 앞으로 별도의 글에서 살펴볼 상앙이 말하는 애민愛民의 진정성, 법치의 효율성과 공동체성, 상앙과 마키아벨리의 비교 연구, 선진시대 행위 원칙의 근원을 둘러싸고 벌어지는 객관주의와 주관주의의 논쟁을 조망하는 데에 주춧돌 역할을 할 것으로 믿어 의심치 않는다.

2 임법任法: 행위 원칙의 객관주의

오늘날 우리는 일상적 상황에서 흔히 "감정에 빠지지 말고 이성적으로 판단하라!"고 주문하고, 도덕적 상황에서 "자신의 양심에 따라서 하라!"고 요구한다. 행위자가 주체적인 의사 결정을 내리는 보루로서 양심과 이성을 거론하는 데에 특별한 낯섦을 드러내지 않는다.

그런데 시간을 상앙이 활약했던 기원전 4세기나 그 이전으로 돌려놓고 생각할 경우, 사정은 달라진다. 『시경』과 『서경』에서 여실히 보이듯 문제 상황을 해결하는 데에 가장 강력한 근거는 다름 아닌 천명天命, 즉 하늘이 내리는 명령이었다.

예컨대 건국建國과 같은 사건의 경우 수명受命 사실은 모든 논란을 잠재울 수 있고 정당성에 대해 더 이상의 회의를 허용하지 않을 수 있었다. 그 당시는 오늘날처럼 주권자가 투표를 통해 지도자를 선택하고 권한을 위임하는 것이 아니라 하늘이 지도자를 선택하여 통치권을 위임했던 것이다. 누군가 천명을 받은 징표를 제시하고 사람들이 그것을 사실로 수용해서 믿으면 그 사람은 지도자가 될 유일하고 정당한 근거를 갖게 된다.

중원中原, 즉 황하 중하류 지역에는 천명에 따라 은나라가 등장했다. 그 뒤 천명을 받았던 은나라가 망하고 천명을 받은 주나라가 새로운 통일 왕조로 등장했다. 즉 은에서 주로 왕조 교체가 일어났던 것이다. 천명을 받은 주나라도 통제권을 상실하면서 무기력한 존재로 변모해갔다. 이에 따라 다른 나라가 그 지배권을 이어받아야 할 즈음에 이르렀다. 이처럼 왕조가 바뀌면서 천명도 덩달아 변했다. 이전에는 천명이 모든 것을 주도하고 결정했지만 왕조 교체와 국정 혼란으로 인해 사태 변화에 무기력하거나 또 변화를 추인하는 현상을 보였다. 그에 따라 천명의 위력은 여전히 강력하기는 하지만 전과 같은 절대적인 힘은 상실하게 되었다.[8]

이러한 상황에서 춘추전국시대의 사상가(지성인)들은 천명의 대안으로서 새로운 사상 노선을 창안하기 시작했다. 그 방향은 크게 두 가지로 나누어볼 수 있다. 하나는 주관주의의 길이고, 다른 하나는 객관주의의 길이었다. 전자는 외부의 지시나 요구에 대항해서 사람이 진정으로 하고 싶은 것, 사람이 호오와 선악과 관련해서 일관성을 보이는 심리적 경향에 주목하는 사상 노선이다. 후자는 공동체의 검증과 승인을 통해 장기간 지속되어온 전통, 보통 사람과 비교해서 초월적 지능을 소유한 성현 또는 성현들이 한 언술 체계와 그것에 대한 기억들을 천명의 대안으로 내세우는 사상 노선이다.[9]

상앙은 주관주의의 길이 지닌 한계를 비판하면서 객관주의의 길을 옹호했다. 그는 기본적으로 사회 질서와 공동체의 생존 문제를 개인의 마음과 연계시켜서 해결할 수 없다고 보았다. 우리는 그가 당시 도도하게 하나의 흐름을 형성한 맹자 등의 '심화心化 기획'[10]에 맞서서 사람의 행위 규칙, 국가의 운영 방략의 근거를 왜 객관에 정초하는가를 살펴보고자 한다. 아울러 객관주의의 길이 다양한 만큼 상앙이 걷는 객관성이 어떤 차별적 특징을 지니는지도 밝혀져야겠다.

세상의 통치자들은 대부분 법을 내버리고 자유로운 사적인 논의, 즉

사의私議를 따르고 있는데, 이것이 나라가 어지러워지는 까닭이다. 고대의 제왕들은 저울을 만들어 무게를 달고 자를 만들어 길이를 쟀고 오늘에 이르러서도 본받고 있는데, 그것은 측정 기구의 분계가 명확하기 때문이다. 만약 누군가가 저울을 제쳐놓고 경중을 판별하고 자를 쓰지 않고 장단을 헤아릴 경우, 비록 그가 세세하게 들여다본다고 하더라도 상인들은 그의 방법을 쓰지 않는다. 그것이 꼭 들어맞는다고 할 수 없기 때문이다. 법이란 국가의 저울과 같은 것이다. (…) 법에 의거하지 않고서 개개인이 지혜롭고, 재능 있고, 현명하고 현명하지 못한가를 판별할 수 있다고 하면 오직 요임금만 그렇다. 그러나 세상 사람들이 모두 요임금처럼 할 수는 없다. 이 때문에 고대의 제왕들은 주관적인 논의, 즉 자의自議나 개인 간의 칭찬, 즉 예사譽私가 믿기 어렵다는 것을 알므로 법을 세우고 분계를 명확히 했다.[11]

상앙은 결과(효용)의 관점에서 법法과 사의私議를 날카롭게 대립시키고 있다. 사의는 구체적인 현실성보다는 추상적인 타당성을 앞세우므로 결과의 필연적인 산출을 보장하지 못한다. 아울러 그것은 개인적 지성에 의거해서 자기주장의 우월성을 내세우는 유세 행위를 가리킨다. 반면 법은 상벌의 규정과 책무의 체계를 명시하여 사람들로 하여금 결과를 산출하도록 강하게 압박할 수 있다.

지배자들이 엄격해 보이는 법이 아니라 화려해 보이는 사의에 의존하게 된다면, 거두어야 할 효과는 고사하고 오히려 혼란을 초래하게 된다고 상앙은 주장한다. 그는 왜 자유롭고 활발한 지성의 토론이 정책의 문제점을 줄여주거나 보다 확실한 정책의 근거를 찾는 것으로 보지 않고 혼란을 낳는 등 문제를 야기한다고 보았을까? 이 의문은 결국 사의가 아니라 왜 '법이어야 하는가?'라는 질문과 맞닿아 있다. 상앙은 사의의 부당성을 직접적으로 논파하기보다 법의 우수성에 초점을 두고 논의를 펼치고 있다.

상앙은 이 주제를 복잡하고 정교한 논리가 아닌 도량형·공작 도구의 비유를 통해 논지를 전개한다. 사실 객관주의의 노선 중에서 상앙 이전에 묵자가 이미 도량형 비유에 주목한 적이 있다.[12] 길이·부피·무게 등을 재는 도구가 규격화되어 있으면 누구나 쉽게 계량의 정확성을 확인할 수 있는 것이다. 두 사람은 공통적으로 도구를 빌려 객관의 우위를 입증하려고 했던 것이다. 둘의 차이라고 한다면 객관의 기준을 묵자는 법의法儀라고 부르는 반면, 상앙은 법도法度·법제法制로 일컫고 이를 줄여서 법法으로 부른다는 점이다.[13] 이로써 우리는 묵자와 상앙이 모두 도량형의 객관적 확실성을 법 규범의 핵심 특징으로 파악하고 있다는 것을 알 수 있다. 그러면 상앙이 도량형의 비유를 끌어들여 법에서 포착하고자 하는 의미 맥락을 좀 더 분명하게 알아보자.

첫째는 분계의 명확성이다. 어떤 물건을 저울대 위에 올려놓으면 그것의 중량이 추와 물건의 균형을 이루는 방식에 의해서 양적으로 정확하게 계량된다. 예컨대 무게 10킬로그램이라면 내가 10킬로그램보다 더 또는 덜 나가길 바라는 희망과 상관없이 저울추는 10킬로그램의 무게에서 균형을 유지할 뿐이다. 10킬로그램의 중량이 11킬로그램이나 9킬로그램과 나뉘는 그 경계가 선명하게 나타난다. 이를 사람의 행위가 적정한지를 측량하는 방식에도 적용할 수 있다. 사람이 수행해서 거둔 행위의 결과를 법의 저울대 위에 올려놓으면, 해낸 것이 해야 할 기준에 도달했는지의 여부가 행위자의 주관적 희망이나 경험적 계측과 무관하게 정확하게 판정된다. 분계의 정확성은 법의 객관성을 나타내는 것이다.

둘째는 측정의 무오류성이다. 흔히 유능한 장인(달인)은 저울로 달아보지 않고 무게를 알아맞히고 자로 재어보지 않고 길이를 알아맞힌다. 경험에서 오는 숙련은 도구에 의존할 필요성을 느끼지 못하게 할 수 있다. 하지만 이런 눈대중은 '만에 하나'라는 실수의 가능성을 원천적으로 배제할 수 없다. 상앙이 예로 든 상인처럼 대규모 물량을 거래할 경우 '만에 하나'라는 조금의 오차는 엄청난 차이, 즉 막대한 경제적 손실을 가져올 수 있다. 이런 점에서 유능한 장인의 솜씨는 감탄을 자아낼 수는 있지만 완전한 신뢰를 거둘 수 없는 것이다. 법의 규정이 사람과 상황에 따라 다의적으로 해석되면, 사람이 법을 신뢰하지 않게 된다. 측정의 무오류성은 법의 안정성을 나타내는 것이다.

셋째는 측정자의 탈-인격성이다. 상앙은 요임금과 같은 성왕의 경우 법에 의존하지 않고 사람의 능력을 측정하는 능력을 지니고 있다는 점을 인정한다. 하지만 그는 세상 모든 사람이 요와 같은 존재일 수 없다는 현실적 한계를 나란히 거론한다. 이로써 법치는 요와 같은 초월적 존재가 세상의 질서를 바로잡아간다는 덕치나 예치와 노선을 분명 달리한다. 대신 법 앞에 모든 사람은 동등한—제한적 의미에서는 평등한—자격을 가진 신민으로 소환되고 또 법은 행위자가 가진 인격의 질과 높이를 고려하지 않고 그들을 무채색의 개별자로 간주한다. 즉 상앙은 법조문을 해독할 수 있는 최소 지성을 갖춘 평범한 사람을 대상으로 법치를 구상하고 있는 것이다. 측정자의 탈-인격성은 법의 보편성을 나타내는 것이다.

상앙은 귀족이 아니라 일반 백성을 부국강병과 사회 질서의 주축으로 설정했기 때문에 객관성, 안정성 그리고 보편성을 갖는 법을 강조하게 되었던 것이다. 상앙의 법치法治는 일반 백성을 사회 질서의 주체로 보았다는 점에서 귀족 중심의 예치禮治에 비해 진보적이라고 할 수 있다. 사마천은 「상군열전」에서 법치의 현실화를 위해 상앙이 수행했던 이목지신移木之信의 퍼포먼스를 소개하고 있다. 상앙은 법치를 도입한 뒤 백성들이 정책의 변화를 신뢰할지 어떨지 몰라서 남문에 3장(약 9미터)의 나무를 세워놓고 그것을 북문으로 옮기면 10금을 상금으로 준다고 했다. 아무도 그것을 하지 않자 다시 50금을 준다고 공포했다. 한 사람이 반신반의하며 나무를 옮겼는데, 과연 약속대로 상금을 지불하여 법을 신뢰하도록 했다. 또 법치를 공포한 뒤에 태자가 범법 행위를 저질렀다. 태자는 현왕의 뒤를 이을 사람이므로 직접 처벌하지 못하고 태자의 사부에게 책임을 물어 대신 처벌했다.

두 사건은 나름의 상징적 효과를 노리는 퍼포먼스였다. 이목지신은 9미터의 나무를 들어서 옮길 수 있는 체력과 관련이 있다. 상앙은 법이 사람들에게 아무나 할 수 없는 고차원적인 목표가 아니라 누구나 할 수 있는 힘의 발휘와 연관된다는 것을 보여주고자 했다. 태자의 범법은 법 집행에 어떠한 예외가 없다는 것을 보여주었다. 이로써 공족(귀족)은 특권이 없다는 사실을 확인하게 되었고, 백성들은 국가의 공적 지배 이외의 다른 집단의 지배를 받을 필요가 없다는 사실을 확인하게 되었던 것이다. 이 지점에서 법은 공족에게는 박탈의 공포를, 일반 백성에게는 신분 상승의 희망을 안겨줄 수 있었다.[14]

이로써 법은 행위자의 인격과 무관하고 행위의 계량화 작업의 실수가 허용되지 않고 적법과 불법의 경계가 뚜렷해서 쉽게 식별 가능한 특성을 가진 것으로 드러났다. 아울러 법치는 법 밖에 있는 목적, 즉 부국강병을 달성하기 위해 도구적 합리성이 극단적으로 단순화된 지반 위에서 있는 것으로 드러난다. 이 점은 상앙의 법을, 개인의 천부인권과 권리 또는 사유재산을 보장하기보다는 개인이 엄청난 위험을 떠안으면서도 국가적 목표를 우선시하기 때문에 사법보다는 공법의 특성을 띠게 만들었다.

또 상앙의 법은 모든 곳에 스며들어 왕성한 작용을 보여주었기에, 평소에 죽어 있다가 문제가 될 때 비로소 기지개를 켜는 게으른 기준은 아니다. 다시 말해서 법은 평소에 침묵하고 있다가 사람이 산출한 행위의 값을 알려주는 충실하고 정확한 계측기 역할을 하는 것으로 자신을 왜소화하지 않는다. 법은 사람의 인격을 문제 삼지 않는다고 해서 범법이 아니라면 무슨 짓을 해도 좋다며 사람을 방임하는 것으로 자기 역할을 최소 범위로 국한하지도 않았다.

상앙의 법은 사람의 행위에 수시로 개입할 뿐만 아니라 사람의 의식에도 침투했다. 그의 법은 사람들이 특정 방식으로 행동하도록 적극적으로 유도하여 권장하는 역할을 했다. 법은 사람으로 하여금 개인과 국가의 의지를 동일시하도록 하는 인간 유형을 창출하게 만들었다. 그 결과로 상앙은 법의 힘으로 농사와 전투처럼 현재의 질서를 유지하고 강화시키는 데에 필수적인 물리력의 증대와 관련되는 부분 이외에는 사람들이 관심을 두지도 않고 종사하지도 않게 하려고 했다.(「농전農戰」) 또 상업활동도 본원적인 가치를 생산하지 못하는 것으로 간주되어 억제되고, 『시경』과 『서경』의 학습도 일사분란한 질서 형성에 기여하지 못하는 것으로 여겨져 금압되었다.(「간령墾令」)[15] 여기서 법은 행위를 평가하는 기준에 한정되지 않고 특정 유형의 행위를 효율적으로 수행할 인간을 만들어내는 거푸집이나 틀의 의미를 갖게 된다. 법이 평가의 기준 제시에 더해 모형 제작의 기능까지 수행했던 것이다. 이로써 법은 의사擬似 도덕의 특성을 지니게 된다.[16]

원래 상앙은 법이 도덕과 완전히 다른 독특성을 구비하고 있다고 역설했다. 아울러 도덕이 사회 질서의 근원이 될 수 없다는 점 또한 강조해 마지않았다. 그는 이처럼 법이 도덕과 거리를 두어야 한다고 했지만 어느 지점에 가서는 도덕과 목적을 공유하는 데 서게 되었다. 법과 도덕이 별개의 것으로 구분되다가 같은 것으로 합쳐지는 지점을 살펴보자.

> 성인은 반드시 그렇게 되는 이치와 반드시 어떻게 해야 하는 시대의 추세를 안다. 따라서 반드시 안정되는 정책을 펼치고, 반드시 용맹을 떨치는 인민을 전장에 내보내고, 반드시 복종하는 명령을 실행한다. 이렇기 때문에 병사가 출진하면 대적할 자가 없고, 명령이 시행되면 천하가 복종한다. (…) 성인은 본래 그렇게 되는 정책을 알아차리고, 반드시 그렇게 되는 이치를 안다. 그가 인민을 통제하는 것은 마치 지세의 높낮이로 물길을 제어하고, 또 건조와 습도로 불길을 제어하는 것과 같다. 그러므로 자애는 내가 타인을 환대할 수 있지만 타인으로 하여금 환대하도록 할 수 없다. 도의는 내가 타인을 사랑할 수 있지만 타인으로 하여금 사랑하도록 할 수 없다. 따라서 우리는 자애와 도의가 세상을 다스리기에 충분하지 않다는 것을 알 수 있다.[17]

상앙은 법法과 도덕道德 또는 인의仁義가 엄격하게 구별되는 지점을 분명히 인식했다. 인의는 나의 의지에서 출발하여 타인에게 도덕적 대우를 하고 있다. 여기까지 상앙은 문제를 삼지 않는다. 다음으로 인의는 타인으로 하여금 나의 행위에 상응하는 방식으로 대응하도록 할 수 있는 힘(강제)을 지니고 있지 않다. 상대의 대응은 어디까지나 그의 의지에 달린 것으로 내가 개입할 수 없는 영역이다. 오히려 내가 상대의 의지에 개입한다면 내가 한 인의마저 스스로 부정하는 것이 된다. 이렇게 본다면 인의는 시혜와 수혜의 대칭성을 확보할 수 없는 것이다.

상앙에 따르면 인의와 달리 법은 행위자 쌍방 간에 동종 대응의 구속성을 지니고 있다. 이로써 준법이란 하나의 행위 방식이 어느 지점에서 중단되지 않고 끊임없는 사슬로 이어지는, 즉 특정 행위의 대량 생산 또는 대량 복제를 가능하게 하는 의지의 운동인 것이다. 이러한 운동이 가능하려면 성인이 사람과 사물의 필연적인 이치, 시대의 객관적 추세를 법에 반영할 수 있어야 한다. 그는 맹자처럼 사람의 이상적(근원적) 상태와 현실의 사람 사이에 있는 차이를 해소하려 했던 것이 아니라, 그냥 현실의 사람이 흔히 보이는 일반적인 형태에서 출발하여 사람들의 동선動線을 법과 연관시켜서 둘의 결합을 시도했던 것이다. 이로써 현실은 이상의 부재이거나 원형의 결핍이 아니라 조형할 목표를 위한 출발 지점으로 자리 잡게 된다.

지금까지 군주는 법을 제정하고 존중하며 법에 의한 지배를 관철시키고 인민은 일거수일투족을 법에 의거해서 판단하고 행동해야 했다. 이즈음에서 군주는 법치의 내부에 있는지 외부에 있는지가 문제가 된다. 이 문제와 관련해서 상앙은 법을 준수하는 자, 즉 수법자守法者와 법을 제정하는 자, 즉 제법지인制法之人을 구분한다. 보통 고래의 습관에 안주하고 학자는 자신이 들어서 아는 바에 빠져서 새로운 것을 달가워하지 않는다. 상앙의 논법에 따르면 이들은 주어진 직무를 지키면서 규정으로서의 법을 엄격하게 따르지만 법 밖의 문제, 즉 법지외法之外를 논의할 수 없다.[18] 이처럼 법 밖, 즉 초법적 상황은 결코 수의적이며 수시적으로 생겨나는 것이 아니다. 기존의 법으로 시대 문제를 해결할 수 없는, 즉 역사적 단절이 필요한 경우에 한하여 일어나는 결단의 상황이다. 만약 단절의 상황에 서서 시대의 변화를 주도하지 못한다면 역사 창조의 작업에 동참하지 못하게 되는 것이다.[19]

그렇다면 법의 제작자로서 군주는 늘 법의 외부에 있는 초법적 존재로 머물러 있는 것인가? 대답 여하에 따라서 군주는 초법적인 지고의 전제 군주가 될 수도 있고 또는 제한적이나마 입법 군주가 될 수도 있다.[20] 이와 관련해서 상앙은 인민이 준법해야 한다는 요구만큼 군주도 법치의 예외일 수 없다는 주장을 빈번하고도 강력하게 되풀이하지 않는다. 그럼에도 불구하고 상앙은 제법制法 이후에서 변법變法의 이전까지 군주가 법치를 존중하고 예외적인 존재일 수 없다는 점을 명확하게 주장하고 있다.

상앙은 '법이란 군주와 신민이 공통으로 지켜야 하는 것'[21]으로 전제한다. 나아가 그는 공사公私의 구별을 통해서 요임금, 순임금과 삼왕과 오패가 천하의 이익을 사적으로 전유한 적이 없으며 천하 사람들을 위해서 천하를 통치했다는 역사 해석을 내놓는다.[22] 여기에 그치지 않고 상앙은 『논어』「안연」1의 사물장四勿章을 패러디하듯 "말이 법에 맞지 않으면 듣지를 말고, 행동이 법에 맞지 않으면 높여주지 말고, 일이 법에 맞지 않으면 하지 마라!"는 삼불三不 조항으로 법에 의한 군주의 구속을 분명히 표현하고 있다.[23] 하지만 그의 조항은 군주로 하여금 법을 반드시 존중하도록 강제하는 철의 규정이 될 수 없다. 어디까지나 군주의 준법은 개인의 건전한 양식, 망국의 불안에 의존한다는 점에서 한계가 있을 수밖에 없었다. 따라서 상앙이 법치를 통해 입법군주제를 의도했지만 그것을 현실화시킬 만한 또 다른 제도를 고안하지는 못했다고 할 수 있다.

3 치욕致欲: 인간 이해의 현실주의와 욕망 긍정

전국시대의 순자는 좋게 말해서 철학사에 유가와 법가의 가교를 놓은 인물이라고 파악되기도 한다. 그의 제자로 추정되는 이사李斯가 출세를 위해 초나라를 떠나 진秦나라에 들어가서 법가의 정책을 추진한 탓에 순자의 혐의는 더욱 굳어졌다.[24] 여기서는 상앙과 순자의 사상을 전면적으로 비교하는 것이 아니므로 혐의에 대한 판정은 내릴 필요가 없다. 인성론에 한정해서 두 사람을 간접 비교해보면 공통점보다는 차이점이 훨씬 더 많다. 아니 차이점이 너무나도 현격해서 동일한 사상적 지반에서 논의할 수 없을 정도다.

순자는 욕망을 없애자는 거욕론去欲論(「정명」)과 욕망이 적다는 과욕론欲寡論(「정론正論」)에 동의하지 않고 욕망의 절제를 주장한다. 그는 사람이 자신의 성정을 무반성적으로 추구하는 종성순정從性順情(「성악」)의 위험성을 경고하고 욕망을 방임하는 종욕縱欲(「정명」)에 우려를 표명했다. 하지만 그는 어버이를 돌보는 양친養親을 말하고(「자도子道」), 또 지식·덕목·조화를 돌보는 양지養知·양덕養德·양화養和의 필요성을 강조한 뒤에(「부국富國」) 특이하게도 천정을 기르는 영기천정養其天情(「천론」), 욕망과 성정을 기르자는 양기욕·양기성養其欲·養其性(「정명」)을 주장하고 있다. 그는 적어도 사람이 자연적 존재로서 갖게 되는 욕망 자체의 위험성을 과도하게 평가해서 그것에 대해 전면적인 부정이나 전쟁을 주장하지는 않는다. 바로 이 점은 '욕망을 이루게 하라'는 상앙의 치욕致欲과 동궤에 있다(「설민說民」)고 할 수 있다.

하지만 순자와 상앙의 상호 유사한 점은 더 이상 진행되지 못하고 여기서 그친다. 순자가 「성악」에서 논의하는 내용을 보면 그의 욕망론의 특징은 다음 몇 가지에 있으며, 이는 상앙의 욕망론과 정확하게 구별되는 지점이다. 첫째, 사람의 본성을 선악이라고 하는 도덕적 관점에서 접근하고 있다. 둘째, 순자가 성악의 시각에 서 있다고 해도 그는 성을 선善의 상태로 전환시키기 위한 교정矯正적 관점을 펼칠 수밖에 없다. 셋째, 원래 상태의 인간 성정은 변환과 조절의 과정을 거치지 않으면 그 자체로 사회 문제를 일으키는 일차적인 원인으로 간주되고 있다. 성의 출발선과 전략의 차원에서 맹자와 순자는 각각 성선과 성악의 개별 진영을 대표하고 있었지만 여기에 이르면 두 사람의 차이는 희석되고 동맹군의 일원이 된다.

욕망과 관련해서 상앙은 순자와 맹자의 동맹군에 참여하도록 초대받지 못하고 자기 자신의 색깔을 띤 깃발을 높이 내걸었다.

첫째, 상앙의 성은 선악과 무관한 채 하고자 함과 싫어함의 욕오欲惡 또는 좋아함과 싫어함의 호오好惡의 시각에서 논의되고 있다.[25] 실례를 든다면 이런 주장은 "인민은 하고자 하는 것도 있고 싫어하는 것도 있다" "인민의 성이란 배고프면 먹을 걸 찾고 힘들면 편안한 걸 찾고, 괴로우면 즐거운 걸 찾고, 수치스러우면 영예를 찾는다" "인민의 실정을 헤아려보면 그들이 바라는 대상은 토지와 집이다"라는 식으로 표현되고 있다.[26] 이때 성은 본능에 가까우면서도 일반적인 사회 현상 또는 실태를 가리키는 문맥으로 쓰이고 있다. 이처럼 그는 성에서 가치 평가를 배제하고 있으므로 순자의 세 번째 특징이 자연히 도출될 수 없게 된다. 즉 그는 성을 악과 연계시키지 않으므로 성 그 자체가 악이라거나 또는 반드시 사회악으로 진행된다고 보지 않는 것이다.

둘째 상앙은 성을 각종 사회악을 야기하는 진원지로 간주하지 않고, 자연적 사실로 인정하며 특정 방향으로 유도하여 권장할 수 있다고 믿는다. 이와 달리 순자는 사람의 본성을 불만족한 상태로 규정한 이상 그것을 만족할 만한 상태로 전환시키려고 한다.[27] 이 전환을 위해 성정의 외부에 예의禮義 또는 예의와 법도法度의 기준이 마련되어야 하고, 은괄檃栝, 도지개과 농려礱礪, 숫돌의 공작 도구에 의거해서 변형시키는 작업 과정이 필요하다. 기준과 변형을 통해서 사람은 원래 지니고 있던 성정과는 완전히 다른 제2의 성정을 지닌 존재로 탈바꿈하게 된다.[28]

상앙은 바라는 것과 싫어하는 것에 대한 선호와 기피를 나타내는 욕망 자체를 사실로서 승인한다. 욕망을 부정하고 다른 것으로 대체해야 한다거나 욕망의 작용력을 최소화시켜야 한다는 주장을 내세우지 않는다. 그렇다고 상앙은 사람이 어떠한 욕망을 품어도 상관없고 그것을 실현하려고 해도 좋다는 종욕縱欲을 주장하지는 않는다. 그는 분명히 상인을 비롯해 외부 세력과 연계해서 자신의 이익을 채우려는 외교파外交派만이 아니라 가족 윤리를 내세우는 등 여섯 부류의 인물을 기생충, 즉 육슬六蝨로 비유해서 제거해야 한다고 역설하고 있다.[29]

여기서 상앙의 욕망에 대한 세 번째 특징이 드러난다. 그는 욕의 존재를 사실로 긍정하므로 문제를 삼는 곳은 생성 단계를 넘어서 실현 단계로 진입하는 지점 이후가 된다. 이로써 상앙은 인간을 성론 중심으로 파악하는 것이 아니라 성의 외부, 즉 사회의 영향력 측면에서 검토하고 있는 것이다. 이로써 그가 인간을 파악하기 위해 성性·생生·정情의 개념을 사용하더라도 그것은 도덕의 문맥이 아니라 일반 사회 현상 또는 풍속(시속)의 문맥에서 운용되고 있는 것이다. 이것은 인간을 도덕의 속박으로부터 벗어나게 하고 춘추전국시대 이래로 광범위하고 급속하게 진행되는 세속화를 겨냥해서 전선을 형성하기보다 그것을 수용한다는 것이다. 나아가 성의 관할 주체가 양분된다. 즉 개개인이 바라는 대상을 소유하고자 하고 싫어하는 대상을 기피하려고 하지만 국가가 소유와 기피의 영역에 개입해서 그것의 합법성을 심의하고 통제하게 되는 것이다.

그렇다면 이제 우리는 한 인간이 자유롭게 자신의 호오를 품었다가 국가의 의지를 대변하는 법치를 통해 호오를 실현해나가는 과정을 추적해보기로 하자.

> 인민이 이익을 추구하느라 예법을 내팽개치기도 하고 명예를 추구하느라 상정常情, 즉 성지상性之常을 내팽개치기도 한다. 어떻게 그런 줄을 아는가? 예컨대 절도와 강도는 위로는 군주가 금지한 것을 위반하

고 아래로는 신하와 자식의 예법을 저버린다. 이 때문에 명예가 더럽혀지고 몸이 위태로워져도 오히려 멈추지 않는 것은 이익 때문이다. 또 상고시대 선비의 경우 옷은 몸을 따뜻하게 하지 못하고, 음식은 창자를 채우지 못하고서 자신의 의지를 괴롭게 하고 사지를 피곤하게 하고 오장을 손상시켰지만 가슴(마음)이 더 넓어졌을 뿐이다. 상정이 아닌데도 그렇게 애쓰는 것은 명예 때문이다. 그러므로 명예와 이익이 모여드는 곳에는 인민이 따르게 된다.[30]

상앙은 인민들의 욕망 실현 과정을 관찰한 결과 두 가지 현상에 주목한다. 하나는 욕망 실현을 위해 인민들은 경우에 따라 범죄마저 서슴지 않을 뿐만 아니라 그 과정에서 사회 질서를 뒷받침하는 금령과 예법을 예사롭지 않게 짓밟는다는 점이다. 다른 하나는 인민들은 피해야 할 고통을 수용할 정도로 자발적인 자기 파괴마저 두려워하지 않는다는 점이다. 바로 이런 점 때문에 상앙의 인성론이 이익을 바라고 손해를 피하려고 한다는 호리피해好利避害로만 규정될 수 없다. 인민들이 욕망의 실현 과정에서 보여주는 양상은 단일하지 않고 복잡하면서 착종적인 특성을 보인다.

상앙에 따르면 사람은 기본적으로 이해타산이나 호오를 중심으로 세계에 반응한다. 하지만 특수한 경우에 인민은 기본적인, 그래서 통상적이며 보편적인 이익과 손해의 축을 초월하고 명예와 수치라는 축으로 이동해간다.[31] 이렇게 보면 욕망의 실현이란 바라는 것을 극대화하고 싫어하는 것을 최소화하는 자기 보존의 계기를 지니고 있으면서 동시에 싫어하는 것을 수용하면서 더 나은 것을 위한 자기 희생 또는 자기 부정의 계기를 지니고 있다. 특히 후자의 경우 인민은 성性 외부의 가치나 목적을 위해서 성을 부정할 가능성을 열어두고 있다. 따라서 가치나 목적이 압도적이며 유력한 조건이 될 경우 인민은 물불(위험)을 가리지 않고 자기 파괴의 길을 걸어갈 수 있는 것이다.[32] 예컨대 국가가 '국가와 민족을 위해서'라는 명분을 내걸 경우 인민은 호리피해의 이기적인 존재에서 조국을 위해 헌신하는 돌격 영웅으로 변모할 수 있다.[33]

> 인민이 바라는 대상은 수만 가지이지만 이익이 산출되는 길은 단 한 가지이다. 인민은 한 가지가 아니면 욕망을 이룰 길이 없기 때문에 한 가지에 진력하게 된다. 한 가지에 진력하면 힘이 모이고, 힘이 모이면 국가가 강성해진다.[34]

> 이익(작위와 녹봉 등)이 하나의 구멍, 즉 일공一孔에서 나오면 한 국가의 재화가 많아지고 열 가지의 구멍에서 나오면 한 국가의 재화가 적어진다. 하나를 지키면 국가가 안정되고 열 가지를 고수하면 국가가 혼란해진다.[35]

위에서 설명한 바와 같이 상앙은 욕망의 생성에는 개입하지 않고 그 실현에 국가가 개입하는 전략을 채택했다. 첫 번째 인용문에서 상앙은 인민의 욕망 대상이 실제로 무궁하다는 점을 알고 있고 그것을 문제 삼지 않는다. 욕망 실현의 길을 하나로 통제할 것을 내세우고 있다. 이 한 가지 또는 하나의 구멍은 『상군서』 세 번째 편의 이름이기도 한 '농전農戰'이다. 즉 농업 생산에 진력해서 곡식의 생산량을 증대시키는 것이고 전투에 참여해서 공로를 세우는 길이다. 여기서 욕망을 실현하는 길의 통제는 개인의 행복 실현에 한정되지 않고 국가의 강약과 체제의 존망으로 직결되는 현안이 되고 있다. 여기에 이르면 국가는 보호막으로 인민을 둘러싸고 있는 것이 아니라 안내와 통제 역을 맡은 인격체로서 인민이 있는 곳이면 어디든지 편재한다.

요즘 세상에서 말하는 이치[義]란 인민이 좋아하는 것을 내세우고 싫어하는 것을 없애는 쪽이고, 불의란 인민이 싫어하는 것을 내세우고 즐거워하는 것을 없애는 쪽이다. 여기서 의와 불의의 이름과 실상이 뒤바뀌어 있으니 자세하게 살피지 않을 수 없다. 인민이 즐거워하는 것을 내세우면 자신들이 싫어하는 것에 의해 손해를 입는다. 반면 인민들이 싫어하는 것을 내세우면 자신들이 즐거워하는 것을 누리게 된다. 어떻게 그렇다는 것을 아는가? 인민은 뭔가 걱정이 되면 생각하게 되고, 생각하면 법도대로 행동한다. 반면 인민은 즐거우면 넘치게 되고, 넘치다보면 문제를 일으킨다.

그러므로 형벌로 다스리면 인민은 두려워하게 되고, 두려워하면 나쁜 짓을 저지르지 않고, 나쁜 짓을 저지르지 않으면 인민은 자신이 즐거워하는 것을 누릴 수 있다. 반면 이치로 교화시키면 인민은 제멋대로 굴게 되고, 제멋대로 굴면 질서가 어지러워지고, 어지러워지면 인민은 싫어하는 것에 의해 손해를 입는다. 내가 말하는 형벌은 이치의 근본이고, 세상에서 말하는 이치는 혼란의 길이다. 인민을 다스리면서 그들이 싫어하는 것에 의거하면 반드시 자신들이 좋아하는 것으로 매듭짓게 되고, 반대로 그들이 좋아하는 것에 의거하면 자신들이 싫어하는 것에 의해서 손해를 입게 된다.[36]

상앙은 인간 본성을 순수한 원형의 세계와 연계시키지 않고 현실에서 담금질되지 않는 욕망의 층위에서 관찰한다. 즉 그는 맹자처럼 있는 본성을 키워야 할 의무도, 순자처럼 있는 본성을 부정해야 할 과제도 부과하지 않고, 있는 본성을 그대로 수용하는 현실주의의 특색을 드러낸다. 군주는 인민의 욕망 실현을 국가가 설정한 목적을 달성하는 방향과 맞추고자 한다.

「금사禁使」에 보이듯 이것에 성공하면 안정된 나라[治國]가 되고 실패하면 혼란한 국가[亂國]가 된다. 상앙은 여기서 그치지 않고 국가의 목적 달성과 인민의 욕망 실현의 방향이 완벽하게 일치하고 그 보조가 완전하게 조화를 이루는 상태를 꿈꾸었다. 즉 그는 인간의 현실에서 출발해서 국가의 이상이라는 완전한 안정, 즉 지치至治를 추구했던 것이다. 지치는 아내와 남편 그리고 친구 사이에서도 악행을 방치하지 않고 비행을 덮어주지 않지만, 서로 친한 관계를 유지하는 데에 별 문제가 없고 인민들도 각자 서로의 비행을 숨겨주지 않는 상태를 말한다.[37]

그렇다면 상앙이 지치至治를 달성하기 위해 내놓은 역발상의 방법을 검토해보자. 초점은 좋아하는 것과 싫어하는 것에 대해 일반 사람들과 상앙의 관점이 정반대되는 곳에 놓여 있다는 것이다. 먼저 말하자면 좋아하는 것과 싫어하는 것에 대한 일반적인 지칭일 수도 있지만 인용문 이후에 이어지는 내용을 고려하면 각각 상과 벌을 가리킨다고 볼 수 있다.[38]

사람들은 이미 악행을 저지른 사람에게 벌을 부과하고 선행을 한 사람에게 상을 준다는 전제 하에서 좋아하는 상을 많이 주고 싫어하는 벌을 없애자고 생각한다. 상앙은 이 상식을 정면으로 부정한다. 상구형일賞九刑一, 즉 상이 많고 벌이 적을 경우 사람들은 지켜야 할 기준과 넘지 말아야 할 금계에 대한 경각심을 덜 가져 쉽게 법도를 위반하게 된다. 이로써 인민은 양산되는 위법 행위로 인해 일어나지 않았으면 당할 필요가 없는 고통을 겪게 되는 것이다. 반대로 형구상일刑九賞一, 즉 벌이 많고 상이 적을 경우, 사람들은 무슨 일이든 두려움을 느끼며 스스로 준법 의식으로 무장하게 되므로 반사회적 범죄가 발생하지 않게 된다. 이로써 인민은 위법으로 인한 고통을 겪지 않는다.

여기에 그치지 않고 상앙은 한 걸음 더 나아간다. 상벌의 부과 방식을 재조정하자는 것이다. 이미 일어난 범죄를 처벌하더라도 각종 위법 사례가 그치지 않으므로 아예 범행이 싹트는 단계에 벌을 부과하자는 것이다. 아울러 선행에 상을 수여해도 마찬가지로 범죄가 없어지지 않으므로 국가기관에서 인지하지 못한 범행을 고발하는 이에게 상을 수여하자는 것이다. 이러한 논의는 연좌제, 경범죄에 대한 중형 부과의 구상과 함께 범죄 없는 세상을 위해 범의犯意가 인민의 마음에서 싹트지 못하게 규제하겠다는 의지의 표명이다.

요약하면 상앙은 인민이 품는 무수한 욕망이 아니라 욕망 실현의 통로를 통제함으로써 지치至治에 도달하고자 했다. 이를 위해 상벌의 운영 방식을 상식과 정반대로 운용해서 위법의 행위를 근절하고자 했다. 상앙 자신도 처음에는 욕망이 생성되는 자리[心]에 별다른 주의를 기울이지 않다가 욕망의 관리 단계에서 비로소 마음에 주목해서 범의를 근원적으로 차단하고자 했다. 즉 그는 욕망과 관련해서 먼저 개인, 주관의 세계가 아니라 국가, 객관의 세계에 초점을 두었다가 범죄적 욕망과 관련해서 행위자의 마음으로 회귀하고 있는 것이다.

4 자치自治: 자율적 행위자의 등장

이제 법과 인민의 관계를 살펴보자. 인민은 인간적 가치를 추구하는 것과 무관한 채 마치 꼭두각시 인형처럼 법의 규정을 준수하는 존재인가? 아니면 인민은 자의식을 지니고 자율적 판단에 따라 국익에 기여하며 동시에 개인의 행동을 추구하는 존재일까? 이 문제에 대한 해답을 찾으려면 먼저 법의 성격에 대해서 검토해볼 필요가 있다.

『사기』「상앙열전」을 보면 상앙이 기원전 359년(효공 3)과 기원전 350년(효공 12)에 걸쳐서 실시한 두 차례의 변법 내용이 간략하게 소개되어 있다. 제1차 변법에는 연좌제, 성인 남성의 분가分家, 군공 보상, 농업 장려, 종실宗室 신분 유지의 규정 등이 들어 있다. 제2차 변법에는 행정 제도의 개편, 경지 조사, 도량형 통일 등의 내용이 들어 있다.[39] 이런 법들이 상앙이 구상했던 법규를 망라하는 것은 결코 아닐 것이므로 일반적인 판단은 유보할 수밖에 없다. 하지만 소개된 조항들을 보면 상앙이 『상군서』에서 법을 통해서 이루고자 했던 기획과 모순되는 것이 없다. 즉 국가는 작위爵位 제도를 통해 인민의 욕망 실현의 과정에 철저하고도 촘촘하게 개입하면서 또 농업 생산의 증대와 전쟁의 공적에 따라 새로운 신분을 부여하기도 하고 기존의 신분을 박탈하기도 했다.

물론 상앙의 법 정신은 로마 만민법萬民法, Jus Gentium의 "모든 사람은 평등하며, 생존을 위한 기본권을 가지고 있으며 이것은 국가도 무시하거나 침범할 수 없다"는 입법 정신과 일치하지 않는다. 그렇다고 상앙을 비롯한 법가의 법 또는 법치가 "국가의 특정 목표와 정책을 강행하는 강압적 수단으로 활용되었고" "전제군주의 군주권을 확립하고 동시에 전제군주의 경영과 통치의 도구로 변질될 수밖에 없었다"[40]고 주장하는 것은 너무 성급하다고 할 수 있다. 왜냐하면 『상군서』에서 『한비자』나 『여씨춘추呂氏春秋』에 핵심 의제로 설정된 공천하公天下는 보이지는 않지만 군주의 사천하私天下를 분명히 반대하고 있기 때문이다.(「수권修權」)

하지만 상앙의 법치를 전제군주론으로 연결하려면 인민은 준법을 하더라도 이익과 즐거움보다는 손해와 고통을 더 많이 감수해야 하고, 억압적인 상황에서 원치 않거나 자기 의사에 반해서 농사와 전투에 종사한다는 사실이 밝혀져야 한다. 또 군주는 "천하를 위한다"는 허구적인 국가상을 통해 인민의 생명과 재산을 근거 없이 약탈하고, 행정은 이런 지배를 효율적으로 집행하고 유지시키는 수탈 기구여야 한다. 만약 이러한 반론에 대해 명확한 증거를 제시하지 못한다면 상앙의 법이 강압적 수단이라거나 전제군주를 위한 도구라는 일방적인 평가는 유보되거나 수정되어야 한다.

전제군주론으로 독해하는 이들에게는 의외이겠지만 『상군서』를 면밀하게 검토하다보면 전제와 폭압 정치에 어울리지 않는 국가의 독치獨治와 신민의 자치自治 개념을 만나게 된다. 그것은 외부 세계의 간섭을 배제하고 자기 스스로 국가의 운명을 지배하는 자치自治, self-governing의 국가와 타인에게 의존하지 않는 자율自律, self-regulating의 개인을 가리키는 것이다.

왕업을 이룬 자는 범죄의 움직임이 나타날 때 형벌을 적용하면 대형

> 범죄가 생기지 않는다. 또 범죄를 모의하는 자를 고발하는 이에게 상을 주면 자잘한 범행도 놓치지 않게 된다. 인민을 다스리면서 대형 범죄가 생기지 않고 자잘한 범행도 놓치지 않으면 내정이 안정된다. 내정이 안정되면 반드시 국력이 강해진다. 한 나라가 이렇게 하면 적어도 내정은 독립적으로 안정시킬 수 있다. 두 나라가 이렇게 하면 세력 균형으로 군사 충돌이 줄어들게 된다. 천하가 이렇게 하면 완전한 도덕이 회복된다. 이로 인해 나는 사형과 같은 형벌이 인민을 도덕의 길로 돌아가게 하고 정의情義가 인민을 폭력의 길로 들어서게 한다고 생각한다.[41]

상앙은 마지막 구절에서 예의 역발상을 발휘해서 형벌과 정의가 국가의 질서와 혼란에 대응하는 관계를 창조적으로 규정한다. 상식의 관점에서는 정의가 인민과 사회를 도덕의 길로 이끌고 형벌이 반대의 길로 이끈다고 생각한다. 상앙은 힘없는 무능한 정의 문제를 제기하고 있다. 위정자가 정의를 내세우며 인민을 온정적으로 대우하면 마침내 정의는 자신을 수호할 수 있으나 비정의의 현실을 규제할 수 없게 된다. 이 상황이 곧 정의가 폭력으로 전화되는 지점이다. 반대로 엄격한 법 집행이 저항을 잠재우고 합리적 공포(소심증)를 일으킨다면 공권력으로 관리된 폭력이 평화를 가져올 수 있는 것이다.

여기서 상앙은 현실적이며 효율적인 수단을 통해 이상에 도달하려는 독특한 사고방식을 드러낸다. 물론 그는 다양하며 복합적인 현실의 특성을 고려하지 않고 추상적인 이상과 그럴듯한 명분에 따라 현실을 규제하려고 하는 순수한 이상주의를 비판하고 있다. 이런 과정을 통해서 상앙이 구축하고자 하는 것은 일국 차원에서는 자치 역량의 수립이며, 양국 차원에서는 군사적 긴장의 해소이며, 천하 차원에서는 완전한 도덕 정치의 부활이다.

> 그러므로 성인이 법령을 제정하면 반드시 인민에게 분명하게 보이고 알기 쉽게 하고 명분을 정확하게 한다. 어리석거나 똘똘한 사람 모두 법규를 이해할 수 있다. 법관을 두고 법을 주관하는 관리를 두어서 그들이 천하 사람들의 스승 역할을 하게 하여 만민이 무지로 인해 위험한 상황에 빠지지 않도록 했다. 따라서 성인이 천하를 맡으면 처벌받아 죽게 되는 경우가 없는데, 이것은 사형을 집행하지 않아서 그런 것이 결코 아니다. 성인이 법령을 실행할 때 분명하게 하며 알기 쉽게 하고, 또 법관과 법리를 두어서 인민의 스승 역할을 하게 하여 법령을 숙지하도록 안내하기 때문이다. 만민은 모두 무엇을 피하고 무엇을 추구해야 하는지, 또 어떻게 불행을 피하고 행복을 얻는지 숙지하고 있으므로 하나같이 독자적으로 처리한다.[42]

법을 전제군주의 도구로 보는 이들은 국가가 왜 이렇게까지 자상한 배려를 아끼지 않느냐며 이 구절을 음모론의 맥락으로 독해할지 모르겠다. 상앙은 「경법」에서 "법이란 인민을 애호하는 바탕이고, 예란 행사를 순조롭게 처리하는 바탕이다法者, 所以愛民也. 禮者, 所以便事也"라고 주장했다. 이 예禮는 사람의 다양한 관계를 조율하여 자아를 수양하는 맥락보다 행사나 업무를 원활하게 처리하는 절차적 규정을 가리키는 듯하다. 법法의 관점에서 보면 애愛는 사랑하거나 좋아하는 정서적 유대보다는

보호하거나 돌보고 아끼는 생명과 기회 보장의 맥락에 놓여 있다.[43]

우리가 법을 위군爲君이 아니라 위민爲民의 맥락으로 볼 수 있다면 이 인용문의 내용도 애민愛民의 관점과 내용상으로 일치한다고 할 수 있다. 상앙은 법치의 과정에서 무지에 의한 억울한 피해자가 발생하는 문제를 예상하고 그것의 예방까지 고려하고 있기 때문이다. 이를 해결하기 위해서 그는 국가가 법률을 제정하고 나서 한편으로 공포 → 시행 → 적용의 과정을 거치고 다른 한편으로 인민을 상대로 무상으로 홍보와 자문 그리고 교육을 실시하도록 제도적으로 보장하고 있다. 오늘날 우리가 침해당한 권익을 회복하기 위해서 개인 비용으로 법률 서비스를 이용하는 것과 구별이 된다. 이러한 절차를 통해서 인민은 교육 이후에는 타인이나 국가에 의존하지 않고 자신의 피화취복被禍就福을 위해 독립적인 의사결정을 내리는 자치自治 상태에 이르게 된다.

이제 인민이 법을 숙지하고서 법이 허용하는 범위 안에 자신의 행복을 추구해가면 그 자체로 국익의 증대로 이어진다고 상앙은 주장한다.

> 행위의 판단이 개인의 집에서 이루어지면 국가는 왕업을 이루고, 관리에 의해 이루어지면 국력이 강해지고, 군주에 의해 이루어지면 국력이 약해진다. (…) 상벌에 대해 인민이 자신의 마음에서 판단내린다. 군주가 명령을 내리면 인민들은 어떻게 호응해야 할 줄을 안다.[44]

> 행위의 판단이 10리里 안에서 이루어지면 국력이 약해지고 5리 안에서 이루어지면 국력이 강해진다. 일이 낮 동안에 해결되면 왕업을 이루고 밤이 되어서야 해결되면 국력이 강해지고 날을 넘겨 해결되면

국력이 약해진다.[45]

상앙은 『상군서』 곳곳에서 법치가 탁월한 지성을 소유한 인물이 아니라 보통 정도의 지능을 가진 사람을 대상으로 한다는 점을 누누이 강조하고 있다. 그래서 법령의 내용은 누구도 이해하기 쉽도록 제정되고, 모든 사람이 자신과 관련되는 상황을 자율적으로 판단할 수 있는 제도적 장치를 강구했다. 인용문은 법치가 자율적 인간을 전제하지 않을 경우 일어날 수 있는 상황을 설명하고 있다.[46] 인민이 범죄 혐의자를 보고도 고발해야 할까 말아야 할까를 알지 못한다면 혐의자는 더 많은 범죄를 저지르고 더 심각한 피해를 주고서야 발각될 것이다.[47] 또 통상적인 일들이 자체적으로 결정되거나 처리되지 않고 모두 군주에게로 집중된다면 효율성만이 아니라 현실 대응성이 현격하게 약화된다. 예를 들자면 외적이 침투했는데 조기 대응을 하지 않고 국왕의 결제만 기다린다면 어떤 일이 일어날지 예상할 수 있다. 그래서 10리보다는 5리, 군주보다 개개인의 차원에서 행위의 판단이 내려지면 국가의 국력은 강해지고 치안은 확실해진다고 상앙은 주장하고 있다.

하지만 여기서 우리는 인민의 판단이 인민 자신의 이익이나 행복 추구와 군주의 의사나 국가의 의지 중에서 어느 것을 먼저 반영하는 것인가를 물을 수 있다. 상앙이 군주의 명령과 인민의 호응 관계를 강조하는 것으로 보면 국가라는 전체를 우선할 것으로 보인다. 물론 극단적인 선택이 아니라 일반적인 상황에서 양자는 양자택일이 아니라 공존이 가능할 것이다. 이런 점으로 인해서 상앙의 법치가 곧바로 전제군주의 일방적인 수탈과 가혹한 착취로 이어지지 않는 것이다. 개인의 이익보다 국가의 이익, 개인의 생명보다는 국가의 안위를 중시했던 것은 상앙만의 세계관이 아니다. 양주와 장자는 명시적으로 단호하게 외적 존재가 개인의 생명에 개입하는 것을 부정했지만 공자도, 묵가도 개인보다 전체를 우위에 두었다. 이것은 자율적인 시민이 참정권을 행사하며 토론을 통해서 정책을 결정하는 민주정이 아니라 초월적 덕성의 소유자가 공평무사한 정신을 가지고서 인민의 고통을 해결하는 군주정을 최선의 정체로 여겼던 춘추전국시대 사상가들의 공통된 시대적 한계일 뿐이다.

이 지점에 이르면 우리는 상앙이 세우고자 하는 법치의 세계에서 인민은 군주를 위해 무한 착취와 수탈을 당하는 '노예' 상태에 있다고 보는 관점에 동의할 수 없게 된다. 또 인민은 자신이 하는 일에 대해 무지한 채 타율적으로 국가가 지시하는 과업을 성실히 수행하는 자동인형automata으로 볼 수도 없다.[48] 물론 인민이 농전農戰에 참여하여 거두는 이익의 총량을 국가가 어떻게 공정하고 합리적으로 분배했는가라는 점에 대해 실증적인 자료를 확보할 수 있다면 전제 군주의 수탈론에 대해 보다 엄밀한 비판을 할 수 있을 것이다.

5 맺음말

묵자는 「법의」에서 천하를 다스리는 데에 무엇을 법도로 삼아야 하는가라는 물음을 던지면서 해답을 찾아가고 있다. 그 과정에서 그는 차례로 유력한 후보를 하나씩 제외하는 방식으로 최종 결론에 이르는 논법을 구사하고 있다. 법도에서 제외되는 후보로는 부모·학자·군주들이 있다. 그 이유는 이렇다. 세상에 부모·학자·군주는 많지만 그들이 전부 모범적인 인물이라고 할 수는 없다. 따라서 이런 현실을 고려하지 않고 "무조건 그들을 모범으로 삼으라"고 한다면 가치 없는 것을 닮아서, 결국 기대하는 것과 정반대의 결과를 낼 수 있기 때문이다.[49] 이 이야기는 행위의 근원이 객관에 소재하더라도, 그것이 인격人格에 출처를 두고 있는 한 보편성을 획득할 수 없다는 것을 말하고 있다.

상앙도 묵자에서 검토된 유산을 이어받은 터전에서 행위의 원칙을 모색하려고 했다. 예컨대 공자가 말하는 성왕聖王처럼 초월적 지성과 덕성의 소유자가 모범을 제시하고 다수의 비범한 존재가 그것을 모방하는 방식은 더 이상 유효한 것으로 검토되지 않는 것이다. 상앙은 이제 최소 지성을 갖춘 신민, 공자의 용어로 말한다면 소인小人들과 소통하는 정치를 실행해야 했던 것이다.

이런 맥락에서 보면 법치는 너무나도 당연하게 자율적 행위자를 상정하지 않을 수 없다. 왜냐하면 행위자는 자신이 하기로 했고 실제로 했던 것에 의해 책임을 지는 주체가 될 수밖에 없기 때문이다. 예컨대 전공을 세워서 작위를 받는다고 할 경우 온갖 위험을 무릅쓰고 성벽을 기어올라서 적을 죽이는 '내'가 있으므로 행위와 결과를 연동해서 평가하는 법치가 작동할 수 있는 것이다. 따라서 이 과정에서 '나'는 외적 원인이 아니라 스스로 자신의 욕망을 헤아리고 가능성을 숙고해서 움직이는 것이다. 사실 법을 말하면 반드시 독립된 자율적 행위자를 상정하지 않으면 법치 자체가 성립될 수 없는 것이다.

이제 상앙의 법치의 세 기둥, 즉 임법任法·치욕致欲·자치自治가 어떻게 유기적으로 작용해서 진을 변방 강국에서 제국으로 형성시켰다가 그 제국이 급속하게 붕괴되는 과정과 어떤 연관성을 맺는지 살펴볼 필요가 있다.

임법은 생산과 전투를 실제로 담당하면서 그간 사회 변방에 있던 민을 일거에 주역으로 만드는 획기적 조처였다. 치욕은 시대의 주역으로서 민의 욕망을 인의 도덕에 비교해서 저급한 것이 아니라 실현해야 할 행복으로 바라보게끔 발상의 전환을 이루었다. 자치는 민이 국가의 부국강병 노선에 동원되더라도 자기 이해의 분명한 기준을 가진 자율적 존재라는 것을 말해준다.

이 세 가지가, 자치가 주도하는 가운데 임법을 통해 치욕을 실현할 수 있다면, 개인과 국가는 아무런 이견 없이 같은 목표를 추구하고 그 결실을 함께 나누어 가질 수 있다. 이것이 바로 임법과 치욕 그리고 자치가 진의 제국 형성을 가능하게 했던 동력이라는 점을 말해준다. 하지만 임법하더라도 치욕이 보장되지 않는다면 자치는 다른 이해타산을 고려하게 되고, 개인과 국가의 공동보조가 힘들어진다. 이것이 바로 제국이 급속하게 붕괴한 이유라고 할 수 있다. 이는 『맹자』 첫 편 첫 장의, 공동체

구성원이 죄다 이익을 추구하다보면 결국 상호 파멸적 상황으로 치달을 뿐 공동선을 돌보지 않게 된다는 주장을 생각나게 한다.[50]

그렇다면 법가에서 국가와 민 중 과연 누가 최종 승자였을까? 국가라고 한다면 민은 국가의 권력 의지에 철저하게 동원되어 자발적 복종을 자치(자율)로 착각한 존재가 된다. 즉 노예이면서 스스로 주인으로 혼동한 것이다. 민이라고 한다면 민은 국가 정책에 동원되어 희생을 치르는 만큼 조금의 손실도 없이 자신의 이익을 극대화했다고 할 수 있다.

상앙의 법치에 전제된 자율적 행위자의 정체를 라 보에티의 『자발적 복종』의 내용과 견주어보자. 민은 이익, 즉 치욕致欲이 보장될 때 전리품을 챙기는 독재의 조력자이고 이익이 불안해질 때 자유를 갈구하며 새로운 이익을 좇는 사람이었다.[51] 그들은 굴종이 습성화되어 부당한 지배를 받는 줄도 모르는 고통받는 양민이라기보다 현실의 차선 또는 차악과 거래하는 만큼 적절하게 자기 이익을 챙기는 냉정한 군상에 가깝다고 할 수 있다. 지금까지 상앙의 법치 아래의 민은 전제 군주를 위한 도구이고 신민은 자의식도 없고 프로그램에 따라 명령에 반응하는 자동 인형처럼 여겨지게 만든 관점은 재고되어야 할 뿐만 아니라 수정되어야 한다.[52]

나는 상앙의 법치 아래에서 국가는 부국강병을 달성하고 민은 임법에 의한 해방, 치욕에 의한 물적 기반을 소유했던 만큼 양자는 일방적인 이용이 아니라 철저하게 공생 관계였다고 생각한다. 공생이 보장되었을 때 진은 변방 강국에서 제국으로 성장했고 공생이 무너졌을 때 제국도 급속하게 무너졌던 것이다. 이는 현대 한국의 정치·경제 상황을 이해하는 데 시사점을 던져준다.

박정희 정권은 결코 상앙에 뒤지지 않을 만큼 국가보안법 등 악법과 긴급조치와 같은 초법으로 독재정치를 지탱하는 법치를 강화하면서 노동과 환경을 희생시키고 자본과 수출에 각종 특혜를 보장하여 고도의 경제 성장을 일구어냈다. 그러다가 경제 성장으로 형성된 중산층은 박정희 사후에 느슨해진 통제의 틈바구니를 확대하여 민주화를 쟁취했다. 한국 현대의 중산층 또는 시민은 독재정치의 희생양일까 수혜자일까?

다른 글에서 상론해야겠지만 법가의 시대 상황과 한국 현대의 정치 상황이 놀랄 만치 유사한 만큼 민과 진의 제국, 시민(중산층)과 개발독재는 공생관계라는 공통분모가 있다고 생각한다. 1970~80년대의 중산층(시민)이 독재의 하수인이기만 하고 자율적 존재가 아니라고 할 수 없듯이 상앙 법치 아래의 민도 자동인형이기만 하고 자율적 존재는 아니었다고 할 수는 없다.

제6장

앎과 본성

맹자와 순자 사상의 결정적 차이

1 여는 글

맹자와 순자의 차이는 동양철학 전공자만이 아니라 고등학생에게 이미 정답이 내려진 문제이다. 누구라도 그 정답이 '맹자는 성선설, 순자는 성악설'이라는 것을 알고 있다.[1] 이 정답에 대해 다른 말을 하기가 너무나도 어려워서 사실상 불가능에 가깝다고 할 수 있다. 왜냐하면 고등학생도 알고 있는 것을 새삼스럽게 정색하고 말해보았자 설득하기가 쉽지 않기 때문이다. 간혹 몇 편의 글에서 위의 도식이 그렇게 강고하지 않다고 이야기했음에도 불구하고 정설의 위력은 조금도 흔들리지 않는다.

철학사상이 끊임없이 상식에 도전하면서 발전해왔던 것만큼 맹자와 순자의 대립 구도를 성선과 성악으로 환원해서 설명하는 방식도 한번쯤 도전해볼 만한 주제이다. 도전이 실패한다면 그 구도의 강건성이 한층 더 높아질 것이다. 반대로 도전이 성공한다면 그 구도가 그렇게 철옹성처럼 난공불락의 요새가 아니라는 점이 밝혀질 것이다.

사실 맹자와 순자의 차이가 성선과 성악의 도식으로 정착되면서, 그 도식의 사실 여부와 상관없이 많은 문제점이 생겨났다. 두 사람은 풍부한 사상의 자원을 펼쳐 보였지만 이 도식으로 인해 모든 것이 도매금으로 평가되었다. 예컨대 한유는 이 도식에 의거해서 맹자를 순정하다고 보았고 순자를 양웅과 함께 전체적으로 순정하지만 부분적으로 문제가 있다고 평가했다.[2] 이 평가는 송명 성리학자들에게도 그대로 수용되었다. 글자 그대로 순자는 대순大醇보다 소자少疵의 측면에서 더 큰 주목을 받았다. 그 결과 소자는 일종의 낙인처럼 작용해서 전근대의 독자들에게 순자의 책은 볼 필요가 없는 것으로 저평가되었다. 보게 되더라도 뭔가 불온한 도서를 펼치는 느낌을 가져야 했다. 물론 현대의 독자들은 이런 중압감으로부터 완전히 해방되었다고 할 수 있다.

이이李珥(1536~1584)는 5000여 자의 『노자』를 2098자로 발췌하여 풀이하면서 『순언醇言』이라는 제목을 달았다. 홍계희洪啓禧의 발문에 따르면 송익필宋翼弼이 이이의 『노자』 작업을 괜한 일로 만류했다고 한다. 홍계희는 한유가 순자를 대순大醇과 소자少疵를 평가하면서 성인의 도리에 맞고 맞지 않는 것을 구별했던 사례를 끌어들이며 이이의 『노자』 작업을 변증하고 제목에 쓰인 순醇의 의미를 상기시키고 있다.[3] 도통에 따른 정통과 이단의 구분이 남아 있었던 상황을 감안하면, 이이는 괜한 오해를 살 일이라는 우려에도 불구하고 『노자』를 읽고 연구했던 것이다. 이 작업을 학자의 용기로만 볼 수는 없다. 아마 이단을 정통으로 포섭하려는 의도도 있었을 것이다. 그럼에도 불구하고 16세기 조선의 지성인들 사이에서 『노자』는 소통할 수 있는 이단으로서 완전히 배척되지는 않았다.

한편 순자는 성악의 주창자로 지목되면서 유교의 중심, 즉 도통道統에 들지도 못한 채 전근대의 철학사에서 미아 신세가 되었다. 즉 순자는 유학 안에서 의심받는 존재가 되었는데, 그 위에 또 법가의 이사李斯가 순자에게 배웠다는 사마천司馬遷의 언급으로 인해 그는 커다란 사고를 친 인물로 평가되었다.[4] 바로 이 때문에 소식은 순자에게 "이설을 내놓으며 양보하지 않고 고론을 일삼으며 주위를 돌아보지 않는다"라거나 "사람됨이 강퍅하여 겸손하지 못하고 스스로 잘난 체한 게 너무 지나치다"는 인신공격을 퍼부었다.[5]

철학사(사상사)에서 순자에 대한 평가는 이이처럼 상대적으로 객관적인 평가보다는 낙인찍기가 더 성행했다. 맹자는 성선을 말한 덕택으로 도통에 포함되어 아성亞聖의 지위를 누렸지만, 순자는 성악을 말했기 때문에 자서子書 이상의 평가를 받지 못했다. 이것은 순자만이 아니라 맹자에게도 불행한 일이다. 왜냐하면 이처럼 당연시된 고평가와 저평가는 실상에 주목하기보다는 부풀려진 상징 권력에 관심을 두게 만들기 때문이다.

이번 장에서는 맹자와 순자를 성선과 성악의 대립 구도로 환원할 수 있는지 재검토하고자 한다. 또 이런 대립 구도가 놓치고 있는 점을 살펴보려고 한다. 나아가 나는 맹자와 순자가 지식—맹자의 시비지심是非之心과 순자의 지려知慮—을 본성의 내부와 외부 중 어디에 두는가에 주목하려 한다. 이에 따라 맹자의 수양은 존심양성存心養性으로 이어지고 순자의 그것은 화성양지化性養知로 이어진다는 점을 밝히고자 한다. 마지막으로 두 사람의 차이는 좁게는 유학사, 넓게는 동아시아 철학사에서 동감同感 또는 공감共感과 신지新知 중 어느 것을 사회적·도덕적 문제 해결의 중심에 두느냐, 라는 논쟁의 근원이 된다는 점을 밝히고자 한다.

2 성선과 성악의 대립 구도는 과연 전면적인가

대립 구도의 형성

현행 『맹자』와 『순자』의 문헌 자료에 근거하는 한 성선과 성악의 대립 구도는 부정할 수 없는 사실이다.

먼저 『맹자』를 살펴보자. 맹자는 「공손추 상」 6, 「등문공 상」 1, 「고자 상」 6, 7 등 네 곳에서 성선과 관련된 주장을 하고 있다.

> 사람은 모두 차마 하지 못하는 마음이 있다. (…) 지금 어떤 사람이 문득 어린아이가 우물에 빠지려는 장면을 본다면, 누구나 깜짝 놀라서 함께 아파하는 마음을 겪게 된다. 이런 반응은 어린아이의 부모와 교분을 트기 위한 것이 아니고, 마을 사람과 친구들로부터 칭찬을 듣기 위한 것이 아니고, 모른 척했다는 비난의 소리를 듣기 싫어서 그렇게 한 것은 아니다. (…) 이로부터 살펴본다면 놀라서 함께 아파하는 마음이 없으면 사람이 아니다. (…) 놀라서 함께 아파하는 마음은 인仁의 싹이고, 부끄러워하고 미워하는 마음은 의義의 싹이고, 겸손하고 양보하는 마음은 예禮의 싹이고, 적절함과 부적절함을 가리는 마음은 지知의 싹이다. 사람이 이 네 가지 싹을 경험하는 것은 사람이 사지四肢를 가지고 있는 것만큼이나 확실하다.[6]

맹자는 「공손추 상」 6에서 직접적으로 성선을 말하지 않았다. 하지만 문맥으로 보면 사람은 이해를 초월해서 무조건적으로 타자를 위기에서 구출하는 행위를 할 수 있다. 맹자는 이러한 마음이 없다면 사람이 아니라는 배제의 논리를 동원하여 위의 상황에서 사람이라면 타자를 구출해야 한다고 주장하고 있다. 마음은 사람으로 하여금 타자를 구출하게 할 수 있고 구출해야 하도록 이끄는 기관인 것이다. 여기에만 주목하면 맹자의 주장은 심선心善이라고 할 수 있다. 그는 분명히 놀라서 함께 아파하는 마음이 바로 인仁이 아니라 인의 싹이라 말하고 있기 때문이다. 이에 따르면 놀라서 함께 아파하는 마음이 인의 싹에 대응한다면 또 다른 무엇이 인仁에 대응한다는 것을 상정하고 있는 것이다. '또 다른 무엇'이 성性이라고 한다면 위 구절은 성선性善을 말한다고 볼 수 있다.

맹자는 「공손추 상」 6에서 자신의 성선과 심선을 밝히면서 그것의 대립 구도를 설정하지 않았다. 그의 주장을 반대로 읽는다면, 사람들은 아이의 부모와 교분을 맺으려고 하는 등 이해에 따라 행동한다고 할 수 있다. 이는 미래의 순자 그리고 상앙과 한비가 줄기차게 주장하는 호리피해好利避害의 인간관이라고 할 수 있다.[7]

이제 순자를 살펴보자. 순자는 자신의 이름만큼이나 널리 알려진 「성악性惡」에서 맹자와 다른 인간관을 분명하게 펼치고 있다.

> 사람의 본성은 악하고 선은 인위의 결과이다. 지금 사람의 본성은 나면서부터 이익을 좋아한다. 이를 그대로 따르면 다툼과 빼앗기가 생겨나고 양보가 사라지게 된다. 사람은 나면서부터 타자를 질투하고 미워한다. 이를 그대로 따르면 손상과 살상이 생겨나고 충실과 신뢰가 사

> 라지게 된다. 사람은 나면서부터 귀와 눈의 욕망을 가지고서 아름다운 소리(음악)와 여색을 좋아한다. 이를 그대로 따르면 중독과 혼란이 생기고 예의와 조리가 사라진다.
> 그렇다면 사람의 본성을 그대로 따라가고 사람의 감정을 그대로 따라가면 반드시 다툼과 빼앗기가 일어나고, 분수를 어기고 이치를 어지럽혀서 폭력으로 귀결될 것이다. 그러므로 반드시 스승의 법도에 의한 교화와 예의에 따른 교도가 있어야 한다. 그다음에라야 양보가 생겨나고 조리에 맞게 되어 안정으로 귀결될 것이다.[8]

순자는 분명 사람의 본성이 악하며 선한 것은 인위적인 노력(수양)의 결과라고 단정하고 있다. 그 근거를 제시하는 방식은 맹자와 사뭇 다르다.

맹자는 사람을 어떤 특정 상황에 놓아두고서 어떤 반응을 보일까, 라는 실험을 하고 있다. 일종의 사유실험thought experiment이라고 할 수 있다. 즉 그는 변수를 완전히 축소해서 사람으로 하여금 예스 아니면 노라는 대답밖에 할 수 없도록 하고서 그것을 통해 사람이 보일 수 있는 반응을 끌어내서 성선을 입증하고자 했다.

반면 순자는 장기간의 관찰을 통해서 내린 지배적인 사회 현상을 그 근거로 내놓고 있다. 오랫동안 관찰을 해보니 사람들이 예외없이 쟁탈爭奪·잔적殘賊·음란淫亂의 행위를 반복하고 있다는 것이다. 그 원인을 찾아보니 사람은 결국 호리好利·질오疾惡·이목지욕耳目之欲이라는 성정에 의해서 추동되기 때문에 피할 수 없이 그러한 행위를 하는 것이었다. 여기서 순자는 행위에 커다란 영향을 끼치는 인간의 정신적(심리적) 기관으로 성정을 지목하고 있다.

맹자가 심心 너머의 심층적인 성性으로 탐구의 가능성을 열어둔 반면 순자는 성性과 정情을 주로 동일한 차원에서 논의하므로 사람의 심리를 지시와 피지시의 관계처럼 중층적으로 규정하지 않고 있다.[9]

우리는 두 자료를 통해서 맹자가 심선心善을 포함해서 성선性善을 주장하고 순자가 정악情惡을 포함해서 성악性惡을 주장했다고 할 수 있다. 위의 논의만으로 둘 사이의 대립 구도가 아직 뚜렷하게 형성되었다고 볼 수는 없다.

순자는 「성악」과 「비십이자非十二子」의 두 곳에서 맹자를 신랄하게 비판하고 있다. 순자는 「비십이자」에서 동시대의 사상가들이 안고 있는 문제와 한계를 비판하면서 자사子思와 맹자를 그 대상에 포함시키고 있다. 그의 지적을 보면 자사와 맹자는 지식이 잡다하고 기존의 것을 짜깁기해서[案往舊造說] 오행五行으로 부르며, 주장이 극단적이어서 일반화할 수 없고 무엇을 말하는지 분명하지 않아 설명하기도 어렵고 이해하기도 쉽지 않다는 것이다.[10] 순자는 「비십이자」에서 다른 사상가를 논리적이며 체계적으로 비판했지만, 맹자를 비판할 때는 논리적이라기보다 감정적이고 객관적이라기보다 자의적인 잣대를 들이대고 있다.

또 그는 맹자의 사상을 오행五行으로 규정했고, 종래 주석에서 오행을 목화토금수木火土金水나 인의예지신仁義禮知信으로 보았다. 하지만 맹자는 자신의 사상을 오행으로 규정하지도 않았을 뿐만 아니라 목화토금수와 인의예지신 등을 오행이란 말로 통합적으로 사용하여 체계적인 이론으로 만들지도 않았다.

『맹자』를 뒤져보면 오五가 오곡五穀·오패五霸·오십五十 등으로 많이 쓰이지만 그중에 규범과 가치와 관련해서 「등문공 상」 4의 오륜五倫, 「이루

하」 30의 오불효五不孝, 「진심 상」 40의 오교五教 등이 있다.[11] 이 세 가지는 문맥으로 보면 순자가 말했듯이 '안왕구조설案往舊造說'에 해당된다고 할 수 있다. 하지만 이 세 가지가 맹자 사상에서 중요하면서 대표적인 지위를 갖지 않을 뿐만 아니라 순자 자신도 그 가치를 완전히 부정할 수는 없는 부분이다. 따라서 「비십이자」에서 맹자와 순자의 경쟁적 구도가 보이지만 둘 사이의 성선과 성악의 대립 구조를 확인하려면 다시 「성악」을 살펴보지 않을 수 없다.

순자는 「성악」에서 모두 세 단락에 걸쳐서 성性과 위僞의 구별을 토대로 성선을 부정하고 성악을 옹호하고 있다. 순자에 따르면 성性은 자연적으로 나아가는 것으로, 배워서 되는 것도 아니고 노력해서(힘들여서) 되는 것도 아니다. 예컨대 배고프면 먹고 싶고 추우면 따뜻하게 덥히고 싶고 피곤하면 쉬고 싶은 것이다.[12] 위僞는 배워야 잘하고 노력해야(힘들여야) 이룰 수 있는 것으로 원래 사람에게 없다가 새로 생기는 것이다.[13] 예의를 차리고 사양하고 충실하게 되는 것은 모두 자연적인 성이 아니라 인위적인 위와 관련된다.

이 논리에 따르면 맹자는 성과 위를 구분하지 못하면서 성선을 주장한 셈이 된다. 즉 맹자는 개념의 abc도 모르는 얼치기 사상가가 되는 셈이다. 아울러 맹자는 후천적인 학습과 같은 위僞의 가치를 부정하고, 제3자(성인)가 사람들의 성을 교정하기 위해서 개인에게 개입(간섭)할 수 있는 근거를 부정한 셈이다.

이제 비로소 맹자와 순자의 성선과 성악이 대립 구도로 형성되었다. 물론 그 구도는 맹자의 의지와 무관하게 전적으로 순자에 의해서 짜인 것이라고 할 수 있다. 맹자는 고자와 인성론에서 대립적 입장을 분명히 하고 당시의 다양한 인성론을 열거한 적이 있다. 하지만 그는 훗날의 순자처럼 자신의 성선과 성악을 대립적으로 규정한 적이 없다.

만약 두 사람의 활동 시기가 바뀌어서 순자가 선배가 되고 맹자가 후배라면, 맹자는 순자의 성性 정의, 성性과 위僞의 구분을 인정하면서 예의가 위가 아니라 성이라는 점을 논증할 것이다. 사실 「공손추 상」 6의 논증은 바로 순자의 성악에 대한 답변으로도 볼 수 있다. 맹자와 순자가 서로 대립적 인성론을 주장하며 상대를 비판한다고 하더라도 그들은 각각 나름의 근거를 가지고 있기 때문에 인성에서 상대의 주장을 완전히 배제할 수는 없다. 왜냐하면 성선과 성악이 서로 배제하고 싶다고 해서 배제되는 것이 아니라 둘 다 성의 부분, 또는 성과 관련해서 진리를 주장하고 있기 때문이다.

맹자가 악을 환경의 영향으로 돌린다고 하더라도 사람이 그것의 영향을 제대로 극복하지 못한다면, 사람은 환경으로부터 자유롭지 못한 성의 측면을 지닌다고 인정할 수밖에 없다. 물론 훗날의 이야기이지만 성리학의 본연지성과 기질지성의 구분은 바로 성선과 성악이 가지고 있던 성의 부분성을 종합한 기도라고 할 수 있다.

2 대립 구도의 약점

순자에 의해서 맹자와 순자 사이에 성선과 성악의 대립적 구도가 형성되었다는 점을 살펴보았다. 이는 종래 철학사 서술과 다를 바 없는 사실이다. 이제 둘 사이의 대립 구도가 완전히 타당하고 확실해서 결코 의심할 수 없는 것인지 세 가지 측면에서 살펴보기로 하자.

사실 맹자가 성선을 주장한 것은 주지의 사실이다. 하지만 제대로 알려지지 않은 것이 하나 있다. 맹자가 성선을 주장했다고 하더라도『맹자』에서 맹자가 직접 화법으로 성선을 말한 적은 없다.『맹자』를 꼼꼼하게 읽지 않은 사람이라면 다소 당혹스러운 사실일 것이다. 맹자 하면 성선인데 그가 그것을 직접적으로 말하지 않았으리라고 상상하기 어렵기 때문이다.

실제로 맹자가 성선을 직접 말하지 않았는지 알아보자. 성선과 관련해서 빠짐없이 인용되는 구절은「공손추 상」6,「등문공 상」1,「고자 상」6, 7 등 모두 네 곳이다.「공손추 상」6에는 타자에게 차마 하지 못하는 마음으로 '불인인지심不忍人之心', 네 가지 도덕 싹으로서 '사단四端'이 나오지 성선은 언급조차 되지 않고 있다. 등나라 문공이 세자 시절에 초楚로 가던 중 송宋을 지나다가 맹자를 만난 적이 있었다. 그때 맹자는 문공을 상대로 유세를 펼쳤다. 이 부분은「등문공 상」1에서 "맹자는 성선을 말하면서 말끝마다 요와 순임금을 들먹였다"라고 표현한다.[14] 보다시피 이는 맹자가 직접 서술한 것이 아니라 옆에 있던 제자가 대화 장면을 압축해서 기록하는 형태를 취하고 있다.

「고자 상」 6에서 공도자公都子는 당시 다양한 성론을 정리하고서 그것을 맹자와 대립시키면서 마지막에 인용 형식으로 "선생님이 '성선이다'라고 하니 저들은 모두 틀린 것인가요?"라고 묻고 있다. 질문을 받고서 맹자는 사람이 "자신의 바탕대로 따른다면 선하게 될 수 있으니, 이게 소위 선이다. 가령 불선하게 된다고 하더라도 자질의 탓이 아니다"[15]라고 대답한다. 여기서도 맹자는 성선을 말할 듯하지만 '선'만 말한다. 물론 그 선 앞에 성이 생략되었다고 볼 수는 있다. 「고자 상」 7에서는 귀의 동청同聽에 대비해서 마음의 소동연所同然을 말하지 성선을 말하지 않는다.

이를 근거로 제시한다고 하더라도 맹자가 성선을 주장한 것을 부정할 수는 없다. 다만 성선이 철학사에서 맹자의 트레이드마크로 알려져 있음에도 불구하고 맹자가 『맹자』에서 성선을 그렇게 중요하고도 빈번하게 사용하지 않았고 직접적으로 주장하지 않았다는 점은 확인할 수 있다. 따라서 성선은 최고 공리로서 맹자의 모든 사상을 정초시키고 모든 사상이 성선으로부터 도출되는 것으로 볼 수는 없을 듯하다.

맹자는 성선을 분명히 발견했지만 그것을 자기 사상의 최고 공리로 보지 않은 만큼 맹자와 순자 사상의 결정적 차이를 성선과 성악의 대립으로 부각시키는 것은 문제가 있을 수 있다.

다음으로 순자의 상황을 살펴보도록 하자. 맹자와 순자의 차이를 성선과 성악의 대립 도식으로 설정할 경우 순자는 맹자보다 더 불리하다. 이제 그 근거를 하나씩 알아보자.

맹자의 성선만큼이나 성악은 순자의 트레이드마크이다. 그런 만큼 우리는 자연히 '성악性惡'이 『순자』 제20권 32편 중 곳곳에 언급되리라 예상한다. 그러나 '성악'은 모두 19차례 정도밖에 쓰이지 않지만 제23편「성악」에만 보이고 다른 편에는 전혀 언급조차 되지 않고 있다. 또 순자는 맹자의 '성선'을 비판하면서 그 용어를 여섯 차례 사용하는데 역시「성악」에만 보인다.[16] 이는 맹자가 성선을 직접 화법으로 말하지 않은 것과 비슷하다. 이 사실은 순자의 사상에 다양한 지층이 있어서 시기별 차이를 보인다고 할 수도 있고 또 순자가 성악을 자기 사상의 최고 공리로 간주하지 않을 수 있다는 점을 시사해준다.

그리고 성악性惡에서 악惡의 의미도 좀 더 자세하게 살펴볼 필요가 있다. 둡스H. Dubs와 같은 서양의 동양학 연구자는 성악을, 사람이 본성에 의해 의도적으로 악을 저지르도록 되어 있어서 악을 저지르면서 희열을 느낀다는 맥락으로 파악했다. 아울러 성악은 이미 결정된 특성으로 선의 상태로 회복이 불가능하다고 보았다.[17] 이러한 악의 관점은 많은 말을 빌릴 필요가 없이 순자의 성악과 전혀 들어맞지 않는다.

순자는 성악이라고 진단했더라도 악이 영구히 지속되는 것이 아니라 후천적인 노력에 의해서 선으로 전환될 수 있다고 보았다. 이것이 바로 성性과 위僞의 구분이며 이를 바탕으로 성을 변화시키고 위를 일으키자는 화성기위化性起僞의 주장이 도출되는 것이다.[18] 그는 나무와 숫돌의 작업 공정을 예로 들고 있다. 굽은 나무도 은괄檃栝, 일종의 도지개(틈이 가거나 뒤틀린 활을 바로잡는 틀)로 고정시켜 찌면 바른 나무로 변하고, 무딘 쇠도 숫돌에 갈면 날카로운 쇠가 되듯이 사람의 성악도 스승과 법도의 지도를 받으면 바르게 되고 예의를 차리면 제자리를 잡게 된다고 보았다.[19] 이로써 우리는 순자의 악이 비결정론의 맥락에서 상황에 따라 변화될 가능성이 있는 특성으로 볼 수 있다.

순자는 선을 올바르고 가지런하며 공변되고 다스려지는 것으로 보고, 악을 치우치고 비뚤어지며 어그러지고 어수선한 것으로 보고 있다.[20] 여기서 악은 선과 완전한 적대적 상태가 아니라 선의 상대적 결여 상태이다. 순자는 성선과 성악을 동시에 거론할 때 분명히 대립 관계로 설명했지만 선과 악의 정의를 내릴 때 악은 선을 지향하지만 아직 도달하지 못한 만큼 문제가 되는 영역을 가리킨다. 그래서 순자는 선과 악을 호好와 오惡만이 아니라 미美와 추醜의 맥락으로 사용하고 있는 것이다. 이로써 악은 변화 불가능한 사악한evil 것이 아니라 좋지 않고not good 세련되지 못하고 거친coarse 것에 가깝다고 할 수 있다.[21]

더 중요한 것은 순자가 「예론禮論」에서 예의 층위를 나누면서 정문구진情文俱盡을 최상의 상태로 여기며[22] 각종 의례, 특히 상례에서 성정을 긍정적으로 설명하고 있는 것이다. 그는 간인姦人과 군자君子를 구분하고서 간인은 산 사람을 후대하고 죽은 사람을 박대하지만 군자는 그렇게 하면 부끄러움을 느낀다고 보았다.[23] 또 하루아침에 부모를 잃고서 슬퍼하지도 않고 공경하지도 않으면 짐승과 다를 바 없다고 말하고 있다.[24] 이렇게 성정에 대해 긍정적인 평가를 하다가 순자는 "성이 없으면 위가 베풀 곳이 없고 위가 없으면 성이 스스로 아름다울 수 없다. 성과 위가 하나로 합쳐져야만 성인에 어울리는 이름과 천하를 하나로 만드는 공적이 이루어진다"는 결론을 내린다.[25]

따라서 간인이 아니라 군자의 경우 「성악」의 성 또는 성·위와 「예론」의 성 또는 성·위가 달라진다. 「성악」에서 성위지분性僞之分이 화성기위化性起僞로 진행되지만, 「예론」에서는 성위합性僞合이 정문구진情文俱盡으로 진행되고 있다. 결국 순자는 성정에 대해 악만이 아니라 선이란 측면에 분명히 주목했다고 할 수 있다.

정리하자면 맹자와 순자의 차이를 성선과 성악의 대립적인 도식으로 파악할 수 있다. 이 대립 구도는 분명 문헌적 근거가 있다. 하지만 그 대립은 전면적 적대 관계가 아니라 부분적 적대 관계로 수위를 낮추어야 한다. 따라서 성선과 성악을 두 사람의 결정적 차이라고 말할 수는 없는 것이다.

3 지식은 본성의 내부인가 외부인가?

대립 구도의 확인

『맹자』에는 몇 갈래의 대립 전선이 있다. 전반부에는 맹자와 양혜왕·제선왕 등 당시 제후들과의 엇갈림이 있다. 맹자는 인의 도덕을 앞세우지만 그들은 생존의 문제를 내세우며 부국강병의 비밀을 구하려고 했다. 물론 맹자는 양혜왕 등에게 부국강병의 기밀을 전하려는 법가와 종횡가 등에게도 강한 적대감을 표출했다.

후반부로 가면 맹자는 대상을 바꾸어 자신과의 대립 전선을 형성한다. 그 대상은 다름 아니라 고자告子이다. 두 사람은 두 가지 주제에서

의견이 극명하게 갈리고 있다. 사실 고자는 훗날 순자의 탄생을 예고할 정도로 둘은 비슷한 측면이 많다.

첫째, 고자는 생지위성生之謂性, 즉 타고난 경향을 본성으로 보고 있다.(「고자 상」 3) 이는 순자가 본성을 천지취天之就, 즉 자연적인 경향성으로 보는 것과 상당히 유사하다고 할 수 있다. 이에 대해 맹자는 성선性善을 주장했다. 따라서 맹자는 고자를 통해서 순자와 대립한다는 점을 간접적으로 확인할 수 있다.

둘째, 고자는 인내의외仁內義外, 즉 인은 내재적이고 의는 외재적이라고 주장했다.(「고자 상」 4, 5) 이는 순자가 「예론」에서 성정을 긍정하면서 성인이 만든 예의禮義와 사법師法으로 사람을 변화시켜야 한다는 주장과 일맥상통한다고 볼 수 있다. 이에 대해 맹자는 인내의내仁內義內를 주장했다. 마찬가지로 맹자는 고자를 통해서 순자와 대립하는 것을 간접적으로 확인할 수 있다.

두 논의는 철학사에 이미 교과서적으로 정리되어 있을 정도로 별다른 설명을 필요로 하지 않는다. 나는 고자를 통하지 않고 맹자와 순자를 직접적으로 비교할 수 있는 도식을 논의하고자 한다.

나는 맹자의 인내의내仁內義內와 고자의 인내의외仁內義外라는 대립 구도를 빌린다면, 맹자와 순자의 결정적 차이를 인내지내仁內知內와 인내지외仁內知外 또는 인외지외仁外知外[26]로 볼 수 있다는 점을 밝히고자 한다. 즉 맹자는 지식을 본성 안에 끌어안지만 순자는 지식을 본성 밖에 두면서 본성을 규제하도록 하고 있다. 이는 지금까지 제대로 주목받지 못했지만 두 사람을 전면적으로 대립하게 만드는 결정적인 차이라고 할 수 있다.

먼저 맹자를 살펴보자.

> 이로부터 살펴본다면 놀라서 함께 아파하는 마음이 없으면 사람이 아니다. 부끄러워하고 미워하는 마음이 없으면 사람이 아니다. 겸손하고 양보하는 마음이 없으면 사람이 아니다. 적절함과 부적절함을 가리는 마음이 없으면 사람이 아니다. 놀라서 함께 아파하는 마음은 인仁의 싹이고, 부끄러워하고 미워하는 마음은 의義의 싹이고, 겸손하고 양보하는 마음은 예禮의 싹이고, 적절함과 부적절함을 가리는 마음은 지知의 싹이다. 사람이 이 네 가지 싹을 경험하는 것은 사람이 사지를 가지고 있는 것만큼이나 확실하다. (…) 무릇 네 가지 싹을 나의 마음에서 경험하고 모든 상황으로 넓혀나갈 줄 안다면, 이런 과정은 불이 처음 타오르고 샘이 처음 솟아나는 형세와 유사하다. 만약 완전히 채워나간다면 사해를 지킬 수 있다. 만약 채워나가지 못한다면 부모조차 섬길 수 없게 된다.[27]

맹자는 인仁과 지知에 초점을 맞추지 않고 인의예지仁義禮知를 한꺼번에 다루고 있다. 그의 설명에 따르면 사람은 선천적으로 인의예지의 사덕을 갖추고 있고 사덕은 제각각 어울리는 상황을 맞아서 사단의 형태로 드러난다. 사단을 보면 '측은·수오·사양'과 '시비'는 성격이 다르다. 정서와 이지로 구분한다면 세 가지는 이지보다는 정서적 계기가 강한 반면 시비는 정서보다 이지적 계기가 강하다고 할 수 있다. 물론 구체적인 상황에서 사단이 개별적으로 작용할 수도 있지만 경우에 따라서 둘 이상이 복합적으로 작용할 수도 있다.

예컨대 「양혜왕 상」 7에 나오는 제 선왕宣王의 이야기를 살펴보자. 그는 우연히 구슬피 울면서 어딘가로 끌려가는 소를 보았다. 그가 신하에게 소를 어디로 데려가는지 묻자, 신하는 흔종釁鐘 의식을 치르기 위해서 소를 데리고 간다고 대답했다. 그는 소 울음이 마음에 걸려서 이양역우以羊易牛, 즉 소를 양으로 바꾸라는 지시를 내렸다.

선왕이 소 울음을 듣고서 구해야겠다는 마음이 들었는데, 이는 측은지심의 발로라고 할 수 있다. 흔종을 하지 않을 수 없다는 것은 시비지심의 발로라고 할 수 있다. 물론 선왕은—맹자가 보기에—두 가지를 이양역우以羊易牛로 절충하면서 곳간에 곡식이 썩어나면서도 백성들의 고통을 알지도 못한 채 해결하려는 자세를 털끝만큼도 보이지 않았다. 여기서 측은지심과 시비지심이 부분적인 결합을 넘어서 전면적인 결합을 이룬다면, 선왕은 소에게서 느꼈던 측은지심을, 고통에 찬 세월을 보내는 사람(백성)에게로 옮겨갈 수 있어야 하는 것이다.

우리는 선왕이 도덕적 실패를 했다고 하더라도 측은惻隱과 시비是非 또는 인仁과 지知가 본성의 내부에 있으면서 때로는 개별적으로 때로는 복합적으로 작용한다는 것을 알 수 있다. 특히 후자의 경우 그 결합이 도덕적으로 성공하거나 실패하는 차이를 나타낼 수도 있다. 측은과 시비 또는 인과 지가 실패의 결합으로 이어지는 가능성을 배제할 수 없다고 하더라도 둘은 공통의 목적으로 나아가면서 협력하는 관계에 있는 것이다.

이제 순자의 경우를 살펴보자.

> 사람이 사람다운 까닭은 무엇인가? 분별력(辨)이 있기 때문이다. 사람이 배고프면 먹고 싶고 추우면 따뜻하게 하고 싶고 피곤하면 쉬고 싶

고 이익을 좋아하고 손해를 싫어한다. 이것은 사람이 나면서부터 가진 본성이다. 또 그것은 다른 것에 의지해서 그렇게 되는 것이 아니고 성군이었던 우와 폭군이었던 걸이 같은 바이다. 그러므로 사람이 사람다운 까닭은 다만 두 발로 직립하고 털이 없다는 데 있는 것이 아니라 분별력이 있다는 데에 있다.[28]

맹자가 늘 인의예지의 사덕을 묶어서 이야기를 끌어가는 반면에 순자는 늘 본성과 지능을 대비시키면서 논의를 이끌어간다. 여기서도 순자는 식食·난煖·식息·호리好利라는 사람의 네 가지 본성을 언급하면서, 그것이 후천적 학습의 결과가 아니며 사람에게 공통되게 나타나는 현상이라고 밝히고 있다. 그는 이를 두 발로 직립하고 털이 없어 옷을 입어야 하는[二足無毛] 사람의 동물적 특성으로 상징적으로 표현하고 있다. 이어서 그는 본성으로 흡수되지 않는 분별력을 사람다운 특징으로 제시하고 있다. 이 부분은 순자가 「왕제」에서 물불·초목·금수와 사람의 차이를 해명하면서, 사람은 동물 단계의 기·생명·지각을 가지고 있으면서도 그 위에 군집생활과 분업활동을 가능하게 하는 의義를 발휘할 수 있다고 보는 주장과 일맥상통한다.[29]

이처럼 순자는 사람의 본성과 대비되면서 지성을 발휘해서 해내는 능력과 결과를 강조하고 있다. 즉 그는 「비상」의 변辨, 「왕제」의 군羣과 분分을 함축한 의義, 「예론」의 도량度量과 분계分界를 정하는 예禮 또는 예의禮義,[30] 「성악」의 예의禮義와 사법師法을 통해서 사람이 본성대로만 움직이지 않도록 견제하고자 했다. 비유를 들자면 본성(성정)이 휘발유를 태워서 앞으로 나갈 수 있는 차체라면 지성(지식)은 핸들이면서 브레이크와 같다.

정리하면 맹자는 사람의 다양한 도덕적 능력을 네 가지 본성으로 수렴해서 그들의 협력 관계를 구축하고자 했다. 성인이 아니라면 도덕적 실패를 완전히 배제할 수는 없다. 사람이 굳이 경전(문자)과 스승(기억)에 의존하지 않더라도 사덕四德에 연원을 둔 사단四端이 도덕적 성공을 위해 협업할 수 있다. 반면 순자는 본성과 지성 또는 정성과 지려知慮 또는 지식에서 사람이 전자에만 의존하면 도덕적으로 실패하지만 후자가 전자를 적절하게 견인하면 성공하게 된다고 보았다. 이때 양자는 엄밀하게 서로 다른 질적 존재로 상대를 포함할 수는 없다. 바로 이러한 측면이 맹자와 순자의 질적인 차이라고 할 수 있다.

대립 구도의 의의

우리가 맹자와 순자의 결정적 차이를 성선과 성악의 부분적 대립 구도가 아니라 본성과 지성 또는 성정과 지려(지식)에서 찾았다고 하더라도 그것만으로 충분하지 않다. 앞으로 두 사람의 이러한 차이가 도덕 행위를 어떻게 가능하게 하는지 살펴볼 필요가 있다.

이번에는 지금까지의 서술 방식과 달리 먼저 순자를 살펴보도록 하자.

> 하고 싶고 싫어하는 것과 취하고 버리는 것의 저울질, 즉 선택의 문제를 알아보자. 하고 싶은 것을 보면, 반드시 그것을 앞뒤로 싫어할 수 있는 가능성(측면)을 따져봐야(고려해야) 한다. 이익이 될 만한 것을 보

면 반드시 그것이 앞뒤로 손해가 될 수 있는 가능성(측면)을 따져봐야 한다. 욕오欲惡와 이해利害를 아울러(종합적으로) 저울질해보고 깊이 있게 계산해본(숙고해본) 다음에 하고 싶고 싫어하는 것과 취하고 버리는 것을 결정해야 한다. 이와 같다면 늘 잘못에 빠지는 일이 없을 것이다.

사람이 빠지는 문제는 한쪽으로 치우쳐서 그르치는 데에 있다. 하고 싶은 것을 보면 그것을 싫어할 수 있는 가능성을 따져보지 않는다. 또 이익이 될 만한 것을 보면 그것이 손해가 날 가능성을 고려하지 않는다. 이렇기 때문에 사람이 움직이면 반드시 실패하고 사람이 무엇을 하면 반드시 치욕을 당한다. 이것이 바로 한쪽으로 치우쳐서 그르치는 문제이다.[31]

사실 종래 순자의 이 구절은 그렇게 주목을 받지 못했다. 핑가레트는 비록 공자에 한정해서 말하고 있지만 유가에는 도덕적 선택moral choice의 사고가 없다고 보았다. 그에 따르면 공자 사상에서 사람은 어떠한 도덕규범에 절대적 가치를 두지 않고 자유로운 상태에서 이것을 할까 저것을 할까를 선택하지 않는다. 만약 누군가가 도덕을 주체의 선택 문제로 몰고 간다면, 그 사람은 지식이 부족하거나 문제 상황에 놓여 있다고 볼 수 있다. 사람은 일정한 도덕적 식견을 가지고 있다면, 당연히 이미 정해진 도덕규범을 향해 나아갈지 결의하고서 어떻게 하면 도덕적으로 실패하지 않을까 숙고하게 된다.[32]

핑가레트의 주장은 적어도 순자에게는 적용되지 않는다. 사람은 욕망과 이익의 대상을 마주하면, 본성대로라면 자연히 그것을 소유하려고 나아가게 된다. 당장 눈에 보이는 것과 일시적으로 보이는 것으로 판단하면 욕망과 이익의 대상은 사람이 기대하는 욕망과 이익을 가져다줄 수 있다. 하지만 당장 눈에 보이지 않는 것과 장기적으로 보는 것으로 판단하면 욕망과 이익의 대상은 언제든 증오와 손해의 대상으로 뒤바뀔 수도 있다. 오늘날 소비사회에서 사람이 충동구매를 하고서 금세 후회를 하는 경우와 흡사하다.

여기서 순자는 욕망과 이익이 충족된다고 하더라도, 사람이 본성대로 움직이지 말 것을 요구하고 있다. 그는 욕망과 이익이 기대된다고 하더라도, 당장 보이지 않는 욕망과 이익의 이면, 즉 증오와 손해의 측면에서 미리 고려할 것을 강하게 요구하고 있다. 이를 위해서 그는 종합적으로 저울질하고 겸권兼權과 시간을 두고 깊게 고려하는 숙계孰計를 제시하고 있다. 겸권은 저울에 욕망과 증오, 이익과 손해를 둘 다 올려놓고 검토해 보라는 것이고, 숙계는 즉흥적으로 판단하지 말고 시간적 여유를 두고 심사숙고하라는 것이다. 이처럼 순자는 도덕적 실패를 예방하기 위해 욕망과 증오, 이익과 손해라는 기준을 가지고 겸권과 숙계의 방법으로 욕오취사欲惡取舍를 신중하게 행할 것을 요구하고 있다.[33]

이제 맹자를 살펴볼 차례이다.

맹자가 대답했다. 자신의 큰 몸을 따르면 큰 사람이 되고, 자신의 작은 몸을 따르면 작은 사람이 된다. 공도자가 물었다. 모두가 사람인데 어떤 사람은 자신의 큰 몸을 따르고, 어떤 사람은 자신의 작은 몸을 따른다고 하니 무슨 까닭인가요? 맹자가 대답했다. 눈과 귀의 기관은 반성(집중)하지 못해 물에 가려진다. 물(외물)이 물(감관)을 만나면 감관을 끌고 갈 뿐이다. 마음의 기관은 반성(집중)한다. 반성하면 얻게 되고, 반성하지 않으면 얻지 못한다.[34]

얼핏 보면 맹자도 큰 사람과 작은 사람의 갈림길을 선택의 문제로 보는 듯하다. 이것은 문맥을 오독한 탓이다. 맹자는 사람이 대인이 되느냐 소인이 되느냐를 선택의 문제로 보지 않는다. 이미 소인이 되어서는 안 되고 대인이 되어야 한다는 전제가 깔려 있다. 그는 다만 전제가 이미 있는데도 불구하고 사람이 왜 대인이 되지 못하고 소인이 될까라는 문제에 대해서 그 이유를 밝히고 있다.

맹자는 대인과 소인 문제의 관건을 사思에서 찾고 있다. 사덕이 사람의 의식에 현전할 때, 즉 사람이 사단을 경험할 때, 사思는 사람이 사단을 존중하고 그것에 따라서 생각하고 그것에 집중해서 그대로 행동하도록 하는 것이다. 이 사思는 순자가 말하는 겸권兼權이나 숙계執計와 다르다. 둘은 즉흥적이지 않고 종합적으로 판단하므로 형식적인 면에서 닮은 점이 있다.

「공손추 상」 6의 어린아이 이야기를 실례로 들어 둘의 차이를 알아보자. 겸권과 숙계는 본성대로 움직이는 성향을 제지하고 다양한 대안을 호리피해의 입장에서 심사숙고하여 그중에서 장기적으로 좋은 결과를 낳는 방안을 선택하도록 한다. 반면 사는 이해의 관점으로부터 초월해서 측은과 시비의 맥락에 주목해서 아이를 구하는 것이다. 물론 측은과 시비에 주목하지 않으면 아이를 구하지 않을 수 있지만, 맹자는 이 가능성을 배제하고 있다.

맹자는 사思의 의미를 더욱 분명하게 하기 위해서 「고자 상」 8에서 한

때 나무로 무성해서 아름다웠던 우산牛山 이야기를 실례로 들고 있다. 아름다운 우산은, 사람이 본성(사덕)을 존중해서 그대로 행위하는 것을 나타낸다. 민둥산으로 변한 우산은, 사람들이 나무를 마구잡이로 베어 내고 전혀 관리하지 않듯이 본성을 제대로 돌보지 않는 것을 나타낸다. 우산이 원래 무성해서 아름답기 때문에 사람이 우산의 본성을 존중하고 제대로 관리한다면 계속해서 아름다움을 유지하겠지만, 그렇지 않으면 민둥산인 채로 황폐해질 것이다. 즉 맹자는 사람의 시선을 외부의 조건과 상황으로 향하지 않은 채 내면의 도덕의식으로 집중하도록 이끌고 있다.

정리하면 도덕적인 성공과 실패를, 순자는 탁월한 선택과 연관지어서 논의를 끌어간다면 맹자는 내면의 응시로 끌어가고 있다. 이것도 맹자와 순자의 사상을 결정적으로 구별하게 만드는 계기이다.

4 수양은 존심양성인가 화성양지인가?

개인 수양의 방법

지금까지 우리는 성선과 성악이 맹자와 순자의 부분적 대립을 나타내고,

본성과 지성(지식)의 관계가 두 사람의 결정적 차이라는 점을 논증해왔다. 두 사람 사이에는 지금까지 살펴본 차이만 있는 것이 아니라 실제로 많은 공통점이 있다. 그들은 사회 운영에서 제도보다는 군자(성인)의 존재를 결정적인 요소로 간주하고 있다. 아울러 그들은 인의예지와 같은 공자(유학)의 가치를 함께 긍정하고 있다. 거칠게 말한다면 두 사람은 출발점과 방법을 달리하지만 목표를 상당 부분 공유한다고 할 수 있다. 이미 출발점의 차이를 살펴보았으므로 이제 같은 목표에 이르는 방법의 차이를 살펴볼 차례가 되었다.

방법의 차이를 살펴보기 위해서 개인 수양의 문제에 주목해보자. 사단四端에 집중하지 못하거나(맹자) 겸권과 숙계에 의한 선택을 잘하지 못하면(순자), 개인은 도덕적인 실패를 경험할 수밖에 없다. 따라서 실패하지 않으려면 집중을 잘하고 탁월하게 선택해야 한다.

먼저 맹자를 살펴보자.

> 자신의 마음을 온전히 다 발휘하면 본성을 알게 된다. 본성을 알면 하늘을 알게 된다. 마음을 있게 하고 본성을 기르면 그것이 하늘을 받들어 모시는 길이다.[35]

맹자는 「고자 상」 11에서 닭과 개가 우리를 벗어나면 사람이 찾아나서는 이야기를 끄집어내고 있다. 그는 이어서 사람은 왜 마음을 맥없이 놓고 있으면서 그것을 되찾으려 하지 않고 또 놓치지 않고 굳게 지키려 하지 않는지 그 세태를 풍자하고 있다. 이것을 맹자는, 놓아버린 마음을 다시 찾는다는 구방심求放心으로 표현하고 있다.[36]

맹자는 구방심의 연장선상에서 도덕적 성공을 위해서 외적 조건이 아니라 내면의 심과 성에 주목하고 있다. 사람은 심이 가진 모든 능력을 최대로 발휘하면 성을 만나게 된다. 비유로 설명하자면, 바위에 깔린 물건을 꺼내려고 할 때, 바위를 조금 들면 물건의 부분을 볼 수 있지만 전체를 온전히 꺼낼 수는 없다. 바위를 완전히 들어올릴 때에만 비로소 물건의 실체를 제대로 확인할 수 있고 손상 없이 온전히 꺼낼 수 있다.

마찬가지로 사람이 측은한 마음을 온전히 하게 되면, 타자를 향한 사랑(구원)이 중도에 멈추거나 증오로 바뀌지 않는다. 측은한 마음을 반쯤 가지거나 확 밀려오는 측은한 마음을 밀쳐낸다면 사람은 타자를 향해 사랑(구원)을 시작조차 하지 않거나 시작은 했더라도 중간에 그만둘 수 있다. 그래서 맹자는 "완전히 성誠하면서 타자를 감동시키지 못한 경우가 없고, 성誠하지 않으면서 타자를 감동시키는 경우가 없다"[37]고 말하면서, 마음의 진실성과 진정성을 강조했던 것이다.

맹자는 심心과 성性의 진실한 수양을 최종적으로 존심양성存心養性으로 귀결시킨다. 진심盡心이 사태마다 마음(사단)의 충실성과 진실성을 말하는 반면 존심存心은 마음(사단)의 항구적인 지속과 충만을 가리킨다. 즉 존심은 사단이 들락날락하는 것이 아니라 언제 어디서나 드러나도록 하는 것이다. 양성養性은 성 자체가 늘 관심의 초점에 놓여서 주목을 받으면서 성이 실현되는 세계를 최대로 확장하는 계기를 가리킨다. 이로써 맹자의 수양은 존심양성을 유지할 때 도덕적 성공을 견인해낼 수 있는 것이다.

이제 순자를 살펴보자.

어떤 사람이 순자를 찾아와 공자의 말이라며 다음과 같이 전했다. '주공周公은 위대한 인물이다. 자신이 존귀해질수록 공손하고 부유해질수록 검소하여 모범을 보였지만 적[殷]과 싸워 이길수록 위험을 느껴 경계를 엄격하게 했다.'[38] 순자는 다음처럼 어떤 사람의 전언을 가차 없이 부정했다.

> 온 세상 사람들이 마음을 고쳐먹고 사려를 바꿔서 주공에게 감화되어 순종하게 되었다. 그러므로 집 밖의 문을 닫지 않고 온 천하에 걸쳐서 경계를 나누지 않았다. 이때를 당해서 누구를 위해 경계를 엄격하게 했겠는가?[39]

순자는 은殷과 주周의 교체기에 주공이 은의 조직적인 저항을 받지 않고 통일 과업을 이룩했던 과정을 설명하고 있다. 순조로운 왕조의 교체를, 사람들이 자발적으로 변심變心과 역려易慮, 즉 마음을 고쳐먹고 사려 방식을 바꾼 것으로 설명하고 있다. 우리는 이를 앞에서 본 순자의 겸권兼權·숙계孰計와 함께 검토해보자.

겸권과 숙계는 무엇을 하고 하지 말아야 하는지 취사선택하는 문제이다. 변심과 역려는 겸권과 숙계를 포함하면서도 겸권과 숙계의 원칙 자체를 바꾸는 것이다. 즉 은殷이 지배 왕조일 때 변심과 역려는 은을 부정하지 않고 겸권과 숙계를 하지만, 지배 왕조가 은에서 주로 바뀌면 변심과 역려는 은을 부정하는 것을 포함해서 겸권과 숙계를 하게 된다. 그만큼 변심과 역려는 겸권과 숙계에 비해서 '근원적'이라고 할 수 있다. 따라서 겸권과 숙계가 통상적인 상황에서 욕오欲惡와 이해利害를 계산하는 방식이라면 변심과 역려는 근본적인 상황에서 겸권과 숙계를 포함하면서 그것을 계산하는 사고 원칙 자체의 변화를 가리킨다고 볼 수 있다. 이러한 논법은 개인 수양에도 그대로 적용할 수 있다. 결국 사람이 도덕적으로 성공하려면 통상적인 상황에서 겸권과 숙계에 따라 탁월한 선택을 하면 충분하지만, 전환의 시대 상황에서 변심과 역려를 통해 사고방식 자체를 수정해야 하는 것이다.

그렇다면 사람은 어떻게 하면 변심역려變心易慮를 통해서 사고의 근본적인 전환을 이룰 수 있을까? 이와 관련해서 「성악」에 나오는 화성기위化性起僞와 「예론」에 나오는 정문구진情文俱盡은 이미 검토한 적이 있다. 여기서는 더 나아가 순자가 말하는 양정養情과 양지養知를 살펴보자. 양정은 생명을 길러주는 양생養生, 재물을 불리는 양재養財, 편안함을 더해주는 양안養安과 마찬가지로 예의禮義와 문리文理를 통해서 정감을 길러내는 것이다.[40]

양지養知는 사람이 지식의 힘으로 문제를 해결하므로 그러한 능력을 지속적으로 유지하기 위해서 지식을 키우는 것이다.[41] 사람은 "세상의 핵심을 총괄하여 세상의 많은 것(사람)을 다스리면 한 사람을 다스리는 것과 같고 거실을 벗어나지 않으면서 세상의 모든 실정(정보)을 자기 가까이 쌓아두면"[42] 도덕적 실패로부터 상대적으로 자유로울 수 있다. 결국 순자는 지식과 정보의 축적을 통해서 사람이 세계에 대처하는 조술操術, 즉 조작적 사고 기법을 장악하게 되고, 장악하는 만큼 실패의 확률을 줄일 수 있다는 것이다.

정리하면 맹자는 존심양성存心養性을 통해서 도덕 성공으로 나아가고 순자는 변심역려와 양정양지養情養知를 통해 도덕 실패의 가능성을 줄이려고 했다. 이처럼 우리는 결국 맹자와 순자의 성선과 성악의 부분적 대립 도식에서 벗어날 때 둘 사이의 객관적인 차이를 확인할 수 있다.

개인 수양의 한계와 사회 문제의 해결

과연 개인의 수양이 개인의 도덕적 성공을 이끌어내며 동시에 도덕적 사회를 이룩해낼 수 있을까? 여기서 맹자와 순자의 수양 방식이 달랐던 만큼 둘의 차이가 극명하게 드러난다.

우리는 앞에서 맹자가 도덕적 성공을 존심양성이라는 내면의 응시에서 찾았다고 했다. 그러나 과연 외적 세계의 고려 없이 내면의 응시가 사람에게 도덕적 완성을 가져다줄 수 있을까? 이 질문에 대한 대답을 찾는 실마리는 맹자 자신의 말에 있다.

「등문공 상」 1에 따르면 맹자는 성선을 말하면서 말끝마다 요와 순임금을 들먹였다고 한다.[43] 성선과 요순이 도대체 무슨 상관이 있는 것일까? 이를 「진심 상」 30에서 말하듯 요와 순이 본성을 타고난 듯이 실행했다는 것과 연결지을 수 있다.[44] 즉 요순이 본성을 타고난 듯이 별다른 어려움 없이 도덕을 이루었다는 뜻이다. 하지만 이는 성선으로 타인을 설득하는 데에 별다른 도움이 되지 않는다. 요순과 같지 않은 사람에게 성性은 너무 멀리 있어서 초월적인 것으로 비춰질 수 있기 때문이다. 이는 성이란 게 아주 자연스러워서 누구라도 실행할 수 있다는 맹자의 본지와도 어긋난다.

성선과 요순 관계의 실마리를 풀기 위해서 「고자 상」 7을 살펴보자. 젊은이들이 풍년에 게을러지고 흉년에 난폭해지는데, 맹자는 이를 타고난

재질의 문제가 아니라 마음에 끼치는 환경의 영향으로 설명하고 있다.[45] 맹자는 사람이 환경의 영향으로부터 절대적으로 자유로울 수 없다고 본 것이다. 이런 맥락에서 보면 그는 항산恒産을 강조하고 이를 현실화하기 위해서 정전제井田制를 이야기할 수밖에 없었던 것이다. 항산이 없으면 성선이 좌초할 수 있기 때문이다.

그렇다면 누가 과연 토지의 사유화가 진전되는 전국시대의 상황에서 그것과 반대되는 정전제를 시행할 수 있을까?[46] 그것은 바로 성인만이 실현할 수 있는 것이다. 성인은 사유화의 의지가 없을 뿐만 아니라 사회의 자원을 독점하지 않고 여민동락하는 자세를 가지고 있기 때문이다. 반면 현실의 지배자들은 부국강병을 외치면서 공유지를 사유지로 만들고 자원을 비축할지언정 사회적 약자의 처지를 제대로 고려하지 않았다.

이로써 우리는 맹자가 왜 성선과 성인, 요순을 연결시켜서 이야기할 수밖에 없는지 그 맥락을 이해할 수 있다. 맹자의 성선은 자립적인 이론이 아니라 성인론 및 정전제와 결부되어야만 성립될 수 있었던 것이다. 물론 군자라면 다른 이야기가 가능할 수 있다. 그들은 항산이 없더라도 항심恒心을 지킬 수 있으므로 성선이 자립적인 논리를 갖는다고 할 수 있다. 그러나 여기서는 군자가 아니라 사람 일반을 두고 논의하고 있다. 그래서 맹자는 한편으로 마음의 응시를 강조하지만 다른 한편으로 사회 제도와 그 운영 주체를 말하지 않을 수 없었던 것이다. 어찌 보면 이는 역설 같지만 실은 맹자의 주도면밀함이라고 할 수 있다. 그는 백면서생처럼 단순히 마음을 지켜보라고 주문만 한 게 아니라 성선의 현실화를 위해서 사회 제도의 개선에 대해서도 관심을 기울였던 것이다.

순자의 경우는 맹자와 처지가 다르다.

그는 개인이 도덕적 존재가 되려면 변심역려變心易慮와 양정양지養情養知의 수양을 해야 한다고 보았다. 그의 심心과 려慮, 정情과 지知는 개인이 관여하는 계기와 사회가 연루되는 계기를 동시에 포함하고 있다. 변심역려는 통상적인 상황만이 아니라 가치관이 근본적으로 전환하는 변혁의 시대와 관련된다. 따라서 변심역려는 개인의 변화만이 아니라 사회의 변화가 동시에 함축되어 있다고 할 수 있다. 물론 모든 사람이 동시에 한꺼번에 심心과 려慮를 근본적으로 수정한다는 뜻은 아니다. 가치관의 혁명적 변화를 전제하고 있으므로 개인의 변화와 사회의 변화 사이의 간극이 그만큼 좁아질 수 있다.[47]

양정양지의 정과 지는 개인의 순수한 정신세계가 아니라 합정合情과 합지合知를 통해서 사람과 사람의 합례적合禮的인 교류의 장과 연관이 있다. 양정과 양지는 사람과 합례적인 교제를 통해서 상호 우애와 이해가 두터워지는 것이다. 상호 우애와 이해가 두터워지는 만큼 개인은 만족과 평안을 느끼고 사회에 평화와 질서가 증대된다. 이렇게 보면 순자는 수양 단계에서 개인과 개인, 개인과 사회의 관계를 포섭함으로써 개인과 사회의 변화가 동시에 진행될 수 있는 길을 마련했던 것이다.

도덕적 개인과 도덕적 사회의 완성을 위해서 맹자는 내면에 집중하여 관념적인 지향을 나타내는 만큼이나 제도 개선을 위해 현실 지향적 특징을 드러낼 수밖에 없었다. 반면 순자는 합례적인 교제를 통해 정서와 지식의 증대를 강조했던 만큼 현실 지향적이지만 정작 그것을 가능케 하는 물적 토대에 대한 사유를 집중적으로 전개하지 않고 있다. 그는 교육을 통한 학습과 사법의 권위를 강조하고 있다.

5 맺음말

철학사에서는 통상적으로 맹자와 순자의 차이를 성선과 성악의 대립 구도로 설명해왔다. 하지만 그것은 부분적 대립일 뿐 전면적 대립이 될 수 없다. 둘 사이의 전면적 대립을 찾는다면, 그것은 두 사람이 지식(지려)을 본성의 내부로 포섭하느냐 외부에 두느냐에 있다. 맹자는 지식을 본성 안에 포섭해서, 사덕 또는 사단이 협력하여 사람이 도덕적 성공으로 나아가게 했다. 순자는 지식(지려)이 본성 밖에 있으면서 본성을 규제해서 사람이 도덕적 성공으로 나아가게 했다.

맹자와 순자의 이러한 본질적 차이는 두 사람의 수양 방법에도 그대로 반영되었다. 맹자는 내면을 주시함으로써 본성이 교란되지 않도록 하는 데에 중점을 두었다. 순자는 개인의 탁월한 선택을 통해서 본성이 상황을 일방적으로 주도하지 못하게 했다. 아울러 개인과 사회의 도덕화를 위해서 맹자는 성선性善이 성인聖人만이 아니라 정전제와 결합되어야 한다고 보았다. 순자는 지식정보의 축적 속에 개인과 사회의 변화를 포섭함으로써 도덕의 물적 토대에 대해서는 집중적으로 논의하지 않았다.

이상의 논의를 통해서 도덕적 개인과 사회를 위해서 맹자는 공감共感을, 순자는 신지新知를 중시한다고 결론을 끌어낼 수 있다. 이 특징은 두 사람에게만 나타나지 않고 철학사에서 색깔을 달리하면서 되풀이해서 나타났다.

예컨대 송명 성리학에서 도문학道問學과 존덕성尊德性은 학파의 특성을 구분하는 지표로 널리 쓰인다. 또 근대의 캉유웨이는 맹자의 불인인지심不忍人之心, 즉 공감에 호소하여 국가적 경쟁과 국제적 대립을 해결할 수 있다고 보았다. 천두슈는 과학적 지식이 신중국을 건설하는 토대라고 보았다. 그리고 과현科玄 논쟁(과학과 인생관 논쟁)도 공감과 신지의 변형이라고 할 수 있다. 그래서 철학사(사상사)를 통관하면, 맹자와 순자는 시대마다 다른 버전으로 끊임없이 되살아났다. 둘의 차이를 극단적으로 본다면, 주희는 순자적 특성에 가깝고 육상산은 맹자적 특성에 가깝다고 할 수 있다. 이처럼 두 사람은 철학사의 특성을 분명하게 드러낼 수 있을 정도로 범주적 사유 체계를 펼친 인물이므로 단순히 성선과 성악의 대립 구도나 도통의 맥락에 가두어둘 수 없다.

이처럼 우리는 성선과 성악이라는 것에서 벗어날 때 맹자와 순자 두 사람의 정확한 대립 지점을 확인할 수 있을 뿐만 아니라 철학사를 새롭게 이해할 수 있다. 나아가 인간의 자기 변혁과 사회의 개선을 위해서 동아시아의 철학은 지적 자양분을 제공할 수 있을 것이다. 맹자는 사람의 본성 자체가 개인과 사회를 구원할 수 있는 동력으로 보았다면, 순자는 지식이 본성으로 하여금 그 자체를 초월하게 하는 동력이 된다고 보았다.

제7장

마음

전국시대 2단계 심心 담론과 관자 심학心學의 위상

1 여는 글

철학사의 쟁점을 해명하면서 형성形成에 초점을 둘 수도 있고 기원起源에 초점을 둘 수도 있다. 두 가지는 관점이 다르다. 그만큼 쟁점을 구성하고 해명하는 전략이 다르고 도출되는 결론이 다를 수밖에 없다. 두 관점의 결정적인 차이는 쟁점이 특정 방향으로 전개되게끔 예정되어 있느냐 없느냐에 달려 있다.

기원론은 쟁점이 최종적으로 완결된 상황을 전제한다. 또 그것은 언제 어느 시점에서 누구에 의해서 쟁점이 처음으로 제기되고 또 어떤 시점에서 누구에 의해 논의의 방향이 확정되었으며 방향에 커다란 영향을 준 예정된 지점을 해명하는 데에 방점을 둔다. 반면 형성론은 쟁점이 시대적인 추이에 따라 어떻게 흘러가는지 추적하므로 예정된 결론을 설정하지 않는다. 그것은 쟁점이 어떻게 처음으로 제기되었다가 그 쟁점이 우연적인 요인에 의해서 경쟁 구도를 이루며 뒤죽박죽되다가 다시 복수의 흐름으로 가닥이 잡혀서 서로 대립하는 구도를 펼치는 것을 해명하는 데에 방점을 둔다.

예를 들어 남송시대 주희朱熹(1130~1200)의 학문이 보편학으로 성장하는 과정을 고려해보자. 철학사에서 주희는 성리학의 완성자(집대성자)로 평가받지만 그의 학문은 오늘날 푸젠福建성 일대와 남송의 수도 항주杭州 인근에 유통되던 지역학에 불과했다. 주희와 그의 동조자들은 자신들의 학문적 정체성을 도학道學으로 파악했지만 사회적으로는 위학僞學으

평가를 받으며 자유로운 활동이 위축되기도 했다.

주희는 『근사록』처럼 송 이후 새로운 철학적 성과를 책으로 묶어내면서 아울러 『사서집주』처럼 경서를 새로운 철학 체계에 의거해서 재해석하는 작업을 끊임없이 수행했다. 그는 당 이전의 고주古注를 간간히 참조하고 송 이후의 신주新注를 중심으로 『사서집주四書集注』를 편찬했다. 원 제국의 정부가 이 텍스트를 과거시험의 모험 답안으로 채택함으로써 주희는 유학 부흥운동을 한 복건성의 지역적 인물에서 관료-학자를 지망하는 이들이 모두 학습의 대상으로 삼아야 하는 전국적 인물이 되었던 것이다. 주희의 지위와 그의 학문이 중국 전역으로 확산된 것은 송宋이 아니라 원元 제국 수립 이후이다.[1] 그 결과 원 제국 이후로 주희는 당 제국 때 시작되어 북송에 이르러 활발히 진행된 유학 부흥운동의 성과를 종합해서 신유학을 집대성한 인물로 평가받기에 이른 것이다.[2]

주희의 지위 변화와 학문 여정을 기원론과 형성론에 대입해서 살펴보자.

기원론에 따른다면 당 제국 이후부터 송과 원 제국에 이르기까지 모든 학문적 성과와 그 방향은 결국 주희로 귀결될 수밖에 없다. 그 귀결은 필연적 과정으로 간주된다. 아울러 주희와 연결되지 않거나 약하게 관련되는 지성의 움직임은 의미가 없거나 있더라도 부수적인 현상으로 여겨질 것이다. 이에 따라 지성사는 본류와 지류로 구분될 것이다. 도통론道統論은 바로 이러한 기원론을 그 속에 전제하고 있는 설명 논리라고 할 수 있다.

반면 형성론에 따르더라도 주희를 신유학의 집대성자로 규정하는 것이 타당할 수 있다. 그럼에도 불구하고 당 제국 이래 학술사의 방향이 오로지 주희를 향해 달려가는 것으로 단정할 수도 없을 뿐만 아니라 원 제국 이전까지는 주희의 도학도 경쟁하는 학문들 중의 하나였을 뿐이다. 이에 따르면 당에서 송까지의 지성사는 춘추전국시대의 학문적 풍토처럼 자유로운 사상의 시장으로 평가될 수 있다. 형성론은 도학파道學派가 제2의 백가쟁명 시기 중의 한 학파로서 다양한 지적 조류와 어떻게 경쟁했으며, 어떤 학문 외적인 원인에 의해 위기를 맞는지 등에 초점을 맞춘다.

나는 형성론이 기원론보다 철학적 쟁점을 객관적이며 생생하게 설명해줄 수 있다고 생각한다. 형성론은 쟁점이 발생해서 전개되는 시간적 추이를 그대로 따라가지만 기원론은 미래의 결론에서 시간을 거슬러 올라간다. 기원론은 쟁점을 구워서 먹기 편한 방식대로 요리한다면 형성론은 쟁점을 날것 그대로 다룬다고 할 수 있다.

전국시대의 '심心'이라는 주제에 대해서도 주희와 비슷한 이야기를 할 수 있다. 심心은 『시경』과 『서경』 등의 문헌에도 쓰이지만 『맹자』 이후에야 비로소 철학적 주제가 된다. 그래서 나는 맹자의 심心을 전국시대 심 담론의 1단계로 본다. 이때 심은 사람이 감각적 욕망을 통제할 수 있는 '센터'로 여겨지고 또 사람이 사람다울 수 있는 도덕을 가능하게 하는 근원으로 여겨진다.[3] 하지만 『맹자』 이래로 다시금 심 담론의 난점이 제기되었다. 심은 감각적 욕망을 통제할 수 있지만 동시에 감각적 욕망을 끊임없이 생성하고 이중성의 특성에서 자유로울 수 없었다. 즉 심이 구원의 해방군이기도 하고 공격의 자살특공대이기도 했던 것이다. 이로써 심은 사람에게 영원한 평화보다는 시한폭탄을 장착한 임시적 평화만을 가져다 준 것이다. 나는 그 난점이 전국시대 심론의 2단계라 할 수 있는 『예기』 「중용中庸」에서 해결되었다고 가정한다. 즉 「중용」의 미발未發과 이발已發

논의를 전국시대 심 담론의 두 번째 정점으로 볼 수 있는 것이다.

기원론의 관점에서 보면, 맹자 이후로 모든 심 담론은 「중용」의 미발과 이발의 쟁점으로 수렴될 수밖에 없는 여정을 노정한 것이리라. 형성론의 관점에서 보면, 맹자 이후로 「중용」만이 아니라 여러 사상가가 심 담론의 난제를 푸는 작업에 뛰어들었고 어떤 시점까지 「중용」도 경쟁하는 이론들 중의 하나였을 뿐이다. 나는 여기서 형성론의 관점을 채택해서 전국시대 사상가들이 심 논의의 난제를 풀어가는 과정을 해명하고자 한다.

「중용」에서 거둔 이론적 성취에 대한 경쟁적 시도들로는 『장자』 「재유在宥」, 『순자』 「해폐解蔽」와 「악론樂論」, 관자사편管子四篇,[4] 『예기』 「악기」, 여불위의 『여씨춘추』, 한 제국 초기 유안劉安의 『회남자淮南子』, 동중서의 『춘추번로』 등이 있다. 여기서는 여러 경쟁적인 후보자 중에서 『관자』에 주목해서 논의를 풀어가고자 한다. 심心과 관련해서 주목할 만한 점이 많지만 우선 「내업」의 "심이 심을 감추고(지니고) 있다心以藏心"거나 「심술하」와 「내업」의 "심 속에 또 심이 있다心之中又有心"는 논점 등에 초점을 두고자 한다.[5]

이를 위해 먼저 맹자에 의해 성취된 전국시대 심화 기획의 1단계 내용을 살펴보고, 이어서 맹자 이후에 양주가 제기한 심 담론의 난제가 재연되는 맥락을 해명하고서, 마지막으로 관자사편이 이 난제를 어떻게 극복하는지 그 전모를 밝히고자 한다.

2 전국시대 심 담론의 1단계

심心이 『시경』과 『서경』 등의 초기 문헌에 사용되고 있으므로 상식적으로 심이 일찍부터 철학의 주제가 되었으리라 생각할 수 있다. 하지만 이런 기대는 사실과 맞지 않는다. 전국시대 『맹자』에 이르러서야 비로소 심은 욕망의 대상에 휘둘리는 감각과 구별되는 인간의 고유한 기관으로 등장한다. 그렇다고 『맹자』 이전에 심心 자가 문헌에 쓰이지 않았다는 것도 아니고 심이 아무런 의미가 없었다는 것도 아니다. 기준은 심이 개별 철학자(사상가)의 학문 체계를 뒷받침하는 중추적인 역할을 하느냐에 있다.

왜 심은 중국 철학사에서 뒤늦게 등장했을까? 이에 대한 원인을 두 가지로 생각해볼 수 있다. 첫째, 공자가 도덕 행위를 사적인 심과 결부시키는 것을 바람직한 것이 아니라 병적인 현상으로 보았기 때문이다. 둘째, 심心(사유 기관)과 감각 기관의 관계 정립에 대한 문제의식이 늦게 제기되었기 때문이다.

두 문제를 간단하게 짚어보고 맹자가 성취한 심화 기획 1단계를 살펴보도록 하자. 공자는 주장과 행위 그리고 앎과 실천의 주제와 관련해서 불일치의 가능성에 대해서 심각하게 고민하지 않는다. 예컨대 그는 "인이 멀리 있는가? 내가 인仁을 하고자 하면(또는 인을 바라자마자) 인이 여기에 이른다."[6] 두 가지 해석 중 어느 쪽을 따르더라도 분명한 것은 공자가 의지와 앎 또는 앎과 실천 사이에 깊은 간극이 있다고 보지 않는다는 점이다. 즉 그는 앎과 실천을 똑같게 보지는 않았지만 둘이 일치될 수 있는 사실성에 더 주목한 것으로 보인다. 그는 재여宰予가 낮잠 자는 것에 실망을 해 앞으로 언행의 일치 여부를 관찰해야겠다고 선언하지만 기본적으로 언행의 일치, 지행의 합일을 믿고 있었다.(「공야장」 10)

언행과 지행의 합일을 전제하게 되면, 내외內外로 대변되는 마음과 행위도 일치하게 된다. 따라서 누가 도덕적으로 행동한다는 것은 마음으로 생각하는 것과 몸으로 행동하는 것이 다른 것이 아니라 똑같게 되는 것이다. 이런 점에서 도덕적 행위자, 즉 군자君子의 마음은 행위자만이 접근할 수 있는 비밀스런 사적 세계가 아니라 함께 어울리는 사람들이 모두 투시할 수 있고 상호 작용이 일어나는 공적 세계였다. 반대로 도덕적으로 행동하지 않는다는 것은 언행과 지행이 불일치할 뿐만 아니라 보이는 행위와 달리 보이지 않는 마음은 전혀 알 수 없는 미지의 세계가 된다. 공자는 이러한 불일치의 현상이 소인小人에게서 전형적으로 나타난다고 설명하고 있다.

예컨대 "얼굴빛(겉)은 인을 띠지만 행실은 그것과 맞지 않는다"거나 "얼굴빛은 근엄하지만 마음 씀씀이가 물러터졌다"는 말에서 보이듯,[7] 소인은 마음[內] → 얼굴빛[色] → 실천[行]의 과정에서 모두 동일하지 않고 제각각 별도로 작용하고 있는 것이다. 바로 이런 점에서 공자는 말이 번지르르하고 얼굴빛이 부드러운 사람이 진실하지 않으므로 인과관계가 없다고 단정하고 있다.(「학이」 3) 여기서 알 수 있듯이 공자는 분명히 심의 세계를 몰랐던 것이 아니라 알고 있었다고 할 수 있다. 다만 공자는 그 심이 투명하여 누구에게나 열려 있는 상태야말로 바람직하다고 생각했다. 따라서 공자의 단계에서 심은 얼굴빛, 실천의 차원과 완전히 구별되는 또 하나의 독립적 실체로 등장했다고 볼 수 없는 것이다.

다음으로 마음과 감관의 관계와 관련해서 논의를 해보자. 순자나 주희의 단계에 이르면 심과 몸 또는 정신과 육체의 관계는 말끔하게 정리되어 의문의 여지가 없다. 예컨대 순자는 말한다. "마음은 몸의 군주君主이고 신명의 주인主人이다. 명령을 내리지 명령을 받지는 않는다. 제 스스로 못 하게 하고 시킨다."[8] 주희도 말한다. "마음은 몸을 주재하는 것으로 하나이지 둘이지 않고 주체가 되지 객체가 되지 않고 사물(사태)에 명령을 내리지 사물(사태)로부터 명령을 받지 않는다."[9]

적어도 순자와 주희에 따르면 마음은 몸과 욕망, 의식의 현상에 대해 완전한 통제권을 행사할 수 있다. 아울러 마음은 분할될 수도 없고 객체의 지위로 떨어질 수도 없을 뿐만 아니라 결코 다른 것에 의해 규정되지 않는 자기 원인의 실체이다. 이러한 입장에 설 경우 마음과 감관의 관계는 아무런 문제가 되지 않는다. 왜냐하면 마음은 당연히 눈이나 귀와 같은 감각 기관의 지각 정보와 욕망을 일정한 방식으로 관리하는 주체이기 때문이다.

하지만 맹자 이전의 상황은 결코 이와 같지 않았다. 이와 관련해서 『여씨춘추』에 나오는 구절을 살펴보자.

> 무릇 귀·눈·코와 입은 생명을 위한 일꾼이다. 비록 귀가 음악을 듣고자 하고, 눈이 색을 바라고, 코가 좋은 냄새를 바라고, 입이 맛난 음식을 바라더라도, 생명에 해로우면 그만둬야 한다. 네 감각 기관〔四官〕[10]이 바라지 않더라도 생명에 좋으면 의도적으로 바라게 해야 한다. 이러한 점을 통해 판단해보면 귀·눈·코와 입은 제멋대로 추진하지 못

하고, 반드시 통제되어야 한다. 비유하자면 관료제의 직제와 유사하게 아랫사람이 제멋대로 사안을 처리하지 못하고 반드시 윗사람이 통제하는 것과 비슷하다.[11]

순자와 주희의 관점으로 보면 전반부는 무의미한 문장이다. 귀와 눈은 모두 마음의 통제를 받고서야 비로소 움직일 수 있다. 하지만 귀와 눈은 마음의 어떤 지시나 명령을 받지 않고 스스로 들으려고 하고 보려고 한다. 그리고 더더욱 이상한 것은 사관四官의 욕망이 생명 유지에 유해한지 유익한지 논의가 되면서 심이란 말을 전혀 끄집어내지 않는 것이다. 순자와 주희였다면 당연히 "마음이 판단하기에 생명에 유해 또는 유익한다면 어떻게 한다"는 주장을 했을 것이다. 이처럼 화자는 "반드시 통제하는 바가 있어야 한다"는 말을 되풀이할 뿐이지 "마음이 사관을 통제한다"는 말을 쉽게 내놓지 못하고 있다. 아마 그 이전까지 마음과 사관의 관계가 명시적으로 논의되지 않았던 터라 화자가 직접적으로 주장하기 어려워했던 것으로 생각해볼 수 있다.

이러한 상황에서 맹자가 대체大體와 소체小體, 심지관心之官과 이목지관耳目之官을 구분하고 그것의 특징을 철학적으로 분석하고 규정했다. 이것은 실로 심의 철학에서 획기적이며 창조적인 주장이라고 할 수 있다. 먼저 맹자의 주장을 들어보고서 논의를 이어가도록 하자.

공도자: 모두가 사람인데 어떤 사람은 큰 사람이 되고, 어떤 사람은 작은 사람이 되니, 무엇 때문인가요?

맹자: 자신의 대체를 따르면 대인이 되고, 자신의 소체를 따르면 소인

이 된다.

공도자: 모두가 사람인데 어떤 사람은 자신의 대체를 따르고 어떤 사람은 자신의 소체를 따른다고 하니 무엇 때문인가요?

맹자: 눈과 귀의 기관은 반성하지 못해 사물(사태)에 가려진다. 외물이 감관과 접촉하면 감관을 이끌고 갈 뿐이다. 마음의 기관은 반성한다. 반성하면 얻게 되고, 반성하지 않으면 얻지 못한다. 이것이야말로 하늘이 나(사람)에게 준 능력이다. 먼저 큰 것을 세우면 몸의 작은 것이 큰 것의 역할을 뺏을 수 없다. 이로써 대인이 될 뿐이다.[12]

「귀생貴生」의 글과 비교하면 맹자의 글은 시원시원하고 힘이 넘친다. 이런 차이는 심心과 이목耳目의 관계에 대한 맹자의 통찰에 바탕을 두고 있다. 맹자의 통찰은 여러 가지 측면에서 음미해볼 만한 가치가 있다. 먼저 공도자의 질문처럼 우리는 모두 현상적으로 똑같은 사람인데도 불구하고 도덕적으로 대인과 소인으로 나뉘고 있다. 그 원인에 대해 맹자는 명쾌한 해답을 내리고 있다. 그는 우리의 몸을 둘, 즉 소체와 대체로 나눈다. 대체와 소체의 정체에 대해 두 사람 사이에 전제가 되어 있는지, 공도자는 소체와 대체가 무엇을 가리키는지 다시 묻지 않고 맹자도 세세하게 대답하지 않는다. 하지만 우리는 소체의 욕망에 충실하면 소인이 되는 것이고, 대체의 욕망에 충실하면 대인이 된다는 말을 통해 둘의 차이를 캘 만한 실마리를 찾을 수 있다.

여기서 대소는 물리적인 용어가 아니라 가치적인 용어이다. 이로써 자연스럽게 의문이 생긴다. 똑같은 사람이라면 당연히 더 가치 있는 것을 추구하고 덜 가치 있는 것을 회피하려고 할 것이다. 하지만 왜 반대되는 현상이 발생하는 것일까? 이 지점에서 맹자는 앞서 애매한 채로 남겨두었던 소체와 대체의 정체를 설명한다. 즉 그의 창조적인 주장에 따르면 소체와 대체의 구분이 이목지관과 심지관의 구분과 대응하고 있다. 소체를 따른다는 것은 귀와 눈의 욕망을 추구한다는 뜻이고, 대체를 따른다는 것은 마음의 욕망을 추구한다는 뜻이다.

이 대응 관계의 설명만으로 소체로서 이목지관, 대체로서 심지관의 특성이 다 드러났다고 할 수 없다. 맹자는 두 기관의 결정적인 차이로 사思, 즉 반성 능력의 유무를 제시하고 있다. 심은 반성 능력을 지니고 있는 반면 이목은 그것을 가지고 있지 않고 인引과 폐蔽의 특성을 보이고 있다. 우리가 사고 싶은 물건을 보면 앞뒤 가리지 않고 사놓고 나중에 후회하는 경험을 하듯이 사람이 외물의 자극에 이끌려서 주체적 판단을 내리지 못하는 것이다.

이때 인은 사람이 외물을 자신의 욕망, 필요성, 현실적 조건으로 끌어와서 그것의 가치를 차분하게 따지지 못하고 반대로 외물의 자극에 질질 끌려다니는 것이다. 또 폐는 외물을 보는 순간 그것의 유혹에 압도당해서 이후에 일어날 수 있는 일을 전혀 고려하지 못하는 것이다. 그렇게 보면 인과 폐에는 시간의 흐름을 정지시켜놓고 외물의 가치를 냉정하게 심판하는 반성의 계기가 끼어들 여지가 전혀 없다. 인과 폐에는 소유와 비소유의 경계만 있을 뿐 그 사이에 어떤 것의 개입을 허용하지 않는다. 중요한 것은 당시에 좋게 느껴지는 자극에 대한 반응이지, 지금 이전에 어떤 경험이 있었고 지금 이후에 어떤 결과가 날 것인지 전혀 고려하지 않는 것이다.

이런 점에서 인·폐와 사는 날카롭게 대립한다고 할 수 있다. 사는 지금 있는 것과 지금 있는 것이 다르게 바뀔 가능성 그리고 지금과 다른 것을 아울러서 두루 생각해볼 수 있다. 즉 사는 현전한 것으로부터 일정한 거리를 유지할 수 있는 힘이 있다. 대인은 현재 귀와 눈에 현전한 외물의 자극에 압도되지 않고 그것을 저만치 뒤로 밀어낼 수도 있고 현전한 것에 맞서는 것을 불러낼 수도 있다. 특히 후자의 계기는 마지막 부분에 나오듯이 큰 것이 중심에 자리 잡으면 사소한 것이 물러나는 것과 같다. 우리가 사느냐 죽느냐를 두고 고민할 때, 매일 신경 쓰는 일들, 뭘 먹고 뭘 입고 뭘 하느냐라는 것이 조금도 중요하게 여겨지지 않는 것과 비슷하다. 이처럼 심이 자기반성의 능력을 지니고 그것을 발휘한다면, 순자와 주희의 말처럼 심은 "사물(사태)에 명령을 내리지 결코 사물(사태)로부터 명령을 받지 않는" 주체의 지위를 확보하는 것이다.

3 양주 문제의 재연과 해결 방안

맹자가 심心의 반성 능력을 발견함으로써 심은 이목耳目과 병렬적인 지위가 아니라 초월적인 지위를 갖게 되었다고 할 수 있다. 이를 통해서 소체의 종속적 지위, 대체의 주체적 지위, 외적 대상에 대한 소체의 수동적 반응, 외적 대상에 대한 대체의 능동적(주도적) 대응 등을 읽어낼 수 있다. 이러한 결론은 심이 존재론에서 차지하는 지위를 해명해준다고 할 수 있다.

심心은 존재론의 주체라는 측면에서 논의될 수도 있고 또 윤리론의 수양이라는 측면에서 논의할 만하다. 우리가 심을 지닌 존재, 즉 도덕적 주체라고 하더라도 과연 심이 가진 반성 능력을 늘 완전하게 발휘할 수 있을까? 여기서 다시금 주체로서 삶을 살려면 어떻게 해야 하는 것일까, 라는 문제가 제기되는 것이다. 왜냐하면 자기 자신을 대상화할 반성 능력이 있다고 하더라도 사람은 그것이 이끄는 대로 살지 않기(못하기) 때문이다.

이와 관련해서 맹자도 일찍부터 우리와 같은 문제의식을 지니고 있었다. 그는 사람이 도덕적 주체로서 살아가는 데에 있어서 가장 위험스런 것이 욕망의 문제라고 보았다. 이에 그는 욕망을 줄이는 과욕寡欲을 실천적 방법으로 내놓는다.

> 마음을 기르는 방법으로는 욕망을 적게 하는 것보다 더 좋은 길이 없다. 사람됨이 욕망이 적다면, 비록 선한 마음이 보존되지 못하는 상황이 있을 수 있더라도 그런 일이 드물게 생겨날 것이다. 사람됨이 욕망이 많다면, 비록 선한 마음을 보존하는 상황이 있을 수 있더라도 그런 일이 역시 드물게 있을 것이다.[13]

사람이 주체의 자격을 획득했건만 왜 그것은 이론적 영역과 달리 실천적으로 다른 결과가 나타날 수 있을까? 이야기의 실마리는 맹자가 도덕적 주체를 수립하는 길 자체에 놓여 있다. 무슨 말이냐 하면 맹자는 심지관心之官과 이목지관耳目之官을 구분하면서 그것의 특징으로 각각 사思 대 인引·폐蔽로 제시한 적이 있다. 도덕적 주체로서 살아가는 것은 곧 사의 심지관이 인·폐의 이목지관의 위협으로부터 자신을 지켜내는 것이다.

여기서 문제가 되는 것은, 사 대 인·폐의 대결 구도는 단 한 차례의 결정적인 전환으로 완료되는 것이 아니라 사람이 살아 있는 한 끊임없이 지속된다는 데에 있다. 맹자는 이러한 지속적인 대결 상황을 염두에 두었고, 다만 그 대결의 횟수가 적기를 바라고 있는 것이다. 대결 상황이 빈번하게 발생하지 않는다면, 사는 인과 폐의 위력에 꺾이지도 무너지지도 않고 버텨낼 수 있을 거라고 본 것이다.

만약 사가 인과 폐의 무차별적인 공세에 시달린다면 맹자로서는 상상하기조차도 어려운 국면에 놓이게 된다. 맹자가 「진심 하」 35에서 예측하는 두 가지 가능성이 일어날 수 있는 것이다. 첫째, 욕망이 적더라도 반성 능력을 주도하는 심이 간혹 인과 폐의 이목지관에 휘둘리는 경우가 발생할 수 있다. 물론 그런 일은 적더라도 일어날 수는 있다. 둘째, 욕망이 많다면 반대로 반성 능력을 주도하는 심이 인과 폐의 유혹으로부터 휘둘리는 경우 훨씬 많아진다. 심이 굳건하게 그 휘둘림을 견뎌낼 수 있지만 반대로 속수무책으로 당할 수도 있다. 이렇게 되면 맹자는 심을 도덕 주체로 세웠지만 무수한 욕망의 도래 앞에 자신의 주체성을 온전히 수호할 수 있는 실천적 대안을 분명하게 제시하지 못한 것이라고 할 수 있다.

맹자가 당면한 문제는 그가 처음으로 느낀 것이 아니다. 그 문제는 맹자 이전에 양주 학파가 일찍부터 풀어야 하지만 풀 수 없었던 난제이기도 했다. 양주 학파의 난제를 『여씨춘추』에 소개된 중산中山의 공자公子 모牟와 섬자詹子의 대화를 통해 살펴보자. 먼저 관직생활에 힘겨워했던 공자 모는 관직을 그만두고 전원생활을 하면, 더 이상 골치 아프지 않고 평화로운 생활을 하게 될 줄 알았다. 그는 얼마간 전원생활에서 자신이 처음에 생각했던 그런 평화를 누렸다. 하지만 시간이 가면 갈수록 공자 모는 더 이상 평화를 누리지 못하고 전과 똑같은 우울증의 고통을 겪게 되었다. 이에 그는 섬자에게 자신의 심경을 고백하며 해결 방안을 요청했다.

> 공자 모: 몸은 세속을 떠나 강과 바닷가, 즉 자연에 노닐고 있지만, 마음은 조정 아래에 머무르고 있으니 어떻게 합니까?
> 섬자: 생명을 소중히 하시오. 생명을 중시하면 이욕을 경시하게 됩니다.
> 공자 모: 저도 그런 말을 들은 적이 있지만 여태껏 스스로 상반된 욕망의 갈등을 충분히 이길 수 없었습니다.
> 섬자: 스스로 상반된 욕망의 갈등을 충분히 이길 수 없다면 통제를 풀어버리시오. 그래야만 정신이 서로 미워하지 않겠지요? 스스로 상반된 욕망의 갈등을 충분히 이길 수 없으면서 억지로 통제를 풀어버리지 않으면 이런 마음의 사태를 거듭된 손상이라고 말합니다. 거듭 손상된 사람 중에 오랜 산 사람은 없었습니다.[14]

이야기는 두 부분으로 되어 있다. 앞부분은 섬자가 공자 모의 상황을 제대로 알아차리지 못하고 어설픈 충고를 한 것이고, 뒷부분은 섬자가 공자 모가 처한 문제를 푸는 길은 통제를 풀어버리는 것임을 제시하는 것이다.

앞부분에서 섬자가 공자 모의 상황을 가볍게 진단한 것은 맹자의 과욕이 잉태하고 있는 문제와 동일하다. 욕망이 적기만 하면 사람은 도덕 주체로서 굳건하게 자립할 수 있다. 하지만 욕망은 횟수의 많고 적음이 아니라 강도와 지속성을 가지고 끊임없이 재연되는 특성이 있다. 특히 욕망이 편집증, 나아가 중독 현상까지 보인다면 과욕寡欲이 아니라 일욕一欲이더라도 사람은 해결할 수 없는 문제 상황으로 빠져들게 되는 것이다. 이때 그 욕망이 구체적으로 공자 모처럼 수도의 관직생활이나 오늘날 게임을 실례로 생각해본다면, 당사자는 풀려날 수 없는 수렁에 빠진 것과 같다.

뒷부분에서 섬자는 문제의 심각성을 느끼고서 전혀 다른 차원에서 접근을 한다. 공자 모가 수도의 관직생활을 떠나 전원에 한적하게 살아야 한다며 관직생활의 욕망을 억제하면 할수록 오히려 역설적으로 정신(마음)이 손상을 입게 된다고 진단한다. 전원이 관직의 완전한 대체제가 될 수 없는 것이었다. 관직은 고통을 주는 것만큼 욕망의 충족을 제공하는 것인데, 공자 모는 한때 고통에 주목해서 전원으로 떠났지만 시간이 지나자 욕망의 충족이 의식의 전면에 부상한 것이다. 이렇게 보면 의식은 하나의 주도적인 흐름이 지배하는 것이 아니라 복수의 흐름이 끊임없이 부침하는 것이다. 어떤 경우 의식이 어떤 계기에 의해 잠재의식 또는 무의식으로 전환되지만 그렇다고 완전히 소거되지 않고 또 다른 계기에 활성화되는 것이다.

섬자는 공자 모가 겪는 의식의 변화와 심리적 고통을 이해하고서 새로운 해결책을 제시했다. 그는 공자 모에게 반드시 꼭 어떻게 해야 하고 반대로 저렇게 해서는 결코 안 된다는 내적 규제가 새로운 문제를 야기한다고 설명한다. 이런 상황에서는 마음을 어느 한쪽으로 몰아붙이는 것 자체가 치유가 아니라 독소가 되는 것이다. 몰아붙이는 것은 승화도 아니고 전화도 아니며 의식들 간의 투쟁을 개시하자는 선언이다. 그래서 섬자는 마음을 어느 쪽으로 몰아가는 기도 자체를 중지하는, 즉 마음이 자연스럽게 흘러가는 쪽으로 반응할 것을 공자 모에게 주문하고 있다.

여기서 섬자가 제시한 방안은 상당히 흥미롭다. 적어도 욕망과 관련해서 볼 때, 과욕이라는 맹자식 해결 방안이 궁극적으로 문제 해결에 도움이 되지 않는다는 것이다. 왜냐하면 심이 아무리 반성 능력이 있다고 하더라도 이목의 욕망만이 아니라 마음의 또 다른 욕망을 완전히 잠재울 수 없기 때문이다. 그리고 규제를 풀어버리자는 섬자의 해결책에 따르면 맹자의 심지관과 이목지관의 구분이 무의미해진다. 즉 심이든 이목이든 두 기관이 낳은 각종 요구는 욕망이란 차원에서 같아지기 때문이다.

이렇게 되면 마음은 주체로서 사태를 주재하고 그 방향을 결정하는 만능이 아니라 욕망과 관련해서 모든 것이 뒤죽박죽된 채 아무런 주도권을 행사하지 못하는 무정부 상태에 이르는 것이다. 일찍이 장자는 이런 무정부 상태를 다음과 같이 잘 묘사한 적이 있다.

> 최구가 노담에게 물었다. 천하를 다스리지 않는다면 어떻게 사람들의 마음을 좋아지게 하겠습니까?
> 노담: 당신은 공연히 사람들의 마음을 묶어두지 않도록 하시게. 사람들의 마음을 억누르면 가라앉고 치켜올리면 올라가는데, 오르락내리락하다가 쇠잔해지게 마련이네. 부드러움으로 굳센 것을 유연하게 만들

고, 날카로운 것으로 파고 새겨 상처를 내지. 또 뜨거워지면 불길같이 타오르고, 차가워지면 얼음처럼 꽁꽁 뭉친다네. 그 재빠르기가 고개를 숙였다 드는 동안 두 번 사해의 밖을 휘덮을 정도일세. 안정되면 심연처럼 고요하나 일단 움직이면 하늘만큼 동떨어져버리지. 세차게 치달려서 잡아매어둘 수 없는 것, 그거야말로 사람의 마음 아니겠나!

옛날 황제 때 비로소 인의로 사람의 마음을 묶기 시작했다. 이 때문에 요와 순임금이 넓적다리의 살이 깎이고 정강이 털이 닳도록 애쓰고 다니며 세상 사람들의 몸을 돌보고, 자기의 오장을 괴롭히며 인의를 실행하고, 자신의 건강을 해치며 예법 제도를 만들었다. 그러나 그것으로도 아직 감당하지 못한 데가 있었다.[15]

전체적으로 보면 장자는 인심人心, 즉 사람의 마음이란 변화가 무쌍해서 그것을 특정한 방향으로 몰아가려는 시도 자체가 불가능하다는 진술을 하고 있다. 전설 속의 황제나 요순이 사람들의 마음을 인의의 방향으로 끌어가기 위해서 실로 헌신적인 노력을 쏟았지만 결국 아무런 성과도 없이 끝나버렸다는 차가운 진단을 내리고 있다.

장자는 노담의 입을 빌려서 인심을 인의 도덕과 결부시키려는 시도가 자연적이지도 않고 문화적이지도 않고 폭력에 지나지 않는다고 고발하고 있다. 하지만 비판을 잘 검토해보면 그 속에서 희망의 실마리를 찾을 수 있다. 장자는 인심의 변화를 다양한 비유를 끌어와서 설명하면서 안정[居]과 움직임[動]의 양태를 묘사하고 있다. 그 양태는 각각 고요한 심연[淵而靜]과 예측할 수 없는 하늘[縣而天]에 비유되고 있다. 이 거동居動은 훗날 동정動靜과 음양陰陽처럼 마음의 상태, 구조를 도식(범주)적으로 규정할 때 상투적으로 쓰이는 개념이다. 이런 점에서 여기에 쓰인 거居와 동動의 대조는 훗날 심의 역사에서 획기적이며 극적인 전환의 의미를 갖는다고 할 수 있다.

앞서 보았듯이 맹자는 몸을 대체大體=심지관心之官과 소체小體=이목지관耳目之官으로 구분함으로써 사람이 귀와 눈의 욕망에 휩쓸리지 않고 도덕 주체를 수립할 수 있는 근거를 찾았다. 이어서 맹자는 과욕을 통해 도덕 주체가 자신의 입지를 공고하게 할 수 있으리라 생각했다. 하지만 사람이 과욕으로 도덕 주체를 확립하려 할수록 심은 도덕의 왕국이 되는 것이 아니라 욕망의 바다가 되는 역설적 상황을 낳을 수 있었다. 장자는 인심을 도덕이란 특정 방향과 결부시키는 것을 반대했지만 마음을 거동居動, 즉 동정의 두 양태로 분할해서 이 문제에 접근할 수 있다는 문제 해결의 실마리를 던져주었다고 할 수 있다.

4 전국시대 심 담론의 2단계: 관자 심론의 의의

관자의 심론心論은 전국시대 맹자에 의해서 정리된 심 담론의 1단계를 이어받으면서 그 한계를 해결해야 하는 2단계와 밀접하게 관련이 있다. 1단계는 이목지관耳目之官에 대항해서 심을 도덕 주체로 세우는 데에 초점이 있었다. 반면 2단계는 욕망의 문제를 고려하면서 대상 세계와의 관계에서 표류하지 않는 주체성을 어떻게 유지하느냐에 초점이 있다. 요약한다면 1단계에서는 심이 주로 존재론의 차원에서 논의되었다면 2단계에서는 심이 존재론과 윤리학의 차원에서 동시에 논의되었다고 할 수 있다.

『관자管子』의 심론心論을 살펴보려면 무엇보다도 먼저 관자사편에서 욕망 또는 감정을 어떻게 바라보느냐, 라는 데에서 논의를 시작해야만 한다. 전국시대 2단계 심 담론이 쉽사리 통제되지 않는 욕망을 어떻게 규정하느냐를 검토하지 않는 한 다음 논의를 진전시킬 수 없기 때문이다.

> 마음의 특성은 스스로 채우고 스스로 차게 하고 스스로 생겨나고 스스로 이룬다. 하지만 이러한 주동성을 잃는 까닭은 반드시 근심·즐거움·기쁨·노여움·욕심·이기심 때문이다. 근심·즐거움·기쁨·노여움·욕심·이기심을 없앨 수 있다면 마음이 평정으로 돌아온다. 저 마음의 실정은 안정되고 편안하므로 번거롭게도 하지 말고 어지럽게도 하지 않으면 평화로운 상태가 저절로 이루어진다.[16]

마음의 특성은 자기 원인에 의해서 충만해지고 생성된다. 이 점은 순자가 「해폐解蔽」에서 주장했던 마음의 내용과 동일하다. 아마도 전국시대 2단계 심 담론이 공유하고 있던 사상적 기반이라고 할 수 있을 것이다. 하지만 「내업內業」의 심은 어떠한 것에 의해 훼손되지도 않고 침해되지도 않는 것이 아니다. 그것은 자기 원인에 의해서 작동하기는 하지만 다른 것의 침입으로부터 자유롭지 못하고 늘 위협에 놓인 것으로 간주되고 있다. 심만의 자율적 세계를 뒤흔드는 원인자로 「내업」에서 여섯 가지 감정과 욕망을 거론하고 있다.

이런 문제 상황에서 벗어나기 위해 「내업」에서는 맹자보다 한층 더 근본적인 방향을 검토하고 있다. 즉 「내업」은 맹자의 과욕寡欲보다 더 급진적인 거욕去欲을 주장하고 있는 것이다. 물론 여기서 거去 자에 대해서 유의할 필요가 있다. 거는 욕망과 주체성의 확립이 대립적 관점에서 조망되어야 한다는 것을 강조하는 표현이지 실제로 금욕을 주장하는 것이 아니다. 이런 점은 관자사편에서 한편으로 거욕이란 표현을 쓰지만 다른 한편으로 지속적으로 절욕節欲이란 표현을 쓰는 데에서도 확인할 수 있다.[17]

이처럼 인간은 제아무리 자기 원인의 심을 가지고 있다고 하더라도 욕망의 침입으로부터 자결권이 쉽게 도전받을 수밖에 없는 존재가 된다. 심은 욕망의 공격으로부터 어떠한 영향을 받지 않는 강건한 주체가 아니라 그것의 공세로부터 전전긍긍하는 유약한 주체일 뿐이다. 이 유약한 주체가 욕망으로부터 자기보존을 할 길은 없는 것인가?

관자사편은 이와 관련해서 회심의 카드를 꺼내든다. 이것은 『장자』에서 보았듯이 심心의 거居와 동動, 즉 동動과 정靜이라는 두 가지 상태를 구분하는 데에서 논의를 출발시키고 있다.

> 마음(心)이 도道를 머금어 서로 분리되지 않으면 사람의 감각기관인 구규九竅도 각자의 이치에 순응한다. 반면 무엇을 좋아하고 뭔가를 하고 싶은 기욕嗜欲이 가득 차고 늘어나게 되면 눈은 색을 제대로 보지 못하고, 귀는 소리를 제대로 듣지 못한다. (…) 움직이면 제 지위를 잃어버리고 고요하면 스스로 얻게 된다.(「경經」)

귀와 눈은 보고 듣는 기관이다. 마음이 보고 듣는 일에 개입하지 않으면 기관마다 각기 그 직분을 지킬 수 있다. 마음[心]에 하고자 하는 것[欲]이 있는 사람은 사물(대상)이 앞에 지나가더라도 눈에 보이지 않고 소리가 들리더라도 귀에 들리지 않는다.(「해解」)[18]

「심술心術 상」의 화자는 심이 기호와 욕망에 쉽게 영향을 받는 점을 인정하고 있다. 영향을 받는 결과는 너무나 자명하고 심각해서, 기욕에 사로잡히면 눈앞에 보이는 대상도 보지 못하고 귀 가까이 들리는 소리마저 듣지 못할 정도이다. 동시에 「심술 상」의 화자는 심이 도와 일치된 상태를 이야기하고 있다. 이 상태는 외적 대상이 감관을 통해서 심에 영향을 주는 계기로부터 완전히 자유로울 수 있다고 주장하고 있다. 이때 심은 확고하게 구규 또는 이목의 감관에 대해 완전한 주재나 관리를 행사하고 있는 것이다.

이 지점에서 나는 관자사편의 심을 둘로 나누고자 한다. 하나는 심이 기호와 욕망으로부터 영향을 받는 심욕心欲 층위이고, 다른 하나는 심이 도와 일치되어 기호와 욕망의 위력을 완전하게 통제하는 심도心道의 층위이다. 이 두 층위의 구분은 전국시대 심 담론의 2단계가 시작되었다는 것을 알리는 신호일 정도로 획기적인 의의를 갖는다. 관자사편은 심이 감각으로부터 자극을 받아 생긴 욕망에 의해 끝없이 흔들리는 유약한 주체라는 현실을 인정하면서 동시에 기호와 욕망으로부터 자유로운 곳에서 순수한 독자성을 유지하고 있는 굳건한 주체를 구분하는 것이다.

「심술 상」의 화자는 심의 두 층위를 심도와 심욕으로 명시적으로 주장하지는 않았지만 우리는 문맥에서 그것을 도출해낼 수 있었다. 이러한 두 층위가 좀 더 명시적이며 특징적인 표현으로 나타나고 있다. 하나가 「내업」의 "심이 심을 감추고(지니고) 있다心以藏心"이고, 다른 하나가 「심술하」와 「내업」의 "심 속에 또 심이 있다心之中又有心"이다. 아마 이 규정이 없었더라면 우리가 관자사편의 심을 심욕과 심도의 두 층위로 읽어내는 일은 불가능했을 것이다.

여기서 둘의 대응 관계를 짝지어볼 때, "심이장심"과 "심지중우유심"에서 앞의 심이 심도心道이고 뒤의 심이 반드시 심욕心欲이다라거나 그 반대로 보아야 한다며 배당에 온 신경을 집중할 필요는 없다.[19] 왜냐하면 양 방향의 해석이 모두 가능하기 때문이다. 앞의 심을 심욕, 뒤의 심을 심도로 보면 심욕이 표층에 자리 잡고 심도가 심층에 자리 잡고 있는 형상이 된다. 반대로 앞의 심을 심도, 뒤의 심을 심욕으로 보면 심도가 더 넓은 외연으로 심욕을 포위하여 둘러싸고 있는 형상이 된다. 여기서 관건은 무엇이 앞이고 뒤이냐가 아니라 관자사편의 화자들이 심을 두 층위로 나누어 욕망의 영향을 받으면서도 그 영향을 규제할 수 있는 근원을 설정하는 틀을 마련했다는 것이다. 이것은 조금 뒤 『예기』「중용」에서 훨씬 더 명시적인 언어인 미발과 이발로 형상화되기에 이른다.

그렇다면 관자사편의 저자들은 심을 왜 중층화하게 되었을까? 이 설명을 위해서 끌어들이는 것이 「경經」의 말미에 보이는 동정動靜의 도식이다. 동은 물리적으로 몸의 움직임의 측면을 나타내면서 동시에 심리적인 활동을 나타낸다. 더 나아가 동은 단순히 심리적 활동을 가리키는 데에서 나아가 외부에서 주어지는 자극에 휘둘리면서 어찌할 줄 모르는 상태를 나타내고 있다.[20] 반면 정은 물리적인 움직임이 없고 심리적(감정적) 편향이 일어나지 않는 상태를 가리킨다. 나아가 정은 고요한 평정을 유지한 덕택으로 주위에서 일어나고 벌어지는 사태의 움직임을 가감 없이 통찰할 수 있고 그 결과에 대상 세계의 정보를 최대한으로 확보한 절대 안정을 나타낸다.

이런 맥락에서 당연히 추론이겠지만 관자사편의 화자들은 음이 양을 제어할 수 있듯이 정이 동을 제어할 수 있다고 주장한다.[21] 아울러 관자사편에서는 사람이 정의 상태에 머무르고 또 그 상태를 지속하기 위해서는 실천적으로 여러 가지가 필요하다고 주문을 한다. 이 지점이 바로 심이 존재론에서 수양론으로 전환되는 계기라고 할 수 있다.

구체적으로 몇 가지 실례를 들어본다면 다음과 같다. 첫째, 욕망을 비우라고 주문한다.[22] 둘째, 정정正靜과 평정平正처럼 정靜의 상태를 강화하도록 요구하고 있다.[23] 셋째, 전의일심專意一心처럼 뜻을 오로지하고 심을 하나로 하는 집중과 수렴을 요구하고 있다.[24] 이러한 다양한 실천적 요구를 압축하면 「내업」에서는 심정기리心靜氣理, 수심정형修心正形, 정형섭덕正形攝德, 내정외경內靜外敬이라고 할 수 있다.[25] 여기서 갑작스럽게 정靜의 술어가 마음의 근원을 직시하는 방식으로 쓰이기 시작한 것이다. 이는 맹자 단계에서 상상할 수 없었던 특성이기도 하고 심 담론의 1단계와 2단계를 가르는 기준이기도 하다.

5 맺음말

전국시대에 이르러 심心은 철학의 맥락에서 사용되기 시작했다. 맹자는 심을 통해 외적 대상에 좌우되는 무기력한 이목지관耳目之官에 대해서 심의 반성 능력을 발견했다. 이로써 심은 도덕 주체로 수립되는데, 이것이 전국시대 심 담론의 1단계이다. 맹자는 주체의 지속을 위해서 과욕寡欲을 주장했다. 이것은 문제의 해결이 아니라 새로운 문제를 잉태하는 것이다. 즉 마음은 주체이기도 하지만 감관이 외물과 접촉함으로써 생성된 욕망이 들끓는 공간이 된 것이다.

관자사편에서는 욕망의 영향을 받는 심욕心欲과 욕망의 영향을 받지 않고 오히려 그것을 규제할 수 있는 심도心道의 층위를 나눔으로써 맹자에게서 제기된 문제를 해결하고자 했다. 관자사편은 이 층위를 명시적으로 표현하기 위해서 「내업」의 "심이 심을 감추고(지니고) 있다"와 「심술 하」와 「내업」의 "심 속에 또 심이 있다"는 독특하며 창조적인 발견을 수행했던 것이다. 이것이 바로 전국시대의 심 담론 2단계이다.

관자사편에서 심은 존재론과 윤리학의 문맥이 아니라 지식론의 측면에서도 흥미로운 내용을 보여준다. 특히 「내업」의 덕성지출德成智出, 과지실생過知失生, 사색생지思索生知는 전문적인 논의를 필요로 한다. 덕이 지식을 생성시킨다는 것은 덕과 지식이 모순되지 않는다는 주목할 만한 발언이다. 또 한편으로 과도한 지성이 생명을 손상시킨다는 주장 또한 덕성지출이나 사색생지와 어떻게 구별되는지 논의할 필요가 있다. 아울러 『관자』도 인식의 전제 조건으로서 수양을 강조하고 있는데, 이런 사유는 『예기』「대학大學」의 격물格物 해석과도 견주어볼 만하다. 이 글은 『관자』의 기론氣論, 지식론을 밝히는 후속 작업으로 이어진다면 전국시대에 일어났던 다양한 지적 조류를 밝히는 데에 일정 부분 기여하는 바가 있으리라.

동아시아 철학에서 심 또는 마음은 학파와 분파를 넘어서 중요한 개념이다. 아울러 이 개념은 복잡하고 다양한 사상 체계를 꾸리는 중심에 자리하고 있다. 기존의 심 논의는 송명 성리학과 불교 분야에서 주도해왔다. 그 결과 춘추전국시대의 심 논의는 단순히 맹아기 정도로 여겨졌다. 이로써 춘추전국시대의 심 논의가 얼마나 역동적 발전 과정을 보였는지 주목하지 못했다.

나는 일련의 글을 통해서 춘추전국시대 심 논의의 자취를 추적해서 재구성하는 데에 주력해왔다. 그 결과 춘추전국시대의 심 논의가 공자에서 양주 학파까지의 예비 단계를 거쳐서 맹자에서 1단계를 완성하고 다시 관자사편과 「중용」에서 2단계를 완성했다는 사실을 밝혀냈다. 앞으로 제자백가가 각각의 단계에서 활동하면서 심 또는 마음을 자신의 철학 체계에 어떻게 정위시켰는가를 살펴볼 필요가 있다. 그렇다면 우리는 학파를 떠나서 마음을 중심으로 개별 사상가의 특성을 조망할 수 있을 것이다.

제8장

감정

「중용」의 중화中和 사상과 감정의 위상 변화

1 여는 글

예수는 자기를 믿는 유대인에게 "너희가 내 말에 거하면 참으로 내 제자가 되고 진리를 알지니 진리가 너희를 자유롭게 하리라"(「요한복음」 8:31~32)라고 말했다. 소크라테스는 "너 자신을 알라Know thyself"는 전래의 격언을 강조했다. 불교에서는 없는 것을 실재하는 것으로 착각하고서 살아가는 거짓된 삶에서 벗어나기 위해 '반야prajñā'를 강조한다. 종교·문화·철학·예술이 인간의 자유와 해방을 꿈꾼다고 할 때 위의 세 전통은 고통에서 벗어나고 전도된 가치를 되돌리는 과정에서 하나같이 지식의 힘을 내세우고 있다. 물론 세 곳의 진리와 앎과 반야는 각각 가리키는 것과 의미 맥락이 다르다. 여기서는 절대자에 대한 앎이든 자기 자신에 대한 앎이든 근본 지혜이든 앎에서 공통점이 있다고 보고자 한다.

동아시아 철학에서도 다른 문화 전통과 마찬가지로 앎의 근원성에 대해서 말하고 있을까? 중국 철학에는 다양한 학파와 사상가가 있기 때문에 일률적으로 말하기는 어렵지만, 유학에서는 앎보다는 행위와 의식의 근원성을 강조한다고 나는 생각한다. 도道와 예禮는 어원에서 걷는 동작과 깊이 관련된다. 이는 지성의 안내보다 행위의 축적이 사람을 자유롭게 하고 선하게 한다고 보았기 때문이다.[1] 이러한 사고의 연장선상에서 동아시아 사회는 일상 윤리의 차원에서 적선積善을 유독 강조해왔다. 적선은 개인의 구원(행복)만이 아니라 가족 구원(행복)의 특성을 지니고 있을 정도로 사회 윤리의 핵심으로 자리 잡기도 했다. 적선은 원래 『주역』

에 나올 정도로 연원이 깊으며 우리의 일상생활에 "적선하는 셈치고 … 을(를) 하다" "월천공덕越川功德" 등으로 깊이 스며 있다.[2]

그렇다고 해서 유학을 비롯해서 중국 철학에서 앎을 강조하지 않은 것은 결코 아니다. 철학사를 보면 순자는 '양지養知'로 지식의 축적을 강조했고, 주희는 '격물치지格物致知' 해석에서 '활연관통'이라는 지식의 총체성을 말했고, 대진은 '불역지칙不易之則'으로 주관에 의해서 좌우될 수 없는 확고한 토대로서의 앎[3]을 역설했다. 이처럼 중국 철학사에서 지식의 획득 또는 축적을 존재의 질적 변화를 낳는 중요한 고리로 취급하는 전통은 분명히 존재한다.

공자가 영인佞人에 대해 혐오의 태도를 나타낸 이래로[4] 『맹자』 『장자』 『한비자』 등의 문헌을 얼핏 보면 반지성주의anti-intellectualism의 경향이 강하게 드러난다. 그 속에서 화자는 인간의 해방과 사회의 질서를 이루는 과정에서 지식의 역할과 가치에 대한 적대적인 태도를 숨기지 않는다.[5] 예컨대 맹자는 우임금이 물길을 터서 치수를 하면서 발휘하는 지력을 찬양하지만 최종 근거를 향해 끊임없이 물어가는 탐구에 불편한 태도를 보였다.[6]

이렇게 보면 황하 유역의 문명에서는 지(앎)에 대한 태도가 참으로 뜨뜻미지근하다고 할 수 있다. 이런 탓에 리쩌허우李澤厚는 중국 철학에서 이성은 순수한 지식을 추구하거나 초월적 세계의 숨겨진 비밀을 밝혀주는 빛으로 작용한 적이 없다고 본다. 이성이 발휘된다면 그것은 주로 현실의 문제를 풀어내거나 실제적인 효과를 거둘 수 있는 지식의 범위에 한정된다고 판단한다. 이에 중국 철학의 흐름에 이성과 지식의 전통이 있다고 한다면, 그것은 실용성을 강하게 띤다고 보았다. 그는 이러한 이성의

특성을 '실용이성' 또는 '실천이성'이라는 신조어를 만들어서 표현했다.[7]

중국 철학의 전통에서 지식의 대안으로 뜨겁게 환영을 받는 것은 무엇일까? 통속적인 동서 비교철학 또는 문화론을 보면 '서양은 지식, 동양은 감정'의 이분법이 널리 통용되고 있다.[8] 분명히 동양철학과 문화 예술의 영역에서 감정은 무시할 수 없는 하나의 흐름을 형성하고 있다.[9] 하지만 전체적으로 보면 동양철학과 문화의 흐름이 처음부터 끝까지 감정 하나로 정리될 정도로 그렇게 단선적이지도 간단하지도 않다. 내부적으로 다양한 대결과 상호 침투를 통해 '감정'에 주목하는 흐름이 생겨나게 된 것이다. 이 글에서는 바로 감정이 주류적인 흐름의 한 갈래로 생겨나는 과정, 즉 공자에서 맹자와 한비자를 거쳐서 『예기』의 「악기」와 「중용」으로 종합되는 귀결점을 살펴보고자 한다.

감정에 대해 공자는 기대와 염려가 교차하는 불안한 시선을 보냈다. 감정은 한편으로 가변적인 폭력성의 혐의를 완전히 벗지 못했지만 다른 한편으로 사람의 행동이 의거해야 할 바탕이기도 했던 것이다. 맹자는 감정을 일종의 도덕감moral sense으로 파악함으로써 공자가 가진 불안의 싹을 지우려고 노력했다. 뒤이어 한비자는 감정이 주관성에 기초하는 한 공약적인 규범과 양립할 수 없다며 뜨거운 비판을 내놓는다. 이에 「악기」와 「중용」에서는 감정에 짐 지어진 혐의를 벗겨내면서 감정을 인간다운 행위를 가능하게 하는 보루로 재정립해야 했다.[10]

2 공자의 기대와 우려

동아시아 철학사의 초기 문헌에는 사람이 다양한 사태를 겪으면서 보이는 정서적 반응과 관련된 어휘가 널리 쓰이고 있다. 『서경』은 주로 이상적인 성왕들의 언행을 기록하고 있으므로 문헌의 특성상 개인적으로나 집단적으로 사람의 정서를 직접적으로 토로하는 경우가 많지 않다. 텍스트를 세세하게 찾아보면 '외천畏天' '민원民怨' 등의 표현이 보인다.[11] 하지만 이 용어는 사람과 하늘, 백성과 지배자 사이의 일종의 집단 감정을 나타내지 개인의 진실한 감정과는 거리가 멀다. 즉 한쪽이 다른 한쪽의 가치나 존재의 의의를 긍정하느냐 부정하느냐, 존중하느냐 멸시하느냐는 식으로 어떤 정치적 태도나 평가를 내리는 문맥에서 감정이 논의되고 있다. '민원'은 일반 백성이 당시 위정자 또는 왕조에 대해 정치적으로 만족스럽게 생각하지 않는다는 태도를 나타낸다. 따라서 『서경』에 쓰인 정서 유형의 어휘는 대체로 정치적 질서의 맥락에서 복종과 불복종의 의미로 환원해서 생각해볼 수 있다.

『시경』의 경우는 『서경』보다 사정이 낫다. 『시경』은 그 속성상 이별과 사랑, 고통과 행복 등의 감정을 대상으로 하기 때문이다. 물론 시어로 쓰인 아我가 단수만이 아니라 복수로서 우리를 의미하듯이 『시경』의 감정은 개인만이 아니라 집단의 정서를 읊는 경우도 많다.[12] 전쟁으로 인한 이별이나 혼란한 국정으로 따돌림 당하는 신세 등은 집단이 겪는 공동의 사태이므로 함께 느끼는 공동의 정서라고 할 수 있다. 하지만 그 속성상 이별의 소재에는 개별화된 감정의 진실한 표출을 완전히 소거할 수는 없는 것이다.

예컨대 "그대가 나를 사랑한다면 치마를 걷어서 진수라도 건너리라" 하며 사랑을 읊고, "마음에 걱정이 가득 차니 빨지 않은 옷을 입은 듯하다"[13]라고 걱정을 말하고 있다. 이런 사랑과 걱정은 세상의 온갖 장애를 뛰어넘을 수 있거나 힘겨워 모든 것을 포기하게 만드는 원인으로 나타난다. 이것은 한 사람이 바라지 않는 상황에 놓여서 겪게 되는 강렬하며 쉽게 사라질 수 없는 감정이다.

이런 정서적 반응이 적극적으로 표현되고 행동으로 추진된다면, 감정은 금기禁忌에 도전하는 용기를 낳을 수 있고 양도할 수 없는 감정의 개인성을 자각하게 할 수 있다. 『시경』은 이름이 알려지지 않은 많은 시인이 그들의 의지와 상관없이 한곳에 결집된 문헌이다. 따라서 특정한 시인이 감정을 어떤 방향으로 표현하려 했다는 식으로 규정하기가 어렵다. 이에 반해 『시경』을 읽은 특정한 독자, 특히 비평가 그룹은 감정을 윤리적 정서처럼 어떤 방향으로 풀이할 수는 있다. 이런 점에서 『시경』의 감정은 제한적이나, 사람과 사람 사이의 바람직한 관계를 설정하는 촉매이거나 사람다움을 꽃피우는 최초의 동인으로 볼 수 있다. 물론 『시경』이 감정의 철학적 특성을 정치하게 해명했다고 말할 수는 없다.

『논어』에 이르면 사정은 달라진다. 공자와 그의 학생들은 사람의 행위가 모방해야 할 공동의 기준 또는 기원이랄까 바람직한 행위를 추동시키는 내적 기제에 대해 지속적으로 탐구한다. 이러한 노력의 일환으로 『논어』에 나오는 감정의 사례를 검토해보기로 하자.

「양화」 21에 보면 재아와 공자가 3년상三年喪의 정당성을 두고 논쟁을 벌이고 있다. 재아는 3년상이 너무 길어서 비현실적이므로 1년상을 치르는 게 합당하다고 주장한다. 공자는 사람이 부모의 품에서 3년 정도 자란 뒤에 사람 구실을 하므로 여전히 3년상을 치를 만하다고 주장한다. 이에 공자는 자식이 부모상을 치른 뒤 3년 안에 고기를 구워먹고 고운 옷을 껴입으면 그 마음이 편안할까, 하고 재아에게 묻는다. 만약 사람이 스스로 편안하게 느낄 수 있다면, 공자는 굳이 3년상을 치를 필요가 없다고 말한다. 공자는 어떤 것을 해야 하는가에서 결정을 내리는 기준을 "편안한가, 아닌가"의 여부에 두고 있다.[14] "편안하게 느끼는 대로 행동하라!"는 것이 공자의 주문이다. 이 편안함은 정서적으로 동요하지 않고 주저하거나 거리낌이 없이 행동하며 전혀 걱정이 없는 상태, 간단하게 말해서 쾌락(즐거움)에 가깝다고 할 수 있겠다.

두 사람의 대화에서 편안함의 감정은 행위의 정당성으로 제시되고 있지만 편안함의 공유는 아직 해결되지 않고 있다. 공자는 행위의 기준으로 편안함을 제시했지만 그것은 곧 서로 다른 사태를 편안하게 느낄 가능성을 배제할 수 없는 것이다. 물론 공자로서는 기년상期年喪에 편안함을 느끼는 것 자체가 바람직하지 않다고 생각하므로 그것을 공유하도록 권장할 수 없는 사태로 취급할 것이다. 이로써 편안함의 감정은 확고한 독보적 지위를 마련하는 데 실패한다.

공자는 인간답게 행동하는 근거로 특정한 감정을 제시하고 있다. 임방이 공자에게 예의 선결 과제를 물은 적이 있다. 이에 대해 공자는 "예식은 호화롭기보다 검소해야 하고 상례는 주도면밀한 것보다 슬퍼해야 한다"고 대답했다.[15] 일반 예식과 상례를 치를 때 두 가지 행위 방식이 다 가능하다. 호화로운 예식도 가능하고 검소한 예식도 가능하다. 마찬가지로 주도면밀한 상례도 가능하고 슬픈 상례도 가능하다. 공자는 두 방안 중에서 기본적인 것을 바람직한 것으로 여기고 있다.

슬픔의 기초(기본) 위에 주도면밀한 일처리가 따라가야지 슬픔이 빠진 채 주도면밀한 일처리만 남는다면, 상례는 사자를 애도하는 의식이라기보다 사자와 생자를 갈라놓는 행정적인 일처리가 되고 말 것이다. 이럴 때 개별 사태의 고유성, 즉 상례를 상례답게 하는 것이자 사람다운 상례는 슬픔이 드러난 것에서 찾아야 하는 것이다. 여기서 슬픔은 남이 결코 들여다볼 수 없고 나에게만 접근권이 허용되는 완전히 사적인 감정이 아니다. 그것은 상례에 어울리는 행위를 낳는 기원(바탕)이면서 사회적으로 약속된 방식으로 표현되고 함께하는 공인共人에게 투시될 수 있는 사적 감정의 공공화라고 할 수 있다.

이처럼 공자가 공적 감정을, 행위의 정당성을 부여하고 닥친 사태를 인간답게 처리하는 근원이자 의미로 보면서도, 그것에 대한 우려를 완전히 거둔 것은 아니었다. 예컨대 공자는 『시경』의 제일 앞에 나오는 「관저關雎」를 다음과 같이 비평했다. "즐거워하지만 빠져들지 않고 슬프지만 아파하지 않는다."[16] 시 속의 군자는 요조숙녀 같은 배필을 찾고 있지만, 결국 찾지 못해 슬퍼하다가 마지막에 함께 행복한 한때를 보내는 장면을 상상하고 있다. 기대와 현실의 차이에서 슬픔이 발생하고 그 슬픔이 극단으로 치달으면 사람의 심신을 피폐하게 만든다. 반면 기대가 실현되면 슬픔이 물러나고 즐거움이 찾아오는데, 그 속에 묻혀버리면 자신의 사회적 역할을 잊어버리게 된다. 여기서 공자는 「관저」를 감정(슬픔, 즐거움)이 무제약적으로 또는 가능한 한 더 강렬하게 표출되기를 바라는 것이 아니라 절제된 상태, 즉 중용中庸에 머물러야 한다는 문맥으로 풀이하고 있다.

감정에 대한 공자의 우려는 계속해서 이어진다. 그는 감정의 치명적인 약점으로 혹惑의 문제, 즉 일관성의 결여를 제기했다. 공자는 철학만이 아니라 올바른 직업 태도로서 항恒, 즉 항상성을 강조하던 터라 이랬다 저랬다 하는 감정의 가변성은 결코 작은 문제가 아니었다.[17] 공자의 예시처럼 우리가 누군가를 사랑하게 되면 그가 천년만년 오래 살기를 바라지만, 무슨 일로 그 사람을 미워하게 되면 그가 당장이라도 죽기를 바란다. 이처럼 같은 사람을 두고도 언제는 오래 살기를 바라다가 언제는 또 빨리 죽기를 바라니 감정이란 변덕스러워 자신마저도 헷갈리게 하는 특성이 있다.[18]

공자는 이런 우려 끝에 과격한 결론에 도달한다. 보통 사람들의 호오好惡는 믿을 만한 것이 못 된다. 반면 최고의 인격자에 해당되는 인자仁者의 호오는 믿을 만하다. 왜냐하면 보통 사람의 경우 개인적 호오에 휘둘려서 객관적 거리를 유지할 수 없으므로 그들의 사랑이 꼭 세상을 아름답게 만들고 그들의 증오가 꼭 정의를 수호하는 길의 든든한 후원자가 될 수 없는 것이다.[19] 보통 사람은 제 감정을 제대로 지배하지 못한 채 사랑으로 부정을, 증오로 복수를 일삼을 수 있는 것이다. 즉 사람은 감정의 주인이 아니라 노예가 될 수 있다. 여기서 모든 사람이 인자가 아니라면 그 사람의 감정을 분류, 판단의 기준으로 확정하기는 어려워지는 것이다.

3 맹자의 반전

중국 철학사에서 맹자의 돋보이는 공로는 심心을 철학의 영역으로 끌어들인 점이다. 고비나 결정을 앞둔 상황에서 우리는 남녀노소를 불문하고 모두 "세상사 마음먹기[作心]에 달렸다"고 말하므로 오늘날 '마음' 개념이 대단해 보이지 않을 수도 있다. 나의 길과 공동체의 운명이 예비되어 있지도 결정되지도 않은 상황에서 우리가 '무엇을 어떻게 할까?'라고 자문할 때 쉽사리 기존에 있던 것에 의지할 수 있다. 하지만 기존에 있는 것의 경로 의존성을 벗어나고 또 있는 것을 더욱 발전시키려고 할 경우 우리는 도대체 어디에 의존할 수 있을까? 이 물음에 대해 자신 있게 '마음'이라고 회답했던 이가 바로 맹자였다.

맹자는 심을 철학의 핵심 주제로 다루었다. 오늘날 우리는 그가 만들어냈던 개념과 표현을 여전히 사용하고 있다. 예컨대 양심養心·구방심求放心·동심動心·전심專心·항심恒心 등의 숱한 신조어가 그것이다. 그중에서도 맹자 사상의 전후기에 걸쳐서 늘 주목받은 말은 진심盡心이었다. 이 말은 당시 제후들을 만나 사회 문제를 구체적이며 현실적으로 다루는 첫 장 「양혜왕」에도 보일 뿐만 아니라 사회적 맥락을 벗어나 추상적으로 논의를 전개하는 마지막 장 「진심」에도 보인다. 맹자의 경우 심이 가진 역량이 하나로 집중되어 온전히 발휘된다면, 심은 사람과 공동체의 길을 밝혀주는 횃불이 될 뿐만 아니라 하늘과 소통하는 안내자가 될 수도 있었다.[20] 이로써 진리의 소재가 전통, 미풍양속, 예제, 전승된 성왕들의 언행, 공통의 기억 등과 같은 외재적인 텍스트에서, 하늘과 소통을 유지하는 '심성'으로 급속하게 이동했다.[21] 이는 철학사에서 획기적인 변화라고 할 만하다. 맹자는 객관 규범의 절대주의를 주관 심성으로 대체했기 때문이다.

맹자가 사용한 양심養心·전심專心·진심盡心의 주문을 눈여겨보자. 이들은 모두 타동사와 목적어의 문형으로 되어 있다. 이는 각각 마음을 키우고 마음을 오로지하고 마음을 완전하게 발휘하다로 풀이할 수 있다. 키워야 한다는 것은 있는 것이 완전하지 않다는 말이다. 오로지해야 한다는 것은 이리저리 휘둘릴 수 있다는 것이다. 완전히 발휘해야 한다는 것은 사람에 따라 차이가 있다는 것이다. 여기서 심은 절대 주체로서 어떤 부가적 조건 없이 사태를 주도하지는 못하고, 더 보완하고 집중하고 온전히 해야 하는 수양의 대상으로 고려되고 있다. 맹자는 왜 심을 주체로 완전히 신뢰하지 못하고 수양이 필요한 대상으로 삼았을까? 이것은 분명히 공자 단계에서부터 우려되어온 감정의 가변성과 관련이 있을 것이다. 앞으로 맹자가 이 문제를 어떻게 풀어나가는지를 살펴보도록 하자.

맹자는 "무엇을 그리고 어떻게 할까?"라는 물음에 대해 "일정하게 느끼는 대로 해라!"라는 공자의 제안을 "마음에서 찾아라!" 또는 "마음이 이끄는 대로 하라!"고 수정하고 있다. 감정에 따를 경우 보통 사람이 동일한 사태를 상반된 방식으로 처리할 가능성에서 벗어날 수 없었다. 마음에 따를 경우 한 사람이 동일한 사태에 대하여 동일하게 반응하더라도 사람들은 각기 다르게 반응할 수 있다. 즉 사람들이 각기 따로 달리(다르게) 대응할 수 있다. 이 때문에 맹자는 사람들이 동일한 상황에서 함께 똑같이 대응할 수 있는 근거를 찾아내야 했다.

이 과정에서 맹자가 주목했던 것은 '동同' 개념이었다. 사실 이와 같은 주목은 파격적일 정도로 뜻밖이다. 왜냐하면 공자는 이 개념을 긍정적인 맥락으로 사용하기를 끝내 주저했기 때문이다. 그는 동同과 화和를, 소인과 군자의 특성을 분류하는 데 즐겨 사용했다.[22] 또 동同은 줏대 없이 주위의 여론에 휩쓸리거나 당파성으로 전체의 갈등을 조장하는 의미의 맥락으로 사용되었다. 나아가 동은 사전 약속과 사후 결과의 완전한 일치를 통해 부국강병을 달성하고자 했던 초기 법가의 사고방식을 대변하는 것이기도 했다.[23]

맹자는 동락同樂(「양혜왕 하」 1), 동정同井(「등문공 상」 3)처럼 동을 함께 나누어 가지는 공유共有의 맥락으로 사용한다. 이런 바탕 위에 그는 두 가지 차원에서 동에 새로운 의미를 부여하고 있다. 하나는 종적 본질이고 다른 하나는 상호 주관성이다.

그는 사람이 사람으로서 종적 본질이 있다는 주장을 두 가지 방식으로 논증하고자 했다. 첫째로 사람과 동물의 차이가 현격하지 않다고 하더라도(「이루 하」 19) 그것은 결코 해소될 수 없는 것이다. 맹자는 여러 곳에 걸쳐서 사람의 극단적인 타락을 사람과 동물의 차이 상실로 규정하고 있다.(「등문공 상」 4, 「등문공 하」 9, 「이루 하」 27, 「고자 상」 8) 또 이전까지 성인聖人과 범인凡人 사이에는 뛰어넘을 수 없는 간극이 실재하는 것으로 간주되었지만 그는 그것을 한갓 양적인 것으로 여긴다. 이런 바탕에서 그는 범인과 성인이 동류同類라고 선언한다.[24] 성인은 이전과 달리 성聖보다 인人에 방점이 찍혔고 성인이 할 수 있는 것은 범인도 할 수 있게 된다. 이로써 성·범凡 사이의 차이가 해소되면서 둘은 동일한 종적 본질을 공유한 지평에 나란히 서고 사람의 주체적 역량이 수직 상승하게 되

었다.[25]

다음으로 상호 주관성의 계기를 살펴보자. 이를 풀어내기 위해서 맹자는 사람의 다양한 감각 경험을 실례로 든다. 사람마다 입맛이 다르기도 하지만 어떤 경우 다들 똑같이 맛있다고 느낀다. 사람마다 소리나 음악에 대해 나름의 기호가 있지만 어떤 경우 다들 똑같이 듣기 좋다고 말한다. 또 사람마다 보는 안목이 있어 아름다움의 기준이 다르지만 어떤 경우 똑같이 아름답다고 느낀다. 여기서 맹자는 흡사 칸트가 『판단력 비판』에서 말하는 무관심disinterestedness처럼 사람이 욕망과 개념적 사고에 얽매이지 않고 공통의 판단에 도달할 수 있다고 주장하고 있다.[26] 그는 이를 동기同嗜·동청同聽·동미同美로 표현한다.[27] 맹자는 여기에서 추론을 그치지 않고 심心의 영역으로 확장해가서 모두가 함께 그렇게 해야 한다고 느낄 수 있는 것, 즉 소동연所同然이 실재한다고 주장한다. 그것은 인륜적 존재로서 사람이 마땅히 해야 하는 도덕[理義]인 것이다.[28]

이처럼 맹자가 마음을 행위 판단의 공동 근원으로 간주하자 사람이 각기 다르게 생각하고 느껴서 서로 반대되는 판단을 할 가능성을 배제할 수 있게 되었다. 이때 마음은 개별적인 사람이 종적 본질을 공유할 수 있는 기반으로 여겨지고 있다.

이제 맹자는 마음이 사람들로 하여금 동일한 사태에 동일하게 반응하도록 하는가를 논증하는 일을 남겨두게 되었다. 이 문제를 해결하기 위해서 맹자는—철학사를 뜨겁게 달군—사단四端을 제기했다. 사단은 문자상으로 네 가지 싹four sprouts의 의미를 나타낸다. 사단은 사람이 만나는 사태에 따라 정서적으로 반응하는 것이면서 이 특정한 반응은 사람을 도덕적 존재가 되게끔 이끌어가는 힘을 지니고 있다. 이런 점에서 사

단은 일종의 도덕감moral sense이라고 할 수 있다.[29]

구체적으로 말하면 사단은 측은함·부끄러움·사양·시비와 관련되는 도덕 정서이다. 시비是非는 무엇이 옳고 무엇이 그른지와 관련해서 사람이 느끼는 도덕감이다. 특히 시비는 흥미롭게도 감정이 인지적 측면을 가질 수 있다는 점을 보여주고 있다. 사양辭讓은 일상적으로 대중교통에서 노약자에게 자리를 양보하는 것에서부터 개인 사이 또는 국가 사이에서 우선권을 포기하는 것과 관련하여 사람이 느끼는 도덕감이다. 수오羞惡는 하지 말아야 할 것을 했거나 했지만 제대로 하지 못한 것처럼 행위의 적정성과 관련해서 끊임없는 자기 성찰을 가능하게 하는 도덕감이다. 측은惻隱은 타인을 고통으로 내몰 경우 겪게 되는 심리적 저항감이다.(「공손추 상」 6)

우리는 사단이 안내하는 대로 충실하게 행동한다면 악행의 가능성으로부터 점차 해방될 수 있다. 반대로 사단이 안내하는 도덕감을 배반한다면 우리는 사람이 사람답게 되기를 거부하는 것이 된다. 맹자는 이를 '비인화非人化'로 규정했다.[30] 물론 이 도덕감은 그 자체로 완전한 것이 아니다. 사람이 그것에 일치되는 방식으로 지속적으로 반응하느냐 그렇지 않느냐의 여부에 따라 극대 성장할 수도 있고 위축되어 아무런 작용을 못 할 수도 있다.[31] 사람이 수양을 통해 도덕감이 무한하게 성장한 호연지기浩然之氣를 갖게 된다면 도덕감에 반하는 행위가 근원적으로 불가능해진다. 그 지점에 선 사람은 도덕감에 주의하며 그것의 성장을 꾀하던 초보자와 달리 세계 전체와 동근원성을 확보한 존재로 비상하게 될 것이다.

요약하면 맹자는 감정이 가진 종적 본질, 상호 주관성을 극복했다. 이 단계에 이르면 감정은 도덕감의 특성을 지니면서 사람과 금수의 질적 차이를 결정하는 근거로 격상되고 있다.

4 한비자의 역습

인간(백성)과 국가라는 주제는 맹자와 한비자가 지닌 문제의식의 한가운데에 있었다. 지향하는 바가 다르면 사유를 조직하는 체계가 달라지곤 한다. 맹자는 인류 공동체를 희구하므로 먼저 백성의 고통을 해소해야 했고, 이를 위해서 국가는 공적 역할에 충실할 것을 강하게 주문했다. 반면 한비자는 부국강병을 목표로 삼으므로 국가 의지의 현실화를 최우선에 두었고, 이를 위해서 백성들이 가진 역량을 최대한으로 동원하고자 했다.

이렇기 때문에 사람에 초점을 두더라도 맹자는 효율성과 결합하지 않은 자율성을 긍정하지만 한비자는 효율성을 극대화하는 맥락에서만 자율성을 수긍한다. 그렇다면 한비자는 감정에 대해서는 어떻게 바라볼까? 효율성이라는 척도만 생각해보더라도 그는 감정에 긍정적인 시선을 보내지 않았으리라 예상할 수 있다. 여기서는 한비자가 어떤 맥락에서 감정에 대해 비타협적인 태도를 표명하는지 살펴보도록 하자.

『한비자』에는 선진시대의 국가들이 경쟁하면서 만들어낸 숱한 이야기가 들어 있다. 특히 「설림說林」과 「내/외저설內/外儲說」의 경우 편명 자체가 이야기의 숲 또는 창고라는 뜻이다.[32] 한비자는 이들 이야기에서 흥미와 쾌락을 찾지 않고 국가 지도자의 권력 의지를 현재화하는 맥락에서 재해석하곤 했다. 따라서 우리도 한비자가 어떤 이야기를 골라서 거기에다 어떤 새로운 의미를 집어넣고자 하는지 살펴본다면 자연히 감정에 대한 그의 입장을 읽어낼 수 있을 것이다.

첫 번째 이야기는 한나라의 소후가 술을 마시다가 그 자리에서 잠이 들면서 일어난 일이다. 이야기는 간단하다. 전관典冠은 자신이 모시는 군주가 추울까봐 소후의 몸에다 옷을 덮어주었다.(「이병二柄」)

우리가 이 이야기를 맹자의 사단에 적용한다면 '측은지심'의 사례에 해당된다고 할 수 있다. 전관은 자신이 직무를 준수하느라 옷을 덮어주지 않는다면 군주에게 좋지 않은 일이 생길 것이라 예상했다. 하지만 월권의 우려 때문에 위험에 빠진 군주를 그대로 내버려둔다면 그것은 신하로서 차마 할 일이 아니라고 생각했을 것이다. 맹자라면 전관의 행위를 처벌하지 않고 오히려 권장했을 것이다. 왜냐하면 이 사건은 절대로 해서는 안 되는 일은 한 월권으로 보기보다는 신하의 직무 준수와 군주 보호라는 두 가지 역할의 충돌이 일어났을 때 보다 가치 있는 일을 선택한 행위로 해석될 수 있기 때문이다.

잠에서 깨어난 소후는 전후 사태를 파악하고서 전관典冠과 전의典衣를 둘 다 처벌했다. 전의는 제 할 일을 못 했고 전관은 월권을 했기 때문이다.[33] 한비자는 소후가 추위를 막아준 것의 고마움을 몰라서가 아니라 전관의 행위를 방치할 경우 앞으로 생겨날 수 있는 폐단을 우려했기 때문에 방비하고자 했을 것이라고 풀이한다. 전관은 '측은한' 마음의 결에 따라서 왕의 몸에 옷을 덮어주었지만, 그 마음은 사람다움을 실현하는 도덕적인 것으로 평가되지 않고 하지 말아야 할 일을 아무런 겁 없이 저지른 범죄로 간주되고 있는 것이다.

한비자도 사람의 감정 자체를 부정하지는 않았을 것이다. 하지만 사람은 제 감정에 매몰되어 자신의 소임을 자각하지 못한 채—의식적이든 무의식적이든—규범을 침해할 수 있다. 바로 여기서 한비자는 감정이 사회적 규범과 충돌을 낳을 수도 있고 규범 자체를 존중하지 않게 될 위험성을 가진 것으로 파악하고 있다. 감정의 위험성이 새삼 부각되는 것이다.

두 번째 이야기는 상벌의 행사와 관련되는 내용이다. 제나라의 전상田常은 간공簡公으로부터 은전을 받아서 그것을 백성들에게 개인적으로 은혜를 베풂으로써 그들의 환심을 샀다. 이렇게 되자 간공은 군주로서 백성들을 돌보지 않는 무능한 인물로 비치게 되었다. 송나라의 자한子罕은 군주에게 특이한 제안을 했다. 백성들이 상 받기를 좋아하고 벌 받기를 싫어하므로 포상권은 군주가, 처벌권은 자신이 각각 나누어 맡아서 행사하자는 것이었다. 결과적으로 간공은 전상 측에 살해되어 국권을 찬탈당하지만 이 찬탈 사건은 백성들의 공분公憤을 얻지 못했다. 송의 백성들은 점차로 군주보다 자한의 권세에 복종해갔는데 군주는 협박을 당하고서도 손쓸 길이 없어졌기 때문이다.(「이병」)

한비자는 이 이야기에 대해 군주가 형벌과 포상, 즉 형刑과 덕德을 제대로 행사할 때 군권을 유지할 수 있지 그렇지 않으면 군권을 상실한다는 교훈을 전달하고자 했다.[34] 전상과 자한의 사례를 맹자의 사단에 적용해보면 사양辭讓·수오羞惡의 도덕심과 상반된다고 할 수 있다. 하지만 그들은 군권君權을 가지고 싶은 욕망에 압도되어 사양·수오의 도덕심이 계시하는 방향과 반대의 길을 걷고 있다. 두 사람은 어떻게 도덕감에 반하는 행위를 하게 되었을까? 앞서 말했듯이 그들은 스스로 군주가 되려는 욕망이 너무나도 강했던 것이다. 하지만 이것만으로는 부족하다. 왜냐하면 욕망한다고 해서 그것이 저절로 또는 손쉽게 현실화되지 않기 때문이다. 그들이 신하에서 군주로 탈바꿈하는 것은 당시 세계에서는 인간이 생각할 수 있는 최고의 범죄이다. 이 범죄가 공분에 의해 타도의 대상이 되지 않고 용인되는 것은, 전상과 자한의 욕망만으로는 설명할 수 없다.

전상이 부당하지만 개인적으로 은혜를 베풀자 백성들은 그에게 고마움을 느낀다. 자한이 처벌권을 행사하자 백성들이 싫어하는 벌을 받지 않기 위해서 군주보다 자한의 명령에 복종하게 되었다. 고마움은 일회적인 반응으로 그치지 않고 되풀이해서 경험하게 되면 백성들은 심리적으로 간공에서 멀어지고 전상에게 가까워진다. 여기에 이르면 현실에서는 간공이 군주이지만 백성들의 마음에는 전상이 군주인 것처럼 여기게 된다. 두려움도 마찬가지이다. 두려움의 실체가 반복적으로 백성들에게 현시되면 처벌권을 부여한 군주는 한없이 뒤로 물러나서 보이지 않고 도끼를 휘두르는 존재만 부각된다. 자한의 경우 합법적으로 부여받은 권한을 행사하는 것이지만 억압적 방식으로 권력을 집행하고, 전상은 백성들에게 사적으로 이익을 제공하는 보상적인 방식으로 권력을 행사하는 차이가 있다.[35]

하지만 여기서 백성과 전상·자한 사이에 발생한 고마움과 두려움의 감정은 현실의 정치 질서를 안정시키는 것이 아니라 오히려 그것을 전복시키려는 시도에 복종하는 국면을 창출하고 있다. 제와 송의 군주는 백성들이 전상과 자한의 행태에 보이는 반응, 즉 고마움과 두려움을 느낄 하등의 가치가 없는 것으로 볼 것이다. 나아가 그들은 백성들이 느끼는 고마움과 두려움을 병적인 현상으로 생각하고 그런 꼭두각시놀음의 중지를 선언하려 했지만 성공하지 못했다. 여기서 한비자는 새삼스레 사적 감정의 공유 또는 광범위한 지지가 초래할 수 있는 정치적 위기 현상을 진단하고 있다.

세 번째 이야기는 동성애자 사이로 보이는 영공靈公과 미자하彌子瑕의 여도담군餘桃啗君 고사와 관련된다. 두 사람이 왕실 과수원을 노닐었는데 미자하가 복숭아를 따서 반만 먹고 영공에게 건넸다. 이때 영공은 "나를 사랑하는구나, 제 입의 단맛을 잊고서 나더러 먹어보라고 하는구나!" 라며 감탄했다. 훗날 미자하의 용모가 시들고 사랑이 식자 영공은 과거의 일을 들추며 "(자신이) 먹던 복숭아를 나더러 먹으라고 주었다"고 화를 냈다. 미자하가 한 행동은 이미 끝나버렸고 다른 방식으로 수정될 수 없는데 그 의미는 상황의 변화에 따라 달리 평가받고 있다.[36]

두 사람이 사랑하는 사이일 때는 범죄마저 효행으로 여겨질 정도로 모든 것이 용인되지만 사랑이 식으면 그토록 아름답던 과거의 기억도 끔찍한 범죄로 되살아나는 것이다. 애증의 변화는 매듭이 지어진 사태의 재심리를 요구하고 있다. 여기서 감정은 사람과 사람 사이를 지속시키는 안정성을 전혀 보장하지 못하게 된다.

우리는 이제 한비자가 행위 평가의 기준을 어디에 세울지 알 수 있다. 그것은 감정과 다른 특성을 갖게 될 것이다.[37] 이러한 문제의식은 한비자로 하여금 극단적으로 호오의 감정을 삭제할 것, 즉 거호거오去好去

惡의 방향으로 나아가게 만들었다. 물론 이 말은 한비자가 신하의 능력을 최대로 끌어내기 위해서 지도자가 자신의 의중을 누설할 수 있는 어떠한 정보도 내비치지 말아야 한다는 맥락, 즉 술術의 운용에서 나온 주장이다.[38] 하지만 이런 감정 배제의 방향은 한비자가 법法과 같은 객관적인 기준에 (다스림을) 정초하려고 했던 시도와도 논리적으로 정합성을 갖는다. 아울러 감정 배제, 객관적 기준, 법 등은 한비자가 강력하게 주장하는 "우연히 그렇게 되는 선(좋음)을 좇지 않고 반드시 그렇게 되는 도를 실행하려고" 하는 자세와도 맞닿아 있다.[39]

5 「악기」와 「중용」의 진지화 작업

한비자의 틀로부터 벗어나려면 가혹한 법 집행이 낳은 폐해를 열거하는 것으로 충분하지 못하다. 가혹한 법이 문제라고 하더라도 법이 규율하고 지배하던 영역이 갑자기 증발하는 것도 아니기 때문이다. 예컨대 관료의 업적 평가는 왕조의 교체에도 불구하고 객관 기준에 의해 평가될 수밖에 없는 것이다. 물론 그 객관 기준의 이름이 설령 법이 아니라 다른 것으로 바뀐다고 하더라도 객관적 평가라는 법의 정신은 계승되었으면 되었지 단절될 리가 없기 때문이다.

그렇다면 어디에서 작업을 진행해야 한비자의 프레임에서 벗어날 수 있을까? 그 작업은—정당하든 부당하든—한비자에 의해 덧씌워진 감정의 지위를 회복하는 데에서 출발하게 된다. 이 문제를 풀어내지 못한다면 감정은 문학의 영역에서야 자리를 보전하겠지만 철학의 영역에서는 완전히 추방될 처지에 놓여 있었다. 이 난국을 타개하려고 한 것이 「중용中庸」과 「악기樂記」의 저자들이었다. 그들은 한비자가 제기했던 감정의 불안정성, 위험성을 극복하기 위해서 공자와 맹자 단계에 없었던 새로운 사유의 샘물을 길어올렸다.

「악기」는 불안한 감정의 발생 기제를 욕망과 연계해서 세밀하게 설명하고자 했다.[40] 「악기」는 먼저 사람이 외적 자극을 받아 반응을 보이기 이전과 이후로 구분한다. '이전'이란 욕망의 지향, 극단적으로 욕망 자체가 생성되지 않은, 즉 절대 고요[靜]를 가리킨다. 외적 대상의 자극을 받으면 지각활동이 개시되고 또 그 결과로 호오好惡 중의 한 갈래로 감정이 기울어지고, 이어서 소유와 기피를 향한 욕망이 작동하기 시작한다. 이 호오는 공자와 한비자가 지적했듯이 언제든지 내적 절제를 뛰어넘을 수 있는 힘을 가지고 있다. 호오가 완전히 자기 동력에 의해서 움직이면서 어떠한 규제를 거부하면, 사람은 욕망의 화신이 되고 도덕 이상이 설 자리가 완전히 무너져버린다.

이런 파국을 피하기 위해서 「악기」의 작자는 두 가지 방향의 해결책을 모색한다. 하나는 외부의 힘을 빌려 내부의 균형을 회복하는 길이다. 외부의 힘이란 예禮·악樂·형刑·정政을 가리킨다. 그것들은 일종의 방어벽으로서 사람들로 하여금 그것의 경계를 넘어서지 않도록 하게 한다.[41] 여기서 악은 일종의 외적 장치로서 들끓는 내부의 욕망을 진정시켜서 상실된 내적 규제를 회복하게 하는 사회 질서의 보루로 여겨지고 있다.

다른 하나는 근원으로 회귀하는 길이다. 앞서 말했던 절대 고요는 욕망의 생성과 대비되는 특정 시점의 일시적 상태를 가리키는 것이 아니다. 즉 여기서 정靜은 동動의 상대적인 상태가 아니다. 그것은 생성된 모든 욕망보다 앞에 있으면서 들끓는 욕망을 진정시키는 역할을 하고 또 욕망의 노예화로 치닫는 자아를 원초적 상태로 회귀시켜서 정제된 삶을 살도록 한다.

예를 들어보자. 우리가 상품이 즐비한 백화점에 들어서면 갑작스레 이것도 필요하고 저것도 필요하며 이것도 좋아 보이고 저것도 좋아 보여서 마구 사게 된다. 집에 돌아와 한숨 자고 나서 어젯밤에 산 물건의 꾸러미를 보면 살 걸 제대로 사지 못하고 불필요한 것을 샀다는 후회가 밀려든다. 백화점에 있을 때는 눈에 들어오는 상품에 흥분되어 구매의 욕망이 들끓는 상태이다. 자고 난 뒤는 들끓던 욕망이 잠잠해지고 사놓은 것을 냉정하게 평가하며 앞으로는 비슷한 상황에서 어떻게 해야 하는가라는 기준을 세울 수 있는 상태이다. 여기서 보면 자고 난 상황은 내가 이것저것을 마구 사는 상황과 구별되는 또 하나의 상황이 아니라 다른 상황을 규제하고 안내하고 평가하는 상위의 자격을 갖는다. 이처럼 「악기」의 저자는 사람의 심성에 깃든 모든 감정[動]의 근원, 즉 정靜을 발견함으로써 감정에 내재한 치명적인 한계를 극복할 수 있게 되었다.

「중용」의 저자는 「악기」에서 정과 동으로 구분된 세계를 다른 언어로 규정한다. 추측건대, 「악기」에서 정이 근원이고 동이 현상으로 재배치되고 있지만 그 방식으로는 원래 짝 개념으로서 동정이라는 용어가 사람들에게 심어준 상대적 지위의 기억을 불식시키기 어렵다는 판단을 했을

수 있다. 그래서인지 「중용」의 저자는 중中과 화和로 심성의 세계를 새롭게 규정하고 있다.[42]

「중용」에서는 기쁨·성냄·슬픔·즐거움의 네 가지 감정을 예시하고 있다. 구체적인 감정이 의식에서도 현상화되지 않고 외적으로도 생리적 반응과 언행이 표면화되지 않은 세계가 있는데 그것이 중中이다. 외적 자극에 대해 구체적인 감정이 생성되고 이어서 언행으로 표출될 수 있다. 여기서 개별적 감정이 표출된 상태는 두 가지로 구분되고 있다. 하나는 성을 낼 상황이면 성낼 만큼 성내는 것이고 다른 하나는 지나치게 성내는 것이다. 전자는 「중용」에서 화和로 명명된다. 후자는 「중용」에서 무어라고 언명되지 않지만 화和의 부정 상태로서 불화不和라고 할 수 있다. 「악기」와 비교해보면 중中은 정에 상응하고, 화와 불화는 동에 상응한다고 할 수 있다. 「악기」의 저자는 욕망의 생성과 전개를 모두 동動으로 고려했지만 「중용」의 저자는 그것을 화와 불화로 구분해서 접근하고 있다. 더 세밀해진 것이다.

이런 구분법은 어떤 의의가 있을까? 이것은 작은 구분이지만 혐의를 받고 있는 '감정'의 입장에서 보면 획기적인 돌파구가 마련될 수 있다. 심성의 세계를 중中과 화和·불화不和로 나누면 그간 감정을 향한 공격의 화살을 분산시킬 수 있다. 공자와 한비자는 불안한 감정과 위험한 감정의 문제를 제기했다. 하지만 「중용」에 이르면 이 공격은 감정 전체가 아닌 감정의 어떤 상태에 해당되는 것으로 축소된다. 즉 「중용」의 저자는 감정의 문제를 중中의 차원과 무관하고 또 화와도 무관하며 오로지 불화不和와 관련된 것에 배당하게 된다. 즉 그들은 감정의 문제 발생을 화和의 반대 상태로 배속시킴으로써 감정의 위기를 극복하려는 것이다.

이로써 「중용」의 저자는 새로운 문제를 떠안게 되었다. 감정이 갖는 불안과 위험의 원인을 조율되지 않은 감정의 탓으로 돌렸지만 어떻게 하면 감정을 조절할 수 있는가라는 문제를 해결해야 했다. 이 물음은 이론과 실천이 동시에 겹쳐지는 특성을 갖는다. 「중용」이 이론의 특성에 치우친 탓인지 그 저자는 감정의 조절, 즉 수양에 대한 구체적 지침을 내놓지 않고 있다.[43] 이와 달리 「악기」의 저자는 예악이 '이풍역속移風易俗'에 미치는 효과를 통찰함으로써 감정의 문제를 악樂을 통해 치유할 수 있다고 주장하고 있다. 이렇게 보면 「악기」의 저자가 악의 의의를 하늘과 대지의 화和에서 찾는 것은 결코 우연이 아니다.[44] 「중용」이 침묵하고 있는 치유의 문제를 「악기」에서 악을 통해 대신 제시하고 있는 것으로 볼 수 있기 때문이다. 두 문헌을 교차시켜가며 읽는 데에서 생기는 즐거움이라고 할 수 있겠다.

다른 하나는 「중용」의 중中과 「악기」의 정靜이 감정과 맺는 관계의 문제이다. 이 둘은 글자 그대로 보더라도 감정일 수는 없다. 어디까지나 감정感情은 외부 자극을 수용하여 그것에 대해서 드러내는 정의 뜻이므로 중과 정이 감정에 해당될 수는 없다. 하지만 중과 정은 화이든 불화이든 감정과 완전히 떨어져 별도로 있지 않고 불화를 규제하는 방식으로 감정에 개입하고 있다. 「중용」과 「악기」의 저자들은 이 문제를 문제로 인식하지 못한 듯 논의를 하지 않고 있다.[45] 여기서는 잠정적으로 전국 후기와 한초에 유행하던 역설의 언어로 말한다면, 중과 정을 '감정 아닌 감정'으로 규정하고자 한다.

이제 중과 정에 대해 중정中靜 또는 정중靜中처럼 합성어로서 그 의미를 생각해보자. 그것은 개별적인 감정과 달리 외적 자극에 따라 결코 이리저리 흔들리지 않는 중심성이다. 아울러 그것은 흔들리는 개별 감정을 표출해야 할 만큼 적정하게 표출하도록 감정 자체로부터 일정한 거리를 유지하게 하는 냉정성이다. 여기서 중정과 정중은 다시 중정中正과 정중正中의 의미와 호환이 가능해진다. 여기에 이르러 감정 문제의 지난한 과정이 한 매듭을 짓게 되었다. 동시에 사람은 제 감정에 휘둘리기만 하는 노예가 아니라 감정을 주재할 수 있는 주인이 된다. 전국 후기의 사람들은 여전히 천자의 지배를 받는 신민이자 백성이라는 사회적 지위를 유지하고 있지만, 제 자신을 스스로 규제할 수 있는 내적 제왕으로 심을 가지게 되었다.

6 맺음말

중국 철학의 초기에 감정은 이중적 평가를 받았다. 감정은 변덕으로 갈피를 잡을 수 없는 부정적 평가와 엄청난 추진력을 발휘하는 긍정적 평가를 받았다. 특히 부정적인 측면에서 살펴보면 감정은 두 가지 약점을 드러냈다.

먼저 감정은 전개의 방향성을 전혀 예측할 수 없는 불안정성을 보이고 바로 그 특성으로 인해 사람 내면의 자기 절제를 붕괴시키고 사회 질서와 극단적인 정면 충돌을 일으킬 수 있다. 가변성과 위험성으로 표상되는 감정관이다. 또 한 가지 더 있다. 감정의 표출은 의사결정 과정에서 긍정과 부인에 대한 정보를 전달하게 된다. 내면 정보의 노출로 표상되는 감정관이다.

전근대 사회에서 궁정은 사회의 모든 갈등과 욕망이 응축되어 표출되는 곳이었다. 그곳에서는 욕망이 최단시간에 특권으로 보장받을 수 있고 특권의 소유자가 순식간에 죄인으로 전락할 수도 있다. 이러한 궁정사회는 기회의 장이기도 하면서 위기의 장이기도 했다. 이처럼 양면성을 가진 궁정사회는 그 누구도 전적으로 신뢰할 수 없고 경쟁이 첨예하게 진행되었다. 이러한 상황에서 감정의 표출은 곧 스스로 불리한 결과를 불러들이는 자살극이 될 수도 있었다. 이때 개인의 내면 상태는 상대(경쟁)방에게 절대로 읽히지 않도록 꼭꼭 숨겨야 하는 정보이자 기호로 변했다. 오래 살아남으려면 무표정, 즉 얼굴에서 기표를 지워야 했다. 이것은 누가 요구한 것이 아니라 스스로 강제하는 것이었다.

무표정 또는 감정 없는 인간의 문제를 해결하지 않으면, 감정은 철학, 특히 도덕 영역에서 완전히 추방될 처지에 놓인다. 이 구원의 임무는 몇 단계를 거쳐야만 비로소 완수할 수 있는 지난한 과제였다.

공자는 감정이 사람으로서 달리할 수 없고 반드시 그렇게 할 수밖에 없는, 즉 당연히 해야 하는 행위를 안내하는 특성이 있다고 밝혀냈다. 공자를 이어서 맹자는 사람을 동물과 다르게 구별지어주는 도덕감으로 감정의 지위를 살려낸다. 즉 근원성으로 표상되는 감정관이다. 「악기」와 「중용」에 이르러 감정은 보다 확실하며 안전한 구원의 탈출구를 찾게 된다. 이 문헌의 저자들은 감정의 가변성과 위험성이 모든 감정의 일반 문제가 아니라 절제되지 않은 감정 일부의 문제로 진단한다. 아울러 그들은 절제되지 않은 감정을 규제하는 길로 각각 중中과 정靜을 내놓았다. 우리가 중정中靜에 든다면 자기 감정의 주인으로서 세계와 조우할 수 있는 역량을 창출하게 되는 것이다.

사실 이 글을 쓸 때 '앞에서 친절한 일본인' '무뚝뚝한 경상도 남자' '속내를 알 수 없는 베이징 사람' 등을 염두에 두었다. 왜 동아시아인들은 전근대에 같은 유교 문화의 자장에 놓여 있었으면서 오늘날 감정 표현과 관련해서 전혀 다른 양상을 보일까, 하는 물음을 풀고 싶었다. 물론 근현대의 문화 충돌과 정치적 변화가 현대 동아시아인들의 표정을 각기 달리 드러내게 만들었을 것이다. 하지만 근엄하고 딱딱한 표정, 즉 무표정이 생존의 차원이든 윤리의 차원이든 바람직하다는, 그러한 사회 문화적 배경이 현대인의 표정에 영향을 끼치지 않았을까, 라는 가설을 세웠다. 나는 이 글을 통해서 동아시아인들이 나를 얼굴이라는 걸 표면에 드러내지[表現] 못하고 속 이면에 꽁꽁 감추어야[內藏] 하는 맥락의 사상적 원인을 밝혀냈다고 생각한다.

2008년 올림픽 개최 준비로 바쁠 때 베이징시 당정黨政은 2007년 초반부터 갑작스레 '웨이샤오 베이징微笑北京' 운동을 펼쳤다. 속내를 들여다보면 '감정' 문제와 관련이 있다. 베이징 사람들은 자신들끼리도 평소 잘 웃지 않는다. 올림픽이 열려서 외국인들이 베이징을 찾으면 베이징 사람들은 주인으로서 세계인을 손님으로 맞이하게 된다. 경기장과 거리의 베이징 사람들이 하나같이 무뚝뚝하면 외국인 입장에서는 자신들을 환영하는 것인지 어떤지 알 수 없을 것이다. 그래서 당정에서는 제발 좀 얼굴에 미소를 짓자는 운동을 펼치고 나선 것이다.

그들은 왜 얼굴에서 표정을 지웠을까? 하나는 한비자의 지적처럼 감정을 나의 내면 정보가 새어나가는 것으로 보는 것과 관련이 있지 않을까? 다른 하나는 「악기」와 「중용」의 중정中靜에 따라 자신의 감정을 너무나도 과도하게 통제하게 만드는 수양이 심리적 습속으로 된 것과 관련이 있지 않을까? 둘 다 나를 둘러싼 주위 환경을 적대시하는 태도와 관련이 있을 것이다. 만약 서로 주위를 진심으로 붕우朋友라고 생각한다면 웃지 말라고 해도 웃게 되지 않을까?

제3막

진한·위진과 남북시대

제9장 **자문화 중심주의**ethnicentrism

문화적 정체성으로서의 중화주의

제10장 **개성**individuality

혜강의 「성무애락론」에 내재된 음악철학의 쟁점

제9장

자문화 중심주의

문화적 정체성으로서의 중화주의

1 여는 글

학문의 대상으로서 '현대現代'는 연구자와 일반 시민의 주관적 시각이나 개인적 이해에 의해 깊게 착색되어 있기 때문에, 그것은 객관적이며 순정한 회색 공간의 이론 영역으로 머물러 있기가 어렵다.

그 결과 한국에서는 근현대의 사안이 시사時事의 관점을 넘어서기만 하면 그것은 학문적 연구가 아니라 역사적 평가의 대상이 되어야 한다는 목소리가 나오기 시작한다. 예컨대 지상파 방송에서 「인물 현대사」와 같은 프로그램이 편성되자 이 목소리는 한층 고조되었다. 이런 주장에는 현실의 법정보다 역사의 법정이 덜 흥분되어 있고 더 공정하다는 전제를 깔고 있는 듯하다. 앞으로 박정희나 전두환과 같은 인물이 현실이 아니라 역사의 피의자가 되었을 때, 얼마나 현실과 다른 평가가 이루어질지 기다려볼 일이다.

앞선 주장의 목소리에 따르면 '현대' 이전, 특히 '고대'는 과연 어떠할까? 그것에 대해 우리는 얼마든지 냉정해질 수 있고 이해를 넘어설 수 있으므로 이해와 관점의 다양성을 훌쩍 뛰어넘어 단일한 학설에 만장일치를 거둘 수 있을까? 이 물음에 대해서도 우리는 "그렇다"고 쉽게 긍정하기가 어렵다.

중국은 2002년부터 '동북변강사여현상계열연구공정東北邊疆史與現狀系列研究工程(동북공정)'을 추진하며 만주를 중원의 역사에 편입시키고자 했다. 이에 고구려는 황하 유역에 기반을 둔 중원의 정치공동체와 인종·기원·

문화·역사의 측면에서 완전히 궤도를 달리한다기보다 만주 지역의 일시적인 지방 정권에 불과한 신세로 전락했다.

한국은 이러한 기도에 적극적으로 대응하기로 하면서 고구려에 대한 관심 열풍을 일으키려고 했고, 이는 동북아역사재단(2004년에 설립된 고구려연구재단)이라는 연구 단체의 설립으로 이어졌다. 이러한 가운데 김한규는 "고구려는 한국도 중국도 아니었다"며 요동이라는 제3의 역사 공동체 개념을 제안했다.[1] 찬성보다 비난과 비판의 목소리가 뜨거운 만큼 제안의 이론적 가치는 제대로 음미되지 않고 있다. 중국의 동해와 한국의 서해가 아닌 '황해' 명칭이 두 나라의 충돌을 완화시켜주는 역할을 했다면 요동은 그렇게 할 수 없는 것일까? 뜨겁게 반응해서 그만둘 일이 아니라 차갑게 들여다보면서 합의의 가능성을 찾아야 할 것이다. 공교롭게도 동아시아 삼국은 영토 문제로 인해 저강도의 대립을 보이고 있는 만큼 영토 문제는 역사와 결합해서 앞으로도 뜨거운 현안으로 남을 것이다.

이렇게 보면 고대의 '역사'도 현대와 마찬가지로 이해를 초월한 채 이성의 빛 아래에서 찬란히 빛나는 객관이나 순백의 세계가 결코 아니다. 그것은 현대사나 현대인의 관심에 따라 가혹하게 착취되고 가공되기 일쑤인 또 하나의 식민지일 뿐이다.

현대와 고대의 역사만이 아니라 철학자(사상가)의 평가에서도 같은 문제가 생긴다. 진秦은 오늘날 중국을 차이나china로 불리게 한 유래가 되었고 한漢은 오늘날 중국의 언어·인종을 가리키는 한어漢語·한족漢族의 유래가 되었다. 동중서董仲舒(기원전 198~기원전 106)는 오늘날 중국이 다양한 기원을 하나로 녹여서 자신의 문화 총체를 중화문명中華文明으로 일킨게 했던 작업의 초석을 다진 인물이다.

동중서는 다양한 문화의 갈래를 중화로 녹여냈지만 철학사에서는 주관적이며 도식적이라는 평가에서 자유로울 수 없었다. 그 평가의 초점은, 동중서가 공자로부터 태동한 순정한 '유교儒教'의 사상과 문화를 한 제국의 정치 상황에 맞게끔 국교화, 신학화, 관학화官學化한 삼화三化의 주체(주범)라는 데에 있다. 이러한 평가는 중국 철학의 통사通史나 단대사斷代史를 들추면 어디서나 쉽게 확인할 수 있는 교과서적 서술이자 통설이다.[2]

초점은 이렇다. 국교화, 신학화, 관학화라는 규정 자체가 문제되지는 않는다. 다만 동중서를 삼화의 주인공으로 단정하려면, 국교화·신학화·관학화의 개념 규정과 그 규정을 확인할 수 있는 지표가 전제되어야 한다. 그렇지 않고 문헌에 나오는 단편적인 구절에 근거해서 동중서가 삼화의 주인공이라고 판정한다면, 그것은 성급한 일반화의 오류이다.

이 글에서는 과연 동중서의 학적 과업을 유교 국교화에 한정시킬 수 있는지 재검토하고자 한다. 만약 이 작업이 성공적으로 이뤄진다면 동중서는 유교에 특별한 관심을 쏟은 인물에 한정되지 않고 새롭게 등장한 중앙집권적 통일 국가의 문화적 정체성을 확립하려는 과제를 진행했던 인물로 재등장할 수 있을 것이다.

2 '한나라=유교 국교화' 통설의 재검토[3]

동중서는 동아시아의 역사나 지성사의 한켠을 채우고 있는 숱한 인물 중의 한 명이다. 동중서에게는 그를 유독 다른 사상가와 구별짓게 하는 특별한 호칭이 있는데, 그것은 바로 '유교 국교화의 아버지'라는 닉네임이다.

이 닉네임은 모두가 같이 편하게 부르는 이름이 아니라 사람마다 전혀 달리 부르는 말이다. 예컨대 '돼지'라는 별명이 귀엽고 예쁘다는 뜻으로 전달될 수도 있지만 뚱뚱하고 못생겼다는 뜻으로 전달될 수 있다. 둘의 차이는 너무나 커서 같은 사람에 대한 평가인지 헷갈릴 정도이다. 동중서의 별칭 또한 마찬가지이다.

긍정적 시각의 학자들은 동중서가 춘추전국시대와 진한 제국 초기에 걸친 500여 년간 역사와 현실에서 주도권을 쥐지 못한 채 세력이 약화되어가던 유교를 화려하게 부활시켰다고 본다.

부정적 시각의 학자들은 동중서가 정치(권력)와 학문의 객관적 거리를 유지하지 못하고 둘의 잘못된 만남을 주선한 뚜쟁이 취급을 한다. 여기에 그치지 않고 그는 아예 학문의 비판적 특성을 도외시한 채 권력의 시녀로 만들어 체제의 정당화에 광분한 이데올로그ideologue로 평가절하되기도 한다.

이렇게 보면 '아버지' 칭호는 명예와 오욕의 양면을 허용하는 상대적이고도 다분히 분열적인 영역에 들어서게 된 셈이다. 한 제국과 동중서가 단일한 역사에 의해 교직된 동일한 세계를 조직한 것이 아니라 다양한 갈래를 가진 사고방식을 하나의 틀로 녹여내야 했던 것처럼 사람들은 각자의 관점에서 동중서의 일생을 바라볼 수밖에 없을지도 모르겠다.

우리가 이처럼 관점주의에서 완전히 자유로울 수 없다면 어떻게 '유교 국교화의 아버지, 동중서'라는 호칭을 재평가할 권한을 가질 수 있을까? 그 길은 호칭 의미에 대한 해석보다는 사실 확인과 기준 설정을 통해서 열릴 수 있을 것이다. 해석은 해석들 중의 하나라서 어떻게 하든 간에 복잡한 논쟁에서 벗어날 수 없다. 반면 사실과 기준은 해석의 성립 근거이기 때문에 논란은 줄어든다. 우리는 동중서가 도대체 어떤 일(사실)과 연관되고 무슨 일을 했기에 유교 국교화(기준)의 아버지로 불리게 되었는지, 그 과정을 되짚어봄으로써 작위 수여의 타당성을 검증할 수 있다.

> 짐[한 무제]이 들은 말에 따르면 "하늘에 대해 제대로 주장하는 자는 반드시 사람에게서 증험을 제시하고 옛것에 대해 좋게 말하는 자는 반드시 오늘날의 일에서 증험을 제시한다." 짐은 하늘과 사람의 감응을 묻고자 한다. 위로 요순의 모범을 아름답게 여기고 걸주의 불행을 안타깝게 생각한다. 이에 시나브로 작아지다 시나브로 멸망하기도 하고 차츰 부각되다 차츰 번성하는 길[道]에 대해 거리낌 없이 받아들여서 허물이 있다면 고치고자 한다.
>
> 지금 대부 당신은 음양이 조화를 부리는 내막(법칙)에 밝을 뿐만 아니라 옛 성인들의 행적이나 위업에 대해 전문적 식견이 있다. 오늘날 한 제국이 이룩한 문명의 광채가 아직 드날리지 않으니 어찌 이 시대에 해야 할 현안을 착각할 수 있겠는가? 통치의 조리도 아직 꿰뚫지

못하고 근본적인 규칙도 숙지하지 못하니 생각건대 짐이 명철하지 못해서 그런가? 듣기는 했으나 깨치지 못해서 그런가? 탕왕, 문왕과 무왕 세 분의 가르침은 연원하는 곳이 같지 않고 제각각 빠뜨린 곳이 있다. 어떤 사람은 아무리 오래되어도 조금이라도 바꿀 수 없는 것이 도라고 한다. 따지고 보면 어찌 이렇게 다른가? 지금 대부 당신은 이미 위대한 도〔大道〕의 궁극까지 뚜렷하게 드러내고 국가의 안정과 혼란을 낳는 실마리를 설명했다. 상세히 알아내서 밝혀내고 숙고해서 되풀이하도록 하라.[4]

한 무제는 조서를 내려서 학자-관료들의 대책문을 듣고자 했다. 조서는 일반적인 사항을 묻는 것이 아니라 무제가 듣고 싶고, 알고 싶어하는 주제로 한정하고 있다. 무제는 당대 최고의 지성인인 동중서와 한담을 나누려는 것도 아니고 철학계 인사와 교제하려는 것도 아니다. 그는 동중서로부터 어떤 문제의 해결 방안을 청취하려고 했던 것이다.

한 고조가 진 제국의 몰락 이후 분열기를 수습했다면, 무제는 그 기틀 위에서 종래 수세적이었던 흉노와의 대결 국면을 공세적으로 전환시켰다. 제위 초기에 무제는 통일전쟁으로 파탄난 경제를 회복하고 지역과 인종별로 찢긴 공동체의 통합을 추진했다. 전후 경제가 어느 정도 회복되고 사회가 안정되자 무제는 내치 위주의 안정화 정책의 결실을 바탕으로 군사적 팽창 정책을 적극적으로 추진했다. 그 결과 영토는 지금의 중국과 거의 차이가 없을 정도가 되었다. 이를 한족 문화의 세계화, 즉 한화漢化라고 할 수 있을 것이다. 그는 통제력이 느슨했던 요동반도로도 진출했고 나아가 한반도 북부까지 손길을 뻗쳤다.

무제는 자신이 일군 성과를 미증유의 위업으로 생각한 듯하다. 나아가 그는 이 위업에 상응해서 하늘이 특별한 이적을 보여주리라 여겼다. 진시황도 자신의 통일 과업을 요순의 치적보다 더 위대한 것으로 여기며 그에 어울리는 새로운 호칭을 만들고자 했다. 이것이 '황제皇帝' 호칭이 태어난 배경이었다. 그 정도의 도취는 아니지만 무제 또한 수명受命 왕족으로서 지난날의 숙업을 이룬 만큼 천인상응의 반응을 기대했다고 보아도 좋을 것이다.

무제는 자신의 기대에 상응하는 하늘의 응답이 없자 학자-관료 전문가들에게 정책 자문을 요구했다. 도대체 어떤 정책을 최우선해야 하늘과 인간 세계를 모두 만족시킬 수 있는지, 어떻게 하면 앞으로의 사업이 인민들의 전폭적인 지지를 받을 수 있는지 등에 대해서 알고 싶어했다.

이에 대해 동중서가 인재 선발, 토지 제도 등 여러 정책을 제안했는데, 그 가운데 하나가 훗날 '유교 국교화'로 명명된 프로젝트였다. 이른바 동중서=국교화를 주창하는 사람들은 이것이 단순히 사업 구상에서 그치지 않고 현실에서 실제로 구현되었다는 점을 강조하기 위해 몇몇 방증 자료를 제시했다. 첫째는 동중서가 태학太學, 즉 왕립 대학을 설립하게 했다는 것이다. 둘째는 전국시대부터 생겨난 박사博士 제도, 즉 특정 문헌의 국가 공인 및 그 전문가 양성 프로그램을 정착시켰다는 것이다. 셋째는 그 무렵 현량賢良·무재茂才·효렴孝廉으로 추천된 지방의 인재가 중앙 관직으로 대거 진출하게 되었다는 것이다.

이러한 방증이 국교화 프로젝트의 명칭 "파출백가罷黜百家, 독존유술獨尊儒術!"(백가를 모두 내쫓고 오로지 유술을 높이 받들자)과 결합되면 다음의 결론이 나온다. "동중서는 유교 국교화의 아버지이다."

하지만 이 프로젝트는 처음부터 너무 엉성해서 좀 더 세밀하게 들여다볼 필요가 있다. 우선 지금까지 동중서의 결정적 업적이라 일컬어지는 "파출백가, 독존유술"이라는 명칭은 「동중서전」을 포함해서 『한서』 전체에 쓰이지 않을 뿐만 아니라 『사고전서』 전자판을 검색해봐도 나오지 않는다. 따라서 동중서의 업적을 "파출백가, 독존유술"로 명명하는 것은 근거가 없을 뿐만 아니라 훗날 날조된 신조어일 수 있다.[5]

『한서』 「동중서전」을 찾아보면 "공자를 미루어 밝히고 백가를 눌러서 내쫓았다推明孔氏, 抑黜百家"[6]라는 말이 나온다. 또 『한서』 「무제기」의 찬어贊語에 "백가를 모두 그만두게 하여 내쫓아서 육경을 널리 알리고 존중했다罷黜百家, 表彰六經"라는 구절이 나온다. 언뜻 비슷해 보이지만 독존獨尊과 표창表彰·추명推明은 그 무게가 많이 다르다.

위의 방증은 좀 더 깊게 들여다볼 필요가 있다. 첫째와 둘째가 결합하면 유교로 무장한 박사들이 교육 기관을 통해서 양산된다. 이처럼 국가가 특정 교의로 무장된 사람을 체계적으로 양성했다면 국가는 조만간 이 인물들이 공유하는 가치에 의해 운영될 수 있다. 이 인물은 불교의 승려나 천주교의 수사처럼 국교(국가 종교)를 지탱하는 이론·실천적 최대 주주가 될 수 있다. 또 국가는 박사관博士館에 소속된 "이들에게 진리에 대한 독점적 해석권을 부여함으로써 유교에 대한 연구를 '바이블의 학문經學'으로 격상시킨 것"이다. 이것이 "유교를 실질적으로 국교화한 것이 아니라면 무엇이란 말인가?"[7]

그러나 이 정도 수준의 사실이 아무리 누적되더라도 그것은 국교화의 진리치에 부합되지 않는다. 사전적으로 국가 종교 또는 종교 국가nation religion는 온 신민(국민)이 특정 종교 또는 교의[8]를 개개인의 가치 기준으로 삼고 그것의 진리를 믿도록—성문 형태이든 불문 형태이든—법규로 규정하고 있다. 만약 특정 교의를 믿지도 않고 주기적으로 요구되는 종교 의례를 실행하지 않는다면, 당사자는 종교적·법률적 처벌을 피할 수가 없다.

만약 한나라 정부가 유교를 국교로 삼았다면, 국교의 규정에 상응하는 조치를 취해야 한다. 황제는—로마의 기독교 국교화 조치와 마찬가지로—특정 일자를 기해서 유교 이외의 다른 교의를 믿고 따르지 못하도록 칙령을 반포해야 한다. 또 불신자와 배교자에 대한 처벌 규정을 제정해야 한다. 또 어떤 신념 체계가 재생산될 수 있도록 의례적·상징적·물질적 토대를 가져야 한다.

필요한 요구 조건은 무한히 늘어날 수 있다. 하지만 역사서를 보면 한 제국은 국교에 상응하는 어떠한 조치도 취하지 않았다. 국교를 선포하는 칙령을 내리지도 않았다. 게다가 온 국민이 유교를 믿도록 강제하고 믿지 않으면 처벌하는 법률을 만들지도 않았다.

이러한 사실과 방증이 무수히 수집될 수 있는데도 "유교가 국교화되었다"는 판단을 내린다면, 그것은 '국교' 용어의 과소비나 남용에 지나지 않는다.

> 과거에는 세상이 무질서해서 어느 누구도 사회를 통합할 수 없었다. 따라서 제후가 하나같이 실력자로 자처했고, 여론 지도층은 모두 옛날을 말하며 오늘을 비방하고 비현실적인 주장을 늘어놓고 문제의 초점을 흐리게 만들었다. 일반인도 공인되지 않은 학설을 좋게 생각하며 상부에서 수립한 정책을 비난했다. 그러나 지금은 폐하[즉 진시황]가

세상을 통일시켰고, 각종 현안의 기준을 변별하여 유일한 주권자로 있다. 그럼에도 불구하고 공인되지 않은 사람들은 서로 집단을 이루어 기준이 되는 조정의 제도를 비판한다.
예컨대 행정 명령이 시달되면 듣고서 즉각적으로 공인되지 않은 학식으로 그것을 부정적으로 논의한다. 공적 담론에서는 말하지 않지만 마음속으로 명령을 그르다고 생각하다가도 그곳을 나가서 거리에서는 대놓고 부정적으로 이야기한다. 그 결과 사회 일각에서는 군주를 비방하면 오히려 명예로운 짓으로 간주되고, 정부 시책과 주의주장을 달리하면 고상하다고 여겨지니 당파를 거느리며 비방하고 유언비어를 날조하고 있다.
사정이 이와 같은데도 금지시키지 않으면 위로는 군주의 위상이 깎이고, 아래로는 당파가 형성된다. 신 이사가 요청하건대 민간에서 고전 학문, 정치학 교과서로서 『시경』『서경』 및 춘추전국시대 다양한 학파의 저서를 가지고 있으면 관공서에서 거두어들여 그것을 폐기시켜야 한다.
이러한 금지 조치가 시행되고서도 만 30일이 지나도록 폐기하지 않으면 해당자를 체포하여 죄상을 이마에 먹물로 새기고 성곽 공사의 사역에 종사하도록 한다. 단, 의약서·점서·농서 등은 예외로 한다. 만약 금지 대상 학문을 배우고자 하면 공무원을 선생으로 삼아야 한다. 시황제는 이사의 의론을 받아들여서 『시경』과 『서경』, 제자백가의 서적을 거두어서 버리고 백성들을 사리에 어둡게 만들고 사람들이 옛날에 근거해서 오늘을 비판하지 못하게 했다.[9]

기원전 213년 진시황은 함양궁에서 연회를 베풀었다. 이때 통일된 세계를 어떻게 재편해서 사회 질서를 도모하느냐에 대한 논란이 생겨났다. 순우월淳于越이 봉건제의 부활을 주장하자, 시황은 즉시 결정하지 않고 이 사안의 타당성 여부를 대신들의 회의에 부쳤다. 승상 이사李斯는 봉건제의 부활을 반대하고 군현제의 실시를 강력하게 주장했다. 여기에 그치지 않고 그는 군사적인 통일을 넘어서 사회적·문화적 통일을 달성하기 위해 서적 태우기[焚書]와 학자 생매장[坑儒]을 단행했다. 인용문은 바로 이러한 사건이 나올 수 있었던 이론적(?) 배경이었던 셈이다. 동중서의 주장보다 오히려 이사의 발언에서 '국교화'의 강한 의지를 읽어낼 수 있다.

그러나 문맥을 좀 더 세심하게 읽어보면 이 주장도 무엇을 국교로 삼아서 종교적 인간을 배양하여 양산하기보다 정책 혼선, 국론 분열, 지식인의 정부 비판을 봉쇄하려는 데에 초점이 있다는 걸 알 수 있다. 물론 내용 중에는 정부의 명령에 대한 복종을 강조하는 전제주의, 특정 서적의 학습을 금지하고 위반자를 처벌하는 사상 탄압, 관료를 국가 질서의 수호자로 설정하는 관료주의의 특성을 여과 없이 드러내고 있다. 이사는 인민으로 하여금 특정한 신념 체계를 이념으로 삼도록 하는 적극적 형성의 계기보다는 특정 유형의 행위 방식에 접근하지 못하도록 하는 소극적 금지에 정책의 주안점을 두고 있다.

이러한 사정은 동중서에게서도 마찬가지이다. 이사와 동중서의 초점은 정치적 안정, 나아가 사상적 통제에 있지 그것을 넘어선 종교형 인간의 육성 혹은 절대주의 교리 체계의 수립 등에 있지 않았다. 우리는 박정희에서 전두환과 노태우로 이어지는 군사 독재 정권의 철권통치를 기억하고 있다. 특히 박정희는 정치적 반대자만이 아니라 환경과 노동 분야의 문제 제기를 원천적으로 봉쇄하기 위해서 국가보안법도 모자라 긴급조치를 발동하기도 했다. 그들은 자유민주주의를 금과옥조로 내세웠지만 실제로 반공민주주의의 얼굴을 착색한 것에 불과했다. 특히 그들은 마르크시즘과 같은 사회주의 서적의 제작, 판매, 유통을 막기 위해서 수시로 '금서' 조치를 내리기도 했다.

이렇게 보면 군사정권의 정치 형태와 이사·동중서의 발언 사이에서 상당히 닮은 점을 찾을 수 있다. 우리가 자유민주주의를 종교로 받아들이지 않듯이 이사와 동중서의 법가와 유교도 국교로까지 볼 수는 없지 않을까? 물론 자유민주주의를 종교적 차원에서 신봉하고 있는 사람이 있다고 치더라도 그것은 개인의 문제이지 국가 종교의 문제로 볼 수는 없는 것이다.

지금까지의 논의를 통해서 '동중서'와 '유교 국교화'의 결합이 상당히 빈약한 토대 위에서 운위되어왔다는 점을 알게 되었다. 만약 한 제국이 유교를 국교로 선포하려 했다면 그 사실이 칙령이든 법령이든 천자를 다루는 기紀에 있어야 하지 않을까? 아울러 정부는 정교일치를 구현할 수 있는 삶의 제도를 구축해야 할 것이고 그 이전 법가, 황로 사상의 숭배를 금지하는 일련의 조치를 기록해야 할 것이다. 그리고 역사서 곳곳에 마녀사냥과 같은 수준은 아니더라도 정부의 조처에 반항하는 사람을 처벌하는 사옥邪獄 또는 교난敎難의 기록이 있을 것이다. 이것은 조선후기에 천주교가 전래되는 과정에서 일어났던 사건을 떠올린다면 상식적인 고려 사항이다.

만약 그런 기록이 없다면 이를 어떻게 받아들여야 할까? '법교法敎에서 유교儒教로' 또는 '황로교黃老教에서 유교'로 개종conversion이 있었다고 하더라도 그 사회적 파장은 일부 영역에 한정되는 것이지 하늘을 놀라게 하고 땅을 뒤흔드는 사안은 아니었을 것이다. 고대인들이 아무리 정신적 속박 속에 산다고 하더라도 그들이 예외 없이 하루아침에 종교 신념 체계를 바꾸라는 정부 지시에 일사불란하게 따랐으리라고는 상상할 수 없다. 즉 만약 어떤 지시가 있었다 하더라도 그것이 삶의 전체가 아니라 일부 영역의 교체에 불과했기 때문에 엄청난 동요나 저항 없이 그 작업이 완료되었다고도 볼 수 있다. 이렇게 본다면 동중서 시대에 유교가 국가종교로서 동일한 신념 체계를 삶의 틀로 제도화, 의례화, 일상화한 삼화三化는 일어나지 않았다.

그럼에도 불구하고 누군가가 한대 유교 국교화설을 고수한다면, 그 사람은 다음의 물음에 뭐라고 대답할까? 역사적인 사실에 따르면 진 제국은 법교를, 한 왕조 초기는 황로교를, 한 왕조 중기는 유교를, 위진 남북조와 당 제국(618~907)은 각각 도교를 국교로 삼았다. "오늘날 중국의 선조는 어떻게 그토록 쉽게 국교를 바꾸나?" 이 물음에 대해 그는 중국 사람들이 원래 장사꾼 기질이 농후하고 실용적이라서 종교를 쉽게 바꿀 수 있다고 대꾸할지도 모른다.

만약 누군가가 이 이상의 대답을 찾지 못한다면 '동중서는 유교 국교화의 아버지'라는 작위는 사실과 기준 면에서 '신화 만들기invention of myth'에 불과하다. 아니면 그들은 베이컨(1561~1626)이 『신기관Novum Organum』에서 말한 바 있는, 개미와 거미의 사잇길을 가는 꿀벌이 아니라 자기 자신 속에 있는 것을 풀어서 집을 짓는 거미에 해당된다. 국교화를 유지하려면 기존에 했던 말을 다시 부풀릴 것이 아니라 새로운 증거와 기준

을 제시하면 그것으로 충분하다.[10]

설혹 동중서 자신이 유교 국교화를 목적으로 삼았다고 하더라도 현실에서는 결코 그렇게 되지 않았다. 물론 서한 이후의 어느 시대에는 그렇게 되었을지라도 그 기원은 동중서에게까지 소급될 수는 없다.

그렇다면 동중서 당시에 유교의 지위를 어떻게 이해해야 할까? 이 질문에 유효한 답을 찾으려면 유교가 무엇인가라는 물음에 대한 답이 먼저 해결되어야 한다.

만약 예악禮樂이 유교의 일부분 내지 전체라고 한다면 유교는 한 제국에서 국교에 준하는 지위에 있었다고 할 수 있다. 고조 유방은 황제가 된 이후에 왕조의 창건 과정에서 생사와 고락을 함께했던 친구, 동지와 어떻게 새로운 관계를 설정할까 고민에 빠진 적이 있었다. 숙손통叔孫通이 진 제국의 의례 규정, 즉 「진의秦儀」를 참조해서 새롭게 「한의漢儀」를 만들어 유방과 그의 동지를 엄격한 군주와 신하의 관계로 재정립했다. 이 예식의 정비와 실행 퍼포먼스 이후에 유방은 황제가 귀하다는 것을 비로소 알게 되었다고 말한 적이 있다.[11]

이 이후로 예악이 질서의 근간으로 자리 잡았으므로, 유교가 국교화되었다고 할 수 있을 듯하다. 이것이 사실이라면 진 제국에도 의례 규정이 있었으므로 그때 역시 유교가 국교였다고 말해도 성립되지 않을 이유가 없다. 진 제국의 유교 국교화가 타당하지 않다면, 의례 그 자체는 유교 일파에 의해서만 독점될 수 있는 전유물이라기보다 중원에서 공유될 수 있는 문화 자산에 가까워진다.

아울러 숙손통처럼 의례를 다루는 사람을 유자儒者라고 한다면, 그 유儒는 춘추전국시대의 원시유교 및 동중서의 공양유교와 다른 유학을 가리킨다고 할 수 있다. 숙손통의 유교는 학파의 정체성이 아니라 일반적인 문화 학술의 통칭이라고 할 수 있다. 원시유학과 공양유학은 사람이 자기 수양을 통해서 성인聖人이 되기를 요구한다는 점에서 완전한 존재를 향한 종교적 심성을 가지고 있다고 할 수 있다. 반면 숙손통은 유교에 의한 사람의 변화보다는 시대에 의한 유교의 변화에 더 예민한 인물이었다. 그는 유교를 믿는 것이 아니라 그것을 이용해서 시대의 문제를 해결하고자 했다. 따라서 한나라 초에 각광을 받은 숙손통 유형의 유자는 유교를 국교화했던 것이 아니라 사교화私敎化했다고 할 수 있다. 달리 말하면 원시유교와 공양유교가 이상주의적 사대부를 지향했다면 숙손통 집단은 출세지향적 관료를 목표로 했다고 할 수 있다.[12]

3. 유교의 현대화: 중화주의의 개막

현대 국가는 대부분 국교 수립의 금지, 종교의 자유나 반종교 선전의 자유를 헌법으로 보장하고 있다. 전근대 공동체가 구성원에게 특정 유형의 사람이 되기를 요구했다면 근대의 시민은 국가와 종교의 요구로부터 벗어나 삶의 가치를 자율적으로 추구했다. 이로써 근대인은 타인의 권리를 침해하지 않는 한 국가로부터 어떠한 사상과 종교 이념 분야의 통제를 받지 않는다.

인류 문화의 초기는 제사와 정치가 일치되었고theocracy, 영토 국가 이후에도 정치와 종교의 미분화의 상황이 지속되었다. 이런 상황을 한 제국에 적용하면 어떻게 될까? 동중서도 당연히 정치와 종교가 분리된 상황보다는 정치와 종교 이념, 교리가 합일된 상황에 호흡했다고 할 수 있다. 이런 점에서 누군가가 동중서와 무제의 만남을 이루어지지 말았어야 할 학문(종교)과 정치의 합작 사업으로 보거나 정치에 대한 학문(종교)의 투항 사건으로 간주한다면 그것은 시대착오anachronism의 관점에 지나지 않는다. 왜냐하면 할 수 없는 것을 하지 않았다며 그 태도를 문제 삼고 있기 때문이다.

제국의 시대에는 왕 자신이 정치의 수장(황제)이면서 종교의 제사장(천자)이었다. 이 시대의 학자는 정치와 종교의 두 영역이 분리되지 않고 조화를 이루어 복합체를 형성하도록 해야 했다. 우리는 동중서가 제한된 범위 안에서 공양유학을 매개로 정치와 종교를 올바르게 결합시키도록 어떻게, 얼마나 노력했느냐를 두고 평가할 수 있지만 결합 그 자체를 죄악으로 단죄할 수는 없다. 동중서더러 수장과 제사장의 탁월한 역할을 견인하는 사제 노릇을 제대로 하라고 요구할 수는 있지만 사제가 되는 것을 금지시킬 수는 없다.

한 제국의 지식인들은 공자가 활약했던 춘추시대와는 상당히 이질적인 성분의 공기를 들이마시게 되었다. 그들은 통치의 사각지대가 극도로 축소되고 진리 탐구와 권력 의지가 갈등을 낳을 수 있는 중앙집권적 관료국가의 현현이라는 미증유의 사태에 직면했다. 이로써 그들은 자신과 맞지 않는 이 국가를 떠나 자신을 받아줄 수 있는 저 국가를 찾아 나서는 희망을 더 이상 꿈꿀 수 없고, 국가의 통제로부터 벗어나서 자신을 완전히 숨길 만한 체제 바깥의 안전지대를 잃어버렸다.

그들이 있을 곳은 복희씨로부터 공자까지 왕화王化의 빛이 작열하여 문명을 더 깊이 있게 하고 외연을 넓히는 절대 중심으로서 중화中華밖에 없었다. 그러나 성왕이 지배하던 은주 왕조가 붕괴된 뒤로 학자들이 수장과 제사장을 대신해서 중화의 가치를 보존하고 다음 세대에게 전달해야 했다. 수명자는 군사적 우위를 바탕으로 중화세계의 지배권을 장악했지만 세계를 질서 있게 조직하고 현실을 선도하는 중화의 가치에 무지하기 일쑤였다. 유방劉邦은 준비된 청사진(중화)을 가지고 혁명을 추진한 게 아니라 경쟁자들과 치열한 각축을 벌인 끝에 최종의 영광을 차지한 승리자일 뿐이다.

유방은 승리를 위해 필요하다면 곡부를 방문하여 공자의 사당을 참배하기도 했지만 유자의 모자(관)에 오줌을 누며 모욕을 주는 일을 마다하지 않았다.[13] 이런 유방도 두 사람, 즉 육가와 숙손통과의 만남을 통해 자신이 황제로서 현실에서 최종 승리를 가져온 군사적 우월권(수장)만이 아니라 중원 지역에 대대로 전승되어온 문화적 정체성을 소유해야 한다는 사실을 알아차리게 되었다.

두 차례에 걸친 변화의 과정을 들여다보자. 첫째 유방이 육가陸賈와 대화하면서 "말 위에서 세상을 차지했다馬上得天下"고 한 고사이다. 육가는 유방의 참모로서 자신의 의견을 개진하면서 『시경』이나 『서경』의 구절을 인용하곤 했다. 이에 유방은 "내가 말 위에 앉아서 세상을 차지했는데 무엇 때문에 시, 서를 들먹이는가!"라고 반발했다. 육가는 그의 말을 긍정하면서 "(하지만) 어떻게 말 위에서 세상을 안정시키겠습니까?"라는 물음을 던진다. 나아가 육가는 제왕이 극무極武, 즉 무력 만능주의에 빠지면 멸망의 지름길을 걷게 되지만 문화와 무력을 함께 운용하는 문무병용文武竝用을 펼치면 사직을 오래 보존하게 된다고 주장했다.[14]

이것은 결국 육가가 단명으로 그친 진 제국의 역사를 반성하면서 한 제국의 건국 모토를 어디에 두어야 하는가를 제시한 것이다. 그는 진의 단명을 거울 삼아 국가의 다원적인 안정화 기제를 형법 체계로 수렴시키고, 다층적인 질서 원리를 효율적 무력의 동원으로 치환한다. 이로써 그는 유방이 마땅히 패권주의, 일방주의에서 벗어날 것을 요청하는 것이다. 긍정적으로 말하면 그는 인의仁義를 추진해야 하고 전통의 질서 회복력에 주목하도록 유방의 관심을 환기시켰던 것이다. 이러한 주장은 얼마 뒤 창업과 수성을 구분하는 가의賈誼의 「과진론過秦論」(진은 무엇을 잘못했는가)에서도 반복된다.[15]

다른 하나는 유방이 사마천에 의해 출세 지상주의자나 시세에 영합하는 인물로 그려지는 숙손통을 만난 일이다. 『사기』에 보면 숙손통은 원래 진 정부의 박사博士로 2세 황제에게 진승陳勝(기원전 ?~기원전 208)의 반란을 도둑의 소란으로 설명하여 2세를 안심시켰다. 얼마 뒤 그는 궁전을 빠져 나와 근무지를 이탈하여 항우項羽(기원전 232~기원전 202)의 숙부 항량項梁을 추종하기도 했다. 우여곡절 끝에 그는 유방의 진영에 가담했다. 유방이 유자의 의복을 입은 자신을 미워하자 초나라의 의복으로 갈아입고 알현하기도 했다.

황제로 추대된 뒤 유방은 진의 복잡하고 번거로운 의례와 제도를 모두 간단하고 단순하게 바꾸어버렸다. 개국공신들이 칼을 빼들고 기둥을 후려치기도 했다. 숙손통은 이 상황을 잘 포착해서 유자(지식인) 혐오증

anti-intellectualism에 걸린 유방에게 "학자들이란 더불어 위험한 곳에 나아가 세상을 차지하기는 어렵지만, 얻은 세상을 함께 지키고 만들어갈 수는 있습니다夫儒者難與進取, 可與守成"라고 설득한다. 그는 일군의 제자 집단과 노나라의 유생들을 참모로 삼아서 맹훈련을 한 뒤 만조백관을 대동하고서 성대하며 장엄한 조회 의식을 치른다. 이로써 유방은 더 이상 개국공신과 생사고락을 함께 나눈 동료가 아니라 현저한 위격으로 구분되는 제왕으로 변신하게 되었다.[16]

두 사람과의 만남은 최고 권력을 소유한 황제가 학문(전통) 또는 종교에 참여함으로써 벌거벗은 폭력에서 거룩하고 위대한 존재로 탈바꿈할 수 있는 과정을 웅변적으로 보여주고 있다. 달리 보면 이는 춘추전국시대에서 진 제국까지 현실을 선도하여 규제하고자 했던 열망에도 불구하고 무력 쟁탈의 시대 조류로부터 철저하게 소외되어 변방에 있던 이념(학문)이 서서히 중앙으로 복귀하는 개선 행사이기도 하다. 그 개선은 아직 보무도 당당하지 않고 미약했다.

원래 황금시대에는 성왕聖王에 의해서 권력과 학문이 통합되어 있었다. 예컨대 동아시아 문명사에서 성군聖君으로 열거되는 계보에서 요·순·우·탕·문·무는 탁월한 제사장으로서 하늘과 인간의 두 세계를 평화롭게 중재했을 뿐만 아니라 고결한 인품과 풍부한 지혜의 소유자로 인간계를 공명정대하게 관리했다고 여겨졌다.

하·은·주로 통칭되는 동아시아 황금시대인 세 왕조, 즉 삼대三代가 종말을 고하자 현실의 제왕은 두 부류로 나뉘었다. 그 하나로 그들 중 몇몇은 성스러운 군주, 즉 성군과 완전히 반대되는 폭력적인 군주, 즉 폭군暴君, 사리에 완전히 어두워서 무엇을 해야 할지 전혀 모르는 군주, 즉 암군暗君이라는 새로운 계보도를 작성하게 되었다. 다른 하나로 그들 중의 대다수는 종교, 정치, 학문 영역의 통일적 수호자가 아니라 현실 권력세계의 최정점에 자리한 수장에 불과했다.

그들은 개인적 향락을 위해 종교적 의례를 방기했고 새로운 자극을 찾기 위해 전통의 규범을 도외시했다. 이제 왕에 의한 세계의 구원은 실패로 드러났고, 현실은 점차 타락, 잔혹, 탈취가 능사로 일어나는 무대가 되었다. 이에 학문은 더 이상 통치의 영역에서 존중받지 못하고 문명의 위기를 자각한 선각자들의 수중으로 옮겨갔다. 이들이 바로 춘추전국시대에 등장했던 제자백가였고 그들의 활발한 활동이 바로 백가쟁명이었다. 공자도 그러한 선각자 중의 한 사람이었던 것이다. 이렇게 보면 춘추전국시대는 있어야 할 제왕이 부재한 타락의 시기였고 반대로 그의 도래가 절실히 희구되던 시대였다. 반면 그 타락이 종식된 새로운 제국의 시대는 사라졌던 황제가 재림하여 광명이 불을 뿜어내야 하는 시기였다. 진정한 왕은 동아시아판 메시아였다고 할 수 있다.

그런데 인류가 오랫동안 깊게 타락을 체험하자 왕의 부활마저도 황금시대의 도래를 확실하게 약속하지 못했다. 왕들은 지난날의 영광을 담고 있는 성왕의 타이틀을 얻고자 했지만 자신의 지위를 넘보는 경쟁자의 암약에 더 많은 경계를 하지 않을 수 없었다. 이처럼 성왕의 기억이 아직 남아서 여전히 추구의 대상이 되지만, 이미 황금시대의 도래가 불가능해졌기 때문에 성왕은 의미를 떠나보낸 기호로만 남게 되었다.

반면 인민들은 씨족의 울(안전망)을 벗어나 황제가 통치하는 국가의 신민이 되었지만 참정권 없는 의무(세금과 군역)를 부담하면서 생존을 위해 자연에 의존한 노동을 해야 했다. 이제 세계는 신의神意나 전통이 구현되는 거룩한 의미의 땅이 아니라 권력의 재생산과 생존 투쟁이 끊임없이 일어나는 세속의 장이 되었다. 이를 알아차린 신들도 더 이상 천상과 지상을 오르내리며 지상에 질서를 재생시킬 수 없었다. 하늘과 땅, 즉 신과 인간 사이를 이어주던 사다리와 같은 우주목은 영원히 쓰러져 다시는 자랄 수 없었다.[17]

황금시대를 기억하고 신뢰하는 일군의 집단은 통일된 세계의 왕이 정치의 우두머리에 머무르지 않고 우주의 주재자로 자임하도록 끌어가고자 했다. 반대로 황제는 일군의 지식인들에게 한가漢家의 권력이 안정적으로 재생산되는 데에 동참하도록 요구하면서 '성왕 재생의 프로젝트'에 냉소적인 반응을 보이기도 했다. 이 둘의 희망은 각각 정치의 도덕화나 도덕의 정치화로 압축된다.

이러한 맥락에서 보면 우리는 한 제국의 지식인이 정치에 참여하여 바람직한 현실을 만들려고 했던 기도 자체에 잘못된 만남이나 투항이라는 평가를 부과할 수는 없다. 왜냐하면 그들은 부활한 황제를 성왕으로 만들려면 황제가 잊고 있는 학문을 전달해야 하는 소명의식을 느꼈고 그 소명의식을 저버리지 않은 채 그대로 실천해야 했기 때문이다. 물론 그들이 소명의식을 실천하려고 했어도 그것을 사유화하여 자신을 특권 집단으로 만들거나 직무를 엉망으로 수행한다면 그 책임에서 벗어날 수는 없다.

동중서와 같은 한 제국의 유학자들은 변화된 현실 속에서 전승된 소명의식을 실현하기 위해 어떻게 해야 했을까? 그들이 이번의 기회를 놓친다면 세계의 질서 형성 작업에서 소외되어 그들의 기억과 경전에 깃든 중화의 가치는 완전히 상실될 수 있었다. 그들은 공자를 능력은 있지만 현실 세계에서 실패한, 불행한 사람으로 보지 않았다. 그들은 공자를 천하 경영의 청사진을 설계한 정치 지도자로 부각시켰다. 그는 기회가 없어서 살아서 무관無冠이었지만 미래에 도래할 유씨劉氏의 세상을 위한 개혁 프로그램, 즉 공자개제孔子改制를 마련한 주도면밀하고 사려 깊은 예언자가 되었다.

이로써 공자는 성왕의 가르침과 한 제국의 왕을 이어주는 가교 역할을 하면서 동시에 한 제국에 결여된 중화의 가치를 예비한 위대한 존재가 된다. 이는 이사가 고전과 진 제국의 관계를 갈등으로 보았던 방식과 완전히 반대된다고 할 수 있다. 또 제2의 분서갱유가 일어날 가능성이 완전히 소멸되었다고 할 수 있다. 나아가 오경五經이나 『논어』는 단순히 정보를 담은 기록이 아니라 과거에 실현되고 미래에 재현되어야 할 진리가 담긴 성서가 되었다. 바야흐로 경학經學의 시대가 열린 것이다.

동중서는 성왕과 공자의 의도가 들어 있는 오경과 『논어』에서 왕조 교체 또는 역사 순환의 원칙, 천인상응天人相應의 사유를 발견하려고 했다. 현실의 역사는 야심 많은 개인들이 벌이는 권력투쟁사였다. 그러나 그것이 지상세계의 모든 것은 아니었다. 권력(우주의 중심)의 타락에도 불구하고 중원의 문화적 가치, 즉 도道·리理·예禮가 땅에 떨어졌을지언정 결코 소멸하지 않고 공자의 언술에 찬연히 빛나고 있었다. 이제 동중서에게 현실의 실패는 더 이상 어찌해볼 수 없는 완전한 실패가 아니라 실패인 듯이 보이는 일시적 현상으로 간주될 뿐이었다.

이제 동중서는 관심을 사회 현실에서 역사로 옮겼다. 현실에서 실패는 치명적인 고통으로 보이지만 역사에서 실패는 결국 구원으로 나아가는 시행착오이거나 의미 형성의 과정으로 여겨졌다. 현실에서 사소하고 무의미했던 것조차 역사에서는 중대한 의미의 집적으로 재조합되었다.

그 역사는 일정한 원칙에 의해 전개되는 구원의 과정이다. 역사는 소박·자연의 단순성을 상징하는 질質과 화려·예식의 복잡성을 강조하는 문文의 순환으로 설명된다.[18] 이에 따르면 왕조는 바뀔 수밖에 없고 새 왕조는 전 왕조의 국정 운영과 대조되는 방침을 채택하여 누적된 모순을 해결해야 하는 책무를 진다. 이로써 한漢 제국도 태어날 수밖에 없는 정통성을 지닌 왕조이면서 왕조 교체의 원칙을 존중해야 할 역사의 수레바퀴 속으로 귀속되었다. 한 제국은 동중서의 공양유학에 의해서 역사의 한 매듭을 지을 만한 자격을 갖게 되었다. 또 왕은 정치권력의 수장만이 아니라 사회, 문화, 교육의 지도자이면서 인간과 자연, 신의 세계의 중개자로 부각된다. 이에 왕은 지고무상의 특권적 존재가 아니라 우주의 생명력을 증대시키는 중임의 채무자로 설정되었다.

이로써 재생된 '공자'나 '유교'는 춘추전국시대에서 진 제국에 이르러 긴 암흑의 터널을 빠져나와 세계를 광정해서 질서를 부여할 문화통치 즉 문교文教, 이족夷族과 구분되는 화족문명 즉 화교華教의 세계화를 일구어야 하는 책임의 일단을 부여받았다. 동중서는 전승되어온 문교와 화교의 총체성에 문질文質의 역사 순환, 음양陰陽·오행五行의 자연철학을 결합시켜 유교를 현대화했던 인물 중 한 명이었다. 현대화 또는 한대화漢代化의 중화주의는 중원의 지식인들에게 현실의 저항을 뚫고서 지상에 구현시켜야 할 지상 명령이 되었다. 이런 맥락에서 그것은 문교주의, 문덕의 중화주의의 다른 이름이고 왕화, 덕화, 성화는 그것의 확산을 가리키는 용어이다. 그러나 중원의 지식인들은 때로는 중화주의를 위해 산화할 정도로 견결한 신념과 그것에 따라 실천을 하기도 했지만 때로는 제 한 몸

잘 건사할 명철보신明哲保身과 속 편하게 모든 걸 운명에 맡기는 안심입명安心立命에 몸을 의탁하기도 했다.

유교가 중원 지역에서 활약했던 문화적 영웅들, 즉 황제黃帝나 요임금에서 공자에 이르는 인물의 공유된 가치와 동일시된다고 생각해보자. 그 가치 중의 하나가 인仁이다. 인은 나 자신이 아니라 타인에 대한 배려와 연관된다.[19] 예컨대 왕(황제)의 경우 그가 개인적 욕망을 충족시키기 위해 왕국을 사유물로 취급한다면 그것은 끔찍하게 자기 자신을 배려하는 일일 수는 있지만 인과는 무관하거나 극단적으로 적대되는 행위이다. 인에 적대적이게 되면 역사에 적대적인 것이 되고 문교와 화교에 적대적으로 되어 왕자의 자리에서 물러날 수밖에 없다.

이처럼 동중서와 한 무제의 관계는 앞에서 끌어주고 뒤에서 밀어주는 사이가 될 수가 없었다. 동중서는 역사를 현실로 침투시켜서 현실을 역사화했기 때문이다. 무제는 정치적 수장과 종교문화적 제사장의 이중적 역할 중 역사화되지 않은 욕망을 가지고 있었기 때문이다. 둘은 보완재의 관계이면서 긴장의 끈을 놓을 수 없는 관계였다.

둘의 만남은 현실에서 성공적이지 못했다. 둘의 만남을 계기로 중화의 가치를 담은 오경성왕과 그것을 소유하여 풀이했던 공자가 문화의 정체성으로 간주되기 시작했다. 그 문화의 정체성을 달리 표현하면 중화주의인 것이다. 동중서로 인해 유교가 국교화된 것이 아니라 중화주의가 개막된 것이다. 이때 중화주의는 실현되어야 할 이상이고 현실을 영도해야 하는 규범으로 끊임없이 재천명되는 기원을 열게 되었던 것이다.[20]

4 맺음말

장징張競은 과거의 중화제국이 유지될 수 있었던 코드를 사랑[戀]에서 찾는다. 그 제국은 피의 뒤섞임混血이 일어날 수밖에 없는 사랑으로 인해 쇠퇴와 몰락의 길을 걷다가 언젠가 또 재도약을 하는 길을 되풀이해서 걸어왔다고 주장했다.[21] 이 주장을 좀 더 확대해석하면 3대니 4대니 하는 '세계의 문명권론'은 허구가 된다. 왜냐하면 문명은 어떤 단 하나의 인종(민족), 하나의 핵심에 의해서만 전적으로 세워지고 공유되는 것이 아니기 때문이다. 거꾸로 문명은 다양한 기원을 지닌 강들이 흘러 모이는 곳에서 충돌하며 빚어내는 공통의 작업물일 뿐이다. 그럼에도 불구하고 현대인이 문명권론에 과도하게 집착하여 독점적 소유를 주장한다면 그것은 역사를 인종주의나 국수주의로 치환시키려는 경연장을 마련하려는 시도인 셈이다. 그 시도가 동아시아에서는 중화주의로, 유럽에서는 서구 중심주의 또는 유럽주의로 나타났다. 서구의 주체가 유럽주의에 근거해서 타자를 위계적으로 재배치하면 오리엔탈리즘이 생겨난다.

유럽은 이제 근대의 국민국가 신화에서 벗어나 공동체 건설로 나아가고 있다. 이전의 국민 국가는 분쇄될 수도 분화될 수 없는 원자적 실체로서 더 많은 생산을 위해 국민을 동원하여 국가를 전진 기지화하는 데에 효율적이었다. 그럼에도 불구하고 국민국가는 자신이 제국주의로 전환하려는 내적 동력을 억제할 수 없었다. 억제할 수 없는 동력은 더 이상 파괴할 수 없는 상황에 이르기 전까지 멈추지 않는다. 두 차례에 걸친 멈추지 않는 파괴의 체험은 이전과 다른 삶의 형식을 고안하도록 성찰하게 만들었다. 이 성찰에서 그리스적인 것, 로마적인 것, 기독교적인 것이 우월주의를 강화시키기보다는 공유의 자산으로 간주되고 있다.

아시아, 동아시아, 동북아시아는 아직 공동체 결성을 향한 실질적 도정으로 나아가고 있지 않다. 동아시아 국가들은 근대의 국민국가 수립 과정에서 겪은 체험을 서로 유리하게 해석(변명)하려고 할 뿐 성찰하려고 하지 않는다. 일본은 원폭의 피해를 부각시킬 뿐 대동아공영권 추진으로 인한 전쟁 책임을 대면하려고 하지 않는다. 중국은 강요된 근대화의 피해와 침탈을 내세우지 영토의 최대 확장이라는 수혜에 시선을 두지 않는다. 남북한은 상호 적대적 대결의 폐해를 상대에게 전가시키며 사회적 여론의 형성을 조작하려고 할 뿐 비극이 재연되지 않도록 하는 의무에 둔감하다.

동아시아 각국은 저마다의 국민성과 교과서 만들기에 몰입해 있다. 여기에 또 현재가 아니라 과거의 중화주의가 일국의 우월주의에 봉사하는 방식으로 동원된다면, 인간은 다시금 공적인 목표에 기여하는 것이 아니라 사적인 이해를 보장하는 데에 광분하게 된다. 이것은 결국 각 국가로 하여금 경쟁적으로 "더 오래된 그래서 더 일찍 발달한 고대사 만들기"로 달려가게 만든다.[22]

동아시아는 근대라는 역사를 체험하면서 각각 민주, 해방, 번영의 가치를 체현했다. 이것은 과거의 중화주의에서 찾아볼 수 없는 새로운 지평이다. 나아가 그것은 동아시아의 사람들이 과거의 중화주의에 매몰되지 않은 채 '공공적 이성'[23]이 숨 쉴 수 있는 충분한 자산이 된다. 이제 우리는 과거의 중화주의를 사유재가 아닌 공공재로 활용하기 위한 새로운 안목을 가져야 할 때이다. 왜냐하면 동중서의 중화주의에는 화華와 이夷를 절정의 꽃과 보잘것없는 불모지로 환치시켜 역사의 진보가 화의 확산으로 설정되는 자문화 중심주의를 짙게 함장하고 있기 때문이다.

그럼에도 불구하고 중화주의에는 경쟁과 착취로 향하는 인간의 욕망을 중화시키며 대칭성에서 우주의 포괄적 연대를 추구하는 계기도 들어 있다. 이 둘을 갈라 후자를 근대의 체험과 결합시킨다면 우월주의로 치닫는 중화中華로 나아갈 수 있다. 이를 위해 연구자들은 과거의 학문과 현대의 체험을 모두 '민족'으로 환원시키는 결론에서 벗어나야 할 것이다.

제10장

개성

혜강의 「성무애락론」에 내재된 음악철학의 쟁점

1 여는 글

혜강嵇康(223~262)은 조曹씨의 위魏나라(220~265)와 사마司馬씨의 서진西晉(265~317)이 교체하던 시기에 삶의 후반기를 지냈다. 그는 위나라 종실과 결혼하여 중산대부中散大夫에 제수되었고 격변기를 헤쳐나가면서—의도했는지 그렇지 않았는지 분명하지 않지만—위나라 이후 살아남지 못했다.

훗날 풍도馮道(882~954)가 한 왕조가 아니라 5왕조 11천자를 섬기며 20년 넘게 재상을 지냈다. 혜강과 풍도는 각각 다른 선택을 함으로써 자신의 인생을 마무리지었던 것이다. 혜강도 선택의 여하에 따라 굳이 배신이라는 평가를 듣지 않으면서 얼마든지 생을 연장할 수 있었을 것이다.[1]

혜강의 조상들의 삶을 보면 혜강의 선택과 참으로 대조적이다. 그들은 원래 회계會稽 상우上虞(오늘날 저장성 상위上虞) 사람이었지만 피비린내 나는 복수극을 피하기 위해 북쪽으로 도망갔고 마지막으로 초군譙郡 질현銍縣(오늘날 안후이성 쑤저우宿州)의 혜산嵇山 자락에 정착했다. 그들은 자신들의 과거 흔적을 지우기 위해 성씨마저 해奚에서 혜嵇로 바꾸었다.

혜강은 조상들이 고향을 등지면서 지향했던 바와는 분명히 다른 삶의 자취를 보인다. 그는 전근대 사회에서 개인의 운명을 순식간에 바꾸는 궁정사회를 피하지 않았다. 또는 그는 궁정사회의 불안·타락과 한발 떨어져 그와 다른 정신세계를 일궈 죽림칠현竹林七賢으로 일컬어지기도 했다.

정치적 전환기에, 산도山濤가 조曹씨에서 사마司馬씨로 주군을 바꾸면서 혜강에게 동승을 요청했다. 혜강은 그 제안을 거절하며 절교의 편지를 한 통 썼다. 그는 이 제의를 주방장이 동물을 잡느라 혼자 손에 피를 묻히기 싫어서 다른 사람을 끌어들이는 짓에 비유했다.[2] 또 혜강은 친구 여안呂安이 이복형 여손呂巽으로부터 무고를 당하자 친구를 위해 구명 작업에 나섰다. 그는 여손에게 그간 저지른 비행을 신랄하게 공격하는 절교의 편지를 보냈는데, 이 일로 구속되기도 했다.[3] 인맥이 정치적 생명의 보험이었던 시대에, 혜강은 중요한 시기에 거듭 보험 계약을 해지했던 것이다. 결국 일련의 편지 사건은 자신의 죽음을 앞당기게 했던 셈이다.[4]

이처럼 혜강은 장애물을 만나면 뒤로 물러나거나 옆으로 돌아가기보다는 이해를 초월하여 정면으로 부딪히는 삶을 살았다고 할 수 있다. 이러한 삶은 그의 학문세계에게도 여실히 드러난다. 그는 유가와 도가의 분류 틀에 얽매이지 않고 둘의 경계를 자유롭게 넘나드는 창조의 길을 걸어서 현학玄學을 일구어냈다.[5]

물론 한 제국 이후로 춘추전국시대의 학파 분류는 별다른 의미가 없고 유가의 위력이 약화되었다고 하지만 학문의 월경越境도 손쉬운 길은 아니었다. 또 그는 「성무애락론」에서 길게는 사오백 년 군림해온 음악 사상의 지배 담론, 즉 『예기』 「악기樂記」[6]를 정면으로 부정하는 파경破鏡의 모험을 감행했다. 나아가 그는 음악에 심취했던 공자만큼이나 금琴의 창작과 연주에도 남다른 예술적 경지를 이루었다.

위진시대의 현학은 한 제국의 사상사를 지배했던 경학經學을 대체한 새로운 주류 학문이었다. 둘은 초점과 층위가 다르다. 경학은 전쟁과 방화 그리고 탄압으로 인해 제대로 전승되지 못한 『역경』 『시경』 『서경』 등경經의 의미를 밝히는 것을 목표로 삼았다. 현학은 밝혀진 경학의 의미 체계가 세계의 본질 담론에 적절하지 않다고 보고 『주역』『노자』『장자』의 세 문헌에 담긴 독특한 의미 체계를 발굴하는 것을 목표로 삼았다.[7] 이로써 현학은 경학의 축적된 자료를 바탕으로 하지만 결국 그것의 한계를 넘어서려는 시도였다고 할 수 있다. 이 시도는 간단히 말해서 현상론적인 사회학(정치학)적 설명 체계에서 본질론적인 철학적 탐색으로 옮겨간 차이에 견줄 수 있다.

이렇게 보면 혜강의 삶과 학문 그리고 예술은 월경과 파경으로 이어지는 파격적인 특성을 드러낸다고 할 수 있다.

여기서는 혜강의 사상세계 중 「성무애락론」을 중심으로 그의 음악철학에 나타난 특징을 살펴보려고 한다. 지금까지의 연구 성과를 검토해보면 혜강의 음악 미학은 서너 가지의 공통된 결론에 이른다.[8]

첫째, 혜강의 음악 미학은 위진 현학의 정신적 지향과 연결되어 있다. 그는 세속적 욕망과는 거리를 두고 전통과 성인보다는 마음에 깃든 내면의 목소리에 귀를 기울이고 자유롭고 거침없이 처신했다.[9] 둘째, 혜강은 정치의 교화, 도덕의 가치로부터 독립적인 음악을 주장했다. 이런 관점을 자율적 음악관으로 규정하면서 혜강을 서양 음악사의 한슬리크 Eduard Hanslick(1825~1904)와 견주는 시도도 했다.[10] 셋째, 혜강의 음악 미학은 도가 음악론의 영향을 받았다. 오성五聲을 사회 계급이나 세계 질서의 상징으로 간주하지 않고 무미無味나 평담平淡의 특성을 강조했다.[11] 넷째, 「성무애락론」은 『예기』「악기樂記」로 대변되는 음악 미학과 상반되는 특징을 드러냈다. 「성무애락론」에서 동야주인東野主人이 반박하는 진객秦客의 주장이 「악기」에 근거를 두고 있다.[12] 이런 측면에서 혜강은 「성무애락론」에서 「악기」의 성'유'애락聲有哀樂과 자신의 성'무'애락聲無哀樂 사이의 지상 논전을 펼치고 있는 것이다.[13]

이러한 연구 성과가 「성무애락론」의 기본 특징을 밝혀내는 데에 일조를 한 것은 틀림없다. 하지만 「성무애락론」은 짧은 분량임에도 불구하고 그 속에 등장하는 두 대화자의 음악 사상이 선명하게 부각되지 않고 있다. 이러한 현상의 원인은 다음과 같다.

첫째, 진객秦客 논지의 핵심에 자리하고 있는 성인聖人의 의미가 명확하게 분석되지 않고 있다. 둘째, 심성心聲·심형心形·심색心色 관계에 대한 차이가 어떤 음악철학의 의의를 갖는지 해명되지 않고 있다.[14]

이 글에서 나는 초점을 각각 성인(절대음감의 소유자)의 긍·부정, 심성心聲 관계로 보고 논의를 진행하고자 한다. 더욱이 이 글은 성인과 심성 논의가 동양철학의 일반적인 문맥에서 어떻게 제기되고 전개되었다가 혜강의 음악철학으로 흡수되는지 그 맥락을 추적하고 있다.

이 작업이 성공적으로 이루어진다면 「성무애락론」이 흔히 진객에 대한 동야주인의 싱거운 승리가 아니라 화해할 수 없는 두 음악관의 팽팽한 대립으로 읽힐 수 있을 것이다. 나는 「성무애락론」이 진객과 동야주인의 논쟁으로 되어 있는 형식에 착안해서 그들의 주장을 논점별로 재구성해서 둘의 차이를 해명하는 방식으로 논의를 이끌어가려고 한다.[15] 아울러 『예기』 「악기」와 「성무애락론」의 차이도 그대로 드러날 것이다. 이 과정에 동행하려면 두 자료를 한번쯤 읽지 않을 수 없다. 먼저 조남권·김종수가 옮긴 『동양의 음악 사상 악기』(민속원, 2001)와 한흥섭이 옮긴 『성무애락론』(책세상, 2002)을 만난다면 앞으로 보다 흥미로운 동행이 될 것이다.

2 절대음감 소유자로서의 성인

쟁점의 소개

제목에서 어느 정도 암시하듯이 혜강의 「성무애락론」은 '성유애락聲有哀樂'을 주장하는 진객과 그것을 부정하는 동야주인의 문답으로 논의가 진행되고 있다. 성유애락은 글자 그대로 "소리에는 슬픔과 즐거움이 담겨 있다"는 뜻이다. 하지만 이 주장은 여기에 제한되지 않고 그 안에 다양한 주장을 함축하고 있다. 즉 그것은 "소리(음악)는 듣는 사람에게 특정한 감정을 유발시킬 수 있다" "소리(음악)는 개인의 심성, 나아가 사회적 풍속을 좋은 쪽으로도 나쁜 쪽으로도 변화시킬 수 있다" "소리(음악)는 특정한 정치적 상황—번영, 혼란 그리고 몰락—을 재현 또는 반영한다"는 등 다양한 주장을 대변하고 있다.[16] 성유애락이 부정된다면 "소리에는 슬픔과 즐거움이 담겨 있다"만이 아니라 함축된 주장도 부정된다. 따라서 성유애락과 성무애락의 대결은 단순한 명제의 대립이 아니라 음악관 또는 음악 사상의 대립이라고 할 수 있다.

논의의 구도로 보면 진객은 당연히 자신이 주장하는 성유애락을 입증해야 했다. 전체적으로 논의의 방향이 바뀌는 5Q–A(Q는 진객의 질문, A는 동야주인의 대답이며 숫자는 몇 번째 문답인가를 가리킨다. 이하 약어로 지칭함) 이전, 즉 1Q–A에서 4Q–A까지 그는 탁월한 음악 이해의 능력을 지닌 역사적 인물을 제시하는 것으로 성유애락의 입증을 대신하고자 노력하고 있다. 얼핏 생각하면 그런 사람이 있다는 것과 성유애락의 입증은 관련이 없는 것으로 보인다.

이에 대해 진객은 사람을 두 부류로 나누어서 논증을 진행하는 전략을 구사하고 있다. 보통 사람은 소리(음악)를 들어도 그 속에 담긴 의미를 읽어낼 수 없다. 반면 특별한 사람은 소리(음악)를 듣기만 해도 그 속에 담긴 정치적 상황만이 아니라 사람에게 어떤 영향을 끼쳤고 끼칠 수 있는지를 읽어낸다. 이제 그는 이 차이를 굳게 지키고자 모든 사람과 성유애락의 연관성을 주장하는 전칭 판단을 포기한다. 그는 한 사람이라도 성유애락을 이해할 수 있다면, '성유애락'의 진리성이 증명될 수 있다는 것이다. 그렇게 되면 성유애락은 특칭판단特稱判斷(주어가 가리키는 일부가 주장 내용에 대해서 긍정적 또는 부정적인 관계를 갖는 경우의 정언적 판단)으로 변모하게 될 것이다.

그의 논증을 살펴보자. 1Q에서 춘추시대 공자와 오나라의 계찰季札의 음악 감상의 경험을, 2Q에서 백아伯牙와 종자기鍾子期의 고사, 안연顔淵의 경험 등 일곱 사례를, 3Q에서 종자기 등 두 가지를, 4Q에서 갈로葛盧의 소 울음의 의미 해독, 사광師曠의 초나라 군세의 예언, 양설모羊舌母의 손자 앞날의 예측 등 세 가지를 제시하고 있다. 모두 열네 가지 사례이다. 이 가운데 공자, 계찰, 종자기의 예증이 되풀이되고 있으므로 이를 제외한다면 진객은 모두 열 가지 사례를 통해서 성유애락을 입증하려고 노력하고 있다.

진객은 이러한 특별한 존재를 가리키는 말로 '선청찰자善聽察者(2Q, 2A)' '신명자神明者(2Q)' '선청善聽(2Q, 2A)' '신묘독견神妙獨見(2Q)' '기청奇聽(2A)' '식미識微(2Q, 2A)' '묘찰妙察(2Q)' '촉류觸類(2A)' '능자能者(2Q)' '고인古

人(2A)' '독견獨見(3Q)' '청성자聽聲者(3A)' '찰정자察情者(3A)' '현인賢人(3A)' '신심독오信心獨悟(4Q)' 등을 사용하고 있다. 대체로 이들은 소리를 잘 듣고 그 속에 담긴 미묘한 의미와 음악성을 실수 없이 포착해낼 수 있다. 반대로 특별한 음악적 능력이 없는 존재를 '불능자不能者(2Q)' '암자闇者(3Q)' 라는 말로 가리키고 있다. 이 말은 그 자신 음을 들을 능력도 없을 뿐만 아니라 음악적 진리에 어두워서 듣고서도 뭐가 뭔지 모르는 귀머거리를 가리킨다.

동야주인은 진객에 맞서서 성무애락을 입증하려고 했다. 성무애락은 글자 그대로 "소리(음악)에는 슬픔과 즐거움이 담겨 있지 않다"는 뜻이다. 나아가 이 주장은 '성유선악聲有善惡', 즉 "소리는 음악 외적이 아니라 순전히 음악 내적으로만 듣기 좋은 것과 나쁜 것으로 구분된다"는 등의 주장으로 이어진다.

위의 예시에서 보이듯이 동야주인은 특별한 음악적 능력을 가진 사람을, 진객의 용어를 그대로 답습해서 사용하거나 약간 바꾸어서 쓰고 있다. 이 용어군을 사용한다고 해서 그가 진객처럼 특별한 존재를 인정(긍정)한다는 것은 결코 아니다. 진객이 자신이 사용하는 많은 용어를 명明-암闇(3Q)으로 단순화시켰듯이, 그도 사람의 유형을 성인聖人-고사瞽史(3A)로 압축해서 논의를 진행하고 있다. 진객이 특별한 음악 능력을 지닌 사람을 여러 가지 이름으로 불렀다면 동야주인은 그들을 성인聖人의 의미로 집결시키고 있다.

자형을 보면 성인은 어원 단계에서부터 듣는 것과 관련이 있다.[17] 성 자는 귀 이耳 자를 포함하며 자형에서 이 자를 크게 나타내고 있다. 물론 이때 듣는다는 것은 자연의 소리와 악기의 음악 소리만이 아니라 신의 의지를 대변하는 음성을 가리킨다. 『시경』과 『서경』에도 성聖은 사람과 신의 세계를 소통시킬 수 있는 종교문화적 지도자, 제도와 규범을 처음으로 만든 문명의 제작자, 현재의 사태가 미래에 어떤 결과를 가져올지 예측하는 신통력 등을 나타냈다.[18]

공자는 이런 성인의 의미를 음악 방면으로 강하게 결부시킨 최초의 인물이다. 공자는 성인으로 자처하지는 않았다고 하더라도 훗날에 성인으로 추존되었다. 그는 당시에 전승된 각종 음악을 감상할 기회를 가지면 남김없이 그것에 대해 품평을 내렸을 뿐만 아니라 스스로 악기 연주나 노래 부르기와 같은 심미활동을 게을리 하지 않았다.[19] 이에 혜강의 「성무애락론」에서 진객은 나름의 확실한 근거를 가지고서 공자를 성인의 사례로 거론했던 것이다.[20]

「성무애락론」에서 성인은 어떠한 소리(음악)를 듣기만 해도 그것이 만들어진 정치 상황을 추리하고 연주자의 심리 상태를 이해하며 아울러 이후에 발생할 사건을 예측할 수 있다. 이런 점에서 성인은 자연음과 악음樂音을 듣고서 그것을 다른 음과 비교하지 않고도 원음의 음높이만이 아니라 그 의미와 형식을 판별할 수 있으므로 절대음감의 소유자라고 할 수 있다.[21] 이 성인은 여전히 기존 성인의 의미 맥락 속에 있으면서 음악의 방면으로 특화된 사례라고 할 수 있다.[22]

그 결과 성유애락 대 성무애락은 급속하게 성인이란 특별한 능력, 즉 절대음감을 가진 존재를 인정하느냐 하지 않느냐로 귀결되었다. 성인의 존재가 입증된다면 성유애락이 성립 가능하고 그렇지 않으면 성무애락이 성립되는 것이다. 물론 이 성인은 음악 분야에만 한정되지 않고, 성의 어원 단계와 질서의 산출자라는 의미를 아우른다고 할 수 있다.

진객과 동야주인이 1Q–A에서 4Q–A에 걸쳐서 성인의 유무를 두고 논쟁을 벌이는 과정을 추적하면서 그 속에 담긴 음악철학의 의의를 살펴보자.

먼저 1Q를 보면 진객은 "안정된 세상의 음악은 편안하고 즐겁게 느껴지는 반면 망해가는 나라의 음악은 슬프고 시름겹게 느껴진다"[23]는 『악기』「악본樂本」이나 『여씨춘추』「적음適音」의 논지를 전제하고 있다. 그는 이를 바탕으로 정치적 상황과 음성(음악)은 서로 호응한다는 결론을 끌어낸다. 나는 이를 정치–음악, 즉 정성政聲 상응론으로 명명하고자 한다. 그는 정성 상응론을 입증하기 위해서 공자와 계찰의 사례를 끌어들인다. 『논어』를 보면 공자는 순임금의 소韶 음악과 주나라 무왕의 무武 음악을 듣고서 둘의 차이를 냉정하게 평가한 적이 있다. 즉 전자는 최고로 아름답고 또 최고로 좋은 반면에 후자는 최고로 아름답지만 최고로 좋지는 않다는 것이다.[24] 왜 이렇게 달리 평가했을까?

소와 무는 각각 서로 다른 정치적 상황과 연관되어 있고 그것을 음악적으로 반영하고 있기 때문이다. 순임금이 요임금으로부터 왕위를 선양받았으므로 소韶는 평화적인 왕권의 교체를 음악적으로 반영하고 있다. 무왕은 주紂임금을 무력으로 정벌하고서 새로운 나라를 세우므로 무武는 역성혁명과 무력충돌을 반영하게 되었다.

이에 공자는 두 악극을 감상하면서 그 속에 내재된 평화와 전쟁의 상반된 정치적 상황을 읽어낼 뿐만 아니라 정치적 상황에 따라 달리 생겨나는 즐거움과 슬픔의 감정을 경험(추체험)한 것이다. 이로써 정성 상응론은 그 자체 안에 감정과 음악의 고정된 대응을 함축하고 있으므로 결국 정치–감정–음악 상응론으로 확대된다.

성유애락의 논점과 관련시켜 보면 공자는 소韶를 듣고서 더할 나위 없이 즐거움을 느꼈지만 무武를 듣고서는 한편으로 아름답기는 해도 다른 한편으로 슬픔을 느낄 수밖에 없었다는 것이다. 이처럼 진객은 공자와 같은 특수한 감상자를 통해서 '성유애락'을 증명하려고 시도하고 있다.

1A에서 동야주인은 음악과 감정의 고정된 대응 관계가 있는지, 특정한 음악이 특정한 감정을 반드시 유발시키는 음악적 형식이 있는지 의문을 제기하고 있다. 현장 관찰인지 사고 실험인지 출처가 분명하지 않지만 그는 사람들이 노래 가락과 울음소리에 일관된 반응이 아니라 상반된 반응을 보인다고 지적하고 있다. 예컨대 보통 누군가 울음소리를 들으면 그 사람은 슬퍼하고 또 누군가 노래 가락을 들으면 그 사람은 즐거워한다. 하지만 지역과 풍속을 달리할 경우 울음소리를 듣고 기뻐하기도 하고 노래 가락을 듣고 슬퍼하는 경우가 생긴다.

이를 통해서 동야주인은 세 가지 결론을 끌어낸다. 1) 특정한 음악이 특정한 감정을 반드시 유발시킨다고 볼 수 없다, 2) 감정과 음악 사이에는 고정된 대응 관계가 성립하지 않는다, 나아가 3) 하나의 감정은 지역과 풍속에 따라 수없이 많은 음악 형식과 결합될 수 있다. 이를 통해서 그는 음악과 감정은 결국 아무런 상관관계가 없다는 결론을 도출하기에 이르렀다. 음악은 감정과 관계를 갖지 않고 자체적으로 사람에게 듣기 좋고 듣기 좋지 않은[善惡] 질적 차이를 가질 뿐이다. 따라서 동야주인은 진객의 '성유애락聲有哀樂'에 맞서서 '성유선악聲有善惡'을 주장한 것이다.

그렇다면 진객이 1Q에서 말한 절대음감의 소유자, 즉 성인의 문제는 어떻게 될까? 춘추시대 오吳나라 출신으로 최고의 음악평론가였던 계찰이 노나라에서 여러 지역의 음악을 청취하면서 오로지 소리(음악)에만 의존해서 특정 지역 풍속의 좋고 나쁨을 평가했을지에 대해 동야주인은 의문을 제기한다. 마찬가지로 그는 공자 또한 소韶만을 듣고서 순임금의 고결한 덕성을 읽어냈을지 의문을 제기한다.[25]

여기서 그는 역사적 실례로 공자와 계찰의 인물 자체를 부정하지 않는다. 하지만 그는 그들의 판단이 오로지 음악 내적 자료에만 의존한 것이 아니라 음악 내적인 것과 외적인 것의 결합에 근거한 것으로 본다. 이로써 공자와 계찰은 절대음감의 소유자가 아니라 음악을 포함해 정치, 군사, 역사, 종교 등 다양한 분야에 걸쳐서 해박한 지식을 가진 만물박사로 간주되었다. 보통 사람들은 전반적으로 무지한 반면 계찰과 공자는 모르는 것이 없기에 음악과 정치 그리고 감정의 연관성을 읽어낼 수 있는 것이다.

2Q에서 진객은 다양한 사례를 예증으로 제시하며 성인은 성유애락을 경험할 수 있다는 논지를 되풀이하고 있다. 이를 이해하지 못하는 동야주인에 대해 짧은 지식에 사로잡혀서 진상을 제대로 보지 못하는 인물이라는 공격을 퍼붓고 있다.

음악 노예가 밤에 경을 쳤는데 종자기는 그걸 듣고서 슬픔을 느꼈다. 만나서 이야기를 해보니 그 노예의 처지가 여느 사람과 달랐다. 아버지가 살인을 해서 사형을 당했고 어머니는 먹고살기 위해 술장사를 하게 되었으며 자신도 먹고사느라 음악 노예가 된 탓에 어머니와 헤어져 살며 3년 동안 만나지 못했던 것이었다.[26]

음악 노예와 종자기의 이야기를 성유애락의 맥락에서 살펴보면 다음과 같다. 마음(심정)이 슬프면 겉모습도 바뀌고 소리(음악)도 슬퍼진다. 심정-겉모습-소리(음악)는 저절로 그렇게 호응하는 관계에 있는 것이다. 음악 노예는 밤중에 자신의 처지를 비관하며 경을 쳤는데 그 소리가 자연히 속내를 드러냈다. 종자기는 들려오는 경 소리를 듣고서 그 속에 깃든 감정에 전염되어 자신도 슬픔을 느끼게 되었던 것이다.

연주자가 특정한 음악 형식으로 연주하지 않더라도 음악이 사람의 심정을 담고 있다면 종자기와 같은 성인은 연주자의 감정을 읽어낼 뿐만 아니라 소리를 통해 동일한 감정의 교류를 경험할 수 있는 것이다. 따라서 종자기처럼 절대음감을 가진 성인은 1A에서 제기한 음악 외적인 분야의 다양한 지식, 즉 시詩와 예禮를 습득할 필요가 없다. 그는 소리(음악)를 잘 들어서 살피고 신명하고 신묘하여 매개 없이 이해하므로 오랜 시간을 들여서 되풀이해 들어보지 않아도 듣자마자 음악의 상태를 파악할 수 있는 것이다.[27] 이로써 음악은 "성인과 같은 존재를 슬프게 할 수 있고 즐겁게 할 수 있는"[28] 성유애락의 특성을 지니게 되는 것이다.

2A에서 동야주인은 2Q에서 제시한 예증 가운데 계찰과 공자의 경험 두 가지에 주목해서 진객의 주장이 보이는 논리적 허점을 지적한다. 계찰은 노나라에서 연주를 듣고서 여러 나라의 풍속을 알아차리고 공자는 사양師襄이 연주하는 곡을 듣고서 혼자서 그 속에 담긴 주나라 문文임금의 공덕을 알아차렸다.

계찰과 공자가 사오백 년 전의 음악을 듣고서 그 속에 반영된 표제標題를 알아차리려면 두 가지 전제 조건을 충족시켜야 한다. 하나는 계찰과 공자가 들은 음악은 고정된 구조[常度]나 불변의 음조[定數]라는 고정된 형식[29]을 갖추고 있어야 하고, 다른 하나는 표제가 음악적으로 형상화되어 역사적으로 전승이 가능해야 한다.

이 주장을 진객의 주장(2Q)에 적용하면 문제점이 드러난다. 진객은 성인이 음악적 주제를 고정된 형식으로 표현하지 않더라도 그 내용을 이해할 수 있다고 주장했다. 따라서 2Q에서 고정된 형상화를 부정했지만 그 속에 긍정을 함축하므로 논리적으로 모순이 되는 것이다. 또 진객의 주장에 따르면 음악의 역사적 전승이 얼마든지 가능해지는데, 현실적으로 삼황三皇·오제五帝를 비롯한 숱한 영웅의 음악이 유전되지 않고 극소수의 음악만이 유전되므로 그 주장이 타당할 수 없는 것이다.

동야주인은 '성유애락'에 대한 성인의 지각 능력을 거짓말로 단정한다. 이와 같은 이야기가 사실이 아님에도 유포되는 것은 비속한 유자들이 성인과 관련된 일을 신비스럽게 하려고 후세에 꾸며낸 것에 지나지 않는다.[30] 이로써 계찰과 공자는 역사적 인물이기는 하지만 적어도 음악과 관련해서는 후세 사람들에 의해 조작된 또는 날조된 허상虛像이거나 우상偶像이 되어버린다. 이것은 합리적 논증에 의한 부정이다. 이처럼 공자의 음악적 위상마저 주저 없이 허상으로 비판하는 데에서도 우리는 혜강에게서 어떠한 권위에도 굽히지 않는 절대 자유의 기상을 엿볼 수 있다. 물론 여기서 혜강이 허상이 제거된 계찰과 공자의 참모습마저 부정하지는 않았을 것이다.

3Q에서 진객은 음악적 능력의 차이를 명明-암闇으로 나누어서 다시금 성인의 존재 가능성을 논증하려고 한다. 기쁨과 노여움의 내적 감정이 외적인 얼굴에 드러나므로 얼굴 표정을 통해 우리는 사람의 내면 상태를 알 수 있다. 마찬가지로 사람이 슬픔이나 즐거움의 상태에 있으면서 성음(소리)을 낼 때 여기에는 슬픔이나 즐거움이 담기게 된다. 다만

어두운 자는 성음에 담긴 애락을 읽어내지 못하는 반면 총명한 자는 그것을 알아차릴 수 있다. 그런데도 명자, 즉 절대음감의 소유자를 부정한다면 그것은 개인의 지적 한계와 평범한 능력을 일반화시키는 오류에 빠질 뿐이다.[31]

3A에서 동야주인은 종자기와 같은 성인을 상정할 경우에 생기는 문제를 지적함으로써 절대음감의 소유자로서 성인을 부정한다. 예컨대 「함지咸池」 「육경六莖」 「대장大章」 등은 성왕으로 알려진 황제黃帝·전욱顓頊·요堯의 음악이다. 이 음악은 모두 완전한 음악으로서 하늘과 대지만이 아니라 귀신마저 감동시킬 수 있었다. 그렇다면 이런 종류의 음악은 당연히 황제 등 성인에 의해서만 창작될 수 있고 또 연주될 수 있는 것이다. 왜냐하면 성인의 창작 정신이 제대로 구현되려면 적어도 성인과 동급의 인물이나 혹은 그 자신이 연주를 할 수밖에 없기 때문이다.[32] 문헌을 보면 순임금은 기夔로 하여금 경磬을 연주하게 했지만 신과 사람이 함께 화락했다고 한다.[33] 기가 창작자인 성인 순의 감정을 재현하려고 했다면 실패할 수도 있다. 하지만 그는 음악 외적인 감정이 아니라 음악 내적으로도 완전한 조화의 음을 구현해냈기 때문에 성공적인 연주를 할 수 있었던 것이다. 따라서 성인이 음악의 창작자라는 역할을 할 수 있지만 이런 사실은 곧 "성인은 반드시 절대음감의 소유자이다"와 "음악은 인간의 감정을 표현한다"는 점과 아무런 관계가 없는 것이 된다.

4Q에서 진객은 갈로葛盧·사광師曠과 양설羊舌의 어머니의 사례를 들어서 성음(소리)이 국력의 성쇠盛衰와 개인의 길흉吉凶과 같은 음악 외적인 정보를 담고 있다는 주장을 펼친다. 여기에 이르면 이들은 절대음감을 소유한 성인의 반열이 아니라 거의 전지전능한 신적 존재Almighty God와

같은 차원으로 상승한다.

예를 들어 춘추시대 진나라의 대신 숙향叔向의 어머니 이야기를 살펴보자. 숙향의 아들 양식아楊食我가 태어났을 때, 할머니가 손자의 울음소리를 듣고서 그것이 이리가 울부짖는 것과 비슷하다면서 훗날 아이로 인해 가문이 몰락할 것이라 예언했다. 이후에 어머니의 말대로 숙향의 가문에 불행이 닥쳤다.[34]

여기서 울음소리는 악음樂音이 아니라 일종의 자연음이지만 소리라는 차원에서 구분되지 않고 있다. 갓난아이의 울음소리가 왜 미래에 생길 불행한 결과의 징조 내지 원인이 되는지 설명은 없다. 하지만 아이의 울음이 미래 사건의 결정적 원인으로 간주되는 한 '성유길흉聲有吉凶'은 주장될 수 있는 것이다. 우리는 성유애락이 성유길흉으로 이어지는 사상적 근거가 동중서에 의해서 주장된 동류상동同類相動 또는 동류상응同類相應에 있다는 사실을 알아차릴 수 있다. 사물이 기氣에 의해서 동질성을 가지므로 같은 기[同氣]끼리는 종 사이[種內]만이 아니라 종 너머[種外]에도 서로 호응한다는 것이다. 이는 현상 또는 사태의 선후를 인과관계로 파악하려는 전근대적 사유의 일종이라고 할 수 있다.

4A에서 동야주인은 울음과 불행을 원인과 결과의 관계로 연결시키는 사고방식 자체에 의문을 제기한다. 그는 예언의 적중을 두 가지 방식으로 가정해본다. 하나는 어머니가 신통한 마음으로 홀로 깨달은 바가 있어서 수수께끼처럼 말했는데 훗날 적중했을 수 있다. 다른 하나는 과거에 들어본 울음소리와 현재 손자의 울음소리가 비슷해서 미래에 과거의 사건과 비슷한 일이 일어날 것을 안 것이다.

전자는 일종의 신통력으로 맞춘 것일 뿐 아이의 울음 자체에서 어떤 증거를 찾은 것이 아니므로 소리의 내재적인 이치와 무관하다.[35] 후자는 유사성에 근거해서 무관하게 발생한 두 사건이 동일한 결과에 보일 것이라고 예측하는 추리이다. 이것은 유비추리이거나 혹은 양식화된 사고방식이 갖는 한계를 벗어날 수 없다. 즉 과거에 우연히 들어맞은 것을 호사가들이 사실인 양 받아들이고 큰일로 칭찬하는 것에 지나지 않는다.[36]

성유애락과 성무애락이 결국 절대음감의 성인론으로 이어지고 그것은 다시 동류상응론으로 이어지고 있다. 결국 성유애락론은 한 제국에서 발흥했던 기론에 의한 상응론적 우주론을 그대로 수용하고 있다면 성무애락론은 그 자장을 벗어나려는 자유주의 경향을 띤다고 할 수 있다.

3 심성心聲·심형心形·심색心色의 관계

쟁점의 소개

우리는 진객이 절대음감의 소유자, 즉 성인 존재에 의존해서 성유애락을 논증하려 하고 동야주인은 성인 존재를 부정함으로써 성무애락을 주장하는 과정을 검토해보았다. 아울러 진객이 한 제국의 주류 담론인 상응론적 우주론에 바탕을 두고 있는 반면 동야주인은 그것을 맹렬하게 비판하고 있다는 것을 밝혔다.

진객이 다시 새로운 논점을 발굴해서 성유애락을 입증하려고 했다. 이에 동야주인이 그것을 앞과 마찬가지로 반박했다. 그 과정을 한번 들여다보자. 새로운 논쟁은 기본적으로 마음[心]과 소리[聲]의 관계를 중심으로 진행된다. 아울러 그로부터 파생되는 마음과 몸, 마음과 표정 또는 기색의 관계를 다루고 있다.[37]

진객은 여전히 성유애락의 입장을 내세우면서 슬픔이나 즐거움의 감정과 소리(음악)의 상관성을 주장하고 있다. 이 입장에서 본다면 연쇄적인 다음의 추론이 가능하다. 소리는 슬픔이나 즐거움을 담고 있으므로 감정의 표현물이 된다. 마음은 감정을 발생시키는 기관이다. 두 주장을 종합하면 소리는 결국 마음의 표현이 된다.

다음의 추론도 가능하다. 마음은 직접적으로 알 수는 없지만 소리를 통해서 마음의 상태를 틀림없이 알 수 있게 된다. 그렇다면 마음은 소리와 같이 감각으로 지각할 수는 없지만 결코 그 정체를 알 수 없는 불가지의 세계는 아닌 것이다. 마음은 소리·표정·기색으로 투시가 가능한 투명한 것으로 판정된다. 물론 앞 장에서 논의했듯이 모든 사람이 아니라 성인과 같은 절대음감의 소유자라야 투시 능력을 갖는 것이다.

반면 동야주인은 성유애락을 긍정하지 않는다. 이 주장은 단순히 소리(음악)와 감정의 상관관계를 부정하는 것에만 국한되는 논의가 아니다. 앞서 살펴보았듯이 '성유애락'을 부정하려면 동시에 마음과 소리(음악), 마음과 표정·기색 등의 상관성을 반성적으로 고찰하지 않으면 안 된다.

사실 혜강이 동야주인을 빌려서 음악철학 내부에만 한정하여 성유애락을 주장한다면, 그것은 찻잔 속의 태풍처럼 작은 해프닝으로 끝나지 사회적으로 심각한 위험성은 없다. 또 진객과 동야주인이 성유애락을 두고 부딪친다고 해서 일일이 심각한 이견을 보이지는 않는다. 예컨대 정성鄭聲에 대해서 둘은 약속이나 한 듯이 공동의 보조를 취한다. 그만큼 둘 사이의 충돌은 완전히 전면적이지 않아 합의에 이를 가능성이 남아 있다.

하지만 이야기가 심心-성聲, 심心-색色 상관설을 부정하는 데에 이르면 상황이 달라진다. 그 주장은 음악철학의 범위를 뛰어넘어서 도덕철학에서 커다란 반향을 일으킬 수 있기 때문이다. 혜강이 의도하지 않았더라도 심-성, 심-색 상관설의 부정은 속과 겉이 다른 인간, 즉 위선자僞善者를 용인하게 되기 때문이다.[38] 예컨대 마음으로 사심을 품고서 사람의 눈앞에서 환대의 몸짓을 할 수 있다. 이것은 음악철학의 문맥을 벗어나 도덕철학의 문맥에서 자기기만의 문제를 함축하게 된다. 또는 도덕으로부터 완전히 자유로운 음악의 탄생을 용인할 수 있기 때문이다. 이는 사회와 음악예술이 '가치에서 합일된다', 아니 '예술이 사회적 가치를 반영해야 한다'는 재도론載道論을 부정하는 것이다. 즉 예술의 사회적 효용성을 반대하는 것으로 해석될 수 있다. 둘 다 간단한 문제가 아니며 지금만이 아닌 앞으로도 계속 논쟁을 일으킬 만한 주제였다.

둘 중에 자기기만의 사안에 초점을 두고 논의를 진행해보자. 일찍이 공자도 『논어』에서 이러한 위선자를 "번지르르한 말과 알랑거리는 낯빛을 보이는 사람에게는 사람다움의 진실성이 드물다"며 신랄하게 비평했다.[39] 자칫 공자가 괜히 친절한 표정을 문제 삼는다고 의구심을 가질 수 있다. 이 구절은 상황에 따라 이랬다 저랬다 하며 변덕스러운 성향을 보이는 사람을 겨냥하고 있다. 아쉬울 때 간과 쓸개라도 다 빼줄 듯이 달콤한 말로 다가오다가 반대 상황이 되면 언제 내가 당신을 알았느냐는 듯이 모른 척할 수 있다. 이처럼 진실성이 없는 얼굴의 미소는 훗날 상황이 바뀌면 배반의 웃음으로 변할 수 있다.

사실 심–성, 심–색의 상응설을 부정하면, 혜강이 자각했건 하지 못했건 음악철학에 한정되지 않고 주류의 도덕철학과 충돌할 수밖에 없다. 이는 새로운 자기주장을 극단적으로 전개할 때 누구라도 겪을 수밖에 없는 상황이다. 혜강은 도덕철학의 관점에서 위험인물로 낙인찍힐 수 있다고 하여 음악철학의 새로운 영역을 개척하는 일을 주저하지는 않았다.

혜강은 자신이 성무애락을 주장하더라도 도덕철학의 문맥에서 위선자의 존재를 허용하지 않아야 하는 이론적 부담을 안게 된다. 여기서 혜강이 헤쳐나갈 수 있는 길은 좁아 보인다. 하지만 두 가지 길이 있을 수 있다. 하나는 이전의 심–성 또는 심–색 상관설이 경험적 차원에서 논의되었다면 마음에는 선험적 차원이 있다는 것을 제시하는 것이다. 감정이 즐거워하고 슬퍼해야 하는 사태에 들어맞게끔 활성화되고 표현되도록 하는 주재의 층위에 의해서 관리된다면 위선자가 생기지 않을 수 있다. 신유학의 용어로 말한다면 심은 이발已發과 미발未發의 차원에 동시에 소속되어 있다는 것이다.[40]

다른 하나는 심–성 또는 심–색 상관설을 부정하는 것이 위선자를 허용하는 것이 아니라 심과 성, 즉 마음과 음악이 다른 범주에 속한다는 의미라고 주장하는 것이다. 마음과 음악이 관할하는 영역을 달리하여 서로 영향을 주고받지 않는 것으로 관계를 단절시키는 길이다. 「성무애락론」을 보면 혜강은 전자의 길에 대해 어렴풋하게 자각하고 있는 듯하지만 즐겨 다루지 않는다. 그는 후자에 초점을 두고 논의를 진행한다. 그가 후자에 초점을 두어서 위선자 문제를 피해간다고 하더라도 예술의 공리성을 부정한다는 또 다른 난관을 헤쳐나가야 했다.

심성의 관계: 상통相通설 대 이궤異軌설

「성무애락론」 전체에 걸쳐서 진객은 감정·마음의 주관과 소리(음악)가 상통한다는 논지를 펼치면서 동야주인의 반론에 힘겹게 대응하고 있다.

2Q에서 진객은 안연顔淵의 경험을 통해 심心-성聲 상통설을 주장하고 있다. 공자가 당상에 앉아 있다가 어디선가 나는 울음소리를 들었는데 참으로 구슬펐다. 옆에 있던 안연도 그 소리를 듣고서 곡소리가 참으로 구슬프니 죽은 자를 애도하는 것만이 아니라 생이별을 애달파하는 연유가 있을 것이라고 풀이했다. 공자가 사람을 시켜서 알아보니 아버지가 돌아가셨지만 집안 살림이 가난해서 할 수 없이 자식을 팔아서 장례를 치르게 되었다는 사정이 있었다.[41] 안연은 별도의 정보에 의지하지 않고 오로지 소리 청취를 통해 그 속에 담긴 행위자의 복합적 심리 상태를 판독해내고 있다.

어떻게 이런 일이 일어날 수 있을까? 마음이 슬프면 겉모습도 이로 인해 변하고 감정이 구슬프면 소리도 이로 인해 슬퍼진다. 따라서 심心-형形 그리고 정情-성聲은 어떠한 외적 요인의 개입 없이 저절로 그렇게 서로 호응하는 관계에 있다는 것이다.[42] 심-형과 정-성이 호응 관계에 있으므로 이 관계를 심心-성聲과 정情-형形으로 호환하는 것도 가능하다. 그렇다면 안연과 같은 성인, 즉 절대음감의 소유자라면 심-성 상통론에 의거해서 소리에 깃든 감정을 실수 없이 정확하게 읽어낼 수 있는 것이다.

2A에서 동야주인은 심-성 상통론에 근거한 성유애락을 반박하기 위해서 감정이 표출되는 과정을 재구성하고 있다. 그는 먼저 색깔五色에는 보기에 좋고 나쁜 호추好醜가 있고 소리五聲에는 듣기에 좋고(편하고) 나쁜(거슬리는) 선악善惡이 있는 것을 사물의 자연적 속성으로 규정한다.[43] 논의를 성유애락聲有哀樂이 아니라 성유선악聲有善惡에서 출발하겠다는 취지를 밝힌 것이다. 이어서 소리(음악)가 사람 또는 사람의 감정을 자극하는 과정을 두 가지로 나누어 논의를 진행한다.

첫째, 주관의 수동적 반응이다. 사람은 오색과 오성에 대해 좋아하기도 하고 싫어하기도 하고 또 기뻐하기도 하고 시큰둥해하는 등 반응의 차이, 즉 애불애愛不愛 또는 희불희喜不喜를 나타낸다. 이 차이는 마음속에 미리 결정 또는 준비되어 있다가 감정으로 드러나는 것이 아니라 특정한 색깔과 소리라는 대상의 자극을 받고서 드러내는 것이다. 애불애와 희불희는 앞에서 말한 호추·선악처럼 대상에 따라 양상이 바뀌거나 대상의 자극에 숙고되지 않은 채, 즉각적으로 드러내는 반응이다. 이것은 오늘날의 분류에 따르면 감정의 반응에 해당되겠지만 혜강의 의도를 헤아린다면 생리적 태도에 가깝다. 예컨대 쇠로 그릇을 긁는 소리나 급하게 제동하느라 차바퀴와 노면 마찰로 생기는 소리가 듣기에 거슬려서 귀를 막는 것과 비슷하다.

둘째, 주관의 능동적 유출이다. 사람이 완전한 조화의 소리[和音]를 들을 경우 슬픔 또는 즐거움의 감정이 드러나게 된다. 이 드러남은 화음의 자극으로 인해서 비로소 애락이 반응하는 것이 아니다. 애락은 화음이 들려오기 이전 중정 상태가 깨져서 감정이 어느 쪽으로 편향되어 있는 상태이다. 화음이 들려오자 때마침 애락 중 어느 하나가 표출되는 것이다.

어떤 양식의 화음이 반드시 애哀의 감정을 일으키고 또 다른 양식의 화음이 반드시 락樂의 감정을 일으킨다고 할 수 없다. 오히려 극단적일 경우, 같은 구성의 화음이라도 어제는 애가 표출될 수 있지만 오늘은 락이 표출될 수 있다. 주관이 애의 상태에 있을 경우 애가 표출되었다면 오늘 주관이 락의 상태에 있을 경우 락이 표출될 수 있다. 물론 음악의 조성이 아무런 요인이 되지 않는다는 뜻은 아니다. 만약 불협화음이 들린다면 사람은 귀 또는 마음에 거슬려서 음악을 피할 수 있다. 화음이라면 계속 듣겠지만, 이는 감정을 일으켜서 듣는 것이 아니라 마음에 맞아서 듣는 것이다.

화음은 애락의 감정이 표출되도록 하는 계기가 될 수는 있다. 이 계기는 음악이 감정을 일으키는 적극적인 작용력을 말하는 게 아니라 음악이 감정을 표현(대변)해주는 소극적인 작용력을 말하는 것이다. 어디까지나 감정 생성의 동인은 음악이 아니라 주관이기 때문이다. 애哀인가 락樂인가의 문제는 결코 특정한 소리에 의해 결정되는 것이 아니라 양도할 수 없는 주관 감정의 고유성에 달려 있다. 이 경우 음악이 슬프므로 내가 슬프게 느껴지는 것이 아니라 내가 슬프므로 슬픈 음악 때로는 즐거운 음악마저 슬프게 들릴 수 있는 것이다. 여기서 나는 특정 음악에 대해 양식화된 반응을 보이거나 감정의 교류 상태로 빨려 들어가지 않고 고유한 가치를 갖는 나의 감정을 만족시켜주는 주체적 음악 행위를 감행할 수 있다.[44]

3Q에서 진객은 종자기의 사례를 거론하면서 심心-성聲 상응설을 되풀이한다. 즉 마음이 안에서 바뀌면 표정 또는 기색이 밖에서 호응한다. 마음이 외부 자극에 반응해서 움직이면 소리도 이 변화에 따라 드러난다. 따라서 마음에 성쇠盛衰의 변화가 있다면 소리에도 고저 또는 강약의 차이가 생긴다는 것이다.[45] 이에 덧붙여서 진객은 외부로 표현되는 기색(표정)과 소리가 모두 몸의 지배를 받는 것이므로 양자는 모두 같은 성질을 지닐 수밖에 없다는 것이다. 즉 기색이 심정을 드러내는 것이라면 성음도 마찬가지로 심정을 드러내게 된다는 것이다.[46]

3A에서 동야주인은 3Q에서 제기된 진객의 "표정과 소리가 모두 몸의 지배를 받는다면 모두 같은 성질을 갖는다"는 주장을 약간 희화화하여 성유애락을 반대한다. 그는 몸의 지배를 받는다는 것을, 몸으로부터 나온다는 기원의 문제로 바꾸어서 생각한다. 예컨대 사람은 생리적인 반응으로 방귀를 뀌기도 하고, 매운 음식을 먹거나 크게 웃거나 연기를 쐬거나 슬픔에 북받치다보면 눈물을 흘린다.

방귀와 눈물은 모두 몸에서 나온 것이다. 이때 방귀 소리를 음악적으로 재현해서 그것이 아악雅樂이나 정성鄭聲 중 어디에 해당되는지 알 수도 없고, 눈물도 감정으로 환원해서 애락 중 어디에 해당되는지 알 수는 없는 것이다. 이처럼 방귀나 눈물이 몸에 기원한다고 하더라도 그것을 모두 음악이나 감정으로 환원해서 음정淫正이나 애락哀樂으로 평가할 수 없다. 그렇다면 소리 자체도 아무리 몸에서 기원한다고 할지라도 음정이나 애락으로 배당할 수 없다고 주장한다.

심성 논의는 4Q-A에 이르러 절정에 달한다. 4Q에서 보면 갈로葛盧가 어미 소의 울음소리를 듣고서 세 마리의 새끼 소가 모두 희생물로 쓰였다는 것을 알아차린 이야기가 소개되어 있다.[47] 이를 통해 진객은 소리를 통해서 개체와 국가의 성쇠盛衰와 길흉吉凶을 예언할 수 있다고 주장한다.[48] 성유애락이 성유성쇠聲有盛衰 또는 성유길흉聲有吉凶으로 확대된 것이다.

4A에서 동야주인은 갈로의 이야기를 있을 수도 없는 일로 간주한다. 만약 이 일이 사실이라면, 어미는 자식이 차례로 죽은 것을 기억하고 있다가 몇 년이 지난 뒤에 갈로를 만나서 억울함을 들려준(알려준) 것이 된다. 만약 이 이야기가 사실이라면 소와 사람의 마음이 서로 같은 반면 겉모양만 다른 것이 된다.

물론 이 이야기는 오늘날 다소 허무맹랑한 소리로 들릴 수 있다. 하지만 한 제국 기론氣論의 동류상응同類相應이 극단적으로 적용될 때 사상가들은 종종 하늘과 사람, 자연과 인간, 자연물과 사람이라는 종간種間의 경계를 초월하는 일을 가능한 사건으로 주장하곤 했다. 동야주인은 감응설의 극단적인 형태인 갈로 이야기를 믿을 수 없는 일로 회의하고 있다. 나아가 소가 사람과 동류가 아니므로 상통할 방법이 없다는 것을 못박고 있다.[49] 이런 점에서 동야주인은 동중서의 천인상관론天人相應論을 비판했던 왕충의 회의주의 전통과 과학적 사고방식을 계승하고 있다고 할 수 있다.

혹 백 걸음 양보해서 금수(동물)가 언어·지각 능력이 있고, 갈로의 천부적 재능이 탁월하여 홀로 그 말을 알아차릴 수 있다고 하자. 그렇더라도 이것은 갈로가 갖는 금수와의 소통 능력을 전제하고서, 그가 금수의 울음(말) 즉 다른 언어 체계를 듣고 이해한 뒤 사람의 말로 옮긴 것이다. 이 이야기를 보면, 갈로가 순전히 소의 성음(소리)만을 듣고서 사정을 추론한 것이라고 볼 수 없다.[50] 따라서 이 이야기에 근거해서 사람과 동물의 소통 가능성을 확인할 수 있다고 하더라도 성무성쇠나 성무길흉, 나아가 성무애락을 성공적으로 반박할 수는 없는 것이다.

동야주인은 이런 논의를 다시 성인 논점과 결부시켜 심-성 관계와 관련해서 최종적인 결론을 이끌어내려고 한다. 진객이 금과옥조처럼 받드는 성인은 마음도 같고 덕도 닮았다고 하더라도 생김새는 각양각색이다. 그렇다면 마음이 같다고 하더라도 겉모습이 다른 것이니 겉모습을 관찰해서 마음을 추론한다는 것은 아무런 의미가 없어진다. 따라서 성聲-심心과 형形-심心의 관계에서는 상통설이 성립하는 것이 아니라 겉모습이 같지만 감정이 다를 수 있고 겉모습이 다르지만 마음이 한결같을 수 있는 결론이 나올 수 있다.[51] 사실 이것은 진객이 그토록 피하고 싶어했던 사태이다. 동야주인은 "마음과 소리는 분명히 별개의 존재이다心之與聲, 明爲二物"라는 주장을 통해 상통설의 재기 가능성을 근본적으로 차단하려고 했다.

5Q-A에 이르러 논의의 방향은 조금 선회한다. 이전까지 그렇게 평행선을 달리던 두 사람 사이가 5Q-A에서 접점을 보이기 시작하기 때문이다. 접점이 생긴다고 해서 그것을 너무 과도하게 기대할 필요는 없다.

5Q에서 진객은 음악의 종류마다 사람에게서 일으키는 반응의 차이를 제시한다. 예컨대 떠들썩한 음악을 들으면 사람 겉모습이 조급해지고 마음이 흥분되며, 차분한 음악을 들으면 사람 몸이 차분해지고 마음이 느긋해진다. 이처럼 음악을 통해서 조급해지기도 하고 차분해지기도 한다면 음악을 통해 애락이 생길 수 있다는 것이다.[52] 이것은 오늘날 우리가 판단하기에도 성유애락을 입증할 만한 상식적이며 강력한 논거로 보

인다.

5A에서 동야주인은 진행의 빠르기, 소리의 고저, 변화의 다소에 따라 사람이 다른 반응을 보인다는 점을 인정한다. 이것은 그가 처음으로 진객의 주장을 수용하는 지점이다. 하지만 그는 이런 반응을, 방울과 목탁 소리가 귀를 멍하게 하여 사람을 놀라게 하고 종과 북이 심장 박동을 빠르게 하는 생리적인 변화로 간주한다. 정리하면 그는 소리(음악)가 단순과 복잡, 높고 낮음, 듣기 좋음과 듣기 싫음 등의 특징을 지니며 이에 따라 사람은 조급함과 차분함, 집중과 분산이라는 생리적 반응을 보인다고 주장한다.[53]

이어서 동야주인은 「성무애락론」에서 처음으로 애락 감정의 발생 기제를 명시적으로 설명한다.(이 논의는 이후 8A 논의를 위한 사전 포석이라고 할 수 있다.) 마음이 평정되고 조화로운 상태면 슬픔과 즐거움이 균형을 이루어 어느 한쪽으로 기울어지지 않으므로 하나의 감정이 다른 감정에 앞서서 드러날 바탕이 없다. 이때는 단지 조급해지거나 차분해질 뿐이다. 만약 감정이 드러날 계기가 되면 어떤 감정이 마음에서 주동적인 것이 되므로 평정되고 조화로운 상태가 깨진다. 따라서 조급함과 차분함의 상태는 소리가 일으키는 작용이지만 슬픔과 즐거움의 상태는 감정의 주동적 작용에 따른 것이다.[54]

동야주인은 심성 관계에 대한 최종 결론을 내리기에 앞서 진객의 입장, 즉 성유애락을 주장할 경우 그것이 초래할 수 있는 논리적 파탄, 나아가 음악 부정의 가능성을 진단한다.

만약 진객의 말대로 성유애락이 사실이라면 음악이 한쪽으로 치우치고 부조화하여 슬픔 또는 즐거움의 경향성을 띠어서 그 속에 어떤 감정과 일치하는 성음들로 구성되고 표출한 것에 따라 각각 고정된 대응 관계를 갖게 된다. 그렇다면 진객이 말하는 음악은 슬픔의 음악, 즐거움의 음악이라는 음악'들'musics로 끊임없이 세분화될 뿐이니 수없이 다양한 음악들을 가능하게 하는 음악Music은 불가능해진다. 즉 슬픔의 음악과 즐거움의 음악들이 있을 뿐이지 슬픔과 즐거움 모두에 관여할 수 있는 음악은 불가능해진다.[55] 바로 이 통찰이 혜강의 음악철학이 위진 현학이 줄기차게 탐구했던 주제, 즉 현상을 넘어선 본질과 맞닿는 접점이다. 나아가 이것은 그의 음악철학이 숭유론崇有論보다 귀무론貴無論에 접근할 수 있다는 추적의 실마리를 제공한다.

따라서 음악이 음악다워지려면 감정의 편중을 넘어서서 평정과 조화를 본체로 삼고 고정된 반응 양상을 가지고 있지 않아야 한다. 마음(심지)은 외적 자극에 의해 촉발되지만 그것에 지배당하지 않고 능동적으로 감정을 표현하게 되는 것이다. 이로써 소리와 마음은 길과 갈래를 달리하는, 즉 다른 범주에 속하는 것으로 접점이 있는 씨줄과 날줄의 관계로 규정할 수는 없는 것이다.[56]

5 맺음말

혜강은 「성무애락론」을 통해서 이상적인 음악이란 무엇인가라는 대답을 찾고자 했다. 혜강은 「성무애락론」에서 정情과 같은 핵심 용어를 다의적으로 사용해서 논점이 정확하게 부각되지 않는 점이 있다. 또 그는 8Q–A에서 '이풍역속移風易俗'에서 도가와 유가 음악론에 대한 절충주의적 관점을 보이는 등 내적 모순을 드러내기도 한다. 그래서 나는 일차적으로 이 글에서 우선 성인과 심성心聲 관계에 초점을 맞추어서 음악철학의 의의를 살펴보았다.

「성무애락론」의 한 축인 진객은 절대음감을 지닌 성인의 존재를 긍정하고 심성心聲 상통설을 통해서 성유애락을 입증하고자 했다. 이 과정을 통해서 성유애락은 단순히 "소리(음악)가 슬픔과 즐거움의 감정을 담고 있다"는 점만을 주장하는 것이 아니라 이보다 훨씬 다양한 주장을 함축하고 있다. 음악은 정치적 상황을 반영하고, 음악은 청취자의 감정에 자극을 주어 개인을 변화시키고 궁극적으로 공동체의 문화를 일신할 수 있는 것이다. 이에 따라서 음악은 음악 내적 형식미보다는 음악 외적 효용성에 의해 존재 가치를 입증받게 되었다.

이에 맞서서 동야주인은 성유애락이 초래할 수 있는 문제점을 들추어내면서 성무애락을 입증하려고 했다. 먼저 동야주인은 진객의 성인이 청음 행위만으로 감정을 감지할 뿐만 아니라 개인과 국가의 성쇠와 길흉을 예측할 수 있다는 주장을 근거 없는 것으로 비판했다. 그리고 심心과 성

聲이 상통하는 것이 각각의 고유한 특성을 가진 다른 범주에 해당된다는 것을 주장했다.

일단 성인과 심성心聲 관계에 한정해서 진객과 동야주인의 논지를 전체적으로 살펴보면 두 인물은 각각 상대로 흡수될 수 없는 음악철학을 대표하고 있다. 진객은 음악이 음악다워지려면 사람이 공동체 질서 유지에 기여하는 감정을 활성화시키고 그 질서에 방해되는 감정을 억제시키도록 해야 한다. 이때의 감정은 양도와 대체 불가능한 개인의 순수한 것이라기보다 전염에 의한 공유 가능한 사회적, 정치적 그리고 도덕적인 것이라고 할 수 있다. 진객의 세계는 개별 존재자가 양식화된 반응을 통해 일체화를 이룰 수 있는 만물일체萬物一體의 특성을 지니고 있다.

동야주인은 음악이 음악다워지려면 평정과 조화를 유지하면서 개인의 고유한 감정을 표현할 수 있어야 한다고 했다. 이때의 감정은 의도하지 않았지만 결과적으로 동화同化될 가능성을 배제하지 않으며 오히려 이화異化의 개성을 긍정할 수 있다. 이화의 개성이 성장하는 만큼 음악의 자율성이 확대되고 개인의 주체의식이 실체화될 수 있는 공간이 생성될 것이다.[57] 동야주인의 세계는 현실적 힘들의 관계에 의해서 질서가 유지되지 않고 본질에 대한 참여를 통해 개별자의 가치가 개화되는 특성을 지니고 있었다.

제 4 막

수당과 송원명청 제국

제11장

우연과 필연

기철학자들의 도전
—우연을 넘어 필연의 세계로

1 여는 글

삶에 갑작스레 끼어드는 우연, 특히 불행은 우리로 하여금 꽤나 당혹스럽게 만든다.

예를 들어 도덕적으로 잘 살던 사람이 갑자기 젊은 나이에 병으로 죽었다고 하자. 우리는 그 사람이 무슨 병으로 죽었다는 원인은 알 수 있지만 그 요절을 받아들이기 쉽지 않다. 평소에 교통 법규를 잘 지키는 사람이 음주 운전자가 낸 교통사고를 당해서 불귀의 객이 되었다고 하자. 우리는 그의 죽음을 받아들이기가 더더욱 어렵다. 결혼 후 오랫동안 아이를 갖지 못한 부부가 어렵사리 출산을 했는데, 아이가 희귀병에 걸렸다고 하자. 듣는 사람마다 가슴이 턱 무너지고 다리에 힘이 빠지는 이야기이다.

이런 사태를 설명하기 위해 철학에서 해답을 찾으려고 할 수 있다. 만약 철학적 설명에 의존해서 해답을 찾았다고 하더라도 그것의 합리성을 수긍하기가 참으로 어렵다. 이러한 문제는 분명 철학을 곤경에 빠뜨려서 철학자(사상가)를 무기력하게 만든다. 철학에서 해답을 못 내놓는다고 답이 전혀 없는 것은 아니다. 일상 언어와 종교 언어에서 그 사태를 명쾌하게 말해준다. 그 언어에서는 운이니 명이니 하는 운수의 소관으로 이야기한다. 하지만 우리가 그것을 운수로 간주한다고 하더라도, 하필이면 왜 그 순간에 그 사람이어야 하는가, 라는 또 다른 항의를 하게 된다. 언어가 있다고 하더라도 인간은 납득하기 어려운 것이다.

동아시아 철학에서는 우연성의 문제에 아무런 발언을 하지 못하는 것일까? 동아시아 철학은 모든 것이 외부의 개입 없이 자연, 즉 저절로 또는 스스로 그렇게 바뀌어간다고 전제한다. 간단히 말해서 자연적 변화의 영구성을 전제로 삼는다. 기氣는 그러한 변화가 일어나서 펼쳐지는 과정을 쭉 이끌어간다. 기氣철학은 변화와 운동 그리고 물질과 생명의 특성을 동시에 끌어안고 있다. 기철학이 변화와 운동의 기초 위에 서 있다고 하더라도 우연성은 해결하기 쉽지 않은 난관이다.

기와 음양陰陽은 기원적으로 바람과 태양 등 한순간도 고정되지 않고 쉼 없이 바뀌는 자연 현상과 관련이 있다.[1] 기의 어원에서는 우연성의 문제가 제기되지 않았다. 기와 음양은 사람에게 일방적으로 주어지는 것으로 어떻게 변화하든 받아들일 수밖에 없었다.

기와 음양이 차츰 설명의 영역을 넓혀가자 다음으로 현실의 다양한 존재자와 현상을 분류하는 단계에 이른다. 이 단계에서 기는 내포 증가의 방식으로 새로운 개념을 풍부하게 창출한 근원이었다. 예컨대 춘기春氣·생기生氣·희기喜氣 등이 이 시기에 새롭게 만들어진 용어였다.

그 이후 기가 전국시대에 이르러 원기元氣 또는 정기精氣처럼 세계와 만물의 근원을 지시하는 존재론의 영역으로 들어서게 되었다. 비로소 기는 우연성의 문제를 해결하지 않으면 안 되는 상황에 놓인 것이다. 자연 현상은 기술과 설명의 대상이지 이해의 대상이 아니다. 존재의 세계에서는 의미와 가치를 지향하므로 우연을 원칙적으로 배제하게 된다. 변화를 안고 있는 기와 우연을 담고 있는 변화가 과연 모순 없이 조응할 수 있는 것일까? 이런 상황은 기가 사회학 용어이면서 철학 용어로 쓰이기 시작하는 전국시대 말에서 한 제국 초에 더욱더 두드러지게 나타난다.

오늘날 기와 리를 중심으로 철학사를 전체적으로 보면, 비교할 수 없을 정도로 리理철학에 비해 기철학이 장기간 지속되었다. 동아시아 철학이 근원적으로 운동과 변화를 전제하고 있으므로 그만큼 기철학이 득세할 수밖에 없다. 사실 리철학은 위진 현학玄學에서부터 서서히 모습을 드러내다가 송나라에 이르러 정체성을 확실하게 보였다. 리철학이 등장하면서 자연히 기철학의 한계를 비판했다. 그 초점은 기철학이 우연성을 배제할 수 없으며 그로 인해 세계를 힘의 논리가 작용하는 정글로 만들 수 있다는 데에 있었다.

기철학자들은 어떤 층위 또는 계기에서 우연성의 곤경과 대결하기 위해 분투하게 될까? 이 논의를 풀어나가기에 앞서 기철학자라는 용어를 정의해보자. 어떤 이가 기철학자로 분류되려면 그 사람은 적어도 다음의 테제를 주장하여 믿어야 한다.

규정 1: 세계는 기로 되어 있다.

규정 2: 세계 내 차이가 기의 내적 성질에 의해서 설명된다.

규정 3: 세계의 운동은 기의 자기 원인에 의해서 추동된다.

규정 1은 기가 존재의 근원이라는 것을 나타내는 존재 규정이다. 규정 1은 세계와 만물이 모두 기로부터 생겨난다는 식으로 바꿔 표현될 수도 있다. 규정 2는 다양한 특성을 나누어 가진 기에 의해서 세계 내에 존재하는 동일한 사물 내부 또는 사물과 사물 사이의 다양성의 발생과 재생 그리고 변화가 해명될 수 있다는 차이 규정이다. 규정 3은 기가 물질의 특성을 지니면서 자기 운동의 원인을 가지고 있다는 운동 규정이다. 규정 3은 다음의 생명 유지의 특성을 함축한다. 즉 만물은 기가 자기를 스스로 조직하는 활동에 의해서 생명 현상을 지속한다. 이처럼 기철학자는 기를 중심에 두고 세계의 존재와 차이 그리고 운동을 설명하는 사람을 가리킨다. 그들은 세계의 합'기氣'적 또는 합조직적 운동을 믿는다고 할 수 있다.

기철학자들이 합기적 운동을 믿는 것처럼 리철학자들은 세계의 합'리理'적 또는 합목적적 운동을 믿는다. 리철학자는 합리성과 합목적성으로 출발 단계에서부터 우연을 배제하고자 했다. 따라서 기철학자의 믿음이 개인적 견해를 넘어서 세계관으로 정립되려면 우리가 지금 문제로 삼고 있는 우연성의 문제를 타고 넘어가는 과정을 거칠 수밖에 없다. 선과 악을 실례로 들자면 아래의 세 가지 문제 상황을 상정해볼 수 있다. 합기적 운동의 규제성·방향성·재생성.

적어도 이 세 가지 측면에서 합기적 운동이 우연성을 타고 넘을 수 있다면 기는 자립적 기반을 확립하게 된다. 나아가 기철학은 운동과 변화의 과정을 외부에 의존하지 않고 자기 완결적 체계를 가지고 설명할 수 있게 된다.

여기서는 철학사에서 대표적인 기철학자로 알려진 세 사람의 사상을 살펴보고자 한다. 세 사람은 동중서董仲舒(기원전 198~기원전 106),[2] 왕충王充(27~100),[3] 왕정상王廷相(1474~1544)[4]을 가리킨다. 동중서는 처음으로 유교 윤리와 기를 결합시킨 인물이다. 왕충은 이 결합된 유교 윤리와 기의 관계를 처음으로 비판적으로 접근했던 인물이다. 왕정상은 리철학이 득세한 뒤에 유교 윤리와 기의 관계를 재구성한 인물이다. 여기서 기철학의 다양한 논제 중에서 세 사람이 제각각 우연성의 문제를 독자적으로 성찰하는 과정을 살펴보고자 한다.

2 동중서의 열린 기화론氣化論과 천의天意의 개입

서양의 철학사를 보면 먼저 자연철학이 제기되고 나서 인간이 이성에 눈뜬 뒤에 인문철학이 모습을 드러냈다. 문명 초기에 인류는 자연의 위력에 그대로 노출된 채 불안한 삶을 살았다. 그들은 자연의 위력을 극복할 수는 없었지만 경험의 축적을 통해 자연 현상의 비밀을 풀어내고자 했다. 그 관심이 대기 현상의 원인, 세계의 기원에 대한 탐구로 이어졌던 것이다. 사람은 자연의 비밀을 알아낸 뒤에야 비로소 인간의 본성, 이상 국가 등 인문과 관련한 질문을 던지기 시작했다.

동아시아의 철학사를 보면 먼저 인문철학이 제기되었다. 철학의 아버지로 여겨지는 공자의 『논어』를 보아도 자연철학적 물음을 던지지 않는다. 자연철학의 물음은 한동안 모습을 보이지 않다가 전국시대에 이르러 비로소 모습을 드러내기 시작했다.

추연騶衍은 각기 다른 기원을 가진 음양(기)과 오행五行을 종합해놓고 당시 사회의 가장 영향력 있는 인물로 떠올랐다. 그는 음양과 오행에 근거해서 자연의 주기와 이상 현상을 해명하기도 하고 미래를 예측하기도 했다. 특히 예측은 당시 사회 운영을 담당하고 있는 왕공대인王公大人들의 뜨거운 관심거리였다. 그들은 어떻게 해서라도 추연을 만나서 미래가 자신에게 유리한지 불리한지 듣고 싶어했다. 왕들은 추연을 초대해놓고 학생으로 자처하고 비를 들고 마당을 쓸기도 했을 정도였다.[5]

추연 이후로 음양(기)과 오행은 한편으로 점성술과 명리命理 그리고 의학 분야로 한층 전문화되었고, 다른 한편으로 학파의 구분 없이 학술세계의 공용 언어가 되었다. 그 결과 사상 분야에서 음양오행의 독자적인 학파는 모습을 감추었다.[6]

동중서는 공자도 맹자도 순자도 하지 못했던 과업에 착수했다. 그것은 다름 아니라 유교 윤리와 음양(기)·오행을 결합하는 프로젝트였다. 이런 점에서 보면 동중서의 사상은 들여다볼 만한 충분한 가치가 있다고 하겠다.

동중서의 『춘추번로』도 여불위의 『여씨춘추』나 유안의 『회남자』와 함께 기의 철학적 지위를 격상시키는 데 중요한 공헌을 한 문헌이다. 앞으로 동중서가 기의 규정 및 우연성과 관련해서 어떤 주장을 펼치는지 살펴보자.

> 하늘-대지 사이에는 음과 양의 기가 가득 차 있다. 이 기가 늘 사람을 적시고 있는 것은 물이 어류를 늘 적시고 있는 것과 같다. 기가 물과 다른 점은 볼 수 있느냐 또는 볼 수 없느냐에 달려 있을 뿐이다. 기는 고요하기도 하고 어른거리기도 한다. 사람은 하늘과 대지 사이에 살고 있는데 이 점은 어류가 물에 잠겨 있는 것과 동일하다. 기와 물, 둘 사이에 질적 차이는 없지만 기가 물보다 희박하고 유연하다.[7]

동중서는 사람을 포함해서 만물이 기에 의해 생겨난다는 규정 1을 명시적으로 주장하지 않는다.[8] 그렇다고 해서 우리는 기와 존재 생성 사이에 아무런 상관성이 없다고 추론할 수는 없다. 그는 사람과 기의 관계를 어류와 물의 관계에 유비시키고 있다. 이를 통해서 물 없는 어류를 상정할 수 없듯이 기 없는 사람은 생명을 유지할 수 없다는 사실이 재확인된다. 이로써 동중서는 생존 차원에서 기에 대한 사람의 절대적 의존성을 이야기하고 있다. 하지만 우리는 『춘추번로』의 다른 곳을 보면 존재 차원에서 사람과 기의 상관성을 확인할 수 있다. 예컨대 「왕도王道」와 「중정重政」에서 원元은 만물의 시초이자 근원으로 간주되고, 원기元氣는 평화로운 세계의 질서를 유지하는 것으로 여겨지므로 원기는 만물의 근원이라고 해석할 수 있다.[9]

동중서는 세계 내에 존재하는 다양성을 어떻게 해명할까? 이 단계에 이르면 기는 모든 것을 통합하는 원기나 천지지기天地之氣의 상태에서 분화하는 양상을 보인다. 즉 기는 1차로 음과 양의 기로 분화되고 2차로 봄·여름·가을·겨울의 기로 구획지어지고, 3차로 나무·불·흙·쇠·물의 기로 병립된다.[10] 양분된 경우 음과 양은 모두 기라는 공통성을 갖지만 이제 서로를 넘나들지 못하고 한정된 영역을 관장하는 지도 규칙이 된다. 마찬가지로 사분된 경우 네 계절은 각각 출생[生] → 성장[長] → 수확[收] → 보관[藏]이라는 고유한 역할을 수행하면서 다른 역할의 장을 침범할 수 없다.

군주와 신하, 아버지와 자식, 남편과 아내의 본분(관계맺음의 방식)은 모두 음과 양의 길에서 도출된다. 군주는 양으로 신하는 음으로 분류되고, 아버지는 양으로 자식은 음으로 분류되며, 남편은 양으로 아내는 음

으로 분류된다.[11]

기가 음양으로 양분될 때 양자는 각각 고유한 영역을 담당해서 주어진 역할을 수행한다. 먼저 사회적 역할의 측면에서 보면 양은 질서를 구축해가는 주도적 지위, 즉 군주·아버지·남편의 자리를 차지한다. 반면에 음은 질서의 유지와 재생을 위해 기능적으로 수행해야 하는 임무를 충실히 하는 신하·자식·아내의 자리를 차지한다.

이처럼 양과 음이 인간 사회의 기본적인 인륜을 규율하는 역할 규칙으로 확립되고 나서 또 가치·국정 지침 등 나머지에도 각자의 지배 영역을 급속하게 재편한다. 구체적으로 말하자면 양은 따뜻하고 나누어주고 사랑을 베풀고 너그럽고 좋아하고 생명을 살리는 영역을 관장한다. 반면 음은 차갑고 빼앗고 사납고 다그치고 싫어하고 생명을 죽이는 영역을 관장한다. 이렇게 세분화된 역할을 종합하면 양은 세계의 덕교를 맡아서 질서의 영광을 드높이는 빛의 선역善役을 하고, 음은 세계의 형벌을 맡아서 파괴로부터 질서를 수호하는 어둠의 악역惡役을 한다.[12]

사람의 기쁨·성냄·슬픔·즐거움은 날씨의 서늘함·따뜻함·추위·더위와 실제로 상통한다. 양자의 관계를 따져보면 기쁨의 기는 따뜻함과 유사하여 봄에 상응하고, 성냄의 기는 서늘함과 유사하여 가을에 상응하고, 즐거움의 기는 왕성한 양기의 더위와 유사하여 여름에 상응하고, 슬픔의 기는 왕성한 음기의 추위와 유사하여 겨울에 상응한다.[13]

사분되는 단계에 이르면, 기는 인간과 자연의 보다 미세한 영역을 관장하게 된다. 여기서 기는 인간의 네 가지 기본 감정과 네 계절의 날씨로 분화되고 있다. 동중서는 네 감정과 네 계절을 평면적으로 분류하는 데에 그치지 않고 유사성에 의거해서 상호 대응성을 갖는 것으로 그리고 있다. 나아가 이러한 대응성이 상호 작용을 할 뿐만 아니라 인간의 특정한 행위를 낳는 지도 규칙으로 설명되고 있다.[14]

이분二分과 사분四分의 단계에서 기들은 대응성과 상호 작용을 하는 체계를 갖추게 되었다. 이 작용의 체계를 뒷받침하는 이론이 감응론이다. 예를 들어 금슬琴瑟을 조율해서 궁음을 켜면 다른 궁음이 호응하고, 상음을 켜면 다른 상음이 호응한다. 동물의 울음소리에도 비슷한 현상이 있다. 말이 울면 다른 곳에 있는 말이 울고, 소가 울면 다른 곳에 있는 소가 운다. 이런 현상은 보이지 않는 신적 존재가 조정하는 것이 아니라 수數와 류類의 상동성이 감응하는 현상일 뿐이다.[15]

지금까지 동중서는 존재·차이·운동을 각각 원기론·분화론·감응론으로 설명하고 있다. 이로써 우리는 동중서를 기철학자로 명명할 수 있다. 다음으로 우리는 그의 기철학이 선을 증진하고 악을 축소시키는 측면에서 과연 기의 자립성을 어떻게 확보할까, 라는 물음을 던지고자 한다. 동중서가 대답할 만한 상황을 가정해보자. 하늘·대지와 함께 세계 질서의 세 축[三才]을 이루는 사람의 대표자인 왕이 합기적合氣的 운동에 동참하지 않고 반대되는 처신을 한다면 어떻게 될까?

이상 현상[災]과 사변[異]의 근원은 한결같이 국가의 실책으로부터 생겨난다. 국가의 실책이 처음으로 가시화되려고 하면 하늘이 이상 현상을 일으켜 경고함으로써 다가올 위험을 알려준다. 경고를 했는데도 왕자가 고칠 줄 모르면 사변을 일으켜 사람들을 놀라게 하고 두려워하게 한다. 그럼에도 불구하고 여전히 두려워할 줄 모르면 재앙이 일어난다. 이런 경과를 보면 우리는 하늘의 의지[天意]가 사랑에 있지 사람을 위험에 빠뜨려 다치게 하는 데 있지 않음을 알 수 있다.[16]

여기서 말하는 이상 현상과 사변은 결국 기나 분화된 기들, 즉 음양과 사시 그리고 오행의 기가 정상적인 대응성에 따라 상호작용을 하지 않는 것을 말한다. 예컨대 여름에 갑작스레 추워진다거나 잘 자라던 곡물이 죽는다거나 난데없이 하늘에서 운석이 떨어진다거나 하는 일들이다. 결국 이런 현상은 합기적 운동을 벗어나는 사태임에 틀림없다.[17] 더 중요한 것은 이런 일이 기의 내부적 요인으로는 결코 발생할 수 없고 천의에 의해서 발생한다는 점이다.

이즈음에 이르면 동중서가 기철학자라는 점은 분명하다고 하더라도 그의 철학 체계에서 기氣가 최상의 가치나 최고의 존재 자리를 차지하고 있지 못하게 된다. 왜냐하면 바로 그 존재는 통상적인 상황에서 기철학의 틀이 작동하도록 용인하지만 재이가 필요로 하는 돌출적인 상황에서 기철학의 틀을 뛰어넘는 사태를 발생시키고 있기 때문이다. 위의 글을 보면 기 위의 존재는 천天이다. 천이 자신의 의지를 표현하기 위해서 기를 운용하고 있는 것이다.[18] 동중서는 처음에는 분명히 기에 의해서 세계와 사물의 생성과 전개, 변화와 운동을 설명했지만 재이의 발생과 관련해서 기의 틀을 열어서 천을 끌어들이고 있다. 이 지점은 동중서의 기철학이 기의 내적 연관성에 의해서 완결되지 않고 그 밖과 교신하는 기지국을 개설하는 것이라고 할 수 있다. 이런 측면에서 동중서의 기화론은 열려 있다고 할 수 있다.

우리는 기철학이 부딪히게 되는 우연성 중 규제력의 측면에서 이야기를 이어가보자. 기가 자기 규제력을 확보하려면 분화된 음양의 기가 교란되지 않고 대응성에 따라 상호 작용하게 할 수 있어야 한다. 하지만 재이의 경우 음과 양이 고유한 자기 영역과 지도 규칙에 안주하지 못하고 서로 상대의 권역을 넘보는 현상이 용인되고 있다. 이를 다시 선과 악의 관계에 적용해보면 선은 그 자체의 힘으로 악에 대해 절대적인 우위를 확보하지도 못할 뿐만 아니라 전도된 역학을 만회할 수도 없게 된다. 물론 이 상황이 기철학 내부에서 자율적으로 시정되지 못하더라도 끊임없이 방치되는 것이 아니라 천의에 의해서 구원 또는 해결될 수 있다. 하지만 천의 틈입이 없는 한 기철학의 내부는 합기적 운동의 지속도 만회도 이끌어낼 수는 없는 무기력한 상태에 놓여 있을 뿐이다.

우리는 이제 동중서가 이상적인 질서로 상상하는 하·은·주의 역사를 "도의 위대한 근원은 하늘로부터 나온다. 하늘은 변하지 않고 도 역시 변하지 않는다"[19]라고 개괄하는 것을 이해할 수 있다. 만약 그가 기를 천의 의지를 표현하는 대리물이 아니라 천 그 자체와 동일시했더라면 그는 '천즉기天卽氣'라고 선언했을 것이다. 아울러 위의 구절에서 적어도 도를 기로 바꾸어 표현했을 것이다. 그렇게 된다면 동중서의 기화론은 기의 외부를 향한 문을 내지 않고서 내부 자체의 완결적 구조를 갖추었을 것이다.

정리하면 동중서의 기화론은 우연성을 두 가지 방식으로 제어할 수 있다. 통상적인 상황에서 수數·류類적 대응 관계에 따라 기는 합기적인 운동을 보인다. 기가 합기적 운동을 하지 못하는 특별한 상황에서 기는 더 이상 자체의 원인에 의해서 움직이지 못하면서 우연성에 그대로 노출된다. 이때 동중서는 기와 천의를 결합시켜서 천의가 기의 반합기적 운동을 합기적인 운동으로 되돌리는 복원력을 행사하도록 했다.

3 왕충의 닫힌 기화론과 운명론의 대두

동중서의 기화론이 통상적인 상황과 특별한 상황에서 모두 문제없이 전개된다면, 세상에 불행이 끼어들 일 없고 잠깐을 넘어 장기간의 고통은 생기지 않을 수 있다. 또 다른 기화론이 나올 수 없는 것이다. 하지만 동중서를 비판하며 왕충이 새로운 기화론을 제기했다면, 결국—의식을 했든 못 했든—동중서의 기화론이 작동하는 방식에 문제가 발생해도 해결되지 않는 고통과 불행이 생겨날 수밖에 없는 것이다.

동중서의 경우 만물, 특히 사람의 기원 또는 생성을 원기에 연결 짓기도 하고 하늘과 가족적, 구조적 유대를 강조하기도 했다. 이러한 이중적인 태도는 그로 하여금 기와 인간 사이의 전면적인 관계를 설정하는 데에 주저하도록 만들었다. 하지만 왕충에 이르면 사람의 출생과 기 사이의 관계가 보다 명시적인 방식으로 서술되고 있다.

> 기가 사람을 낳는 것은 물이 얼음으로 되는 것과 같다. 물이 응결하면 얼음이 되고, 기가 응결하면 사람이 된다. 얼음이 녹으면 물이 되

고 사람이 죽으면 신기神氣로 돌아간다.[20]

동중서는 어류가 물속에서 살아가는 것처럼 사람이 기의 흐름(바다)에서 살아간다고 보았다. 그는 기가 인간의 생명에 필요 불가결하다는 점을 강조했지만 기가 어떤 과정을 통해 인간의 출생과 직접적으로 관련되는지 명시적으로 설명하지 못했다.

왕충은 사람과 기의 관계를 논할 때 동중서와 마찬가지로 물에서 비유를 끌어오고 있다. 하지만 그는 양자의 관계를, 사람과 기 대 어류와 물이라는 평면적 대비로 설명하는 도식을 폐기처분하고 물의 응결과 융해라는 상태 변화에 주목한다. 우리는 유비 논리에 근거한 평면적 대비를 통해 사물 사이의 유사성을 포착할 수는 있지만 동일한 존재의 상태 변화를 유기적으로 설명해낼 순 없다. 반면 액체에서 고체로 또는 고체에서 액체로의 상태 변화는 물이라는 연속성을 유지하면서도 조건에 따라 다른 양태로 있을 수 있는 장점을 지니고 있다. 인간은 기의 상태 변화를 통해 출생만이 아니라 사망과 그 이후까지 설명할 수 있다. 이는 왕충의 설명이 동중서의 비유보다 훨씬 뛰어나다는 점을 보여준다.

왕충은 사람과 기의 관계를 좀 더 미시적인 차원으로 심화시켜나간다. 기가 응결되어 사람이 되었다는 진술을 세세하게 설명하는 것이다.

사람이 생겨나는 까닭은 음양의 기에 있다. 음기가 주도하여 뼈와 근육이 형성되고 양기가 주도하여 정신이 형성된다. 사람이 태어나는 과정에서 음양의 기가 모두 갖추어지므로 뼈와 근육이 단단해지고 정신력이 왕성해진다. 정신은 지각 작용을 하게 되고 뼈와 근육은 강한 힘

을 발휘하게 된다.[21]

왕충은 사람을 정신과 골육의 결합으로 파악한다. 그가 말하는 기는 동중서와 마찬가지로 분화의 과정을 밟는다. 통합성으로서의 기는 통합성을 지닌 사람에 관계한다. 다음 단계로 가면 기는 음과 양으로 양분되고 사람도 골육과 정신으로 구분된다. 이에 음기는 골육을 형성하고 양기는 정신을 낳는다. 이렇게 형성된 골육과 정신이 발휘하는 각각의 능력을 지각과 강한 힘으로 지목하고 있다. 왕충은 동중서보다 한층 더 분석적인 자세로써 심화된 인식을 보여주고 있다. 이런 과정을 통해서 왕충은 원기·정기·신기神氣를, 사람의 출생을 설명하는 근본 개념으로 확정하고 있다.[22]

존재와 차이에서 왕충은 동중서와 길을 달리하면서도 그보다 심화된 인식을 보여준다. 기의 운동과 관련해서 동중서는 감응설을 내세우면서도 천의天意의 개입을 배제하지 못했다. 반면 왕충은 자연自然과 무위無爲 개념을 끌어들여 기의 운동 과정에 외적 존재가 끼어들 만한 가능성을 제거하려고 노력하고 있다.

하늘과 대지 사이에 기가 결합하여 만물이 스스로(저절로) 생겨난다. 이것은 남편과 아내 사이에 기가 결합하여 자식이 스스로 태어나는 것과 유사하다. 만물이나 혈기 있는 부류는 모두 배고픔을 느끼고 추위를 느낄 줄 안다. 따라서 그들은 먹을 만한 곡식을 보면 채집해서 먹고 옷으로 만들 만한 옷감을 보면 채집해서 옷으로 만들었다. 혹자의 주장에 따르면 하늘이 곡식을 내어 사람을 먹이고 옷감을 내어 사람을 입힌다고 한다. 이것은 하늘이 사람을 위해서 농사짓는 남자와 길쌈하는 여자의 역할을 한다고 하는 것이므로 스스로 그러한 현상에 들어맞지 않는다. 따라서 그 논리가 의심스러워서 수긍할 수 없다. 시험 삼아 도가에 의거해서 논의를 해보자.

하늘은 의도적으로 곡식과 옷감을 내어서 사람을 먹이고 입히지 않는다. 이것은 하늘이 재이와 이변을 통해서 사람에게 경고하려고 하지 않는 것과 같다. 사물은 스스로 생겨나고 사람은 필요에 따라 그것을 옷으로 만들어 입고 음식으로 만들어 먹는다. 기는 스스로 변화해가고 사람은 그것을 두려워하고 무서워할 뿐이다. 이와 같이 설명하는 것이 사람들의 마음에 들어맞는다.

사람이 기를 내놓더라도 자식을 낳으려고 바라서 그렇게 되는 게 아니라 기가 흘러나오자 자식이 스스로 생겨난 것이다. 하늘이 운행하더라도 사물을 낳으려고 해서 그렇게 되는 것이 아니라 사물이 스스로 생겨난다. 이것이 곧 스스로 그렇게 된 것이다(自然). 기를 내놓더라도 사물을 위해서 그런 것이 아니고 사물이 스스로 하는 것이다. 이는 곧 작위하는 바가 없는 것이다(無爲). 이처럼 하늘이 스스로 그렇게 하고 작위하는 바가 없는 것은 왜 그런가? 기가 고요하고 조용하며 바라는 바가 없고, 작위하는 바도 없고 일삼은 바도 없기 때문이다. (…) 요기가 귀신이 되고 귀신이 사람의 모습을 닮지만 이것은 스스로 그렇게 되는 이치가 있기 때문이지, 그렇게 되게 하는 무엇이 있는 것이 아니다.[23]

논의가 진행되면 될수록 왕충은 동중서의 사유 체계에 대한 부정의 강도를 높이고 있다. 먼저 그는 농업 경제를 지탱하는 종교 문화의 신념을 정면으로 공격한다. 농업은 어떠한 산업보다 자연 의존적이다. 당시는 농업이 절대적인 비중을 차지했던 만큼 인간의 생존이 자연에 크게 의존할 수밖에 없었던 것이다. 특히 사람이 각종 병충해·가뭄·홍수 등에 대해 어떠한 통제력을 발휘하지 못하고 온전히 피해를 당할 수밖에 없던 시절에는 농사의 흉작은 거의 전적으로 하늘에 달렸다고 할 정도이다.

이런 조건은 사람들로 하여금 먹고 입는 생활이 하늘(자연)의 혜택이라는 사고를 하게 만들었다. 하지만 왕충은 이 굳건하며 강고한 신념 자체를 정면으로 부정했다. 하늘(자연)은 사람을 위해서 곡식을 내놓지도 옷감을 내놓지도 않는다. 반대로 하늘(자연)은 사람을 미워해서 각종 자연재해를 일으키지도 않는다. 사물은 인간의 욕구를 충족시키기 위해서라는 의도와도 무관할 뿐만 아니라 그 자체의 원인에 따라 생성될 뿐이다. 사람의 출생도 마찬가지이다. 착상에서 수태 그리고 출산에 이르는 과정은 인간의 욕망과 무관하고 철저하게 기 자체의 운동에 의해서 일어나는 결과일 뿐이다.

이처럼 기의 운동은 일체의 의도와 외적 개입 없이 자체 원인으로 진행되어간다. 그것은 같은 시대의 혹자가 힘주어 말하는 하늘의 의도나 인간의 주관적인 욕망 투사와 아무런 관련이 없고 스스로 그렇게 되는 자연自然과 작위하는 바가 없는 무위無爲의 특성을 지니고 있다. 이어서 왕충은 자연과 무위를, 고요하고 조용하며 바라는 바가 없는 염담·무욕과 작위하는 바가 없고 일삼는 바가 없는 무위·무사로 부연 설명하고 있다.

논의가 이 지점에 이르면 그는 당연히 재이를 통해 하늘과 인간 사이를 소통시키려는 천의를 부정하지 않을 수 없다. 일종의 비정상적 사태와 같은 재이 현상은 정상적인 자연의 운행과 마찬가지로 모두 기의 운동으로 포섭되어 설명된다. 왕충은 세계의 운동과 변화를 전적으로 기의 내적 운동으로 설명하지 외적 존재의 의지와 연결시켜서 설명하지 않는다. 그만큼 왕충의 기화론에서 기는 외부와 교신 없이 자체의 운동 원인을 갖는다고 할 수 있다. 이것은 외부의 교신과 외적 존재의 개입이 기화론의 질서를 교란시키고 파괴시킨다는 진단에 따른 것이라고 할 수 있다. 이로써 왕충과 동중서 사이에는 화해할 수 없는 간극이 놓였다. 왜냐하면 동중서는 외적 존재야말로 기화론의 혼란을 구원해서 질서를 높이는 근원으로 본 반면, 왕충은 그것이 기화론의 질서를 교란시켜서 기의 자율적 자기 조직의 힘을 약화시킨다고 보기 때문이다.

이제까지 우리는 왕충의 기철학이 외부와 연결되는 창을 닫아가는 과정을 추적해왔다. 우리는 사람의 욕망이 끼어들 틈이 전혀 없다는 측면에서 냉혹하기 그지없고 자체의 원인에 의해서만 운동한다는 측면에서 무자비하기 그지없는 기의 운동을 지켜볼 수밖에 없는가? 또 기의 운행은 시간의 흐름과 더불어 필연적으로 특정한 결과를 산출하고 우리는 아무런 방비와 보호 장치 없이 당해야만 하는가? 즉 기의 운동이 의지가 없다고 하더라도 기가 당당하게 우리의 삶으로 진군해올 때 우리는 무엇을 할 수 있는가?

'나'는 따뜻한 여름을 좋아하는데 올해 날씨가 계속 추워서 고생했다고 하자. 만약 인위적 난방과 의복으로 추위를 극복할 수 있다면 상황이 달라지겠지만 그렇지 못하다면 '나'는 고스란히 추위에 노출되어 불행不幸

할 수밖에 없다. 이 점에서 기는 인간의 행불행의 문제를 낳게 된다.

> 사람이 뜻하지 않은 일을 당하거나 거듭 재해를 만나는 것은 모두 명으로 말미암는다. 죽고 사는 것과 오래 살고 일찍 죽는 것도 명이 있고, 신분이 귀하거나 비천한 것과 가난하거나 부유한 것도 명이 있다. 왕공에서 서인에 이르기까지, 성현에서 어리석은 자에 이르기까지 머리와 눈이 달린 부류나 혈기가 있는 무리라면 명이 없을 수가 없다. 빈천하게 될 명이면 아무리 부귀하려고 해도 오히려 좋지 않은 일만 당해서 부귀를 잃어버린다. 부귀하게 될 명이라면 아무리 빈천한 상황에 놓이더라도 오히려 좋은 일을 만나서 빈천으로부터 벗어난다.[24]

> 세상 사람들의 이야기에 따르면 '보통 착한 일을 하면 복이 찾아오고 나쁜 짓을 하면 재앙이 찾아온다. 재앙과 복의 보답은 모두 하늘에 달려 있다. 사람은 행위를 할 뿐이고 하늘이 그것에 반응한다.' (…) 단지 과거의 사례가 문헌으로 전승되는 것을 보고 또 착한 사람이 때마침 복을 받는 것을 보고서 마침내 그렇게 믿게 되었고 실제로 그렇게 된다고 말하게 된 것이다. 이와 같은 말은 때로 성현들이 사람들로 하여금 선을 하도록 권장하기 위해서 반드시 그렇게 된다고 말해 덕의 보답을 선전하려는 것이다.[25]

왕충은 동중서가 주장했던 수數와 류類에 따른 감응설과 기의 운동에 개입하는 하늘의 의지를 모두 부정했다. 사물 사이의 수와 류의 연관성이 종내種內만이 아니라 종외種外 또는 종간種間까지 자의적으로 확장되고 있다. 천의와 사태의 연계성은 종간種間의 간격을 손쉽게 뛰어넘어서 수의적으로 해석되었다. 동중서의 감응설과 천의는 선험적 문화 구조를 전제한 바탕 위에서 기화론의 우연성을 해결하고 있는 것이다. 선험적 문화 구조는 종간의 유사성을 통찰하는 사람의 자의적이며 주관적인 편견을 완전히 배제할 수도 없을 뿐만 아니라 현실 세계에서 완전한 규제력을 발휘할 수도 없었다.

동중서가 선험적 문화 구조를 해독할 만한 보편적 기준을 제시하지 않는다면, 왕충은 감응설과 천의는 특정인(지배 계급)의 권력 의지 아래에 철저하게 종속될 뿐만 아니라 해독자의 탐욕적인 유비 추리에 의해 가치가 전도되고 의미가 왜곡될 수 있다고 보았다. 만약 황제가 정치적 위기 상황을 반전시키기 위해 천의의 긍정적 신호가 필요하다면, 그 시점에 발생한 자연 현상과 사회 현상을 상징 조직에 동원할 수 있다.[26] 특히 천의는 정치적 변혁기에 결정론으로 독해되었다.

왕충은 동중서의 기화론에서 피할 수 없는 자의적인 조작 가능성을 해결하기 위해서 기 운동의 자연성과 무위성을 강조했던 것이다. 자연성과 무위성이란 기가 그 변화와 운동 과정에서 낳지 않는 의미로부터 결별하고, 기가 연결될 수 없는 목적으로부터 차단한 채 그 자체의 순수성을 회복하려는 사고의 거점이라고 할 수 있다.

왕충은 자연성과 무위성에 근거해서 기의 순수한 운동을 복원했다. 하지만 기의 운동은 사물의 연관성, 사물의 특성 등에서 다양한 차이를 드러낸다. 그는 이 차이의 발생을 어떻게 해명할 수 있을 것인가? 그는 독특하게도 명命에 주목해서 논의를 이끌어가고 있다. 이때 명은 크게 두 가지 의미를 갖는다.

첫째, 명은 하나의 개체에서 기의 응집이 지속되는 시간을 가리킨다. 생명의 경우 기의 응집이 오래 지속되면 장수하는 것이고 짧게 지속되면 요절하는 것이다. 둘째, 명은 사물의 연관성에서 기의 연결성이 맺어지고 떨어지는 계기를 가리킨다. 관직의 경우 사람과 관직 사이의 연결성이 없으면 관직에 나아갈 수 없고 연결성이 낮으면 관직에 나아가더라도 한직을 떠돌며 연결성이 강하면 중신이 될 수 있다.

왕충은 세계의 운동과 변화만이 아니라 차이와 다양성마저 기로 환원시키고 있다. 왕충의 기화론은 동중서보다 훨씬 강화된 기 결정론이라고 할 수 있다. 이에 따르면 사람의 장수와 요절, 행복과 불행, 성공과 실패는 기의 상태에 의해서 결정된다. 사람은 지속의 시간과 결합의 강도를 그저 받아들일 수밖에 없고 시한時限에 어떠한 저항도 하지 못하고 그저 당하는 도리밖에 없다.

이렇게 보면 왕충은 기철학이 외부와 연결되는 지점을 차단하는 데에 성공했지만 동시에 그 자신은 운명의 덫에 포획되었다. '나'는 철저하게 기의 기한에서 한 발짝도 벗어날 수 없다. 내가 현재의 종속을 벗어나기 위해 기의 바깥을 꿈꾸더라도 그 꿈을 실현할 만한 사유와 실천의 기반이 허물어져버린 것이다. 따라서 왕충은 인간의 지성이 생산해내는 과도한 상상화를 막았지만 자기 초월의 길을 원천적으로 봉쇄당한 채 결정론에 빠진 것이다. 이른바 이중 구속이라고 할 수 있다.

왕충이 성취한 것도 있다. 당시는 세상 사람들의 이야기나 성현의 말씀으로 "착한 일을 하면 복을 받고, 나쁜 일을 하면 벌을 받는다"는 도덕률이 널리 유포되었다. 왕충의 기화론에서 기는 자연성과 무위성을 드러내지 지향성과 목적성을 갖지 않는다. 이 도덕률을 사람들은 관습의 힘에 따라 믿을 수는 있다. 하지만 그것은 외적 개입에 의해서 강제되지 않고, 명命에 의해서 규정되지 않는 한 실현될 길이 없는 허구의 수사학일 뿐이다.[27] 따라서 도덕적 인과율과 공리주의 윤리설은 왕충의 기화론에서 성립될 수 없다.

기의 우연성과 관련해서 검토해보자. 왕충은 기 운동에서 방향성을 일종의 목적으로 보고 그것을 빼내버렸다. 하지만 사람은 목적이 빠진 기의 운동 앞에 스스로 자신의 어떠한 좌표를 설정하지 못하게 되었다. 기의 운동은 시시각각으로 나에게 육박해오고 나는 그 운동이 진행될 수레바퀴 아래에 그냥 내맡겨져 있는 상태이다.

왕충은 인간의 이러한 실존을 봉逢·우遇·행幸·우偶라는 용어로 표현하고 있다. 이들은 미묘하게 다른 뜻을 나타내지만 기본적으로 의지의 작용 없이 갑작스럽게 툭 부딪히는 의미 맥락을 나타낸다. 죽음이 예고 없이 찾아오고 불행이 전조 없이 앞에 서 있고 고통이 선택의 기회도 없이 엄습하다가 행운이 갑자기 내 앞에서 미소 지을 수 있다. 사람은 운명 앞에 내던져진 존재이자 운명으로 짜인 그물에 걸려들어 허우적거리는 존재이다.

왕충은 자기 책 첫 편의 제목을 「봉우逢遇」로 달았고, 두 번째 편을 「누해累害」로 달아 운명에 거듭 상처받은 나약한 인간을 열거하고 있다. 또한 마지막 편을 「자기自紀」로 달아서 고단한 실존의 여정을 스스로 기록하고 있다.

정리하면 왕충은 기화론에서 편집광적인 광기를 걷어내고 기의 순수한 운동을 복원시켰다. 조작적 사고의 광기를 회의할 수 있었던 이성의 승리였다고 할 수 있다. 그는 사람의 의지와 목적으로 기를 떼어냈지만 다시 그것을 운명의 사슬로 밀어넣었다. 이로써 기는 사람에게 요절과 장수, 불행과 행복 등 다른 양태로 드러나지만 이 모든 것은 예외 없이 합기적인 운동이다. 사람은 권력 의지가 휘두르는 광기의 우연으로부터 벗어났지만 기의 명命이 찾아오는 무자비한 우연을 받아들여야만 했다. 결국 동중서와 왕충은 색깔만 다를 뿐 우연의 광폭함으로부터 사람을 건져내지 못했던 것이다.

또 다른 기화론이 제시된다면, 그것은 사람의 지성에 의해서 파악되고 의지에 의해 통제될 수 있는 특성을 가지지 않으면 안 된다. 왕정상이 과연 새로운 기화론의 과제를 풀어낼 수 있는지 살펴보기로 하자.

4 왕정상의 기·리 상호 수렴론과 그 독성

기는 어원 단계에서 고정된 실체가 아니라 유동적인 기상을 모방했다. 이후에 기는 심리 현상에도 적용되었다. 맹자는 '호연지기浩然之氣'를 두고 경우에 따라 "더 말할 나위 없이 크고 굳건하다[至大至剛]"고 말하기도 하고 반대로 "시들어 죽은 듯하다[餒]"고 말하기도 한다.[28] 이처럼 심리적인 기氣도 유동하고 신축적이며 들고 나는 변화와 관련해서 쓰였다.

기가 변화와 불가피하게 엮여 있는 한, 내부적으로 우연성을 완전하게 통제한다는 것은 불가능하다. 만약 기가 외부로 눈을 돌리거나 기氣가 기다움을 부정하고 리理와 같은 다른 존재로 변신한다면, 기는 우연성의 곤궁으로부터 벗어날 수 있을 것이다. 또 하나는 기철학에서 자기 초월을 가능하게 하는 길을 찾아야 한다.

두 가지 길 중에서 기철학자들의 정체성을 지킬 수 있는 길에 주목해 보자. 기철학에서 자기 초월을 가능하게 하려면 기의 분화가 불가피하다. 단일성은 기의 정체성을 확보해주지만 자기 초월의 동인과 구조를 갖지 못한다. 이에 기철학자들은 기를 욕망과 현실에 의해서 결코 오염될 수 없는 순수한 선천의 기와 욕망과 현실에 휘둘려서 오염 가능한 후천의 기로 구분하기 시작했다.

사람은 두 가지 과제를 짊어지게 되었다. 하나는 순수한 기를 그 상태로 유지시키는 길이고, 다른 하나는 오염 가능성이 있는 기 또는 기질의 변화를 통해 순수한 상태로 회복하는 길을 걸어야 했다. 이를 통해 인간은 주어진 조건을 초월할 수 있는 길을 걷게 된다. 이러한 기의 변화는 두 가지 측면에서 동중서와 왕충 단계의 기화론과 차별성을 지니게 된다.

첫째, 기는 리理에 끊임없이 다가가서 결국 그것과 구별이 거의 없게 되었다. 즉 기의 리화라고 할 수 있다. 물론 기의 관점에서 보면 기가 리를 포섭했다고 할 수 있다. 즉 리의 기화라고 할 수 있다. 둘째, 기가 다양한 현상과 일대일 대응 관계를 맺어서 현상을 설명하는 수준을 벗어나서 순수한 선천의 기야말로 주어진 조건을 초월하게 하는 근원이 될 수 있다. 이런 측면은 장재張載(1020~1077) 등 북송시대의 기철학자들이,

한계에 부딪힌 기의 활로를 뚫어내는 사유의 광맥이라고 할 수 있다.[29]

리철학에서 기는 사상가마다 차이는 있지만 어디까지나 태극太極 등의 궁극 존재와 현실의 다양한 개별자를 매개하는 지위에서 벗어날 수 없었다. 태극이 기를 매개로 사물에 작용하는 것이다. 아울러 기는 태극의 통제권을 완전히 벗어나서 자율적으로 개별 사물과 관계 맺을 수는 없었다.

하지만 북송 이후에 상황이 달라졌다. 선천의 기를 발견한 이래로 기는 위상 변화에 걸맞게 철학사 또는 리철학에서 궁극 존재를 가리키는 지위를 넘보기 시작했다. 즉 기가 바로 태극이라는 테제가 등장한 것이다. 명나라 왕정상에 이르러서도 그 경향은 한층 강화되었으면 강화되었지 결코 약해지지 않았다. 원기는 최상의 존재를 지시하던 개념과 의미상의 차이를 보이지 않고 서로 넘나드는 특성을 보이고 있다.

> 아주 먼 옛날 하늘과 땅이 갈라지지 않고 도의 변화가 모습을 드러내지 않았을 때 원기는 모든 것을 감싸안고 있어 텅 비고 어두워서 아무런 조짐이 없다. 거기에서 분화된 형상을 따질 수 없으므로 태허라 하고 그것이 시작되는 바를 알 수 없으므로 태극이라 한다.[30]

> 원기의 외부에 태극이 존재하지 않고 음양의 외부에 기가 존재하지 않는다. 원기의 상태 이전에서 이미지와 형상을 찾을 수 없으므로 태극이라 한다. 하늘과 대지의 만물이 모습을 드러내지 않고 하나로 뒤섞여서 텅 비어 있는 듯하므로 이름으로 규정지어 구별할 수 없으므로 원기라고 한다. 하늘과 대지의 만물이 이미 꼴을 갖추고 맑고 흐리

고 암컷과 수컷 그리고 굽히고 뻗어가고 오고 가는 상태에 있으므로 음양이라 한다. 세 가지는 하나의 동일한 존재이고 또한 하나의 이치이다. 다만 앞과 뒤 순서상의 차이가 있을 뿐이다.[31]

원기는 왕정상이 처음 사용한 기철학의 개념이 아니다. 한나라 동중서 등이 원기를 만물의 생성과 관련하여 즐겨 사용했다. 처음에 원기는 때로 만물을 아울러 설명하기도 하고 때로 동물과 구별되는 사람의 정신 현상, 지각을 가능하게 하는 것을 나타내거나 역사나 인간의 시원을 가리켰다. 이후 점차로 원기는 사람을 포함해서 만물의 근원으로 지위가 격상되었지만 존재 생성의 시간계열상 가장 앞에 있다는 의미에 초점이 두어졌다.

왕정상의 경우 원기는 가장 앞서 있는 것을 넘어서서 시간으로 환원되어 파악될 수 없는 특성이 있다. 즉 존재 사건의 가장 앞이 아니라 그 가장 앞의 앞이라는 초월성을 획득하는 것이다.[32] 그는 이러한 계기를 "원기 너머 어떠한 존재가 있을 수 없다, 즉 무(없음)가 된다"[33]는 말로 표현해냈다.

또 그가 원기의 상태를 설명하면서 혼渾·허虛 등의 어휘를 사용하고 있듯이, 원기는 없는 듯하지만 실제로 이후에 전개될 모든 것을 이미 가지고 있는 완전자이기도 하고 실현되어야 할 의미가 현실로 끊임없이 흘러내리는 유출자이기도 하다. 기는 응축과 해체라는 운동의 양태를 보이지만 결코 소멸되거나 정지될 수 없는 영원성을 지니게 된다.[34] 이러한 기는 자신의 무상성과 궁극성을 표현하기 위해 태허는 물론이거니와 리철학에서 최고 범주에 속하는 태극마저 전유하게 된다.

나는 일찍이 하늘과 대지, 물과 불 그리고 만물이 모두 원기로부터 변화되어 나온다고 말한 적이 있다. 모두 원기의 본체에 이러한 종자를 갖추고 있기 때문에 하늘과 대지, 물과 불 그리고 만물을 변화시킬 수 있다.[35]

하늘-대지 사이에는 기가 하지 않는 것이 없다. 그 함의 성질과 종자는 태시太始 앞에 이미 갖추어져 있다. 쇠는 쇠의 종자를, 나무는 나무의 종자를, 사람은 사람의 종자를, 사물은 사물의 종자를 가지고 있다. 각각 완전하게 갖추고 있으므로 서로 빌리고 빌려주지 않는다.[36]

기 또는 원기의 근원성을 다양한 맥락에서 되풀이하며 설명하고 있다. 그중에서 눈여겨볼 점은 후반부에 나오는 종자 이야기이다. 기가 세계(우주)를 생성하는 과정을 서술할 때 보통 음기와 양기 그리고 청기淸氣와 탁기濁氣가 거론된다. 청기는 위로 올라가서 하늘이 되고 탁기는 아래로 내려와서 대지가 되었다는 식이다. 또 음기는 몸의 육체적인 부분을 형성하고 양기는 몸의 정신적인 부분을 형성한다는 식이다. 이외에도 청탁淸濁과 후박厚薄 그리고 편전偏全 등이 종으로서 사물의 차이를 내는 성질로 즐겨 거론된다.[37]

청탁과 후박 그리고 편전의 성질은 종들의 차이만이 아니라 동일한 종 안의 차이 그리고 시공간의 변화에 따른 한 사물의 차이를 설명해줄 수 있다. 즉 현상의 다양성을 명확하게 풀이할 수 있다. 하지만 그 성질은 종의 완벽한 재생을 보증할 수 없다. 청탁후박과 그것의 비율만으로는 "팥 심은 데에 팥 나고 콩 심은 데에 콩 난다"는 속담처럼 소가 소를 끊임없이 재생하고 장미가 장미를 재생할 수 있는 필연성을 해명하기에 난점이 있다. 비율 자체가 청탁과 후박 그리고 편전에 의해서 교란될 수 있기 때문이다.

왕정상이 제기한 종자설은 이러한 난점을 극복할 만한 돌파구라고 할 수 있다. 이 종자설은 주희가 리理를 설명할 때 이미 사용한 적이 있다. "리가 있으면 바야흐로 어떤 사물이나 사태가 출현하게 된다. 예컨대 초목에 종자가 있어야 바야흐로 초목을 생겨나게 하는 것과 비슷하다."[38] 이렇게 보면 종자를 주희는 리에, 왕정상은 기에 연결시키지만 소속 주체가 다를 뿐 의미는 똑같다.

왕정상이 주희의 '표절'이라는 혐의를 무릅쓰면서 종자를 끌어들여서 종의 재생을 설명하는 이유는 무엇일까? 이는 기의 운동과 변화에서 동중서와 왕충이 풀지 못했던 자의성과 우연성을 왕정상이 그만큼 풀고 싶어했기 때문이라고 볼 수 있다. 주목할 것은 또 있다. 기를 종자로 보면 기가 과도하게 실체화된다는 점이다. 기는 원래 자체적으로 운동 원인을 가진 물질처럼 유동성을 그 특성으로 삼는다. 기가 종자라고 하게 되면, 다른 것과 구별되게 하고 바로 그것이게끔 하는 것으로 고정될 뿐만 아니라 유동성을 상실하고 만다. 이 시도를 어떻게 설명해야 할까? 왕정상의 기는—동중서의 기와 천의 결합처럼—기 바깥으로 탈출한 게 아니다. 오히려 그의 기는 외부의 리를 내부로 끌어들여 기를 재조직하고 있다.

그렇게 되면 기氣만 리理 또는 도道를 닮은 것이 아니라 리(도)도 기를 닮게 된다. 이런 고민은 다시 왕정상으로 하여금 불변과 변화의 도식을 통해 기와 리(도)의 특성을 재점검하게 만든다.

기가 있으면 도가 있다. 기에 변화가 있기 때문에 도도 변화한다. 기는 도와 연속적이고, 도는 기와 연속적이므로 서로 떼어냈다가 붙였다가 하는 방식으로 논의할 수 없다. 어떤 이는 기는 변화하지만 도는 한결같아서 변화하지 않는다고 하는데, 이것은 도는 그 자체로 도이고 기는 그 자체로 기이다라는 식으로 두 가지를 엄격하게 나누니 도와 기를 하나로 연속시키는 묘안이 아니다. (…) 하물며 인간의 영고성쇠가 아득하여 고정된 계기가 없는데 도가 한결같아서 변화하지 않는다고 하면 옳겠는가? 기에는 불변의 측면도 있고 변화의 측면도 있다면 도에도 변화의 측면이 있고 불변의 측면이 있다.[39]

이제 도(리)는 결코 기의 자장을 벗어나 독립적으로 존재할 수 없다. 도(리)는 기에 완전히 결박되어버렸다. 도(리)가 기에 안착하는 순간 더 이상 영원한 지속을 유지할 수 없게 되었다. 즉 기가 불변성을 끌어안는 것처럼 도(리)는 부채를 상환해야 하듯이 변화를 끌어안을 수밖에 없었다. 물론 이러한 상호 수렴성은 기가 도달할 수 있는 최고의 지위에 등극하는 것이고 리가 현실의 전개에 능동적으로 대처할 수 있는 기지를 구축하는 길이다.

하지만 이 상호 수렴성은 종자론에서 확보했던 재생성을 위협할 수 있다. 먼저 리理의 경우를 고려해보자. 리가 기로 수렴되기 이전 리는 기의 변화를 선도하고 주재하는 지위에 있었다. 선도하는 것으로서의 리가 뒤따라올 기와의 연결 지점을 상실해버리면 리는 현실로 건너올 수 없게 된다. 리가 아무리 현실의 오염으로부터 벗어난 순수의 왕국에 거처를 두더라도 거느려야 할 전령(매개)이 부재하게 된다. 이 리理는 공소성·불임성의 또 다른 이름일 뿐이다. 이와 달리 리가 기와 수렴을 하면 리는 현실로 드나드는 상설 통로를 구축하게 된다. 이 통로를 통해 리는 현실과의 소통성을 확보하지만 동시에 균일하지 않은 현실의 압박 아래 자기 변화의 요구에 직면한다.

다음으로 기의 경우를 살펴보자. 기가 리로 수렴되기 이전 기는 유동성을 그 특성으로 끌어안고 있으므로 우연성으로부터 완전히 자유로울 수 없었다. 하지만 이를 극복하기 위해서 기가 리로 수렴되는 길을 지속적으로 진행하면 기가 과도하게 실체화되는 위험성을 피할 수 없게 된다.

왕정상은 "기유변화氣有變化, 시도유변화是道有變化" "기유상유변氣有常有變, 즉도유변유불변則道有變有不變"이라는 논변을 통해서 기와 리의 상호 수렴화를 기도하고 있다. 하지만 이 자체로 인해 그는 동중서가 말한 "천불변天不變, 도역불변道亦不變"(가치의 생산과 수호의 실체로서 천이 바뀌지 않고 가치의 총체로서 도도 바뀌지 않는다)을 정면으로 부정하려는 기획, 즉 "천변天變, 도역변道亦變"의 사고 체계로 진행해가지는 않는다. 그는 분명히 육경六經이나 공자의 언설 체계를 만세불변의 법전으로 여기고 있기 때문이다.[40]

하지만 수렴성의 심화는 가역성을 어렵게 만들고 급기야 기가 더 이상 기일 수 없고 리가 더 이상 리일 수 없는 위기 상황에 맞닥뜨린다. 그는 종자설을 통해 다양한 기적 존재의 필연적 자기 복제로서 재생성을 훌륭하게 논증했지만 정작 기와 리라는 근원에서 종자설의 부정 가능성을 함축하게 된 것이다.

5 맺음말

삶에서 우연은 우리를 불안하게 만든다. 합리성에 정초한 이론에서 우연성은 그것의 치명적인 약점으로 간주된다. 우연성은 극복되어야 할 영역이 되고 극복이 불가능할 때 무의미한 영역으로 방치된다.[41]

하지만 기철학은 우연성에 대해 리철학만큼 적대적이지는 않다. 왜냐하면 기 자체는 변화와 유동성을 그 특징으로 삼고 있기 때문이다. 기철학은 우연성을 타고 넘든 끌어안든 우연성과의 대결을 피해갈 수 없다.

왜 하필이면 많은 기철학자 중에서 동중서, 왕충, 왕정상을 대상으로 삼았을까? 나는 이 세 사람이 기철학자라는 공통성을 가지면서도 우연성과 대결 과정에서 각각 뚜렷한 특징을 보여준다고 여기기 때문이다.

먼저 동중서는 원기에 의거해서 기의 운동을 설명한다. 통상적인 상황에서 기의 운동은 상호 대응성에 따른 감응설로 설명된다. 하지만 재이는 기가 아니라 천의天意에 의해 생성되고 문제 상황이 해결된다. 왕충에 이르러 원기가 세계의 근원성이 되면서부터 한층 분석적이며 체계적으로 설명되기에 이른다. 아울러 그는 동중서의 기철학이 가진 주관 의지의 과도한 해석을 방비하기 위해서 기 운동의 자연성과 무위성을 역설한다. 이때 기의 운동은 그 자체의 원인으로 충분히 설명된다. 하지만 기의 운동이 인간에게 육박해올 때 '나'는 어떠한 보호 장치 없는 운명에 내놓인다.

왕정상은 기를 더 이상 상승할 수 없는 최고의 지위에 등극시키고 리를 기에 결박시켜 현실에의 대응성을 제고시킨다. 하지만 이렇게 상호 수렴된 기와 리는 극단적으로 기가 더 이상 기일 수도 없고 리가 더 이상 리일 수 없는 스스로 의도하지 않은 사태를 용인하게 될 수 있다. 그 사태란 기가 개별적 특성을 가져서 그 안에 갇히는 원자原子와 비슷해지고 리가 전근대의 봉건 윤리에서 벗어나 근대의 시민 윤리를 끌어안는 길일 수도 있다.

제12장

이상사회

유교 지식인의 사회적 위상 정립

"순진한 여러분이여, 세상에서 연약한 것 중에
가장 연약한 것이 불의에 시험받지 못한 미덕입니다."

—마크 트웨인(1835~1910), 『헤들리버그를 타락시킨 사내』

1 여는 글

이야기 하나: 공자는 시장에서 파는 술과 마른 고기를 사 먹지 말라(「향당」 8)고 했지만 한국의 외식 산업은 발전의 일로에 있다. 이전보다 훨씬 더 다양한 메뉴를 파는 음식점에서 자신이 먹을 음식의 종류를 선택한다. 그런데 우리는 그 선택에 약하다. 뭐가 뭔지 몰라서도 주저하거니와 하나하나 골라서 먹는다는 게 그렇게 편하지 않다. 누군가가 "이걸로 하지!"라거나 누군가가 개개인에게 의사를 타진하면 "아무거나……" "다른 사람과 같은 걸로……"라는 대답이 나오곤 한다. 이런 한국인이 외국에 가서 선택 상황에 놓이면 더욱더 당혹해하는데, 앞 사람을 따라 하다가 'Me-too'족이나 'Me, three'로 불리는 우스갯소리가 생겨나기도 했다. 선택의 상황이 주어지면 나름대로 골라서 자신을 표현하기보다는 스스로 포기하는 사람이 되거나 대행자가 군림君臨한다.

이야기 둘: 사람들은 각급 단위의 노동조합이나 각종의 이익단체들

이 권익을 위해 벌이는 주장, 시위, 파업 등의 실력 행사를 집단이기주의의 발로로 취급하는 데에 익숙하다. 의·약 분업 파동이든 노동조합의 실력 행사든 파업이 일어나기만 하면 언론은 "국민의 생활과 건강을 볼모로……" 운운하면서 불편해하는 시민의 인터뷰 기사를 올린다.

이야기 셋: 사람들은 정당의 대립이 심각하게 진행되면 흔히 '당리당략黨利黨略'을 일삼는다고 비난한다. 개별 정당이 자신들의 이익을 꾀하는 게 당연한데도 일정 수위를 넘어서면 비판의 화살을 마구 쏘아댄다.

일견 이 세 이야기는 사회사상이나 철학 등의 어려운 문제와 관련이 없고, 단지 일상생활의 별로 중요하지 않은 선택이나 산업과 정당활동의 치졸한 이권싸움 정도에 지나지 않을 듯하다. 그러나 속내를 들여다보면 하나를 고르면 반드시 다른 것을 배제하는 차가운 선택에 사람들이 익숙하지 않고, 이권을 정면으로 내세우면 그걸 진보와 보수의 구도보다는 얼마나 사람다운가라는 인격의 문제로 보는 것에 미련을 떨치지 못하고 있다. 이 때문인지 비극보다는 희극을 좋아하고, 책임보다 상황을 강조하고, 신념·응징·단죄보다 융통성·관용·타협을 선호하는지 모르겠다.

좀 거칠게 말한다면 이런 관행의 사회는 다양한 분야의 윗분들이 하는 말씀과 아랫것들의 두말없는 복종의 특성을 띤다고 할 수 있겠다. 회의를 한다고 몇 시간 동안 길게 이야기해서 결론을 짓고 윗분에게 보고를 한다. 그러면 윗분은 회의 결과를 본체만체하며 "옛날에는 말이야……"로 운을 떼면서 "내가 상황을 종합적으로 판단하건대 이게 좋겠어. 여러분이 다들 만족하지는 않겠지만 저의 충정을 이해하시고 따라주시기 바랍니다"라고 말한다. 어리석은 대중의 아랫것들은 윗분의 애매모호한 미언대의微言大義에 주석을 달기는 하지만 이의와 대안의 목소리를 좀처럼 내지 않는다. 물론 술자리에 가서 분위기가 무르익으면 윗분의 실수와 허점을 안주로 삼아 떠들어댄다. 술자리가 아니라 공공 영역에서는 윗분들이 영원한 주역이고 아랫것이 영원한 조역을 하는 '영수' '장로'(판단 대행자) 사회[1]라고 할 수 있지 않을까?

우리는 세 이야기의 다른 판본에도 노출되곤 한다. 미국인이 아이스크림을 자신의 입에 넣으려면 종류(몸체와 윗부분), 향료, 용기 등의 선택을 거쳐야 하듯 우리는 용기를 낼 필요성도 없이 일상의 선택에 익숙해져가고 있다. 기업주, 의사, 약사, 언론과 정치 종사자 등 장로들도 새롭게 권익 투쟁의 길로 들어서고 있다. 정당도 '공당公黨'이어야 한다는 전제는 있지만 정치인들 스스로 그것이 종교나 봉사단체가 아니라 이익 대변의 단체라는 점을 여실히 보여주고 있다. 따라서 사람에 따라 불편을 느끼든 희망을 느끼든 우리는 선택지가 많아진다면 일상의 자유로운 선택 실습을 통해 개개인이 권익을 주장하고 그것이 방해를 받으면 국가, 사회, 장로를 대상으로 시위를 벌이는 실질적인 민주사회로 진전될 듯하다.

지금까지의 서술은 세 이야기의 두 판본을 유교 지식인들이 살았던 시대의 삶과 기계적으로 단순 비교하려는 데에 목적이 있지 않다. 어려운 주제이지만 전통과 현대(근대)는 분명히 단절에 기초한다. 왜냐하면 근대는 단순히 '시간적 의미에서 오늘과 가까운 시대'만이 아니라 비교되는 시대의 자연과 사회에 대한 근원적 차이를 전제하고서 '규범적 가치에서 오늘과 가까운 시대'를 가리키기 때문이다. 만약 주술이 오늘날 성행한다고 하더라도 그것은 근대적이라고 할 수 없다. 반면 과학적 인식이 과거 어느 시점에 강조되었다면 오히려 그것은 근대적이라고 할 수 있다. 왜 그런가? 주술과 과학은 전근대와 근대를 가르는 결정적 기준이기 때문이다.

따라서 유교는 규범적 근대의 계기에 따라 끊임없이 재조명되어야 한다. 그렇지 않은 채 유교와 전근대(전통)의 결합 가능성을 계속 타진한다면, 오늘날 함께 같은 자리에 있을 수 없는 사람들이 많다. 지금은 정치적으로 신분 해방이 되었기 때문에 여와 남, 상놈과 양반, 시민과 시장이 한곳에 모여서 이야기할 수도 있고 비판할 수도 있다. 유교를 전근대의 문맥으로 볼 경우 내가 반상班常의 구별이 지엄하던 시절 상놈의 신분이었다면 일터에서 노동을 해야지 대학에서 학생을 가르칠 수 없을 것이다.

이 장에서는 크게 다음과 같이 세 가지 논제를 밝히고자 한다. 1) 유교 지식인들은 도덕적 평등성의 발견에도 불구하고 왜 차등적 사회의 형성으로 나아가게 됐는가? 2) 그들은 차등적 사회에서 황제의 가산 관료가 아니라 분치자分治者로서 지식인 계층의 특권을 어떻게 관철시키려고 했는가? 3) 그들은 사회의 감시자, 보수자補修者, 개혁자로 자처하면서 악惡을 행위자 개개인의 실수로 파악하거나 내면으로 수렴하여 지속적인 재교육[敎化]을 강조할 뿐 특정'인'이 아니라 사회 자체를 회의할 수 없었는가?

2 유교의 차등적 사회 형성론

도덕적 평등의 굴절로서 사회적 불평등

침해할 수 없는 천부인권으로서의 자연권이 사회 구성의 원리라고 가정해보자. 현실의 어떤 사회도 처음부터 천부인권이 자동으로 보장되지 않는다. 여성이 남성을 상대로 오랫동안 투쟁한 끝에 여권과 인권을 획득했다. 상황이 이렇기에 사람들은 자신이 속한 사회가 천부인권을 철저하게 구현하고 보장할 수 있도록 노력해왔다. 그렇게 노력한 끝에 원래는 없었던 천부인권이 보장되는 사회를 갖게 되었다. 이 사회는 주어진 자연의 세계가 아니라 노력해서 만들어낸 인공의 세계다.

'시민사회' '노동자 독재사회' 그리고 박정희의 '새마을 사회', 전두환의 '정의사회'는 모두 기존 사회를 완전히 뜯어고쳐서 새로운 사회로 만들거나 기존 사회에 없던 것을 수혈해서 업그레이드된 사회를 만들려는 시도라고 할 수 있다. 이 가운데 시민과 노동자 독재의 사회는 '신'사회를 구현하려는 인류의 역사적 실험이었지만 새마을과 정의의 사회는 가치보다 제안자의 개인적 치적을 앞세우는 정치 실험이라고 할 수 있다.

동물의 세계는 자연적인 재생산이 사망자보다 많을 때 종이 보존되고, 물리적 힘의 우열에 따라 권력이 유지되고, 철저하게 주어진 조건에 대한 적응 여부에 따라 생존이 결정된다. 동물의 세계에는 그렇게 하도록 되어 있는 것을 넘어서, 무엇을 하고자 해서 이루어진 것은 없다. 동물은 "어디에 모여서 무리지어 산다(있다)[群生]"라고 할 수 있을지언정 "사에 모여 있다[社會]"라고 할 수는 없다.

유교에서는 사회[2] 형성의 이유를 어디에서 찾고 있을까? 공자는 자신을 세상을 피해 사는 은자隱者와 구별했다. 그는 새나 짐승이 아니라 사람의 무리와 어울려 살고자 했다.(「미자」 6) 이러한 주장 뒤에 맹자와 순자는 사회 형성의 이유를 "사람이 동물(짐승)과 구별되는 까닭人之所以異於禽獸者"(「이루 하」 19), "사람이 사람인 까닭人之所以爲人者"(「비상非相」)에서 찾고 있다. 두 사람은 그것을 각각 도덕적 경향성[性善]·네 가지 도덕의 싹[四端], 질서의식[義](「왕제」)·분별력[辨](「비상」)으로 규정했다. 따라서 그들의 사회란 동물과 다르고 또는—부분적이든 전체적이든—동물에게는 없는 사람다움의 가치가 구현되도록 만들어가야 하는 유위(인위)의 현장이다.

맹자의 도덕적 평등론과 순자의 지성적 평등론은 사회 구성의 계기에서 무등無等의 세계로 진행되었을까? 그렇지 않았다. 그들은 사회 형성의 이유로 분명히 도덕 평등을 옹호하면서 사회 구성의 원리로 정치적·신분적 차등을 엄격하게 주장했다. 여기서 우리는 "왜 '도덕에서 사회로' 나아가는 전환 과정에서 평등이 끝까지 관철되지 않고 차등으로 굴절되어 나타날 수밖에 없는가?"라는 질문을 제기할 필요가 있다. 계급적 이데올로기, 지배 계급의 이익에 봉사 등등은 마르크시즘이 등장했던 근대사회에서 쉽게 들을 수 있는 상투적이며 간결한 해답이다. 우리는 여기에서 그치지 않고 그 해답을 유교 지식인의 발언에서 찾아보도록 하자. 전체적으로 네 가지 해답을 들을 수 있다.

첫째, 지우智愚 또는 성우聖愚 차별론이다. 어원적으로 '민民'이 문자를 이해하는 눈이 없는, 즉 지적 능력의 결여와 관련 있듯이 공자는 민을 계도의 대상으로 보지 자기지배의 주체로 고려하지 않는 듯하다.(「태백」 9) 물론 이러한 차별론은 "민은 사회 구상에 참여할 수 없지만 사회 건설에 동원할 수 있다民不可慮始, 可與樂成"는 구호[3]처럼 공자만의 독단이 아니라 서문표西門豹, 상앙商鞅(기원전 ?~기원전 338) 등의 변법가들에 의해서도 공유되는 시대적 특성으로 볼 수 있다.

민이 사회의 의사결정 과정에 참여한다면 그들은 더 합리적인 결론을 도출하는 것이 아니라 혼란만 가중시킬 것이라고 보았다.(「계씨」 2) 공자는 문자 해독자가 우중을 지배, 관리하는 학자-관료(지식인) 중심의 사회를 구성하려고 했다. 이 사회에서 학자-관료는 문자 해독 능력의 특권을 행사하면서 생산 노동에서 면제되고, 민은 무조건적인 착취라기보다 학자-관료에 의해 온정적 관리의 대상으로 사회적 재화의 생산에 종사한다.(「자로」 4) 전국시대에 이르러 사상가들이 겸애兼愛, 인성人性, 법치法治 등 보편적 인간의 문제를 사유하면서 공자처럼 지식의 유무로 사람을 차별하는 방식은 설득력이 부족해진다.

둘째, 사회 분업론이다. 맹자 당시에 전통적인 '지배 계층으로서의 군자와 생산 계층으로서의 소인'의 구분법[4]은 심각하게 도전을 받은 듯하다. 예컨대 허행許行, 진상陳相 등은 '현민병경론賢民並耕論', 즉 치자도 민과 마찬가지로 생산 노동에 종사해야 한다며 당시의 정치와 노동의 분리 주장을 비판하고 있다. 이에 대해 맹자는 병경론이 사회 분업의 원칙에 위반될 뿐만 아니라 일반 백성도 현실적으로 생업과 농업 노동을 병행하지 않는다고 대응하면서 치자의 노동 면제, 징세의 타당성을 옹호했다.(「등문공 상」 4, 「고자 하」 10)

맹자가 분업론에 따라 치자의 고유한 사회활동을 설명한다고 해도 노동 면제라는 지식인의 특권은 제대로 해명하지 못하고 있다. 따라서 맹자는 생산 노동에 종사하는 인민, '천명'을 받아서 주권자의 특권을 보장받은 왕(군주)과 구별해서 지식인의 사회적 특권을 입증해야 한다. 이에 맹자는 공자와 마찬가지로 요임금, 순임금, 문왕, 무왕, 주공으로 이어지는 성인이면서 왕자, 즉 '성왕聖王'으로 이어진 과거의 계보와 현재(전국시대)의 시대적 조건을 대비시켰다.

과거 성왕의 계보에서는 성인과 왕자가 결합되어 학문의 권위와 정치의 지위가 결합되어 있었지만 지금은 학문의 전승자(소유자)와 정치권력의 집행자가 완전히 분리되어 있다. 세습에 의해 군주가 되기는 했지만 능력과 지성 그리고 언행은 개차반과 같은 인물도 다수 있었다.[5] 따라서 맹자는 '자신과 같은 유교적 지식인을 과거 전통의 소유자在我者, 皆古之制也'(「진심 하」 34)로 자리매김하고서, 인민이나 치자와 구별되는 사회적 특권이 있다고 주장했다. 따라서 그는 『맹자』의 마지막 편 마지막 장에서 성왕의 계보를 작성하면서 성왕 한 명에 현신(학자-관료) 한 명씩 짝을 지어 열거하며 군주의 독치獨治가 아니라 군주와 학자-관료가 분치分治하는 협치協治의 이상사회를 그리고 있다.[6]

셋째, 자연 구조에 대한 유비론적 독해이다. 지식인(학자-관료)은 전통의 계승자로서 자신의 특권이 개인적인 이해가 아니라 공동체의 운명과 관련되어 있다는 점을 내세웠다. 하지만 이 특권도 심각한 도전을 받기 시작했다. 전국시대에 사회 개혁을 주장하는 변법變法 집단은 전통을 근본적으로 회의했고, 제자백가는 전통을 개별적으로 다양하게 해석하여 상대주의 경향이 나타났고, 민은 중민重民이란 개념이 등장할 정도로 군사적·정치적 비중의 확대에 따라 이전보다 훨씬 향상된 사회적 지위를 차지하게 되었기 때문이다.

이제 유교 지식인은 자신들의 학문만이 유일한 정통이라고 자처하며 다른 것을 무조건 '이단'으로 배척할 수 없게 되었다. 그들도 논란을 잠재우려면 논쟁 속에 뛰어들어서 보다 객관적인 기준을 제시해야 했다. 이를 순자는 "입장을 지키려면 근거를 제시하고 주장을 내놓으려면 이치에 닿아야 한다"는 말로 표현했다.[7] 이에 따라 순자는 "하늘은 위에 있고, 땅은 아래에 있다. 그것의 위치는 결코 뒤바뀌지 않는다"는 공간의 배열에 주목하여 사회 구조에는 "위와 아래의 차등이 있을 수밖에 없다"는 유비론적 독해를 시도한다.

물론 이 시도는 현대의 윤리학으로부터 사실에서 당위를 끌어낸다거나 근대 자연과학으로부터 자연을 유목적적으로 독해한다는 지적을 받을 수 있다. 그러나 순자에게 공간의 상하 구조는 인간의 지성으로 임의적으로 규정한 배열이 아니라 원래 그렇게 구현될 수밖에 없으며 아울러 해독해야 할 합법칙적인 의미 체계로 받아들여졌다. 또 그는 전-사회적 상태condition of pre-society의 자연 투쟁이 아니라 사회적 현실social reality의 무질서를 근거로 차등 사회를 주장한다(이에 대해서는 뒤에서 다시 논의할 것이다).

예컨대 순자는 "존귀한 두 사람은 어느 한쪽에 봉사하지 않고, 비천한 두 사람은 어느 한쪽에 복종하지 않는다"(「왕제」)고 생각했다. 그는 신분의 차등에서 질서가 생기고 신분의 동등에서 갈등과 투쟁이 생긴다고 보고 있다. 이에 따르면 그는 같은 신분끼리 '계약과 합의에 의한 사회 질서'의 수립 가능성을 예상하지 못하고 다른 신분끼리 '차이가 있는 지배와 복종의 사회 질서'를 수립할 수밖에 없다고 역설한다. 순자는 사회적 생산력이 낮아서 늘 재화가 부족한 결핍 사회에서 "세력의 범위가 균등하고 추구와 기피라는 욕망의 대상이 동일하다면 투쟁에 의한 혼란이 발생할 수밖에 없다"(「왕제」)고 보았다. 이에 따라 사회 질서가 유지되려면 사회적 생산물과 재화는 사회 역할에 따라 차등적으로 분배될 수밖에 없다고 주장한다.[8]

넷째, 기질 결정론이다. 지금까지의 논의를 보면 공자, 맹자, 순자, 특히 맹자와 순자의 인성론에서 곧바로 사회 형성의 원리가 도출되지는 않는다. 즉 인간의 성향(경향성)이 착하다거나 조야하다고 하더라도 그것은 차등적인 사회 형성의 문제와는 별개의 이야기다. 두 사람의 인성론을 종합하면서 주희는 인성을 본연지성本然之性과 기질지성氣質之性으로 구분했다. 전자는 모든 사람이 똑같이 도덕적 존재가 될 수 있는 베이스캠프라고 한다면 후자는 사람마다 다양한 이력과 차이를 보이게 되는 원인이기도 하다.

문제는 바로 기질지성 자체가 차등적 사회와 밀접한 관련이 있다는 것이다.[9] 기질지성은 도덕의 문맥에서 인간의 차별과 악행의 원인이 되면서 늘 변화의 가능성을 품고 있다. 그것 자체가 결정론은 아니다. 하지만 사람은 특정한 성질이 있는, 기질의 종류와 함량에 따라 현실에서 사대부가 될 수도 있고 농공상인이 될 수도 있다. 개인의 사회적 신분은 후천적으로 바꿀 가능성이 완전히 닫혀 있는 것은 아니더라도 결국 선천적으로 결정되어 있다고 할 수 있다.[10]

정리하자면 유교 지식인은 사람의 도덕적 평등성을 주장하지만 지적 능력의 차이, 사회 분업, 자연의 유비적 독해, 기질 결정론에 따라 현실

사회가 차등적 세계로 편성될 수밖에 없다고 주장한다. 그렇다면 그들은 차등적 사회에서 자신들의 입지를 어떻게 설정하고 있을까? 또 그들이 사회의 아래가 아니라 위에 있어야 한다고 주장한다면, 아랫사람들의 사회적 고통에 어떻게 대응하려고 했을까?

황제-천자[11]에 대한 사회 '분치分治'의 요구

『논어』『맹자』『순자』『주희집』 등의 문헌을 보면 유교 지식인은 학자-관료로서 수기치인修己治人을 자기 활동의 전제로 삼았다. 그들은 도덕적 수양을 통해 공공 영역에 참여할 자질을 갖춘 다음 타자를 인도하는 역할을 자임했다. 그들 스스로 『춘향전』에 나오는 변사또처럼 관직을 사유화하는 부패와 타락한 존재가 될 가능성을 의식하고 있었고, 그리하여 이를 배제하고자 했던 것이다. 부패와 타락의 경계는 단순히 개인 의지만으로 불가능하다. 정약용丁若鏞(1762~1836)은 개인의 의지와 반대로 부패와 타락 그리고 무능에 빠질 가능성을 배제하기 위해서 실천적 지침서로서 『목민심서牧民心書』를 지었던 것이다.

이처럼 유교 지식인은—재야의 학자로 머물든 조정의 학자-관료로 역할하든—민에게 고통의 가중자가 아니라 경감자로, 농민 전쟁과 같은 체제 도전 행위가 아니라면 민의民意의 외면자가 아니라 청취자로 자처했다. 이 소임은 유교 지식인의 존재 근거였다. 이 근거를 허물고서 '유교 지식인'으로 자처한다면 그것은 자기기만이 아니면 자기도취일 뿐이다. 유교적 가치를 들먹이면서 애민愛民이 아니라 상민傷民을 일삼는다면 그것은 더 이상 유교 지식인이기를 포기하는 것과 다름없다.

아울러 유교 지식인은 궁핍하고 차등적인 사회에 살면서도 차안此岸의 고통을 일시적 숙식처의 숙명으로 간주하며 복락이 보장되는 피안彼岸으로 사람을 영도하지 않았다. 이는 유교가 도교·불교에 비해 대중 종교의 특성을 덜 갖게 된 원인이기도 하다.(동아시아의 근대에서 유교가 대중종교로 탈바꿈하려고 시도했던 흐름을 여기서는 고려하지 않는다.) 그들은 차안의 문제를 '이 언덕'에서 풀어야 한다고 생각했다. 유교 지식인은 문제의 해답을, 물질적 생산의 증대나 경제적 이익의 축적에서 찾기도 했고, 인륜적·인문적 가치에 의한 사회 구원에서 찾기도 했다.[12] 철학사로 보면 후자가 주도적인 흐름을 형성하여 삶의 제 분야 가운데 도덕이 중심이 되는 이상사회 또는 도덕 충만의 세계를 추구했다.[13]

그렇다면 유교 지식인은 이러한 이상을 실현하기 위해 사회의 틀을 어떻게 짜야 한다고 생각했을까? 그들은 춘추전국시대에 제기되어 훗날에도 끊임없이 되풀이되듯이 토지 분배와 수취 방식에서 정전제를, 정치와 사회 질서에서 봉건제와 작록제를, 사회 개선에서 교육 기관(서당, 향교, 서원, 성균관 등)의 설립을 주장했다. 그러면서 그들은 사회 위기를 경보하는 목탁으로 관립이든 사립이든 인문적 가치를 전승하는 교사의 역할을 자임했다(강학활동, 서원운동 등).[14]

유교 지식인들은 이 자임을 현실화시키기 위해 '팔리기만을 기다리는 사람'이었을까, 아니면 바람직하지 않은 현실의 물결을 인위적으로 바꾸려고 분투했을까? 적어도 공자의 경우 후자에 해당되는 듯하다. 『논어』에 보면 공산불요公山弗擾가 비읍費邑을 근거지로 삼아 반란을 일으킨 뒤에 공자를 초청했다. 공자가 초청에 응해 비읍으로 가려 했다가 자로의 반대 의견에 부딪힌 이야기가 있다.

공자는 비읍으로 가기를 포기한 뒤에 "여유용아자如有用我者, 오기위동주호吾其爲東周乎!"(「양화」 5)라는 말을 던졌다.

여기서 '위동주'는 보통 "주 왕조의 이상을 동쪽에 부활시키겠다"는 식으로 밋밋하게 해석된다. 그러나 이 밋밋한 풀이도 당시의 시대 상황을 고려하면 위험을 넘어서서 불온한 의미를 띠게 된다. '위동주'가 실추된 주 왕실의 권위를 신장시키자는 정도면 문제가 없겠다. 하지만 그것이 현실의 동주東周는 아무런 희망이 없으므로 서주西周를 부활시키자 또는 새로운 동쪽의 주를 만들자는 이야기가 되면, 의미 맥락이 완전히 달라진다. 어떤 맥락에서 공자는 '혁명'을 부르짖고 있는 셈이다.

한 제국 초기에 공양公羊학파들은 '위동주'를 완전히 새로운 방식으로 읽어냈다. 그들은 그 구절을, 공자가 주 왕조를 부정하고 노 봉국을 제왕의 나라로 만들려는 출추왕로黜周王魯 프로그램을 『춘추』에 담았다는 식으로 독해했다.[15] 그리고 조선시대 정약용은 '동주'를 '동천東遷'의 은어로 보면서 공자는 공실을 무력화하고 노나라 국정을 좌지우지하는 삼가三家의 무대로 변해버린 곡부를 그들에게 넘겨주고, 비읍으로 동천하여 노나라 공실의 실추된 권위를 신장시키려 했다고 해석한다.[16]

오늘날 이 짧은 글 속에서 담긴 공자의 진의를 확정하기는 불가능할지도 모른다. 하지만 그는 타락과 부패 그리고 무능으로 일그러진 세상에 살면서 무조건 "사회에 발맞추자!"며 사회악을 용인한 것이 아니라 "사회를 고치자!" 내지 심지어 "사회를 만들자!"[17]라며 사회악을 종식시키려는 포부를 드러냈다고 할 수 있겠다. 그럼에도 불구하고 유교 지식인은 진한 제국의 중앙집권적 국가 등장 이후 춘추전국시대의 공자, 맹자, 순자와 질적으로 다른 사회적 조건에 직면할 수밖에 없었다.

그렇다면 중국의 역사는 어떤 '사회'의 특성을 지닌 채 전개되어갔을까? 역사학계에서는 진에서 청에 이르기까지 제국의 질서를 소농경제에 기반을 둔 황제지배 체제로 규정한다. 이 체제에서 황제는 사회의 어떠한 중간 계층도 배제한 채 자신의 전제적 의지를 인민에게 직접적으로 관철시키는 국가의 유일한 주권자이다. 학자-관료는 황제의 이해와 의지를 넘어선 공적 기능을 수행하기도 하지만 황제지배 체제의 재생산을 위한 사적 기능에 복무하기 때문에 그들은 황제의 의지를 대행하는 분신의 특성을 갖는다.[18] 즉 관료는 황제의 주권을 제약할 어떤 초월적인 공공의 원리도 부재하는 가운데 국가와 동일시되는 '황제만을 위한' 가산 관료제의 특성을 갖는다고 할 수 있을 듯하다.

그러나 사회 운영의 사실에 주목하게 되면 황제의 절대 권력은 제국의 건국 영웅(시조)이나 몇몇 걸출한 제왕에 국한되는 우연적인 현상으로 보는 쪽이 있다. 이에 따르면 중국의 역사는 권력 구조에서 황제가 정점에 있다고 하더라도 실제로는 학자-관료 사회의 전개였다. 학자-관료들은 먼저 혈연과 지역의 배경을 등에 업고 장기간 학습을 거치며 유교적 소양을 익힌 다음 천거나 과거의 길을 통해 관료로 성장하면서, 결국 한편으로 황제의 권력을 보좌하고 다른 한편으로 압도적 다수와 학문 권력의 힘으로 황제의 전제 의지를 무력화시키며 사회 운영의 주도적인 세력으로 군림했다.[19]

두 학설은 모두 문헌적 사실에 바탕을 두고 있지만 황제지배 체제는 황제의 절대적 지위와 제도의 비인격적 특성에, 학자-관료 사회는 사회 세력의 역학적 대립과 제도의 불안정성에 주목하여 각각 사실을 달리 해석하고 있는 셈이다. 어느 쪽이 사실로 밝혀지더라도 그것은 유교 지식인의 사회 참여의 근거와 소명의 자임과 관련해서 설득력이 부족하다.

기존 논의에서 부족한 측면을 살펴보자. 공자는 제후 또는 천자의 자의적이며 부당한 생사여탈권의 행사를 극력 반대했고(「선진」 24), 인문 가치의 내적 축적을 통해 인민의 고통을 구제하고자 자임했다.(「헌문」 42) 또 송나라 이후 유교 지식인은 왕자가 추구해야 할 성인을 자신들의 지향으로 설정했다. 즉 이것은 그들이 전승 문헌의 학습을 통해 '안의 도덕적 자기 지배와 밖의 사회적 구원'이라는 내성외왕內聖外王을 자임하는 선언일 뿐만 아니라 타자로서의 성인을 추종하는 것을 넘어서서 성인'들'의 출현을 정당화하는 예고이다.

이렇게 보면 유교 지식인은 자신의 존재 가치를 황제의 인격에 동일시함으로써 몰-인격화되는 예속 관료도 아니고 사회적 지위로 경제 외적 강제를 무제약적으로 관철하려는 권력 추구의 화신도 아니다.[20] 그들은 황제가 성인이기를 끊임없이 요구하면서 황제의 위는 아니지만 옆에서 사회를 함께 나누어 관리하고자 했던 분치자分治者였다. 이 점은 북송의 문언박文彦博(1006~1097)의 "황제는 사대부와 함께 천하를 다스려야지 일반 백성과 함께 천하를 다스리지 않는다"[21]는 주장에 여실히 드러난다.

유교 지식인의 분치자 역할 자임은 현실의 사회를 운영하는 정치 영역에서 순탄하게 자동적으로 주어지지 않는다. 제국의 황제가 성인-천자라면, 성군聖君과 현신賢臣은 인민과 더불어 현세의 즐거움을 함께 누리거나, 성군은 현신에게 국정을 전적으로 위임하거나, 의사결정에서 자신의 견해에 고집부리지 않고 현신의 반대 의견에 절하며 청취할 수 있다.

이와 달리 군주가 신하를 적대적인 세력으로 여기며 독치獨治를 추구하고, 천명을 받은 정복자의 요구에 전적으로 복무해야 하는 개인 소유물로 사회를 관리한다면 사정은 달라진다. 그는 천하를 사유화하는 사천하私天下를 고집하면서 공천하公天下를 내세우는 학자-관료 집단과 날카롭게 맞서게 된다. 만약 유교 지식인이 이러한 상황에 침묵한다면, 그들은 개인의 영적 구원을 위해 속세의 일에 간여하기를 거부하는 수도승이거나, "지당하십니다!"를 연발하며 황제의 이해에 종속된 가산 관료이거나, 사회가 도덕적 감화력으로만 구원된다고 믿는 지나치게 낙관적인 사회 개혁가일 수 있다.

암주暗主 유형의 군주에 대해 유교 지식인은 두 가지 방식으로 대응한다. 하나는 경연, 간언, 상소의 제도를 통해 군주에게 '심리적 교정[正心]'이라는 발상의 전환을 요구한다. 맹자가 군주의 오도된 심리적 태도를 바로잡아야 한다(「이루 상」 20)고 주장한 이래 유교 지식인은 경연이나 현안과 관련해서 『대학』에 나오는 '정심'을 반복해서 강조했다.[22] 주희(1130~1200)는 "존천리멸인욕存天理滅人欲!"의 구호를 압축해서 선행과 악행의 근원을 심리적 경향에서 찾으면서 군주 스스로가 물리적 개별자의 자기 충족적 욕구의 재생산을 넘어서 사회 구원의 도덕의식을 보존하도록 요구했다.

발상의 전환 요구는 군주의 도덕적 각성과 연결되어야 하므로 군주의 자발적인 '변화'를 필연적으로 강제할 수 없다. 이는 근대 정치에서 유권자들이 선거를 통해 집권자를 심판하여 정책의 변화를 요구하는 것과 확연히 구분된다. 또 그것은 사회의 의사결정 과정에서 이해와 지향을 달리하는 정치 세력의 대립을 고려하지 않고 있다. 즉 군주가 도덕적으로 계몽되더라도 그것이 곧 사회적 실천력의 담보로 연결되지 않는다.

예를 들자면 제국의 출현 이후 후한 환제桓帝(재위 146~167) 연간의 당고黨錮의 화禍, 북송 휘종徽宗(재위 1100~1125) 연간의 원우당금元祐黨禁, 남송 영종寧宗(재위 1194~1224) 연간의 경원당금慶元黨禁과 위학僞學 금지, 명 희종熹宗(재위 1620~1627) 연간의 동림당東林黨 등 당(이념적·정치적 반대 세력)의 탄압은 대규모로 장기간에 걸쳐 일어났다. 이것은 유교 지식인과 환관 세력의 대립이든 유교 지식인 내부의 투쟁이든, 유교적 이상사회가 몇몇 지식인의 도덕적 성취나 황제의 도덕적 각성만으로는 사회적 실천력이 보장되지 않는다는 점을 웅변적으로 나타내고 있다.

이런 점에서 우리는 북송 구양수歐陽修(1007~1072)의 「붕당론朋黨論」과 청 옹정제雍正帝(재위 1722~1735)의 「어제붕당론御製朋黨論」 사이의 지상 논변을 주목할 필요가 있다.[23]

구양수는 북송 인종仁宗(재위 1022~1063) 경력慶曆 연간(1041~1048)에 범중엄范仲淹(989~1052)의 개혁파와 여이간呂夷簡의 보수파 사이에 갈등이 첨예할 무렵 「붕당론」을 작성했다. 그에 따르면 붕당에는 이념을 공유하는 군자와 이익 추구를 목적으로 하는 소인의 두 종류가 있다.[24] 소인은 관직의 경제적 이익을 선호하고 개인적 자산의 증식에 광적으로 집착한다. 또 그들은 상호 이익이 보장되면 임시적인 당파를 이루지만 결국 이익의 독점적 소유로 인해 끊임없는 분파를 획책한다. 소인은 공동이 아니라 개인의 이익을 획득하고 유지하기 위해 상황에 따라 뭉치고 흩어지는 불건전한 파벌을 조성할 뿐 건전한 붕당을 결성할 수 없는 것이다.

군자는 도덕적 이념의 수호, 충직과 신뢰의 실행, 명예와 절의의 존중을 바탕으로 개인적으로 도덕적 가치를 배양하여 동료와 상호 보조하고 지향을 공유하여 공동으로 문제를 해결하고자 한다. 군자는 개인의 이해를 초월하여 사회 문제를 헌신적으로 해결함으로써 어려움에 처한 사람을 구원하므로 결속력이 시종일관 유지되는 붕당을 결성할 수 있다. 구양수는 붕당이 갑자기 출현한 사회의 암적 존재가 아니라 군신의 정치적 지향을 통일할 수 있는 장구한 연원을 가진 사회적 세력 실체로 역설하고 있다.

이처럼 구양수는 군자의 특권적 역할과 붕당의 정당성을 확실하게 옹호했다. 그럼에도 불구하고 그는 붕당의 사회적 실천력을 오로지 군주의 혜안, 즉 군자와 소인을 분별할 수 있는 지적 능력 또는 건전한 상식에 호소하고 있다. 그는 붕당의 존재를 군주나 민에 강제할 수 있는 자립적인 기반의 창출로 나아가지 않게 함으로써 황제의 사회적 권능에 대한 직접적인 도전을 회피하고 있는 셈이다. 이 때문에 구양수의 붕당론은 분명 선진적이기는 하지만 근대의 입헌군주제와 정당 제도가 갖는 상호 견제와 균형에 비해 한계가 있다.

그런데 옹정제는 구양수가 옹호했던 군자 붕당의 실체마저 정치적 위험 요소로 고려하고 그것의 철저한 해체를 주장한다. 그는 인사권을 둘러싼 갈등과 그것으로 인한 행정 혼란의 원인을 전적으로 붕당이라는 정치적 분파에서 찾는다. 이러한 원인 규명은 구양수의 군자 붕당과 소인 붕당의 구별 자체를 원천적으로 부정하는 셈이다.

옹정제는 군신의 사회적 위상, 고전 문헌의 전거에서 '특정 집단의 정치 세력화 부정론', 즉 부당론不黨論을 펼친다. 군주와 신하 사이에는 하늘과 땅의 위상처럼 엄격한 역할 경계가 있다. 따라서 신하는 신하가 된 이상 이공멸사以公滅私의 논리에 따라 부자, 붕우 사이의 사적인 정서적 연대에서 벗어나 군주와 공적 의무에 충실해야 한다.[25] 이러한 공사 구분론은 오륜의 하나인 붕우 교제를 직무 수행과 완전히 분리하도록 요구할 뿐만 아니라 신하는 '공'으로 규정된 "군주의 '호오'에 동조해야 한다 與君同好惡"는 주장으로 이어진다.

옹정제는 『논어』에서 "군자는 파당을 짓지 않는다"(「위영공」 22)라고 말한 것, 주희가 『주역』 환괘渙卦 육사六四효를 "붕당을 해산하면 매우 좋고 길하다"고 말한 것 등 성인의 권위를 빌려서 군자의 붕당도 사회적으로 바람직한 역할을 하는 건전한 존재가 아니라면 존립할 가치가 없다고 해석한다. 마지막으로 그는 군자 붕당의 '이상의 공동 추구[同道]'라는 구양수의 주장이 훗날 수많은 정치 파벌의 '이익의 공동 추구[同利]'를 분석하는 이론적 근거가 되었다면서 오히려 소인은 붕당을 만들었지만 군자는 붕당을 만들지 않았다는 역설적인 결론을 도출해냈다.

결국 옹정제가 말하는 '공'의 정체가 착실히 해명되어야겠지만 그는 학문 관계이든 이해관계이든 사회의 어떠한 특권 집단의 정치 세력화를 근원적으로 부정하고 있다. 구양수와 옹정제의 이견에는 천자와 황제 존재에 대한 이해의 차이가 도사리고 있다. 구양수는 주로 천자-황제를 도덕적 위력을 발휘하고 사회적 위업을 성취했을 뿐만 아니라 천명과 독점적으로 교섭할 수 있는 우주적 존재라는 유교의 관점에서 주목한다. 한편 옹정제는 주로 천자와 황제를 황실, 측근, 관료 집단의 적대적 세력 앞에 포위되어 신변과 왕조의 존립이 기계적으로 보장되지 않는 이해관계 속의 불안한 절대자라는 한비자의 관점에서 바라보고 있다. 이에 따라 옹정제는 더 이상 붕당의 이름으로 "겉으로 받드는 척하며 속으로 어기면서 군주를 속이고 지고한 자를 우롱하는" 처사를 용납하지 않으며, 실제 붕당에 연루되면 전부는 죽이지 않겠지만 "1000에 100명, 100에

10명"을 주살하겠다는 생사여탈권의 행사 의지를 분명히 했다.

정리하자면 유교 지식인은 사회의 분치자 의식을 가지면서 사회 개선에 애정과 뜻을 두었다. 이 지향은 결국 중앙집권적 제국의 등장 이후 현실 권력을 매개하여 '빨리' 현실화될 수 있었다. 그럼에도 그들은 체제 유지를 위해 개별적 인물로서의 황제에게 무조건적으로 충성하지 않고, 발상의 전환 요구와 붕당활동의 유교적 이념으로 황제를 견인하고자 했다. 이러한 노력은 분명 사회적 고통을 경감시키는 긍정적 기능을 수행했음에도 불구하고 상대를 필연적으로 강제할 만한 사회적 실천력을 확보하기에는 역부족이었다. 그들은 왜 반복된 실패 앞에 되풀이해서 좌절을 겪어야 했을까? 또 그들은 '좌절'에 굴복하지 않고 어떤 다른 대안을 강구해나갔을까?

3 유교 지식인의 '도덕 중심'의 사회관

'선善'에 대한 낙관적 신뢰와 '악惡'에 대한 미숙한 대결

정자程子는 앞서 이야기했던 '위동주爲東周'를 독특하게도 인성과 관련지어 풀이했다. "성인으로서 공자는 뭔가 변화를 이룰 수 없는 때가 없을 뿐더러 과실을 고칠 수 없는 사람이 없다고 생각하기 때문에 비읍으로 가려고 했다. 그러나 결국 가지 않았는데 반드시 고칠 수 없으리라는 점을 알았기 때문이다"라고 풀이했다.

정자는 공자의 처신에 문제가 있다고 생각했지만 그것을 대놓고 비판할 수도 없는 처지라 궁색하게 변명 아닌 변명을 하고 있다. 그 바람에 말의 앞뒤가 잘 맞지 않아 한 번 보고는 무슨 소리를 하는지 알기 어렵다. 전체 맥락으로 보면 정자는 주석에서 시대와 사람의 광정 가능성에 대해 확신하고 있는데, 어떻게 그럴 수 있을까? 우리는 이 물음과 관련해 유교 지식인의 인간 이해에 주목하여 논의를 전개해보도록 하자.

인성론사에서 공자는 인성이란 주제를 체계적으로 논의하지 않았다. 인성론이 전국시대에 철학의 주제가 된 이후에 맹자는 '성선', 순자는 '성악'을, 동중서는 '성유선질性有善質', 한유韓愈(768~824)는 '성3품설' 등을 각각 주장해왔다. 신유학의 성립 이후 주자학에서 성은 본연지성과 기질지성으로 이분되었다가 양명학에서 둘은 다시 기질지성을 중심으로 통합된다고 한다.

여기서는 여러 인성론의 화해할 수 없는 차이가 아닌, 사회 형성의 측면에서 나타나는 동일성에 초점을 맞추어보자. 첫째, 인성론은 앞에서 보았듯이 도덕적 평등을 말함에도 불구하고 간접적이든 직접적이든 차등적 사회의 구성으로 진행될 수 있다. 둘째, 인성론은 '선'의 근원에 대한 인식 차이에도 불구하고 '선'의 자기 전개를 확신하고 '악'의 자기 소멸에 동의한다. 즉 유교 지식인은 '악'을 '선'의 과부족 또는 상대적 결여로 간주할 뿐 그 자체에 심리적·사회적 존재론의 지위를 부여하지 않는다.[26]

아래에서는 왜 이러한 사유 방식이 형성되었으며 다시 유교 지식인의 사회관에 어떻게 투영되었는지를 살펴보기로 하자.

공자는 인성에 관심을 두지 않았지만 일찍부터 '악惡'의 문제를 깊이 있게 다루었다. 이로 인해 그는 훗날 유교에서 악이 논의되는 전체의 방향을 정한 인물이 되었다.

'악惡' 자는 『논어』에서 모두 37번 사용되고 있다. 악은 악행을 낳는 심리적 경향성이나 근원 또는 인격적 존재나 실체를 가리키지는 않는다. 그것은 주로 '거친 옷' '거친 음식'(「이인」 9), 현실화된 나쁜 언행(「안연」 21)을 가리킨다. 또 그것은 '미워하다' '못마땅하다' '싫어하다'처럼 타인의 행실에 대한 거리감이나 회피, 개선의 촉구를 가리키기도 한다.(「이인」 5, 「자로」 24 등)

『논어』 곳곳에서는 사회에 만연한 악행을 암울하게 기록하고 있음에도 불구하고 공자는 '악'을 악행을 낳는 내면의 행위자나 근본악의 맥락에서 접근하지 않는다. 공자는 악의 심리적 근원에 대한 탐구의 필요성을 자각하지 못했거나 아니면 인간의 행위를 내면의 선–악 대결 구도로 파악하지 않았다고 볼 수 있다.

공자는 사람이 왜 '악행'을 저지르게 된다고 생각했을까? 그는 악행을 합당하지 않은 목적을 달성하기 위해 고의적인 계획에 따라 벌이는 일련의 범죄적 행위로 보지 않는다. 악행은 대부분 국가의 정책 실패나 군주의 도덕적 타락에 의해 생존권이 불확실해질 때 상황에 몰려서 어찌할 수 없이 저지르는 일탈이나 지식의 부족과 관행적인 행동에서 오는 실수일 뿐이다.(「자장」 19, 「양화」 2)

현실의 악행은 책임의 명확한 규명, 처벌의 엄격한 집행보다는 처지의 이해(동정)와 군주의 개선(본보기)에 의해 쉽게 선행으로 치유, 전환될 수 있다.(「안연」 17, 18, 19; 「자로」 6) 물론 그는 분명히 인민을 군주와 학자-관료의 정책 의지에 의해 치유될 수 있고 그들의 언행을 모방하는, 즉 수동적 존재로 파악하고 있지만 인민을 사악하고 교활하며 악의에 차서 의도적으로 악행과 비행을 일삼는 존재로 고려하지는 않았다.[27]

그런데 공자의 이러한 '악'에 대한 관점은 훗날 유교 지식인의 사회관에 어떻게 투영될까? 그들은 '악'을 부적절한 환경의 영향으로 보기에 악행을 '한' 사람보다 '하게 한' 사람에게 책임을 묻는다. 즉 그들은 상황이 어떠하든 그렇게 한 사람이 아니라 그것밖에 할 수 없도록 상황을 몰고 간 사람을 일차적인 원인 제공자로 간주한다. 또 그들은 '악'을 관성적 행동(게으름), 주의 소홀 등에 의한 실수로 보기 때문에 사람은 원초적으로 치유 불가능한 악마나 사탄이 결코 아니며 사람이면 누구나 우연히 일시적으로 그렇게 될 수 있는 연약한 존재라고 여긴다. 따라서 유교 지식인은 사회 그 자체를 회의의 대상으로 삼지 않았고 사회를 그렇게 만든 특정한 행위자를 회의의 대상으로 설정하여, 인물의 재교육과 교체를 통해 사람과 사회가 얼마든지 개선될 수 있다고 보았다.

유교 지식인들은 악과 악행에 대해 행위자보다 행위를 하게 한 배후의 인물에 관심을 집중시켰다. 행위로만 보면 행위자는 일차적인 원인자이고 배후의 사람이 이차적인 원인자이다. 반면 책임으로 보면 행위자는 이차적인 당사자이고 배후의 사람이 일차적인 당사자이다.[28] 예를 들어 가난한 산모가 마트에서 우유를 훔쳤다면 유교 지식인들은 산모보다 주위와 사회의 책임을 더 묻고자 했던 것이다. 만약 배후의 사람이 책임을 거부한다면, 유교적 사회에서는 비행은 있지만 책임은 없는 역설적인 상황을 낳을 수 있는 것이다. 하지만 유교 지식인들은 바로 그러한 악행을 나와 상관없는 일로 간주하고 모른 척하지 않으며 바로 나의 일이자 내가 대응해야 할 일로 자임했던 것이다. 그들이 악행의 책임을 자임하는 만큼 공동체에서 악행이 재발할 가능성이 줄어드는 것이다.

여기서 중요한 문제가 제기될 수 있다. 유교적 사회에서 악행의 일차적 당사자에게 엄격하게 책임을 묻지 않는다면 어떻게 해야 악행의 발생을 줄일 수 있을까? 만약 악행의 일차적 행위자에게 책임을 엄격하게 묻는다면 사람은 처벌의 고통을 무서워하든 불의한 행위를 스스로 경계하든 악행을 적극적으로 저지를 수 없다. 반면 유교적 사회에서처럼 악행의 일차적 행위자에게 관대하다면 상황은 달라진다. 이를 해결하기 위해서 유교 지식인들은 악행의 책임과 처벌보다는 악행의 발생 자체에 관심을 쏟았다. 그렇지 않으면 발생한 악행으로 인해 피해 당사자는 재수없게 고통을 당하지만 처벌의 책임을 묻지도 못하게 되기 때문이다.

맹자 이래로 유교 지식인은 '악'을 그것이 행위로 진행된 다음이 아닌, 행위로 진행하게 만드는 근원에 대해 탐구했다. 이것은 공자의 악 관점에서 보면 사유의 전환임에 틀림없지만 '악'을 보다 근원적으로 대결하려는 탐구의 결과이다. 왜냐하면 '악'은 반복 교화에 의해 교도될 수 있지만 특히 군주의 경우 한번 저질러진 악은 공동체에 치명적인 악영향을 낳을 수 있기 때문이다. 게다가 한 번의 악행은 바로 다음 선행으로 전환 가능하더라도 공동체는 악행의 결과를 말끔히 청소해야 하는 부담을 떠안아야 한다. 이런 점에서 유교 지식인은 사후已然가 아니라 사전未然의 약방문을 제조하기 위해 인간의 행동과 심리 사이의 관련 양상에 주목했다. 악행이 일어나지 않는다면, 엄격한 책임 관념이 박약하더라도 억울한 고통의 문제가 생기지 않을 수 있기 때문이다.

그 결과 유교 지식인은 행동과 심리의 상관성과 관련해서 "인간의 행동은 심리적 현상의 결과로 발생한다"거나 "인간의 심리는 물리적 개체 보존의 생존 욕구와 개체를 넘어선 전체를 구원하려는 도덕적 욕구로 양분된다"는 사실을 분명히 자각하게 되었다. 이 자각은 중국 철학의 용어로 말하면 '소체'와 '대체', '인욕'과 '천리', '기질'과 '본연', '인심'과 '도심' 등등에 해당된다. 이보다 더 널리 쓰이는 용어로 말하면 육체와 정신, 물질과 영혼의 대립이라고 할 수 있다.

주희에 따르면 사람은 사태와 실제로 교섭하건 사고로 상상하건 두 종류의 심리적 지향성을 갖는다. 하나는 생물학적 존재로서 자연적으로 갖는 개체 보존[食]과 증식[色]이고, 다른 하나는 인륜적 존재로서 본래적으로 갖는 이해를 초월한 공동체 의식을 가리키는 만물일체萬物一體이다.

그는 인욕(인심)을 전적으로 부정하지 않으므로 금욕주의자는 아니다. 하지만 인욕의 충족은 어디까지나 개체 폐쇄적 속성을 갖는 비기肥己와 이기利己의 특성을 드러내므로 무한이 아니라 유한(최소한)으로 추구돼야 한다. 천리(도심)는 도도한 인욕의 도전 앞에 분명 열세에 있지만 타자의 고통을 행운으로 고려하지 않고 공감하고 구원하려는 개체 개방적 속성을 갖는 극기克己와 무기無己의 특성을 드러내므로 무한히 추구돼야 한다.

현실의 인간은 '도심에서 선행으로' 나아가기보다는 '인욕에서 악행으로' 나아가는 길에 들어서기 쉽다. 이런 현실을 알고 있었지만 주희는 인간을 악하다고 보지 않았다. 왜냐하면 도심은 경험 이전의 절대적 차원의 성에서 연원하기 때문이다. 성의 실재는 하느님의 존재 증명처럼 매우 복잡하며 어려운 문제이다. 도심을 낳는 성이 의식 현상으로 드러난다고 하면[已發] 인심과 힘겹게 대립하면서 경험의 상대적 차원으로 전락하게 된다. 도심의 연원으로서 성은 의식 차원에서 그 유출의 궤도를 추적하기가 불가능하지만 인심과 상반되는 의식(선의식)이 지속적으로 발생한다는 측면에서 실재한다고 믿을 수 있다.

이에 주희는 초점을 밖의 행위에서 안의 마음으로 돌려, 현현한 인심의 제거와 억눌린 도심의 강화로 나아가는 쪽에 두었다. 현실의 선은 두 가지 길에 의해서 현실화될 수 있다. 하나는 선한 개별자(교사로서 유교 지식인)가 환경과 관성으로 인해 악을 행한 다른 개별자를 후천적으로 재교육시키는 방식이다. 다른 하나는 악할 수 있지만 결국 선할 수밖에 없는 존재가 타자의 힘을 빌리지 않고서 악행을 하려는 자신의 또 다른 의식을 직접적으로 교정하는 방식이다. 물론 주희는 전자보다 후자의 방식이 가치 있고 바람직하다고 생각했다. 전자에 초점을 두면 타자가 행위자에게 끊임없이 개입하는 간섭을 인정하게 된다. 나아가 극단적인 경우 타자의 지속적 개입은 성선을 부정할 수도 있다.

이러한 주희의 '악'에 대한 관점은 사회관에 어떻게 반영될 수 있을까? 그는 '악'을 개체의 생존과 증식에 대한 필요 이상의 편집광적 욕구로 본다. 그는 기질지성에서 연원하는 이 개체 충족적 욕구를 경건성의 배양[居敬]에 의해 완전히 순치馴致시키거나 극단적으로 제거하려는 전략을 펼친다. 그 결과 개인은 의식 안의 '적'과 '아'의 투쟁으로 분주하지만 사회는 할 일이 줄어들거나 없어진다. 왜냐하면 사람이 의식 안의 투쟁에서 승리하는 한 악으로서의 인욕은 행위로의 이행이 불가능하기 때문이다. 또 투쟁의 패배로 악'행'이 발생하더라도 그것은 선을 하도록 되어 있는 인간의 조건을 벗어난 만행이기에 사회가 아니라 국가가 나서서 소탕해야 할 일이기 때문이다.

극단적으로 밀고 가면 '선'과 관련해서 사회는 승리자들의 고아한 음악 소리로 넘쳐나겠지만 '악'과 관련해서 사회는 "네 의식을 들여다보라!"는 말만 건넬 뿐[29] 책임지고 독자적인 역할을 할 수 없게 된다. 이것은 세계를 공존할 수 없는 선과 악 두 힘의 현현으로 보거나 수구와 진보, 야만과 문명을 대표하는 두 세력의 갈등으로 보는 관점과 현저하게 다르다. 따라서 이 사회에는 의식이 아니라 바로 사회에서 악을 몰아내거나 선을 확장하려는 십자군 전쟁은 발생하지 않았다. 성선의 수호와 확산은 십자군과 같은 전쟁에 의해서 수행되는 것이 아니기 때문이다. 성선의 공유는 전적으로 인간 개개인의 자발적인 변화를 일구어내는 노력에 달려 있다. 물론 이적이 성선의 문명세계를 침략한다면 성선을 수호하기 위해서 정의의 천군天軍을 동원할 수는 있다. 임진왜란 당시 명의 조선 원군 파병은 이런 맥락에서 이해할 수 있다. 하지만 성선을 신념화하게 되면, 다른 사고방식을 가진 외적이 성선의 제국을 불시에 침략할 수 있으므로 적극적으로 대비해야 한다는 가정의 준비를 느슨하게 할 수 있다.

마지막으로, 철학사가 아니라 사회학사의 측면에서 왜 유교 지식인이 '악'을 인간의 심리 현상으로 왜소화시켜 파악하는지를 살펴보기로 한다. 전통시대 중국 사회에는 평화와 태평을 상징하는 '격양가擊壤歌'의 노래보다 자연 재해와 수탈로 인한 신음 소리가 많이 울려퍼졌다.[30] 이러한 궁핍한 생활에서 인민(농민)은 생존의 극단에서 몸부림치며 조금이라도 수확을 늘릴 수 있다면 상상을 초월할 정도로 길고 고된 작업을 할 수밖에 없었다. 인민은 탐욕한 지주보다 자신을 더욱더 착취하게 만드는 결핍으로 인한 '자기 착취self-exploitation'[31] 상태에 놓여 있었다.

이러한 상태에서 관료가 빈한한 가문 출신과 개인적 수입의 부재로 봉록만으로 제국 수도의 생활수준과 물가 상승에 맞추어 생활하기 어렵다며 소식蘇軾(1036~1101)처럼 우아한 생활을 즐기지 못해서는 안 된다고 공공연하게 주장하면 어떻게 될까?[32] 또 황제-천자가 지고한 우주의 관리자(정원사)이기 이전에 감성적 존재로서 개인의 쾌락을 위해서나 상처받은 개인적 자존심을 보상받으려고 전쟁 자금을 조달하느라 인민에게 각종 세목을 첨가한다면 어떻게 될까?

그건 수탈의 강도를 과장하는 수사적 표현이 아니라 사회의 참상을 그대로 지시하는 '고혈을 짜내는 것'이다. 예컨대 과잉 생산의 사회에서 중과세와 자급자족의 사회에서 소과세의 효과가 전혀 다르듯이 궁핍한 삶에서 국가, 관료, 호족의 '조금 더 많이'는 인민을 죽음으로 내모는 결과를 낳을 수밖에 없다. 따라서 주희와 같은 유교 지식인이 인민의 실상을 목도했다면 수취권을 가진 자에게 '있으면서도 더 가져 우아하게 살려는 욕구'는 도덕과 무관한 생활의 질의 문제가 아니라 그 자체를 없애야 하는 도덕의 문제가 된다. 왜냐하면 지주, 학자-관료, 천자가 세상의 문제를, 고통을 겪는 '그들'의 문제일 뿐이며 자아와 타자의 경계를 칼날로 매끈하게 끊는다면, 이는 전체의 부당한 요구로부터 벗어나는 개체의 해방이 아니라 전체의 희생 위에 개체 충족적 욕망을, 향유만을 내세우는 권리의 노예에 불과하기 때문이다.

이때 노예는 단순히 도덕적 책임을 외면하는 수사적 표현이 아니라 범죄 아닌 범죄를 저지르는 탐욕의 화신을 가리킨다. 세상의 고통 해결에 나서지 않는다고 그것이 범죄인 것은 아니다. 그러나 할 수 있지만 하려하지 않고, 해야 하지만 해야 하는 줄 모르므로 범죄 아닌 범죄, 즉 성선을 외면한 죄악을 저지르는 것이다. 이렇게 보면 주희와 같은 유교 지식인에게는 전체란 폭압과 질곡의 상징이 아니라 아직도 운명과 인륜을 같이해야 할 공동체로 투사되고 있는 것이다.

공자처럼 '악'을 우연적, 일시적 실수로 보거나 주희처럼 '악'을 내성으로 극복하려고 한다면, 그것은 한편으로는 사회학적 맥락에서 정당화될 수도 있지만 다른 한편으로는 중요한 한계를 노정한다. 첫째, 상품 경제의 발달로 물질적 삶의 조건이 진전된다면, '인욕'이 도덕의 영역에서 해방되어야 함에도 사람을 계속 도덕의 질곡에 묶어두게 된다. 둘째, 그들은 동류상응의 도식처럼 심리와 행위의 관계를 '도심은 선행으로' '인심은 악행으로'라는 식으로 단선적으로 파악함으로써 자기기만의 문제를 회피한다. 이에 유교 지식인은 순수성과 비순수성 논쟁, 즉 사이비[鄕原] 색출 작업에 골몰하느라 파쇄적인 자기 분열에 빠지고 만다. 셋째, 유교 지식인들은 사회 문제를 실수로 보아 관용을 내세우든 의식으로 수렴하든 사회 전체를 끌어안음으로써 자아가 전체와 동화되기를 희구하며 갈등과 투쟁보다 조화와 화해를 추구한다. 이에 그들은 사회적 고통의 문제를 단순히 특정 개개인의 결함으로 볼 뿐이지 그것을 낳을 수밖에 없는 사회 자체와 직접적으로 대면하지 못했던 것이다.

이 때문에 동아시아 사회가 장기간 같은 사회상을 이상으로 간주하면서 그 안에서 새어나오는 신음소리를 잘 듣지 못했던 것이다. 그 시대의 유교 지식인들이 유달리 청력이 나쁜 것이 아니라 신음소리를 똑같은 '사람'이 내는 것인 줄 몰랐던 것이다.

범중엄의 말처럼 유교 지식인은 "세상의 근심을 앞서 걱정하고, 세상의 복락을 나중에 누리겠다"며 사회 구원을 자임했다.[33] 그들이 군주에게 발상의 전환을 요구하고 붕당의 정당성을 옹호하는 것만으로는 사회적 실천력을 제도적으로 보장할 수 없었다. 그들은 역사에서 간악한 패거리[奸黨], 가짜 학문[僞學]이라는 오명과 맑은 사람들[淸流], 정통 학문[正學]이라는 신원伸寃 사이에서 부침했다.

유교 지식인들은 물론 우연적이고 일시적이며 개인적인 계기를 통해 일정 기간 정치적으로 득세하여 '황제 감화(포섭) 전략'에 성공했지만 얼마 뒤 '귀거래사歸去來辭'를 자의 반 타의 반 읊으며 관직, 특히 중앙 관료직을 사절하고 낙향하거나 아니면 아무런 죄 없이 형장이나 유배지에서 쓸쓸히 죽어가기도 했다. 이 지점에서 유교 지식인이 황제 포섭 전략의 실패 앞에 소극적인 구원[獨善]과 적극적인 구원[兼善]을 구별하거나 명철보신明哲保身만을 상투적으로 외친다면 그들은 주유철환周遊轍環했던 공자의 후예로서 너무 무기력하다.

유교 지식인은 자신들의 무기력을 떨쳐내기 위해서 내직內職이 아니라 외직外職, 경성이 아니라 향촌에서 인민과 직접 접촉하는 우회 전략을 강구했다. 주희를 통해서 그 우회 전략의 일단을 살펴보자.

> 내가 앞선 현인들의 논의를 들여다보고 오늘날의 사정으로 점검해본다면 왕안석의 청묘법은 그 입법의 취지가 진실로 나쁘지만은 않다. 그러나 지급을 화폐로 하고 현물(쌀)로 하지 않고, 설치를 현 중심으

로 하고 향 단위로 하지 않고, 운영자를 관리로 하고 향인·사군자로 하지 않고, 목적을 기금의 가혹한 회수에 두지 고통의 공감과 실질적 구제에 두지 않았기 때문에 청묘법을 일읍에 실행할 수 있었지만 온 세상에 실행할 수는 없었다.[34]

위 인용문에서는 설치와 운영자 부분에 주목해 볼 필요가 있다. 주희는 사창법을 통해 자연 재난의 수습책[救荒]에서 조직 체계를 '주현관州縣官–서리胥吏–보정부保正副–대보장大保長–보두保頭'처럼 현관을 위시한 중앙 파견의 지방관과 보ㅇ를 매개로 한 향촌 자치 편제가 결합된 보갑제도가 아니라 '향관鄕官, 토거土居·기노耆老–사인士人–사수社首–대장隊長–갑호甲戶'처럼 관의 직접적 개입을 가급적 배제하려는 듯 향촌 자치의 새로운 방식으로 구성하고 있다.

이러한 향관 위주의 사社 조직은 기존의 보保 조직을 견제할 뿐만 아니라 향촌사회의 작은 폭군으로서 관료, 서리층의 겸병 확대와 빈민의 궁핍화 현상을 시정하기 위해 중소 농가 경영자층인 향·사대부의 공조 대처 방식을 제시했다고 할 수 있다. 나아가 주희는 군주–관료로 연결되는 직접적·일원적 지배 방식과 달리 주현관 대신 향관을, 서리 대신 사대부를 병렬시킴으로써 향촌 질서를 이원화하려 한 흔적이 읽힌다.[35]

이 지점에서 주희의 '향촌' 재발견을 사회의 운용 방식과 관련지어 생각해보자. 앞에서 유교 지식인의 자임 의식과 관련해서 황제지배 체제와 지식인–관료 사회의 설득력이 약한 점을 지적했다. 여기서 지배력의 관철 수준, 사회 변화와 행정 편제의 호응 수준, 관료 집단의 유교적 이념에 대한 신뢰 수준, 교통과 통신 같은 지배 기술의 발전 수준, 제국의 수도와 향촌京鄕의 이질성 등에 주목하여, 나는 중국 전통사회를 황제 및 가산 관료 중심의 중앙 정치와 유교 지식인과 향촌 공동체의 이원적인 분치 체제로 보고자 한다.[36]

예컨대 사회 변화와 행정 편제의 호응도 측면에서 보면 인구가 지속적으로 증가했지만 공식적인 지방 행정기구는 그와 더불어 성장하지 못했다. 1000년경에 1230곳이었던 현은 1800년경에 겨우 1500곳으로 늘어났다. 같은 시기에 주의 수는 약 300곳에서 오히려 250곳으로 점차적으로 줄어들었다. 이리하여 북송시대 지방 장관이 1인당 8만 명 정도를, 청 중기에는 1인당 25만 명 정도를 관할했다.[37] 그 결과 정부는 향촌 자치를 현실적으로 방임할 수밖에 없었던 만큼 중앙정부 또는 파견된 지방관과 대민 접촉은 소원해지고 지배력의 관철 정도도 느슨해졌다.[38]

이러한 실제 상황은 쑨원孫文(1866~1925)의 말을 통해서 확인할 수 있다. "전제가 부정한 위력을 휘둘렀지만, 그것이 보통의 인민에까지는 미치지 않았다. (…) 인민이 황위를 침범하지 않는 한 그들이 무엇을 하든 황제는 참견하지 않았다."[39] 우리는 쑨원의 말에서도 머나먼 지고의 황제권력은 농촌 공동체에 그렇게 직접적이며 획일적으로 뻗치지 않았다는 것을 확인할 수 있다. 따라서 향촌은 정기적인 세금 납부, 군역 동원 이외에 중앙정부와 긴밀한 체계에 철저하게 지배되었다기보다 신축적인 특성을 가진 소씨족적 가족의 유대[40] 아래서 자급자족의 소농 생산과 가내 수공업에 종사했다고 할 수 있다.

유교 지식인은 제국의 공간에 예외 없이 편입되어 있다고 하더라도 수도로 대변되는 중앙정치 무대에서 신속하나 위험하고 우연적인 '황제 포섭 전략'에 한계를 느꼈다. 이제 그들은 향촌 재발견을 통해서 느리지만 실효성 있는 향촌 건설 운동[41]을 벌인다. 그들은 때론 자원해서 때론 정치적 이유로 지방관으로 복무하면서 인민의 실정을 무기로 정부의 정책 변화를 강하게 요구하기도 하고 서원을 중심으로 강학활동을 벌여 풍속을 쇄신하려고 했다.

물론 북송 초기부터 인종은 경력 연간(1041~1048)에 범중엄의 개혁을 수용하여 관학(부학府學·주학州學·현학縣學) 설립을 추진했지만 지속적으로 발전하지 못했다. 반면 사학은 초급의 학사學舍·서루書樓, 중급의 촌교村校·향교鄉校, 고급의 서원書院·정사精舍 등으로 분류될 정도로 분화되고 확장되면서 사대부들의 새로운 집결지로 등장했다.[42]

이러한 사대부들의 운동은, 그중에서도 주희는 남송 영종 경원 2년(1196) 12월에 호굉胡宏이 초고를 작성하고 심계조沈繼祖가 올린 글에 따르면 다음처럼 부풀려진 위험으로 비난을 샀다. "장재·정이의 학문을 들먹이고 마니교 일파처럼 채소를 먹고 마귀를 섬기는 요술喫菜事魔[43]에 가탁하여 후진을 유혹하고 있다. 쓸데없고 허무맹랑한 주의주장을 퍼뜨리고 자의적으로 새로운 주제를 세워서 사방에서 신하의 직분을 망각하는 무리를 불러 모아 파당의 세력黨伍을 늘리고 서로 더불어 보잘것없고 영양가 없는 음식을 먹는다." 그 결과 주희는 극단적으로 "무리를 이루어 서로 예찬하고 추천하여 세력의 뿌리가 아주 깊고 굳건한 연대가 이루어져 필부의 신분으로 인주의 생사여탈 권능을 훔쳤다"[44]고 평가되었다.[45]

이처럼 유교 지식인은 중앙에서 향촌으로 왔지만 그곳의 활동마저 체제 위협 세력의 준동으로 평가받게 되었다. 이 지점에 이르면 유교 지식인은 기존의 사회에서 어찌할 수 없는 선택에 강제당하게 된다. 이러한 강제된 상황은 청말민국초, 서세동점, 무술변법, 신해혁명 등을 거치면서 유교 지식인으로 하여금 사회적 생명의 종식을 선언하든가 '사회' 자체를 비판 대상으로 설정할 수밖에 없게 만든다.

전자는 개인적으로 투신 '자살'을 함으로써 생물학적 생명을 끊거나 세사의 관심을 완전히 끊어버리고서 조용히 은둔함으로써 사회적 생명을 끊는 길이었다. 후자는 량치차오梁啓超(1873~1929)처럼 제국주의를 주적으로 정하여 '반제反帝' '보국保國' '입헌군주'의 길로 나아가거나 장빙린章炳麟(1868~1936)처럼 미개한 이민족의 제국인 '청'을 주적으로 설정하여 '반청反淸'과 '혁명'으로 나아가는 길이었다.[46]

이 과정에서 량치차오는 『청대학술개론』에서 자신이 당시 사람들로부터 사상, 신념의 선변善變과 다변多變으로 일관성이 없다는 평가도 받지만 "조금의 거리낌도 없이 오늘의 나에 입각해서 어제의 나를 질책한다不惜以今日之我, 難昨日之我"라며 정치적 개종을 거듭했다.[47] 이것을 유교 지식인들의 전형으로 볼 수만은 없겠지만 사회의 고통에 민감하게 반응했던 그들의 후예라고 볼 수 있을 듯하다.

우리는 이제 마지막으로 유교 지식인이 그토록 시대, 현실 개선과 구원에 적극적이면서 사회의 문제를 특정 인물의 잘못으로만 보았을 뿐, 사회 전체를 회의의 대상으로 설정하여 '신'사회를 구상하는 데에 왜 느릴 수밖에 없었는지 살펴보기로 하자.

첫째, 도덕 중심의 사회관이다. 유교의 핵심인 '성선'은 현대 윤리학의 주제인 사실과 당위의 구분법에서 정당성을 주장하기 어렵다. 왜냐하면 만약 성선이 "인간의 본성이 선하다"는 의미라면, 인간은 선을 할 수밖에 없도록 자연(본래)적으로 그렇게 되어 있지만 실제로 사람은 그것과 반대 방향으로 행동하기 때문이다. 따라서 현대 윤리학에서는 차라리 "인간의 성향(기질)은 악하다"고 전제하고서 그것을 이성의 입법, 의지의 권능으로 인간의 자연을 당위의 요구에 굴복시킬 수 있는 전략을 채택한다.[48]

유교 지식인은 사유실험이든 실천적 요구이든 '사람 사이에 이해타산을 넘어선 공감과 구원을 통한 일체화의 실재'(원초적 심성)를 확신했기에 사람은 일시적인 부주의, 부적절한 환경, 개체 충족적 욕구를 벗어나 선을 하도록 되어 있다고 생각했다. 따라서 누군가가 악행을 하더라도 그것은 교화와 내면 성찰을 통해 쉽게 선행으로 변화될 수 있다고 보았다. 그 결과 사회는 도덕 교화의 장이 되고, 유교 지식인은 교사로 자처했다.

둘째, 저생산의 사회이다. 이러한 특성은 '더 많은' 소유가 곧 타자를 죽음으로 몰아가는 사회 파괴적인 책동이다. 흔히들 말한다. "중국 사회나 철학에는 개인이 없다"고 말이다. 공자 이래 유교 지식인들이 자신을 군자로 명명하고 그렇지 않은 자를 소인으로 따갑게 매도할 때, 그 소인의 특성을 들여다봐라. 소인은 분명 그 자신을 전체의 연관성에서 빼내어(벗어나) '나'를 사고했던 인물이다.

이들은 현대의 기준에서 보더라도 '건전한 시민'이 되기에 함량 미달이었다. 왜냐하면 그들은 오늘날 자유주의자들이 상정하듯이 '합리적인 개인주의자'도 아니고 "타자의 권익을 침해하지 않는 한도 내에서 사익을 추구한다"는 기준을 훌쩍 넘어서 있기 때문이다. 그들 스스로도 군자들의 소탕령에 수세에 몰려 사적 이익의 추구가 정당화되는 사회 구성의 원리를 적극적으로 제시하지도 못했다. 그 결과 그들은 군자의 시각에 투영된 채 남아 있는 기록에서 음습한 어둠의 그늘 아래 지하 경제를 구축하며 기존 세계를 음해하려고 했을 뿐이다.

유교 지식인은 도덕과 저생산의 한계로 인해 평등을 도덕과 사회 구성의 원리로 관철시키기 위한 보편 및 공정의 원칙을 고안하는 데에 늦었다.[49] 그 결과 인간의 자연을 절제, 억제, 금욕시키는 등 과욕寡欲이라는 줄이기 전략을 채택하게 되었다. 홉스(1588~1679)가 말하는 전-사회 상태의 '자연 투쟁'[50]과 유교 지식인이 말하는 인간의 자연에서 오는 '사회 상태'의 혼란은 분명 다르다. 자연 투쟁은 인간의 자기 보존 욕구를 생존권이라는 보편적 권리인 자유와 평등으로 귀결시킬 수 있지만, 후자의 혼란은 위의 일부와 아래의 일부가 위-아래를 흩뜨리는 책동이기에 다시 위-아래로 편재하자는 식으로 진행될 수 있다. 따라서 인간의 자연도 의미와 지위가 다르다. 전자는 인간이라면 누구나 그렇게 될 수밖에 없도록 되어 있어, 즉 천부이기에 부정할 수 없다. 후자는 그렇게 되어 있지만 그렇게만 되면 혼란해지므로 줄이기와 없애기의 대상이 된다.

4 맺음말

지금까지의 논의를 간단하게 정리하면 다음과 같다. 1) 유교 지식인은 대체로 인간의 도덕적 평등성을 주장하지만 그것이 사회 구성 원리에서는 차등적 사회로 굴절되었다. 2) 유교 지식인은 선과 악 특히 후자를 부적절한 환경, 실수의 탓으로 돌림으로써 책임보다는 개선과 재기회의 제공을 강조하고, 또 사적 욕망의 탓으로 보았기에 강력한 사회적 실천력보다는 내성적 발본색원으로 대응했다. 그러면서 그들은 선의 자기 전개, 악의 자기 퇴굴退屈에 낙관했다. 3) 따라서 유교 지식인은 사회의 고통을 특정 개인의 부덕의 소치로 보아 인물 교체를 추진했지만 기존 사회 자체를 질곡으로 보아 새로운 사회를 구상하는 데에 주저했다.

우리는 가족주의와 유교를 관련지어 이야기하기를 좋아한다. 이 이야기들에서는 오늘날 한국사회의 가부장주의만큼이나 심각한 하숙집 가족을 이야기하지 않는다. 가부장주의는 가족이 병든 채로 '있다'는 데에 초점이 있다. 하숙집 가족은 맞벌이 부부가 많아지고 불안정한 고용에 시달리는 오늘날 가족 구성원이 일찍 나갔다 늦게 잠자러 들어올 뿐 그 사이에는 '없다'는 점이다.

그렇다면 한국의 그 많은 사람은 다들 어디에 있을까? 한국이 노동시간 면에서 세계의 수위를 다투는 데서 알 수 있듯이 한국인은 생업의 현장에 오래도록 머물러 있다. 따라서 한국에서는 짧거나 없는 시간 쪼개어 만나는 직종, 친목, 관계, 출신의 모임[會]은 많지만 그것을 넘어서서 함께 만날 수 있는 연대[社會]는 미약하거나 없는 실정이다. 어찌 보면 역설이다. 분명히 대량생산, 잉여생산, 소비의 사회이지만 잉여 시간으로 여가를 보낼 수 없는 실정이니까 말이다.

이러한 맥락에서 "현대 사회 모형에는 '공장' '시장' '전장戰場' 등이 있다. 그것'들'에 바탕을 둔 현대 사회학은 결국 부정의 정신을 상실한 일차적인 사회학으로 전락하고 만다. 그것'들'의 현대 사회가 나아갈 길에 유교의 '도장道場' 모형이 의미 있다"[51]고 한다면 현재 한국사회에서 적실한 혜안일 수 있을까? 나는 물론 현실에 있어야 할 것이 없고, 없어야 할 것이 있다면 학문은 부정의 기치를 내걸고 추종보다는 광정의 길을 제시하거나 나서야 한다고 생각한다.

이때 학문이 현실을 긍정의 지평으로 끌어올린다고 하더라도 끌어올림이 너무 현격하거나 관념적으로 급진적이라면 유교 지식인이 누누이 부정한 '빈 학문[虛學]'으로 전락할 수 있다. 그렇다면 사회학은 사회 모형을 말하면서도 노동 시간의 단축, 여가활동, 나아가 사회의 구성, 사회의 복원을 말해야 한다. 왜냐하면 이것은 주희가 사창법社倉法으로 사회 구원에 앞장섰던 취지와 부합하면서 그것을 넘어설 수 있기 때문이다.

이제 유교가 한국의 사회'에 대해서' 발언하려면 우리는 어떻게 해야 할까? 우리는 '에 대해서'의 첫 번째 의미, 즉 사회 현실에 입각해서 "한국에는 왜 사회가 부재하는가?"라는 질문을 던져야 한다.

이를 위해서 사회언어학의 측면에서 한국인은 '사회'의 의미를 어떻게 생활과 의식세계에서 구조화하는가를 공시적·통시적으로 분석해야 한다. 일본의 근대화와 관련해서 두 가지 이야기를 들어보자.

하나는 연합군 총사령부가 헌법 초안 제66조에 추가할 것을 요구한 조항, 즉 "Prime Minister and Ministers of the State shall be civilians"를 국역하면서 소위원회 위원들은 "civilians"를 오늘날 통용되는 '시민'이 아니라 '문민文民'으로 번역했다. 왜 하필이면 문의 민일까? 사민四民(사농공상) 평등의 상황에서 아무런 조건 없이 모든 민이 아니라 오랜 연원을 가진 문인文人이 통치 주체가 될 수 있다고 생각했기 때문이다.[52]

두 번째는 영어의 'society'가 오늘날 언어의 '사회'로 고정되기까지의 이야기이다. 나카무라 마사나오中村正直는 존 스튜어트 밀(1806~1873)의 『자유론On Liberty』을 번역할 때 'society'를 '중간동사仲間同士' '중간仲間' '중간내仲間內'로 옮기면서 "곧 정부를 가리킨다"는 주석을 달았다고 한다. 이것은 사회를 정부 또는 국가와 구별하는 의식의 관행에서 나왔다고 할 수 있다.[53] 우리의 경우도 한 가지 이야기를 만들 수 있다. 한국인이면 누구나 민주를 제창하지만, 특히 정치인들이 민주를 힘껏 제창할 때 그것은 "민의 주인이다"의 뜻일까, "민이 주인이다"의 뜻일까?

또 '에 대해서'의 두 번째 의미, 즉 현실 사회의 부정의 계기가 있다. 현대는 도덕의 영역이 극도로 축소되고 경제의 영역이 날로 확대되고 있다. 여기서 우리는 기계적인 추론을 한다. "말세다" "도덕이 땅에 떨어졌다" "빈 가슴의 인간들만 있다" "머리에 지푸라기만 있다." 따라서 "경제인을 도덕인으로 바꾸어야 한다." 그다음에 더 무서운 추론이 나온다. "저러다 한국호가 침몰하겠다" "안정이 깨진다." 따라서 "대승의 관점에서 문제를 풀어야 한다."

이것은 '따라서'로 이어지는 전과 후를 아무런 생각은 없지만 엄청난 의도를 지닌 채 연관시켜버리는 논리적 오류이다. 그래서 우리는 우선 자기주장을 도덕적 함량의 결핍으로 보는 '악'의 관점에서 벗어나 새로운 사회를 만들어가는 데서 오는 일시적 혼동이라는 시각을 견지할 수 있어야 한다. 나아가 새로운 사회에 대해 누구'만'을 위한 사회 안정의 재생산 관점이 아니라 누구'나'를 위한 보편적·초월적 시각을 찾아야 한다. 그렇게 되면 우리가 아무리 도덕적으로 성숙했다고 하더라도 주기적으로 출몰하는 또 다른 외적 요인 앞에서 작지만 고귀한 성취가 좌절되지 않을 수 있을 것이다.

제13장

계몽적 군주상

『사고전서총목제요』에 나타난 학술과 정치의 관련 양상

1 여는 글

오늘날 중국은 불교의 『대장경大藏經』과 도교의 『도장道藏』에 대응해서 국내외 유교 자료를 망라함으로써 『유장儒藏』의 편집을 기획하고 있다. 처음에 정화본精華本을 만들고 나중에 대전본大全本을 만들려 하고 있다. 사실 오늘날 『유장』 작업은 처음 시도되는 것이 아니라 그것과 유사한 선례가 220여 년 전에 있었다. 그것은 다름 아니라 『사고전서四庫全書』의 편찬이었다.

『사고전서』는 18세기 후반에 청清 제국의 정치(황제)와 학술(관료-학자) 종사자들이 협력하여 학술 문화의 성과를 최대로 망라한 결정체라고 할 수 있다. 현대어로 표현한다면 국가 주도[欽定]의 초대형 학술 DB 구축이라고 말할 수 있다. 건륭제(재위 1735~1795)가 1741년에 이어 1771년에 두 번에 걸쳐 도서 수집 작업의 의지를 천명했고, 1772년에 안휘 학정 주균朱筠(1729~1781)이 주청하여 군기대신 유통훈劉統勳(1700~1773)과 우민중于敏中(1714~1780) 등이 심의한 끝에 『사고전서』의 편찬이라는 대역사가 시작되었다.

1772년(건륭제 37)에는 『사고전서』의 편찬 사업이 공식적으로 발을 내디뎠고 1773년(건륭제 38)에는 전국 각지에서 보내온 책을 수납하고 그 책을 분류 평가하기 위한 행정 기구로서 사고전서관四庫全書館이 개설되었고, 1782년(건륭제 47)에는 드디어 한 질이 완성되어 자금성 내의 문연각文淵閣에 소장되었다.[1] 이후에 작업이 계속 진행되어 1787년, 즉 사업을

시작한 지 15년 만에 모두 총 7질의 『사고전서』가 완성되었다.[2]

『사고전서』는 이름이 '전서'인 만큼 그에 어울리게 당시에 검토할 수 있는 최대 분량, 즉 1만869종의 서적을 대상으로 검토와 교감 작업을 했다. 이중 3697종의 서적을 필사하여 『사고전서』에 수록하고(권수로는 7만9000여 권), 134종은 『무영전취진판武英殿聚珍版』으로 인쇄되었고, 나머지 7038종은 존목存目, 즉 내용은 필사하지 않고 제목만 소개되었다(권수로는 약 9만3000권, 전체로 따지면 모두 약 17만 권이다). 권수로 보면 명나라 『영락대전永樂大典』이 2만2877권이므로 『사고전서』는 그것의 세 배 이상에 달한다. 특히 『사고전서』에서는 기존의 도서 목록이나 유서와 달리 필사되든 제목만 소개되든 모두 해당 도서의 저자·유래·진위·특징·의의 등을 소개하는 '제요提要'를 작성하고 있다.[3] 이를 『사고전서총목제요四庫全書總目提要』(이후 줄여서 『제요』라 함)라고 한다.

이 글에서는 총찬관總纂官과 찬수관纂修官[4]이 『사고전서』 경부經部의 개별 서적에 대해 『제요』를 작성하면서 드러내고 있는 경학사와 학술사의 쟁점을 살펴보고자 한다. 『사고전서』는 말 그대로 4고庫, 즉 4부部의 대분류로 이루어져 있고, 세분하면 44류類로 되어 있다. 4부는 경經·사史·자子·집集으로 오늘날의 말로 하면 고전·역사·사상·문학에 해당된다. 4부로는 오늘날의 학문 분야와 대응 관계가 잘 나타나지 않는다. 반면 사부史部의 전기류傳記類·지리류地理類·직관류職官類·장사류政書類 등에서 보이듯이 44류는 오늘날의 것과 대응 관계를 나름대로 유추할 수 있다.[5]

경부는 모두 10류, 즉 역류易類·서류書類·시류詩類·예류禮類·춘추류春秋類·효경류孝經類·오경총의류五經總義類·사서류四書類·악류樂類·소학류小學類 등으로 편성되어 있다. 찬수관들은 경부총서經部總敍와 10류의 소서

小序(즉 유서類序), 그리고 10류에 속한 개별 서적의 『제요』 내용과 그 속의 안어案語에서 경학사와 학술사의 관점에서 주목할 만한 쟁점을 제시하고 있다.[6] 이 장의 초점은 『제요』를 통해 서목書目이든 존목存目이든 『사고전서』에서 도서를 채택하고 평가하는 기준을 밝혀내는 데에 있다.

이 장에서는 이 기준과 관련해서 『제요』의 범례凡例 20칙則 중 14칙에 나오는 명체달용明體達用에 주목하고자 한다.[7] 이 말은 전체대용全體大用과 함께 북송 이래 신유학자들이 즐겨 사용했던 것이다.[8] 즉 도덕적 주체를 확립하고자 그에 입각해서 일상의 삶에서 겪는 문제를 합리적合理的으로 해결하자는 것이었다. 그러나 이 말은 『제요』에서 좀 다른 맥락으로 쓰인다. 『제요』에서 명체달용은 성현 학문의 핵심이면서 실사實事에 효과를 거둔다는 측면에서 논의되고 있다. 즉 학문이 인사에 기여하고 실제적 효용성을 가져야지 학문 자체의 목적을 위해 이론화됨으로써 현실을 규제하지 못해서는 안 된다는 맥락이다. 이 때문에 『제요』에서는 치언卮言·고론高論·공론空論·이설異說을 부정하고 실사實事·절인사切人事·유용有用·실용實用을 강조한다. 바로 이 점이 『사고전서』를 편찬하게 한 중대한 목적이었다는 점을 밝히려고 한다.

2 사상사 연구의 대상으로서 『사고전서총목제요』

사상의 연구는 대체로 텍스트 자체보다 텍스트에 담긴 내용을 대상으로 삼는다. 간혹 텍스트 자체가 주목되는 경우도 있다. 예컨대 중국의 출토出土 자료 등은 내용만큼이나 텍스트의 상태, 재질 등이 관심의 현안이 되고 있다. 과연 사상의 연구가 텍스트에 담긴 내용만을 대상으로 삼을 때 그 사상이 온전히 밝혀질 수 있을까?

사실 이 질문은 꽤나 도발적인 특성을 띤다. 우리가 텍스트의 내용에만 주목하지 않고 도대체 텍스트의 무엇에 집중해서 성과를 거둘 수 있겠는가? 이에 대해 적절하게 대답하지 않으면 앞의 질문은 도발적이기만 할 뿐 계발적인 효과가 전혀 없는 것이다.

위의 질문을 “주희의 학문은 말년에 위학僞學으로 몰려 탄압을 받았음에도 불구하고 어떻게 지역학을 넘어 전근대 동아시아의 보편학이 될 수 있었을까?”라는 질문으로 바꿔서 생각해보자. 텍스트의 내용에 집중한다면 주희의 학문이 보편성을 지니고 있었기 때문에 복건성을 넘어 원 제국에 이르러 전국적(국가적) 학문이 되고 이후에 조선과 일본 등으로 확산 보급되었다고 할 수 있다.

이 대답은 보통 사상사 또는 철학사에서 늘 듣는 말이다. 그러나 이 대답은 한 가지 사실을 간과하고 있다. 주희는 분명 역사적 인물이므로 그를 완전하게 대신할 수 있는 다른 것이 있어야 그가 죽더라도 그의 학문은 자생할 수 있다. 이때 책은 주희의 학문을 기록한 물질이면서도 독서를 통해 주희와 접속할 수 있는 매체이기도 했다. 남송시대에 주희의 고향인 건양建陽과 신안新安 지역은 주로 상업적 이윤을 목적으로 과거시험용 교재를 대량으로 찍어낼 정도로 출판 시장이 활성화된 곳이었다.

주희는 당시 학자 중 자신의 저작을 출판하는 데에 아주 적극적인 인물이었다. 그는 책을 끊임없이 개정하면 된다는 생각으로 출판을 서두르기도 했고 건양建陽에서 출판된 자신의 책이 금화金華에서 무단으로 간행된다는 소식을 듣고 여조겸에게 출판을 막아달라고 부탁하기도 했다.[9] 이렇게 보면 주희는 당시의 첨단 미디어를 가장 잘 활용한 사람 중 한 명이라고 할 수 있다.

원나라에 이르러 태종 오고타이 10년(1238)에 무술선시戊戌選試가 실시되고 인종 야유르바르와다가 황경皇慶 2년(1313)에 과거제도를 회복시키면서 예禮 문헌을 빼놓고 주희의 『사서집주』『시집전』『주역본의』, 채침蔡沈의 『서집전』, 호안국胡安國의 『춘추호씨전』 등을 표준 교과서로 삼도록 했다. 물론 이보다 앞서 남송 이종理宗 때에 이르러 『사서집주』가 관학에서 인가를 받고 시험의 교과서로 채택된 적이 있었다. 하지만 둘은 큰 차이가 있다. 남송에서는 주희의 학설이 여러 학설 중 하나였던 반면에 원에서는 독존적 지위를 누렸기 때문이다.[10] 그리고 명 영락제가 주희의 주석을 중심으로 『사서대전四書大全』『오경대전五經大全』『성리대전性理大全』 등을 편찬하게 하면서, 한당漢唐 이래의 고주古注가 사실상 폐기되는 상황에 이르렀다.[11]

이렇게 보면 주희는 생존 당시와 사후에도 출판 문화와 출판 정책의 최대 수혜자라고 할 수 있다. 즉 그가 자신의 저작을 출판하여 복건성 지역을 넘어서 중국 전역으로 확산될 수 있도록 했으며 원·명 정부도 정책적으로 그의 저작의 독존적 지위를 보장해주었던 것이다. 주희의 학문은 텍스트의 내용도 내용이거니와 편집, 제작, 출판, 유통, 판매 및 국가의 정책 등과 잘 맞아떨어졌기 때문에 전근대 동아시아의 보편 학문이 될 수 있었다. 이처럼 텍스트 자체에 주목함으로써 그 내용에만 집중할 때 밝혀지지 않는 이면을 명백하게 할 수 있다.

이 장에서 다루고자 하는 18세기의 『사고전서四庫全書』도 일찍부터 '사고학四庫學' 또는 '사고전서학四庫全書學'[12]으로 불렸기에, 주희학朱熹學의 보편화에 못지않을 만큼 학술사에 중요한 이정표가 될 만하다.[13]

3 사고학의 역사와 연구 현황

사실 『사고전서』와 『제요』의 시도 자체는 특별히 놀랄 만한 것은 아니다. 왜냐하면 전체적으로 보면 전근대의 통일 왕조는 왕권을 굳건하게 한 이후에는 혼란기에 소실·분실·탈취된 문헌을 복권하는 일을 주기적으로 실시했기 때문이다.

예컨대 진秦의 붕괴 이후 한나라 초기 무제武帝는 서적을 적극적으로 수집하였고 말기 성제成帝는 유향劉向과 유흠劉歆 부자로 하여금 왕실 도서를 분류, 정리하게 하여 그 결과로 『별록別錄』과 『칠략七略』을 남겼다.

그 뒤에 『한서』 「예문지藝文志」와 『수서隋書』 「경적지經籍志」에서 보이듯 목록화 작업은 왕조가 수행해야 할 필수적인 사업의 하나가 되었다.

또 5대10국의 혼란을 수습한 송나라 인종仁宗은 채 1만 권도 되지 않는 왕실의 장서를 보충하기 위해 각지의 도서를 수집하였고 왕효신王堯臣과 구양수로 하여금 목록을 체계적으로 정리하여 『숭문총목崇文總目』을 집필하게 했다.[14] 송(북송)이 여진 금나라에 패배해서 개봉을 버리고 항주를 새 도읍으로 정하면서 남송이 성립되었다. 남송은 실지 회복을 외치면서도 잃어버린 고토의 기억을 강화시키기 위해 앞 다투어 서적을 널리 수집하였고 진규陳騤에 의해 『중흥관각서목中興館閣書目』으로 귀결되었다.[15]

명나라 태조 주원장은 당우사唐愚士에게 경전·역사·사상 연구자들에게 교훈이 될 만한 말을 뽑아서 『유요類要』를 편찬하게 했다. 영락제(태종) 주체朱棣는 조카 건문제建文帝를 죽이고 왕위에 오른 뒤에 태조 때부터 시작된 사업을 이어나가서 『영락대전永樂大典』을 완성시켰다.

이처럼 『사고전서』는 청 이전의 전근대 통일 왕조가 수행해야 했던 사업과 같은 특성이 있다고 할 수 있다. 그렇지만 『사고전서』는 왕실이 학술 사업의 후원자로서 진행했던 청 이전의 국가 사업과 비교할 수 없는 측면이 있다. 첫째는 규모의 측면에서 이전 사업을 완전히 뛰어넘는다. 둘째는 명체달용明體達用과 같은 시대정신의 명백한 구현이다. 이로써 『사고전서』는 이전 목록 및 유서 작업과 외형적으로 닮았지만 심도 측면에서 비교할 수 없는 우위를 점한다고 할 수 있다.[16]

우리에게는 낯설지만 중국학 중에는 '홍학紅學'과 '사고학四庫學' 또는 '사고전서학四庫全書學' 또는 '사고제요학四庫提要學'이 있다. '홍학'은 청나라

조설근曹雪芹의 장편소설 『홍루몽』을 연구하는 학문을 가리키는 말이다. '사고학'은 『사고전서』와 『제요』를 연구하는 학문을 가리킨다. 이 말의 최초 사용 출처는 아직 밝혀지지 않고 있다. 현재로는 타이완에서 『문연각사고전서』의 영인을 계획할 즈음에 고궁박물관 부원장이었던 창비더昌彼得가 「사고전서를 영인하는 의의影印四庫全書的意義」(1983)라는 글에서 '사고학四庫學'을 쓴 이래로 널리 쓰이게 되었다.[17]

그의 판단에 따르면 『사고전서』에 수록된 도서가 풍부하고 편찬 과정이 아주 복잡해서 현대에서 이를 전문적으로 연구할 필요가 있다. 이에 『사고전서』 편찬의 경과를 연구할 수도 있고 그것과 관련된 문건을 모을 수도 있고, 편찬 과정에서 분훼焚毁된 상황을 연구할 수도 있고, 그것에 저록된 도서의 판본을 연구할 수도 있고 『사고제요』의 오류를 바로잡을 수도 있다.[18] 이러한 제반 연구를 사고학이라는 이름 아래 진행하고자 그 말을 제안한 것으로 보인다.

창비더의 제안 이후에 후추성胡楚生도 비슷한 맥락에서 사고학의 사용을 수용하고 있다. 즉 『사고전서』가 편찬되어 모습을 드러낸 이래로 편찬의 계획·인원·장소·득실, 보관 장소, 『제요』의 작성, 검색 방법 등 여러 가지 문제가 발생하면서 학계의 관심을 받았고 그 결과 '사고四庫'를 대상으로 하는 학學이 생겨난 것이다.[19] 그 이후로 사고학은 타이완과 중국 연구자들이 상용하는 학술 용어가 되었다.

지금까지 사고학의 역사를 대별하면 세 단계로 정리할 수 있다.[20] 첫째, 18~19세기 청나라 학자들에 의해 이루어진 『사고전서』와 『제요』에 대한 교정과 보완 작업이다. 『사고전서』와 『제요』가 나오고 얼마 지나지 않아 전대흔錢大昕(1728~1804)과 완원阮元(1764~1849) 등은 경쟁의식을 가진 듯 그것에 담긴 문제점을 지적했다. 예컨대 전대흔은 각종 제발題跋에서 『제요』의 문제점을 꼬치꼬치 캐물었고[21] 완원은 『사고전서미수서제요四庫全書未收書提要』를 지어 독자적으로 『제요』의 미비점을 보완하고자 했다.

둘째, 20세기 전반 민국 시기 학자들이 『사고전서』와 『제요』에 대해 오류를 변증하면서 다양한 사전을 만드는 작업을 했다. 대표적인 경우 천위안陳垣은 『사고인명록四庫人名錄』 『사고서명록四庫書名錄』 『사고전서고이四庫全書考異』를 저술하여 사고학 연구의 기틀을 다졌다. 위자시余嘉錫는 오늘날에도 『제요』의 변증, 보증 작업에서 널리 쓰이는 『사고제요변증四庫提要辨證』을 지었다. 양자뤄楊家駱는 널리 쓰이는 공구서 『사고전서학전四庫全書學典』 『사고전서대사전四庫全書大辭典』을 지었다.

셋째, 20세기 후반기의 사고학 연구의 확산이다. 특히 중국은 1960년대에 절본浙本을 근거로 『사고전서총목제요』를 영인하여 사고학 연구에 커다란 영향을 주었고, 타이완은 1986년 상무인서관商務印書館에서 『문연각사고전서文淵閣四庫全書』를 영인하여 사고학 연구가 널리 확대될 수 있는 전기를 마련했다. 또 『문연각사고전서』의 전자판이 보급되면서 사고학 연구는 저변이 늘어나고 깊이가 더해지는 획기적인 전환점을 이루었다.

물론 이 시기 사고학은 박람강기博覽強記에 의존하던 대가 중심에서 영인본과 전자판에 의존하는 전문가 중심으로 연구 방향의 변화가 일어났다. 이들은 과거의 축적된 연구 성과를 바탕으로 편찬 과정과 사전 작업을 넘어서 사고학을 학술과 문화의 각도에서 연구하고 있다. 대표적인 경우로 저우지밍周積明의 『문화 관점에서 본 사고전서총목文化視野下的四庫全書總目』(中國青年出版社, 2001), 쓰마자오쥔司馬朝軍, 『사고전서총목연구四庫

全書總目研究』(社會科學文獻出版社, 2004), 『사고전서 편찬고四庫全書編纂考』(武漢大學出版社, 2005), 『사고전서와 중국문화四庫全書與中國文化』(武漢大學出版社, 2010) 등이 있으며 학술 논문은 이루 헤아릴 수 없을 정도로 쏟아져 나오고 있다. 특히 이제 사고학은 대만과 중국을 벗어나 동양학 연구자 일반에게로 확산되었다. 그 결과 켄트 가이Kent Guy의 *The Emperor's Four Treasures: Scholars and the State in the Late Ch'ien-lung Era*는 『사고전서』의 편찬을 정부의 학술 탄압으로 보던 기존의 시각을 뒤엎고 정치와 학술의 협력활동이라는 점을 부각시키고 있다.[22]

이렇게 보면 사고학은 국외에서 이제 기초적인 작업을 충실히 한 끝에 문화사와 학술사의 관점에서 새로운 연구가 활발하게 진행되고 있다. 이에 비해 국내의 연구는 걸음마 단계에 머물러 있다고 해도 과언이 아니다. 분야를 따지지 않아도 단행본은 아예 없는 실정이고 논문은 20여 편을 넘지 않는다. 물론 평지돌출하듯 켄트 가이의 책이 『사고전서』(생각의 나무, 2009)로 번역되었고, 나머지는 목록학이나 책의 역사와 관련된 저·역서의 한 항목에 약술되고 있다. 논문을 보면 『사고전서』의 개략적 소개, 『사고전서』에 수록된 한국인 저작 문제, 집부集部의 문학 연구 등에 국한되고 있다.[23]

4 『사고전서총목제요』의 평가 기준

『사고전서』와 『제요』가 완성된 뒤에 후대 사람들은 그 속에 일종의 의도가 있다는 생각을 했다. 그 의도는 다름이 아니라 건륭제의 의지라는 것이다. 왜냐하면 그가 『사고전서』와 『제요』의 편찬에 주도적이며 결정적인 작용을 했기 때문이다.[24] 황제의 의지란 소수의 이민족으로서 다수의 한족을 안정적으로 관리하여 제국의 지배 질서를 위협하는 도서를 찾아내서 없애려고 했던 것이다. 『사고전서』에 수록된 것은 적어도 황제의 검열을 통과한 '무난한' 서적이 되는 것이다.[25] 이 논리에 따르면 『사고전서』 편찬 작업에 참여했던 사람은, 의식했든 못 했든 학문의 자율성보다는 황제의 권력에 철저하게 종속되는 것이다.[26]

나는 『사고전서』와 『제요』가 건륭제의 권력 의지에 의해 범정부적 후원 사업으로 진행된 초대형 프로젝트라는 사실을 부정하지 않는다. 그렇다고 그 프로젝트가 오로지 권력 의지로 환원해서 설명될 수 있는지에 대해선 의문이 든다. 이를 검증하기 위해서는 『사고전서』와 『제요』의 외적 측면, 즉 사상 탄압만큼 이 두 총서의 내적 측면이 중요하다고 생각한다. 따라서 이 장에서는 『제요』 중 경부經部의 내용 분석을 통해 두 가지를 확인하고자 한다.

하나는 건륭제의 의지가 권력 의지만큼이나 고대를 학습의 대상으로 보고 문화를 존중한다는 계고우문稽古右文(옛것을 상고하여 학문을 높임)의 계몽적 군주상, 즉 성군聖君의 확립이라는 상징적 측면도 부인할 수 없는 쟁점이라는 것이다.[27] 다른 하나는 『제요』가 권력 의지만큼이나 학술의 자율성이라는 측면에서 서술되었으리라는 점이다. 이를 성공적으로 밝혀낸다면 『사고전서』와 『제요』는 정치적 동기만이 아니라 오히려 학술적·문화적 동기에 의해서 추동된 측면이 있다는 것이 밝혀질 것이다.

이를 위해 『제요』가 공정성과 현실성·실용성에 의해서 규정된다는 측면을 입증하고자 한다. 먼저 공정성을 살펴보자.

『사고전서』나 『제요』와 같은 초대형 국가 프로젝트의 경우 총서의 맨 앞을 누가 장식하느냐가 초미의 관심사가 된다. 예컨대 북송시대에 편찬된 『백가성百家姓』은 처음에 411가지를, 뒤에 504가지의 성을 수록하면서 조趙씨를 가장 앞에 두었다.(단성 444, 복성이 60) 조씨가 많다고 하더라도 오늘날 성씨의 분포에서 수위를 다투는 이李·왕王·장張씨보다 결코 많지 않았다.[28] 그럼에도 불구하고 조씨가 가장 앞자리에 놓인 것은 송의 시조가 조광윤趙匡胤이라는 점과 결코 무관하지 않다.

『제요』는 『백가성』에 견줄 수 없는 초대형 사업인 만큼 순서의 배치는 초미의 관심사였다. 이와 관련해서 『제요』의 편집 단계에서 맨 앞 경부經部의 선두인 '역류易類' 첫 권 『제요』 뒤에 '근안謹案'을 통해서 심각하게 고민하는 흔적을 드러내고 있다. 그들은 이 문제를 풀기 위해 당나라 서견徐堅(659~729) 등이 주도해서 편찬했던 백과사전 『초학기初學記』, 명나라 초횡焦竑(1541~1620)의 『국사 경적지國史經籍志』, 주이존朱彝尊의 『경의고經義考』를 고려했다. 서견 등은 신하가 임금을 존중한다는 대의에 따라 당 태종의 어제御製를 맨 앞에 배치했고, 초횡과 주이존은 이 선례를 따랐다.[29]

『사고전서』의 편집자들도 전례에 따라 『어정역경통주御定易經通注』 『어찬주역절중御纂周易折中』 『어찬주역술의御纂周易述義』를 경부 역류의 맨 앞에 배치했다. 하지만 건륭제의 지시에 따라 세 책을 역류의 가장 앞이 아니라 청나라 이전 저술가의 책을 싣고서 청나라 저술가가 실릴 자리의 맨 앞으로 조정했다. 편집자들은 이 조치를 두고 "존비尊卑가 제 순서를 잡게 되고 시대의 선후가 뒤섞이지 않게 되었다. 황제의 사려가 겸허하며 중심을 잡고서 기준을 세우니 실로 천고에 걸친 대공大公이다"라는 평가를 내린다.[30] 이로써 『사고전서』는 건륭제의 어제가 청나라의 저술 앞으로 밀려나고 신빙성이 의심되지만 공자의 제자 자하子夏와 연관된 『자하역전子夏易傳』을 가장 앞에 두고 있다.

여기서 우리는 존비유서尊卑有序와 대공大公이란 말에 주목할 필요가 있다. 존비는 보통 군주와 신하의 사회적·정치적 신분과 관련해서 쓰이지만 여기서는 성현과 성군의 역사적·문화적 맥락에서 쓰이고 있다. 즉 건륭제가 현실의 정치권력에서 최상의 권위를 지니고 있지만 문화권력에서는 자하의 권위에 복종하고 있다. 이때 건륭제는 현실의 정치권력을 앞세우지 않고 문화권력을 수용하는 점에서 대공大公의 자세를 보이고 있다.

이는 고대의 황제가 분열의 시대를 종식시키고서 사회를 안정시킨 뒤에 제례작악制禮作樂하고, 태산에 봉선封禪 의식을 거행하고, 천하를 순수巡狩하는 성군의 표상을 재현했던 것과 닮아 있다.[31] 즉 건륭제는 『사고전서』의 편찬을 단순히 권력 의지의 구현이 아니라 문화 수호의 상징 행위로 판단했던 것이다. 이로써 그는 미개한 만주족 출신의 정치 지배자가 아니라 한족과 만주족을 아울러서 문화 전통을 수호하는 거룩한 성군으로 자리매김하게 된다. 즉 건륭제는 민족(인종)적 색채를 벗어나 만인의 제왕으로 변신하여 요·순 등으로 이어지는 성왕의 계보에 들게 되는 것이다.

여기서 우리는 '근안謹案'의 존비유서尊卑有序와 대공大公이 바로 『제요』 권수, 성유聖諭 1과 범례 1칙의 계고우문의 군주상과 일치한다는 사실을 확인할 수 있다. 건륭제가 얼마나 우문을 강조했으면, 『사고전서』를 보관하는 사고의 이름을 지을 때 모두 문文으로 시작하게 했다.

왕필은 『주역』 연구사에서 한 획을 그은 인물이다. 그의 『주역주周易注』에 대한 『제요』의 평가를 살펴보자. 『제요』에서는 왕필이 『주역』 해석에서 상수를 완전히 배제하여 술수로부터 구별한 점을 높이 평가한다. 아울러 그가 허무에 빠져서 『주역』을 노장 사상과 혼융했다는 혐의에서 자유로울 수 없다며 객관적 비판을 가한다. 마지막으로 이러한 객관적 평가를 넘어서 왕필을 지나치게 좋아하거나 혹은 지나치게 싫어하는 경향을 문파의 의견으로 가볍게 취급하고 귀를 기울이지 말 것을 당부하고 있다.[32]

총찬관과 찬수관들은 『제요』를 작성하면서 시대적·개인적 선입견의 영향을 드러내면서도 동시에 그것을 벗어나 객관적 관점을 굳게 지키려 하고 있다. 이는 『제요』가 권력 의지의 맹목적 충성과 학파적 파당성을 넘어선 공정성에 의해서 작성되게끔 규제하는 원리였던 것이다.

다음으로 『제요』가 학파의 대립 구도를 제3의 실용성(현실성)을 통해 넘어서는 특징을 살펴보자. 널리 알려져 있듯이 『제요』에는 전반적으로 한학의 가치를 높이 치면서도 한학漢學과 송학宋學의 대립 구도가 선명하게 투영되어 있다. 당시 찬수관 가운데 절강성 여요餘姚 출신의 소진함邵晉涵이 한학을 대변한다면, 안휘성 동성桐城 출신의 요내姚鼐는 송학을 대변했는데 두 세력의 갈등 과정에서 요내가 찬수관을 사임하고 낙향을 할 정도였다.[33] 그의 일족인 요영姚瑩은 요내가 찬수관의 사임에 앞서 느꼈던 갈등을 이렇게 전했다. "찬수관들은 신기한 것을 찾으려고 앞 다투면서 송원 이래 유자들을 경멸했다. 그들의 학문이 공허하다고 생각하여 비웃고 헐뜯는 데에 힘을 아끼지 않았다. 선생(요내)은 되풀이해서 변론했지만 다른 찬수관들은 어렵지 않은 일인데도 누구 하나 도우려고 하지 않았다."[34]

한학파는 사실을 밝히기 위해서 끊임없는 고증에 매달렸고 이에 대한 결정적 증거를 얻고자 새 책을 광적으로 찾았던 것이다. 아울러 한학파는 송원 이래 신유학을 엄밀한 학적 토대 위에 서 있지 않은 공소한 학문으로 간주하고 그것의 가치를 높이 치지 않았다. 반면 사고관에서 송학파는 한학파에 포위된 채 제 목소리를 내기 어려웠던 것이다. 요내의 느낌을 100퍼센트 믿지 않는다고 하더라도 찬수관 내부에는 한학과 송학의 학파 의식이 있었다고 할 수 있다.

『제요』에서도 유학사의 전개를 한학과 송학의 대립으로 정리하고 있을 정도이므로 소진함과 요내 사이의 갈등이 사실이라고 할 수 있다. 하지만 이 갈등과 한학의 주도권이 『제요』의 작성에 결정적으로 작용한 것은 아니다. 「경부총서」를 보면 분파의 대립이 사실이더라도 그것은 극복해서 해결해야 할 현상이며 분파가 가진 개별적 장점은 채택해야 할 가치가 있는 것으로 긍정되고 있다. 이는 결국 『사고전서』의 편찬이 사심私心을 넘어서 공리公理와 경의經義에 있다는 점을 다시 확인시켜준다.[35]

「경부총서」의 내용 중 두 가지 정도는 짚고 넘어갈 필요가 있다. 하나는 중설衆說과 공리公理·경의經義의 관계이다. 중설 중 하나는 다른 하나를 완전히 배제할 수 없으며 모두 공리와 경의를 밝히는 데에 공동으로 참여하게 된다. 이와 관련해서 『제요』에서는 ○○ 속에 고증考證·방증傍證·발명發明·고변考辨·박람博覽 등의 용어를 대입할 수 있는 '족足+○○' '족이足以+○○' '가可+○○'의 형식으로 중설의 가치를 긍정하고 있다. 즉 중설은 공리와 경의를 고증하고 방증하고 발명하고 고변하고 박람하는 데에 기여할 수 있다는 것이다. 이로써 한학漢學이 『사고전서』의 편찬에 주도적 위치를 차지한다고 하더라도 중설을 근원적으로 배제할 수 없었던 것이다.

다른 하나는 공리公理와 경의經義의 의미 자체이다. 「경부총서」에서 "경經이 다른 것이 아니라 세상 사람들이 따라야 할 공리이다"라고 하더라도 그 공리와 경의의 의미를 좀 더 신중하게 생각해볼 필요가 있다. 만약 그 둘을 현실로부터 독립적이며 절대적인 존재로 여기게 되면, 청나라 한학에서 송학을 공소하고 공허하여 현실을 규제하기보다 오히려 현실로부터 유리되었다고 한 비판을 무의미하게 만든다. 『제요』의 곳곳에서는 인사를 밝힌다는 '명인사明人事', 인사에 절실하다는 '절인사切人事', 인사의 합당함을 보여준다는 '시인사지의示人事之宜'를 자주 쓰고 있다. 그러면 공리와 경의는 그 자체 자족적이며 독립적인 의미가 아니라 곧바로 현실의 영역에 접속하여 일상을 구원하는 실천 원리가 되는 것이다.

이렇게 보면 『제요』의 편찬자들은 공정성과 현실성(실용성)의 관점을 견지하면서 황제의 권력 의지에 맹종하지도 않으며 학파의 집단 의지를 묵수하지 않았다는 것을 확인할 수 있다. 즉 『제요』는 「범례」에서 강조했던 '명체달용'의 가치를 구체화시킨 것이며 「성유」에서 밝힌 계고우문稽古右文, 율자치리聿資治理의 목표를 실현하고 있는 것이다.[36]

5 경학사와 학술사에서 본 오경五經의 쟁점

여기서는 오경 중 역류易類와 서류書類를 중심으로 경학사와 학술사의 쟁점을 살펴보고자 한다. 먼저 『제요』에서 청나라 이전까지 학술사를 어떻게 재구성하는지 살펴본다. 이어서 『제요』에서 『역경』의 상수학과 의리학, 『서경』(『상서』)의 금문과 고문의 해묵은 쟁점을 어떻게 조망하는지 검토하고자 한다.

경학사와 학술사의 재구성

학술의 역사가 길다보면 사람은 그 속의 다양한 흐름을 근원과 지류로 구분한다든지 몇몇의 단계로 나누어 구분한다든지 다름을 찾으려고 한다.

일찍이 맹자와 한유 그리고 주희는 유학사를 도통道統의 관점에서 재구성하고자 했다. 그들은 유학사를 요·순·우·탕처럼 도통이 계기적으로 이어지는 시대와 공자와 맹자 사이, 맹자와 당나라 또는 송나라 사이 도통이 단절되는 시대로 구분했다. 즉 역사는 광명과 암흑의 시기로 구분되는 것이다.

근대에 들어와 유학을 연구하면서 그 역사를 크게 3기로 나누는 입장과 4기로 나누는 입장이 있다. 유학 3기설은 머우쭝산牟宗三·탕쥔이唐君

毅·두웨이밍杜維明 등 유학의 현대적 부활을 내세우는 학자군에 의해서 제창되고 있다. 그들에 따르면 유학사는 공자와 맹자의 원시유학, 주희와 왕양명의 송명시대 신유학 그리고 슝스리熊十力(1885~1968) 등의 현대 신유학으로 구분될 수 있다. 3기설은 유학이 인간의 순선한 심성을 핵심으로 삼아서 도덕 중심의 이상사회를 구현하려고 했다고 본다.[37] 사실 이들은 유학을 발전의 관점에서 3기로 나누지만 본질의 관점에서 보면 1기에 지나지 않는다. 즉 유학은 역사의 전개와 더불어 심성론과 도덕 형이상학이 심화되었다고 할 수 있지만 그 본질은 변한 것이 전혀 없기 때문이다.

4기설은 리쩌허우李澤厚가 유학 3기설의 두 가지 오류를 지적하면서 주장한 시대 구분법이다. 그의 비판에 따르면 3기설은 유학을 심성-도덕 이론으로 부당하게 단순화시켰고, 나아가 이를 바탕으로 순자와 동중서 사상이 가진 가치를 제대로 인정하지 않았던 것이다. 대신에 그는 예악론을 다룬 원전原典 유학, 천인론을 다룬 한나라 유학, 심성론을 다룬 송명 리학, 인류학과 역사본체론을 다룬 현대 유학으로 4기설을 주장했다. 아울러 그는 제4기에 이르러 "개인은 처음으로 자신을 다양하게 발전시키고 충분히 실현시키는 자유인이 되었다"며 현대 유학의 가치를 높이 치고 있다.[38]

유학사의 시기 구분은 원래 실체가 없는 것이다. 2500여 년에 걸친 유학의 장구한 역사는 제각각 독특한 이해를 위한 재구성의 문제이지 다른 가능성을 배제하는 절대적 기준의 문제가 될 수 없기 때문이다. 관점에 따라 5기설을 말할 수도 있고 6기설을 내세울 수가 있다.

우리는 이러한 실례를 『제요』 경부의 전체적 윤곽을 그리는 「경부총서

經部總敍」에서 확인할 수 있다. 『제요』의 편찬자들은 한나라에서 청나라에 이르는 2000여 년의 유학사를 재구성하면서 독특하게도 육변설六變說·육폐설六弊說·양가설兩家說을 주장하고 있다. 육변설은 공자 이래로 유학이 여섯 차례 변해갔다는 것이고, 육폐설은 여섯 차례의 변화마다 그 나름의 문제를 낳았다는 것이고, 양가설은 유학사의 다양한 흐름을 한학과 송학 둘로 압축할 수 있다는 것이다.[39]

『제요』의 유학사 재구성을 간단하게 살펴보자. 성현은 살아 있는 경 자체였고 공자는 그렇게 전수된 경의 자구를 해설했다. 이후로 유학은 여섯 차례의 변화를 겪게 된다. 첫째, 한나라에서는 스승이 제자에게 경의 의미를 폐쇄적으로 전수하면서 경의 자유로운 탐구가 불가능했다. 당시의 경학은 독실하고 근엄했지만 사법師法과 가법家法에 구속되는[拘] 폐단이 생겨났다. 둘째, 왕필王弼(226~249)과 왕숙王肅(195~256)이 사법과 가법에 얽매이는 풍토에 이의를 제기하기 시작했고, 이들에 이어서 당의 공영달孔穎達(574~648)과 송의 손복孫復(992~1057)이 출현했다. 이들은 각자 자신의 주장을 내세우지만 종합을 이루지 못했기 때문에 논의가 잡다해지는[雜] 폐단이 생겨났다.

셋째, 북송의 이정二程과 남송의 주희朱熹는 한당시대에 축적된 경학의 성과를 부정하고 주로 의리義理를 밝히면서 도학道學을 제창했다. 그들의 학문은 시비를 엄격하게 갈랐기 때문에 학문이 과격해지는[悍] 폐단이 나타났다. 넷째, 송나라 말에서 명나라 초까지 학문의 분화 현상이 지속적으로 일어나 자기와 다르면 배척하고 자신의 학문적 권위만을 긍정하게 되었다. 이로써 학문의 당파성[黨]이 날로 심각해지는 폐단이 생겨났다.

다섯째, 명나라 정덕正德(1506~1521)·가정嘉靖(1522~1566)에 이르러 왕

수인王守仁(1472~1528)처럼 주관적 확신을 좇으면서 학문의 보편성이 약화되고 개인의 자의성이 두드러지는[肆] 폐단이 생겨났다. 여섯째, 청나라 초기에 이르러 공리공담을 배척하고 가장 확실한 사실을 근거로 내세우게 되었다. 하지만 사실 수집에 몰두하다보니 학문이 너무 번쇄해지는[瑣] 폐단이 생겨났다.

마지막으로 양가설은 육변의 경학이 한학과 송학으로 귀결된다는 것이다. 한학은 의심할 수 없는 확실한 사실의 근거를 중시하는 반면 송학은 정치한 논리로 심성을 분석하는 것을 중시한다. 이들은 중설衆說로서 경의經義와 공리公理를 밝히는 데는 함께 참여할 수 있다.

이상을 통해 『제요』의 편찬자들이 한나라에서 청나라에 이르는 2000여 년의 유학사(철학사)를 변증법적 논리로 파악하고 있다는 것을 알 수 있다. 뒤의 단계는 늘 앞의 단계에 있었던 문제를 해결하면서 등장하고, 그 단계는 영원하게 지속되지 않고 일정한 시간 뒤에 결국 문제를 드러낼 수밖에 없다. 그러면 또다시 그 단계의 문제를 해결하는 새로운 단계가 시작되는 것이다. 『제요』는 육변六變에 따른 육폐六弊를, 구拘·잡雜·한悍·당黨·사肆·쇄瑣로 압축하고 있다. 여섯 차례 변화에 의한 유학사의 재구성, 즉 6기설은 근현대의 유학 3기설이나 4기설과 대비해서도 뚜렷한 장점을 가진다고 할 수 있다.

역류易類의 쟁점

『역경』은 점사占辭를 통해 불완전한 인간에게 길흉을 알려주는 인생의 나침반과 같은 역할을 한다. 『역경』은 유일신 문화에서 신이 하는 역할처럼, 불완전한 인간에게 운명을 알려주어 불확실한 미래에 대한 불안감을 줄여주는 역할을 한다고 할 수 있다. 이로 인해 『역경』은 오경 중에서도 가장 중요한 지위를 차지해왔다.

『사고전서』에서도 경부의 제일 앞에 『역경』을 배치하는데, 이는 『역경』의 전통적인 지위를 계승하고 있는 셈이다. 이와 관련해서 『제요』에서는 『역경』이 천도를 미루어 인사를 밝히는 기본적인 측면만이 아니라 다양한 분야의 이론적인 근거로 활용되는 근본 학문의 특성을 지니고 있다고 주장한다.

예컨대 『역경』은 천문·지리·악률·병법·운학·산술만이 아니라 도교에서 장생불사를 추구하는 연단술까지 확대 적용되는 사실을 적시하고 있다. 이로 인해 『역경』이 기이하고 신비한 술수를 정당화하는 이론으로까지 원용되기에 이르렀던 것이다.[40] 오늘날 『주역』이 천지개벽론처럼 학문을 넘어서 비학문의 영역에서 희망 사항을 정당화하는 방식으로 소비되는 현상과 자못 닮아 있다고 할 수 있다.

경학사와 학술사에서 상수학象數學과 의리학義理學 두 분파는 널리 알려져 있듯이 『역경』을 독자적으로 해석하는 주도적인 경향을 나타낸다. 『제요』 역류易類의 「소서小序」에서는 『역경』의 역사를 양파육종兩派六宗으로 정리하고 있다.

> 『좌전』에 기록된 여러 가지 점은 점서를 주관하던 태복이 남긴 법술이다. 한나라 유자들은 상수를 내세웠는데 고대(주나라)와 시간적으로 멀리 떨어지지 않았다. 태복의 법술이 한 번 바뀌어 한나라 경방

京房과 초연수焦延數의 역학이 되어 길흉화복의 조짐을 읽어내는 쪽으로 나아갔고, 또 바뀌어 진단陳搏과 소옹邵雍의 역학이 되어 천지조화를 끝까지 밝히는 쪽으로 나아가면서 『역경』은 마침내 인민의 일상생활과 밀접하지 않게 되었다. 왕필王弼은 이전의 상수를 완전히 배제하고 노자와 장자에 의거해서 『역경』을 풀이했다. 왕필의 역학이 한 번 바뀌어 호원胡瑗(993~1059)과 정자程子, 즉 정이程頤의 역학이 되어 유학의 이치를 드러내어 밝히게 되었다. 또 바뀌어 이광李光과 양만리楊萬里(1127~1206)의 역학이 되어 또 역사적 사실을 참조하여 『역경』을 풀이하자[41] 『역경』은 마침내 자체의 논리적 실마리를 일깨우게 되었다. 이처럼 양파육종兩派六宗, 즉 두 분파와 여섯 종파가 이미 서로의 잘잘못을 따지고 반박하게 되었다.[42]

양파는 종래 역학사에 널리 거론되는 상수파와 의리파를 가리킨다. 육종은 고복종古卜宗·기상종機祥宗·조화종造化宗·노장종老莊宗·유리종儒理宗·사사종史事宗 등을 가리킨다. 원래 육종은 온전한 말로 역류의 「소서」에 나오지 않지만 소개된 『역경』의 편찬자들의 핵심 개념에 '종宗' 자를 결합시켜서 만든 말이다. 육종에서 앞의 고복종古卜宗·기상종機祥宗·조화종造化宗 셋은 상수파에 속하고, 노장종老莊宗·유리종儒理宗·사사종史事宗 셋은 의리파에 속한다.

『제요』에서는 『역경』을 둘러싼 양파육종이 공박을 벌이는 객관적 사실을 적시하면서 어느 한쪽 편을 들지 않는다. 아울러 『역경』이 그 근원적 성격으로 인해 다양한 분야로 확대 적용되면서 번잡화하는 경향을 우려하고 있다. 그러면서 『제요』에서는 『역경』의 목적이 기본적으로 천도天道

를 미루어서 인사人事를 밝힌다는 점에 있다는 것을 강조하면서 그것을 불완전한 인간이 불확실성으로 겪게 되는 행복과 고통, 반성과 절제의 논점으로 풀어내고자 한다.[43] 이러한 특징은 『제요』에서 괘의 상에 연유해서 교훈적 가치를 세우는 인상립교因象立教를 주장하고 있다.[44]

이어서 송나라 소식의 『동파역전』에 대한 평가를 살펴보자. 소식은 『역전』을 지으면서 자신이 수학數學을 제대로 배우지 못한 점을 후회했다. 아울러 이 책은 선禪의 색채로 뒤범벅되었던 까닭에 주희에 의해 잡학雜學으로 평가받았다. 『동파역전』은 이러한 단점에도 불구하고 자연의 이치를 간단한 말과 분명한 뜻으로 풀이해내고 종종 환하게 밝히기 어려운 실정을 터득하고 복합적인 비유의 취지를 깊이 있게 포착해내는 장점을 보이고 있다.

『제요』는 이렇게 『동파역전』을 균형감 있게 평가한 뒤에 소식과 왕필을 비교하고 있다. 소식은 대체로 왕필에 가깝지만, 왕필이 노장의 색채를 강하게 드러내는 반면 소식의 설명은 대부분 인사와 밀접하게 관련된다는 종합 평가를 내린다.[45]

여기서도 『제요』에서는 도서의 장단점을 균형적으로 조망하면서도 학술과 현실적 적용(실용)의 절충을 강조하고 있다는 사실을 확인할 수 있다. 즉 역류의 『제요』가 '명체달용明體達用' '율자치리聿資治理'를 그대로 반영하고 있다는 것을 알 수 있다.

서류書類의 쟁점

『서경』(또는 『상서』)은 오늘날 학문 분류에 따르면 역사학에 해당된다. 『제요』의 역류 「소서」에서도 『서경』은 『춘추』와 마찬가지로 역사에 교훈을 담은 문헌으로 분류하고 있다.[46] 서류書類 「소서小序」에서는 한 걸음 더 나아가 『서경』이 정사와 관련된다는 점을 유자라면 의심할 수 없을 것으로 단정하고 있다.[47]

경학사로 보면 『서경』은 금문과 고문의 문제로 늘 뜨거운 논쟁의 한가운데에 있었다. 진나라가 6국을 통일한 이후에 학자들은 경전에 의거해서 정부의 정책을 비판했다. 이에 진시황은 이사李斯의 건의를 받아들여 민간 영역에서 개인이 고대의 문헌을 제작·유포·보관·학습하는 것을 금지하는 협서율挾書律과 분서갱유 등 강압적인 문화 정책을 펼쳤다. 이로 인해 사람들은 책을 정부에 바치거나 혹은 숨겨서 탄압을 피하고자 했다. 당시 공자의 후손들은 집안의 장서를 벽장 속에 숨겼는데, 한나라가 세워진 뒤에 금령이 해제되고 공자의 후손들이 제후가 되었다. 신분에 걸맞게 가택을 전면적으로 수리하던 중에 벽장에서 다량의 문헌이 쏟아져 나왔다. 책을 살펴보니 당시 한나라에서 통용되던 문자로 기록되어 있지 않았기 때문에 그 안의 문헌을 '고문'이라 불러 당시의 문자로 된 '금문'과 구별했다. 이때에 『고문서경』과 『금문서경』의 문제가 불거졌다.

『제요』에서도 『서경』 문헌이 자료의 신빙성 측면에서 문제가 있다는 점을 시인하고 있다. 먼저 『제요』에서는 수록 대상의 기준을 밝히고 있다. 예컨대 『서경』 각 편에 해당 편의 저술 동기를 설명하는 「소서小序」가 공자와 관련되었다는 점과 「오행전」이 각종 자연 현상을 부서符瑞와 재이災異

의 전조로 억지 해석하는 것을 믿을 수 없는 자료로 평가하고 있다.

그리고 『제요』에서는 늘 논란의 쟁점이 되는 『서경』의 사단四端, 즉 4대 문제를 소개하고 있다. 구체적으로 말하면 사단은 앞서 본 금문과 고문, 착간, 「우공」의 지리, 「홍범」의 주疇 숫자 문제를 가리킨다.[48] 『제요』에서는 『서경』 2000여 년 역사의 뜨거운 감자인 금문과 고문에 대해 뚜렷한 입장을 천명하지 않고 절충적 경향을 드러내고 있다.

『고문서경』은 처음에는 자료로서 신빙성이 있다고 평가되었다가 당 이래로 차츰 의심의 대상이 되었다. 청나라에 이르러 염약거閻若璩(1636~1704)는 『고문상서변증古文尙書疏證』을 지어서 고문상서의 공안국전孔安國傳이 믿을 만한 자료가 아니라 동진東晉 매색梅賾의 위작임을 밝혀냈다. 이는 고대 문헌을 해석할 때 주관적 의미보다는 의심할 수 없는 절대적 사실을 찾아서 텍스트의 의미를 재구성하려는 고증학의 실체를 드러낸 작업으로 훗날 커다란 영향을 끼쳤다. 이에 따르면 『고문상서』는 문헌으로서 신빙성을 상실하게 된다.

반면 주이존朱彛尊은 『경의고經義考』 권74에서 『고문상서』가 오래전부터 의심의 대상이 되어왔다고 지적했다. "『고문상서』는 진晉나라와 당唐나라까지 의심하는 사람이 아직 없었다. 아마 송나라 오역吳棫부터 의심하기 시작해서 주희는 아주 깊이 의심했다." 여기까지 주이존의 생각은 염약거와 크게 다르지 않다. 그런데 그는 바로 이어서 현실적인 이야기를 끄집어내기 시작했다. 『고문상서』는 이미 오래전부터 학관學官에서 정식 경전으로 인정받아왔고 그 말들은 대부분 일실된 경문을 엮은 것으로 특별히 이치에 어긋나는 내용을 담고 있지 않다.[49]

여기서 『제요』는 주이존의 입을 빌려 『상서』 금문과 고문의 대립 문제에서 창조적인 결론을 내리고 있다. 즉 고문이 전적으로 믿을 수 없다는 완고한 입장보다는 고문이 현실에서 경으로서 지위를 누려왔으며 또 내용이 유학의 이치와 충돌하지 않는다는 실용적 입장을 드러내고 있다.

『제요』의 편찬자들은 『고문상서』의 정당화를 위해 다소 궁색한 논리를 펼친다고 생각했던지 그들은 새삼스레 제3의 논리를 제시하고 있다. 『제요』에서는 '척단촌장尺短寸長'[50]의 경험을 바탕으로 세상의 모든 것이 서로 서로에게 도움이 된다는 주장을 펼친다. 또 '겸수병축兼收并畜'[51]의 경험에 따라 동이를 증명해야 한다는 주장을 펼친다. 결국 '척단촌장'과 '겸수병축'의 경험 논리에 의하면 우리는 금문과 고문의 논쟁에 대해 규범적 기준을 제시할 수 없고 모든 현실과 사물이 하나같이 나름의 존재 가치를 지니고 있다. 여기서도 보면 『제요』의 편찬자들은 한학과 송학의 어느 한쪽의 입장을 전폭적으로 고수하지 않고 양립할 수 없는 신성 불가침한 절대 진리를 주장하지도 않는다. 한학이라면 의심할 수 없는 사실을 포기할 수 없고 송학이라면 현실과 가치, 즉 기氣와 리理의 지위가 결코 호환될 수 없기 때문이다.

『제요』에서는 한학과 송학 어디에도 속하지 않는 척단촌장과 겸수병축이라는 절대 긍정의 논리를 통해서 1000여 년 지속되어온 금문과 고문 논쟁을 조정하고 있다. 이는 결국 『사고전서』가 완전한 학술-정치 논리에 종속되기보다는 오히려 그것으로부터 상대적으로 자율성을 지닌 채 실제적 효용성에 이바지한다는 것을 여실히 보여준다. 이는 결국 명체달용만이 아니라 율자치리와도 연결된다고 할 수 있다.

6 맺음말

지금까지 『사고전서』의 편찬 작업을 추동시킨 동력과 기준을 탐구해보았다. 그 기준은 순수한 학문-진리의 탐구와 순전한 정치 탄압의 목적에 의해서 수행된 것이 아니었다. 그것은 학술과 정치 권위가 양립할 수 있는 공통의 지반 위에서 수행된 국가적 프로젝트였다. 학자 집단은 『사고전서』를 통해 이전처럼 현실과 접점이 없는 형이상학적 고론高論이 아니라 경經과 사事 또는 경의經義와 인사人事의 선순환이 보장되는 명체달용을 구현하려고 했다. 건륭제는 『사고전서』를 통해 문화가 없던 소수의 만주족이 문화가 살아 숨 쉬는 중원세계를 훌륭하게 통치할 수 있다는 계고우문의 권위를 확립하고자 했다.

선순환과 권위는 토머스 쿤의 『과학혁명의 구조』에 나오는 말을 빌린다면 끊임없이 이상 현상anomaly을 낳는 현실을 구원하여 질서를 증대시키고자 하는 율자치리의 논리로 이어진다. 왜냐하면 『사고전서』에서 현실세계는 신의 계율을 수용할 뿐 자립성이 없는 죽은 세계가 아니라 경의經義로 완전히 환원되지 않은 채 늘 문제 해결을 기다리는 살아 있는 세계이기 때문이다. 그래서 『사고전서』의 편찬자들은 필요하고 가치 있는 것만을 모으는 것이 아니라 할 수 있는 한 모든 것을 갖추려고 노력했고, 그 결과 책 이름에 순수한 '정精'이 아니라 게걸스런 '전全'을 붙이게 되었던 것이다.[52] 이것이 바로 척단촌장과 겸수병축의 논리였다.

그렇다면 『사고전서』는 18세기의 학술사와 경학사를 포괄하는 문화사적 입장에서 어떤 의의가 있을까? 중국의 연구자들은 손쉽게 건륭제의 『사고전서』를, 우연치고는 기가 막힌 디드로와 달랑베르의 『백과전서 혹은 과학, 예술, 기술에 관한 체계적인 사전Encyclopedia, or a systematic dictionary of the science, art, and crafts』(1751~1772, 보통 『백과전서』로 약칭됨)에 견준다.[53] 둘은 시기가 비슷하고 규모가 방대하고 영향력이 컸다는 점에서 분명 공통점이 있다.[54]

하지만 『사고전서』와 『백과전서』에는 간과할 수 없는 차이점이 있다. 『백과전서』는 초판이 4300질이 제작되었고 1789년까지 유럽 전역에 약 4만 질의 해적판이 출간되었다. 반면 『사고전서』는 7질이 완성되어 수록 도서의 상당수를 제공했던 강남 지역에서 3질만 공개되고 4질은 주로 왕실용으로 소장되었다. 조선의 호학好學 군주로 알려진 정조도 『사고전서』의 편찬 정보를 듣고 구입하고자 했지만 그 희망을 이루지 못하고 그것보다 앞서 편찬된 『흠정고금도서집성欽定古今圖書集成』(1725)의 입수에 만족해야 했다. 시간이 한참 지나서 신채호가 베이징 체류 시절에 조선사 저술을 위한 자료 조사를 하고자 리스쩡李石曾(1881~1973)에게 베이징대학 도서관의 도서 열람을 부탁해서 그곳에서 『사고전서』를 보았다고 한다. (그의 저작에는 『사고전서』를 어떻게 활용했는지 잘 나타나지 않는다.)

『백과전서』는 인간의 이성을 강조하고 신학과 교회를 비판하여 당국으로부터 발행금지 등의 탄압을 받았지만 이후 계몽사상의 형성에 영향을 줘서 새로운 세상, 즉 근대를 여는 데에 기여를 했다.[55] 한편 『사고전서』가 편찬된 이후에 사회 문화사적 영향이 없었다고 할 수는 없지만 근대를 여는 역할을 하지는 못했다. 이런 점에서 『백과전서』와 『사고전서』는 같은 측면보다 다른 측면이 크다고 할 수 있다.

그렇다면 왜 『사고전서』는 영향력이 컸음에도 불구하고 제한된 역할을 할 수밖에 없었을까? 그것은 바로 『사고전서』가 명체달용明體達用, 즉 경經과 사事의 선순환을 의도했지만 그 체體가 계고우문稽古右文, 즉 고대의 영광을 재현하고 과거의 성군을 모방하려고 했기 때문이다. 다시 말해서 명체달용과 계고우문이 폐쇄 회로를 형성하여 『사고전서』는 새로운 세계로의 희망과 기획을 좌절시켰던 것이다. 그 결과 건륭제는 열등한 만주족으로서의 콤플렉스를 씻고 성군으로 찬란하게 재림했고 학자-관료는 산재하여 소멸될지 모르는 문화적 결정체를 온전하게 복원하는 데에 성공했던 것이다. 하지만 이는 역설적으로 『사고전서』가 새로운 세계, 즉 근대의 탄생을 의도했든 하지 못했든 간에 일정 정도 지연시키는 결과를 불러왔다고 할 수 있다. 콤플렉스를 가진 건륭제에게 중국의 '찬란한 고대'가 '오래된 미래'로 비춰지지 않았더라면, 『사고전서』는 분명 지금과는 다른 모습을 지니고 있었을 것이다.

제5막

근현대

제14장 **전통의 창조** invention of tradition
캉유웨이의 근대적 경전 해석

제15장 **탈근대** post-modern ways
량수밍의 근대 모방과 좌절에서 탈근대의 기획과 선취로

제16장 **상성의 윤리** ethics of partnership
유교 윤리의 동반성(삼강오륜)에 대한 현대적 재해석

제17장 **연구 방법론** methodology
부분의 이전투구와 전체의 성찰

제14장

전통의 창조

캉유웨이의 근대적 경전 해석

1 여는 글

캉유웨이康有爲(1858~1927)는 파란만장했던 자신의 망명생활을 여러 숫자와 함께 스물일곱 글자로 표현한 적이 있다. "무술변법으로 100일 동안 유신을 추진하다 실패한 뒤 16년간 망명길에 올랐는데, 그동안 모두 세 차례 세계여행 길에 올라 4대륙을 두루 돌아다니면서 모두 31개국을 가보고 이동 거리만 총 60만 리에 이르렀다."[1] 흔히 망명생활이라고 하면 고달프다는 생각이 먼저 떠오르지만 그의 술회에는 그런 느낌이 전혀 없다. 오히려 그는 자신이 암살의 위협에 시달리기는 했지만 "볼 것은 다 보았다!"며 망명생활을 만족스러운 시간이자 자랑스러운 경험으로 묘사하고 있는 듯하다.[2]

다른 사람이 캉유웨이를 바라보는 그림은 위와 좀 달라 보인다. 보통 캉유웨이가 걸어간 학문과 정치의 여정을 떠올리면 크게 두 가지 그림이 펼쳐진다. 하나는 개혁 또는 진보적인 사상가에서 보수적인 사상가로 변신을 했다는 그림이다. 다른 하나는 각종 문제를 일으키는 차별의 경계를 허물어버리자는 보편주의자의 모습을 드러내는가 하면 어느 틈에는 인종적 편견과 우생학의 관점을 여과 없이 드러내는 모순을 보인다는 그림이다.

'변신' 논리는, 캉유웨이가 나날이 거세지는 서구 열강의 위협으로부터 낡은 제국을 구하기 위해서 처음에 광서제光緒帝(재위 1874~1908)와 연대해서 무술변법(1898)을 추진했다가 100일 만에 실각해 16년간의 망명

생활(1898~1913)을 끝내고 귀국한 뒤에는 황제의 복위를 추진했다는 사실에 근거하고 있다. 이밖에도 1903년 이후로 양무파洋務派를 계승한 변법파變法派의 활동 공간이 현격하게 줄어들고 쑨원孫文(1866~1925)을 위시한 혁명파革命派가 등장했음에도 불구하고 캉유웨이는 시대착오적으로 보황保皇의 기치를 내걸었는데, 이 때문에 '변신'에 또 '보수'라는 딱지까지 얻게 되었다.[3]

'모순' 논리는, 캉유웨이가 짧다면 짧고 길다면 긴 학술과 정치활동의 여정에서 일관성을 보이지 않고, 정치 지형의 변화에 따라 상반되는 입장을 드러낸다는 것이다. 그는 무술변법 단계에서 '입헌군주제立憲君主制'를 내세웠지만 망명을 끝내고 귀국한 뒤에는 장쉰張勳(1854~1923)과 보조를 맞추면서 전제군주제專制君主制에 가까운 복벽復辟을 실행하려고 했다. 그는 일찍이 『대동서大同書』에서 인간 사회의 고통과 대립 그리고 만악萬惡의 근원이 나라·가족 등의 아홉 가지 경계[界]에 있다고 보고서 그것의 철폐를 주장했다. 예컨대 국경 없는 세계를 위해 군대와 국경을 없애야 한다든지, 죄수와 노예 상태에 있는 여성의 지위를 독립시켜 남녀평등을 이루어야 한다든지, 가족의 틀을 벗어나서 새롭게 나타난 평등한 주체를 천민天民[4]으로 명명한다든지 하는 진보적인 주장을 내놓았다. 이처럼 캉유웨이는 차별과 구속의 세계를 벗어난 보편적 독립과 자유의 세계를 주장하고 있다. 하지만 그는 현실적인 이유로 흑인의 사회적 지위와 체취에 대한 편견을 여과 없이 드러내고 있다.[5]

이 장에서는 캉유웨이의 대표적인 저서로 알려진 『신학위경고新學僞經考』(1891), 『공자개제고孔子改制考』(1898), 『대동서』(집필 1차 완성 1901~1902, 전서 출간 1935)가 아니라 사서四書에 대한 주석의 내용을 분석하려고 한다. 캉유웨이는 『중용』 『맹자』 『논어』에 대해서 주석과 발명 작업을 하면서 그 연유를 서문에 쓰고 있다. 즉 『중용주中庸注』(1901. 2), 『맹자미孟子微』(1901년 겨울), 『논어주論語注』(1902. 3)가 그 결과물이다.[6] 사서 중 『대학』에 대한 서문 「대학주서大學注序」(1902. 7)가 남아 있지만 주석을 단 내용이 현재 전해지지 않고 있다.[7] 완성 시기만을 놓고 보면 사서와 관련된 저작들은 모두 무술변법 이후에 쓰여졌다.

그런데 사서에 주석 내지 발명 작업을 했다는 사실 자체는 앞서 말한 캉유웨이의 두 가지 그림과 어떻게 이어질 수 있을까? 얼핏 생각하면 이것은 변신과 모순의 서사를 강화시켜줄 듯하다. 『대동서』에서 보편과 평등의 가치를 역설하면서 또 '봉건' 윤리를 담은 사서에 주목하는 것은 부자연스러워 보이기 때문이다. 또 1876년 19세부터 3년간 주츠치朱次琦로부터 정주학程朱學과 경세치용학經世致用學을 배웠고, 1879년 22세부터 주츠치와 결별하고서 시차오산西樵山에 들어가 도교·불교의 서적을 탐독하는 등 유교 경전 또는 전통시대의 학문에서 국가와 민족을 구원할 비책, 즉 보국保國·보종保種·보교保教의 가능성과 해결책을 찾지 못해서 번역된 서양 서적으로 관심을 돌렸다.[8] 여기서 우리가 다른 것은 따지지 않고 시간만 놓고 보면, 변법이 실패로 끝나자마자 캉유웨이는 사서를 다시 손에 들었다고 할 수 있다. 이렇게 보면 사서에 대한 관심은 변신과 모순의 이야기를 결정적으로 뒷받침할 만한 논리를 제공할 수 있을 듯하다.[9]

물론 이러한 예단은 타당할 수 있다. 하지만 내가 생각하기에 이 판단은 '사실' 차원에서 뭔가를 놓치고 있는 것이 분명하다. 보통 『대동서』는 캉유웨이가 인도에 머물던 1901~1902년에 완성된 것으로 알려져 있다.[10] 이와 관련해서는 좀 더 꼼꼼하게 확인할 필요가 있다. 캉유웨이는

1884년부터 '대동大同의 의미를 퍼뜨리려고 하면서' 그 일환으로 '만신공법총서萬身公法叢書'를 기획했지만 실제로 『실리공법전서實理公法全書』(1888) 이전의 저술에만 그쳤다. 『대동서』와 『실리공법전서』를 나란히 읽어보면 둘 사이에 형식과 내용의 유사성이 있다는 것을 발견할 수 있다. 나아가 후자가 전자의 초안으로서 둘 다 이상사회의 청사진을 그리고 있다고 볼 수 있다.[11]

이렇게 보면 캉유웨이가 1884년 이래로 지속적인 관심을 갖고서 초고에 해당되는 『실리공법전서』를 완성했고 그것을 바탕으로 내용을 덧보태서 『대동서』로 확장하여 무술변법 이후에 매듭지었다고 할 수 있다. 완성 시기로만 보면 사서四書의 주석과 발명 작업은 『대동서』의 1차 완성 시기와 비슷한 1901~1902년 즈음이라고 할 수 있다. 하지만 그는 광저우에서 1891년 만목초당萬木草堂[12]을 운영할 때부터 이미 『중용』을 비롯하여 사서만이 아니라 제자백가 등 다양한 고전에 대한 강의를 한 적이 있다. 즉 사서에 대한 관심이 완전히 끊어졌다가 무술변법 이후에 갑자기 생겨난 것이 결코 아니다.[13]

이로써 우리는 적어도 두 가지 가설을 세울 수 있다. 하나는 캉유웨이의 변신과 모순이 사실이라고 할지라도 무술변법(1898)을 기준으로 경계를 확연하게 그을 수 없다는 것이다. 다른 하나는 캉유웨이가 학술과 정치활동 영역에서 뚜렷한 일관성을 보이지 않았다고 하더라도 그 여정에는 변신과 모순의 이야기(측면)가 있을 뿐만 아니라 고수와 일관성의 이야기(측면)가 있을 수 있다는 것이다.

사실 첫 번째 가설은 이를 뒷받침할 만한 사실이 있는 만큼 그렇게 어렵지 않게 입증할 수 있다. 예를 들어 캉유웨이의 『중용』 해석의 사례를 살펴보자. 『중용』 29장의 "王天下, 有三重焉"의 삼중三重은 그 의미가 분명하지 않다. 그 의미는 앞뒤 문맥을 통해서 알 수 없기 때문이다. 주희는 『중용장구』에서 여대림呂大臨(1046~1092)의 주장을 인용해서 삼중三重을 28장의 의례議禮·제도制度·고문考文으로 풀이했다. 캉유웨이는 『캉난하이 선생 강학기康南海先生講學記』 「통삼통례通三統例」에서부터 이미 삼중三重을 삼통三統으로 풀이하는데(2: 124) 그 풀이는 『중용주』에서도 그대로 반복되고 있다.(5: 387)[14]

또 『중용주』의 서문을 보면 캉유웨이는 광저우 만목초당 시절에 『중용』 주석을 단 적이 있지만 무술변법으로 원고가 많이 없어졌고 망명 중에 이전의 주석 작업을 더 이상 늦출 수 없어서 재개再開하게 되었다고 술회하고 있다.[15] 이렇게 보면 캉유웨이는 무술변법 이전과 이후 모두 사서에 대한 지속적 관심을 지니면서 내용 면에서 일관성을 유지하고 있다고 할 수 있다.

문제는 두 번째 가설이다. 이 글의 존재 이유는 바로 이 두 번째 가설을 입증하는 데에 있다. 이러한 가설이 성공적으로 입증된다면 캉유웨이는 오늘날 현대 신유가의 진영에 포함되지 않는 상황을 보정補整할 수 있다. 왜냐하면 캉유웨이는 유학 연구를 통해 전통과 현대의 연속과 불연속이라는 두 가지 측면을 균형적으로 사유한 인물이기 때문이다. 더 나아가 캉유웨이의 유교 재해석이 없었더라면 량수밍梁漱溟(1893~1988)의 『동서 문화와 그 철학』이란 중국 '문화'의 발견이 없었으리라고 할 수 있다.[16]

이러한 논점을 밝히기 위해서 먼저 캉유웨이가 『중용』 해석에 보이는 문헌학적 관심을 밝히고 나서 『중용』의 재해석에 드러나는 제반 특징,

예컨대 공자의 신격화, 초월적 존재(귀신)의 긍정, 사회진화론의 수용, 『공양전』의 삼세설三世說과 삼통설三統說 중시 등을 살펴보고자 한다. 이는 결국 캉유웨이가 『춘추』를 공자의 탁고개제托古改制로 풀이했던 해석법을 『중용』에서 재확인하는 것, 즉 '중용의 춘추화'로 귀결된다. 여러 가지 특징 중에서도 원래 별도로 논의되었던 『중용』이 『춘추春秋』(실제로는 『공양전公羊傳』)로 다가갈 수 있는 가교를 놓는 것이 가장 뚜렷하게 드러나고 있다.

2 『중용주』의 구성과 체제의 특징

먼저 주희의 『중용장구中庸章句』에 나타난 구성을 살펴보자. 오늘날의 서적은 지은이가 처음부터 장과 절을 뚜렷하게 나누어 자신의 논지를 전개한다. 한편 고대에는 책이 죽간인 탓에 전승 과정에서 순서가 뒤죽박죽되기도 했다. 고대 문헌은 늘 텍스트 크리틱이라는 문헌 비평의 과정을 거칠 수밖에 없는 이유이다. 그래서 고대 문헌을 어떤 편제로 보느냐는 것은 해당 텍스트를 어떤 구조로 읽어내겠다는 해석의 출발점이 된다. 고대 문헌의 텍스트 비평에서 가장 유명한 사건을 꼽는다면, 주희가 『대학』을 경經 1장, 전傳 10장의 구조로 보고, 내용을 삼강령과 팔조목으로 구분한 것이라고 할 수 있다.

전근대의 사상가들도 『중용』을 각기 다른 구조로 파악해서 독창적인 해석을 시도했다.[17] 그중에서 캉유웨이는 『중용』을 33장으로 나눈다. 하나의 장이 구문과 의미상으로 나누어질 때 분구分句를 해서 주석을 달고 있다. 아울러 하나의 장이 끝나면 간단히 위는 몇 장이라고 말하고 넘어가기도 하고 그 장의 의미 맥락이나 앞장과의 연관성을 짚어주고 있다. 이를 정리하면 『중용장구』는 원문·주석·총평의 3단 구성으로 되어 있다고 할 수 있다. 그리고 주희는, 『논어집주』나 『맹자집주』에서 당 이전의 고주古注보다 북송의 신주新注를 상당 부분 인용한 것과 달리, 『중용장구』에서는 다른 사람의 주석을 거의 끌어들이지 않고 자신의 입장에 의존해서 『중용』을 해설하고 있다.

캉유웨이도 주희처럼 『중용』을 33장의 구성으로 파악하고 있다. 또 그는 주희와 마찬가지로 한 장을 몇 개의 단락으로 나누어서 주석을 단다. 주석에서 간간히 정현과 주희의 주석을 원용하지만 그 경우는 단어의 뜻풀이에 한정되고 대부분 자신의 입장을 견지하며 『중용』의 의미를 풀이하고 있다. 한 장이 끝날 때 주희는 꼭 총평의 말을 남겼지만 캉유웨이는 장에 따라 총평을 하는 경우도 있고 그냥 넘어가는 경우도 있다.[18]

이렇게 보면 두 사람은 종합의 부분에서 차이를 보이지만 『중용』의 분장分章과 분구分句에 대해서는 대동소이하다고 할 수 있다. 물론 자세히 들여다보면 몇 가지 차이를 보인다.

첫째, 주희의 단락 나누기[分句]를 캉유웨이가 더 세분하는 경우가 있다. 예컨대 1장을 주희는 5단락으로 나누지만 캉유웨이는 6단락으로 나눈다. 『중용장구』 1-2(제1장 2번째 단락. 『중용』 출처 표기 방식 이와 동일), "道

也者, 不可須臾離也. 可離, 非道也. 是故君子, 戒愼乎其所不睹, 恐懼乎其所不聞"을 『중용주』에서는 두 단락으로 나눈다. 즉 "道也者, 不可須臾離也. 可離, 非道也"를 1-2, "是故君子, 戒愼乎其所不睹, 恐懼乎其所不聞"을 1-3으로 나누고 있다.

둘째, 주희의 분구分句를 캉유웨이가 통합하는 경우가 있다. 첫 번째의 반대라고 할 수 있다. 예컨대 주희는 4장을 2단락으로 분구하지만 캉유웨이는 분구하지 않고 통합해서 풀이하고 있다. 구체적으로 말하자면 주희는 4장을 "子曰: 道之不行也, 我知之矣. 知者過之, 愚者不及也. 道之不明也, 我知之矣. 賢者過之, 不肖者不及也"와 "人莫不飮食也, 鮮能知味也"로 분구하지만, 캉유웨이는 두 단락을 하나로 합쳐서 본다. 주희는 앞 단락이 지자와 우자, 현자와 불초자의 차이를 말한다면 뒤 단락이 같은 행위를 하고서도 살피지 않는(성찰하지 않는) 관행으로 인해 앞 단락에서 말하는 과過와 불급不及의 결과가 생겨난다고 보고 있다.[19] 즉 그는 4장을 현상과 진단으로 나누어 보므로 분구하고 있다. 캉유웨이는 "人莫不飮食也, 鮮能知味也"를 "譬之人同飮食, 而多不知味也"(비유하자면 사람이 같이 마시고 먹더라도 대부분 그 맛을 제대로 모른다)로 풀이하는 데에서 드러나듯이 앞 단락의 예시로 취급하고 있다. 그 결과 그는 4장을 굳이 분구할 필요성을 느끼지 못했던 것 같다.

셋째, 주희의 분장分章을 비판하고 새로운 분장을 시도하는 경우가 있다. 13-19장 부분이 여기에 해당된다. 이렇게 보면 두 사람 사이의 『중용』 분장에 상당한 차이가 있는 '듯' 보인다. 하지만 면밀히 검토해보면 두 사람의 차이는 13장의 분장과 분구에 달려 있다. 두 사람은 13장을 모두 4단락으로 분구한다. 대응 관계를 보면 『중용장구』의 13-1은 『중용주』의 13-1과 같고, 전자의 13-2는 후자의 13-2와 13-3으로 나뉘고, 전자의 13-3은 후자의 13-4에 해당된다.[20]

그럼 『중용장구』의 13-4는 『중용주』에서 어떻게 되는 것일까? 그것은 2단락으로 분구되어 15-1(君子之道四 (…) 未能也)과 15-2(庸德之行 (…) 君子胡不慥慥爾)가 된다. 『중용주』에서 『중용장구』의 13-4를 재배치함으로써 19장까지 주희의 분장·분구와 달라진다. 『중용장구』의 14-1, 2, 3, 4, 5는 『중용주』의 16-1, 2, 3, 4, 5가 된다. 『중용장구』의 15-1은 『중용주』의 14-1로, 전자의 15-2, 3은 후자의 14-2가 된다. 나머지의 경우 『중용장구』의 16장은 『중용주』의 17장이 되고, 전자의 17장은 후자의 18장이 되며, 전자의 18-19장이 후자의 19장으로 통합된다. 그다음부터는 다시 두 문헌의 분장과 분구가 별 다른 차이가 없게 된다. 좀 복잡해 보이지만 정리하면 『중용장구』의 13-4가 『중용주』의 15-1, 2가 되면서 전자의 14장이 후자의 16장으로 내려가고 전자의 15장이 후자의 14장으로 올라섰다고 할 수 있다.

왜 캉유웨이는 『중용장구』의 13-4를 중심으로 그 14장과 15장의 순서를 맞바꾸는 조정을 했을까? 캉유웨이의 생각에 따르면 착간으로 인해 『중용장구』의 15장이 14장의 아래, 16장의 위에 있게 되었고 그 결과 의미가 논리적으로 잘 연결되지 않았다. 그래서 『중용장구』의 15장을 14장으로, 13-4를 15장으로, 14장을 16장으로 조정하고 나면 의미가 긴밀하게 이어져서 어지럽지 않게 된다는 주장을 내놓았다.[21]

캉유웨이는 착간 문제를 끄집어내면서 판본이나 그 외 별도의 논거를 제시하지 않는다. 의미상으로 볼 때 『중용장구』 13-1, 2, 3(『중용주』 13-1, 2, 3, 4)에서 도道와 사람의 거리가 멀지 않다고 말했으므로 그 아래에 『중용장구』 15-1, 2, 3(『중용주』 14-1, 2)의 가깝고 낮은 곳에서 시작되는 군자의 도道가 나와야 맥락상으로 부드럽다. 다음에 『중용장구』 13-4(『중용주』 15-1, 2)의 사륜四倫과 용덕庸德·용행庸行이 이어지면 도道와 인륜人倫의 가까운 관계가 일관성을 갖게 된다. 마지막으로 『중용장구』 14-1, 2, 3, 4, 5(『중용주』 16-1, 2, 3, 4, 5)는 이전 장에서 말한 도道와 인륜의 가까운 관계를 초점을 약간 달리하여 분수를 넘지 않는 군자로 확장시키고 있다.

이러한 분장과 분구의 문제는 결정적 증거가 없는 한 초점은 맞느냐 틀리냐가 아니라 설명력이 강한가 약한가에 달려 있다. 캉유웨이의 분장은 13장에서 16장까지 『중용』의 "도가 사람에게 멀리 있지 않다"는 테제를 좀 더 일관성 있게 읽어내려는 시도로 평가할 만하다. 그 시도는 13장과 16장 사이의 의미 연관성을 한층 긴밀하고 논리적으로 만들고 있다고 할 수 있다. 여기서 우리는 『중용』의 새로운 분장과 분구 이외에도 중요한 점을 읽어낼 수 있다. 사서四書와 같은 경전은 캉유웨이에게 조작 불가능한 성물聖物이 아니라 합리적 이성에 의해서 새롭게 재배치될 수 있는 인식의 대상이라는 것이다. 이러한 사고가 확장되면 캉유웨이는 자유로운 정신을 내세워 『중용』 등의 고전 또는 경전을 역사적으로 전승되어 온 방식 그대로 답습해서 독해하지 않을 수 있다. 즉 경전은 특정한 역사에 놓인 개인, 예컨대 캉유웨이에 의해 기존과 다른 관점, 즉 탁고개제로 접근하여 새로운 의미를 길어낼 수 있는 열린 텍스트가 된다.[22]

3 캉유웨이 『중용』 해석의 특징들

캉유웨이의 『중용』 해석에 나타난 특징을 살피기 위해 33장의 주석을 전부 검토하지는 않겠다. 분석의 초점을 유교와 반유교의 대립, 공자 지위의 신격화, 탁고개제의 삼세와 삼통설, 사회진화론의 수용, 인과응보의 긍정 등 다섯 가지에 두려고 한다. 이를 통해서 캉유웨이는 『중용』을, 탁고개제론으로 읽어낸 『춘추공양전』과 같은 문헌으로 읽어내려고 했다는 것, 즉 '『중용』과 『춘추』의 동일시 또는 『중용』의 『춘추』화'를 밝히려고 한다.

유교와 반유교의 대립

『중용』에서는 논의를 대비적으로 끌어가기 위해서 몇몇 인격 유형을 제시하고 있다. 예컨대 그 유형으로 군자君子와 소인小人(2-1, 12-2, 14-4) 등 지자로서 순舜과 민民(6장), 군자와 강자(10장), 부부와 성인(12-2), 군자와 부부(12-5), 기己와 물物(25-3) 등이 있다. 물론 대립 개념이 나란히 열거되지 않고 하나만 쓰이는 사례가 있다는 것을 고려하면 이들 용례는 훨씬 더 풍부해질 수 있다. 이 개념들은 사회의 특정 계층이나 집단이 아니라 『중용』의 가치를 실현하는 상대적 차이를 나타내고 있다.

좀 더 구체적으로 살펴보자. 2장의 군자와 소인은 각각 중용의 덕목에 일치된 삶을 사는 사람과 그렇지 않은 사람을 가리킨다. 자세히 말하면 군자는 중용의 시간화[時中], 즉 현실에 중용을 실현하려고 노력하지만 소인은 존중하고 실현해야 하는 것이 없고 자기가 하고 싶은 것을 하기 위해 어떠한 것도 어려워하거나 거리낌을 보이지 않는다.[23]

6장에서 순임금은 궁금하면 누구에게나 잘 묻고 일상적인(대중적인) 언어를 잘 살피며 주위 사람의 단점을 숨겨주고 그들의 장점을 드러내며 결정적으로 그는 사태의 두 극단을 충실하게 고려해서 중용을 실천했다. 즉 순임금은 중용의 덕목을 현실에서 완전하게 실현한 완전한 지자이다. 반면 민은 순임금과 같은 지성을 가지고 있지 못하므로 순임금의 지성의 계도를 받아서 중용의 삶에 동참할 수 있는 존재이다.[24]

12장의 부부와 성인, 군자와 부부는, 『중용』의 도道가 고도의 지성을 통해서 인식할 수 있는 추상적이며 심오한 사상이 아니라 우리 주위의 평범한 남편과 아내가 들어도 알 만한 구체적이며 일상적인 사상이라는 특성을 드러내고 있다. 즉 도道가 결코 보통 사람으로부터 멀리 있지 않다는 평범성을 강조하고 있다. 아울러 부부의 도덕적 삶을 안내하는 성인 또는 군자조차도 도道의 궁극성에 대해 알 수도 없고 행할 수도 없는 한계를 지닌다고 말한다.[25] 이렇게 보면 성인은 부부에 비해 탁월한 지성과 도덕성을 갖추고 있다고 할지라도 초인간적인 신으로 볼 수는 없다.

이러한 인격 유형의 용례는 주희의 『중용장구』에서도 비슷하게 풀이되고 있다. 하지만 캉유웨이의 『중용주』에서는 다양한 인격 유형이 원문의 의미나 『중용장구』의 풀이와 전혀 다른 양상을 드러내고 있다. 그는 앞서 살펴본 2장의 군자를, 유교에 따르고 중용의 도道를 실천하는 자로 본다. 여기서 군자와 유교를 결부시키기는 했지만 특이한 것은 없다. 반면 소인을 유교를 저버린 무리이자 중용의 행위를 반대하는 자로 규정하고 있다.[26] 원래 『중용』 자체의 맥락에서 군자와 소인은 반대되는 특성을 드러내기는 하지만 소인이 반중용反中庸이더라도 반유교反儒教, 즉 유교로 돌아올 가능성이 없는 이단을 가리키지는 않는다. 소인은 군자와 다르지만 군자의 계몽을 통해 군자와 중용의 도道를 실현할 수 있다. 하지만 캉유웨이는 군자와 소인을, 유교와 반유교로 구분하고서 소인을 유교의 세계에서 확실하게 배제시키고 있다.

『중용』 3장에서 공자는 중용의 가치가 지극하지만 민民이 그걸 제대로 살리지 못한 게 오래되었다고 안타까워하고 있다. 캉유웨이는 이 민民을, 군자나 성인에 대비되어 그들의 계몽을 받는 존재로 보지 않는다. 그는 2장의 군자와 소인을 유교와 반유교의 대립으로 본 연장선상에서 민을 공자가 활약하던 당시의 제자백가의 무리로 단정하고 있다. 나아가 캉유웨이는 3장을, 공자가 제자백가의 사상이 치우치고 삐뚤어져서 평범平凡 속의 진리를 실현할 수 없다고 탄식하는 맥락으로 간주하고 있다.[27] 4장과 5장에서 공자는 도道가 실행되지 않을 것으로 예상하고 있는데, 캉유웨이는 이 원인을 수많은 제자백가가 통제받지 않고 이리저리 날뛰어서 사회가 어수선해진 것에서 찾고 있다.[28]

특히 11장의 소은행괴素隱行怪[29]에 이르면 캉유웨이는 유교와 반유교(제자백가)의 대립을 한층 구체적으로 적시한다. '소은'은 사회적 책임을 내려놓고 평온한 곳으로 은퇴하여 몸을 굽혀서 생명을 온전히 지키는 노자의 처세술로, '행괴'는 살아서 예술(노래)을 반대하고 죽어서 상복을 입지 않겠다는 묵자의 사상으로 연결짓고 있다.[30]

여기에 이르면 우리는 캉유웨이가 적어도 『중용』을 군자 또는 성인이 소인 또는 민을 계몽하여 중용의 도로 안내하는 텍스트가 아니라 유교도와 제자, 즉 반유교도 사이의 화해할 수 없는 대립을 담은 텍스트로 읽어내려고 한다는 것을 알 수 있다. 다시 말하면 캉유웨이는 『중용』 해석에서 유교(자아)와 반유교(타자)를 대립시켜서 유교의 정체성을 확실하게 부각시키고 있다.[31] 뿐만 아니라 『중용』을 자연적 존재를 도덕적 존재로 변화시키기 위한 보편적 경서經書라기보다 유교의 가치를 가진 사람이 반유교의 가치로 전향하지 않도록 내부 결속을 다지는 특수한 정론서政論書로 간주하고 있다.[32] 이는 『춘추』의 전형적인 특징이다. 『춘추』는 사회 지도층의 언행을 긍정 또는 부정으로 평가하면서 의미를 부여한다. 캉유웨이는 『춘추』의 이러한 특성을 『중용』 해석에 그대로 적용하고 있는 것이다.

공자 지위의 신격화

캉유웨이는 『중용』을 유교의 보편 가치를 설파하는 것이 아니라 공자와 제자백가의 대립 구도에서 읽어내고 있다. 『중용』 읽기에서 방점이 보편 가치에 있다면, 진리[道]를 수호하고 전승한 사람의 위대성보다 사라지지 않고 보존된 진리 자체에 주목하게 된다. 반면 방점이 공자와 제자백가의 대립에 있다면 공자가 타자에 맞서 무엇을 하려고 했던 인물인가에 주목하게 된다. 따라서 여기서는 캉유웨이가 『중용』 속의 공자를 어떻게 규정하고 있는지를 살펴볼 필요가 있다.

『중용』 1장에 나오는 성性·도道·교教의 개념 정의와 상호 관계, 신독愼

獨, 중화中和 등은 『중용』을 넘어서 송나라 신유학 이후의 유학사에 엄청난 영향을 끼친 부분이다. 주희의 「중용장구서」에 따르면 1장은 요순에서 공자로 그리고 다시 맹자에서 이정二程으로 이어지는 도통과 심전心傳의 고갱이이자 내성외왕內聖外王을 추구하는 유학자가 해야 할 사유와 실천의 전제이다. 신유학을 끌어들이지 않더라도 1장은 『중용』에서 전달하고자 하는 도道의 핵심을 담고 있는 부분이다. 따라서 1장은 진리의 계보를 잇는 도통의 비전이기도 하면서 배워서 성인되기를 희망하는 후학들의 준거 틀로서 보편적 가치를 지니고 있다.

특이하게는 캉유웨이는 『중용』 1장의 내용을 도통으로부터 떼어놓고 공자와 연결시키려 하고 있다. 예컨대 『중용장구』 1-2를 공자가 하늘이 낳은 본성에 만족하고 일치되게 살았다는 사실을 말하는 맥락으로 풀이한다. 또 『중용장구』 1-5를 오직 공자의 성정과 도교(도의 가르침)가 중화의 지극함을 얻었으므로 천지와 짝을 이루고 신명에 근거하며 만물을 기를 수 있다고 풀이하고 있다. 이런 풀이에 따라서 그는 1장을 공교孔敎의 근본을 총론한 것으로 보고 있다.[33] 1장의 풀이로 캉유웨이의 의도와 사고를 완전히 꿰뚫어볼 수는 없다. 하지만 적어도 그는 1장에서 『중용』을 도통이라는 문화적 보편 가치의 공유보다는 공교孔敎라는 초월적 교설의 전유로 보려는 의도를 숨기려는 것 같지 않다.

이처럼 『중용』을 공교의 교리서로 보거나 도통을 공자 중심으로 달리 바라보면 자연히 다른 물음이 생겨난다. 캉유웨이는 공자를 도통 속의 하나의 고리를 이루는 인물이 아니라 도통을 넘어선(또는 새로운 도통을 만든) 인물로 바라보게 된다. 이런 관점에 따르면 『중용주』에서 공자의 위상은 어떻게 그려지고 있을까? 공자는 『중용주』에서 크게 두 가지 모습으로 나타난다. 첫째는 개제의 주체로서 신성하며 문화제도를 창조한 존재이고 둘째는 소왕素王으로서 제도를 만들었지만 운명을 뛰어넘지 못한 존재이다.

먼저 개제의 측면을 살펴보자. 『중용』 24장에서는 국가와 개인에게 닥쳐올 미래를 사전에 알 수 있다고 한다. 이에 대해 캉유웨이는 선지先知가 실제로 가능할 뿐 아니라 문헌에 이와 관련된 증거가 셀 수 없을 만큼 있다며 『중용』의 말을 긍정하고 있다. 그는 선지의 실제를 곧바로 공자가 『주역』을 지은 작업과 연결시킨다. 그러고는 공자야말로 미래를 예비할 수 있는 대성지신大聖至神이라며 높이고 있다.[34] 즉 공자는 보통 사람의 지능을 완전히 초월한 신적 존재인데, 『주역』을 지어서 미래에 일어날 일들을 예비했던 것에서 그 특징을 알 수 있다. 공자는 『중용』 26장의 "완전한 진실은 멈추지 않는다至誠無息"와 『주역』 건괘의 "하늘의 운행은 굳세니 군자는 그로써 스스로 힘써서 멈추지 않는다天行之健, 君子以自強不息"는 이치를 완전하게 구현하고 있다. 이로 인해 공자는 신적 존재이면서 천지와 작용을 같이하고 천지와 본질을 같이하는 거룩한 존재가 된다.[35]

캉유웨이의 『중용주』에서 공자의 지위는 점점 격상되다가 『중용』 26장의 "문왕지덕지순文王之德之純"의 풀이에 이르러서 정점에 이른다. 이 구절은 원래 『시경』 「주송·유천지명維天之命」에 나오는데, 원문에서 "문왕이 문이 될 수 있었던 까닭은 순수함이 끝이 없었기 때문이다"로 풀이하고 있다.[36] 여기서는 문왕이 주나라 왕업의 기틀을 다진 역사적 문왕을 가리키는 것으로 받아들여진다. 한편 캉유웨이는 세 가지 전거를 제시하면서 이러한 관행을 보기 좋게 뒤집는다. 먼저 『논어』에서 공자 스스로 문왕의 문을 계승했다고 주장한 적이 있다.[37] 『공양전』에는 제일 앞에 "춘왕정월春王正月"이라는 표현이 있는데, 이 왕을 보통 문왕文王으로 풀이한다. 하지만 그 문왕을, 진晉나라의 왕건기王愆期는 공자로 풀이했고, 하휴何休는 "공자가 거란세據亂世에서 살면서 다가올 시대에 맞게끔 기존의 제도를 뜯어 고치고 새로운 제도를 만든 문의 임금이었다"라고 풀이했다. 이에 따르면 자사가 『시경』을 인용하여 주나라의 문왕이 아니라 춘추시대 공자의 도가 순수하고 아름다웠다는 것을 찬양한 셈이 된다.[38] 캉유웨이는 이런 주장을 수용해서 문왕을 바로 공자로 간주하는 것이다. 또 『중용』 27장의 "성인의 도가 위대하구나!"를 공자의 도가 위대하다로 풀이하고 있다.[39]

지금까지의 논의를 종합하면 『중용』에서 문왕이자 성인인 공자는 신적 능력(지성)을 발휘해서 『역易』과 『예禮』를 만듦으로써 춘추시대에 알맞은 제도를 입안하는 창조자인 셈이다.

다음으로 소왕素王의 측면을 살펴보자. 공자가 아무리 성인이고 문왕이더라도 개제를 실현할 수 있는 기반, 즉 왕권을 가져야 청사진을 현실화할 수 있다. 그러나 주지하다시피 공자는 개제의 프로그램은 있지만 그것을 실현할 수 있는 왕권을 가지지 못한 역설적 상황에 놓이게 된다. 결국 공자는 신적 능력을 가졌지만 상황과 조건마저 만들어내는 신이 될 수는 없었다. 여기서 공자를 변호할 논리가 필요하다. 이를 위해서 첫째로 성인 공자는 자신에게 주어진 운명, 즉 왕권을 가질 수 없는 상황과 투쟁하지 않고 오히려 그것을 편안하게 받아들였다는 것이다.[40] 이와 같은 안명安命에 비해 한 걸음 더 나아간 논리가 있다. 그것은 바로 공자를 권력은 없었지만 실제로 왕과 같은 문화의 영향력을 미쳤다는 소왕으로 만드는 것이다.[41] 개제와 소왕의 공자는 현실의 질서를 만들어내지 못했지만 그 어떤 실패로부터 자유로운 영광과 신적 지위를 누리게 되었다. 공자가 신적 지성을 발휘해서 세상을 구제할 완전한 제도를 만들었지만 현실화시키지 못했는데, 이는 공자의 책임이 아니라 그 시대 사람들의 책임이기 때문이다.[42] 여기서는 캉유웨이가 『중용』을 『춘추』와 같은 맥락으로 해석하고 있다는 것을 여실하게 알 수 있다.

탁고개제설의 삼세설과 삼통설

캉유웨이의 『중용』 해석에서 가장 두드러진 특징은 금문 경학의 탁고개제설을 끌어들인 점이다. 특히 『중용장구』와 비교할 때 주희는 심전心傳 도통道統의 계승과 도덕 주체의 확립을 우선시했다. 여기서 공자는 "돌아가신 성인의 정신을 잇고 미래의 후학의 길을 열어주어서 그 공적이 요·순임금보다 뛰어나다"고 할 수 있다.[43] 이와 달리 캉유웨이는 공자가 개제의 작업과 소왕의 지위에서 시대(삶)에 질서를 부여하기 위한 설계자이자 지도자 역할을 수행했다고 본다. 캉유웨이에 의해 새롭게 해석된 공자는 도대체 개제와 소왕의 역할을 구체적으로 어떻게 수행했을까?

첫째, 공자가 유교 경전의 정수 또는 총체로 볼 수 있는 육경을 저술했다는 것이다. 주희는 『논어』 「술이」에서 공자의 "받들어서 풀이했지 새로 짓지 않았다[述而不作]"는 말을 신뢰하고서 공자가 육경六經을 정리했다는 입장을 취했다.[44] 이 주장에 따르면 유교'사史'에서 공자의 역할은 위대하다고 하더라도 제한적일 수밖에 없다. 캉유웨이는 『중용』 32-1의 "오직 세상에서 최고로 진실한 사람[至誠]이라야 세상 사람들이 지켜야 할 큰 도리[大經]를 제대로 기획하여 다스릴 수 있고 세상 사람들이 지켜야 할 큰 근본[大本]을 세울 수 있다"라는 구절을, 정현鄭玄이 지성을 공자로, 대경大經을 육예六藝 즉 『춘추春秋』로, 대본大本을 『효경孝經』으로 풀이한 것에 주목했다.[45] 이 주장에 따르면 공자가 육경에 보조적인 정리 작업을 한 것이 아니라 주도적인 창작 작업을 한 것이 된다.[46] 나아가 공자가 도통의 한 고리가 아니라 요·순·우·탕을 적재적소에 배치하여 도통을 만든 것이 된다. 이로써 유교사는 주희처럼 도통 회복의 역사가 아니라 공교孔敎 전도傳道 또는 전교傳敎의 역사로 바뀌는 것이다.

둘째, 소왕이자 성인이자 작자로서 공자는 육경을 통해 한 시대가 처한 문제를 해결하고서 다음의 발전된 단계로 진입할 수 있는 정치 프로그램(제도)을 개발했다. 다만 공자 자신이 정치 프로그램을 공개적으로 만들고 집행할 위치에 있지 않았으므로 고대 성현의 말을 빌려서 주장을 펼칠 수밖에 없었다. 이것이 탁고개제론의 기본 논리이다. 그렇다면 공자는 육경 중에서 왜 특별히 『춘추』에 주목했을까? 『춘추』는 공자가 원래부터 소왕으로서 제도를 입안해놓은 책이기 때문에 다른 경과 비교할 수 없다는 것이다.[47]

『춘추』가 어떻게 탁고개제의 내용을 제시하고 있느냐는 것은 이미 『공자개제고』와 『춘추동씨학春秋董氏學』에서 전문적으로 다루고 있으므로 여기서는 간단하게 살펴보기로 하자. 탁고개제는 세 가지 논거에 의해 뒷받침되고 있다. 첫째, 공자가 춘추시대 노나라의 역사를 중심으로 『춘추』를 기록하면서 제후의 재위 기간에 따라 소전문所傳聞·소문所聞·소견所見으로 시대 구분을 했다. 이 구분은 단순히 시간의 차이를 객관적으로 분류하는 것이 아니라 무질서에서 질서로 또는 혼란에서 평화로 이행하는 거란세據亂世·승평세升平世·태평세太平世의 변천에 대응한다.[48] 이것이 삼세설三世說이다.

둘째, 특정 시대의 정치공동체는 표준시, 관직, 복색 등 사회 운영과 관련해서 흑통黑統·백통白統·적통赤統을 차례대로 선택할 수 있다. 이 삼통은 역사적으로 하夏·은殷·주周에 대응한다. 공자가 소왕 노릇을 했던 '춘추'시대는 삼통 중에서 흑통에 따라 공동체를 조직하고 국정을 운영해야 사회 질서를 회복할 수 있었다. 셋째, 삼세와 삼통은 정치공동체가 해당 시대의 문제를 풀어가는 방향이자 원칙을 가리키는데, 그 최종 방향이 닫혀 있느냐 열려 있느냐에 따라 역사 순환론과 역사 진화론으로 나뉜다.

동중서는 캉유웨이와 마찬가지로 삼세와 삼통에 기초한 개제를 말했지만 역사가 결국 삼통의 반복에서 벗어나지 못하므로 순환론을 벗어날 수 없다. 이는 동중서가 "도가 하늘에 기원하고 하늘이 변하지 않고 도 또한 변하지 않는다"는 세계관을 지니고 있었기 때문이리라.[49] 반면에 캉유웨이는 동중서와 같은 틀을 공유하면서도 변화에 적극적이었다. 그는 "속한 통이 다르고 속한 세가 다르면 치도가 다르다. 그러므로 군자(공자)는 각각 자신이 처한 시대에 비롯하여 회통할 수 있을지를 관찰하여 예식을 거행한다"고 보았다. 나아가 그는 또 옛날과 지금은 합당한 것이 다르므로 나날이 그 도道를 새롭게 해야 하는데, 멀리 고대 사회의 제도를 따르려고 한다면 실행되지도 못할 뿐만 아니라 재앙을 초래한다고 본다.[50] 여기서 우리는 캉유웨이가 동중서와 달리 '도이道異'와 '일신기도日新其道'를 주장하므로 탁고개제가 역사를 진화로 본다고 말할 수 있다.[51]

이제 두 가지 질문을 하고 다음 문제로 넘어가자. 먼저 『춘추』만으로 삼통과 삼세의 탁고개제가 충분한데 캉유웨이는 왜 『중용』에 주석을 달았을까? 탁고개제가 『춘추』만이 아니라 『중용』에서도 확인되는 사실이라는 것을 입증하기 위해서 그렇게 했다고 대답할 수 있다. 캉유웨이의 『논어주論語注』에서도 『춘추』의 탁고개제로 『중용』을 풀이하는 것과 같은 현상이 나타나고 있다.[52] 다음으로 캉유웨이가 생각하는 중용의 의미가 무엇일까? 주희는 개인의 구원을 위한 심성心性의 중용中庸과 중화中和를 강조했다면 캉유웨이는 공동체의 구원을 위한 시대와의 중용과 진화進化를 강조하고 있다.[53] 시대와의 중용이 삼세와 삼통의 탁고개제에 따른 발전이라고 한다면 캉유웨이의 중용은 진화를 의미한다고 할 수 있다.[54]

사회진화론의 수용

진화론은 자연계의 생물이 세대를 통해 변화를 축적하여 새로운 종을 낳는 과정을 가리킨다. 진화의 과정은 정신적·초자연적 실체에 의존하지 않고 적자생존과 돌연변이로 이루어진다. 이러한 다윈의 진화론이 생물 현상에 그치지 않고 사회 현상을 설명하는 틀로 쓰이면서 사회진화론이 등장하게 되었다. 중국에서는 옌푸嚴復(1854~1921)가 헉슬리의 『진화와 윤리Evolution and Ethics』를 1897년에 『천연론天演論』으로 번역하면서부터 사회진화론이 본격적으로 알려지기 시작했다. 캉유웨이는 옌푸의 작업과 별도로 '진화'를 알고 있었던 것 같다.

그는 만목초당에서 강의하던 시절부터 『중용』 주석을 해오다가 『중용주』(1901)를 완성했는데, 1898년에 작성한 15권의 『일본서목지日本書目志』 중 2권 리학문理學門 생물학서生物學書에 『진화원론進化原論』 『진화신론進化新論』 『진화요론進化要論』 등과 『만물퇴화신론萬物退化新論』을 소개하고 있고(3: 287-288), 『경자내외편康子內外篇』(1886)과 『실리공법전서』(1888년 이전)에서 진화를 인류사회의 보편 규율로 취급하고 있다.(이연도, 115) 여기서 우리는 캉유웨이가 서양의 진화론을 접촉하기 이전부터 『일본서목지』 생물 서적의 평어에서 보이듯 『주역』의 생성 변화[55]와 앞 절에서 살펴본 『춘추』의 개제 논리를 통해서 사회와 역사의 변화 발전에 긍정적이었다는 것을 알 수 있다.

시중時中과 인시因時 사고[56]는 캉유웨이가 사회진화론을 어렵지 않게 받아들인 근거가 된다. 시時는 좁은 의미로 시간을 나타내지만 넓은 의미로는 시간과 공간이 결합된 특정한 시대를 나타낸다. 다시 시대가 사람에게 작용하는 영향력이란 측면으로 시時는 삶의 조건, 환경이 될 수 있다. 여기서 시時가 시대적 환경을 나타내게 되면 시중과 인시는 시대의 변화를 인정하지 않는 고수固守나 수구守舊와 호응될 수 없고 시대에 따라 변화나 적응과 어울리게 된다. 바로 이런 맥락에서 캉유웨이는 인시는 탁고개제가 사회진화론과 결합할 수 있는 가교 노릇을 하게 된다고 본다.

캉유웨이는 두 곳에서 『주역』의 생생生生과 『춘추』의 개제를 넘어서는 사회진화론을 끌어들여 『중용』을 해석하고 있다. 첫째, 강함과 관련된다. 10장에 보면 자로가 먼저 강함을 묻자 공자는 강함을 세 가지로 나누어서 어떤 것을 말하는지 되묻고 있다. 문맥으로 보면 공자는 '병기와 갑옷을 깔고 자며 싸우다 죽더라도 걱정하지 않는' 강자에 대해 부정적인 생각을 피력하고 있다. 이에 대해 캉유웨이는 공자가 나름대로 취할 점이 있었을 것으로 풀이하고 있다. 그 근거는 다음과 같다. "생물은 여러 생명체 사이에 뒤섞여서 살아가는데, 강하면 살아남고 약하면 죽는다. 그러므로 사람이 가야 할 길로서 자기 보존은 모두 싸워서 이길 수 있는 충분한 힘에 달려 있다. 나라를 굳건히 세우고 가르침(교육, 종교)을 굳건히 세우는 것도 모두 그러하다."[57] 물론 캉유웨이는 이 강強을 전적으로 체력, 물리력, 군사력만으로 보지 않고 전투력의 일종으로서 기개, 기상의 측면을 함께 고려하고 있다.

다른 하나는 『중용』 17장의 천天과 만물의 생장·소멸과 관련된다. 천은 만물을 낳고 기를 때 기본적으로 만물의 본성을 이루도록 돕지만 생장 과정에서 제자리를 잡고 있으면 북돋워주고 제자리를 지키지 못하면 뒤엎어버린다.[58] 천을 자연으로 본다면, 『중용』 17장은 하늘과 땅 사이에 생물이 태어나서 사라지는 과정을 특별한 의미 부여 없이 설명했다고 할 수 있다.

캉유웨이는 여기서 한 걸음 더 나아가 자연도태를 읽어내려고 한다. "씨앗이 좋아서 튼실하게 자라면, 천天이 많이 퍼지게 한다. 씨앗이 나빠서 힘이 없으면, 천이 잘라서 없애버린다. 사물이 살려고 다투고[物競] 천이 고르며[天擇] 뛰어난 것이 이기고 뒤떨어진 것이 진다. 공자는 천인天因의 이치를 밝혀서 사람을 권면하게 했다."[59] 이중 물경은 생존 경쟁struggle for existence을, 천택은 자연선택natural selection을 나타내는 말로 옌푸가 『천연론』의 번역에서 사용한 용어이다.[60] 두 용어를 통해 캉유웨이와 옌푸의 접점을 확인할 수 있는데, 흥미로운 점은 캉유웨이가 물경物競과 천택天擇을 아우르는 말로 천연天演이 아니라 천인天因이란 조어를 사용하고 있다는 점이다.

혹 캉유웨이가 『중용』 10장을 풀이하면서 공자가 강強의 가치를 수용했다고 할 때 약간 자의적인 해석이지 않은가, 라는 당혹감을 느낄 수 있다. 캉유웨이의 『중용』 10장 해석을 그의 17장 해석과 연결시켜서 본다면 캉유웨이는 강을 물경과 천택의 천인(또는 천연)과 연결시켜서 이해하고 있음을 알 수 있다. 나아가 그의 천인(또는 천연)은 서구 제국주의의 식민지 지배를 정당화시켜주는 논리가 아니라 사람과 사물이 각기 자신의 본성을 완전하게 실현하는[盡性] 논리로 이어지고 있다.[61] 진성은 사람의 경우 인민이 묵은 것을 뜯어 고쳐서 새롭게 되고 또 스스로 문명의 세계로 진화하는 것이고, 사물의 경우 하늘과 대지의 합당함을 도와서 생명력을 키우는 것이다.[62]

인과응보의 긍정

캉유웨이는 사서四書를 자기 시대의 상황에서 읽어내기 위해 기존의 학문 풍토에 얽매이지 않는다. 예컨대 『중용』을 『공양전』의 탁고개제와 연결시키기도 하고 사회진화론과 견주어서 진성盡性의 의미를 극대화하고자 했다. 이처럼 자유로운 해석은 때로는 창조적 왜곡이나 논리적 불일치라는 혐의를 받아왔다. 그의 『중용주』에서도 이론적 모순의 실례를 찾아볼 수 있다. 이러한 예로 초자연적 존재로서 귀신의 부활, 전통적 귀신과 서학의 전기電氣의 결합, 불교의 인과응보 수용 등을 들 수 있다.[63]

캉유웨이는 지금까지 이론적 작업을 통해서 도통을 공교孔教로 재통합했지만 역사적 공자가 소왕素王이었다는 사실에 곤혹스러움을 느낀 듯하다. 즉 공자가 능력과 덕성을 가진 교주이자 성인임에도 불구하고 그것을 뜻대로 실현할 수 없었다면 공교는 실패한 교주를 세우지 않는다고 어떻게 장담할 수 있겠는가? 만약 공자가 역사적으로 실패했다고 단정한다면 공교의 진리성도 약화되기 마련이다. 따라서 공교가 현실에 따라 우연의 세계에 이리저리 떠다니는 것이 아니라 현실이 필연의 세계에 확고하게 뿌리를 내리고 있다는 점을 설득시킬 수 있어야 했다.

『중용』 17장을 보면 순임금을 실례로 들며 "대덕은 반드시 어울리는 지위를 얻는다"면서 "대덕은 반드시 천명을 받는다"는 일반적인 결론을 내리고 있다.[64] 또 18장을 보면 문왕과 무왕을 실례로 들면서 "무왕이 말년에 천명을 받았다"고 한다.[65] 『중용』 속의 순과 무왕은 춘추시대의 공자에게 믿을 만한 실현된 과거이다. 그들은 신화와 전설의 인물로 비판받는 실정이라 20세기의 캉유웨이에게 다 믿을 수 없는 먼 과거이다. 또 그들의 성공을 발언했던 공자는 믿을 만하지만 그런 일이 정작 공자에게는 일어나지 않았다. 원문의 '반드시[必]'라는 말의 의미를 복원하기 위해서 캉유웨이는 20세기식의 해석을 시도했다.

먼저, 『효경위孝經緯』의 "선과 악에는 보답이 있다"는 전제를 수용한다. 다만 보답의 현실화는 '즉각' 또는 '살아 있을 때'도 있지만 당사자가 받지 못하면 후손이 반드시 받게 된다고 주장하고 있다. 이로써 응보는 불교의 윤리가 아니라 하늘의 이치에 순응하는 공교의 윤리로 흡수되면서 원인을 일으키는 일에 신중할 것을 요구하고 있다.[66] 이리하여 원인과 결과, 행위와 책임이 우연이 아니라 필연이라고 하더라도 문제는 남는다. '나'의 행위와 원인이 어떻게 '나'를 넘어서 격세유전隔世遺傳, 즉 1세, 2세,

3세…… 뒤에 '나'의 자손에게 정확하게 넘어갈 수 있는가? 여기서 캉유웨이는 기氣 또는 전기電氣 개념을 끌어들인다. 즉 내가 어떠한 행위를 하면 기 또는 전기가 생기고 그것은 곧바로 소멸되지 않고 대를 넘어서 자손에게 전달된다는 것이다.

다음으로, 캉유웨이는 귀신鬼神의 존재를 재해석한다. 그도 알고 있듯이 귀신은 장재張載와 이정二程에 의해 음양 두 기의 양능으로 설명되고 주희에 의해 천지의 공용이자 조화의 자취로 규정되면서 비인격적 존재로 간주되었다. 캉유웨이는 불교에서는 귀鬼만 말하고 기독교에서는 신神만을 말하지만 공자는 귀와 신을 아울러 말했고 귀신이 있다는 문헌적 증거가 있으므로 공교孔教에서 귀신을 배제시킬 이유가 없다고 본다. 아울러 그는—정확한 의미와 의도가 분명하게 보이지는 않지만—귀를 '혼기'에, 신을 '전기'에 연결시키고 있다.[67]

캉유웨이는 당시 서학西學의 전기 개념을 끌어들여서 인과응보와 귀신에 대하여 전통적 기론에서 한 걸음 더 나아간 시도를 보여주고 있다. 그는 "전기가 빨아들이거나 끌어당긴다"거나 "전[기]가 있으면 반드시 빛이 있고 전기의 불빛은 에너지가 있어서 만물을 낳는다"[68]고 설명하고 있다. 이를 통해서 우리는 그가 전기electricity를 실제로 양, 음의 부호를 가진 두 종류의 전하가 나타내는 여러 가지 자연 현상으로 이해했다고 생각할 수 있다.

그는 같은 곳에서 "신기가 곧 전기이다. 모두 펼치는 것으로 시작되므로 신은 전기의 중심이 된다"고 말한다.[69] 아울러 그는 "하늘과 땅 사이의 만물은 모두 동기이다. (…) 건곤은 부모이고 만물은 동포이므로 전기가 흐르고 옮겨 다니며 멀거나 가깝거나 가릴 것 없이 통하지 않는 곳이 없다"고 말한다.[70] 여기서 캉유웨이의 전기電氣는 담사동譚嗣同(1865~1897)이 『인학仁學』에서 인仁을 에테르以太, ether에 견주어 설명했던 것처럼 물질과 정신의 두 가지 특징을 동시에 가진 것으로 보인다.[71]

지금까지 캉유웨이가 인과의 필연성을 설명하기 위해서 인과응보와 전기를 끌어들였다는 점을 살펴보았다. 그는 윤리적 책임을 당사자 중심이 아니라 후손까지 확장시킴으로써 모순을 드러낸다. 그는 행위자의 죽음 이후에도 '나'의 책임을 지속시킬 수 있는 주체 문제를 해결해야 했다. 이 때문에 전기를 끌어들였지만 그 자체는 물질과 정신이 혼재되어 있다는 점에서 전통적 기론의 영역을 완전히 벗어나지 못하고 있다. 또 귀신을 끌어들여서 『중용』을 유신론의 관점에서 읽어내고 있다. 아무리 나와 나의 후손이 기적 연속성을 가지고 있다고 하더라도 행위의 책임을 행위자 '나'가 아니라 나의 후손이 지게 된다면, 이는 캉유웨이가 자주自主와 자주지권自主之權을 말하는 것과 모순이 된다.

4 맺음말

캉유웨이는 『중용주』의 서문에서 『중용』의 역사를 간단하게 훑고 저술 동기를 설명하고 있다. "대의大義가 아직 빛나지 않고 미언微言

이 아직 드러나지 않는 것을 한스럽게 생각하고 내가 일찍이 공자 개제의 풍부한 덕과 위대한 인을 미루어 알았다."[72] 처음에는 뭔가 잘못 보지 않았나 싶은 느낌이었다. 이 내용은 『중용』이 아니라 『춘추』에 어울리는 내용이다. 미언대의는 공자가 『춘추』, 특히 『공양전』을 해석하면서 담아놓았다고 하는 역사 해석법으로 널리 알려져 있기 때문이다.

캉유웨이는 『중용』 해석에서 유교와 반유교의 대립, 공자 지위의 신격화, 탁고개제의 삼세와 삼통설, 사회진화론의 수용, 인과응보의 긍정을 보이고 있다. 이중에서 가장 큰 특징을 말한다면 『중용』을 『춘추』와 같은 문헌으로 만들고 있다는 점이다. 즉 『중용주』는 '『중용』의 『춘추』화'라는 결론을 내릴 수 있다. 왜냐하면 캉유웨이는 원래 『중용』에 없고 『춘추』(실제로 『공양전』)에 있는 사상과 개념을 『중용』 해석에 자유롭게 끌어들이고 있기 때문이다. 그리하여 『중용』과 『춘추』가 하나의 텍스트로 수렴되고 있다.

이렇게 볼 때 서문의 내용은 잘못된 것이 아니라 『중용주』의 특성을 대변하는 것이라고 할 수 있다. 이 작업을 통해서 『중용』은 자사가 도통道統의 실전을 우려해서 지은 것이 아니라 공자가 자신의 이상적 정치 개혁을 담아놓은 책이 된다. 즉 『중용』은 도통이 아니라 공자의, 공자에 의한, 공자를 위한 문헌이 된다. 이로써 우리는 캉유웨이가 무술변법 전후로 학술과 정치 영역에서 변한 측면도 있지만 『실리공법전서』(1888) 전후, 『신학위경고』(1891), 『공자개제고』(1898), 『중용주』(1901), 『대동서』(1901~1902) 사이에—확장될지언정 폐기되지 않는—일관성을 보이고 있다고 할 수 있다.

캉유웨이의 사상은 1903년 이후 혁명파가 학술과 현실 정치에서 주도권을 장악한 이후 강한 힘을 잃었다. 그는 일본 망명 시절에 쑨원을 만났지만 그때나 그 이후에도 결코 혁명파의 길에 동조하지 않았다. 이 때문에 그는 무술변법 전후로 나름 진보적(개혁적) 사상가였던 위치에서 퇴보적(보수적) 논객으로 평가절하되었다. 이러한 평가에도 불구하고 캉유웨이의 사상, 특히 탁고托古를 뺀 개제改制의 삼세와 삼통은 1920년대 량수밍의 '문화文化' 해석에 의해서 부활되었다. 19세기에서 20세기 초반은 동서 대결의 과정에서 동양의 철저한 실패로 끝났다.

이 실패는 일회적인 대결의 결과에 그치는 것이 아니라 면면히 이어져 온 삶의 문법을 송두리째 부정하는 것이었다. 사회진화론에 따르면 중국과 그 문화는 도태될 운명 내지 역사적 필연으로 전락하게 된다. 당장 생존이 가능한지 모르는 상황에서 중화의 부활이나 재건은 사치일 뿐이다. 이에 캉유웨이는 단계론을 끌어들여서 현재의 곤경을 미래의 탈출로 상쇄하고자 했다.

세계대전 이후로 동아시아의 지식인들은 제국주의의 몰락과 초기 자본주의의 폐해를 목격하고서 서양을 모방만이 아니라 모방과 극복의 대상으로 바라보게 되었다. 하지만 '어떻게?'라는 물음에는 답이 없었다. 여기서 캉유웨이의 개제 삼세설改制三世說은 실마리를 제공할 수 있다. 공교孔敎가 19~20세기 초반을 지배할 삶의 패러다임은 아니지만 재해석하면 다음의 시대를 지배할 수 있다는 것이다. 이 실마리는 량수밍이 『동서문화와 그 철학』에서 인류의 문화를 세 가지 유형으로 추출하고서 중국 문화의 생존 가능성을 복원시켰던 논의로 이어질 수 있었다.[73]

제15장

탈근대

량수밍의
근대 모방과 좌절에서
탈근대의 기획과 선취로

1 여는 글

요즘 우리가 미국의 '금융 문제'라는 말을 들으면 이상하다는 느낌이 전혀 들지 않는다. 하지만 2008년 금융 위기가 시작되기 이전에 미국은 세계 자본 시장의 성장을 견인하는 주체였다. 때때로 우려의 목소리와 불안한 전망이 제기되기는 했지만 미국이 결코 '문제'가 되지는 않았다.(그렇다고 미국이 지상낙원이었다는 말은 아니다.) 아니 미국의 금융계는 세계의 금융 산업을 선도하는 기준을 세우고 다른 나라들이 모델로 삼아 모방해야 하는 이상이기도 했다. 서브프라임 모기지(비우량 담보대출) 부실로 인해 미국의 금융 회사들이 하나씩 파산함으로써 이상이었던 존재가 문젯거리로 전락한 것이다.

중국이 연간 두 자릿수의 급속한 경제 성장을 거듭하자, 세계 경제에서 중국 위협론이 심심찮게 거론되고 있다. 중국이 경제 성장을 바탕으로 패권 정책을 추구하여 주변국과 세계 정세에 어두운 그림자를 드리우지 않을까, 라는 우려가 커져가고 있다. 이렇게 보면 위협론은 중국이 뭔가 풀어야 할 문제를 가지고 있다는 것이 아니라 영향을 받는 쪽에서 중국으로 인해 풀어야 할 문제를 갖게 되었다는 뜻이다. 중국이 패권과 관련되는 정책을 실제로 추진하느냐와 상관없이 존재 자체만으로도 타자는 중국을 결코 무시할 수 없고 반드시 고려해야 할 실체로 간주하게 된 것이다.

물론 오늘날에도 '중국'과 '문제'가 결합해서 '중국 문제中國問題'가 거론되는 경우가 있다. 예컨대 중국산 농공업 제품의 안전성, 티베트의 분리 독립, 천안문 사태, 반체제 인사의 구금 등이 이슈가 되면 중국도 문제의 대상이 된다. 이 문제는 중국의 운명을 결정하는 절체절명의 위기가 아니라 관리를 통해 상황을 조절할 수 있는 사안의 특성을 갖는다. 하지만 서세동점의 국제 정세 아래에서 20세기 초 중국이 겪었던 '중국 문제'는 오늘날의 부분적인 중국 문제와 그 심도와 강도를 달리하는 총체적 위기의 특성을 지니고 있었다. 그때의 중국 문제는 중국이 해체되느냐 잔존하느냐라는 국가와 민족(인종)의 문화적 정체성과 밀접하게 관련되었다.

20세기 초 중국 문제의 문제성은 무엇이었고 누가 어떻게 해결해야 했을까? 러셀Bertrand Russel은 1920년에 중국을 방문하고서 생각을 정리해서 책을 쓰면서 제목을 *The Problem of China*로 달았는데, 그에게도 당시 중국은 문제 상황에 놓여 있었던 셈이다. 오늘 우리 중 누가 언제 'The Problem of America'라는 제목의 책을 쓸 수 있을까? 러셀은 책에서 당시의 국제 정세가 중국에 유리하게 작용하는 것도 있고 불리하게 작용하는 것도 있다고 서술하고서 "중국은 자신의 노력으로 살 길을 찾아야지 외부의 도움에 의지해서는 안 된다"는 점을 주장했다.[1]

량수밍梁漱溟(1893~1988)[2]도 중국이 세계 질서를 주도하거나 기준 이상을 제시하는 것이 아니라 문제화된 것, 즉 '중국 문제'라는 용어를 사용한다. 그는 '중국 문제'라는 용어 사용에 그치지 않고 그 원인과 문제의 소재를 적극적으로 주장하고 있다. 량수밍은 『중국문화요의中國文化要義』(1942~1949)의 자서自序에서 이전에 썼던 『향촌건설이론鄉村建設理論』(일명 『중국 민족의 앞길中國民族之前途』, 1932~1936)을 간략하게 촌평하고 있다. 앞부분이 중국 문제를 인식하는 것이라면 뒷부분은 중국 문제를 해결하는 부분으로 집필되었다고 한다. 왜냐하면 하나의 문제를 해결하려면 반드시 이 문제를 인식해야 하기 때문이다.

이어서 중국 문제는 근 100년 사이에 세계가 널리 교왕하면서 서양인의 세력과 서양 문화가 동양에 두루 퍼지면서 생겨난 것으로 주장되고 있다.[3] 즉 20세기 초 중국 문제는 서양이란 타자他者의 출현, 좀 더 구체적으로 말하면 경제적·군사적 힘과 문화가 동양으로 침투함으로써 생겨난 새로운 양상의 위기였던 것이다. 그는 이 위기가 두 가지 방향으로 집결된다고 보았다. 하나는 인생 문제이고 다른 하나는 사회 문제 또는 중국 문제였던 것이다.[4] 이에 따르면 량수밍의 학적·실천적 삶은 인생과 사회(중국)가 낳은 문제의 해답을 찾는 과정이었다고 할 수 있다.

이번 장에서는 량수밍의 학적·실천적 여정을 근대의 모방과 좌절에서 탈근대의 기획과 선취라는 맥락에서 살펴보고자 한다. 이를 위해서 먼저 량수밍이 중국 문화와 서양 문화를 대상으로 진행하는 총체적 반성 작업을 검토한다. 이어서 량수밍이 인식론과 심리 작용을 연계시켜서 인간이 어떻게 세계를 인식하고 관계 맺는지 그 양상을 해명하고자 한다. 마지막으로 량수밍이 문화에 주목해서 중국 문화를 세계 문화의 한 유형으로 자리매김하고 또 어떻게 근미래近未來의 보편성으로 되살려내려고 하는지 그 노정을 밝히고자 한다.

2 출발점: 총체적 반성

중국 문화의 한계 노정

역사를 통람해보면 국가 간이나 문명 간의 관계가 늘 화해 아니면 적대의 상태에 놓여 있는 것은 아니다. 객관적 조건, 우발적 사건, 주관적 의지 등에 따라 관계의 양상은 바뀌기도 한다. 량수밍의 지적처럼 명청 제국 시절에 선교사들을 통해 서학西學으로 통칭되는 서양의 문화가 널리 수용되었다. 예컨대 명말의 서광계徐光啓(1562~1633)는 유클리드 기하학을 다루고 있는 『기하원본幾何原本』을 번역했고 청 제국 강희제는 서양의 천문학과 수학을 적극적으로 수용했다.[5] 이 시기에 중국 고유의 제사(조상 숭배) 문제가 우상 숭배에 해당되는지, 우상 숭배라면 제사를 지내야 하는지 등 중국과 선교사만이 아니라 선교사 집단 내부에서 전례典禮 논쟁이 벌어질 정도로 문제가 심각하게 진행되기는 했지만,[6] 그것은 국가 간이나 문명 간의 충돌이라기보다는 낯선 대면에서 오는 잡음이라고 할 수 있었다.

아편전쟁(1839~1842)을 계기로 영국과 중국 또는 서양과 동양의 관계는 더 이상 우호와 협력의 상호 보완을 지속할 수 없었고 자국의 이익을 위해 적대적 대립의 특성을 드러내게 되었다. 이후의 전개 과정에서 중국은 서양이나 일본과의 대결 과정에서 끝없는 패배를 당했다. 연이은 패배는 전환기의 중국인들로 하여금 끊임없이 새로운 대응을 하도록 요구했다. 처음에는 패배의 원인이 견선이포堅船利砲의 유무, 즉 먼 거리를 항해할 수 있는 튼튼한 배와 멀리 떨어진 공격 대상을 정확하게 타격할 대포에 달려 있다고 생각해서 군사 기술의 도입과 최신 무기 제작에 관심을 기울였다. 그것으로도 중국과 서양의 격차가 좁혀지지 않자 차츰 학교의 설립, 입헌제도와 대의제도 등 정치 제도 쪽으로 사회 변혁의 초점이 이동했다. 이러한 변혁은 일차적으로 청 제국을 붕괴시키고 중화민국을 탄생시킨 신해혁명(1911)으로 귀결되었다. 이 과정은 중국이 서양 문화를 기준으로 삼아서 중국 문화에 없던 것을 압축적으로 모방한 결실이었다. 서양에 기원을 둔 근대의 모방이라고 할 수 있다.

신해혁명 이후에 중국의 앞길에는 찬란한 근대가 펼쳐진 것이 아니라 새로운 양상의 혼돈이 생겨났다. 청 제국의 붕괴로 수립된 신생 공화국은 '하나의 새롭고 종합적인 세계관이나 생명력 있는 정치 제도'를 내놓을 수 없었다. 아직 새로운 정치적·문화적 규범이 정착되지 않은 상황에서 강자가 곧 통치자로 등장했다.[7] 그 틈새에 위안스카이袁世凱(1859~1916)가 혁명 이전과 같은 절대적 권력을 일시적으로 장악했던 것이다. 서양 문화를 중국에 이식하기만 해서는 그것이 자연스럽고도 자동적으로 중국 문화에 착근할 수 없었던 것이다. 이 과정은 근대를 모방하기만 하면 중국이 서양과 같아질 것이라는 환상의 속도전이 좌절된 것을 보여준다.

중국 근대의 지성인들은 서양의 근대를 모방했지만 결국 좌절할 수밖에 없었던 경험을 통해서 다시 질문을 던져야 했다. 이에 량수밍은 서양의 제도와 문물이 허공에서 갑자기 뚝 떨어진 것이 아니라 반드시 그 연원이 있을 것이라는 점을 자각하게 되었다. 정치 개혁도 지엽적인 것에 불과하고 배후에 한층 더 근본적인 문제가 있는데, 바로 근본적인 것을 찾아야 한다는 것이다. 근본적인 것이 바로 서양의 근본 문화이며 정체성인 것이다.[8] 이 물음은 그 안에 중국 문화의 정체성을 되묻는 또 다른 물음을 품고 있다. 서양 문화의 정체성이 뚜렷하게 드러나는 만큼, 갖추어야 할 것을 갖추지 못한 중국 문화의 부재가 한층 명백해지기 때문이다. 존재와 부재의 양상은 단순히 서로 다른 것을 가지고 있는 차이의 대조가 아니라 그것의 구도가 가진 쪽과 못 가진 쪽으로 재배치되면서 차별의 위계를 생성시킨다. 그 결과 이 질문은 거꾸로 중국 문화에는 왜 서양 문화와 같은 것이 없는가, 라는 질문을 되묻도록 만들 뿐만 아니라 서양 문화의 정체성을 통해서 중국 문화의 정체성을 총체적으로 반성하게 한다.

이 물음과 관련해서 20세기 초엽에 서양과 일본 학자들 사이에 서양 문화의 연원을 자연 정복에서 찾는 주장들이 많았다. 그 주장의 근거로 영국이 난징조약(1842)으로 홍콩을 할양받은 뒤에 사람의 힘으로 훌륭한 항구로 개조한 것을 실례로 들었다.[9] 중국의 신문화 운동을 주도하던 리다자오李大釗(1889~1927)는 「동서 문명의 근본적인 차이점東西文明之根本異點」이라는 글에서 동서양 문명의 근본정신을 동적靜的인 것과 정적動的인 것으로 분류했다. 정적인 것은 활성이 없고 정지된 정신을 가리키는 말로 근본적으로 소탕되고 근절되어야 할 대상으로 지목된다.[10]

동서 문화의 근본정신을 이와 같이 규정하는 것에 대해 량수밍은 만족스럽게 생각하지 않았다. 리다자오는 동적 문명과 정적 문명이란 규정을 통해 문명 간의 특징을 뚜렷하게 대조시켜서 그 차이를 명쾌하게 드러내는 장점이 있다. 하지만 이 규정은 문명 간의 차이를 평면적으로 나열하는 것에 지나지 않고 또 너무 포괄적인 한계를 갖는다.[11] 그 결과 그가 제시하는 또 다른 특징들, 예컨대 자연적인 것과 인위적인 것 등의 분류가 과연 구체적으로 두 문명의 어떤 현상을 지시하는 것인지 또 얼마나 전체적인지 그것의 진위를 확인하기 어려운 단점을 지니고 있다. 그리고 자연 정복[征服自然]이 서양 문화의 본질이 되기에는 많은 문제점을 지니고 있다고 반박한다. 첫째, 어느 문화권이든 생존을 위해 황무지를 개간하여 곡식을 심고, 나무를 이용해서 생활 자료를 만들고, 강이 있으면 배를 만들어 건너다닌다. 이러한 인간의 활동이 모두 자연 정복에 해당되는 것이다. 그렇다면 자연 정복이란 서양 문화의 근본정신만이 아니라 모든 문화의 공통적인 특성일 뿐이다. 즉 자연 정복이란 문화의 본질로 규정될 수 없는 것이다.[12]

둘째, 서양이 자연 정복의 특성을 지녔다면 동양은 자연에 순응하는[順自然] 특성을 갖게 된다. 그러나 이것은 문화나 문명의 정의 자체에 비춰보면 타당하지 않다. 왜냐하면 문화가 기본적으로 자연에 대한 인간의 가공을 전제하는 것이기 때문에, '자연 순응의 문화'라는 조어가 불가능한 것이다.[13]

그렇다면 량수밍이 파악하는 서양 문화의 근본정신은 무엇일까? 그것은 만족스런 생활을 위한 의욕will의 전향적인(적극적인) 추구[意欲向前要求]에 있다. 서양은 이러한 정신으로부터 과학과 민주주의를 특색으로 하는 문화를 일구었던 것이다.[14]

이제 의욕의 만족을 위해 적극적으로 활동하는 것이 어떻게 과학과 민주주의를 생성시키는지 그 맥락을 간단하게 살펴보자. 과학이란 보편적인 공리와 원칙을 추구하고 모든 사람이 함께 인정하는 실증을 요구하므로 앞 세대가 소유했던 것을 다음 세대가 모두 얻을 수 있고, 또 새로운 발명을 귀중하게 생각하여 한 걸음씩 착실하게 탐구하므로 점차 진보하니 당연히 현재가 과거보다 낫기 마련이다. 이 때문에 서양 사람들은 공인된 객관적 지식, 인과적으로 필연적인 원리, 믿을 만한 원칙을 추구하고 결코 개개인의 지혜에 의지하여 문제를 임기응변으로 해결하려고 하지 않는 것이다.[15] 이러한 토대 위에서 서양 사람들은 자연과 사람 그리고 사회에 대한 학적 체계를 세운 것이다.

반면 중국 사람들은 특출한 개인의 지혜를 중시하여 그것을 풀이하고 계승하는 것을 귀중하게 생각한다. 이에 따라 다음 세대는 앞 세대와 달라지기보다 닮아서 같아지려고 하므로 진보와 발전을 이룰 수 없다. 그 결과 동양의 학문은 남김없이 전승되면서 축적되기보다는 심전心傳을 강조해서 도중에 실전失傳되기도 한다. 이러한 차이점은 의학 분야에서 명백하게 드러난다. 서양 의학은 일정한 병에 일정한 약이 있어서 큰 편차가 없지만 중의는 의사마다 처방이 달라 객관적 기준이 없다. 량수밍은 동서양 학문의 이러한 차이를, 개인의 지혜에 의존하는 수공예[手藝]와 객관적 기준을 가진 과학으로 압축해서 정리하고 있다.[16]

중국인은 존비·상하·대소의 신분적 차등이 자연적인 질서이며 사회도 이 질서를 그대로 재연하는 것을 당연하게 생각했다. 따라서 사람들이 서로 간에 존비의 차이가 없는 평등한 관계를 맺게 된다면, 사회가 혼란스러워질 것이라고 본다. 이러한 사회에서 자신의 권리와 자유를 주장하는 개인이 등장하기는 어렵다. 반면 서양인들은 개인이 독립된 인격체이므로 각자 누구에게 얽매이지 않고 자신의 자유와 권리를 주장한다. 그 결과 서양인들은 개개인이 가진 의욕을 실현하여 개성을 신장시키고자 하며 목표를 공유하는 사람들과 어울려서 각종 조직, 단계를 결성한다. 이로써 서양인의 민주주의는 사람의 개성이 신장되고 사회성이 발달하는 특징을 드러내게 된다.[17]

량수밍은 동서 문화의 문제를 논의하면서 절박함을 강조했다. 세계가 서양화의 세계로 나아가고 있고, 서양화에 동승한 일본은 국가를 유지한 반면 그렇지 않은 나라는 식민지로 전락해가고 있었기 때문이다. 동양 문화의 발원지인 중국도 국가를 유지하려면 서양화라는 대세에서 예외적인 존재일 수가 없는 것이다. 이런 점에서 과학과 민주주의는 중국이 모방해야 할 이상이자 실현해야 할 과제였다. 과학과 민주주의가 어떤 문화적 근본정신의 토대에서 생성됐는지 밝힌 만큼 중국이 서양화를 성공적으로 이룩하려면 무엇을 어떻게 해야 하는지 그 전도가 밝혀진 셈이다.

2 서양 문화의 파탄과 변화 가능성

근대 중국에서 과학과 민주주의의 위상이 얼마나 높았던지 각각 싸이선생賽先生(science)과 더선생德先生(democracy)처럼 인격화되어 표현될 정도였다. 둘 중에서 특히 과학은 자연에 대한 지식, 검증과 재연이

가능한 학문 방법론의 의미를 넘어서 만학의 제왕이자 모든 학문적 가치의 근원으로 간주되었다. 그 결과 자연은 물론이거니와 사회·교육·도덕·인생마저 모두 과학에 의해 설명될 수 있고 또 설명되어야 한다는 주의주장마저 대두되었다. 일종의 과학만능주의scientism이라고 할 만하다.[18] 급기야 1919년의 5·4 시기를 거치고서 1923년에 이르러 인생 또는 도덕윤리 문제가 과학에 의해서 설명될 수 있느냐를 두고 '과학科學과 현학玄學 논쟁'이 일어났다.[19]

이처럼 과학과 민주주의는 중국의 서양화를 위한 필수 과제이자 궁극적 기준(이상)이었지만 그 위상이 결코 흔들릴 수 없는 절대 권좌에 있었던 것은 아니었다. 특히 과학 또는 과학으로 표상되는 서양 문화의 위상이 결정적으로 도전받는 사건이 일어났다. 그것은 다름 아니라 제1차 세계대전(1914~1918)이었다. 과학이 단순히 자연과학이 아니라 발달한 서양 문화의 총아였는데, 그것이 결국 인류의 평화와 복지에 기여하는 것이 아니라 전쟁과 파괴에 기여하게 된 것이다. 특히 량치차오梁啓超는 1918년 말에 전쟁이 끝나고 폐허로 변한 유럽을 방문하고서 귀국한 뒤 전쟁으로 인한 참상과 절망적인 사회 분위기를 글로 표현했다. 그것이 다름 아닌 유럽을 돌아보고서 마음에 새겨진 기록이란 뜻의 『구유심영록歐游心影錄』(1918~1919)이다.[20] 이 글을 요약한 『구유심영록 절록節錄』을 보면 상편은 세계대전 전후의 유럽을 다루는데, 그중에 '과학 만능의 꿈科學萬能之夢'과 '새로운 문명 재건의 앞길新文明再造之前途'의 제목을 단 장의 내용이 눈에 띈다. 또 하편은 중국인의 자각을 다루는데, 그중에 '중국은 멸망하지 않는다中國不亡'와 '중국인의 세계 문명에 대한 커다란 책임中國人對于世界文明之大責任'의 제목을 단 장의 내용이 눈에 띈다.[21]

제목을 보면 량치차오는 1차 세계대전을 과학의 운명과 관련지어 고찰하고 있다. 전쟁의 발발 자체가 과학만능주의에 바탕을 두고 있다는 진단이다. 이에 따라 과학은 미래의 문명을 이끌 자격을 상실하게 된 것이다. 그렇다면 중국인이 '과학이 사라진' 세계 문명을 새롭게 조직하는 데에 기여를 해야 한다. 그러므로 이를 위해 동서 문화의 융합을 이루어야 한다는 논조이다.[22] 량수밍은 과학주의가 낳은 폐해를 지적하는 점에 대해 동의를 표시하지만 동서 문화의 융합에 대해서는 회의적이었다. 두 사람의 차이에도 불구하고 1차 세계대전과 과학주의를 연결시키는 논의는, 과학과 민주주의를 대변하는 서양 문화의 위협론에 맞서 서양 문화의 내재적 한계를 직시할 수 있는 계기가 되었던 것은 분명하다.

량수밍은 1차 세계대전과 과학주의의 연관성에 집착하기보다는 서양 문화의 내재적 특징에 주목하면서 그것이 미래의 세계 문화를 주도하지 못할 것으로 예상하고 있다. 즉 서양 문화가 현재 득세하고 있지만 머지않은 미래에 그 생명력을 다하게 될 것이라며 조종을 울리고 있는 것이다. 이런 변화의 필요성은 두 가지 측면에서 생겨난다. 첫째가 정신적 안정을 추구하는 새로운 시대 문화의 출현이고, 둘째가 자본주의 상품 경제가 갖는 모순이다.

인류 최초의 문제는 생존의 위협에서 벗어나는 일이었다. 이를 위해 인간은 자연으로부터 생활 자료를 획득해야 하므로 당연히 전향적인 추구의 태도로 외적 환경을 개조하여 장애를 극복해야 했다. 이런 태도는 근대 서양 문화의 근본정신과 딱 맞아떨어지는 것이다. 바로 이런 이유로 서양 문화는 과학 또는 과학적 방법을 발휘해서 세계의 다른 문화를 압도하는 국면을 창출할 수 있었다. 하지만 량수밍은 정확한 시점을 밝히지 않지만 아마도 20세기를 지나면서 인류는 사람과 물질 문제의 시대에서 사람과 사람 문제의 시대로 옮겨간다고 보았다. 달리 말하면 인류가 이전에 물질적 만족과 불만족을 문제로 하는 시대를 살아왔다면 이제부터는 정신적 안정과 불안정[不安寧]을 중요하게 취급하는 시대로 바뀐다는 것이다.[23] 이렇게 시대의 문화가 변화하면, 이전까지 외적 대상을 정복하고 가공하여 물질적 만족을 추구하던 방식으로 더 이상 안정된 생활을 영위할 수 없게 된다. 바로 이 지점에서 서양 문화 또는 서양철학은, 그간 주로 외적 자연을 대상으로 삼아왔고 고정적 실체를 해명하는 데에 초점을 두었으므로 끊임없이 변화하는 사람의 마음을 밝히는 데에 한계를 드러낼 수밖에 없다는 것이 량수밍의 시각이다.[24]

량수밍은 자본주의와 사회주의 체제 모두에 전폭적인 신뢰를 보내지 않았다. 그는 그중에서도 초기 자본주의가 야기한 각종 사회 문제에 대해 강한 부정적 입장을 드러내고 있다. 그는 동업조합guild의 소비 본위의 경제 체제를 파괴한 기계 중심의 매뉴팩처를 악마惡魔라고 지칭할 정도로 반감을 드러내고 있다. 이기심에 바탕을 둔 자유 경쟁이 개인과 사회의 이익·행복을 증진시키지만 동시에 관리와 통제를 철폐하여 빈부 격차와 같은 불합리한 경제 현상을 초래한다고 보았다.[25] 중세 수공업 시대의 노동은 예술적 특성을 지니고 있어서 작업을 하면서 재미를 느꼈다. 반면 근대의 공장 노동은 손톱만큼의 정취情趣도 정의情義도 없는 피곤하고 권태로운 작업이 되어버렸다.[26] 량수밍은 유물론의 역사 발전이나 단계론적 역사 법칙을 믿지 않으므로 현재의 자본주의가 어떻게 변화될 것인지 예측하지는 않는다. 다만 합리적인 방향으로 개혁이 일어나리라 전제하고서 개인에서 사회 중심으로, 생산에서 분배 중심으로 변화가 일어날 것이라고 낙관하고 있다.[27] 따라서 서양 문화는 주도적인 역할을 할 수 있는 기반을 상실하게 되는 것이다.

량수밍은 신문화 운동이 지니고 있던 과학주의를 신봉하지 않는 점에서 량치차오와 같은 색깔을 드러낸다. 하지만 그는 지금 현재 서양 문화가 발휘하고 있는 위력이나 그것이 초래한 병리 현상에 덜 주목한다는 점에서 량치차오와 길을 달리한다. 그는 서양 문화가 근대 시기까지 시대적 조건에 적합했던 만큼 세계 문화의 주도권을 행사할 수 있었던 것을 당연하게 보지만, 가까운 미래에 서양 문화가 이전과 전혀 다른 시대 상황에 놓이게 됨에 따라 서양 문화와 다른 제3의 문화가 주도권을 행사할 것으로 예측하고 있다. 물론 그 다른 문화란 동양 문화 또는 중국 문화를 가리킨다. 즉 그는 현재보다 미래로 눈을 돌려서 서양 문화의 조종을 울리고 중국 문화의 부활을 기대하고 있는 것이다. 물론 이 기대는 희망 섞인 관측의 특성을 갖는다.

3 전환점: 심리학과 인식론으로 시선 돌리기

량수밍은 미래의 세계 문화가 지금과 전혀 다른 특성을 보일 것으로 예상함으로써 동서 문화의 관계를 새롭게 조명할 수 있는 발판을 마련했다. 중국 문화가 현재 상황에서 시대적 정합성을 상실해 주도권을 가지지 못하지만, 만약 미래에 시대적 정합성을 갖게 된다면, 폐기처분의 대상이 아니라 미래를 이끌어갈 주역이 될 것이라는 점이다. 그러나 이 발판은 어디까지나 미래의 일이고 현재에 일어난 일이 아니다. 여건이 아직 현실화되지 않은 상황에서 량수밍은 관심을 현재에서 미래로 돌리게 만드는데, 그 원인이 무엇인지 자못 궁금하다. 단순히 현재 상황에 대한 도피나 외면이 아니라면, 관심의 전환에는 나름의 이유가 있을 것이다.

이와 관련해서 량수밍이 주목하는 것은 두 가지이다. 간명하게 말하면 두 가지는 심리학설의 지각 변동과 인식론적 다원주의에 대한 통찰이라고 할 수 있다. 이것은 량치차오가 1차 세계대전 이후 유럽을 목격한 후 과학만능주의의 한계를 지적하고 중국 문화의 부흥을 내세우는 것과는 차원과 전략을 달리한다고 할 수 있다. 량수밍의 통찰은 1차 세계대전 이후 유럽의 사회 문화적 상황을, 과학만능주의에 바탕을 둔 서구 문명의 종말을 상징하는 사건으로 확대 해석하고, 그것에 대한 일종의 반사이익으로 중국 문화로의 시선 전환을 기대하는 것과 다르다. 그는 인간 행위의 동력, 미래의 세계 문화 등에 대해 줄곧 사색해온 결실이 서구 지성인의 귀결과 일치한다는 지적 경험을 고백하고 있다.[28] 예컨대 "러셀과 사회심리학의 제창자 맥두걸 두 사람의 말과 주장을 통해 내 견해의 타당성을 인증받고, 스스로 자신감을 더할 수 있었다"고 고백하고 있다.[29]

하지만 이런 인증印證과 자신감은 량수밍이 학적 진화의 과정에서 체계적인 정규 학습 과정이 아니라 개인적인 탐구 과정에서 우연적으로 생겨난 일치였다. 그 자신도 이런 특성을 암합暗合이라고 표현했다.[30] 여기서 우리가 놓칠 수 없는 점이 있다. 그것은 다름 아니라 량수밍이 미래의 바람직한 세계 문화의 정체를 전망하고 규명하는 지적 작업을 진행하면서 인증과 자신감의 근거를, 전통시대의 지식인들처럼 진리의 동일체인 사서오경四書五經에 의존하는 것이 아니라 진리가 없다고 여겨진 타자, 즉 서양세계에서 찾고 있다는 점이다. 량수밍은 전통시대의 철학 전통에서서 그것의 존재 의의를 재해석하고 동시에 그것과 맥락을 전혀 달리하는 서양의 지성을 수용해서 미래의 세계 문화에 대해 발언하고 있는 것이다. 바로 이 점이 량수밍을 전통시대의 유교 지식인으로 분류하지 못하고 현대 신유학자로 명명하게 되는 분기점이기도 하다.[31]

이제 량수밍이 심리학과 인식론에서 어떻게 중국 문화가 미래 세계 문화의 주역으로 부활할 수 있다고 주장하는지 그 일단을 살펴보기로 하자. 이 주장이 성공적이라면 중국 문화가 서양 문화에 비해 뒤떨어져 있는 역할과 그 존재 의의를 만회할 이론적 토대가 될 수 있는 것이다.

먼저 량수밍이 심리학의 변화에 주목하는 맥락을 살펴보자. 량수밍은 21세기 초 무렵 서양의 심리학에 중대한 변화가 일어나고 있다고 판단했다. 이전의 심리학에서는 사람 행위의 근원을 의식의 영역과 지식 중심으로 설명했다. 의식은 선택과 계산을 하는 중심 센터이면서 구체적으로 이익을 추구하고 손해를 피하며 고통에서 벗어나고 즐거움을 얻으려고 욕망하는 주체이기도 했다. 이에 따라 서양의 문화는 고대에서부터 20세기 초까지 생존 경쟁을 위해 사람들 사이의 자유 경쟁을 제창해왔던 것이다. 서양 문화의 이러한 특성을 가장 잘 드러낸 것이 근대 사상의 한 흐름인 공리주의다.[32]

그러나 21세기 들어서 인간 또는 인간의 행위가 의식보다 무의식 또는 잠재의식에 더 많이 좌우된다는 논의가 활성화되기 시작했다. 특히 프로이트의 정신분석학에서 의식은 인간 심리의 표층일 뿐이고 배후에 숨어 있는 무의식(잠재의식)을 근본으로 여긴다는 점을 소개하고 있다. 아울러 진화론과 동물심리학을 접하고서 사람과 동물이 의식활동의 유무나 지식의 작용 여부로 질적 차이를 드러내는 것이 아니라 오히려 감정과 본능에 영향을 받는다는 점을 소개하고 있다. 이를 통해서 심리학이 개인의 정신 상태의 정적靜的 특징의 실체를 분석하던 주지주의intellectualism에서 감정의 표현처럼 보편적으로 정형화될 수는 없지만 집단에 따라 개별적 특성을 뚜렷하게 드러내는 사회 심리에 초점을 두는 쪽으로 바뀌고 있다고 본다.[33]

량수밍이 여러 서양 학자의 주장을 원용하며 논지를 전개하는 탓에 사용하는 용어의 엄밀성이 문제가 된다. 그는 서양 문화가 전통적으로 의식, 실체, 지식, 목적 중심으로 사람의 심리를 설명하고 문화 심리 구조 또한 그것에 뿌리를 두고 있다고 본다. 반면 21세기 들어서 본능本能, 충동衝動, 감정 충동感情衝動, 정지情志, 정情, 의意, 욕망이 사람의 심리를 좌우할 뿐만 아니라 행위의 근원으로 간주되기에 이른 것이다.[34] 거칠게 정리하면 량수밍은 심리학이 이성 중심에서 감정 중심으로 변하고 있다고 결론짓는다.

여기서 한 가지 질문을 던질 필요가 있다. 량수밍이 사람의 심리를 감정의 어휘들(본능, 충동 등)로 설명한다면 사람의 도덕적 완전성을 내세우는 성선설性善說과 충돌할 수 있다. 그는 왜 유학의 핵심 사상과 충돌하는 듯한 모험을 감행하면서까지 감정의 언어에 무게 중심을 두려고 하는 것일까?

량수밍은 사람의 심리를 고정된 실체로 보려는 흐름을 부정하므로 자연히 사람의 충동적 성향에 주목하게 되었다. 그가 충동impulse을 사람 행위의 근원으로 본다고 해서 어떠한 충동을 긍정한 것은 아니었다. 그는 러셀의 구분에 따라 충동을 소유 충동과 창조 충동으로 나눈다. 전자는 명리名利와 미색美色처럼 외적 대상을 추구하는 것이고, 후자는 과학자나 예술가들이 내적인 정열, 재능, 힘을 발휘해서 발명과 예술품을 만드는 것이다. 자본주의 사회가 사람들의 소유 충동을 자극하여 그것을 극대화하고 창조 충동을 억제시킨 결과 사회 문제를 낳는 만큼 이제 전환이 필요한 상황에 도달했다는 것이다.[35] 이에 소유 충동의 감퇴와 창조 충동의 발휘를 주장하는데, 여기서 량수밍이 말하는 어떤 충동의 특성이 드러난다. 그것은 생성과 표출의 기제를 정형화시켜 규정할 수 없는 감정의 또 다른 이름일 뿐 살인 충동이나 파괴 본능처럼 반사회적 충동까지 용인하자는 것은 결코 아니다.

이런 점은 량수밍이 공자의 인생철학을 성선性善으로 보고 그것을 선의 본능으로 규정하는 데에서도 드러난다.[36] 성선을 본능이 아니라 본성本性으로 규정하게 되면, 성이 고정적 실체 또는 의식의 특성을 지닌다고 생각했을 것이다. 이처럼 선의 본능으로서 성선, 소유 충동의 억제와 창조 충동의 발휘를 말하는 데에서 보이듯, 량수밍은 본능, 충동을 도덕이나 예술과 무관하지도 그것들과 상반되지도 않고 오히려 접합될 수 있는 방식으로 간주하고 있는 것이다. 이런 방식은 '감정 충동'이란 말에서 여실히 드러나고 있다.[37]

남은 한 가지 대답이 더 결정적이다. 이성과 의식이 전통적인 서양의 문화 심리라고 한다면 21세기의 감정과 무의식은 바로 전통적인 중국의 문화 심리라는 것이다. 그렇다면 량수밍이 자꾸 미래의 세계 문화를 들먹이면서 심리학설의 변화를 거론하는 이유는 너무나도 분명하다. 전통적인 중국 문화가 의식과 지식을 중심으로 하는 현재의 문화 심리가 빚어낸 사회 문제를 해결할 수 있다는 것이다. 즉 21세기 심리학설의 지각변동은 결국 중국 문화 심리가 실지를 회복할 절호의 기회가 되는 셈이다. 그렇다면 량수밍은 과학만능주의의 폐해를 강력하게 비판하면서 중국인이 세계 문명에 기여해야 한다고 역설했던 량치차오와 비교해볼 때 출발점은 다르지만 같은 결론에 도달한 셈이다.

지금까지의 논의를 보면 량수밍은 심리학설의 변화를 통해서 중국 문화가 권토중래할 발판을 마련했다고 할 수 있다. 량수밍은 인식론적 다원주의를 통해서 중국 문화가 정체되고 낙후된 것이 아니라 미래의 세계 문화가 될 것이라는 주장을 펼치고 있다.

량수밍은 서양과 인도 그리고 중국의 철학을 비교하는 데에서 논의를 끌어갔다. 인도는 철학 중 형이상학이 비교적 발달했지만 인식론과 인생철학(윤리학)이 흥성하지 못했다. 서양은 철학 중에 인식론이 가장 발달했고, 인생철학은 보잘것없는 실정이고 종교와 형이상학은 옛날과 달리 위세를 떨치지 못하고 있다. 중국은 종교와 인식론이 아주 빈약하고 형이상학은 나름대로 독특한 성질을 가지면서 오늘날까지 지속되고 있고 인생철학이 흥성하고 있다. 요약하면 인도는 종교 문화가, 서양은 인식론이, 중국은 인생철학이 각각 가장 발달했던 문화의 전통 속에 있었던 것이다.

그러나 중국이 인식론에 "주의를 기울이지 않아 그것이 없다고 말할 수 있음"에도 불구하고 량수밍은 유식唯識의 삼량三量을 빌려서 그에 대한 논의를 전개하고 있다. 사실 유식은 세계를 식識의 전개로 보기 때문에 객관 존재의 실재를 인정하지 않는다. 따라서 유식의 틀을 빌린 인식론의 재구성은 처음부터 논의의 타당성을 의심하게 만들 수 있다. 량수밍도 이런 사실을 알고 있었으므로 그는 서양철학의 개념을 사용한 유식에 대한 수정修訂, 즉 재해석이라는 점을 분명히 밝히고 있다.

유식의 삼량은 현량現量·비량比量·비량非量을 가리킨다. 서양철학의 용어로 대응시켜 보면 각각 감각感覺, 이지理智, 직각直覺에 해당된다.[38]

현량은 우리가 감각기관을 통해 받아들이는 외적인 감각 대상의 자료이다. 량수밍은 외적 대상이 변현變現 과정을 통해 사람의 감각에 전달된다고 본다. 이 변현이 성립하려면 먼저 외적 대상이 존재하고 있고 그것의 영상[影]이 생겨야 하고, 또 외적 대상이 왜곡되지 않은 채 영상이 생성되어야 한다고 설명한다. 하지만 감각은 사람마다 개별적으로 갖는 인식 작용에 불과하고, 감각 자료는 통일적 의미와 공통성이 없다. 예컨대 우리가 차와 커피를 맛볼 경우 감각은 차와 커피의 맛이 각각 다른 것으로 받아들여질 뿐 독특한 차의 맛과 커피의 맛으로 구분되어 명명되지 않는다.

비량比量은 외적 대상과 직접 관계하는 것이 아니라 감각에 의해서 주어진 잡다하고 혼란스런 영상을 대상으로 인식활동을 한다. 비량은 분석[簡]과 종합[綜], 분리[分]와 결합[合]의 작용을 통해 공통성을 뽑아내서 대상에 의미를 부여한다. 예컨대 우리가 마시는 차와 커피는 각각 독특한 맛을 가진 '차'와 '커피'로 분류되는 것이다. 나아가 같은 차라도 비량에서는 각각이 가진 독특한 맛에 따라 '녹차'와 '홍차'로 묶여서 서로 구분되는 것이다.

현량이 객관 대상이 지닌 특성을 왜곡하지 않고 그대로 지각하는 것이라면 비량은 인식 주관이 감각 영상에 부여하는 의미이다. 여기서 량수밍은 현량에서부터 비량에 이르는 인식 과정에 일종의 비약이 있다고 생각했다. 현량은 잡다한 영상을 낳지만 아무런 의미나 통일성을 갖지 않는데 어떻게 비량에서 갑자기 의미와 통일성을 획득하는지, 량수밍은 의문을 나타내고 있다. 예컨대 감각으로 검은 것을 아무리 되풀이해서 경험한다고 하더라도 '검은색'으로 의미 부여할 수 없는데 비량에서 갑자기 '검은색'으로 명명한다면 뭔가 문제가 생긴다는 것이다. 그는 이 의문을 단순히 인식론적 비약으로 설명하지 않고 별도의 중간 단계를 설정해야 한다고 주장한다.

현량이 순전히 객관을 왜곡 없이 반영하므로 주관이 덧보태거나 빼는 것이 없고, 비량은 현량에서 주어진 자료 영상 자체를 가감하지 않지만 그것들의 공통성을 뽑아내서 분리와 결합의 분류 작업을 한다. 여기서 또 하나의 단계는 다름 아닌 현량이 객관 대상으로부터 파악하지 못하는 것을 파악할 수도 있고 동시에 비량이 의미와 공통성을 부여하는 추상화 작업을 가능하게 하는 것이다. 즉 이 단계에서는 현량처럼 직접적으로 객관에 관계하기도 하고 비량처럼 직접적으로 주관에 관계하기도 한다. 량수밍은 이 중간 단계를 비량非量으로 부르기도 하고 그 말의 소극적이며 부정적 어감을 대체하기 위해 직각直覺으로 부르기도 한다.

비량非量[직각]이 현량이나 비량比量과 다른 점은 객관 대상 자체의 성질에 있지 않은 어떤 것을 마구잡이로 덧칠하거나 자의적으로 덧보탤 수 있는 데에 있다.[橫增, 妄] 즉 직각은 사람이 객관 대상을 보고 느끼는 바에 따라 창조적 의미를 부여할 수 있다는 것이다. 자의성(주관성)을 독해한다면 직각은 칸트의 범주範疇처럼 주관이 객관에 원래 없던 형식을 부여한다는 맥락으로 이해할 수도 있다.[39] 예컨대 서예와 회화를 볼 경우 현량은 획과 색에 대한 지각을 가능하게 하고 비량은 각종 규정과 형식에 따른 일치 여부를 판단할 수 있다.

하지만 선과 획이 어울리면서 빚어내는 운동감이랄까 화폭이 담긴 형세랄까 또 그런 운동감과 형세로 풍기는 정신이랄까 하는 것들은 현량으로도 비량으로도 포착할 수도 없고 파악할 수도 없는 것이다. 량수밍에 따르면 오직 직각만이 서예와 회화 작품에 깃든 의미意味·정신精神·추세趨勢·경향傾向을 파악하거나 부여할 수 있다. 예술 작품의 아름다움과 오묘함 또는 웅대한 기상의 의미가 묻혀서 숨어 있지 않고 현전하게 되는 것이다.(이 부분은 하이데거를 연상시킨다.) 이로써 세계가 꽉 막힌 감각에 갇히거나 고정된 개념으로 규정되지 않고 살아 있는 형세[活形勢]로 재창조될 수 있는 것이다.

여기까지가 량수밍이 유식과 서양철학의 용어를 사용해서 인식론을 정리한 것이다. 량수밍이 감각과 이지理智[比量] 외에 직각[非量]의 가치를 발견한 것이 그의 인식론이 갖는 특징이라고 할 수 있다. 그런데 이런 직각의 발견은 도대체 그의 사상에서 어떤 의의를 지니고 있을까? 량수밍이 이지에 기반을 둔 과학적 인식을 넘어서 심미적 인식을 강조했다고 평가할 수 있을까? 아니면 그가 완전하고 생생한 인식을 추구했다는 것으로 말할 수 있을까? 이에 대해 물론 긍정적으로 대답할 수도 있다.

그러나 중요한 것은 량수밍이 삼량三量을 인식론적 다원주의를 옹호하기 위해서 이야기하는 것이 아니라 삼량 역시 미래의 바람직한 세계 문화 논의와 연결시킨다는 점이다. 즉 인식론이 인도·서양·중국의 세 가지 독특한 문화의 특성과 연결된다는 것이다. 서양은 근대에 이르기까지 내적 연구보다는 외적 연구, 인간 사회보다는 자연, 변화보다는 고정적인 실체를 중심으로 연구해온 결과 인식에서 감각과 이지를 강조했던 것이다. 반면 중국은 서양과 반대의 길을 걸어왔으므로 인식에서 직각을 강조해왔던 것이다. 여기에 이르면 량수밍의 인식론적 다원주의나 그의 직각주의 인식론이 단순히 인식론의 범위에만 한정되지 않고 심리학설의 변화와 마찬가지로 중국 문화의 미래 주역설과 밀접하게 연관된다는 것을 알아차릴 수 있다.

4 재해석: 중국 문화와 세계사의 조우

인류 문화의 유형으로서 중국 문화의 복권

근대 중국의 분기점으로 여겨지는 아편전쟁에서 신문화 운동 시기만 해도 중국 문화는 현재만이 아니라 미래에 생존할 만한 가치를 상실했었다. 총체적인 사망 선고를 받은 것과 마찬가지였던 것이다. 서양적인 것이 중국적인 것을 전면적으로 대체할 때 바로 그때 중국이 새로운 문화를 가질 수 있을 것으로 여겨졌다. 그렇지 않는 한 중국이 문화와 결합되어 중국 문화라는 조어가 탄생하기는 불가능하고 문제와 어울려서 중국 문제가 될 수밖에 없었다.

하지만 1차 대전을 계기로 서구의 지성인과 마찬가지로 중국의 사상가들도 중국의 미래로 여겼던 서양 문화를 비판적으로 검토하기 시작했다. 량수밍은 1차 대전을 서구의 주류적인 문화가 빚어낸 결과로 보면서, 그것의 전철을 피하면서 중국의 미래를 새롭게 수립하는 것을 자신의 학적 과제로 삼았다. 그는 21세기 들어서 나타난 심리학이 사람의 무의식을 강조하고 인식론에서 직각이 가진 창조성을 주목함으로써 중국 문화가 미래의 세계 문화로 복권될 수 있는 바탕을 마련했다. 이제는 심리학과 인식론(철학)의 한정된 영역이 아니라 '문화'라는 총체적인 측면에서 중국 문화가 어떻게 복권의 과정을 밟게 되는지 살펴보기로 하자.[40]

문화는 19세기 인류학에서부터 학문적인 용어로 쓰이기 시작했다. 처음에 문화는 개별 문화의 고유한 가치를 인정하지 않는 보편주의 문화 개념이 주도적인 지위를 차지했다. 20세기에 이르러 문화가 인류가 도달해야 할 보편적 기준이 아니라 개별 사회의 고유한 삶의 제도로 간주되면서 문화 상대주의 또는 다원주의적 문화 개념이 제 목소리를 내기 시작했다.[41] 량수밍은 『동서 문화와 그 철학』에서 서양, 중국, 인도의 세 가지 유형의 문화를 다루고 있다. 그의 문화론은 얼핏 보면 보편성보다는 특수성을, 단계론보다는 상대성을 주장하는 듯하다. 하지만 그가 궁극적으로 중국 문화를 미래의 세계 문화가 걸어갈 길로 설정한다는 점에서 보편성과 단계론을 주장하는 측면이 있다는 것을 놓칠 수는 없다. 그렇다면 어떻게 해서 량수밍의 문화론이 중국 문화의 복권을 내세우는 논의에서 출발하여 그것의 보편성을 주장하게 되는지 맥락을 추적해보자.

먼저 량수밍이 문화를 정의하는 방식을 알아보자.

> 문화란 무엇인가? 한 민족의 생활양식일 뿐이다. 생활은 또 무엇인가? 생활은 끝없는 의욕Will(여기서 말하는 의욕은 쇼펜하우어의 '의욕'과 대체로 비슷하다)과 그것의 끊임없는 만족(충족)과 불만족일 뿐이다. 전체 민족과 전체 생활이 표출해낸 생활양식이 어떻게 서로 다른 색채를 드러내게 되었을까? 생활양식의 최초 근본 원인인 의욕이 서로 다른 방향으로 뻗어나가서 다른 모습으로 발휘되었기 때문이다. 그러므로 개별 문화의 근본 또는 원천을 탐구하려면, 그 문화의 근원인 의욕을 고찰하여 그 문화의 방향이 다른 문화와 어떻게 갈리는지 파악하기만 하면 된다.[42]

량수밍은 문화의 정의와 세계 문화의 분화 원인을 간단하게 제시하고 있다. 먼저 문화란 결코 한시라도 꺼지지 않는 삶에의 의욕 및 그 의욕의 만족과 불만족을 처리하는 양식을 가리킨다. 의욕의 만족과 불만족이 다양하게 조합될 수 있는 만큼 문화는 단일한 것이 아니라 복수의 것이 된다. 이로써 다양한 지역의 개별 문화가 의욕을 추구하는 방향이 뚜렷하고 그것의 만족과 불만족을 처리하는 방법이 분명하다면, 어떠한 문화도 세계 문화의 일원이 될 자격을 갖게 된다. 만약 중국 문화가 그와 같은 자격을 갖추고 있다면, 당연히 세계 문화가 될 수 있는 것이다. 이로써 중국 문화와 같은 개별 문화가 지금 현재 어떤 위상을 점하고 있느냐에 상관없이 어떤 특성을 가졌다는 이유 자체만으로도 소멸되지 않고 잔존할 권리를 갖게 되는 것이다.

여기서 우리는 량수밍의 문화 정의가 신문화 운동 이래로 부정된 존재 의의를 되살리려는 목적과 밀접하게 관련이 있다는 것을 알아차릴 수 있다. 중국 문화를 보편적인 세계 문화의 유형으로 자리매김함으로써 이제 구태, 낙후의 평가를 벗어나게 되었다. 동시에 중국 문화를 미래의 세계 문화로 설정함으로써 현재의 패배를 넘어서 미래의 성공을 예비할 수 있게 된 것이다.

이러한 문화 정의는 이외에도 몇 가지 의의를 더 지닌다. 첫째, 세계 문화가 유형론類型論으로 분화되는 만큼 서양 문화의 보편성, 유일성이 자리 잡을 토대가 사라진다. 현재의 위력과 상관없이 서양 문화도 세계 문화들 중의 하나에 지나지 않게 된다. 둘째, 전통시대 중국 사람들은 내외內外 또는 화이華夷 도식에 따라 세계를 중심과 주변으로 구획해왔지만 그 이분법도 더 이상 성립될 수 없다. 보편 질서로서 문화의 중심성이 소멸되자 그 중심성을 소유한 국가도 더 이상 상국上國의 지위를 누리지 못하고 모두 만국공법萬國公法의 체제에 편입된 것이다.[43] 이를 대신하는 도식은 동서東西, 중서中西의 병렬로 바뀌었다. 셋째, 동서 문화의 조화론調和論, 절충론折衷論, 융합론融合論 등은 모두 비판의 대상이 된다. 왜냐하면 동서 문화의 융합론과 세계 문화의 유형론은 서로 모순 관계에 있기 때문이다.[44] 유형론에 따르면 각각의 유형은 나름의 생명력을 다하면 다음 유형으로 대체될 수밖에 없다. 그에 따라 서양 문화가 아닌 다른 문화도 주도적 지위를 차지할 수 있다. 반면 융합론은 개별 문화의 고유성을 부정할 뿐만 아니라 중국 문화의 미래성을 포착할 수 없다. 그 결과 량수밍은 동서 문화의 다양한 융합론을 강하게 부정하는 것으로 『동

서 문화와 그 철학』의 서론을 장식하고 있다.[45]

이어서 량수밍이 분류하는 세계 문화의 세 가지 유형을 간략하게 살펴보자. 서양 문화는 문제가 생기면 전향적인 방향으로 해결하여 의욕(요구)을 최대한 만족시키려고 했다. 이에 따라 자연은 사람에게 길을 안내하는 도의 세계가 아니면 사람의 욕망을 충족시키는 재화를 가진 창고로서 개조의 대상이 된다. 그 결과 서양 문화는 자연 정복, 과학주의, 민주주의의 특색을 지니면서 근대사회를 지배하는 생활양식의 지위를 차지했던 것이다.[意欲向前要求]

두 번째로 중국 문화는 문제가 생기면 문제를 낳는 대상보다 상황을 재설정하여 만족을 구하려고 한다. 예컨대 집에 비가 새면 집을 수리하여 비가 새지 않도록 하는 데서 만족을 구하는 것이 서양 문화의 방향이다. 반면 중국 문화에서는 집이 없는 사람의 처지를 생각하면서 비가 새는 상황이 그렇게 비관적으로 생각할 상황이 아니라고 여긴다. 즉 자신의 의욕을 상황과 조화시키려고 노력한다.[意欲自爲調和持中]

마지막으로 인도 문화는 문제가 생기면 문제 자체 또는 해결을 추구하는 요구 자체를 가지지 않도록 한다. 즉 서양 문화처럼 문제를 낳은 상황 자체를 근원적으로 뜯어고치려고 하지도 않고 중국 문화처럼 자신의 생각 자체를 바꾸려고도 하지 않고, 다만 문제라고 설정하는 사고 자체를 없애려고 한다. 예컨대 집에 비가 샐 경우, 그것은 인간의 근원적 고통에서 벗어나는 것에 비해 사소하기 짝이 없다. 따라서 관심을 해탈에 집중시키지 비가 새는 것 자체를 문제로 생각하지 않으려고 한다.[意欲反身向後要求][46]

여기까지의 논의가 량수밍이 세계 문화를 세 가지 유형으로 분류·설명하는 것이다. 하지만 초점은 단순히 세계 문화의 유형을 분류하는 데 있지 않고 유형을 시간과 결합시켜 논의를 확대시키는 것이다. 서양 문화는 첫 번째 방향으로 출발해서 세 번째 방향으로 전환했다가 문예 부흥의 시기에 다시 첫 번째 방향으로 되돌아오는 과정을 겪었다. 전체적으로 보면 서양 문화는 개인의 권리를 존중하고 자연 정복을 통해 생활의 만족을 극대화하는 등 근대 사회의 생활양식으로서 유효하지만 인생철학의 취약점을 드러내서 정신적 손상과 생활의 고통 문제를 해결할 수 없다는 것이다.

이를 해결하기 위해서 분수를 지키고 만족할 줄 알고 욕심을 줄이고 생명을 잘 돌보며 물질적 향락을 추구하지 않는 중국 문화가 근미래近未來의 주도적 문화가 될 것이다.[47] 인도 문화는 또 중국 문화를 이어서 원미래遠未來의 주도적 문화가 될 것이다. 여기서 세 가지 유형의 세계 문화가 문화 상대주의보다도 서양 → 중국 → 인도 문화라는 단계를 거치면서 문제를 해결하며 더 나은 상태로 진행한다는 단계설의 특징을 드러내게 되는 것이다.[48] 아울러 인생철학 또는 문화의 세 방향[三路向]은 한 제국 초기 동중서가 종족과 기원을 달리하는 황하 지역의 다양한 문화를 하·은·주의 교체를 삼통三統—흑통黑統·백통白統·적통赤統—의 순환에 따른 신진대사로 설명하는 논법과도 닮아 있다.[49]

중국 형이상학

심리학, 인식론 그리고 세계 문화의 세 방향을 통해서 중국 문화는 전통시대의 화이 도식과 근대 시기의 전반서화론全盤西化論과 달리 세계 문화의 일원이 될 수 있는 이론적 토대를 갖추게 되었다. 이제 적극적으로 중국 문화의 정체성이 무엇인지 해명해야 할 지점에 이르렀다. 량수밍은 '중국 형이상학'이란 용어로 답을 제시하고 있다. 앞서 소개했듯이 량수밍은 철학 중에 형이상학이 서양·인도와 완전히 다른 형이상학을 세웠으며 학적 세력이 널리 퍼져서 변하지 않고 지속되고 있다고 주장했다.[50] 이렇기 때문에 중국 형이상학이야말로 중국 문화의 방향을 서양·인도와 구별짓는 특징을 가장 잘 가리킬 거라고 할 수 있다. 이제 앞으로 량수밍이 중국 형이상학의 특징으로 거론하는 내용을 살펴보고자 한다.

먼저 중국 형이상학이 문제로 삼는 것, 즉 문화의 방향 설정이 서양·인도와 다르다. 서양·인도에서는 고대부터 우주 본체에 대한 탐구를 진행하면서 일원이든 이원 또는 다원을 주장하거나 유심이든 유물론이든 한쪽을 주장했다. 반면 중국에서는 고정적인 실체를 문제로 삼지 않았으므로 일원이냐 이원이냐에 관심을 두지 않고 전적으로 변화와 그것의 추상적 원리를 밝히려고 했다. 이것이 첫 번째 특징으로서 변화의 형이상학이라고 할 수 있다.[51]

다음으로 『주역』을 설명할 때 방법은 달라도 모두 공인하는 중심 사상은 조화이다. 우주에 존재하는 사물은 어떠한 것도 절대적이거나 단독적이거나 극단적이거나 일면적이거나 부조화를 이루며 존재하는 것이 없다. 모든 것은 은폐되어 있거나 현현하거나 차이가 있을지언정 예외 없이 상대적이거나 쌍을 이루거나 중용·평형·조화를 이루고 있다. 나아가 량수밍은 세계내 존재가 조화로운 관계의 연쇄 상태에 있다는 것을, 카루스Carus가 아인슈타인의 상대성 원리를 다룬 같은 이름의 책에서 나오는 "우주는 거대한 흐름이다"라거나 "모든 것이 다 상호 대대적이고, 자기 스스로 존재하는 것은 없다"는 말에서 자기 통찰의 타당성을 확인하고 있다. 이것이 두 번째 특징으로 조화의 형이상학이다.[52]

> 중국 형이상학에서 자세히 다루는 것은 변화[와 조화]의 문제이므로, 거기에 쓰이는 방법도 당연히 서양·인도와 다르다. 두 곳에서는 구체적인 문제를 설명하는 데 쓰이는 것은 모두 정적靜的이고 고정된 개념인데 변화를 설명하는 데에 결코 적용될 수 없다. 변화에 쓰이는 용어는 추상적이고 상징적인 의미를 나타낸다. 음양陰陽과 건곤乾坤은 추상적 의미이지 실제 사물이 아니다. (…) 우리가 이런 추상적인 의미 또는 경향을 인식하려고 하면 무엇을 사용해야 하는가? 다름 아니라 바로 직각이다. 우리가 이러한 추상적 의미 또는 경향을 인식하려면, 순전히 직각으로 이해하고 완미해야[體會玩味]만 비로소 이른바 음양과 건곤의 의미를 터득할 수 있다. 본래 감각으로 이해할 수 없고 이지의 작용을 통해 터득할 수 있는 추상적 개념이 아니다. 이지가 만들어내는 개념은 모두 명확明確하고 고정固定적이며, 직각은 활동活動적이고 혼융渾融적이다.[53]

변화의 형이상학의 특징을 인식하려면, 이지가 아니라 직각이 그것에 상응한 작용을 할 수 있다. 왜냐하면 이지는 지시 관계가 명확한 것을 나타낼 수 있지만 유동적인 것을 포착할 수 없기 때문이다. 예컨대 음과 양은 문자적인 의미로 햇볕이 드는 곳이 그렇지 않는 곳을 나타낸다. 음과 양이 이런 뜻으로만 쓰인다면 이지가 그것의 의미를 드러낼 수 있다. 하지만 음과 양이 인체나 장기만이 아니라 인륜 관계에도 적용되는데, 이때는 이지로 음과 양의 의미를 도저히 포착해낼 수 없다. 즉 무의미하게 된다. 또 건과 곤이 단순히 하늘과 땅을 가리키면 이지가 얼마든지 그것의 의미를 나타낼 수 있다. 하지만 건과 곤이 지리적 영역과 사회 역할만이 아니라 사회 운영의 원리를 나타내면, 이지는 한계를 드러내게 된다. 직각은 고정된 의미 연관에 매여 있지 않으므로 음과 양, 건과 곤처럼 유동적인 맥락을 갖는 것의 의미를 생생하게 포착해낼 수 있는 것이다. 이것이 세 번째 특징으로서 직각 중심의 인식론이라고 할 수 있다.

이상이 주로 『주역』을 통해서 중국 형이상학을 재구성한 것이다. 이어서 그는 공자 사상의 재해석을 통해 중국 형이상학을 재확인하고 인생철학의 측면에서 그것의 정체를 한층 더 뚜렷하게 제시하고 있다. 량수밍은 『주역』과 『중용』의 구절을 끌어와서 공자가 끊임없는 재생과 성장 그리고 변화를 통해서 우주를 충만한 생명력의 존재로 보았다고 주장했다. 이것은 변화의 형이상학과 상통하는 부분이다.[54]

다음으로 량수밍이 강조하는 것은 공자의 무표시無表示와 불인정不認定이란 규정이다. 이 두 용어 모두 오늘날 량수밍이 사용했던 맥락으로 쓰이지 않으므로 약간의 풀이가 필요하다.

표시와 무표시는 초, 분, 시 단위로 분할해서 시간을 파악하는 것과 시간을 분할할 수 없는 흐름으로 보는 것의 차이를 나타낸다. 우리는 60분으로 나뉘어져서 1초 단위로 가는 시계를 보는 데에 익숙하므로 19초과 20초의 경계가 선명하고 뚜렷하게 구분되는 것으로 여겨진다. 시계의 진행과 시간의 흐름이 일치한다고 생각하는 것이다. 그러나 이것은 시간 인식을 위해서 편의적으로 분할한 것이지 시간의 흐름에 일대일로 대응한다고 생각할 수 없다.

마찬가지로 사물의 생과 사를 어떤 시점을 경계로 확연하게 나뉘어져 어느 지점까지 생의 상태(시간)이고 어느 지점부터 사의 상태(시간)라고 규정하려 한다. 하지만 생과 사가 겹쳐 있는 상태(시간)는 생과 사 어디에도 속하지 않는 제3의 상태라고 해야 하는가? 이처럼 '무표시'는 량수밍이 아마 베르그송 철학의 영향을 받은 것으로, 사물을 영원한 지속duration이나 부단한 흐름으로부터 인위적으로 잘라내서 파악하는 것이 아니라 지속의 상태를 직관하려는 사고방식을 나타낸다고 할 수 있다.

인정은 오늘날 인정의 뜻보다는 융통성 없이 무엇을 믿으며 그것이 절대적으로 옳다고 굳게 지키는 교조적인 태도를 나타낸다. 인정은 하나의 객관적이고 고정적인 도리를 찾아서 그것에 매달려서 이것은 선이고 저것은 악이라는 식으로 획일적으로 규정하는 것이라고 할 수 있다. 불인정은 공자가 "억측하는 등 네 가지 행위를 하지 않았다"(「자한」 4)거나 "꼭 해야 한다는 것도 없고 꼭 하지 말아야 한다는 것도 없다"(「미자」 8)는 말에서 보이듯 때에 맞는 것[時中]에 따르는 것이다.[55] 이런 무표시와 불인정은 변화와 조화의 형이상학과 상통하는 것이다.

마지막으로 량수밍은 공자와 맹자의 도덕 행위를 객관적 기준을 세워서 숙고하고 계산하는 것과는 완전히 다르게 일에 부딪히는 대로 감응하는 것으로 설명한다. 즉 별도의 기준과 목표를 세우지 않고 일에 따라 감응하는 것이 바로 변화이고, 이 변화가 저절로 이치에 들어맞고 저절로 조화를 이루므로 모든 대응이 적절하게 된다는 것이다. 여기서 우리는 사람이 어떻게 저절로 이치에 부합하고 조화를 이룰 수 있는지 그 근거를 묻게 된다.

이에 대해 량수밍은 『맹자』 「진심 상」 15의 "배우지 않고 잘할 수 있고 배우지 않고 잘 아는" 맹자의 양능良能과 양지良知에 대하여 갑작스럽게 직각과 동일하다는 결론을 내린다. 여기에 그치지 않고 그는 선을 좋아하는 윤리적 직각과 아름다움을 좋아하는 심미적 직각을 다른 것이 아니라 동일한 것으로 간주하고 있다.[56] 이로써 직각은 객관 대상에 대한 사실적 지식만이 아니라 윤리적 선과 예술적 미를 파악하는 전-포괄적 능력의 특성을 지니게 되는 것이다. 결국 직각이 진리를 파악하는 인식론에 한정되지 않고 바람직하고 아름다운 삶을 풍부하게 하는 다면적 앎이라는 것이 드러났다.

이렇게 보면 량수밍은 서양철학의 용어인 직각을 빌려 비량非量·양지良知·양능良能의 특성을 해명하지만 실제로 지행합일과 언행합일을 강조하는 공자나 왕양명 사상을 재해석하고 있는 셈이다. 이런 연유에서인지 량수밍은 '공자'나 '유가'라는 용어를 사용하면서도 '공가孔家'라는 말을 구사하는데, 이것은 공자 사상에 대한 재해석의 열망을 드러낸 것으로 읽을 수 있을 듯하다.

5 맺음말

량수밍의 『동서 문화와 그 철학』은 1920년대 초반에 출간되어 당시 커다란 반향을 일으켰고 4년에 걸쳐 일곱 차례나 중간重刊되었다. 물론 책이 전통으로 표상된 중국 문화가 무시되고 부정되던 1910년대에 출간되었더라면 전혀 다른 평가를 받았을 것이다. 『동서 문화와 그 철학』은 1920년대의 사상 공간에 어떤 기여를 했기에 열렬한 환영을 받을 수 있었을까? 그 이유를 두 가지 정도로 생각해볼 수 있다.

첫째, 량치차오의 『구유심영록』과 마찬가지로 량수밍의 『동서 문화와 그 철학』은 중국과 서양 문화의 대립과 차이를 전제하고 있다. 이런 동서 문화의 이원론은 1920년대 사상적 흐름이었던 중체서용론과 뚜렷한 차이를 드러내고 있었다. 량수밍이 량치차오와 마찬가지로 중국 문화의 복권을 주장했던 것은 문화의 이질성과 불가통약성incommensurability을 밝히기 위한 것이 아니라 현대성의 위기를 진단하고 극복하는 데에 그 목적이 있었다.[57] 즉 량수밍의 문화 동선이 근대의 모방과 좌절에서 탈근대의 기획과 선취에 있었던 것이다. 이것은 근대성을 추구하면서 동시에 그것의 폐해를 초월하는 탈근대성을 선취하는 이중 과제와 맞닿아 있었던 것이다.

둘째, 1920년대를 전후로 근대 중국에는 전통의 전면적 부정을 추구하는 신문화 운동의 소용돌이와 제1차 세계대전이 낳은 충격의 소식이 마구 뒤섞이는 공간이 발생했다. 신해혁명의 성공이 근대 중국에 서양과 동일한 근대성을 재현시키지 못하고 제정帝政의 기도와 군벌의 발호가 혼란을 증대시켰다. 이 틈바구니에 전통 비판의 소리가 조금 누그러졌지만 중국 문화의 부활을 주장하는 집단에서도 그럴듯한 재해석의 새로운 패러다임(범형)을 창출하지 못했다.

이 공간에 량수밍의 『동서 문화와 그 철학』은 전통으로서 중국 문화의 완전한 부정도 아니고 완전한 긍정도 아닌, 그렇다고 애매한 동서 문화의 융합론도 아닌, 세계 문화의 세 가지 유형을 들고 나와서 시대적 요구를 만족시켰던 것이다. 즉 중국 문화를 세계 문화의 일원이자 현재가 아니라 미래 세계 문화의 주역으로 자리매김했던 것이다. 바로 이 점은 량수밍이 단순히 전통시대 유교 지식인의 재현이 아니라 현대 신유가의 면모를 여실히 드러낸 것이다. 모두 어떻게 설명해야 할 줄 모르는 어정쩡한 상황에서 중국 문화에 대한 재해석의 범형을 제공한 공로는 적다고 할 수 없다.

특히 이 재해석의 작업을 위해 량수밍은 전통시대 진리의 보고였던 사서오경의 문헌을 답습하지 않고 통찰력을 얻고자 서양 지식인의 텍스트 내용을 과감하게 수용했던 것이다. 즉 진리의 텍스트가 확장된 것이라고 할 수 있다. "생각하기를 좋아하는 나는 여전히 끊임없이 관찰하고 사고를 해서 차츰 뭔가를 알아차리게 되었다愛用心思的我，仍然不停地在觀察，在思考，慢慢發覺."[58]

중국의 역사는 보기에 따라서 중심이 주변의 타자를 끊임없이 동화시키는 과정으로 볼 수도 있고, 계기적으로 출몰하는 타자의 위협으로부터 문화의 정체성을 고수하기 위해 분투했던 과정으로 볼 수도 있다. 량수밍은 확실히 서양, 즉 기존의 진리와 인식 체계로 해석되지도 동화되지 않는 타자의 출현에 맞서 중국 문화의 법고창신法古創新을 기획하고 실천하려 했던 사상가였다.

제16장

상성의 윤리

유교 윤리의 동반성(삼강오륜)에 대한 현대적 재해석

1 여는 글

서양철학의 윤리를 대별한다면 공리주의와 의무론으로 양분할 수 있을 것이다. 공리주의는 내부적으로 차이가 있지만 쾌락과 고통의 계산 결과에 초점을 두고 있다. 의무론은 행위의 결과를 따지지 않고 오로지 옳기 때문에 해야 한다는 대응(응답)을 중시한다.

의무론에는 사람이 어떠한 경우에도 '절대로 할 수 없는 행위'와 '반드시 해야 하는 행위'의 구별이 있다. 예컨대 안사술(안락사)에 대해 부정적인 견해를 보일 수 있다. 왜냐하면 안사술에는 어떤 이유로도 정당화될 수 없는 반윤리적 특성이 있기 때문이다. 공리주의는 원래부터 하지 말아야 할 행위의 목록이나 금기는 없다. 다만 상황에 따라 결과가 나쁜 경우 행위로서 선택되지 않을 뿐이다.

공리주의와 의무론이 이러한 차이를 보임에도 불구하고 둘은 공통점도 있다. 그것은 바로 둘 다 윤리적 행위의 주체가 개인이라는 점이다. 공리주의에 따르면 합리적 개인은 행위의 목록을 작성하고서 각각이 낳을 수 있는 선악의 결과를 냉철하게 계산하여 그중 나은 것을 실행할 것이다. 의무론에 따르면 합리적 개인은 보편 가능한 행위를 찾아내서 자유 의지로 선택하고서 어떠한 고통이 따를지라도 실행으로 옮길 것이다. 주체로서 '나'는 가장 우선적으로 나의 의지를 실현하고자 한다. 물론 나의 행위로 인해서 사회적으로 좋은 영향을 주거나 비슷한 경우에 있는 사람에게 빛을 던져줄 수 있다. 하지만 그것은 나의 행위로 인해서 수반되는 좋은 현상이지만 내 행위의 목표도, 이상도 될 수가 없다.

유교 윤리 하면 우리는 충효忠孝, 성誠 등을 떠올리곤 한다. 이들을 공리주의와 의무론에 견주어보면 어느 쪽과 어떤 점에서 비슷하고 다를까? 효孝가 부모를 포함해서 가족에게 불행보다 행복을 늘리는 것이라고 볼 수 있다면 공리주의와 닮아 보인다. 성誠은 이기심·자기기만·의지박약 등 인간의 자연적 조건을 초월해서 천지(자연)의 덕성에 동참하는 것과 관련이 있으므로 의무론과 닮아 보인다.

이러한 유사성에도 불구하고 차이점은 엄연하게 있다. 그것은 바로 유교 윤리와 그 덕목이 개별 주체의 지성과 자유의지에 따른 선택과 결의 그리고 행위로만 완결되지 않는 특징을 지니고 있다는 것이다. 행위 주체로서 나는 자신의 의지만을 앞세우는 것이 아니라 행위 대상으로서 타자의 의지를 고려해서 두 의지가 합치되는 지점을 찾아야 한다.

효도의 경우 나의 의지대로 하는 것이 아니다. 오히려 타자의 의지를 고려하지 않으면 나는 효도를 하려다가 불효를 할 수도 있다. 오히려 나는 자신의 생각에 갇혀 있지 않고 사유실험thought experiment과 역지사지易地思之를 통해서 타자가 되어 생각을 하게 된다. 유교 윤리에서 나는 나이면서도 나가 아니고, 타자는 타자이면서도 타자가 아닌 이중성을 갖는다. 이처럼 유교 윤리에서 피할 수 없는 이러한 모순적 상황을, 나는 존재의 '동반성partnership'으로 보고자 한다.

존재의 동반성은 시대와 사회의 문맥에 따라 다양하게 평가되어왔다. 예컨대 효도가 끊임없는 복종을 낳는 봉건 윤리로 간주될 때, 동반성은 존재의 자유와 평등을 억압하는 기제로 평가된다. 반면 효도가 유일신이 부재한 전통에서 유한한 인간의 조건을 넘어서게 하는 바탕으로 여겨진다면, 동반성은 존재의 고향이다. 이번 장에서는 유교 윤리가 생성되고 확산된 동아시아 전근대의 문맥이 아니라 현대의 문맥에서 동반성同伴性을 재해석해보고자 한다.

2 '구삼강오륜'의 특성과 근대의 '삼강오륜' 논쟁

삼강과 오륜은 유교 윤리에서 전제하는 존재의 동반성을 살펴보는 데 가장 적절한 개념이다. 여기서는 삼강·오륜의 기원과 차이 그리고 그 특징을 살펴보고자 한다. 이어서 유교 윤리가 현대사회의 동반성에 대응하려면 구삼강오륜舊三綱五倫에서 신삼강오륜新三綱五倫으로 전환해야 한다는 점을 논의하고자 한다.

삼강오륜 속의 관계적 자아

동물에 대비되는 종적 특징을 나타내지 않을 때 유교 윤리에서 도덕 행위자는 '사람[人]'이라는 통칭으로 불리지 않는다. 행위자는 현실 세계의 다양한 관계, 특히 혈연관계에 따라 역할 담지자로 분할된다.

예컨대 '나'는 낳아 길러준 부모에 대해 자식이고, 낳아 기른 자식에 대해 부모가 된다. 형제자매 중에도 출생 순서와 성별에 따라 언니나 동생, 형과 동생, 오빠와 누이, 누나와 동생 등의 호칭으로 불린다. 이로써 '나'는 늘 부모나 형제자매와 하나의 역할 상대(쌍)로 연결되어 있는 한 의미 있는 존재가 되므로, 부모와 형제자매가 없는 나는 있을 수 없다.

'아비 없는 자식'은 단순히 아버지가 분명하지 않다는 사실을 말하는 것이 아니라 사람 구실을 할 수 없다는 배제의 욕망을 표현하고 있다. '나'는 자연적, 사회적 역할로부터 완전히 독립된 존재가 아니라 그런 역할들을 많이 맺으면 맺을수록 사람이 되어가는 것이다. 이러한 맥락에서 유교 윤리에서 "사람은 관계적 존재relational being이다"라고 할 수 있다.

유교의 이러한 특징과 관련해서는 공자의 『논어』에서 분명하게 확인할 수 있다. 『논어』에 보면 걸닉桀溺은 사람을 피하는(가리는) 부류[辟人之士]와 세상을 피하는 부류[辟世之士]로 은자를 구분하고서 자신을 전자에, 공자를 후자에 배당하고 있다. 공자도 이 구분법을 받아들이면서 자신은 조수와 무리지을 수 없고 사람과 어울릴 수밖에 없다고 설명하고 있다. (「미자」 6)

『장자』를 보면 공자는 자상호子桑戶가 죽자 자공을 조문하게 했는데, 자공은 조문을 가서 노래를 부르는 이상한 상례를 보고 왔다. 이에 공자는 세상 밖을 노니는(거니는) 사람과 세상 안을 노니는 사람으로 구분하고 있다.[1] 그리고 공자는 노동할 줄 모른다며 자신을 비판하는 은자隱者에게 제 한 몸을 깨끗하게 하려고(더럽히지 않으려고) 사회적 역할을 저버릴 수 없다고 반박했다.(「미자」 7) 공자는 철저하게 사람을 세상 안에서 다양한 역할을 맡은 존재로 고려하고 있다.

사람이 다양한 역할을 맡는 존재라면, 역할들의 관계가 문제될 수 있다. 이를 조정하고 규제하는 것이 바로 삼강과 오륜이다. 삼강과 오륜은 사람 사이의 동반성을 규정하는 것으로 유교 윤리의 핵심으로 간주되어 왔다. 하지만 그 기원은 훗날의 영광만큼 그렇게 권위 있지 못하다. 삼강과 오륜 각각의 기원을 살펴보자.

'삼강三綱'이란 말의 기원은 서한西漢 초기 사상가 동중서의 『춘추번로春秋繁露』에서 비롯됐다. 삼강은 『춘추번로』 「심찰명호深察名號」와 「기의基義」에 각각 한 번씩 쓰인다. 하지만 『춘추번로』는 사람이 "삼강과 오기를 따른다"거나 "왕도의 삼강은 하늘에서 찾을 수 있다"고 할 뿐이다.[2] 역사적으로 삼강의 구체적인 내용으로 알려진 "군주는 신하의 중심이고, 아버지는 자식의 중심이고, 남편은 아내의 중심이다"라는 말은 보이지 않는다. 그 말은 서한 말에 유행했던 위서緯書에서 처음 모습을 드러냈다.

『예기』를 보면 "그런 다음에 성인이 나타나서 부자와 군신의 관계를 바로잡기 위해 기강을 마련한다"고 했다. 이에 대해 공영달孔穎達이 주석을 달아 『예기』의 위서 『함문가含文嘉』를 인용하면서 삼강과 그 내용을 소개하고 있다.[3] 이렇게 보면 유교 윤리의 핵심으로 여겨져온 삼강과 그 내용은 처음부터 하나로 통합되어 있지도 않았고 그 내용의 경우 유교의 경서經書가 아니라 출처가 불확실한 위서緯書에서 연원하고 있다. 어정쩡한 태생에도 불구하고 한나라 이래로 '삼강'과 그 내용이 의심받지 않고 수용됨으로써 유교 윤리의 핵심으로 자리하게 되었다고 할 수 있다.

삼강에서 사람은 '사람' 일반으로 머무르지 못하고 군주와 신하, 아버지와 자식, 남편과 아내의 여섯 가지 역할 존재로 분류되고 있다. 여섯 가지 역할은 모두가 동등하게 중심이자 주체로 자리매김되지 않는다. 그것은 다시 태양과 그 주위를 포진해 있는 위성처럼 중심과 주변으로 재배치되고 있다. 이때 중심과 주변이 뒤섞이지 않고 영원히 적당한 거리를 유지할 때 중심은 주변에 대해 지배적이며 절대적인 지위를 지키게 된다. 이를 "a가 b의 강綱이 된다"는 의미 형식으로 담아내고 있다.

이제 삼강과 그 표현 형식 및 성격을 달리하는 오륜五倫을 살펴보자. 유래를 보면 '오륜'은 '삼강'에 비해 다른 양상을 보인다. 오륜의 내용은 선진시대부터 유교 문헌에 나오지만 정작 오륜이란 용어는 명나라에 이르러서야 처음으로 나타난다. 오륜의 내용은 『맹자』에 보인다.

요순 시절에 겨우 먹고 자고 입는 문제가 해결되었지만 교양이 없어 사람은 금수와 다를 바가 없었다. 요임금은 이 문제를 해결하기 위해 설로 하여금 사도로 임명해서 인륜을 가르치게 했는데, 그 내용은 널리 알려진 바와 같다. "아버지와 자식 사이에는 친함이 있고 군주와 신하 사이에는 도의가 있고 남편과 아내 사이에는 구별이 있고 어른과 아이 사이에는 차례가 있고 친구 사이에는 믿음이 있다."[4]

규범과 신화 전설의 요순시대를 연결시키는 것은 맹자가 말만 하면 '요순'을 들먹이는 효과와 권위를 덧보태려는 수사적 표현, 아니면 분파적 대결 의식과 관련이 있을 것이다.(「등문공 상」 1) 중요한 것은, 우리가 그 규범을 오륜으로 알고 있지만 맹자는 인륜人倫으로 적시하고 있다는 것이다. 물론 오륜을 다섯 인륜, 즉 오인륜五人倫의 약칭으로 본다면 둘 사이의 차이는 없다. 하지만 둘은 초점이 다르다. 오륜은 인륜을 다섯 가지로 조직한다는 폐쇄성을 드러내지만 인륜은 사람이 발휘해야 할 것에 초점이 있다. 또 오륜은 확장될 가능성이 없지만 인륜은 그 가능성이 얼마든지 열려 있다.

문제는 오늘날 우리가 유교 윤리의 핵심으로 알고 있는 오륜과 그 내용의 결합이 그렇게 오랜 역사적 시원을 가지고 있지 않다는 것이다. 일단 '오륜'이란 말 자체가 명나라에 이르러서 처음 쓰이기 시작했다. 예컨대 심역沈易의 『오륜시五倫詩』 5권(또는 『유학일송오륜시선』)이나[5] 선종宣宗(재위 1425~1435)의 『어제오륜서御製五倫書』 62권(1447년 간행)[6] 등이 그 처음이다. 그 뒤 『소학小學』의 주석서에서 '오륜'을 차용했고 청나라에 이르러서 많이 사용하면서 오늘날처럼 일반화되었다.[7]

그러면 오늘날 '오륜'으로 알려진 규범의 내용은 어떤 용어로 대변되었을까? 오늘날 '오륜'으로 알려진 내용과 완전히 일치하지는 않지만 선진시대의 문헌에서부터 유사한 규범을 통칭하는 용어가 없었던 것은 아니다. 예컨대 『서경』 「순전堯典」에 요임금이 순으로 하여금 "오전五典을 조심스럽게 실행하게 하자 사람들이 오전을 잘 지키게 되었다"[8]는 구절이 나온다. 「요전」에서는 오전의 내용을 특칭하지 않았지만 맨 앞부분에 나오는 "구족과 화목하게 지낸다"는 것과 관련이 있어 보인다.[9] 『논어』에도 공자는 어른과 아이 사이의 절도, 군주와 신하 사이의 도의를 저버릴 수 없다면서 둘을 '륜倫'으로 표현하고 있다.[10] 이렇게 보면 삼강 이외에 인간관계의 규범을 나타내는 말로 오전五典·인륜人倫·대륜大倫 등의 말이 내용을 조금씩 달리하면서 다양하게 쓰이고 있었다고 할 수 있다.

그렇다면 계통을 달리하는 삼강과 오륜의 유사 표현들(오전·인륜·대륜)이 언제, 어떻게 결합하게 되었을까?[11] 이미 말했듯이 오륜이 명나라 이후에 생겨났으므로 오늘날 유교의 강상윤리를 대변하는 '삼강오륜三綱五倫'이 이 질문의 대답이 될 수는 없다.

이와 관련해서 널리 주목을 받는 것이 『백호통의白虎通義』 「삼강육기三

綱六紀」이다. 삼강육기는 책의 편명이기도 하면서 삼강과 육기를 합친 개념이다. 삼강은 『함문가含文嘉』의 내용을 인용하면서 군신, 부자, 부부 사이를 규율하는 규범으로 설명되고 있다. 육기는 제부諸父·형제·족인·제구諸舅·사장師長·붕우 사이를 규율하는 규범으로 설명하면서 그 내용을 "아버지와 형 항렬을 공경하고, 육기의 도가 실행되면 제구 사이에 범절이 있고, 족인들 사이에 차서가 있고, 형제 사이에 우애가 있고, 사장은 존경받고, 붕우 사이가 오래가게 된다"로 풀이하고 있다.[12]

이 내용 또한 출처가 『함문가』이다. 육기는 오륜의 언어 형식으로 되어 있어 둘 사이의 유사성이 있다고 할 수 있다. 다만 육기는 오륜에 비해—당시 사회 질서를 반영하는 듯—친족과 처족의 혈족 관계를 강조하고 있어 관계가 하나 더 많다. 특히 오기가 아니라 육기가 된 것은 삼강이 천天·지地·인人에 대응하듯이 육기六紀가 육합六合, 즉 사방四方과 상하上下의 공간에 대응하기 때문이다. 즉 작의적인 조합의 느낌을 지울 수는 없지만 삼강과 육기의 인간사회 규범이 천지의 질서만이 아니라 생활세계의 구역과 상징적으로 결합되어 있다는 것을 나타내고 있다.

다음으로 삼강의 삼과 오륜 부류의 오가 결합되는 경우를 보자. 사실 『백호통의』의 삼강육기도 『춘추번로』에는 삼강오기로 되어 있다.[13] 즉 육기의 육이 절대적이지 않고 다른 규범과의 관계에 따라 가변적일 수 있는 것이다. 이밖에도 일찍부터 삼강오상三綱五常이란 말이 있었다. 이 말은 『논어』의 "은나라는 하나라의 예제에서 연유했으므로 덜고 더한 부분을 알 수 있다"에 대한 마융馬融(79~166)의 주석에서 처음으로 나온다. 그는 "연유하는 것은 삼강오상이고 덜고 더한 부분은 문질文質과 삼통三統이다"라고 풀이했다.[14] 그가 더 이상 부연설명을 하지 않아 이 오상의 정체가 무엇인지는 분명하지 않다.

한나라에 이르면 오상은 오늘날처럼 인仁·의義·예禮·지知·신信의 다섯 덕목을 가리키기도 하고[15] 또 오전五典과 같은 뜻으로 부의父義·모자母慈·형우兄友·제공弟恭·자효子孝처럼 오륜의 의미 맥락으로도 쓰였다. 이렇게 본다면 삼강三綱과 오상五常 또는 오륜五倫은 별도의 기원과 계통을 가지고서 인간관계를 규제하는 규범 역할을 해온 것이다. 한나라에 이르러 둘은 삼강오상으로 통합되어서 쓰이기 시작하다가 주희에 의해서 유교 윤리를 대변하는 말로 널리 통용되었다.[16] 한편 '오륜'이란 용어가 늦게 쓰인 탓에 '삼강오륜'은 확실하지 않지만 적어도 명청 이후에 널리 쓰이면서 점차로 삼강오상과 경쟁하다가 오늘날 그에 필적한 만한 지위를 갖게 되었다고 할 수 있다.[17]

이제 기원과 계통을 달리하는 삼강과 오상(오륜)의 특색을 살펴보도록 하자. '오륜'이란 용어가 늦게 출현했다고 하더라도 그것을 대신할 만한 오전五典·오상五常·오행五行 등이 있고 『맹자』에 그 내용이 온전한 형태로 있으므로 오상(오륜) 형식은 선진시대에 형성되었다고 할 수 있다. '삼강'이란 용어가 전한 초에 보이고 그것을 대신할 만한 용어가 없고 그 내용도 출처를 신뢰할 수 없는 전한 중후기의 위서緯書에 보이므로, 삼강 형식은 『한비자』와 『의례』에서 보이듯 전국시대에 서서히 형성되다가 전한 중기 이후에 온전한 꼴을 갖추었다고 할 수 있다. 그와 동시에 전한과 후한 교체기에 삼강과 오상(오륜)이 결합되기 시작했다고 할 수 있다.

삼강과 오상(오륜)은 기원과 계통을 달리하는 만큼 둘은 특징을 달리하는 것일까? 이에 대해 오상은 선진시대에 종법이 약간 느슨하게 사회를 규율하고 씨족의 민주적 유대와 따뜻한 혈족의 인정이 남아 있던 상황에서 형성된 반면, 삼강은 종법이 사회를 전제적으로 규율하고 특권계급의 권력을 강화시켜주던 한 제국 시대에 형성되었다고 한다. 이에 따르면 삼강은 사람의 관계를 지배와 복종이라는 일방적인 권위주의의 틀로 규정하지만 오륜은 사람이 관계 유지를 함에 있어 쌍무적인 부담을 지고서 노력해야 한다.[18]

이러한 주장은 나름대로 근거가 있다. 삼강은 그 내용의 표현 형식에서 군주와 신하, 아버지와 자식, 남편과 아내가 중심과 주변으로 나타난다. 동중서는 삼강의 인간관계를 음양陰陽과 결부시켜서 중심을 양에, 주변을 음에 배당시킨다. 나아가 그는 하늘이 양을 가까이하고 음을 멀리한다는 관찰에 따라 양존음비陽尊陰卑의 사고를 주장했다. 이에 따라 양의 역할은 주도적이고 긍정적이고 건설적이어야 하며 음의 역할은 수동적이고 부정적이고 파괴적이어야 한다고 요구했다.[19]

오륜은 내용의 표현 형식에서 아버지와 자식, 군주와 신하 등에 일방적이지 않은 쌍방의 책임을 요구하고 있다. 예컨대 아버지와 자식은 각각 차가운 남이 아니라 서로 가깝게(따뜻하게) 느끼도록 해야 한다. 이를 위해서 자식이 아버지에게 효도를 하고 아버지는 자식에게 자애를 베풀어야 한다. 또 군주와 신하는 각각 노골적으로 힘과 욕망을 앞세우지 않고 합리적으로 서로를 규제할 수 있는 도의를 지켜야 한다. 이를 위해서 신하는 군주에게 충실하고 군주는 신하에게 예우를 해야 했다.[20] 심지어 순자는 군주와 신하(신민)의 관계를 배와 물로 비유하고 물이 배를 뒤엎을 수 있다고 말하기까지 했다.[21]

이런 구분법에 따르면 전근대의 동아시아 사회는 오륜이 아니라 삼강의 윤리에 의해, 엄격한 신분제에 따른 차별을 유지하게 된 것이다. 그렇더라도 전근대 신분제 사회의 권위주의 특성을 모두 삼강으로 돌릴 수 없다고 생각한다. 삼강과 오륜의 차별론이 부당한 이유는 몇 가지로 생각해볼 수 있다.

첫째, 삼강과 오상(오륜)은 기원과 계통을 달리하지만 한나라 이후 '삼강오상'으로 결합되어 유교 윤리의 핵심을 대변해왔다는 사실을 외면하고 있다. 삼강과 오상이 기원과 계통이 다를 뿐만 아니라 이질적이라면 삼강오상의 결합은 성립될 수 없다. 즉 삼강 없는 오상이 있을 수 없듯이 오륜 없는 삼강이 있을 수 없다는 전제를 무시하는 것이라고 할 수 있다.

둘째, 『예기』에 따르면 예와 악이 각각 사회적으로 이화와 동화의 작용을 하면서도 예악으로 결합해서 공통으로 사회 질서를 유지하고 있다. 삼강과 오상의 경우도 예와 악과 마찬가지로 다른 특징을 가지고 있으면서도 각각 엄격함과 친근함으로 사람 사이의 원심력과 구심력을 조율하는 것이라고 할 수 있다.[22]

따라서 중요한 것은 삼강과 오상(오륜) 중 어느 것이 문제가 있고 없느냐를 따지는 공과론功過論이 아니라 두 가지가 하나로 묶일 수 있는 바탕에 전제되어 있는 내용이다. 근대의 시각에서 전근대의 신분제 사회와 삼강의 연관성을 지적하는 것을 넘어서 비판한다면 그것은 시대착오적 비판이라고 할 수 있다.

삼강과 오륜은 그 내용을 담아내는 표현 형식이 다르다. 하지만 두 가지는 모두 도덕 행위자가 주체의 욕망 또는 결단에 따라 행위를 하는 방식이 아니다. 두 가지는 모두 지속적으로 유지되는 사람 관계에서 행위자가 강하고 약한 차이는 있지만 상대를 배려하는 동반자 의식을 지니고 있다. 이에 대해서 동중서는 "모든 사물 또는 사태는 반드시 짝, 즉 상호 의존의 관계에 놓여 있다"고 주장했다.[23] 결국 관계를 벗어나는 사람이 없을 뿐만 아니라 규범도 성립할 수 없다는 것이다. 이런 점에서 삼강오상을 관계 윤리relation ethics라고 할 수 있다.

구삼강오륜과 근대

전근대 사회에서 삼강오상(삼강오륜)은 유교 윤리의 핵심이자 사회 질서의 기축으로서 높은 평가를 받았다. 하지만 청말민국초淸末民國初, 즉 전근대와 결별하고 새로운 사회가 모습을 드러낼 즈음에 이르러서 삼강오륜은 시련의 위기를 맞았다. 이 위기는 전적으로 삼강오륜이 차별적 신분 질서에 이바지했다는 전력에서 오는 것이다.

삼강오륜이 신분 차별에 기여한 것은 역사적 사실이므로 결코 부인할 수는 없다. 중요한 것은 삼강오륜이 과연 신분 차별의 요소를 걷어내고 나서도 새로운 근대사회에서 살아남을 수 있는가, 라는 데에 있다. 이와 관련해서 우리는 장지동張之洞(1837~1909)과 우위吳虞(1871~1949)를 통해서 삼강오륜이 어떻게 전근대를 넘어 근대와 접합할 수 있는지 살펴보도록 하자.

장지동은 『권학편勸學篇』「명강明綱」에서 삼강과 오륜이 새로운 사회에서 여전히 유효한 윤리라는 것을 주장하고 있다. 그는 청말민국초의 시대적 공간에서 삼강이 일본을 통해서든 번역서를 통해서든 새롭게 소개된 서양의 새로운 사상과 충돌한다는 것을 알고 있었다.

> 삼강은 오륜의 핵심이고 모든 도덕 행위의 근원으로 수천 년 동안 서로 이어졌지만 다른 뜻은 없었다. 성인聖人이 성인聖人이 되고 중국中國이 중국中國이 된 까닭이 실로 여기에 있다. 그러므로 군신의 대강을 안다면 민권의 주장이 통용될 수 없다. 부자의 대강을 안다면 부자가 같은 죄를 지으며 상복을 벗어던지고 제사를 내팽개치는 주장이 통용될 수 없다. 부부의 대강을 안다면 남성과 여성의 평등 주장이 통용될 수 없다.[24]

장지동은 삼강 중에서 군위신강이 민권설과 상충하고, 부위자강이 제사 폐지론과 상충하고, 부위부강이 남녀 평등설과 상충한다고 주장하고 있다. 민권이 실행되면 군권君權이 약화되거나 부정된다고 보고, 상례와 제례가 폐지되면 부권父權이 무너진다고 보고, 남녀가 평등해지면 부권夫權이 허물어진다고 보는 것이다. 이처럼 삼강, 다시 말해서 군권君權·부권父權·부권夫權의 삼권이 부정되면 수천 년간 면면히 이어져온 도덕 행위의 근원만이 아니라 중국이 중국일 수 있는 근거가 상실된다. 즉 삼강을 특정한 시대의 사회 규범이 아니라 중국의 정신 내지 전통 문화의 핵심으로 간주하고 있다.

그렇다면 민권설民權說, 제사 폐지, 남녀 평등설이라는 새로운 목소리가 엄연히 서양에 있는 만큼 그것을 어떻게 비판할 수 있을까? 장지동은 두 가지 전략을 사용하고 있다. 하나는 서양에도 중국의 삼강오륜과 비슷한 것이 있다고 주장하는 것이고 다른 하나는 민권설을 내세우는 사람들이 서양을 제대로 모른다고 역공을 취하는 방식이다.

장지동은 청말민국초의 시대 공간에서 입수한 정보와 학식을 통해 서양에도 중국과는 다르지만 삼강이 있다는 결론을 내린다. 예컨대 서양의 민주정과 입헌군주정에서 의회가 국사를 의론하지만 대통령은 의회를 해산할 수 있다. 군주의 위상이 중국처럼 엄격하지 않고 군주와 신민(시민)의 사이가 가까워도 군주의 명령과 위엄이 살아 있다. 이런 사례를 통해서 서양에도 군신의 인륜[君臣之倫]이 원래부터 있었다고 주장하고 있다. 또 모세가 십계十戒에서 야훼를 유일신으로 섬기라고 요구하면서 부모에게 효도하라고 언급했고, 집에 사당과 신주는 없지만 실내에 사진을 걸어두고 존경을 표한다는 점을 들어 부자의 인륜[父子之倫]이 원래부터 있었다고 본다.

그리고 그는 삼강을 부정하는 사람을 서양 것을 높이 치고 중국 것을 낮게 치는 무리[貴洋賤華之徒]로 부르면서, 그들이 서양을 학습함에 있어 모순을 보인다고 비판하고 있다. 그들은 말끝마다 서양 이야기를 하지만 실제로 서양의 정치, 학술, 풍속 중에서 좋은 것은 제대로 모르고 또 알면서도 배우려고 하지 않는다. 여기에 그치지 않고 그들은 본받지 말아야 할 서양의 질 나쁜 정치와 쓰레기 같은 풍속[秕政敝俗]을 높이 치면서 중국의 가르침과 정치를 모두 내다버리려 하고 있다는 것이다.

이에 따르면 삼강이 서양 정치문화의 정수이고, 민권과 남녀 평등설은 서양의 비정폐속秕政敝俗에 지나지 않는 것이 된다. 또 서양과 중국은 문화의 정수에서 아무런 차이가 없게 된다. 그렇다면 귀양천화貴洋賤華의 무리들은 무엇 하나 제대로 아는 것 없지만 시류에 따라 부나방처럼 이리저리 날뛰는 어중이떠중이가 되어버린다.

청말민국초에 삼강오륜은 그간 누려왔던 절대적인 지위가 흔들리고 있는 상황이지만 장지동의 주장은 오히려 공세적이라고 느껴질 만하다. 그의 주장에 따르면 삼강오륜은 근대와 접합 가능할 뿐만 아니라 서양과 공유하는 것이다. 즉 삼강오륜은 전근대와 근대라는 시간 및 중국과 서양이라는 공간을 뛰어넘어 동서고금에 영원하게 빛날 도덕규범으로 상승하고 있다. 위기가 오히려 기회가 된 셈이다.

장지동의 주장에도 논리적 허점은 물론 있다. 그는 철저하게 중국 기준으로 서양 문화의 현상과 본질을 자의적으로 평가하고 있다. 예컨대 민주정과 입헌군주정에서 대통령 또는 군주의 예우가 전제군주정에서 군주의 특권과 동일시되고 있다. 이는 서양 근대에서 일어난 정치적 혁명의 의미를 자의적으로 축소시키는 것이다.

우위吳虞는 장지동과 대척 지점에 서 있다. 장지동은 삼강오상을 영원한 도덕 원리로 보아서 근대 이후에도 여전히 생명력이 있다고 했다. 반면 우위는 효孝와 예禮로 대변되는 유교 윤리는 전제주의의 근거이고 심지어 사람을 잡아먹는[吃人] 비인간적 특성을 지닌다고 보았다. 이에 따르면 유교 윤리는 근대의 개막과 더불어 소멸될 수밖에 없는 것이다. 그가 이처럼 유교 윤리의 폐해를 강하게 부르짖는 이유는 세 가지를 찾을 수 있다.

첫째, 유교 윤리는 사람이 이성과 욕망에 따라 자기주장을 하는 주체적 인간이 아니라 상급자 또는 지배자를 위해 사는 순종적 인간을 길러 낸다고 본다.

정자가 말했다. 효도와 공손은 순종하는 덕성으로 윗사람을 침범하려

> 고 하지 않아 저절로 반란을 일으키는 일이 생길 수 없다. 이렇게 보면 그가 효를 가르치는 것은 충성을 가르치기 위함이다. 이것은 바로 윗사람이 어떠한 우롱을 하더라도 일반 사람들은 고분고분하게 윗사람의 말을 받아들일 뿐 그들을 침범하거나 그들에게 반란을 일으키지 못하도록 하기 위함이다. 중국을 '순종적인 백성을 만들어내는 커다란 공장'으로 만들고자 하는 것이다. (…) 실제로 지배자들은 충효 병용, 군부 병존이라는 막연한 주장을 이용해서 자신들의 전제專制를 부리는 사심을 채우고 있다.[25]

우위는 효를 부모에 대한 자식의 자연스런 애정의 표현으로 보지 않는다. 그는 효를 철저하게 기성의 사회 권력을 독점하려는 복종의 윤리로 간주하고 있다. 그렇지 않으면 왜 형벌 체계에서 불효를 가장 무겁게 다스리겠느냐고 되묻고 있다.

둘째, 오륜이 평등처럼 보여도 상급자를 제재할 수단이 없으므로 유교 윤리는 불평등한 인간관계를 해결할 수 없다.

> 효제를 주장하더라도 그것은 오로지 군주·부친·어른·윗사람만을 위해 내세우는 것이다. 다만 그들이 쫓겨나거나 살해당하는 재앙을 피할 방도를 찾을 뿐이지 그들이 쫓겨나거나 살해당하는 원인은 물어보지도 않고 신하·자식·낮은 신분·아이의 인격을 보호하고 존중하는 권리에 신경 쓰지 않는다. 예컨대 사람의 어버이이면 자식을 사랑하고 사람의 아들이면 부모에게 효도해야 하니, 둘 사이가 평등해 보인다. 그러나 자식이 불효하면 오형의 3000가지 형벌 중에 불효보다 죄

가 무거운 것이 없다. 부모는 자식을 사랑하지 않더라도 제재할 길이 없다. 군주가 예로 신하를 대우하고 신하가 충성으로 군주를 모시니, 평등해 보인다. 신하가 불충할 경우 신하가 반란할 수 없는데 반란한다면 반드시 주벌되어야 한다. 군주가 신하에 대한 예를 위반하더라도 원래 제재할 길이 없다. (…) 유교의 해독은 참으로 홍수와 맹수에 비해 적지 않다.[26]

우위는 유교 윤리가 평등의 싹을 지니고 있더라도 너무 불완전하여 현실에서 규제력을 발휘할 수 없다고 주장하고 있다. 이 주장은 앞서 보았듯이 삼강과 오상(오륜)의 차별론자들은 오륜이 평등하고 민주적 요소를 지니고 있다고 한 것과 상반된다. 즉 오륜이 군주와 어버이로 하여금 쌍무적 윤리를 준수하게 할 수 있다고 하더라도 그것을 거부할 때 아무런 제재 조치가 없는 것이다. 이로써 오륜과 삼강의 차별 지점이 소멸된다.

셋째, 공자의 강상예교를 극단적으로 몰고 가면 사람을 살리는 것이 아니라 사람을 죽이는 비인간성과 몰주체로 이어진다.

공 선생의 예교를 극단적으로 끌고 가면 사람을 죽이고 사람을 잡아먹지 않고서는 성공하지 못한다. 이는 참으로 비참하고 잔혹한 일이다. 역사의 한 부분에서 도덕을 강조하고 인의를 역설한 사람이라도 기회가 주어지면 그는 직접적으로나 간접적으로나 모두 인육을 먹었다. (…) 오늘에 이르러 우리는 다음을 깨달아야 한다. 우리는 군주를 위해서 사는 것이 아니다! 성현을 위해서 사는 것이 아니다! 강상예교를 위해서 사는 것이 아니다! '문절공文節公'이니 '충렬공忠烈公'이니 무엇 하러 떠들겠는가? 모두 사람을 잡아먹는 사람이 예교를 강조하고, 예교를 강조하는 사람이 사람을 잡아먹는 자인 것이다![27]

우위의 결론이 정제되지 못하여 자극적으로 보이지만 일말의 진실이 없는 것은 아니다. 그는 역사서에서 '충의' '도덕'으로 인해 일어난 자살, 살상 등 각종 비인간적 사례를 적시하고 있다. 하지만 부분적 예시를 가지고 모든 예교에 대한 일반적인 주장을 내린다는 점에서 논리적 오류를 범하고 있다. 하지만 그의 비판은 강상예교가 절대화 또는 경직화될 때 나타날 법한 병리 현상을 지적하고 있다. 즉 그는 선이 인간의 해방을 가져오는 것이 아니라 인간에게 폭력을 가하여 악과 경계가 뚜렷하지 않을 수 있다고 보는 것이다.

이제까지 우리는 장지동과 우위가 각각 유교의 삼강오상(삼강오륜)이 근대와 접합될 수 있는가를 두고 펼친 찬반양론을 살펴보았다. 그러나 두 사람의 날선 입장만큼 논점은 치밀하지도 심층적이지도 못했다. 장지동은 서양과 중국의 우연한 일치에 주목해서 삼강오상을 전근대와 근대, 중국과 서양을 아우르는 보편 규범으로 성급하게 결론내리고 있다.

마찬가지로 우위는 역사적 사례와 사회 현상에 주목해서 유교 윤리가 단순히 신분과 불평등의 봉건예제라는 점을 들추어내는 데에 그치지 않고 식인食人을 낳는 비인간성과 몰주체라고 비판하고 있다. 이러한 주장은 유교 윤리에 대한 객관적이며 냉혹한 성찰이라기보다 청말민국초라는 시대 상황에서 수구와 변혁이라는 사회정치 분야의 운동campaign에 가깝다. 그만큼 삼강오상(삼강오륜)이 가진 특성이 제대로 논의되지 않은 채 옹호와 반대의 이분법적 대립 속에서 각자의 정당성만을 소리 높게 외친 격이었다. 이제 다시 삼강오륜의 의의를 객관적으로 따져봐야겠다.

3 신삼강오륜의 제언: 동반同伴과 공진共進의 관계적 자아

삼강오상 또는 삼강오륜은 전근대의 신분사회를 규율했던 규범이었다. 삼강오륜을 불평등의 낙인과 분리시켜 현대사회에서 재생할 수 있는 길이 있는 것일까? 이 점에서 나는 삼강오륜을 동반성에 입각한 관계 윤리, 배려와 평등에 수반하는 상호 주체 또는 관계적 자아의 확립으로 재해석하고자 한다.

관계 윤리의 특징과 사각지대

삼강과 오상(오륜)의 관계 윤리는 전근대 사회에서 모든 도덕 행위의 근원으로서 절대적 위세를 누렸다. 그렇다면 근대 사회에서도 그와 같은 권세를 누릴 수 있을까, 아니면 조금 약화된 권세를 누릴 것인가? 이 질문에 긍정적으로 대답하려면 삼강과 오륜의 관계 윤리는 적어도 세 가지

시련을 타고 넘어가야 한다.

첫째, 삼강오륜은 우위가 제기했던 반인간성의 혐의를 털어낼(벗어날) 수 있어야 한다. 삼강오륜이 근대에 살아남는다고 하더라도 그것은 전근대의 신분제 사회에서 했듯이 신분적 불평등을 옹호, 강화시킬 수는 없다. 오히려 삼강오륜은 사회의 모든 영역, 특히 사적 영역에서 신분이 아니라 계층과 세력의 다소나 강약에 의해서 침해받을 수 있다.

이와 관련해서 캉유웨이와 담사동譚嗣同(1865~1898)의 성찰을 주목할 만하다. 『대동서大同書』「서언」을 보면 캉유웨이는 사람을 포함해서 모든 생물은 괴로움을 벗어나서 즐거움을 찾으려 한다[救苦求樂]고 주장한다. 이를 위해서 그는 고통이 생겨나는 근원을 찾고자 했다. 그는 그 원인이 국계國界·급계級界·종계種界·형계形界·가계家界·업계業界 또는 산계産界·난계亂界·유계類界·고계苦界 등 아홉 가지에 있다고 보았다. 여기서 계界는 관계가 폐쇄적으로 일어나는 경계이기도 하고 그 경계에 의해서 생겨나는 우대와 냉대의 차별이 갈리는 분기점이기도 하다.

국가와 국가의 구별, 즉 국계國界가 살아 있기 때문에 힘의 우위를 바탕으로 서로 공격을 일삼게 된다. 캉유웨이는 국가와 국가의 계를 없애 버린다면 전쟁을 일으킬 가능성 자체가 사라진다고 본다. 이처럼 계가 있는 한 평화와 번영으로 나아가 즐거움을 낳는 것이 아니라 투쟁과 대립으로 진행되어 고통을 낳을 수밖에 없으므로 국가를 구별하는 계를 없앨 것을 주장한 것이다.

담사동은 캉유웨이의 계를 망라網羅, 즉 그물로 비유해서 논의를 이끌어가고 있다.

제일 먼저 이익과 봉록(월급)으로 뒤엉킨 관료제가 드리운 그물을 뚫어서 찢어버리고 다음으로 세상의 학문, 즉 고증을 일삼고 문장에 빠진 학문이 드리운 그물을 뚫어서 찢어버리고, 다음으로 지구상에 있는 여러 학문이 드리운 그물을 뚫어서 찢어버리고, 다음으로 폭군마저 정당화하는 전제군주제가 드리운 그물을 뚫어서 찢어버리고, 다음으로 모든 것을 정당화해주는 하늘의 권위가 드리운 그물을 뚫어서 찢어버리고, 다음으로 지구상에 있는 여러 가지 종교가 드리운 그물을 뚫어서 찢어버리고, 마지막으로 불교 진리가 드리운 그물을 뚫어서 찢어버리자.[28]

캉유웨이와 담사동의 주장에 따르면 사람은 계界와 망라網羅 속에 있는 고통에서 벗어날 수도 없고 거짓과 위선의 세계를 무력하게 만들 수도 없다. 삼강오륜의 옹호자와 달리 두 사람은 계와 망라의 관계가 해방이 아니라 고통을 낳는 근원이므로 그것을 철폐할 때 고통에서 벗어나서 해방을 얻게 된다고 본다. 예를 들면 캉유웨이는 사람이 가계를 벗어나 그 어디에도 매이지 않는 지평에서 새롭게 탄생한 사람을 '천민天民'[29]으로 표현하고 있다.

천민은 전근대 사회의 신민臣民이 아닌 근대사회에 새롭게 등장할 시민에 대한 새로운 이름이었던 것이다. 여기서 캉유웨이와 담사동이 사람을 묶는 틀을 가족만이 아니라 종족과 국가 등으로 확장하고 있는 것에 주의할 만하다. 사람은 종족과 국가의 논리에 포섭될 경우 국가주의, 국수주의, 민족주의 등의 이념에 사로잡혀서 자기 이외의 종족과 국가에 대한 배타적·적대적 행위를 선의 이름으로 정당화시킬 수 있다. 즉 사람이 관계 안에서 겪는 억압을 관계 밖에 전가시킬 수 있다. 이때 내부의 관계가 외부를 대상으로 해서 개별 단위로 응집되는 실체화 현상이 일어난다.

이렇게 보면 삼강오륜은 역할 상대끼리의 관계나 역할 상대를 한 쌍(덩어리)으로 묶어주는 가족, 국가 등의 층위에서 타자를 대상으로 한 폭력을 낳을 가능성을 배제할 수 없다.

둘째, 삼강오륜의 덕목은 자연적·사회적 관계에 놓인 사람들, 즉 특수 관계를 규율할 수 있지만 그 관계 밖의 사람을 규율할 수 없기 때문에 불완전한 규범에 지나지 않는다. 예컨대 오륜 중 부자유친은 개별 혈족 안에서만 통용된다. 사람들이 서로의 사정을 속속들이 알고 지내는 촌락 공동체라면 부자유친父子有親이 그 자체로 유효할 수 있다. 하지만 타인들로 뒤섞인 도시에는 숱한 아버지뻘과 자식뻘 되는 사람들이 있지만 이들 사이가 부자유친으로 규제될 수는 없는 것이다.

현대사회에서 삼강오륜을 고수한다면 의도하든 하지 않든 곳곳에 사람들을 윤리적으로 규제할 수 없는 사각지대가 끊임없이 생겨나게 된다. 이와 관련해서 살펴볼 만한 것이 량치차오가 『신민설新民說』에서 다루고 있는 공덕公德과 사덕私德에 대한 구분법이다. 그는 『신민설』의 제5절에서 공덕을 다루고 제18절에서 사덕을 다루고 있다. 그는 처음에 중국에 공덕이 부족하다는 현실을 지적하기 위해서 공덕을 먼저 다루었다가 혁명파의 등장 이후 개인 덕성을 강조하는 사덕에 초점을 두기에 이르렀다.[30]

우리나라 사람들에게 가장 모자란 것이 공덕의 측면이다. 공덕이란 무엇인가? (그것은) 사람의 사회가 사회 꼴을 이루고 국가가 나라 꼴을 이루는 바탕으로, 모두 이 공덕에 의지해서 성립되는 것이다. (…) 도덕의 본체는 하나일 뿐이다. 다만 밖으로 드러날 때 공과 사의 이름이 덧붙여진다. 사람들이 자기 한 몸을 깨끗하게 하는 것(獨善其身)을 사덕私德이라고 한다. 사람들이 서로 자신의 사회를 좋게 하는 것(相善其群)을 공덕公德이라 한다. 둘은 모두 사람이 살아가는 데에 없어서는 안 되는 그릇이다. 사덕이 없다면 사람 노릇을 할 수 없다. 비열하고 위선적이고 잔인하고 어리석은 자들이 제아무리 많이 모인다고 하더라도 나라를 이룰 수 없다. 공덕이 없으면 사회를 이룰 수 없다. 자신을 돌보는 데에만 만족한다면 깨끗하고 선량한 사람이 제아무리 많이 있다고 하더라도 나라를 이룰 수 없다. 우리 중국의 도덕 발달은 다른 나라에 비해 이르다고 할 수 있지만 성격을 보면 사덕에 치우쳐 있고 공덕은 거의 결여된 것과 마찬가지이다. 시험 삼아 살펴본다면 『논어』와 『맹자』 등의 책은 국민들의 목탁이고 도덕의 근원이다. 그중에 다루는 가르침은 사덕이 90퍼센트이고 공덕은 10퍼센트에도 미치지 못한다. (…) 사인私人—사인은 공인公人에 대비되는 말로 타인과 교제하지 않을 때의 개인—의 자격을 지녔다고 할지라도 완전한 인격을 갖추었다고 할 수 있겠는가? 그럴 수 없다.[31]

량치차오의 공덕결여론 또는 공덕의 상대적 부재론은 삼강오륜이 갖는 맹점을 가장 핵심적으로 지적하고 있다. 오늘날 세계화가 지속적으로 진행되는 상황에서 삼강오륜의 입지는 더욱 좁아진다고 할 수 있다. 왜냐하면 삼강오륜이 자연적·사회적 관계 밖의 사람을 규제할 수 없을 뿐만 아니라 지속적으로 몰려오는 타자를 관계 밖에 방치할 수 없기 때문이다. 결국 현대사회에서 시간이 지나면 지날수록 삼강오륜이 규제할 수 없는 세계는 점점 넓어진다. 극단적으로 말하면 삼강오륜은 규제할 수 없는 거대한 세계에 의해 포위된 채 오갈 수 있는 다리도 없는 윤리적 섬moral island without bridge이 될 뿐이다.

셋째, 삼강오륜은 전근대 농촌공동체가 아니라 근현대 산업화, 도시화에 걸맞은 관계 모델을 만들어내야 한다. 삼강오륜에서 사람은 자신의 이해(계산) 또는 이성에 입각해서 행위를 선택하고 추진하는 주체로 등장하지 않는다. 사람은 늘 아버지와 자식 같은 자연적(또는 혈연적) 관계 또는 군주와 신하처럼 사회적 관계 속에서 역할 상대와 상호작용을 하며 행위를 조율하는 관계적 자아로 등장한다.

근대 이후로 한국을 비롯해서 전통적 유교 사회는 주거공간의 측면에서 지속적으로 도시화가 진행되었다. 그 결과 아시아개발은행ADB이 발표한 「아시아 인구현황 보고서」(48개국)에 따르면 홍콩과 싱가포르와 같은 도시국가는 100퍼센트의 도시화를 나타내고 있다. 또한 한국은 81.5퍼센트로 6위를, 일본은 66.5퍼센트로 11위를, 중국은 46.6퍼센트로 22위를 차지했다.[32] 이처럼 도시화가 급속도로 진전된 상황에서 혈연에 바탕을 둔 촌락공동체의 인간관계, 즉 삼강오륜은 현대사회에 맞지 않는다고 할 수 있다.

그리고 산업 구조의 측면을 보면 한국을 비롯해서 전근대 사회는 '농자천하지대본農者天下之大本'의 구호처럼 농업이 산업의 중심을 차지했지만 산업화 이후로 공업과 서비스업의 비중이 날로 늘어나고 있다. 앞으로 IT산업 등 새로운 분야는 지속적으로 늘어나겠지만 농업의 비중은 지금보다 훨씬 줄어들 것이다. 농업사회는 집단 경험을 통해 발견한 지식이 변하지 않고 장기적으로 축적되어 사회의 생산력을 일정한 수준 안에서 안정적으로 관리해왔다. 이러한 사회에서는 집단 경험에 연원한 지식을 독점하거나 관리하는 인물, 즉 군주·연장자·부친 등이 국가·사회·가족에서 중심 존재로 역할할 수밖에 없다.

농업사회에 바탕을 둔 삼강오륜의 관계 모델은 도시화, 산업화 나아가 정보화 사회에서도 여전히 사회 중심에 자리 잡을 수 있을까? 물론 현대 사회에서 사람은 여전히 군주와 신하의 관계를 제외하면 아버지와 자식만이 아니라 어른과 아이의 관계를 맺는다. 하지만 사람이 그러한 관계에 있다고 해서 관계에 바탕을 둔 삼강오륜이 규범으로서 전근대 사회와 같은 지위를 갖는다고 보증하지는 않는다.

연공서열 제도는 일본과 한국의 공직과 기업에서 오랫동안 평가 기준으로 실행되어왔다. 이 제도는 고용과 신분의 안정성을 보장하면서 오륜 중의 장유유서長幼有序를 그대로 반영하고 있다. 한국을 비롯해서 동아시아 국가는 경제위기에 따라 그간 아시아의 특성으로 알려졌던 종신고용이니 연공서열제를 버리고 직급의 파괴나 고용의 유연성을 경쟁적으로 도입하고 있다. 그에 따라 장유유서에 따른 나이대접이 지켜지지 않고 있다. 나이 적은 상급자와 나이 많은 하급자 현상이 도처에서 생겨나고 있다.

이런 상황에서도 '장유유서'를 고수한다면, 현실로부터 규범이 유리되는 현상이 한층 심해질 것이다. 이처럼 삼강오륜은 도시화·산업화·정보화에 따라 중심에서 주변으로 위치 이동을 하고 다시 주변에서 고립화될 처지에 놓여 있다고 할 수 있다. 즉 삼강오륜이 아무리 고귀한 전통이라고 하더라도 규제할 대상을 상실한다면, 규범의 자립성이 줄어드는 것이다.

지금까지의 논의를 보면 삼강오륜은 현대사회에서 전근대 사회에서 했던 것처럼 윤리 규범으로서 기능할 수가 없다. 이러한 처지는 삼강 중 군위신강君爲臣綱의 그것과 닮았다. 오늘날 동아시아 사회는 전통사회의 왕정과는 형태를 달리하지만 민주정을 표방하고 있다. 왕이 지배하려고 해도 통치할 신민이 없는 상황이듯이 삼강오륜이 현실을 규제하려고 하더라도 규제할 현실이 강하게 밀착되어 있지 않다. 따라서 삼강오륜이 현실 규제의 권능을 다시 확실하게 지니려면 변화가 불가피하다고 할 수 있다. 이와 관련해서 다음 장에서 살펴보자.

동반同伴과 공진共進의 신삼강오륜

삼강오륜의 변화를 다루기에 앞서 잠깐 서양 윤리에서 덕 윤리가 의무와 같은 원리 중심으로 바뀌어간 맥락을 살펴보자. 고대 그리스 사회에서는 알건 모르건 모든 사람을 대상으로 하지 않고 소규모 또는 중간 규모를 이루는 공동체의 삶에 필요한 규칙을 배우고 익히면 도덕적으로 문제가 없었다. 하지만 알렉산더의 확장 정책과 근대 계몽주의를 거치면서 추상적 거대 공동체 또는 익명적 타인에게 적용할 수 있는 윤리가 필요해졌다. 이로써 기지旣知의 사람들을 대상으로 습관習慣의 덕德을 배양하는 단계에서 미지未知의 사람들과 같은 조건에서 공통으로 적용되는 규칙의 윤리를 필요로 하게 되었다.[33]

근대에 서양의 덕 윤리가 의무와 같은 원칙 중심으로 변해가듯이 삼강오륜의 윤리도 현대사회와 접목하기 위해 어떠한 식의 변화든 불가피하다고 할 수 있겠다. 만약 삼강오륜이 변하지 않는다면 법가가 강조하는 보편적인 객관 규범 체계로서 법과 특수 관계의 효 윤리의 이색적인 '공존'으로 이어질 수 있다. 법가 하면 유가와 대립했던 학파라 효孝를 무조건 비판했을 것 같지만 실제로는 그렇지 않다. 긍정과 부정의 양면 전략을 구사했다.

먼저 부정의 목소리를 들어보자. 상앙은 "국가에 예악과 효제가 살아 있으면 반드시 나라의 영토가 깎여나가거나 아니면 멸망하게 된다"[34]고 했다. 한비자가 인용하는 이야기를 들어보자. 노魯나라의 어떤 사람이 세 차례 전투에 나갔다가 모두 패배했다. 공자가 그 까닭을 물으니 "집에 늙은 아버지가 계셔서 자신이 죽으면 봉양할 길이 없다"고 대답했다. 이에 공자는 그를 효자로 보고서 노나라 군주에게 추천해서 중용하게 했다. 이에 대해 한비자는 가족 입장에서 효자는 국가 입장에서 무능한 신하라고 결론을 내린다.[35] 그리하여 법가는 사적인 관계에 매몰된 채 공적 임무를 저버린 사람을 처벌해야 법 체계가 확립될 것이라고 주장했다.

세상 사람들이 효제와 충순忠順의 도가 타당하다고 생각해도 한비자는 따져보면 실제 그것은 세상을 어지럽힌다는 생각을 굽히지 않는다. 예컨대 유교에서 성군으로 받든 요순은 임금과 신하 자리를 바꾸었고, 탕왕과 무왕은 각각 신하로서 임금을 살해하여 임금의 자리에 올랐기 때문이다. 따라서 그는 국가 운영에 있어 개인의 지혜나 도덕적 탁월함에 따르면 문제가 생기므로 오로지 법에 따른 통치를 강조했다.

그러면서도 그는 "신하가 군주를 섬기고, 자식이 아버지를 섬기고, 아내가 남편을 섬겨야 한다. 세 가지가 순조롭게 일어나면 세상이 안정되고 세 가지가 순조롭지 않으면 세상이 혼란스러워진다. 이것은 세상의 불변하는 도리이다"라는 전언傳言을 인용하고 있다.[36] 한비자의 전언은 삼강의 형식을 연상시킬 정도로 둘 사이에 유사성이 엿보인다. 한비자는 효제와 충순이 법을 떠나서 자립적으로 공적 세계를 규율하는 것에는 반대한다. 반면 효제와 충순이 법의 규범에 종속된 채 그 가치를 확대 재생산하는 경우에 한해서 긍정하고 있다.

이렇게 보면 법가에서 법과 효의 공존을 말하더라도, 사실 말이 '공존'이지 효는 법의 하위 규범 체계로 편입된 것이다. 즉 법은 보편 규범의 수립을 목표로 하는 공적 세계를 규제하는 반면, 효는 사적 세계가 공적 세계의 질서를 수용하여 그것을 확대 재생산할 수 있도록 보조적 역할을 맡는 것이다. 이를 현대적 상황에 견준다면, 삼강오륜은 거시적이며 공적인 세계에 작동하는 원칙 중심의 윤리를 보조할 수 있는 조건에서 미시적이며 사적인 세계를 규율할 수 있는 것이다.[37]

서양 윤리의 사정에 따른다면 삼강오륜은 대체의 운명을 피할 수 없고 법과 효의 공존 사례를 보면 삼강오륜은 있다. 삼강오륜의 변화의 길에 어떤 가능성이 놓여 있을까? 이와 관련해서 정인재가 인용하고 있는 리이위완李亦園의 칠륜설七倫說이 있다.[38]

리이위안이 삼강오륜 중 오륜과 현대사회의 접합 가능성을 모색하는 고민은 필자가 앞서 다룬 내용과 일치하는 점이 있다. 그에 따르면 오륜은 정지된 농업사회에서 발전된 윤리 관계로 "자기와 직접 관계가 있거나 특수한 관계를 맺고 있는 대상을 위주로 하므로, 이 관계를 벗어난 범위는 적용시키기 어렵다."(정인재, 115) 현대 산업사회는 오륜에서 설정한 교제를 초월해서 "직접 관계가 없는 익명의 사회 대중 간에 행위의 준칙을 삼을 규범이 없다면 사회 질서는 혼란하게 될 것"이라고 본다.

그는 이 문제를 해결하기 위해서 오륜을 칠륜으로 확충시켜 현대화된 인간관계에 적용하고자 했다. 추가되는 것은 개인[己]과 공동체[群體](내가 속해 있는 공동체[我群]와 속해 있지 않은 공동체[他群]를 포함), 그리고 공동체[群體]와 공동체(국내와 국외를 모두 포함) 사이의 관계이다. 이를 기존의 오륜 형식으로 표현하면 기군유체己群有敬, 군군유혜群群有惠가 된다.(정인재, 116) 리이위완의 칠륜은 오륜의 현재화를 위한 노력으로서 의의가 있다. 오륜에다 이륜을 추가해서 변화된 현대사회의 특성과 유교 윤리의 결합을 모색하고 있기 때문이다.

리이위완의 시도는 의미가 있지만 문제도 내포하고 있다. 오륜이 현대사회와 부합하지 못해서 칠륜으로 확대한다고 하더라도, 기존 오륜의 역할은 현대사회에서 어떤 역할을 적극적으로 수행할 수 있는가? 또 오륜이 자연(하늘)으로 인해 맺어진 관계인데 그와 성격이 다른 이륜이 어떻게 오륜과 결합할 수 있는가? 이에 대한 적절한 해명이 없다면 오륜의 확충으로서 칠륜은 임시적인 규칙의 지위를 넘어설 수 없다.

나는 군위신강, 부위자강, 부위부강의 삼강과 부자유친, 군신유의, 부부유별, 장유유서, 붕우유신의 오륜이 현대사회의 인간관계를 담아낼 수 있는 방식으로 재조정되어야 한다고 생각한다. 따라서 기존의 삼강오륜을 '구舊삼강오륜'이라고 한다면 새롭게 조정된 삼강오륜을 '신新삼강오륜'이라 부르고자 한다.

먼저 삼강을 살펴보자. 삼강 중에서도 군신은 현재 동아시아 사회에서 대응할 만한 사회적 실체를 가지고 있지 않다. 근현대 동아시아 사회가 왕정에서 민주공화정으로 정치체제를 전환시켰으므로 사회를 특정 집단 또는 사람을 중심으로 보는 구삼강은 현실적으로 성립되기 어렵다. 군위신강은 인민이 국가의 주인(중심)이라는 민위국강民爲國綱으로 대체될 만하다.

현대사회에서 가족 구성도 다양해지고 또 정치와 도덕 영역에서 가족과 전통보다는 개인과 개인의 합리적 의사 교환이 중요하므로 나머지 둘도 변화가 요구된다. 하나는 경제 영역에서 산업화와 정보화를 반영해서 사람이 기업활동의 중심이라는 인위사강人爲社綱이 필요하고, 또 사회 영역에서 절대 중심이 사라지고 사람들이 상황과 임무에 따라 주도적 역할을 나누어 맡을 수 있으므로 사람이 번갈아가면서 중심이 될 수 있다는 인위호강人爲互綱이 필요하다.

이어서 오륜을 살펴보도록 하자. 근대사회에서 사람은 삼강과 마찬가지로 가족에 의해서 사회·정치·경제·도덕의 영역에서 전적으로 좌우되지 않고 개인으로서 끊임없이 관계를 만들어간다. 이처럼 사람은 고정적인 관계에 자동으로 소속되어 사적인 규칙에 종속되는 것이 아니라 스스로 관계를 만들어 더 나은 공동선을 위해 협력할 수 있다. 이러한 각도에서 보면 사람은 가족을 경계로 나와 남을 나누지 않고 개인과 개인이 서로 다가가서 사이가 긴밀해지는 인인유친人人有親이 필요하다.

자본주의의 경제활동에서는 핵심적인 부분을 담당하는 노동자와 사용자가 서로 지켜야 할 기본적인 도리에 의해서 규제되는 노사유의勞使有義가 요구된다. 후기산업사회에서 생산자는 기업의 사회적 책임과 윤리경영을 더욱 무겁게 느끼고 소비자도 환경과 인권을 고려하는 윤리적(착한) 소비에 신경을 쓰지 않을 수 없는데, 이로 인해 소비자와 생산자는 각자의 이해를 앞세우기보다 서로의 가치를 존경하는 소생유경消生有敬이 요구된다.

전근대 사회에서 국가(왕)는 통치의 주체이고 신민은 통치의 객체로 그 역할이 뚜렷하게 나뉘었지만, 근대 사회에서는 정부가 시민의 투표에 의해 선출되면서 시민의 의지를 존중하지 않을 수 없게 되었다. 이로써 민간과 정부는 공동선을 위한 공동 기획자이자 상호 견제자로서 호혜적 활동을 하는 민관유혜民官有惠가 필요하다.

근대의 민족국가는 자원과 시장의 확보를 위해서 국가 간의 무한 경쟁을 펼쳤고 그에 따라 파멸적인 전쟁을 피할 수 없었다. 정보통신의 획기적인 진전과 국경 없는 자본과 상품의 교역이 넓어지면서 국가 사이의 상호 의존도는 더욱 심화되고 있다. 이때 국가 간에 상호 신뢰에 바탕을 둔 국국유신國國有信의 요구가 더욱 절실하다고 할 수 있다.

이렇게 구삼강오륜을 신삼강오륜으로 재조정한 것이 과연 타당한지 그 근거를 물을 수 있다. 무엇보다 먼저 삼강오륜은 원래 자연(하늘)으로 인해 맺어진 천륜天倫인데 신삼강오륜도 천륜에 바탕을 두고 있는가? 그렇지 않다면 신삼강오륜이 어떻게 삼강오륜의 틀로 묶일 수 있는가? 다음으로 신삼강오륜 중 특히 오륜에서 개인·생산자·정부·국가 등은 모두 개별적 의지로 자체의 목적 실현을 위해서 노력하는 개별 주체의 특성을 지니고 있다.

이 개별 주체가 다른 개별 주체와 관계를 맺는다고 하더라도 그것은 지속적이라기보다 일시적이고, 상대와 호혜성이나 공동선의 추구는 개별 주체의 목표에 종속된다. 그럼에도 불구하고 이러한 개별 주체를 관계의 틀 속에 묶는 것이 가능한가? 가능하다고 하더라도 그 관계가 얼마나 안정적이라고 할 수 있을까?

위의 두 질문에 대해 긍정적인 대답을 내놓지 못한다면 신삼강오륜은 시도의 절실함에도 불구하고 정당성을 갖기 어렵다. 첫째로 삼강오륜과 천륜의 상관성에 대해서 살펴보자.

구삼강오륜은 기본적으로 자연적 관계에 집중되어 있지만 군신과 붕우 관계는 사회적 관계이기도 하다. 아울러 사회적 관계는 주어진 것이 아니라 의義의 유무에 따라 맺어지기도 하고 끊어지기도 한다.

『맹자』를 보면 공자가 세상을 구제할 기회를 얻기 위해 천하를 돌아다닐 때 그가 군주와 환상의 파트너가 되느냐와 관련해서 특정한 개인 권력자의 환심보다 명命·예禮·의義가 중요하다는 주장을 내놓고 있다.[39] 즉 공자가 세 가지를 만나면 기회를 얻어서 상호 존중의 군신 관계를 맺게 되는 것이고 그렇지 않으면 그런 관계를 맺을 수 없는 것이다. 또 맹자는 군신의 관계를 동성 신하와 이성 신하를 구분하고서, 전자는 군주와 정치적 운명을 같이하지만 후자는 자신의 주장이 존중되지 않으면 관계를 끝내버린다고 설명하고 있다.[40]

여기서 우리는 구삼강오륜에도 사람의 관계가 무조건적이며 절대적이지 않고 조건에 따라 맺음과 끊어짐, 즉 가입과 탈퇴가 허용된다고 할 수 있다. 좀 더 강하게 말한다면, 서로의 조건이 충족되면 관계가 체결되고 조건이 지켜지지 않으면 관계가 끝나는 계약의 특성을 지닌다고 할 수 있다. 이런 특성을 가장 잘 드러내는 개념과 사고방식이 의義·의기투합意氣投合·이문회우以文會友이다.

의義와 의기意氣가 서로 일치할 때는 재산을 공유하고 희생마저 달게 여길 정도로 긴밀한 관계를 유지하며 공동의 목표를 추구해나간다. 이러한 특성은 군신만이 아니라 부부 관계에도 적용된다. 『안씨가훈顔氏家訓』

을 보면 "남편이 의롭지 못하면 아내가 순종하지 않는다"거나 사마광司馬光의 『가범家範』에 보면 "부부는 의로써 서로 섬기는데, 의가 끊어지면 서로 떨어진다"[41]고 나온다. 나아가 의합義合과 의절義絕은 구삼강오륜의 관계를 고정성이 아니라 신축성을 지니게 만드는 특성이다. 이에 따르면 신삼강오륜의 관계가 천륜이 아니라서 삼강오륜의 틀로 묶을 수 없다는 비판은 절대적이지 않다고 할 수 있다.

구삼강오륜의 관계에 따른 규범은 자연스런 애정에 의해서 지탱되기도 하면서 동시에 그 너머의 가치에 의해서 규정되기도 했다. 이와 관련해서 우리는 여러 문헌에서 다양한 근거를 찾을 수 있다.

먼저 『논어』를 보면 경敬과 예禮가 지켜질 때 사람은 혈연적 형제를 넘어서 사해가 동포라는 지평에 도달할 수 있다.[42] 장재張載는 「서명西銘」에서 민포물여民胞物與를 주장하여 『논어』의 사해동포주의四海同胞主義를 만물의 차원으로 확장시키고 있다.[43] 이로써 세계는 우주 가족 또는 타자 없는 동일자로 충만한(가득 찬) 특성을 보여주고 있다.

동중서나 장재와 같은 기론자氣論者들은 태허기太虛氣가, 정이나 주희와 같은 리론자理論者들은 리理가 구삼강오륜의 규범이 자연적 관계와 사회적 관계를 포함한 모든 관계의 의미를 부여하고 그것을 통일시키는 규제력을 발휘하게 해준다고 보았다. 따라서 신삼강오륜도 배타적 민족주의를 넘어서서 세계시민주의cosmopolitanism와 결합할 수도 있고 나아가 리理나 기氣와 짝해서 자유와 평등의 근대적 가치와 결부될 수 있다. 이로써 보면 자유와 평등이 없는 구삼강오륜은 자유와 평등을 지닌 신삼강오륜으로 탈바꿈될 수 있는 것이다.

이제 개별 주체가 관계 윤리로 포섭 가능한지 문제를 살펴보도록 하

자. 개인, 기업, 생산자, 소비자, 국가 등의 개별 주체는 타자에게 피해를 주지 않는 한 자신의 목적을 달성하고자 한다. 요즘 기업의 사회적 책임과 윤리 경영이 강조되면서 생산자는 익명의 소비자를 대상으로 최대의 이윤 창출만을 목표로 삼을 수 없게 되었다. 지난 2010년 11월 1일 국제표준화기구ISO는 기업 등의 사회적 책임social responsibility에 관한 국제표준 ISO26000 지침서를 공식적으로 발간했다.

물론 이 표준안은 기술 규격과 품질에 관한 일반적인 ISO표준안과 달리 검증제 형식을 띠지만, 기업 등 사회의 모든 조직이 의사결정과 활동에서 기업 조직의 지배구조, 인권 및 노동 관행, 생태계에 대한 고려, 공정거래 관행, 소비자의 이슈, 지역사회 발전 등을 존중할 필요가 있다.[44] 예컨대 기업이 부가가치의 창출로서 생산에만 신경 쓸 것이 아니라 비경제적 요소를 고려하게 되었다. 즉 기업이 지역사회에서 바라지 않는 것임에도 불구하고 이익이 된다면 무엇이라도 하는 것이 아니라 이익이 된다고 하더라도 지역사회에서 바라는 것을 우선적으로 하게 되는 것이다. 여기서 더 나아가 지역사회가 바라지 않는 것을 기업이 하지 않을 수 있다. 만약 그렇게 하지 않는다면 소비자가 대규모 불매운동을 벌일 수도 있고, 비도덕적 기업으로 평가될 경우 브랜드 이미지가 타격을 입거나 매출에도 커다란 손실을 입게 된다.[45]

오늘날에는 생산자(기업가) 사회책임과 윤리경영의 상황에서 기업의 논리만을 내세우지 못하고 지역사회와 소비자의 요구를 고려하지 않을 수 없게 된 것이다. 이때 기업의 의사결정과 활동은 놀라우리만치 『논어』에서 말하는 황금률로서의 서恕와 닮아 있다. 즉 "네가 바라지 않는 것을 상대에게 부가하지 말라!"[46] 이렇게 보면 현대사회에서 국가, 기업, 생산자, 소비자 등의 주체는 합리적인 개인이거나 또는 합리적 선택만을 하는 것이 아니라 자신의 의사결정과 활동의 선택으로 인해 영향을 받는 타자를 무시할 수 없는 상대partner로 고려하게 되었다. 즉 동반자 의식을 강하게 의식할 수밖에 없다.

이제 마지막 논점을 살펴보기로 하자. 구삼강오륜을 신삼강오륜으로 재조정했을 때 최종적으로 왜 존재의 동반성에 도달하게 되었을까? 그것은 삼강오륜에서 사람은 기본적으로 관계적 존재로 파악되기 때문이다. 이를 두 가지로 나눠서 살펴볼 수 있다. 하나는 앞서 다루었듯이 존재는 기氣이든 리理이든 같은 근원을 가지고 있다. 즉 존재의 동근원성이라고 할 수 있다. 다른 하나는 존재의 상호 의존성 또는 존재의 무독립성이다.

> 모든 사물 또는 사태는 반드시 상대, 즉 상호 의존의 관계에 있다. 위가 있으면 반드시 아래가 있다. 왼쪽이 있으면 반드시 오른쪽이 있다. 앞쪽이 있으면 반드시 뒤쪽이 있다. 바깥이 있으면 반드시 안이 있다. 아름다움이 있으면 반드시 추함이 있다. 순조로운 일이 있으면 반드시 거슬리는 일이 있다. 기쁜 일이 있으면 반드시 분노할 일이 있다. 추위가 있으면 반드시 더위가 있다. 낮이 있으면 반드시 밤이 있다. 이것은 모두 상호 의존(동반성)의 실례이다. 음은 양의 짝이고 아내는 남편의 짝이고 신하는 군주의 짝이다. 사물과 사태에 짝이 없는 것이 없고 짝은 각각 음양으로 분류된다.[47]

이는 동중서의 『춘추번로』에 나오는 내용이다. 사물과 사태는 독립적으로 존재하고 발생하는 것이 없다. 존재는 생성과 전개의 모든 과정에서 상대와 엮여서 하나의 짝으로 실재한다. 이처럼 존재의 동반성은 동아시아 전근대의 사유 방식에서 자연적 사실이면서 동시에 근원 사태였다. 이러한 근원 사태는 통속적으로 순망치한脣亡齒寒의 이야기로 이어졌다. 입술과 이는 결코 독립적으로 존재할 수 없고 서로 의존하여 존재할 수밖에 없다. 동근원성과 상호 의존성에 의해 드러난 존재의 동반성은 사람으로 하여금 존재의 공진共進을 과제로 설정하게 만든다. 『논어』에서는 이를 박시제중博施濟衆으로 주장했고, 『중용』에서는 개인 구원[成己]과 사회 구원[成物]의 종합을 주장했던 것이다. 이렇게 보면 현대사회에서 신삼강오륜도 존재의 공진을 추동하는 관계 윤리로 정립될 수 있는 것이다.

4 맺음말

유교 윤리는 상호 의존성과 동근원성에 의해서 뒷받침되는 존재의 동반성을 내세우고 있다. 이것이 관계의 윤리로 구체화된 것이 구삼강오륜이고, 현대사회의 틀에 맞게 재조정된 것이 신삼강오륜이다. 형식적인 측면에서 보면 유교의 존재 동반성은 불교의 연기설과 유사성이 엿보인다. 연기설의 형식은 다음처럼 표현된다. "A가 있으면 B가 있고 A가 생기면 B도 생기고, A가 없으면 B가 없고 A가 멸하면 B도 멸한다."[48]

앞서 인용했던 동중서의 주장과 비슷하다. 형식상으로 유사하지만 방향은 반대로 진행되었다. 연기설에 따르면 존재가 독립적이지 않고 상호 의존하므로 상호 의존성을 실체로 오인하지 않도록 요구했다. 삼강오륜에 따르면 존재가 독립적이지 않으므로 하나의 짝을 이루어서 공진할 것을 요구했다.

불교와 유교는 존재의 상호 의존성에 바탕을 두고 있으므로 기본적으로 소유의 권리보다 공유의 평화平和에 친화적이다. 주체가 배타적 실체로 규정되면 그 실체는 자기 보존을 위해서 욕망을 권리로 정당화시키려 한다. 반면 불교와 유교에서는 주체가 의존적 관계에 놓여 있으므로 욕망은 분출되지 않고 조율되면서 상호 이해와 배려를 내세우게 된다. 이는 배타적 실체의 입장에서 보면 몰주체에 가깝지만 관계적 자아로 보면 상호 주체라고 할 수 있다.

상호 주체의 공동체에서 갈등과 투쟁은 왜 발생하는 것일까? 하나는 사람이 상호 주체에서 배타적 주체로 전환하면서 소유의 권리를 주장하는 것이다. 이를 예방하기 위해서 유교 윤리에서는 관계적 자아의 성숙을 위해 지속적인 수양을 요구했던 것이다. 다른 하나는 기존 공동체의 관계적 자아에 포섭되지 않는 타자의 출현이다. 이 상황에서 관계적 자아는 배타적 주체로 전환해서 타자를 동일자로 규정하거나 이에 실패하면 폭력적 태도를 표출한다.

요즘도 내외부의 요인으로 국제사회와 갈등이 빚어지면 동아시아 사회는 과장된 몸짓으로 적대적 민족주의의 모습을 드러낸다. 이는 관계적 자아가 내부적으로는 한없는 상호 이해와 배려로 작동할 수 있지만, 타자에 대해서는 그 반대의 양상으로 노출될 수 있음을 보여준다. 그간 상호 이해와 배려를 동력으로 동아시아 사회는 짧은 기간에 유례없는 압축 성장을 이루었다. 타자와의 공존이 절실하게 요구되는 만큼 구삼강오륜에서 신삼강오륜으로의 전환이 강력하게 요청된다고 할 것이다.

아울러 요즘 한국사회에서 기업형 슈퍼마켓SSM과 전통시장·중소 점포 사이의 갈등이 현안이 되고 있다. 강자를 중심으로 하는 구삼강오륜에 따르면 기업형 슈퍼마켓을 규제할 수 없지만 신삼강오륜에 따르면 공존의 방안을 마련해볼 수 있을 것이다.

제17장

연구 방법론

부분의 이전투구와 전체의 성찰

1 여는 글

철학과 분과학문[科學]은 같은 학에 속하면서도 둘 사이에는 차별화될 수밖에 없는 경계 영역이 있다. 철학은 고전적으로나 근원적으로나 총체성totality에 대한 사유를 목표로 해왔다. 과학은 개별 분야에서 재연성과 객관성을 엄밀하게 밝혀야 한다.

송에서 청까지 사상사(철학사)를 일별해보면 세계의 생성과 가치의 근원을 리理와 기氣, 리 또는 기라는 근원적 존재에 연결시켜서 해명하려고 했다. 이런 점에서 이 시기를 철학의 시대라고 부를 수 있다.

시대의 경과에 따라 근원적 존재의 위상이나 인식과 관련해서 변화가 생겨나기 시작했다. 남송의 주희만 하더라도 리는 의심을 허용할 수 없을 정도로 절대적인 근원 존재로 여겼다. 하지만 그것의 인식만큼은 그가 『대학』의 격물치지格物致知를 설명하면서 '활연관통豁然貫通'을 끌어들였던 것처럼 인식론적인 비약을 거쳐야만 겨우 일어날 수 있는 사태였다. 이후에 기철학이 부각되면서 리는 독립적 존재가 아니라 기의 질서와 법칙을 가리키는 특수 존재가 되었다. 리가 누리던 예전의 당당한 지위는 약화되고 겨우 기에 붙어서 존재하게 되었다. 아울러 그것의 인식은 이성과 감성에 의해서 측정과 양화가 가능한 영역으로 들어섰다.

명말청초에 이르러 경세치용經世致用을 강조하는 흐름과 함께 막연한 총체성보다는 현실과 대응 관계를 추적할 수 있는 확실한 개별성이 학술계의 중요한 주제로 대두되었다. 사상사에서 흔히 이러한 지적 흐름을 고증학考證學 또는 고거학考據學이라고 한다.

알려진 바와 달리 고증학의 고증은 단순히 고대의 경전을 풀이하는 방식에 한정되지 않는다. 그것은 주관의 무한한 상상력에 제약을 가하고 텍스트와 현실에서 실증 가능하며 실증된 것이 서로 내재적 연관성을 갖는 객관성을 확보하기 위한 가장 확실한 토대였다. 이는 이전의 철학 사상이 모래성 위에 지어졌기 때문에 역사와 현실에서 규제력을 발휘하지 못하고 무기력할 수밖에 없었다는 학적 반영을 바탕에 깔고 있었다.

서양의 경우 19세기 초의 실증주의positivism와 1세기 뒤 20세기 초의 논리 실증주의logical positivism 진영은 전체에 대한 사유를 무의미한 것으로 규정하고서, 허용되는 한 전체를 최소 단위의 부분으로 잘게 쪼개서 진리를 계산하고자 했다. 그들에게 거대한 세계는 조작과 검증이 용이한 조각들로 환원되어 설명될 수 있었다.

예컨대 사람을 탐구의 대상으로 할 경우라면 우리는 신성의 인간이 아니라 종으로서 인간을 부분의 조각들로 철저하게 나누어서 고찰하게 된다. 이렇게 조각들을 해체시켰다가 다시 모여 하나로 조립하는 작업(실험)을 하게 되면, '인간'은 알 수 없는 영혼을 가진 존재가 아니라 다양한 사물성을 지닌 자연적 존재로 드러난다. 그 존재는 단순 정보들과 그것의 재조합에 의해서 종적 특징을 가진 것으로 드러난다. 물론 개인마다 완전하게 데이터로 환원되지 않아 미지의 영역이 여전히 남아 있고 또 정체불명의 정보가 생겨나기도 하고 전문가(과학자)의 통제력을 벗어나기도 한다.

그런데 아직까지 조작과 실험만으로는 인간의 문화적 가치세계나 자유로운 의식의 활동을 완전히 해명해낼 수 없다. 예컨대 사람의 몸을 완벽하게 화학적으로 분석할 수 있다고 하더라도 그 원소들의 집적물이 곧 사람과 동일할 수는 없다. 오늘날 우리가 사람에 대한 부분적인 정보를 아무리 풍부하게 수확한다고 하더라도 현대인은 여전히 전체적 삶에 대한 통찰을 외면할 수 없는 것이다. 바로 전체의 통찰이야말로 철학의 몰락을 외치는 소리에도 불구하고 철학이 자기 활동을 전개할 수 있는 바탕이 되고 있다.

현대 연구자가 동아시아 철학의 이름으로 전체에 대한 탐구를 지향할 수는 있다. 그렇더라도 그는 전체와 관련된 고전에 나오는 권위 있는 진술이나 언명을 아무런 조건을 달지 않고 자신의 이론적 토대로 활용(의존)할 수는 없다.

예를 들어 '천인합일天人合一'을 검토해보자. 이에 대해서는 여러 풀이가 가능하다. 여기서는 원초적인 상황에서 천(자연)과 인(사람)이 원래 하나였으므로 개별적인 사람은 자신과 천이 연속적으로 존재하는 원래성을 회복하도록 노력해야 한다는 문맥을 파악해보자. 동아시아 철학 사상을 조금이라도 학습한 이라면 이 풀이에 대해 별다른 회의를 표명하지 않고 그럴듯하다고 고개를 끄덕일 것이다. 특히 『중용』의 "하늘이 명령한 것이 사물의 본성이다天命之謂性"라는 언명을 기억하고 있다면 천인합일의 의미 맥락은 자명하게 이해될 수 있을 듯하다.

그런데 근대의 실증주의와 논리 실증주의는 진리를 위해 검증 가능성을 집요하게 요구했고, 인식론은 인간 지식의 기원과 한계를 밝히는 작업을 수행했다. 이러한 요구와 작업을 기억하고 있다면 사정은 달라진다. 근대의 후예로서 우리는 원초적 상황에서 자연과 사람이 원래 하나였다는 점을 검증할 어떠한 방법도 없으며 또 그런 지식의 획득을 정당화시킬 수도 없다.

'천인합일'과 같은 주장은 무의미하다는 뜻에서 모멸적인 의미로 '형이상학적' 또는 '사변적'이라는 평가를 받을 수밖에 없다. 그것은 과거처럼 존재의 심연에 가닿는 최종 근원이 아니라 형이상학적 전제의 지위로 내려앉게 되었다. 현대인은 더더욱 자기 부정이나 철저한 겸손을 통해 궁극적 존재와의 유대를 지속하고자 했던 고대인의 종교적 심성을 잃어버렸고, 언어를 통해 부분 속에 전체를 담아내는 시적 감수성마저 상실했으므로 그들은 '천인합일'의 목소리에서 존재론적 울림을 경험하기 어려워졌다.

물론 천인합일을 너무나도 당연하고 자명한 것으로 믿는 신학적 길이 남아 있기는 하다. 적어도 신학과 구별되는 방식으로 동아시아 학문 전통에 접근하려면 근대의 실증주의나 인식론의 문제 설정에 포획되지 않는다고 하더라도 '방법론적 회의methodical doubt'라는 시련을 외면할 수는 없다. 이런 점에서 철학의 이름으로 전체성을 사유한다고 하더라도 고대가 아닌 현대의 지반 위에 서 있는 것이다. 왜냐하면 우리는 학문적 목표를, 고대인의 삶을 현대에 액면 그대로 복원(재연)하는 것보다 근대적 삶의 조건을 철학 사상으로 재구성하는 데에 두고 있기 때문이다.

그렇다면 현대 동아시아의 이른바 동양철학 분야에서 이루어지는 연구가 근대적 시련을 통과하면서 전체를 지향하며 학적 성취를 이루었다고 할 수 있을까? 이 물음에는 긍정적인 대답을 하기가 주저된다.[1] 동아시아 철학 사상의 연구가 현대사회와 소통 가능한 방식으로 진행되지 못하거나 현대사회의 담론에 능동적으로 참여하지 못한다고 한다면, 도대체 어디에 문제가 있는 걸까?

이것은 단순히 동아시아학이 학계와 시장에서 외면받는 것을 가리키는 것이 결코 아니다. 문제의 소재를 폐쇄적 부분에만 전가할 수도 없고 얼치기 전체에게 면죄부를 줄 수도 없다. 문제가 되는 것은 전체를 지향하지 않는 부분, 전체의 구성에 참여하기를 거절하는 부분, 즉 국부에의 탐닉耽溺이다. 마찬가지로 부분과 전체를 무매개적으로 동일시하거나 부분의 자립성을 부정하고 전체의 전능을 강조하는 길, 즉 성급한 전체에의 탐착貪着이다.

이 글에서는 우선 동양철학의 연구가 부분의 늪에서 허우적거리는 원인을 살펴보고 전체로 나아가기 위한 방안을 검토해보자.[2]

2 부분의 늪에 빠지기

철학이 개별 학문처럼 부분에서 헤어나오지 못한다면 어떻게 될까? 이 경우 철학이 다루는 부분이 아니라 그런 철학 자체가 문젯거리가 된다. 철학은 종합 학문의 특성을 지니고 있으므로 당연히 부분을 규제해야지 그것에 매료되면 이름값에 어울리지 않기 때문이다. 그렇다면 왜 현대 동아시아의 연구자들은 '철학'의 이름으로 학문활동을 하면서 전체를 지향하지 않고 부분의 늪으로 계속 빠져드는 걸까? 나는 그

진원지를 두 가지로 보고 논의를 진행하려 한다. 하나는 훈고訓詁의 문제이고 다른 하나는 고유성固有性 담론이다.

훈고의 자장[3]

현대 철학에 이르면 언어 분석만이 아니라 언어와 세계(사상)의 관계를 밝히려고 한다는 점에서 언어language의 비중은 높다. 물론 과거에도 언어는 사유나 판단만이 아니라 표현이나 상징을 위해서라도 충분히 주목을 받아왔다. 동아시아 철학의 전통에서도 훈고학訓詁學이야말로 언어에 가장 뜨거운 관심을 보였던 학문활동 중의 하나였다.

한나라는 문화 파괴가 만연했던 시대를 통일시켰고 그간 다양한 갈래와 독자성을 지켜오던 인종을 한족으로 통합했다. 한나라는 선진시대와 달리 고대 문헌이 저술된 시대로부터 시간적으로 많이 차이가 났다. 한나라는 이렇게 변화된 상황에 놓였던 만큼 아울러 새로운 언어 사용의 예가 폭발적으로 증가했다. 이처럼 다양한 연유로 인해 한나라 시대 고전 문헌을 독해할 경우 훈고의 필요성은 아무리 강조해도 지나치지 않는다.[4] 소수의 전문가를 제외하면 문헌 속의 언어 문자는 한나라 당시의 사람들에게 너무나도 낯설었고 의미조차 불분명한 상태에 있었기 때문이다.

이때 훈고학은 텍스트 속의 문자나 언어가 독자에게 더 이상 자명한 의미를 실어 나르지 못하는, 즉 낯선 것을 익숙한 것(동일한 것)과 소통시키기 위한 중재 작업이다. 이런 점에서 보면 훈고의 의의가 실로 막중하다고 할 수 있다. 그런데 오늘날 우리는 왜 훈고학 하면 의미론이나 구문론에서 하는 필수적인 해석 작업으로 보지 않고 오히려 대의 파악에 방해가 되는 편집광적인 글자 풀이 정도로 여기게 되었을까?

언어철학은 검증되지 않는 사변적인 논의의 미로에 더 이상 빠지지 않고 언어 분석을 통해 철학을 재구성하려는 새로운 학문활동이었다. 그만큼 언어철학은 과거의 철학활동에 대한 강한 부정을 나타냈다. 반면 훈고학은 과거의 학문활동에 대한 부정보다는 새로운 문자 조합을 통해 과거를 현재에 그대로 존속시키는 작업이었다. 훈고학은 아직 확정되지 않은 과거의 원의原義를 복원하는 고고학적 특성을 지니게 되었다.

원의의 복원은 최소한의 언어를 동원하는 경제성에 따르지 않고 최대한 언어를 남용하는 현시성에 따랐다. 당시에 이미 훈고학의 언어 남용을 일깨우는 사람이 많았다. 환담桓譚에 따르면 진근군秦近君은 『상서』 첫 편 「요전堯典」 제목 두 자를 설명하느라 10여만 자를 끌어다 썼고, 「요전」의 첫 구절 "왈약계고曰若稽古"를 풀이하느라 3만 자를 썼다.[5] 유흠劉歆도 「이서양태상박사移書讓太常博士」에서 훈고학의 언어 낭비가 진리 발견에 전혀 이바지하지 못한다고 비판했다. "글을 나누고 글자를 쪼개며 말을 빙빙 돌리고 문장을 자질구레하게 늘어놓으니 배우는 사람이 힘 빠지고 늙어도 하나의 경經조차 제대로 연구할 수 없다."[6] 훈고학이 애매하고 숨은 진리를 드러내는 것이 아니라 드러난 진리마저 모호하게 감춰버리는 역설적 역할을 했던 것이다.

언어철학은 사변 철학을 부정하는 만큼 과거와 현재의 소통에 아예 관심조차 없었다. 그냥 사변 철학은 '의미 없다nonsense'는 한마디 말로 내팽개쳐졌다. 훈고학은 과거와 현재의 소통을 목적으로 삼지만 작업이 진행되면 진행될수록 현재마저도 과거화되는 시간의 역행이 일어났다. 애초부터 현재는 과거의 변형을 가져올 만큼 과거에 대항력을 지니지 못한 채 단순히 과거를 수용할 수밖에 없었기 때문이다.[7] 즉 훈고학자들은 옛날(과거)을 기준으로 세워놓고 지금(현재)의 가치를 끊임없이 평가하려고 했던 것이다.

이러한 상황에 이르면 훈고학은 사법師法과 가법家法을 내세우며 과거에 다가가는 길을 독점할 뿐만 아니라 과거를 현재화시키려는 노력마저 과거를 변형시킨다는 점에서 불온한 시도로 간주한다. 훈고학은 진리를 밝히는 학문 방법의 지위를 넘어서 훈고를 위한 훈고라는 훈고 지상주의를 내세우게 된다.[8] 이로써 훈고학은 철학함의 출발점이자 귀착점이 됨으로써 자기 폐쇄 회로를 갖추고 절대의 권좌를 차지했다. 훈고학의 종사자들은 다른 철학함을 무의미한 것일 뿐만 아니라 도전적인 것으로 여겨 부정했다.[9]

그런데 훈고학의 광휘가 가장 뜨겁게 빛나던 상황에서 그 빛의 세례를 거부하는 움직임이 일어나기 시작했다. 양웅揚雄은 훈고학 및 그것과 짝을 이룬 장구학章句學이 진리를 밝히기보다는 독점한 진리 접근권을 장식하는 수단으로 전락했다고 비판했다. 이러한 입장에 선 양웅은 시대를 주도하는 장구학에 관심을 두지 않고 훈고는 의미만 통하면 그쳤고 사법과 가법에 얽매이지 않고 책을 두루 읽어서 보지 않은 것이 없을 정도였다.[10] 양웅과 왕충 그리고 정현鄭玄 같은 통유通儒의 등장으로 인해 훈고학과 장구학의 광휘가 더 이상 학자들의 자유로운 영혼을 따뜻하게 할 수 없었다. 오늘날에는 사법師法의 성채에 굳게 갇혔던 훈고학과 장구학의 빛나던 성과는 철저하게 잊히고 박람을 지향했던 통유의 학문이

긴 생명력을 이어오고 있다.[11]

동아시아 철학사로부터 교훈을 얻으려고 한다면 그러한 훈고학에서 탐닉했던 학문이 되풀이되어서는 안 된다. 오늘날 '철학'의 이름을 내걸고 철학함을 훈고 또는 훈고적 활동으로 국한시킨다면, 이는 전체를 대상으로 하는 철학의 특성을 정면으로 위반하는 것이기 때문이다.[12] 하지만 현대의 우리가 철학을 훈고로 여기는 경향에서 완전히 자유롭다고는 할 수 없다. 아니 사정이 여기에 그치지 않고 훈고적 경향에 대한 자기 성찰에 열중하기보다 훈고 중의 훈고, 즉 어떤 것이 제대로 풀이되었느냐라는 정해正解 논쟁에 사로잡히기도 한다. 전체다운 전체의 구축이 아니라 전체를 부분으로 축소시켜서 정해의 권위라는 성채를 세우려 하고 있다.[13]

앞으로 나는 『논어』에 등장하는 '학學'을 실례로 들어 훈고(부분)라는 퇴행적 현상에 빠지는 길과 그것으로부터 빠져나오는 길을 살펴보고자 한다.

『논어』라는 책을 펼치면 하나의 철학 용어가 읽는 이의 눈길을 막아선다. '학學'이 바로 그것이다. 학의 뜻이 밝혀지고 그것의 대상과 특징 등이 해명된다면 우리는 공자가 학으로 구축하고자 했던 세계와 그 정체를 확인할 수 있다. 반대로 학의 뜻이 파묻혀 있고 그것의 대상과 특징 등이 해명되지 않는다면 공자가 왜 학을 하고, 어떻게 학을 하며, 무슨 학을 하려 하는지 전혀 알 수 없게 된다. 그 결과 초입부터 『논어』의 세계로 들어가는 비밀의 문을 열어젖히지 못하게 된다.

먼저 전근대의 주석을 살펴보면 학學의 의미는 크게 두 가지로 풀이된다. 첫 번째로 형병邢昺(932~1010)은 『백호통의白虎通義』「벽옹辟雍」의 내용을 인용해서 학을 '깨닫다[覺]'로 풀이했다. 두 번째로 주희는 학을 '본받다[效]'로 풀이했다.[14] 이것으로 글자의 의미를 전달하고자 하는 훈고 작업은 제 임무를 완수했다고 할 수 있다. 하지만 이것만으로는 사람이 학學의 과정을 진행하기 위해 어떤 방법에 의존하는지, 학의 결과를 거두기 위해 어떤 정신적 능력을 발휘해야 하는지, 학의 특성이 어디에 있는지와 관련해서 정확하게 판정할 수 없다. 이를 위해 형병과 주희 두 사람이 학을 나름대로 어떻게 풀이했는지, 그 맥락을 살펴보자.

형병은 『백호통의』의 사례를 단장취의의 꼴로 소개하고서 "몰랐던 것을 깨우치다"라고 부연하고 있다. 북송시대의 형병이 학學을 각覺으로 대체하여 시대의 간극에서 오는 의미의 지체를 해소시키고 있지만, 학의 의미와 관련해서 밝혀진 것은 아무것도 없다. 결국 형병의 시도는 부분의 늪을 헤어나오지 못했던 것이다.[15] 남송시대의 주희는 "사람의 본성이 모두 선하지만 현실적 자각에는 빠르고 늦는 차이가 있다. 후각자는 반드시 선각자가 하는 것을 본받으면 선에 밝게 되고 원래의 상태로 회복할 수 있다"는 말을 덧붙이고 있다. 주희는 학을, 도덕적 완전성을 가리키는 성선性善이 현실적으로 발휘될 때 나타나는 개인적 차이를 극복하는 문맥에서 풀이하고 있다.[16] 이 학學은 '모방하다' 또는 '역할준거 모델로 삼다'는 의미와 연결되고 있다.

주희의 풀이에 따를 경우 학學은 지성의 탐구나 상상력의 발휘와 무관하며 궁극적으로 배워서 도달하는 앎의 자립성을 주장하지 못하게 된다. 그 학은 철저하게 성선의 도덕 교설과 연계되어 있을 뿐만 아니라 기껏해야 교육적 맥락에서 모방의 뜻에 한정되고 있기 때문이다. 이런 점에서 청수더程樹德(1877~1944)의 지적은 적실하다고 하겠다. "오늘날 사람들이 지식의 획득을 학으로 생각하지만 고인들은 수신修身을 학學으로 간주했다고 본다."(程樹德, 4) 우리는 적어도 이곳의 학을, 지의 사랑을 가리키는 '철학Philosophy'과 연결시킬 수 없다는 것을 알 수 있다. 물론 주희는 형병보다도 학의 정체를 더 밝혀냈을 뿐만 아니라 그것의 한계와 『논어』의 세계에서 차지하는 위치를 드러냈다고 할 수 있다. 이런 점에서 주희는 학의 훈고를 통해 학이 포함된 세계의 정체를 나름대로 밝혀내고 있다.

이제 『논어』의 학에 대한 현대적인 연구를 살펴보기로 하자. 이완재李完栽는 『논어』의 학이 실천과 직결되어 있다는 점을 강조한다. 동아시아의 학문은 아는 것에 만족할 수 없고 반드시 그 아는 것이 실천적 행동으로 귀착되어야만 했다.[17] 이러한 특성은 학문 내적 동기이면서 동시에 문화적 정향과 관련이 있다. 서양철학은 경이로운 대상 세계를 일사불란한 논리 체계로 파악하고자 했지만 동아시아 철학은 성인聖人을 본받고 스스로 성인이 되는 것을 목적으로 했기 때문이다.(8, 60) 그 결과 서양철학은 실천과 분리된 호기심을 해결하기 위한 애지愛智의 학學으로 진행된 반면, 동아시아 철학은 우주 자체를 거대한 생명체로 보는 까닭에 충만한 생명성을 창달하는 낙생樂生의 학으로 진행되었다.(16~17, 63)

사실 동아시아(동양)의 학문만이 아니라 서양의 학문도 근대 이전까지 삶을 변화시키고 결여된 존재를 구원하는 기술의 특징을 지니고 있었다.[18] 따라서 동아시아 학문이 실천적 특성을 띤다고 지적하더라도 그 주장은 부분적으로 타당할 뿐 서양 학문과 완전히 대비되는 특성일 수는 없다. 또 동아시아 철학의 근본적 동기를 지식의 획득보다 인격의 고양에 있다고 지적하는데, 이것은 그 철학의 전통을 밝히는 것이지 현재화의 정당성을 주장하는 것이 아니다.

동아시아(동양)든 서양이든 고대와 중세 철학에서 사람은 본질적 가치로부터 멀어진 타락한 존재가 되므로 자기 부정(초월)으로 나아가 본성(신성)의 회복(획득)을 본분(의무)으로 삼았을 뿐만 아니라 개인의 욕망(권리) 충족보다는 공동체의 운영에 더 많이 헌신해야 하는 책임적 주체로 여겨졌다. 반면 오늘날 사람은 거친 욕망을 가진 자연적(세속적) 존재로서 권리의 개별적 주체로 승인되고 있다. 이런 지평에서 "성인이 되어라!"라는 주문(요구)은 현대적 삶의 풍경과 날카로운 대립의 전선을 형성하게 될 것이다.

이렇게 보면 이완재는 서양철학과 일종의 대결 의식을 이루는 가운데 동아시아 철학의 실천성, 낙생樂生의 특성을 규명해냈다고 할 수 있다. 하지만 그것은 고대 동아시아 철학이, 현대의 삶에 무매개적으로 이식 가능하다거나 그것을 이식해야 한다는 근본주의적 방식의 호소일 뿐이다. 그는 이식을 주장하기에 앞서 고대적 가치를 재연해야 할 권리나 정당성을 입증해야 하지만 이에 대해서는 침묵하고 있다.

자오지빈趙紀彬(1905~1982)은 『논어』에 쓰이는 학學의 용례를 분석한 뒤 그것의 특징을 귀납적으로 정리했다. 그의 주장에 따르면 『논어』의 학은 인식활동에 해당되며 근대 철학의 용어로 말하면 감성 인식을 나타낸다. 이것은 학설이나 사상 체계를 가리키는 후대의 학學 용법과 차이를 드러낸다. 학에 대비해서 사思가 쓰이곤 하는데, 이 사는 이성 인식을 가리킨다. 게다가 학은 학문學文·학도學道·학시學詩·학례學禮의 용법처럼 정치·윤리 영역을 자신의 대상으로 하고 있다.[19]

이때 네 가지 주요 대상이 예禮로 수렴될 수 있으므로 학은 객관적 대상에 대한 새로운 정보를 수집하는 것이 아니라 사람이 개별적 상황마다 각각 들어맞게 몸으로 익히는 훈련의 특성을 갖는다. 이러한 예禮는 특정 역사 시기의 계급적 지배 질서를 유지·수호하는 데 기여하므로 새로운 질서의 등장을 자연히 부정하게 된다. 학례學禮도 결국 계급적 이데올로기로서 예禮를 대상으로 하는 인식활동이라는 점에서, 시대적 한계를 가질 뿐만 아니라 재생 불가능하다는 계급적 모순을 지닌다. 자오지빈의 작업에 따르면 학은 인식론적 개념에서 정치경제학의 술어로 탈바꿈하게 된다. 그는 학의 활동이 새로운 계급적 이해와 화해할 수 없다고 보므로 학은 결국 역사적인 사망선고를 받게 된다. 그렇다면 고전에 대한 연구는 결국, 사라질 수밖에 없는 것에 대한 소멸의 이유를 밝히는 정리 작업일 뿐이다. 따라서 자오지빈은 학學을 통해 전체를 밝히고자 했지만 그 전체는 시대적 한계를 넘어설 수 없으므로 철 지난 학들의 공동 묘역에 일련 번호를 부여받아서 안치되고 있다.[20]

지금까지 학學을 주제로 형병과 주희, 이완재와 자오지빈의 주장을 살펴보았다. 형병은 전형적으로 부분의 늪에서 헤어나오지 못했고, 주희는 학을 통해 그것이 포함된 세계의 모습만이 아니라 학의 제한적 역할을 밝혀냈다. 이완재는 학을 서양철학과 대별되는 실천성 중심의 동아시아 철학의 전통에서 복원하고자 했지만 그것의 정당성을 입증하지는 못했다. 자오지빈은 학의 의미를 근대 인식론의 맥락에서 규정했지만 학을 재연 불가능한 계급적 이해로 환원시켜버렸다.

네 가지 경우 학은 모두 의미의 부분이나 시간의 부분에 갇혀버리고 만다. 물론 이런 학의 정체가 동아시아 사회의 특징을 드러낼 수 있다. 예컨대 한국의 국가보안법처럼 국가는 국민에게 특정한 가치나 이념과의 접촉을 금지시키고 국민을 대상으로 국가가 공인하는 가치를 교육시키고자 한다. 그런데 과연 동아시아 철학의 전통에서 학이 다른 것에 호기심을 느끼고 자유를 상상하는 것과 무관한 채 전통을 바람직한 삶의 유일한 선택지이며 최종의 닫힌 정답을 익히는 것으로 한정되었을까? 즉 학이 국민성의 양육에만 봉사하고 개성의 발현을 주장하는 것으로 나타나지 않았을까? 나는 이런 물음에 대한 답을 찾는 것이, 우리가 학에 주목하면서도 부분에서 벗어날 수 있는 길일 것이라 생각한다.

전근대에 사상가들은 성학聖學·심학心學·기학氣學·리학理學 등을 오늘날의 학문 못지않게 치열하게 탐구해왔다. 하지만 우리는 그 탐구가 계급과 인종을 넘어서며 시간과 공간을 아우를 수 있는 보편성을 담고 있는지 철저하게 성찰해봐야 한다. 그 성찰의 시련을 통과할 때에만 오늘날 유의미한 전체를 구축하는 데에 학적 시민으로서 자리를 차지할 수 있을 것이다.

고유성의 함정

동아시아의 학문은 전통적으로 경經·사史·자子·집集, 문文·사史·철哲, 시詩·서書·화畫 등으로 분류되는 장구한 역사를 지니고 있다.[21] 전근대의 학자들은 경經에 독자적인 주석을 다는 방식으로 자신만의 사상을 드러내거나 논적이 생길 경우 송나라나 조선시대 내내 서로 편지를 주고받으며 지상 논쟁을 펼치기도 했다.

사실 오늘날 학술적 글쓰기의 판에 박은 듯한 형식을 고치자는 목소리가 나오곤 하지만, 아직도 새로운 형식은 정착되지 못하고 있다. 글쓰기는 대체로 상대의 주장을 요약하고 비판하거나 자기주장의 근거가 되는 글귀를 인용하고서 자신의 견해를 덧보태는 식으로 진행된다. 오늘날 학술적 글쓰기는 송나라나 조선시대에 학인들끼리 벌인 논쟁을 실어 나르던 편지글의 형식과 매우 유사하기도 하다.

우리는 오래전부터 서구로부터 근대의 분과학문을 수용해서 전통적인 언술 체계나 사유 방식을 대체했다. 그 과정에서 오행과 음양은 자연학의 주류 이론에서 미신 또는 학술적 가치가 없는 용어로 폐기 처분되었다. 오늘날 한의학과 풍수 그리고 명리에서는 여전히 음양과 오행을 중요한 용어로 쓰고 있지만 나머지 분야에서는 전근대 학문을 해설하는 역할 이상을 하지 못하고 있다. 아울러 우리는 중국에서 창조되었던 전근대의 학술 용어를 더 이상 주류 언어로 쓰지 않고 일본의 에도시대에 꽃핀 난가쿠蘭學에서 생산한 학술 용어를 쓰고 있다.[22] '철학' 자체가 그렇게 생산된 근대의 산물이다. 아울러 철학활동에서 리理와 기氣, 심心과 성性 등은 더 이상 전근대의 학적 맥락과 연속성을 지니며 쓰이지 못하고 근대 분과학문의 신조어를 이루는 어휘로 쓰이고 있다.[23] 예컨대 사람의 정신적 능력을 '이성'이라고 하면 다들 알아듣는다. 이성理性은 사실 성리학의 범주 개념인 이理와 성性의 결합어이지만 성리학의 의미 맥락과 전적으로 무관하다.

전체적으로 보면 우리는 전근대의 학문적 과제와 학문 방법론 그리고 학술 용어의 가치와 한계를 제대로 반성하지 않은 채 급격하게 서양의 그것으로 대체해왔다. 이로써 동양학은 보편학의 지위를 상실하고서 더 이상 광장에 머무르지 못하고 소위 '전통' 학문이란 수식어와 함께 진지에 웅크린 채 내부자들마저 어렵게 소통하는 상황으로 내몰렸다. 물론 급격한 대체 작업은 서양 근대의 분과학문 체제와 동아시아의 사부 체제의 이질성으로 인해 생길 수밖에 없다고 할 수 있다. 하지만 성찰 없는 대체는 오늘날에 이르러 여전히 해결되지 못한 채 폐해를 낳고 있다. 가장 큰 폐해는 학문활동을 선진국 학술 동향의 정보 수집과 새로운 이론의 순발력 있는 수입과 동일시하게 만들었다는 것이다.

이러한 상황에서 두 가지 학문 방향이 나타났다. 하나는 득세를 한 유럽의 학문 방법론이나 신조어가 개별 학문 영역의 지배 역량을 강화시켜나는 길이었다. 예컨대 리理와 기氣, 성性과 정情 등의 범주 개념은 이성과 감성, 선험과 경험 등에 주도적 지위를 이양한 채 동양학의 진지에 웅크리게 되었다. 다른 하나는 신조류에 대항해서 "우리에게도 서구의 것과 비슷한 것이 있다"는 대응 사격 자세를 갖추고서 "우리는 서구와 다르다"는 고유성의 발견을 금과옥조처럼 읊조리는 것이다.

전자는 오늘날 서양의 분과학문 체제를 동아시아에 성공적으로 이식시키는 데에 커다란 공적을 세웠던 수많은 개척자를 가리킨다. 후자는 량치차오, 펑유란 또는 현대 신유가와 같은 근현대의 연구자들이 과학적·논리적 사고 또는 민주주의를 찾거나 사상사의 장구한 흐름을 재구성하려는 노력으로 이어졌다. 앞으로 후자의 고유성에 초점을 맞추어 논의를 진행해보자.

고유성 담론은 크게 두 갈래로 진행되었다. 하나는 방법론적인 고유성이고, 다른 하나는 정신(근본) 지향의 고유성이다. 방법론의 경우 이완재가 현실 인식과 각오, 의혹의 증대와 전환, 고유성의 자각과 이론화의 수순을 통해 동양학 방법론의 고유성을 찾아가는 과정을 더듬어보자.

한국에서 1950년대의 "동양철학은 체계도 없고 방법도 결여된 철학 이전의 미개척 분야"로 여겨지는 상황에 놓여 있었다. 그 결과 신진 연구자는 "서양철학의 방법론을 원용"하는 것이야말로 동양철학이 학문으로 대접받을 수 있는 길이라고 생각하게 되었다.(앞의 책, 7) 연구가 진행됨에 따라 "학문이란 제각기 독특한 성격이 있고 그 성격에 따른 학문 방법이 있기 마련"이라는 자가 진단에 이르렀다.(13) 이로써 어떠한 학문이든 무시되거나 침해받을 수 없는 "본래적인 성격과 방법"을 갖게 되었고, 연구자는 그것을 존중하는 데에서 작업의 첫발을 내디뎌야 했다. 이중에서도 방법보다는 성격이 더 일차적이다. 왜냐하면 "한 특성을 가진 학문은 그 자체의 고유한 방법을 가지기 마련이"지만 "학문의 성격이 올바로 해명되면 방법은 따라서 밝혀"지기 때문이다.

그렇다면 서양철학에 대비되는 동양(동아시아) 철학의 고유한 특성은 어디에 있을까? "서양철학은 경이로운 대상세계를 일사불란한 논리 체계로 파악하는 테오리아(이론)의 경지를 추구하는 것"인 반면 "동양철학은 성인을 본받고 스스로 성인이 되는 것"이다.(8) 즉 서양의 그리스 철학은 "주관적·개별적 지식을 거부하고 개념적인 보편타당한 지식을 확립"하고자 하여 주지주의의 특성을 나타냈다.(15) 반면 동아시아(동양)의 공자는 "보편적 지식이 아니라 구체적인 행위"의 문제를 풀고자 했다. 왜 그렇게 되었을까? 동아시아에서는 "우주 자체가 그대로 하나의 거대한 생명체로 파악"된다. 따라서 "동아시아에서 학문한다는 것은 이 생명에 대한 자각활동"에 다름 아니다. 구체적으로 말하면 사람은 자기 생명만이 아니라 우주 생명을 건전하게 창달시켜야 한다.(17) 종합하면 서양철학을 애지愛智의 학이라고 한다면 동양철학은 생명의 창달과 안주로서

낙생樂生의 학이라고 할 수 있다.(17, 63)

낙생의 특성을 해명하기 위해서 연구자는 어떤 방법에 의지하면 될까? 동아시아(동양)의 고유한 방법은 "냉철한 논리적인 조작을 통하여 그 정합성으로 만족하는 공부"가 아니라 "책 속에 푹 잠기는 공부, 이른바 대상에 침잠하여 내가 대상인지 대상이 나인지 모르는 혼연한 생명적 통합체를 경험하는" 세계이다.(8) 좀 더 분명하게 말하면 침잠완색沈潛玩索, 적구점숙積久漸熟(19)의 방법이다.

선진 문헌에서 학문의 방법을 살펴보자. 『논어』는 "배워서 부지런히 익히는 것"이고, 『맹자』는 "헛된 욕심을 적게 하는" 구방심求放心과 "올바른 마음을 온전히 간직하고 키우는" 조존操存이다. 『중용』은 박학博學·심문審問·신사愼思·명변明辯처럼 외적 상황에 대한 확실한 지식이고, 중中을 통한 내적 주체의 확립이다. 『대학』은 격물치지이고, 주희의 경우는 침잠沈潛·완색玩索·체득體得·적공積功으로 구체화되는 즉사물관적卽事物觀的 방법이다.(63~75)

즉사물관적 방법은 이완재가 동아시아 학문의 가장 일반적인 방법론으로 제시하는 것이다. 그것은 사물에 또는 사위事爲에 즉해서 관찰하는 학문 방법으로 즉물관적 방법과 동의어이다. 이것은 경험론이면서 선험성을 전제하고 내적·생명적 교감을 통한 체득을 추구하는 직관적 특성처럼 다양한 측면을 지니고 있다.(74~75)

이상이 이완재의 동아시아(동양) 철학의 고유한 특성과 그것에 따른 고유한 방법론의 내용이다. 방법론이 방법론이려면 적어도 학습자의 개인적 차이를 넘어서 누구나 진리에 이를 수 있도록 재연 가능한 특성을 지녀야 한다. 나에게만 가능하다거나, 어떻게 해야 할지 명시적인 안내를 하지 못한다면 그것은 방법론이 아니라 비법祕法이면서 비법非法이다. 바로 이것이 전근대 학문과 근대 학문의 중대한 차이점이라고 할 수 있다.

침잠완색沈潛玩索, 적구점숙積久漸熟은 학문 방법이기도 하지만 학문 태도(자세)와 관련될 정도로 복합적이다. 두 방법에서 사람이 어떻게 침沈해야 하는지 또 얼마나 구久해야 하는지 알 수 없으므로 전혀 명확하지도 않다. 나아가 이완재가 즉사물관적 방법이라는 개념을 끌어들이는 데에 이르면 그의 방법론은 결국 파탄나고 만다. 그는 즉사물관적 방법을 완전한 방법론으로 만들려는 의욕을 부리느라 그것이 모순되는 상황에 처해 무기력해지는 문제를 고려하지 않기 때문이다. 즉사물관적 방법의 설명만으로는 그것이 실험, 관찰, 귀납, 연역 등과 어떻게 다른지 구별되지도 않는다. 이처럼 방법론에서 고유하다는 차이가 곧 방법론으로서의 자격을 보장하지는 않는다.

다음으로 정신 지향 또는 문화의 맥락에서 고유성 담론을 살펴보자. 이 이야기의 버전은 굉장히 많다. 서세동점 이후 1840~1842년의 아편전쟁에서 중국이 영국에 패배했다. 이 이후로 중국을 포함해서 동아시아 각국은 서양의 실체를 인지했을 뿐만 아니라 자신을 총체적으로 되돌아보게 되었다. 이때의 자기성찰 경험은 오늘날 동아시아학 연구자들에게 깊은 흔적을 남기고 있다.

서세동점 이전—유·불·도를 아우를 수 있는—도학道學은 서양에서 철학이 했던 역할을 수행해왔다. 근대에 이르러 도학은 이전처럼 한 세계 또는 천하 질서의 재생산을 담당할 수 없었을 뿐만 아니라 영구적인 모방과 수양을 통해 보통 사람을 성인으로 탈바꿈시키는 일에만 전념할 수 없었다. 왜냐하면 질서를 담는 바로 그 천하가 소멸되고 있을 뿐만 아니라 탈바꿈해서 겨우 이른 그 성인이 아무것도 할 수 없는 무기력한 진공 상태에 놓일 상황이었기 때문이다.

리쩌허우는 서세동점의 상황에서 풀어야 할 시대적 문제를 구망救亡 또는 구국救國과 계몽啓蒙의 이중 변주로 파악했다.[24] 전자는 서구 제국주의의 침략으로 국가의 생존권, 즉 국권을 수호하는 것이고 후자는 동시대의 지평에서 뒤떨어진 봉건적 억압을 타파하고 미성숙한 인권·자유·개성·민주주의·과학의 수준을 고취시키는 것이었다. 국면에 따라 두 과제가 복잡하게 뒤섞였다. 하지만 전체적으로 보면 반제를 위한 구국이 계몽을 압도한 탓에 아직도 현대화, 즉 서체중용西體中用의 구호가 유효한 실정이라고 리쩌허우는 주장했다. 그의 서체중용은 중체서용中體西用의 근대 전략을 비틀어서 표현한 말로서 당면한 중국의 과제를 역설적으로 강조하고 있다.

이러한 상황에서 동아시아 철학 진영은 봉건의 압박으로부터의 인권 수호보다도 구국의 위기로부터의 조국 수호를 힘주어 외쳤다. 그 결과 동아시아의 근대 철학은 개인의 보편적 인권보다 국가 또는 정권의 존립을 우선시해야 한다는 요구로부터 자유롭지 못했다. 아니 더 나아가 국가로부터 객관적 거리를 유지하지 못한 채 국가의 요구 또는 정권의 욕망에 구속되어 나름대로 구국의 선봉장 역할을 자임하게 되었다.[25]

당시 지식인들은 위기의 근원을, 한갓 군사 분야에서 찾지 않고 문화文化[26]의 층위로 시선을 집중시켰다.[27] 이 문화는 타자로부터 식별되는 자민족의 동질성을 구성하고 불가침의 특권을 지니면서 저항운동을 위한 응집력과 동력을 제공하는 집단 정체성의 특성을 갖는다. 이로써 19세기의 '문화학文化學'으로서 동양철학은 인류가 아니라 인종(민족)을 대상으로 하는 구국보종救國保種의 기치를 내걸었고, 사유와 성찰을 통한 이론화보다는 변혁과 저항을 위한 운동movement의 특색을 띠었고, 토대로서의 본질주의보다는 정체성으로서의 민족주의民族主義를 강하게 표방했다.

동아시아에서는 좁게는 철학·인문학, 넓게는 학문 일반이 근대를 민족의 수호와 국가의 존속을 위한 배제적 민족주의 및 애국주의라는 닫힌 결론을 설정하는 양상을 보여주었다.[28] 19세기의 동아시아(동양) 철학은 보편학普遍學을 지향하지 않고 특수학特殊學에 머물 수밖에 없었다.[29] 그 결과 동아시아는 서양으로부터 분과학문의 체제를 수용했지만 마침내 분과학문의 개성을 신장시키지는 못했던 것이다. 아울러 동아시아는 근대에 학문 상으로나 정치적인 면에서 종교로부터 해방을 얻었을지 몰라도 국가로부터는 자유를 얻은 것이 아니라 국가와 일체되는 특이한 현상을 낳았다. 아직도 동아시아, 특히 중국의 학자들이 국가와 당의 정책 및 지침을 정면으로 부정 또는 비판하기란 여간 어려운 일이 아니다.

이로써 학문활동이 민족과 국가 그리고 생존의 문제로부터 자율성을 확보하지 못하고 그것에 철저하게 갇혀버렸다. 사정이 이렇게 되자 학문활동은 기존과 다른 새로운 명칭을 필요로 하게 되었다. 이 필요에 의해서 창조된 이름이 바로 국학國學이다. 오늘날 이 말은 그다지 낯설지 않다. 하지만 이 말은 그렇게 오래된 연원을 가진 것이 아니며 기껏해야 1920년대에 고안된 신생 용어였다.

장빙린章炳麟(1868~1936)은 국학회國學會를 조직하여 활동하면서 『제언制言』이라는 잡지를 만들었다. 그는 1922년에 장쑤교육회江蘇教育會 주관으로 '국학國學'을 주제로 열 차례 강연한 뒤에 그 내용을 『국학개론國學槪論』과 『국학강연록國學講演錄』이란 이름으로 출판했다. 또 첸무錢穆

(1895~1990)는 1926년에 7장을, 1928년에 3장을 써서 자신의 강의 교재로 사용했는데, 그것이 훗날 『국학개론國學概論』으로 출판되었다.

이처럼 1920년대의 국학은 차이나(중국)의 전통적인 역사·문화·학술의 모든 영역을 포괄했다. 물론 이 말의 사용자마다 그 지시 대상과 의미는 달랐다. 예컨대 국학을, 장빙린은 전통시대의 문자학과 경사자집經史子集의 문헌 중심으로 사용했고, 첸무는 2000년에 걸쳐 중국 학술 사상계가 보인 변화의 굵직한 흐름을 가리켰다.[30] 하지만 첸무 자신도 국학 용어의 부당성을 자각하고 있었다. "학술은 본래 국가라는 경계로 나뉘지 않는다. '국학'이란 말은 이전으로부터 이어 쓴 것도 아니고 장차 앞으로도 정립되지 않을 듯하다. 아마 한 시대의 용어로 끝날 것이다." 사정이 이러하니 첸무 자신이 '국학'이란 말을 사용하면서도 그것의 범위가 어디까지인지, 어떤 것을 그 안에 집어넣을 수 있고 어떤 것은 그럴 수 없는지 판단하기가 실로 어려웠다고 고백하고 있다.(「변언弁言」)

그러나 오늘날 사정은 어떠한가? 첸무의 우려나 예상과 달리 국학이라는 용어는 사어가 되지 않고 학문 영역에서 버젓이 시민권을 누리고 있다. 한국의 경우도 정인보鄭寅普는 '조선학朝鮮學'과 '국학國學'을 1930~40년대부터 일본의 내선일체內鮮一體 정책에 대항하여 민족운동의 일환으로 사용했다. 그는 해방 후 국학 연구를 활성화시키기 위해 국학대학을 설립했고, 1955년에 그의 업적이 『담원국학산고』로 묶였다.[31] 그 이후 국학은 한국적 민주주의의 수립이라는 슬로건과 함께 무조건적인 서구화에 저항하는 담론의 특성을 가리키는 말이 되었다. 오늘날 국학은 한국 대학의 다양한 연구소나 기관의 명칭에 즐겨 쓰이는 용어이다. 이때 국학은 일반적으로 한국 민족 문화의 고유성을 가리키고, 특수

하게는 한민족 고유의 정신문화인 '선도' '풍류도' '신선도'나 『천부경』을 가리키기도 한다.[32]

다소 뜬금없이 들릴지 모르지만 '국학國學'이라는 말의 원조(근원)는 따로 있다. 그것은 다름 아니라 17세기의 일본이다. 서양의 문물과 접촉하게 되면서 도쿠가와 막부는 『만엽집萬葉集』과 같은 고전을 연구하여 일본의 정체성을 확립하고자 했다. 당시의 국학은 일본 고전에서 초보적으로 언급하고 있는 일본 고대의 도를 최고의 이상으로 칭송하려고 했기 때문에 중국 사상 또는 불교 사상—국학자들의 용어를 빌리자면 '가라고코로唐心'와 '호토케고코로佛心'—에 의해 왜곡되기 이전의 순수한 일본의 고도를 밝히기 위해서 고전 연구에 전력을 기울였다. 이러한 노력은 국학의 주류로 하여금 현실로부터 유리된 고전의 문헌학적 연구에 파묻히게 만들었고 또한 문헌학적 객관주의마저 스스로 존중하지 않게 되었다. 나아가 비합리적인 신비주의로 타락하기도 했다.[33]

시기는 다르지만 동아시아에서 국학은 서구의 타자성에 흡수되지 않기 위해 문화적 정체성을 수립하려는 개별 민족국가의 정치적 상황과 긴밀하게 연관되어 있다고 할 수 있다. 그 결과 국학 담론의 중핵에는 자민족의 고대사에 대한 재발견, 학문의 정치화, 고유성 담론 등이 똬리를 틀고 있다. 아울러 국학은 근대 초기에 실천성을 유달리 강조하는 동아시아 학문의 특성과 결합하고 근대화(현대화) 시기에 마르크시즘과 결합해서 해방을 위한 캠페인의 동력학으로 변신하기도 했다. 나아가 고유성 담론으로서 국학은 자극적인 대중성과 풍부한 정치적 동력을 가지고 있지만 엄밀하게 학문으로 성립되기는 쉽지 않다. 그 이유는 이렇다.

첫째, 국학은 인종적 순혈주의처럼 외적 영향을 받지 않는 순수한 원래의 자문화의 실재를 가정하지만 그것은 객관적으로 검증될 수가 없다. 이를 입증하기 위해서 국학자들은 하나같이 고대사로 관심 영역을 확장해 들어가지만 그 내용은 이미 학문적 주장이라기보다는 주관적 희망에 가깝다. 한국의 경우 동이족東夷族이나 치우蚩尤 전설이 여기에 해당된다. 아울러 중국의 고구려 지방정권설, 일본의 임나일본부설任那日本府說 등 앞으로 더욱 첨예하게 진행될 동아시아의 영토 분쟁과 더불어 결코 상대를 설득할 수 없는 국학의 현주소이자 미래를 웅변적으로 보여주고 있다.

둘째, 국학은 문화의 교류를 개별 국가의 정치적 위기로 과도하게 부풀리면서 학문활동을 애국심의 발휘나 구국의 거사로 간주한다. 그 결과 학적 엄밀성과 검증의 요구는 애국심이 결여된 매국적 행위로 연결된다. 이로써 연구자는 개별 국가의 정체성을 수호하는 학문세계의 전사이자 기사도가 된다.

21세기의 동양철학이 '국학' 담론에 빠져 있는 한 우리는 보편의 지평이 형성될 계기를 상실하게 된다.('국학'을 영어로 번역하기가 어렵다. 자칫하면 지역학이 되거나 국가주의 연구의 다른 이름이 되기 쉽다.) 이를 위해서 고유성은 보편성과 특수성이 선순환할 수 있는 맥락에서 특수성으로 대체되어야 한다. 그렇지 않고 국학이 고유성과 정체성의 협궤에 갇혀 있다면 그것은 특정 시대의 역사 경험을 자민족 중심주의로 편취하여 새로운 긴장을 고조시키게 될 뿐이다. 즉 학문이 해방이 아니라 억압을 구조화하는 데에 봉사할 것이다.[34] 일본의 아나키스트들이 역설적이지만 1930~40년대에 천황제天皇制에 포획되어 국가주의에 헌신했듯이 말이다.

3 전체로 나아가기 위해서

도덕의 영역에서 악의 파괴성만큼이나 선의 폭력성도 심각하다. 마찬가지로 부분의 한계를 지적한다고 해서 전체의 지향이 무조건적으로 정당성을 갖게 되지 않는다. 나는 '전체'라는 말을 회고적 맥락과 전망적 맥락으로 나누어 사용하고자 한다. 전자는 특정 역사 시기에 인간이 경험한 현상과 사태를 일관되게 묶어주는 의미의 총체성을 가리킨다. 이것은 주로 철학사의 흐름을 역사 단위별로 구분하는 방식으로 쓰인다. 후자는 우리가 현재나 미래에 당면할 공통의 경험을 규제할 수 있는 통일적 질서를 가리킨다. 이것은 주로 과거를 재해석하여 현재화하는 방식으로 쓰인다.

자기 변신의 과정으로서 철학사 읽기

전통적인 술어로 따져보면 한국에서 쓰이는 '동아시아 철학'과 '동양철학'의 용어는 이름과 내용이 일치하지 않는다. 먼저 둘 중 특히 '동양'은 인문지리의 측면에서 현실의 동양세계를 포괄하지 못하고 많은 경우 차이나中國를 가리킨다. 설령 '동양'이 중국中國을 가리킨다는 특수 용법을 수용한다고 하더라도 그 용어는 시간적으로 고대에서 현대로 이르는 전 역사를 포괄할 수 없다는 사실을 놓쳐서는 안 된다. 물론 1980년대 이후부터 '동양'과 '동아시아'가 가리키는 시간과 공간이 급속히 넓어지고 있다. 앞으로 나는 '동양'과 '동아시아'를 시공간적으로 명실상부하게 확장되어 공통의 경험을 담을 수 있는 구성적 개념으로 사용하고자 한다.

우리는 과거의 동아시아(동양)에서 역사적으로 형성되고 확산되어 전개된 철학사를 여러 가지 방식으로 기억한다. 역사를 몇몇 시기의 부분으로 나누어서 그것을 이어 붙여서 전체를 구성해볼 수 있다. 이런 시도로 가장 상투적인 버전은 선진의 제자백가 → 한의 훈고학→ 당의 사장학詞章學 또는 도교[35] → 송명의 성리학 → 청의 고증학의 수순으로 철학사를 규정하는 것이다. 이 틀은 학술의 변천사를 일목요연하게 제시하고는 있지만 철학적 이슈를 뚜렷하게 부각시키지 못한다.

첸무는 '국학'의 틀을 가지고 20세기 초반까지 2000여 년간 진행된 자국 역사를 중국 민족문화의 종합과 변화로 파악하고자 했다. 주나라는 중국의 고대 문화와 학술이 종합되는 시대인 반면 선진시대는 학술의 변화가 일어난 지점이다. 한나라는 또 한 차례의 종합화 시대이고, 위진남북조는 또 한 차례 변화의 시대이다. 수당은 한 차례의 종합화 시대이고 송·원·명나라는 한 차례 학술의 변화가 일어난 시대이다. 청나라는 종합의 시대이고 근대는 학술의 변화가 일어나는 시대이다. 이어서 그는 선진의 제자백가를 '평민계급의 각성'으로, 위진의 청담淸談을 '개인의 발견'으로, 송명의 이학理學을 '대아의 탐색'으로 규정했다. 이어서 그 이후 학술은 '민족정신의 발양'과 '물질과학의 인식'이 대립한다기보다 융합의 길로 진행되었다고 보았다.

첸무는 책의 대미를 "학술이 잦아들지 않으면 민족이 멸망하지 않는다學術不熄, 則民族亡"는 말로 매듭짓고 있다.[36] 그는 종합과 변화의 도식을 통해 철학(학술)사를 면면히 이어지는 민족정신의 전개로 파악하고 있다. 이로써 중국(동아시아) 철학은 민족의 흥망성쇠의 정점에 서서 적진의 내습을 막아내는 전사의 학이 되고 있다.[37] 학술(철학)사 연구가 구국운동의 일환이었던 것이다. 이러한 철학(학술)사 읽기는 일종의 국수주의와 애국주의를 반영하고 있을 뿐만 아니라 철학사를 자기 부정으로 성찰하지 못하는 근원적인 한계에서 벗어날 수 없다.

이에 대한 대안으로 나는 중국(동아시아) 철학사를 자기 변신(성찰), 부정의 역사로 설명하고자 한다. 동아시아(동양)는 문화든 문명이든 학술이든 결코 자족적인 완결성을 갖지 못한다. 그것은 무미건조하나 완전한 동일성의 재현이 아니라 타자성과의 대결을 통해 끊임없이 자기 재정립되는 과정이었다. 우리는 몇몇 인물을 통해 중국 철학사가 시대마다 어떠한 타자와 대결하면서 자기 변신의 과정을 거쳤는지를 살펴보자.

자공子貢은 자신의 선생인 공자를 학무상사學無常師(「자장」 22)로 묘사했다. 나는 이 평가가 공자의 독창성을 설명할 수 있다는 점에서 적확하며 적실하다고 생각한다. 공자가 주공周公과 같은 자기 선배와 동일한 조건에 놓였더라면, 그는 결코 창조적 소수의 영광을 차지할 수 없었을 것이다. 공자의 시대에 사람들은 오래전부터 있었던 부족의 족인族人이면서 새롭게 등장한 국가의 신민臣民이라는 복합적 역할을 수행하는 이중의 관계망에 놓였다. 이들은 정치경제적으로 원시공산제와 공동체 속에서 상대적인 평등과 보호를 누리면서도 이제 혈연을 넘어선 새로운 조직기구, 즉 고대 국가의 관할과 의무를 수행해야 했다.

『논어』의 전편에 걸쳐서 공자는 국가 권력의 등장과 그것의 횡행이라는 낯선 현상을 목도하고 자신의 무기력을 절감했다. 하지만 그는 국가를 전통의 예치禮治 질서로 견인하고자 각고의 노력을 기울인다. 이 점은 조금 뒤에 등장할 초기 변법가들이 국가를, 통제되지 않는 폭력과 보장되지 않는 생명의 불안이 넘실거리는 현실을 구원하는 희망의 돛이자 결집의 센터로 간주하는 것과 극명하게 대비된다.

공자는 정치나 생활의 현장에서 국가의 권력 의지[政·刑]의 일방적인(무매개적인) 침투를 부도덕한 것으로 반대하고 전통적 삶의 규범[德·禮]을 재생시키고자 했다.(「위정」 3) 나아가 그는 효율성과 필연성을 내세우며 공포 정치에 의지하려는 현실 정치의 폭력성을 반대하고 모방과 그것이 낳은 사람의 자발적인 변화에 중점을 두고 있다.(「안연」 19) 하지만 그는 이 변화의 동력을, 도덕 주체의 자율적 활동이 아니라 예禮의 공간을 주도하는 사적 교사(학자)의 흡인력에서 찾았다. 이것은 당시의 국가가 신민과 군주 사이에 사적 중개자 또는 위인의 존재를 배제하고 둘 사이의 직접적이며 인신적人身的 지배를 기획하려던 권력 의지와 상충하는 것이었다.

공자는 상충성을 희석시키려는 듯 사적이면서도 공적 특성을 하나로 끌어안기 위해 그 위인을 위해 별도의 이름을 만들지 않고 재래의 군자君子라는 용어를 그대로 쓴다. 이제 군자는 타인을 지배하는 현실의 권력자만이 아니라 자신을 도덕적으로 관리할 수 있는 주체를 가리키게 되었다. 이로써 민간의 위인은 자신의 사적 특성을 가지고 있으면서 동시에 공적 세계에 참여했다. 물론 이 공적 세계는 도덕적 위인과 국가의 의지가 늘 평화롭게 공존하지 않기 때문에 두 영역이 '공'에 대한 근원과 정의를 두고 대결적 상황으로 나아갈 수도 있었다.[38]

이렇게 보면 공자는 씨족의 동일성에 포섭되지 않는 타자로서 고대 국가의 출현이라는 미증유의 상황에 직면해 있었던 것이다. 그는 이 대면에서 씨족과 국가 둘 중 하나를 전폭적으로 지지하고서 다른 하나를 완강하게 거부하지 않았고, 인문적人文的 가치의 발견을 통해 결합의 실마리를 모색했다. 그는 관용 대우나 화합 가치(의미)의 체득과 실천을 기반으로 해서, 상호 신뢰나 해체 불가능성의 족적 전통과 공적 부조나 자기 보존의 단위인 국가라는 이질성을 가진 배타적 실체를 선의 공동체를 일구는 우군으로 화해시키고자 했던 것이다.

공자 이후의 철학자들도 이미 모두 갖추어져 있던 것들을 이중으로 삼중으로 변주만 하지 않았다. 예컨대 맹자는 스스로 공자를 사숙私淑했다고 자처하기도 했고 또 훗날의 도통론道統論에서 적법한 계승자로 평가를 받았지만 성인의 초월적 지성을 부정했다. 맹자는 이러한 독립적 사고(지성)의 소유자였기에 도덕의 근원을 사람의 주관의식에 정초시킬 수 있었던 것이다.

한나라 동중서는 선진시대의 사상적 자원으로 도저히 해명될 수 없는 전인미답의 사태에 마주했다. 그는 인종·신화 전설·종교 문화·집단 기억 등에서 이질적인 사람들을 동일한 한족漢族의 신민으로 만들어야 했고, 한족이 세계의 중심을 차지하고 국제 질서를 지탱하는 제국이 되도록 설계해야 했고, 급격하게 진행되는 세속화의 흐름 속에서 국가의 의지가 점차 미시적인 영역으로 침투하는 것에 대항해서 신성불가침의 영역을 확보해야 했고, 날로 강성해진 통치의 영역과 날로 위축되는 학문세계의 건전한 관계를 수립해야 했다. 결국 그는 개별 국가 간의 힘의 균형이나 동맹 체제의 구축으로 환원될 수 없는 제국의 우주론적 질서를 탐구했다.[39]

동아시아의 근대 체험은 지금까지 전개되어온 학문적·문화적 전통을 송두리째 회의하게 만드는 전대미문의 사건이었다. 동아시아 각국은 충격적이지만 처음 겪은 압도적 패배를 전래의 역사 경험에 비추어 단순한 군사력의 열세로 파악했다. 그 결과 동아시아인들은 도입과 변화의 대상을, 속도전으로 추월이 가능한 기술 분야에 한정시켜 상처받은 자존 의식을 보강하고 기존의 세계 질서를 유지하고자 했다. 하지만 연이은 패배는 그들로 하여금 기술만이 아니라 기술을 낳은 정신·학문·문화 등으로 주의를 기울이게 만들었다. 이로써 동아시아인들은 기존의 언술이나 사상 체계로 설명되지 않는 타자와 조우하게 되었던 것이다.

이 경험은 그들로 하여금 동양(동아시아)과 서양의 사상 문화를 총체적으로 대비해보는 작업을 진행하게 했고 아울러 동양이 서양과 동시대에 있으면서 근대성(현대성)을 갖추지 못한 한계를 직시하여 자기 부정을 하게 만들었다. 그 결과 과학科學과 민주民主가 동양 문화 또는 철학 전통에서 부족하거나 결여되어 있던 것으로 판명되었다. 이 이후 연구자들은 동양철학사의 흐름에서 과학 논리 또는 과학적 사유를 수색하는 작업을 하게 되었고 그 과정에서 선진시대의 명가나 후기 묵가의 저작이 각광을 받았다.

그러나 1914년부터 4년간 벌어진 제1차 세계대전의 종결 이후 1920년에 량치차오가 유럽을 직접 다녀오면서 상황이 달라지기 시작했다. 그는 여행의 경과를 『구유심영록歐游心影錄』으로 정리했다. 그 이전까지 유럽(서양)은 동양과 완전히 다르지만 동양이 자신의 미래로 선취하여 현재화해야 할 이상이었다. 그러나 1920년 전란으로 폐허가 된 서양(유럽)은 동아시아 지성인들에게 이성(과학)의 맹신으로 대재앙을 초래한 불구의 근대일 뿐만 아니라 자체의 치유 역량을 지니지 못한 중병의 환자로 인식되기 시작했다.

이로써 동양은 서양과 그 내용은 다르지만 형식상으로 각각 근대의 불구나 불구의 근대라는 좌표에 자리를 잡게 되었다. 즉 동양은 총체적 자기 부정이 아니라 자기 긍정의 실마리를 발견했던 것이다. 비로소 이 실마리는 현대 신유학자들이 서구 문물의 충격에서 벗어나 권토중래하는 출발점이 되었다. 극단적인 경우 동양 문화는 서구의 물질문화가 낳은 현대의 질병을 치유할 수 있는—아직 주목을 받지 못해 제대로 알려지지 않은—신비의 양약으로까지 격상되었다. 그럼에도 불구하고 1920년대 이후 동양철학 연구자들은 부정 아니면 재생의 축 위에서 장기간 총성 없는 대치 상태에 놓여 있었다.

지금까지의 논의를 통해서 나는 동양의 철학사가 한갓 동일성의 양상 변이나 동형의 자기 반복의 과정이 아니었다는 점을 밝히고자 했다. 예컨대 공자는 씨족적 연대에서 국가적 권력으로 질서 형성의 원리와 기구가 바뀌는 세계에 있었다. 동중서는 강력한 북쪽의 이민족과 접촉해, 균질적 지배력의 가능성으로서 제국의 출현에 직면했다. 근대는 과학과 민주, 자유와 인권으로 상징되는 서구 문물과의 접촉이라는 미증유의 사건을 체험했다. 각 시대의 지성인들은 때로는 타자성을 극복해야 할 타락의 징후로 간주하기도 했고 때로는 동일성에 포섭 또는 용융시키려고 했다. 이 시도들이 철학사가 진행되었던 과정이기도 하다.

현대에 우리는 동아시아의 근대 체험처럼 여전히 서구 문물을 타자성에 정위시켜놓고 동양철학을 연구해야 할까? 이제 우리는 느닷없는 출현으로 과도한 공포에 짓눌린 채 서구를 대면하지 않는다. 동아시아 사회는 미완의 계몽과 해방만큼이나 생활화되고 미완의 계몽과 해방을 누리고 있다. 미완의 몫이 있다는 것은 19~20세기 근대의 동아시아(동양) 철학의 문제 설정이 여전히 유효하다는 것을 반증하고 있다. 그렇더라도 우리는 서양철학과의 차이만으로 동양철학의 권리를 내세워서는 안 되겠다. 그리고 현대에는 근대의 기획에 담지 못했던 새로운 문제, 즉 기술, 환경, 복제, 차이의 공존 등이 현안으로 등장하고 있다. 이 현안은 서양과 동양에 공통되는 동일한 체험이다.

현대사회에서 중심과 주변의 재배치

나는 철학사의 복원이라는 관점을 제안하면서 그것의 의의와 필요성을 역설했다. 이런 관점에 수긍한다면 먼저 주위에서 횡행하는 근본주의를 가장 경계해야 한다. 제국주의의 망령이 기승을 부릴 때 인권보다는 국권을 내세운 배타적 민족주의가 사상과 결합하여 국학이 생겨났다. 마찬가지로 과학기술의 발달로 지식의 복잡도가 증가하면 할수록 체계보다는 단순성과 기원의 만능을 앞세우는 근본주의가 득세하곤 한다. 현실 세계에서 배타적 민족주의 또는 근본주의만큼이나 막강한 군중을 동원할 능력을 갖거나 무비판적 쏠림 현상을 낳을 만한 것은 없다.

그래서 그런지 한국의 독서계에도 자급자족하는 자연적주의적 삶을 그린 『스콧 니어링 자서전』이며 느리게 살아가는 것의 여유와 자유를 말하는 밀란 쿤데라의 『느림』이 각광을 받았다.[40] 과연 우리가 존재론적 결단을 수반하지 않은 상태에서 '자연으로 돌아가는 것'과 '느리게 사는 것'의 유혹에 솔깃한 것은, 바로 근본주의가 갖는 명료성과 단순성의 힘에서 연유한다고 할 수 있다. 하지만 복잡한 것이 싫다고 해서 단순하거나 시원적인 것이 정답이 될 수는 없다. 자칫 단순해지기 위해서 단순하지 않은 사건과 현실을 단순하게 만드는 과정에 거세의 폭력이 수반될 수 있기 때문이다. 예컨대 몇몇 이슬람 국가에서 나타나듯이 단순한 위대함의 시절로 돌아가 여성들의 활동을 제한하는 것이 정당화될 수는 없지 않은가!

동아시아(동양) 철학의 연구에서도 근본주의가 간혹 소리 높여 제창되었다. 예를 들자면 근본주의를 신봉하는 이들은 현대사회의 병리 현상에 대한 치유책을 사서四書, 오경五經 안에서 찾을 수 있다고 목소리를 높인다. 또 효孝만 제자리를 잡으면 패륜만이 아니라 사회 문제를 모두 해결할 수 있다고 강변한다. "천지대덕왈생天地大德曰生"만 떠올리면 오늘날 생명경시 풍조를 일거에 잠재울 수 있다고들 한다. 이처럼 근본주의자들의 제안을 보면 한국 현대사회의 병리 현상은 사서·오경이나 현인들의 글 속에서 정답을 찾을 수 있으며, 과거의 성현들은 마치 오늘날의 문제를 전부 예상한 듯이 여겨진다.

그러나 근대를 기점으로 해서 우리는 혁명을 통한 단절적 삶의 방식을 영위하고 있다. 우리는 공동체 질서를 유지하기 위해 더 많은 의무를 수행하기보다는 권리의 보호를 위해 적극적인 자기주장을 내세운다. 우리는 욕망의 절제를 통해 행복에 이른다고 생각하기보다 욕망의 충족을 자기실현으로 간주한다. 우리는 씨족적 유대와 공동체의 결속감이 강해지면 강해질수록 바람직한 사람이 된다는 것을 강조하기보다는, 개인은 프라이버시를 존중해 사생활의 침해를 거절할 수 있으며 합의를 통해 바라는 인공적인 사회를 만들려고 한다.

고대인들은 성인과 같은 거룩한 존재를 절대화시켜 성인을 모방하는 것이야말로 자신을 해방으로 이끈다고 보았다. 이로써 그들은 세계와 타인에 대해 오만하기보다는 늘 겸손했지만 주체는 극소화되거나 궁극적으로 자기 소멸이라는 상황에 놓였다. 반면 근대인들은 경험과 원리에 의거해서 진리를 구성하며 내적 결단과 자유의지의 힘으로 자유를 획득하고자 한다. 이로써 그들은 자기 욕망과 통제에 따라 세계와 타인을 조작하고자 했지만 끊임없이 자기주장을 해대고 (그 결과) 고독이라는 선물을 안게 되었다.[41]

이처럼 사회가 다르게 조직되고 규율된다면 전통적인 동양철학의 의제나 교설들도 근대사회에서 새로운 방식으로 재조직되어야 한다. 고대사회에서 전면에 있거나 중심이었던 것이 근대사회에서는 후면으로 가거나 주변으로 옮겨갈 수 있다. 또 고대사회에서 주변에 있었던 것이 근대사회에서 중심으로 부상할 수도 있다. 다시 말해서 현대사회에서 동아시아(동양) 철학이 타자와 대결하면서 자기 변신을 하려면 기존에 논의해왔던 것을 부정하거나 다르게 따져보아야 한다. 그리하여 여기서는 동아시아(동양) 철학의 핵심 의제인 성선性善을 다루어보려 한다.

성선性善은 일찍이 맹자가 사유실험thought experiment을 통해 제시했다. 그 성선은 논증적이라기보다 설득적이다. 이야기의 상대방으로 하여금 참으로 부정하기 어려운 가설적 상황을 마련해놓고 어떻게 하겠느냐는 투이기 때문이다. 여기서 성선의 증명 가능성보다는 그것으로 진행되는 도덕화 기획의 절차를 비판적으로 살펴보도록 하자.

성선이라는 토대가 마련되었으므로 별도로 도덕적 근원을 찾지 않아도 될 듯하다. 토대로 보면 성선이지만 현실로 보면 선이 충만되고 악이 완전히 배제된 사회는 도래하지 않는다. 이 난제를 풀기 위해 맹자나 후대의 철학자들은 환경적 조건, 후천적 성향 그리고 기질氣質의 한계를 끌어들였다. 이로써 사람은 도덕적 존재가 되려면 본래성이 아니라 비본래성으로 관심을 돌리는 요인을 자기 내적으로나 외적으로 통제하는 수양 및 학습의 절차를 반드시 거쳐야 했다.

성선이 사람을 도덕적 행위로 이끈다고 하더라도 둘 사이의 연관성이 그렇게 자명하지는 않다. 우리가 성선을 도덕 근원으로 승인한다고 하더라도 그 근원이 감정이든 원칙이든 모든 도덕 상황에서 사람들을 도덕적 행위로 완전하게 안내할 수 있을지 의문이다. 측은한(함께 아파하는) 마음이 고통과 분배를, 나아가 불우한 환경과 부당한 처우에는 도덕적 안내를 한다고 할 수 있다. 하지만 성선은 권리의 투쟁과 경쟁의 일상화 자체를 배제하고 있으므로 그와 같은 경우에 성선은 침묵할 수밖에 없다.

성선은 맹자에서부터 선각자이자 제작자로서 성인聖人의 계도와 이어져야만 사람이 도덕적 행위로 나아갈 수 있었다. 물론 때로는 성인의 계도가 문서화된 경전의 학습으로 대체될 수 있는데, 이때 경전의 충실한 해석이 전제되어야만 비로소 도덕 이론의 제 역할을 수행하게 된다. 왜냐하면 보통 사람은 새롭고 이질적인 상황에서 성선에 의거할 경우 의도하지 않은 실수와 무지로 인해서 도덕적 행위에 실패할 수 있다. 성선이 성인과 결합될 때에만 사람을 도덕적으로 이끌게 되는 것이다. 성선은 자족적인 도덕화의 기획을 수행할 수 없다.

또 성선이 자연스럽게 도덕적 행위로 이어진다고 보지만 사실 그 과정에 문화적 요소의 개입을 배제할 수는 없다. 문화 인류사적으로 보면 성선은 사회적 행위의 패턴이 정형화된 채 널리 공유되고 정서적 일체 의식이 강한 친숙한 사이의 공동체에서 구성원을 도덕적으로 인도할 수 있다. 문화가 학습과 관습에 의해서 제2의 천성처럼 자연스러워진 것이다. 반면 사람 사이의 사전 정보가 없고 경쟁이 상존하며 이해관계가 얽혀 있는 사회에서 계약(정의)을 수반하지 않은 성선은 회복할 수 없는 도덕적 실패를 낳는 교설이 될 수 있다. 따라서 인仁의 단초로 여겨지는 부모 사랑과 측은한 마음이 소농 경제와 혈연 공동체가 아니라 그와 전혀 다른 도시화와 세속화 그리고 산업화와 국제화의 맥락에서 사람의 도덕적 행위를 규제하는 동일한 역할을 하기 어렵다는 것이다.

이런 점에서 우리는 오늘날 인성과 관련해서 성선性善보다는 성악性惡에 관심을 둘 수 있다. 일단 낭만적 성선은 감시를 받지 않거나 권력의 비호가 작용하는 곳에서 '뜻하지 않게 일어날 수 있는 사건'과 '만약에 일어날 수 있는 범죄'를 예비하지 않아 선의의 희생자를 낳을 수 있다. 이것이 바로 서세동점의 상황에서 서양 열강에 의해서 동아시아가 무참하게 유린당했던 문화적 맥락이기도 하다. 성선은 역설적으로 선의 증대를 낳기보다는 악의 잠식과 고통의 양산을 방조할 수 있다. 아울러 성악에서 우리는 근원적 한계를 지닌 인간의 발가벗은 모습을 직면하게 되고 그것으로 인해 생겨날 수 있는 일을 방비하고 통제할 수 있다.

우리가 만약 성선을 계속해서 중심에 두려고 한다면 새로운 논리의 보강이 필요하다. 유일신 전통의 철학이 신과 인간의 계약과 책임에 바탕을 둔다면 성선은 철저하게 인간의 자기 완전성을 전제하고 있다. 자기 완전성은 자유의지에 의한 자율성으로 확대 해석할 수 있다. 이를 위해서는 사덕四德을 형식적인 도덕 원칙으로 재정립해서 성선에 함축된 절대주의 윤리설에 변형을 가해야 한다. 따라서 성선은 주변으로 재배치되든지, 혹은 중심에 있으려면 변형의 과정을 거칠 수밖에 없는 것이다.

철학사를 보면 성선은 송나라에 이르러 이론적인 각광을 받았다. 하지만 주희는 수사법상으로 성선을 전면에 내세우고 성악을 커튼 뒤에 숨겼을 뿐이지 인성론에서 둘을 본연지성本然之性과 기질지성氣質之性으로 종합화해냈다. 명·청 제국을 거치면서 본연지성은 인식 가능성, 주재主宰의 역량, 창조적 판단의 측면에서 실재하는지의 여부와 관련해서 끊임없이 논란의 대상이 되었다.[42] 본연지성은 도덕의 근원으로 자리하지만 현실의 도덕화 기획 과정에서는 정체를 드러낼 수 없었다. 본연지성은 보이지 않는 손처럼 시스템화될 수 있지만 신처럼 심판하거나 개입할 수 없기 때문이다.

따라서 왕수인과 그 후학들은 성선을 회의하지는 않지만 그것과 별도로 도덕적 판단과 행위의 활성화를 주재하는 내적 존재의 탐구에 역점을 두었다. 그것이 왕수인의 양지良知이든 이탁오의 동심童心이든 공안파公安派의 성령性靈이든 성선을 도덕적 행위로 이끌어가는 도덕 주체의 탐구라는 점에서 일치한다. 성선과 달리 양지와 동심 그리고 성령은 원천적으로 도덕의 재구성을 부정할 수 없다. 그만큼 성선과 성악의 경계가 흐릿해지는 셈이다. 이로써 주희식 성선이 파탄났다고 할 수 있다.

전근대에서도 성선은 자신의 자리를 바꾸면서 변신을 거듭해왔다. 오늘날은 성선의 재배치와 변형을 통해서 동아시아의 현대철학을 창출해야 한다. 그럼에도 불구하고 동아시아 각국이 성선 등을 개성(인권)의 신장과 창조적 자기표현으로 재해석하지 않고 국학 진흥, 국민교육, 민족정신으로 동원한다면 퇴행적이라는 비판을 피할 수 없다.

4 맺음말

동아시아 철학은 명·청 제국까지만 해도 보편학의 이름으로 탐구되고 전파되고 공유되었다. 우리는 중국 대륙의 공산화와 더불어 그곳의 근대화 또는 근대의 체험을 연구의 대상으로 설정할 수 있다. 그것의 해금이 닥쳐온 이래 동아시아의 전통 학문은 두 가지 양상으로 전개되었다. 하나는 타 지역 사람들이 동아시아의 정보를 수집하기 위해 만든 한국학·일본학·중국학 등 각종 지역학의 융성이다. 다른 하나는 동아시아 세 나라가 근대의 체험을 통과하면서 고유성이나 정체성 담론과 뒤범벅된 국학의 등장이다.

따지고 보면 둘은 서구라는 타자의 출현과 더불어 생겨난 동전의 양면과 같은 것이다. 물론 전자는 가치 판단을 배제하고 사실 판단을 위주로 한 객관적 정보 수집에 초점이 있다. 지역학은 연구자의 인격에 관여하지 않고 철저하게 현실적 이해의 증진이나 편견의 극복에 기여한다. 반면 후자는 철저하게 가치 판단을 위주로 절대로 잃어버릴 수 없는, 때로는 나누어 가질 수 없는 규범을 정립하고자 한다.

국학은 인류의 고귀성과 탁월성보다는 우리의 차이성을 수호하고자 한다. 즉 고귀성을 잃어버리면 인간답지 못하지만 차이성을 잃어버리면 국민답지 못하다는 점에서 인간답지 못하게 된다. 물론 국학에도 타자와 공유할 수 있는 개방성이 있다. 그러나 역설적으로 공유성이 증대하면 증대할수록 국학이 국학으로서 존립하지 못하는 상황에 놓이게 된다.

근대에 이르러 동양철학은 그 출발의 속성과 조건상 전체보다는 부분의 늪에 빠져서 타학문과의 대화에 적극적으로 대응하지 못했다. 그것은 연구자가 주로 훈고를 자신의 최종 임무로 착각하거나 고유성 담론의 한 축을 맡아서 '국학대사國學大師'가 되고자 했기 때문이다. 국학대사는 늘어나고 있지만 동아시아 현대철학의 구축은 요원해지고 있다. 연구비 지원과 맞물려서 국학의 진흥과 국학대사의 탄생을 축배로 여기지만 결국 그것이 독배였다는 사실을 깨닫게 될 것이다. 늪을 떠나지 않고 늪에 머무를 경우 몸부림치면 칠수록 그 속에 빠져들어 헤어나오지 못하기 때문이다.

이 늪을 벗어나 전체와 대면하려면 동아시아의 철학사가 동형 반복이나 동일성의 재현이 아니라 자기부정(변신)의 역사였다는 점을 자각할 필요가 있다. 또 근본주의의 유혹에 빠져 전통과 현대를 무매개적으로 동일시하는 꿈에서도 깨어나야겠다. 이제 동아시아의 신화에서 태양과 달리기를 했던 과보夸甫처럼 전체를 다루도록 분투해서 국학의 그늘을 벗어날 시점이다.

주註

제1장

1) 『논어』에 보면 공자는 서만이 아니라 다른 고대 문헌을 '경' 자 없이 가리키고 있다. 「술이」 18 "子所雅言, 詩書執禮, 皆雅言也." 그 밖에 시와 서를 인용할 때 '시운詩云' '서운書云'이라고 한다.

2) 蔣伯潛·蔣祖怡, 최석시·강정화 역주, 『유교경전과 경학』, 서울: 경인문화사, 2002, 97~98.

3) 『한서』 「예문지藝文志」 "左史記言, 右史記事. 事爲春秋, 言爲尙書." 『예기』 「옥조玉藻」에는 좌사와 우사의 업무가 「예문지」의 그것과 반대로 되어 있다.

4) A가 반정부사범으로 체포됐다. 조사관이 A에게 어디서 뭘 보고 불온한 사상을 품게 되었냐고 물었을 때 A가 "『서경』이요"라고 대답하는 상황을 가정해보자. 정부는 『서경』을 부정하지 않는 한 A를 처벌할 수 없다. 과거의 동아시아에서는 『서경』을 비롯한 경서의 권위와 가치를 공개적으로 부정한 왕조가 드물었다. 경서는 오늘날 헌법과 같은 역할을 했다고 할 수 있다. 이런 점에서 분서焚書가 기존의 질서 체제에 대한 파괴인 것이 분명하지만 동시에 새로운 세계를 만드는 기획의 일환으로도 볼 수 있는 것이다.

5) 우리도 현재 한국어와 1920~1930년대의 한국어 문장에서 차이를 느끼고 또 중세 한국어의 경우 낯설고 어렵게 느껴지는 것과 마찬가지였다.

6) 앞뒤로 복생 관련 이야기는 사실에 상상력이 가미되었다는 것을 미리 밝혀둔다.

7) 지금까지의 『서경』/『상서』의 역사를 직접 확인하고 싶은 이가 있다면 劉起釪, 『尙書學史』, 北京: 中華書局, 1989; 劉起釪, 『尙書源流及傳本』, 瀋陽: 遼寧大學出版社, 1997; 陳夢家, 『尙書通論』, 北京: 中華書局, 2005, 2007 2쇄 등 참조.

8) 이 방대한 서적은 번역되어 있으므로 관심이 있으면 그 내용을 확인할 수 있다. 이지형, 『역주 매씨서평』, 서울: 문학과지성사, 2002 참조.

9) 전체 맥락을 확인하려면 김학주 옮김, 『서경』, 서울: 명문당, 개정증보판 2002, 75 참조.

10) 현대 학제의 박사 명칭은 진나라에서 처음으로 쓰였으니 그 연원이 장구하다고 할 수 있다. 진나라 당시에 박사는 학문을 담당했고, 한나라에서 특정 경서의 연구와 교육을 맡은 사람을 박사로 임명하는 박사관 제도를 운영했다.

11) 자세한 것은 何耿鏞, 장영백 외 역해, 『경학개설』, 서울: 청아출판사, 1992; 1999 개정판 1쇄, 81~83 참조. 이외에도 皮錫瑞, 이홍진 옮김, 『중국경학사』, 서울: 동화출판공사, 1984; 徐復觀, 고재욱·이철운·유성선 옮김, 『중국경학사의 기초』, 춘천: 강원대학교출판부, 2007을 보라.

12) 이는 유럽만큼의 영토를 보유한 중국이 지방분권이 아니라 중앙집권을 가능하게 했던 토대였다. 만약 학자-관료가 벼슬에 목매지 않고 일정한 물적 기반을 바탕으로 저항과 독립의 의지를 키웠다면, 역사는 다르게 전개되고 오늘날 중국은 다수의 국가들로 나뉘었을 것이다.

13) "富家不用買良田, 書中自有千鍾粟. 安居不用架高堂, 書中自有黃金屋. 出門莫恨無人隨, 書中車馬多如簇. 娶妻莫恨無良媒, 書中有女顔如玉. 男兒欲遂平生志, 六經勤向窓前讀." 황견 엮음, 이장우·우재호·장세후 옮김, 『고문진보 전집』, 서울: 을유문화사, 2001; 2003 3쇄, 25~27. 진종 이외의 7편의 글을 함께 읽어보라.

14) 『논어』 「공야장」 6 子使漆彫開仕. 對曰: "吾斯之未能信." 子說.; 「위영공」 32 子曰: "君子謀道不謀食. 耕也, 餒在其中矣, 學也, 祿在其中矣. 君子憂道不憂貧."

15) 기독교에서 삼위일체설이나 동정녀 잉태설은 늘 뜨거운 논란거리이다. 이와 관련해서 공인된 이야기 이외에는 있을 수 없는 것으로 정경에서 삭제되어야 한다. 이런 엄격한 조치가 위고문상서와 관련해서 적용되지 않았다.

16) 屈萬里는 『尙書今註今譯』, 臺北: 商務印書館, 1969; 1986 11쇄를 내면서 『위고문상서』를 전부 삭제하고 역주 작업을 했다. 한국의 『서경』 주해나 번역본의 경우 하나같이 이처럼 과감한 결정을 보인 경우는 없다.

17) 『매씨서평』 "竊以梅氏之書, 薈萃羣言, 裒成一家, 至言格訓, 誠亦不少."(이지형 역주, 44, 755)

18) 「대우모」 "人心惟危, 道心惟微, 惟精惟一, 允執厥中."(김학주, 83)

19) 「요전」 "光被四表, 格于四方. 克明俊德, 以親九族."(김학주, 40~41)

20) 「대우모」 "惟德感天, 無遠弗屆. 滿招損, 謙受益, 時乃天道."(김학주, 86~89)

21) 이와 관련해서 눈여겨볼 편이 「홍범洪範」이다. 이름 자체가 세상의 위대한 전범典範이듯이 『서경』에서 "지혜의 서"라고 불릴 만큼 세계를 질서 있게 조직하는 구조가 설명

되고 있다.

22)『서경』이 주족 중심의 기록물이라고 한다면 한 제국의 동중서는 전승 문헌과 기억들을 한족漢族 중심의 세계로 녹여내고자 했다. 이와 관련해서 신정근,『동중서: 중화주의의 개막』, 파주: 태학사, 2004 참조.

23) 이 용어의 의미에 천착하려면 신정근,『사람다움의 발견』, 서울: 이학사, 2005, 63~71 참조.

제 2 장

1) Hsu Cho-Yun, *Ancient China in Transition: An Analysis of Social Mobility, 722-222 BC*, Stanford: Stanford University Press, 1965, 141~174. 그리고 이런 맥락에서『논어』「옹야」30의 자공과 공자가 제각각 성인의 특징을 달리 바라보는 관점을 조망해볼 수 있다.

2) 공자는 범인과 성인의 차이를 크게 보는 반면 맹자는 둘의 차이를 얼마든지 메울 수 있는 간극으로 본다.「고자 상」7 "聖人, 與我同類者. (…) 聖人先得我心之所同然耳." 송명 성리학자들은 사람이 배워서 성인이 될 수 있다는 신념을 공유했다. 그들은 이를 내성외왕內聖外王이란 목표의식으로 구체화시켰다.

3) Roger T. Ames(安樂哲),「孔子思想中'聖人'概念淺釋」,『國立臺灣大學創校四十周年 國際中國哲學硏討會 論文集』, 1986, 245~273과 David L. Hall and Roger T. Ames, *Thinking Through Confucius*, New York: State University New York, 1987: 296~304 참조.

4) Ronald G. Dimberg, *The Sage and Society: The Life and Thought of Ho Hsin-Yin*, Hawaii: The University Press of Hawaii, 1974.

5) 이 호칭에 가장 먼저 주목한 이는 胡厚宣이다.「釋'余一人'」,『歷史硏究』, 1957年 1期;「重論'余一人'問題」,『古文字硏究』第6輯;「中國奴隷社會最高統治者的稱號問題」,『紀念顧頡剛學術論文集』上, 巴蜀書社, 1990, 147~152 참조. '여일인'은 상나라와 주나라

천자가 전용하던 호칭으로 '일인一人'으로 줄여서 쓰이기도 했다. 갑골문 초기의 글에는 '일인'이 쓰이고, 후기부터 '여일인'이 쓰인다. 이들은 모두 왕과 천자가 스스로 일컫는 호칭으로 절대적 권위를 나타냈다. 이에 대해서 리샹핑李香平은 '여일인'의 언어적 의미보다 사용 문맥에 주의할 것을 제안했다. '여일인'이 주로 정인貞人을 통해 조상신과 상제에게 길흉화복을 묻는 맥락에서 쓰이고 있으므로, 그것은 전제적 폭군의 의미를 지닐 수 없다고 보았다. 대신 그것은 이기적이고 연약하고 두려워하는 심리를 반영한다고 보았다. 「重釋'余一人'」, 『考古與文物』, 2003年 1期, 83~84. 우리나라에서는 주로 후허우쉬안胡厚宣의 견해를 수용하고 있는데, 이와 관련해서 김승혜, 『원시유학: 『논어』『맹자』『순자』에 대한 해석학적 접근』, 서울: 민음사, 1990, 43~47(이 책은 개정판은 『유교의 뿌리를 찾아서』, 지식의풍경, 2001이다); 이성규, 「중국 고대 황제권의 성격」, 동양사학회 편, 『동아사상의 왕권』, 한울아카데미, 1993, 7~10 참조.

6) 許倬雲, 「春秋戰國間的社會變動」, 歷史語言硏究所集刊, 34책 하, 1963, 559~573.

7) 인仁 자의 최초 출현 시기 및 의미 변천과 관련해서 신정근, 『사람다움의 발견』, 서울: 이학사, 2005; 『사람다움이란 무엇인가』, 파주: 글항아리, 2011 참조.

8) 우리나라 학계에서는 『고문상서』의 문헌적 가치에 대해 별다른 텍스트 비평 작업을 하지 않는다. 오랫동안 경전으로 간주되어왔으므로 『고문상서』도 믿을 만한 『금문상서』와 같은 학술적 가치를 갖는 것으로 여겨지고 있다. 더 나아가 텍스트를 사실로 믿는 학문 이전의 태도를 나타내기도 한다. 이 글에서는 고사변 학파의 주장을 토대로 서주시대의 자료로 볼 수 있는 『서경』에 주목해서 논의를 진행하려고 한다. 이와 관련해서 김승혜, 『원시유학: 『논어』『맹자』『순자』에 대한 해석학적 접근』, 35쪽의 각주 47번과 51쪽의 각주 11번을 종합하면 「대고大誥」「강고康誥」「주고酒誥」「재재梓材」「소고召誥」「낙고洛誥」「다사多士」「군석君奭」「다방多方」「고명顧命」 등을 서주 초기 저작으로 간주하고 있다. 한편 顧頡剛, 『古史辨』 1책, 47 「論今文尙書著作時代書」, 上海: 古籍出版社, 1982, 200~206에도 위와 비슷한 주장이 있다. 이 글은 원래 1923년 6월 1일 후스에게 보내는 편지글 형태로 쓰였다.

9) 원고의 보충 과정에서 張榮明, 「『書』『詩』中'哲'義小考」, 『管子學刊』 2005年 第1期, 74~76, 105를 찾았다. 용례 조사와 그 특징 분석에서 나와 차이가 없다. 아울러 철을

신성과 연결시키는 점은 동의할 수 있지만 여전히 이성과 연결시킨다는 점에서 한계를 드러내고 있다.

10) 『서경』「대고大誥」“惟我幼沖人, 嗣無疆大歷服. 1)弗造哲, 2)迪民康, 3)矧曰其有能格知天命? (…) 賁敷前人受命, 茲不忘大功, 余不敢閉于天降威用.” 屈萬里 註譯, 『尙書今註今譯』, 臺北: 臺灣商務印書館, 1969, 89. 앞으로 『서경』을 인용할 때 별도의 표시가 없는 한 위 책의 쪽수를 가리킨다.

11) “哲, 知也.” 즉 철은 지혜(지식)라는 식의 풀이는 허신許愼의 『설문해자』, 양웅揚雄의 『방언方言』 등에도 보이는데, 이는 두 사람만의 주장이 아니라 한나라 시대의 일반적인 풀이인 듯하다.

12) 최명관, 『니코마코스 윤리학』, 서울: 서광사, 1984를 저본으로 삼는다.(개정판이 창에서 2008년에 나왔다.) 이하 쪽수는 위 책의 쪽수를 가리킨다. 필요시 Ross 영역본, *Nicomachean Ethic*을 참조했다. 『니코마코스 윤리학』은 이후에 주석을 더 많이 달고 한자어보다 주로 일상 언어를 사용해서 새로운 책이 번역되어 나왔다. 김재홍·강상진·이창우, 『니코마코스 윤리학』, 이제이북스, 2006; 도서출판 길, 2011 참조.

13) “寧王遺我大寶龜, 紹天明. 卽命. 曰: 有大艱于西土. 西土人亦不靜, 越玆蠢.”

14) 이 구절은 「강고康誥」 등에 나온다.

15) 아리스토텔레스는 덕을 도덕적인 덕과 지적인 덕으로 나누었다. 전자에는 용기와 관대 등이 있고, 후자에는 이성과 지혜 등이 있다.

16) 시라카와 시즈카는 문자(한자) 연구를 문화 영역으로까지 확장한 연구자이다. 그의 학문세계와 관련해서 심경호, 「시라카와 시즈카의 문자학 세계」, 『한자한문연구』 창간호, 2005; 시라카와 시즈카·우메하라 다케시, 이경덕 옮김, 『주술의 사상』, 파주: 사계절, 2008 참조.

17) 白川靜, 『字統』, 東京: 平凡社, 1984, 626.

18) “民近而天遠, 以易而況難. 天子必當至靈, 至靈乃知天命. 言己猶不能安民, 明其不知天命. 自責而謙.”(『십삼경주소』본, 13권 17)

19) 이 구절은 백이를 비롯해서 우禹와 직稷이 각각 치수와 농사를 맡아서 인민의 생활을 안전하고 풍요롭게 만들었다는 맥락이다. 백이는 치안을 맡은 것이다.

20)『經義述聞 尙書下』,『皇淸經解』(阮元 編刊, 王進祥 重編)본, 18책, 19113권, 漢京文化事業有限公司, 25.

21) 段玉裁,『說文解字注』, 上海: 古籍出版社, 1988, 57.

22)『서경』에서 이런 비유에 정확하게 대응하는 실례를 찾을 있다. 예컨대 "가서 은나라 옛날의 구원자를 본받아서 인민을 지키고 다스려라"(「康誥」往敷求于殷先哲王, 用保乂民), "왕께서 소민이 함부로 법도에 어긋나는 짓을 했다고 하더라도 과감하게 일족을 모두 죽이지 말아야 한다. 그렇게 인민을 다스린다면 공업을 이룰 것이다"(「召誥」其惟王, 勿以小民淫用非彝, 亦敢殄戮. 用乂民, 若有功) 등에서 예민乂民이 치민治民으로 쓰이고 있다. 원래 예乂는 풀을 베다의 의미에서 다스리다라는 뜻을 가지게 되었다. 이러한 의미 전용에는 풀 베다가 잡초 같은 사람을 제거하다라는 맥락으로 의미의 확대가 이루어졌다고 볼 수 있다.『좌전』을 보면 풀 베기와 악인의 제거를 짝짓는 비유를 찾아볼 수 있다. 은공 1년 "蔓草猶不可除."(12), 은공 6년 "爲國家者, 見惡, 如農夫之務去草焉. (…) 絕其本根, 勿使能植, 則善者信矣."(50)

23) 행사行事와 덕德의 연관성에 대해서는 오구라,『中國古代政治思想研究:『左傳』研究ノート』, 東京: 青木書店, 1970, 50~79, 93 참조.

24) 이상「주고酒誥」의 내용이다. 屈萬里, 107~110.

25) 이상「다방多方」의 내용이다. 위의 책, 151.

26)「대아」「억抑」,『한문대계』본, 18권 5.

27) "哲夫成城, 哲婦傾城. 懿厥哲婦, 爲梟爲鴟. 婦有長舌, 維厲之階. 亂匪降自天, 生自婦人."

28)「소아」「소민」의 혹철혹모或哲或謀의 주(『한문대계』본, 12권 20),「대아」「하무」의 세유철왕世有哲王의 주(16권 25),「대아」「억」의 기유철인其維哲人의 주(18권 8),「상송」「장발長發」의 준철유상濬哲維商의 주(20권 18).

29) "人有土田, 女反有之. 人有民人, 女覆奪之. 此宜無罪, 女反收之, 彼宜有罪, 女覆說之."

30) "民雖靡膴, 或哲或謀, 或肅或艾."

31) "潝潝訿訿, 亦孔之哀. 謀臧不從, 不臧覆用. 我視謀猶, 伊于胡底?"

32) "旻天疾威, 敷于下土."

33) "大宰問於子貢曰: 夫子聖者與? 何其多能也? 子貢曰: 固天縱之將聖, 又多能也. 子聞之, 曰: 大宰知我乎! 吾少也賤, 故多能鄙事. 君子多乎哉? 不多也."

34) "上古之世, 人民少而禽獸衆, 人民不勝禽獸蟲蛇. 有聖人作, 搆木爲巢以避群害, 而民悅之, 使王天下, 號之曰有巢氏. 民食果蓏蚌蛤, 腥臊惡臭而傷害腹胃, 民多疾病. 有聖人作, 鑽燧取火以化腥臊, 而民說之, 使王天下, 號之曰燧人氏."(陳奇猷, 『韓非子集釋』, 上海: 人民出版社, 1974, 1040)

35) 『한어대사전』 권8, 664. 특히 『장자』에 나오는 성인聖人은 이런 유형을 대표하는 경우가 많다.

36) "子曰: 述而不作, 信而好古, 竊比於我老彭."

37) 귀감과 모범에 대해서는 공자 부분에서 상론할 예정이다. 우선 H. Fingarette, "How the Analects Portrays the Ideal of Efficacious Authority", *Journal of Chinese Philosophy*, vol.8, 1981, Honolulu, 29~50 참조.

38) 「악기樂記」 "故知禮樂之情者能作, 識禮樂之文者能述. 作者之謂聖, 述者之謂明. 明聖者, 述作之謂也."

39) "帝命不違, 至于湯齊. 湯降不遲, 聖敬日躋. 昭假遲遲, 上帝是祗. 帝命式于九圍."

40) 이 주장은 타당하지만 이를 『서경』 『시경』 전체 성聖 자의 풀이로 일반화할 수는 없다. 나는 철哲을 설명하면서 시라카와 시즈카의 주장을 일반화할 수 없다고 말한 바 있다. 같은 논리이므로 앞부분 참조.

41) 「교언」 "奕奕寢廟, 君子作之, 秩秩大猷, 聖人莫之."

42) 「판」 "出話不然, 爲猶不遠. 靡聖管管, 不實於亶. (…) 我言維服, 勿以爲笑. 先民有言, 詢于芻蕘."

43) 이 개념과 이와 대비되는 사실적인 앎knowing that에 대해서는 G. Ryle, 이한우 옮김, 『마음의 개념』, 서울: 文藝出版社, 1994, 30~77 참조.

44) 「대아」 「상유桑柔」 "維此聖人, 瞻言百里. 維彼愚人, 覆狂以喜."(18권 13)

45) 이에 대해 모공은 원려遠慮로, 정현은 견사원見事遠으로 풀이한다.

46) 「대아」 「탕蕩」 "靡不有初, 鮮克有終." 『서경』 「군석君奭」 "亦罔不能厥初, 惟其終."

47) 이에 대해 주희는 "聖人炳於幾先, 所視而言者, 無遠而不察"(18권 14)이라고 풀이하는

데, 나의 논조도 기본적으로 이것과 닮아 있다.

48) 「주고」「다방」을 보면 하·은 왕조의 멸망을 마지막 왕이 보여준 행위를 스스로 허물을 초래한다는 자속고自速辜로 설명한다.

49) 「대아」「탕」 "殷鑒不遠, 在夏后之世." 「대아」「문왕」 "宜鑒于殷, 駿命不易." 「주고」 "人無於水鑒, 當於民鑒." 「군석」 "其汝克敬以予監于殷喪大否." 「소고」 "我不可不監于有夏, 亦不可不監于有殷."

50) 「소아」「시월지교十月之交」 "高岸爲谷, 深谷爲陵." 이 구절은 『좌전』 소공 32년에서도 인용되고 있다.

51) 이 사고방식은 시를 지을 때나 해석할 때 모두 중요하게 작용하는 비比와 관련된다. 이는 나중에 공자 부분에서 좀 더 자세히 다루려고 한다. 훗날 서恕 사유에도 커다란 영향을 끼쳤다.

52) 「상유桑柔」 "維此惠君, 民人所瞻, 秉心宣猶, 考愼其相, 維彼不順, 自獨俾臧, 自有肺腸, 俾民卒狂."

53) "惟聖罔念作狂, 惟狂克念作聖."(屈萬里, 152)

54) 『서경』과 『시경』만이 아니라 『논어』에서도 사람이 도덕적으로 행위를 하는 데에 있어서 의지의 문제를 다루지 않는다. 성인은 의지가 강성해서 유혹과 좌절에 굴복하지 않기 때문이다. 나는 이를 신화적 사고 또는 영웅적 사고라고 부른다. 불교와 송명 유학에서는 이를 '근기'의 문제로 보았다. 이와 관련해서 신정근, 「'의지'와 '앎' 문제의 대두」, 『동양철학연구』 제38집, 2004 참조.

55) 「자로」 21 "子曰: 不得中行而與之, 必也狂狷乎! 狂者進取, 狷者有所不爲也." 『맹자』 「진심 하」 37에서 맹자는 공자의 말을 인용하면서 논의를 펼치고 있다.

56) 「패풍」「개풍凱風」 "어머니 앞뒤 가리고 훌륭하지만 우리 자식들 좋은 놈 없네. (…) 자식 일곱 놈 있지만 어머니 마음을 달래지 못하네母氏聖善, 我無令人. (…) 有子七人, 莫慰母心."(2권 10)

57) 「소아」「정월」 "召彼故老, 訊之占夢. 具曰余聖, 誰知鳥之雌雄."(12권 7)

58) 「소아」「소민」 "如彼築室于道謀, 是用不潰於成, 如彼泉流, 無淪胥以敗."(12권 20) 「대아」「억」 "天方艱難, 曰喪厥國. 取譬不遠, 昊天不忒, 回遹其德, 俾民大棘."(18권 9)

59) 「대아」「억」 "其維愚人, 覆謂我僭, 民各有心."(18권 8)

60) 段玉栽, 『說文解字注』, 592.

61) 전국 이후 성인의 신비화에 대해서는 王文亮, 『中國聖人論』, 北京: 中國社會科學出版社, 1993, 8~18 참조.

62) 자시는 스스로 옳다고 생각한다는 뜻으로 오늘날 독선적 독단적 성향과 비슷하다. 이와 관련해서 「소아」「정월」의 "具曰余聖, 誰知烏之雌雄"에 대한 주희의 주 참조. 『좌전』에는 자시 이외에도 자신의 주견 없이 윗사람의 말이면 무조건 옳다며 아첨하는 맥락에서 화동和同을 말하고 있다. 자시와 화동의 성향은 반대되지만 결과는 같다. 둘 다 반성을 하지 않기 때문이다.

63) 예컨대 『시경』의 시구, 「소아」「소민小旻」을 보라. "不敢暴虎, 不敢馮河, 人知其一, 莫如其他, 戰戰兢兢, 如臨深淵, 如履薄氷." 여기서 위정자들이 자신의 행실을 신중에 신중을 거듭해야 한다는 것을 상징적으로 드러내고 있다.

제3장

1) 이번 보충 작업에서 허벽의 연구를 찾게 되었다. 허벽은 『전국책』에 나오는 여予·오吾·아我·신身·자自·기己·복僕·신臣·과인寡人 등 9종의 일인칭 대명사의 용례와 문법적 기능을 다룬다. 9종 중 뒤의 셋은 겸칭어로 쓰이는 것이다. 「전국책에 나타난 인칭대명사연구: 특히 제일인칭을 중심으로」, 『동방학지』 40집, 1983; 「『사기』와 『삼국사기』의 비교연구: 제1인칭 대사를 중심으로」, 『동방학지』 114집, 2001; 「『삼국사기』의 제1, 제2인칭대사 연구」, 『동방학지』 133집, 2006 참조. 이 분야의 고전적인 연구로는 周法高, 『中國古代語法 稱代編』, 臺北: 中央研究院歷史語言研究所, 1959; 王力, 『中國語法理論』, 北京: 中華書局, 1957 참조.

2) 영어에서 사랑하는 사람을 허니honey, 달링darling이라 부른다. 이 애칭도 '자기'와 공통점은 없다. 왜 어법으로 맞지도 않은 말을 사용할까? 사랑이 둘을 하나로 묶어주었고 또 자신과 동일하다는 느낌을 갖게 해주기 때문이리라. 원래 두 사람은 각각 구별되

는 나였지만 사랑하면서부터 나는 원래 나인 나이고, 상대는 나 아닌 나로 변하게 된다. 나인 나를 자기 자신으로 부르듯이 나 아닌 나도 나라면 그런 점에서 자기라고 부를 수 있는 것이다. 즉 자기 자신을 확장시킨 것으로 볼 수 있다. '자기'의 미묘함은 '당신'의 사용에도 이식된다. 원래 문법으로 나와 너(당신)는 아무런 문제가 없다. 하지만 사람 사이에서 나와 상대를 엄밀하게 갈라서 나와 너(당신)의 구분법을 사랑하는 사람에게 적용하면, 상대방은 그 호칭이 주는 거리감에 불편해한다.

3) 「위풍衛風」「맹氓」 "自我徂爾, 三歲食貧."(내가 당신에게 시집간 이래로 삼 년 동안 끼니조차 걱정할 정도로 가난했지.) 「빈풍豳風」「동산東山」 "自我不見, 于今三年."(내가 보지 못한 지 지금 삼 년이 되었네.) 「소아」「正月」 "不自我先, 不自我後."(나를 지금보다 앞에 낳든지 나를 지금보다 뒤에 낳든지 하지 않고.) 『장자』「제물론」 "自我觀之."(나의 입장에서 살펴본다면.)

4) R. T Ames, "The Meaning of Body in Classical Chinese Philosophy," T. P. Kasulis ed, *Self as Body in Asian Theory and Practice*, Albany: SUNY, 1993, 157~177; A, Y. C. King, "The individual and Group in Confucianism: A Relational Perspective," D. J. Munro ed, *Individualism and Holism*, Ann Arbor: Center for Chinese Studies The University of Michigan, 1985, 57~70.

5) "Individualism and Humanitarianism in Late Ming Thought," Wm. T. de Bary ed., *Self and Society in Ming Society*, New York & London: Columbia UP, 1970, 145~150.

6) W. Kubin, "On the Problem of the Self in Confucianism," S. Krieger & R. Trauzettel ed., *Confucianism and the Modernization of China*, Mainz: Hase & Koehler Verlag, 1991, 63~95.

7) 胡厚宣, 「釋'余一人'」, 『歷史硏究』, 1957년 제1기, 75~78; 劉澤華, 『先秦政治思想史』, 天津: 南開大學出版社, 1984, 16~19. 이 책의 번역은 장현근 옮김, 『중국정치사상사(선진편)』 상·하, 동과서, 2002 참조.

8) 출처는 차례대로 『시경』의 「대아」「문왕」「소아」「소완」, 『서경』의 「군석」「대고」이다.

9) 趙紀彬, 「略論先秦哲學思想的起源, 派別和成就」, 『困知錄』 상책, 北京: 中華書局, 1982 2쇄, 102~103.

10) 임진왜란 때 심당길沈當吉은 일본으로 끌려가서 규슈 가고시마현에서 도자기를 구워

냈다. 심수관沈壽官 대에 이르러 사쓰마 도자기로 일본의 3대 도자기이자 세계 도자기의 명품으로 알려졌다. 이후로 수관을 가문의 세습명[襲名]으로 사용하고 있다. 이에 심수관 가는 일본에서 활약하면서 12대째부터 계승자의 개별 이름을 사용하지 않고 몇 대 심수관으로 표기한다. 13대 심수관이 14대 심수관에게 "너에게 가장 중요한 것은 15대가 될 너의 아들로 하여금 조선 도예의 역사를 이어가는 고리가 되도록 하는 일이다"라고 말했다. 여기서 '고리'는 본문에서 말한 '연속체'라는 용어와 유사한 의미를 가진다. 인터넷 『마이다스 동아일보』 1998.07.06일자 기사 참조.

11) 왕조가 아니라 왕조의 특정한 군주에게 책임을 묻는 사례로 조선시대의 반정反正을 들 수 있다. 1506년 연산군을 축출한 중종반정이 일어났고, 1623년 광해군을 축출한 인조반정이 일어났다. 정통으로 돌아간다는 반정은 대상자의 인륜을 해치는 패륜悖倫, 국정을 망친다는 난정亂政과 같은 명분을 내걸었다.

12) 맹자는 여일인余一人의 의미를 '너 한 놈[一夫]'으로 완전히 반전시켜버린다.(「양혜왕 하」 8) 순자는 다시 맹자의 '일부'를 '독부獨夫'로 바꿔 사용한다.(「議兵」, 『漢文大系』 제15책, 10권: 13) "천명상"이 통용되는 상황에서는 이런 의미의 전락을 상상조차 할 수 없었다.

13) 만인은 물론 현대 자유민주주의에서 상정하는 평등한 권리의 주체들을 가리키지 않는다. 나는 이 표현을 통해 두 가지 사항을 염두에 두고 있다. 1) 사람이 최소한으로 일인 이상일 수 있다는 복수 가능성을 수사적으로 '만'으로 표현한다. 2) 당시 사람이 귀족과 비귀족으로 양분되었다고 한다면 귀족 계층 모두가 '만인'을 의미한다.

14) 「대아」 「文王」 "亹亹文王, 令聞不已. 陳錫哉周, 侯文王孫子. 文王子孫, 本支百世. (…) 殷之未喪師, 克配上帝. 宜鑒于殷, 駿命不易. 命之不易, 無遏爾躬."

15) 이와 관련해서 王興明, 『謀智·聖智·知智: 謀略與中國觀念文化形態』, 上海: 三聯書店, 1995, 3, 45~50 참조.

16) 오吾는 『시경』의 「상송」 「장발長發」의 "韋顧旣伐, 昆吾夏桀"(먼저 위나라와 고나라를 치고 또 곤오와 하나라 걸임금을 쳤네)에 한 번 쓰이는데, 이 오는 종족 명칭이자 나라 이름으로 쓰인다. 오는 서주 초기 문헌에서 일인칭 대명사로 거의 사용되지 않은 셈이다. 물론 금문 「모공정毛公鼎」의 "干吾王身"처럼 오가 일찍부터 사용되지만, 오는 일인칭 대

명사가 아니라 지키다, 수호하다라는 뜻의 어敔의 초문初文이다. 百川靜, 『字統』, 東京: 平凡社, 1984, 282에 따르면 「모공정」에서 간干도 구하다라는 뜻의 '攼' 자의 초문이므로 전체적으로 이 구절은 "왕의 몸을 구하고 지키다"를 나타낸다.

17) 「선진」 24 "子曰: 以吾一日長乎爾, 毋吾以也. 居則曰: 不吾知也." 「자로」 14 "子曰: 其事也. 如有政, 雖不吾以, 吾其與聞之." 劉寶楠, 『論語正義』, 北京: 中華書局, 1992, 466; 『論語集說』, 『漢文大系』 제1책, 권4: 58.

18) 『서경』 「무일無逸」 "亂罰無罪, 殺無辜. 怨有同, 是叢于厥身."

19) 이러한 사유는 『맹자』에서도 찾아볼 수 있다. 「등문공 상」 2 "父兄百官皆不欲, 曰: 吾宗國魯先君莫之行, 吾先君亦莫之行也. 至於子之身而反之, 不可."

20) 『毛詩正義』, 『십삼경주소』 본, 541.

21) 許愼, 段玉裁, 『說文解字注』, 上海: 古籍出版社, 1988, 388.

22) 劉熙, 『釋名』, 12. "身, 伸也, 可屈伸也."

23) 郝懿行, 『爾雅正義』, 『釋詁』 하, 『皇淸經解』 16책, 11781.

24) 李學勤, 하영삼 옮김, 『古文學者 첫걸음』, 서울: 동문선, 1991, 249~250.

25) 「패풍」 「일월」 "出自東方." 「소고召誥」 "王朝步自周."

26) 「노송魯頌」 「유필有駜」 "自今以始." 「상송」 「나那」 "自古在昔."

27) 「대아」 「문왕유성文王有聲」 "鎬京辟廱, 自西自東, 自南自北, 無思不服."

28) 「다방多方」 "自成湯至于帝乙, 罔不明德恤祀."

29) 「상송」 「열조烈祖」 "自天降康."

30) 「소아」 「시월지교十月之交」 "下民之孼, 匪降自天, 噂沓背憎, 職競由人."

31) 「소아」 「정월」 "好言自口, 莠言自口." 「대아」 「첨앙瞻卬」 "亂匪降自天, 生自婦人."

32) 자속自速은 「주고酒誥」 "天非虐, 惟民自速辜", 「多方」 "惟爾自速辜" 등에 쓰인다. 「주고」에 대해 공안국은 "言凡爲天所亡. 天非虐民, 惟民所行惡, 自召罪"로 풀이하고 공영달은 "故非天虐殷以滅之, 惟紂爲人, 自召此罪故也"로 해석한다.(『十三經注疏』 제1책, 권14: 21) 「다방」에 대해 공안국은 "乃惟汝自召罪"로 해석한다.(위의 책, 권17: 12) 자속自速의 속速은 초래하다, 부르다라는 소召의 뜻으로 쓰인다고 할 수 있다.

33) 「대아」 「문왕」 "無念爾祖, 聿修厥德, 永言配命, 自求多福, 殷之未喪師, 克配上帝, 宜

鑑于殷, 駿命不易.”

34) 語言研究會 編, 『漢字起原の研究』, 東京: 駿南社, 1934, 511~512.

35) 焦國成, 『中國古代人我關系論』, 北京: 人民大學出版社, 1991, 7.

36) 이에 대해 段玉裁·加藤常賢·宋保·陳立 등은 수垂의 고음[是爲切]이 아我와 가깝다는 이유를 들어 형성자설을 지지하는 추세이다. 許愼 撰, 段玉裁 注, 『說文解字注』, 632~633; 加藤常賢, 『漢字の起原』, 東京: 角川書店, 1971, 138~139. 이외에도 갑골문자와 금석문 자형에 의거해서 아我를 나무를 자르는 톱날의 형태를 상형한 것으로 보기도 한다. 韓耀隆, 『甲骨文金文指稱詞研究』, 2~11, 허벽, 『전국책에 나타난 인칭대명사연구』, 223 재인용.

37) 『고문상서』로서 위작으로 간주되는 「태서泰誓」 중의 “我武惟揚, 侵于之疆, 取彼凶殘, 我伐用張, 于湯有光”의 두 번째 아我가 『맹자』 「등문공 하」 5에서는 “我武惟揚, 侵于之疆, 則取于殘, 殺伐用張, 于湯有光”에서 보이듯 살殺로 되어 있다.

38) 劉師培, 「論理教科書·論己身之重要」, 集國成, 『中國古代人我關系論』, 北京: 人民大學出版社, 1991, 7 재인용.

39) 「심자궤沈子簋」 “作玆簋, 用載饗己公, 用佫多公.” ‘기공’은 아공我公과 같고 유공幽公을 가리킨다. ‘다공’은 주공周公·노공魯公·고공考公·양공煬公을 가리킨다. 이 구절은 “이 외원내방外圓內方의 꼴로 서직을 담는 궤簋의 제기를 만들어 그것으로 음식을 담아 우리 군주에게 바치고 그것으로 여러 군주에게 올린다”는 뜻이다. 郭沫若, 『兩周金文辭大系圖錄考釋』 제2책, 北京: 科學出版社, 1958, 46~49.

40) 『시경』의 경우 기己 자는 판본과 주석자에 따라 사용의 실례가 다르다. 예를 들자면 「소아」 「절남산」의 “式夷式已”의 이已를 기己로, 「왕풍」 「양지수揚之水」의 “彼其之子”의 기其를 기己로, 「소아」 「각궁角弓」의 “至于己斯亡”의 기己를 이已로 보기도 한다.

41) 「釋支干」, 『甲骨文字研究』, 『郭沫若全集』(考古編) 제1권, 北京: 科學出版社, 1982, 169~189.

42) 『字統』, 東京: 平凡社, 1984, 272~273.

43) 許愼 撰, 段玉裁 注, 『說文解字注』, 741. “象萬物辟藏, 詘形.” 단옥재는 허신의 풀이를 “辟藏者盤辟收斂, 字像其詰詘之形也”(벽장은 돌돌 말아서 땅으로 들어가는 것으로 굽

혀 있는 모양을 본떴다)로 해명하고 있다. 번역은 湯可敬, 『說文解字今釋』 하책, 岳麓書社, 1997; 2000 3쇄, 2121 참조.

44) 『說文解字句讀』, 北京: 中華書局, 1988, 591. "萬物生於土, 復歸于土. (…) 己字象之也." 徐鍇도 동일한 주장을 한다. 『說文解字繫傳』, 北京: 中華書局, 1987, 279.

45) 陳立 撰, 吳則虞 點校, 『白虎通疏證』 상책, 北京: 中華書局, 1994, 181.

46) 『禮記鄭注』, 『漢文大系』 제17책, 6권: 18. 정현의 주장은 蕭吉, 『五行大義』에 인용돼 있다. 中村璋八·藤井反子, 『五行大義全釋』 상권, 東京: 明治書院, 1986, 52 참조.

47) 「愼行論」「察傳」, 陳奇猷, 『呂氏春秋校釋』 책4, 上海: 學林出版社, 1984, 1527.

48) 『說文通訓定聲』 상책, 臺北: 世界書局, 1985, 134~135. "按己卽紀之本字. 古文象別絲之形. 三橫二縱, 絲相別也." 그리고 삼三과 기己의 혼동은 『여씨춘추』「찰전察傳」에 나오는 고사로 훗날 '해시지와亥豕之訛'의 고사성어가 되었다. 공자의 제자 자하가 위衛나라로 가는 길인데 어떤 사람이 역사서를 "晉師三豕渡河"(진나라 군사가 삼시, 세 마리 돼지로 황하를 건너게 했다)라고 읽었다. 자하가 이를 듣고서 '삼시'가 '기해己亥'의 잘못일 거라고 지적했다. 자하가 진나라에 도착해서 알아보니 과연 '기해'가 맞더라는 이야기이다. 「찰전」은 틀린 듯하지만 맞는 경우가 있고 맞는 듯하지만 틀린 경우가 있으니 신중하게 판단해야 한다는 주장을 전달하고 있다. 주준성은 기己가 삼三과 혼동되므로 기 자가 반드시 구불구불한 모양과 관련이 있는 건 아니라는 주장을 하고 있다.

49) 李孝定(1965), 4262. "綸索類, 利約束耳." 이효정도 황옥삼의 주장에 찬동하고 있다.

50) "『釋名』曰: 己皆有定形可紀識也, 引申之爲人己. 言己以別於人者, 己在中, 人在外, 可紀識也."

51) 李孝定, 『甲骨文字集釋』 제14권, 中央硏究院歷史語言硏究所傳刊50, 臺北: 中央硏究院歷史語言硏究所, 1965, 4262.

52) 두 가지 의미에 대한 사전적 설명으로 Terence Hawkes, 심명호 옮김, 『은유*Metaphor*』, 서울대학교출판부 개정판 1쇄, 1986, 2 참조. 이 점은 공자의 서恕를 시흥詩興에 즐겨 사용되는 여如·유猶·비여譬如 등과 관련지어 검토해볼 만하다. 이전에는 전문적인 연구가 필요하다고 했는데, 이후에 이 점을 다음 논문에서 밝혔다. 신정근, 「도덕원칙으로 서恕 요청의 필연성」, 『동양철학』 제21집, 2004 참조.

53) 「자한」 22 "苗而不秀, 有矣夫, 秀而不實者, 有矣夫."

54) 『논어』와 『맹자』에서는 논증 과정에 농업 관련 비유를 즐겨 사용한다. 필자는 이런 실례의 가장 대표적인 경우로 『맹자』 「공손추 상」 2의 송 농부의 알묘조장揠苗助長 비유를 들 수 있다. 이 비유의 결론인 '勿助長'은 본문의 엽등을 허용하지 않는 과정의 준수와 일맥상통한다. 이 비유의 의미에 대해서는 P. J. Ivanhoe, *Confucian Moral Self Cultivation*, New York: Peter Lang Publishing, 1993, 31~32 참조. 이 책 2쇄 번역은 신정근 옮김, 『유학, 우리 삶의 철학』, 동아시아, 2008 참조.

55) 「팔일」 16 "射不主皮." 「팔일」 27 "弋不射宿."

56) 「팔일」 7 "君子無所爭, 必也射乎! 揖讓而昇 下而飮, 其爭也君子."

57) Herbert Fingarette, "The Problem of the Self in the Analects," *PEW*, v.29, n.2, 1979, 131쪽. 이와 달리 Shun Kwong-loi는 자自가 자기 반성적 의미를 갖는다고 주장한다. *Mencius and Early Chinese Thought*, California: Stanford University Press, 1997, 22.

58) 이 글은 박사학위논문 「고대 중국 '仁' 사상의 형성과 발전에 관한 연구」(1999, 2)의 논의를 수정, 발전시킨 것이다.

제 4 장

1) 박종현, 「希臘人들의 탐구정신의 전개과정」, 『哲學硏究』 5, 1970, 59.

2) '천명'은 현실 권력에 정당성을 부여한다는 사회 정치적 의의를 지닐 뿐만 아니라 책임자 행위자[自/己] 사유를 생성시키는 철학적 특성을 갖는다. 후자에 대해서는 신정근, 「책임적 행위자 용어[自/己]의 기원」, 『철학논구』 27, 서울대 철학과, 1999, 23~45 참조. 한편 이 시기의 명命을, 인격적 존재의 의지적 명령과 인간에게 불가피하게 주어진 삶의 조건으로 구분하는 시각도 있다. 라오쓰광勞思光, 정인재 옮김, 『중국 철학사』(고대편), 서울: 탐구당, 1986, 48~51 참조.

3) 阮元 撰, 鄧經元 點校, 「論語論仁論」, 『揅經室』 一集, 권8, 北京: 中華書局, 1993,

185; 安井衡, 『論語集說』, 권4, 30(『漢文大系』 1. 東京: 富山房, 1911 초판, 1972 증보판)에도 완원의 주장이 인용되어 있다. "子門子弟所述, 半爲古人之恒言. 故孝經中語, 海見於左傳, 世人以其出於孔子則重之, 出於子革,胥臣則忍之, 豈知此皆夏商以來相傳之言, 孔子且奉爲準繩, 所以春秋時學行爲至中庸也. 顏子·仲弓所爲請事斯語, 乃有事於孔子所擧之古於也."

4) 신정근, 「춘추시대 공자의 '仁' 사상과 도덕적 행위자의 특성」, 『대동문화연구』 34, 성균관대 대동문화연구원, 1999, 191~218.

5) 희공 8년에서 인仁은 2차례 쓰이지만 그것은 하나의 연결된 기사에 나온다. 이러한 사례는 성공 9년, 양공 7년, 양공 9년, 소공 20년, 정공 4년, 애공 7년 등의 기사에도 나타난다. 이하 『좌전』을 언급할 때 楊伯峻, 『春秋左傳注』, 北京: 中華書局, 1981; 1983 2쇄의 쪽수와 제후의 시호로 약칭한다.

6) 屈萬里, 『尙書今註今譯』 「序」, 臺北: 商武印書館, 1969 초판; 1986 11판, 3. 이 통계는 屈萬里의 작업 결과가 아니다. 출처를 찾아보니 청 錢泰吉(1791~1863)의 『曝書雜記』 권상 「十三經字數」이다. 그곳에 鄭畊老가 「勸學」에서 작업한 9경의 자수와 孫聚仁이 乾隆石經을 근거로 산정한 13경의 자수가 나와 있다. 두 자료는 동일하지 않고 차이가 난다. 예컨대 『논어』를 정씨는 1만2700자로 보았지만 손씨는 1만6509자로 보아서, 둘 사이에 3809자의 차이가 있다. 두 사람이 서로 다른 판본을 보았기 때문에 이러한 결과가 나온 것이다.

7) 인仁 자의 최초 출현에 대해서는 신정근, 「고대 중국 '仁' 사상의 형성과 발전에 관한 연구」, 서울대 박사학위논문, 1999, 51~60 참조. 아울러 학위 논문의 발전된 형태인 『사람다움의 발견』, 서울: 이학사, 2005 참조.

8) Ronald C Egan, "Narrative in Tso Chuan", *Harvard Journal of Asiatic Studies*, v.37 n.2, 1977, 323~352; John C.Y. Wang, "Early Chinese Narrative: The Tso-Chuan as Example", Andrew H. Plaks ed., *Chinese Narrative: Critical and Theoretical Essays*, Princeton, New Jersey: Princeton University Press, 1977, 3~20.

9) 나는 『좌전』의 자료적 가치를 잠정적으로 다음과 같이 생각한다. 1) 『춘추』의 저자 문제: 맹자의 주장대로 공자가 『춘추』를 정비했다는 점을 수용하더라도 그의 작업은 노

나라 등의 각국 사서, 즉『불수춘추不修春秋』를 대부분 채택했지 대폭적으로 수정하지 않았다. 佐川修,『春秋學論考』, 東京: 東方書店, 1983, 3~62 참조. 2)『좌전』의 진위, 성서 시기와 작자의 문제:『좌전』은 위작이 아니라 믿을 만한 자료의 가치를 지니고 있고, 기원전 320년 무렵 문헌으로 성립되었으며, 송宋·노魯·진晉 등의 역사에 정통하면서 또 그 나라에 동정적인 시각을 견지했던 사관에 의해 집대성되었다. 이와 관련해서 鎌田正,『左傳の成立と其の展開』, 東京: 大修館書店, 1963, 1~388 참조. 한국과 중국의 연구 성과를 참조하려면 박성진,「춘추와 좌전의 成書 문제: 楊伯峻『춘추좌전주』前言을 중심으로」,『중국어문논역총간』제8집, 2001; 제해성,「좌전의 저자와 저작 시기에 관한 검토」,『중국어문학논집』제64호, 2010 참조.

10) 동양 학문은 전근대에 주로 경經·사史·자子·집集의 사부四部 체제로 분류되다가 중국에서는 중화민국 시기에 사부 체제를 대체한 근대적 학문 분류가 시작되었다. 이와 관련해서 신정근,『사고전서는 실제로 '전서全書'인가?: 유가 중심성의 강화」,『동양철학』제35집, 2011 참조.

11) Andrew H. Plaks(浦安迪),『中國敍事學』, 北京: 北京大學出版社, 1996; 1998 2쇄; 傅修延,『先秦敍事研究: 關于中國敍事傳統的形成』, 北京: 東方出版社, 1999. 김학주는 한부漢賦 이후에야 개성적인 미의식을 갖춘 문학작품이 등장한다면서 중국 고대 문학의 본격적 전개를 동한東漢으로 잡는다.(『중국고대문학사』, 서울: 신아사, 2000 참조)

12) 이러한 주장에 대해 중국에도 사시史詩 문학이 일찍부터 있었다는 두 종류의 반론이 있다. 한 가지는 발달의 정도에 따라 중국의 경우를 불발달사시不發達史詩로, 유럽의 경우를 발달사시發達史詩로 구분해야 한다는 입장이다. 다른 한 가지는 "중국에 사시가 없다거나 발달하지 않았다"는 주장을 소위 '중화' 중심의 시각일 뿐이라고 한다. 소수민족을 고려하면 기존의 통설은 성립되기 어렵다고 주장한다. 김선자,「서사문학 초기 형태로서의 신화: 고대 사시를 중심으로」,『중국소설논총』4, 1995, 1~13 참조.

13)『좌전』에서 이 형식은 84차례 쓰인다. 구체적으로 말하면 '군자왈君子曰'은 46차례, '군자위君子謂'는 21차례, '군자시이지君子是以知'는 12차례, '군자이위君子以爲'는 6차례 나타난다. 이에 대해서는 鎌田正, 앞의 책, 66~84 참조.

14) 나는 중국 철학의 원형(특성)이 이야기에 있다고 본다. 만약 동아시아 철학의 특성을

살려서 오늘날 철학의 형해성을 보완하려면 이야기성에 주목해야 한다고 생각한다. 이와 관련해서 신정근, 「이야기철학의 변명」, 『철학과현실』 제80호, 2009, 23~33 참조.

15) 순은 한국어 발음에서 방패를 뜻하면 '순', 사람 이름이면 '돈', 벼슬 이름이면 '윤'으로 읽는다. 중국어 발음은 모두 dùn으로 읽는다. 이제까지 '조순'으로 표기했지만 앞으로 '조돈'으로 표기하고자 한다. 나는 처음에 이 사실을 모르고 있다가 학술대회에서 논평자의 지적을 받고서야 알게 되었다.

16) 선공 2년(양보쥔, 655~658) "晉靈公不君, 厚斂以彫牆. 從臺上彈人, 而觀其辟丸也. 宰夫胹熊蹯不熟, 殺之, 寘諸畚, 使婦人載以過朝. 趙盾·士季見其手, 問其故, 而患之, 將諫. 士季曰: 諫而不入, 則莫之繼也. 會請先, 不入 則子繼之. 三進, 及溜, 而後視之, 曰: 吾知所過矣, 將改之. 稽首而對曰: 人誰無過, 過而能改, 善莫大焉. 詩曰: '靡不有初, 鮮克有終.' 夫如是 則能補過者鮮矣. 君能有終, 則社稷之固也, 豈唯羣臣賴之. 又曰: '袞職有闕, 惟中山甫補之.' 能補過也. 君能補過, 袞不廢矣."

17) 선공 2년(양보쥔, 658) "猶不改. 宣子驟諫, 公患之, 使鉏麑賊之, 晨往, 寢門闢矣, 盛服將朝, 尙早, 坐而假, 寐退, 歎而言曰: 不忘恭敬, 民之主也, 賊民之主, 不忠. 棄君之命, 不信, 有一於此, 不如死也. 觸槐而死."

18) 아리스토텔레스는 역사가 일어났던 개별적 사실과 관련되고, 시학(즉 문학)은 일어남 직한 보편적인 일을 다룬다며 양자를 엄격히 구분한다. 나아가 그는 시학이 보편(필연) 또는 개연과 연관된다는 점에서 철학적 특성을 지닌다고 주장한다. 천병희 옮김, 『시학』, 서울: 문예출판사, 1976; 1997 개역판 11쇄, 1451b.

19) 은공의 경우 『춘추』의 경經에는 "公卽位"가 생략된 채 "元年春, 王正月"로 되어 있고, 전傳에는 "元年春, 王正月, 不書卽位, 攝也"라고 되어 있다.

20) 이와 달리 은공과 환공을 친형제 사이로 보는 경우도 있다. 혜공惠公은 정실부인 맹자孟子와의 사이에 자식을 두지 못하고 성자聲子를 계실繼室로 맞이해서 은공 식고息姑와 환공 윤允 또는 궤軌를 낳았다. 혜공은 환공을 태자로 삼아서 후계자로 세우려고 했지만 자신이 죽을 무렵 윤의 나이가 어려서 은공이 섭정하게 했다. 『좌전』에 따르면 은공은 만년에 우보羽父가 환공을 제거하고 자립하자는 제의를 했지만 자신은 동생에게 군자 자리를 돌려줄 것이라며 이를 거절했다. 우보는 자신에게 상황이 불

리해지자 거꾸로 환공에게 은공을 참소해서 시해했다.

21) 이貳의 특수한 용례에 대해서는 楊伯峻, 『春秋左傳注』, 北京: 中華書局, 1981, 12; 藤堂明保, 「ふにつを意味するコトバ」, 『日本中國學會報』 19, 1967, 218~223 참조. 전자는 『좌전』에서 이二는 수사로 사용되고 리離는 딴 마음을 품다, 배반하다를 의미한다고 주장한다. 후자는 이貳가 하나인 것을 둘로 만들다, 두 개의 것을 하나로 합치다의 상반되는 의미로 쓰인다고 주장한다.

22) 진나라 헌공은 여러 명의 아내에게서 자식을 보았는데 말년에 이로 인해 정치적 갈등을 일으켰다. 그는 이미 태자 신생申生, 공자 중이重耳와 이오夷吾가 있는데, 또 여희驪姬와의 사이에 해제奚齊와 탁자卓子를 낳았다. 그는 여희와 한패가 되어 해제를 후계자로 만들려고 했다. 이 과정에서 신생은 죽고 중이와 이오는 망명을 떠났다. 헌공 사후에 해제가 제후 자리에 올랐다가 살해당하고 이오가 진秦의 군사 원조를 받아서 귀국해서 혜공惠公이 되었다. 혜공 사후에 그의 아들 어圉가 제후가 되니 그가 회공懷公이다. 이때 중이는 다시 진秦의 도움을 받아 19년의 망명생활을 끝내고 제후의 자리에 오르니 그가 문공文公이다. 그는 제후가 되고서 제 환공을 이어서 춘추시대의 패자 노릇을 했다. 문공은 춘추시대의 공간에서 출생 → 고난 → 떠남 → 방랑 → 귀국 → 성공이라는 전형적인 영웅 이야기의 주인공 노릇을 성공적으로 해냈다. 문학과 예술의 주제가 될 만하다.

23) 희공 30년(양보쥔, 482) "子犯請擊之. 公曰: 不可. 微夫人之力, 不及此. 因人之力而敝之, 不仁. 失其所與, 不知. 以亂易整, 不武."

24) 이 점은 공자도 지적한 바가 있다. "久要, 不忘平生之言, 亦可以爲成人矣."(「헌문」 12); "君子篤於親, 則民興於仁, 故舊不遺, 則民不偷."(「태백」 2) 그의 주장처럼 『논어』에서는 성인成人과 인仁을 연결시키고 있다. 이는 오늘날 무엇을 하든 성공과 이익을 가장 우선시하는 기업 윤리에서는 존중되지 않지만 사람 사이의 정리를 강조하는 민간 윤리에서는 여전히 존중되고 있다.

25) 이러한 형벌관은 서주시대나 춘추시대에 명덕신벌明德愼罰로 표현된다. 반면 전국시대 상앙은 신상필벌信賞必罰을 주창한다. 이러한 차이와 관련해서 신정근, 「고대 중국 '仁' 사상의 형성과 발전에 관한 연구」, 9~17 참조.

26) 희공 14년(양보쥔, 앞의 책, 348) "秦饑, 使乞糴于晉, 晉人弗與. 慶鄭曰: 背施無親, 幸災不仁, 貪愛不祥, 怒鄰不義, 四德皆失, 何以守國乎? (…) 慶鄭曰: 棄信背鄰, 患孰恤之? 無信患作, 失援必斃 是則然矣. 虢射曰: 無損於怨, 而厚於寇, 不與勿與. 慶鄭曰: 背施幸災, 民所棄也. 近猶讎之, 況怨敵乎? 弗聽. 退曰: 君其悔是哉!"

27) 춘추시대의 제 환공이나 전국시대를 통일한 진시황은 살아서 패자와 황제의 권력을 누렸지만 죽은 뒤에 시신조차 제대로 처리되지 못한 채 방치되어 제때 장례도 치러지지 못했다. 살아서 모든 영광을 누렸지만 죽어서는 바로 영광을 찬탈하려는 자들의 욕망에 의해서 모욕을 당했던 것이다. 노나라 은공도 살해되었을 뿐만 아니라 그의 장례 사실조차 기록되지 않았다.

28) 희공 8년(양보쥔, 323) "宋公疾. 大子茲父固請曰: 目夷長且仁, 君其立之. 公命子魚, 子魚辭. 曰: 能以國讓, 仁孰大焉! 臣不及也, 且又不順. 遂徒而退."

29) 희공 9년(양보쥔, 331) "宋讓公卽位, 以公子目夷爲仁, 使爲左師以聽政, 於是宋治. 故魚氏世爲左師."

30) "能以禮讓爲國乎? 何有? 不能以禮讓爲國, 如禮何?"(「자한」 13)에서 드러나듯이 공자도 국정 운영에서 양보의 중요성을 강조하고 있다. 물론 그는 여기서 양보를 인仁과 직접 연결시키지 않고, 그것이 정치적 안정을 낳는다고 생각한 듯하다.

31) 3)에서 목이의 '인'을 양보의 맥락으로 파악할 수 있을 듯하다. 그러나 3)의 '인'을 1)과 연관지어보면 목이의 '인'을 양보로만 볼 수는 없다.

32) 이 점을 강조해서 청나라 주원영朱元英은 자보·목이 사이를 백이·숙제에 비견할 만한 춘추시대 형제간의 모범으로 보고 있다.(『漢文大系』 10, 『左氏會箋』 상, 권9: 45~46)

33) 이와 유사한 서사로 성공 9년(양보쥔, 844~845)의 기사를 들 수 있다. "[晉景公]: 問其族, [鐘儀]對曰: 泠人也. 公曰: 能樂乎? 對曰: 先人之職官也, 敢有二事? 使與之琴, 操南音. 公曰: 君王何如? 對曰: 非小人之所得知也. 固請之, 對曰: 其爲大子也, 師保奉之, 以朝于嬰齊而夕于側也. 不知其他. 公語范文子, 文子曰: 楚囚, 君子也. 言稱先職, 不背本也. 樂操土風, 不忘舊也. 稱大子, 抑無私也. 名其二卿, 尊君也. 不背本, 仁也. 不忘舊, 信也. 無私, 忠也. 尊君, 敏也. 仁以接事, 信以守之, 忠以成之 敏以行之, 事雖大, 必濟. 君盍歸之? 使合晉楚之成. 公從之, 重爲之禮, 使歸求成."

34) 中國軍事史編寫組 編, 『武經七書注譯』, 『孫子』 卷上, 「始計」, 北京: 解放軍出版社, 1986, 3. 『손자』의 성서 연대가 기원전 496~453년간으로 추정된다.(위의 책, 1) 이 측면에 근거할 때 손자의 인仁 강조와 위 맥락의 비교는 유의미하다고 생각한다.

35) 정鄭의 자사子駟, 자전子展은 강대국의 틈바구니에서 "오직 강자에게만 복종한다"라는 유강시종唯彊是從을 외교 정책으로 내걸었는데, 이는 슬프지만 냉혹한 현실을 솔직하게 인정하는 말이다.(양공 9년. 양보쥔, 971) 정나라는 자산子産 시대에 외침을 당하지 않았는데, 그때 일종의 황금 시기를 누린 것이다.

36) 선공 12년(양보쥔, 730). 伍參言於王曰: "晋之從政者新, 未能行令. 其左先縠剛愎不仁, 未肯用命, 其三師者, 傳行不獲, 聽而無上 衆誰適從?"

37) 『좌전』, 희공 15년(양보쥔, 356). "『逸周書』 「諡法解」: "去諫曰愎." 『六部成語』 「吏部」: "剛愎性成" 注解: "不聽人言, 傳好自信曰愎." 『大漢和辭典』 2, 290에서 재인용.

38) 『史記』 권6, 「秦始皇本紀」 제6, 서울 景仁文化社 영인본, 258. "[侯生, 盧生]始皇爲人, 天性剛戾愎自用, 起諸侯, 并天下, 意得欲從, 以爲自古莫及己."

39) "剛愎自用, 所鄍則殺人, 大則誤國." 『漢語大詞典』 2, 707에서 재인용. 이 구절은 원래 魯迅, 『中國小說史略』 28장에 인용되어 있다.

40) 『新序』, 「雜事」 4, 臺北: 商務印書館, 1968, 143. "好學, 智也. 受規諫, 仁也."

41) 정공 4년(양보쥔, 1544). "楚瓦不仁, 其臣莫有死志, 先伐之, 其卒必奔, 而後大師繼之, 必克."

42) 『순자』 권10, 「議兵」 『漢文大系』 15 "故仁人上下百將一心, 三軍同力."

43) 양공 25년(양보쥔, 1108). "子産, 問爲政焉. [然明]對曰: 視民如子, 見不仁者, 誅之. 如鷹鸇之逐鳥雀也."

44) 각각의 출처는 『서경』 「대우모」, 『맹자』 「공손추 상」 8, 소공 20년(양보쥔, 1419): 「대아」 「판」이다.

45) 「안연」 3 "司馬牛問仁. 子曰: 仁者, 其言也訒. 曰: 其言也訒, 其謂之仁已乎? 子曰: 爲之難, 言之得無訒乎?"

46) 『좌전』의 안영晏嬰과 『논어』의 공자는 일찍이 '화和'와 '동同'의 차이를 구별하려고 했다. 이 점에서 보면 공자는 안영의 영향을 받았으리라 예상할 수 있다. 『좌전』 소공 20

년(양보쥔, 1419) 子曰: "君子和而不同, 小人同而不和."(「자로」 23); "齊侯至自田, 晏子侍于遄臺, 子猶馳而造焉. 公曰: 唯據與我和夫! 晏子對曰: 據亦同也, 焉得爲和? 公曰: 和與同異乎? 對曰: 異. 和如羹焉, 水火醯醢鹽梅, 以烹魚肉, 燀之以薪, 宰夫和之, 齊之以味, 濟其不及 以洩其過, 君子食之 以平其心, 君臣亦然. 君所謂可而有否焉, 臣獻其否以成其可; 君所謂否而有可焉, 臣獻其可以去其否, 是以政平而不干, 民無爭心."

47) 竹添進一郎은 『좌전』에서 인仁이 "閑之以義, 糾之以政, 行之以禮, 守之以信, 奉之以仁"(소공 6년. 양보쥔, 1274)의 배열로 사용될 때 인은 순서상 앞의 덕목을 포괄한다고 주장한다.(『左氏會箋』 21, 43) 그의 논거는 한의閑義와 규정糾政이 짝이 되고 행례行禮와 수신守信이 짝이 되어 끝에 봉인奉仁으로 귀결된다는 점이다. 순서의 중요성을 받아들인다고 해도 『좌전』에서 인이 다른 덕목과 병렬될 때, 인이 항상 제일 마지막에 오지 않는다는 점을 설명할 수 없다. 양공 11년의 "夫樂以安德, 義以處之, 信以守之, 仁以厲之"(양보쥔, 993)는 그의 보충 논거가 될 수 있다. 그렇지만 성공 9년의 "仁以接事, 信以守之, 忠以成之, 敏以行之"(양보쥔, 845), 양공 9년의 "體仁足以長人, 嘉德足以合禮, 利物足以和義, 貞固足以幹事"(양보쥔, 465), 소공 20년의 "奔死免父, 孝也度功而行, 仁也擇任而往, 知也 知死不辟, 勇也"(양보쥔, 1408), 애공 7년의 "小所以事大, 信也, 大所以保小, 仁也. 背大國, 不信, 伐小國, 不仁"(양보쥔, 1642) 등을 보면, '인'은 제일 먼저 위치하거나 아니면 가운데 위치하고 있다. 결국 병렬의 순서만으로 인이 다른 덕목을 포괄한다고 주장할 수는 없는 것이다.

48) 공자는 환공과 문공에 대해 "晉文公譎而不正, 齊桓公正不譎."(「헌문」 15); "子路曰: 桓公殺公子糾, 召忽死之, 管仲不死. 曰: 未仁乎? 子曰: 桓公九合諸侯, 不以兵車, 管仲之力也. 如其仁, 如其仁"(「헌문」 16)처럼 상반되게 평가한다. 한편 맹자는 "以力假仁者覇, 覇必有大國"(「공손추 상」 3); "五覇者, 三王之罪人也. 今之諸侯, 五覇之罪人也"(「고자 하」 7)처럼 춘추전국시대의 패자를 모두 부정적으로 평가한다.

49) 이와 관련해서 신정근, 「책임적 행위자 용어[自/己]의 기원」, 『철학논구』 제27집, 1999 참조.

1) 진나라가 제국으로 성장하는 과정을 보려면 일차 자료로는『전국책』「秦策」,『사기』「秦本紀」와「秦始皇本紀」등이 있다.

2) 상앙을 위시한 법가는 부국강병을 위해 신민을 효율적으로 조직하는 데에 관심을 두었다. 그에 반해서 그들은 국가에 소속된 신민들이 하나의 목적을 공통으로 일구어가는 조력자로서 공동체성을 어떻게 양성할 것인가에 대해 주의를 기울이지 않았다. 실례로 상앙은「거강去強」에서 공적지국攻敵之國과 자공지국自攻之國으로 나누고, 신민에게 목표의식을 끊임없이 심어주기 위해서 생산물을 축적하고 그것을 주기적으로 파괴해야 한다고 주장하고 있다. 이 논리는 미국이 실제의 적 또는 가상의 적을 끊임없이 설정해서 자국 중심의 세계 전략을 운용하는 것과 상당히 닮아 있다. 미국은 냉전 기간 중에 소련을 위시한 공산권을 적으로 설정했고 냉전 이후에는 테러국 또는 종교 근본주의를 적으로 설정했다. 법가의 자공지국自攻之國은 진이 제국帝國으로 성장하고 난 뒤에 멸망할 수밖에 없는 근거가 되기도 한다.

3) 상앙이 실각했다고 해서 진나라의 국정 운영이 곧바로 완전히 다른 방향으로 전환되지는 않았다. 오히려 실각 이후 상앙의 도피 과정은 자신이 입안했던 법령이 얼마나 훌륭하게 작동하고 있는지를 역설적으로 보여주고 있다.『사기』「상앙열전商鞅列傳」을 보면 그는 도피 중 여관에 투숙하려 했지만 여행증명서를 지참하지 않아 투숙을 거절당했다.

4) 논점은 상앙의 역사관이 진보적이냐 퇴보적이냐에 있다. 이와 관련해서 송영배,「고대 중국 상앙학파의 법치주의: 그 진보성과 반동성」,『철학과현실』, 1988, 통권2호; 이재룡,「전기 순수법가의 국가관: 상앙의 국가관을 중심으로」,『법철학연구』, 제3권 제2호, 2000; 이춘식,『춘추전국시대의 법치사상과 세·술』, 아카넷, 2002, 157 참조.

5) 논점은 상앙의 인성론이 성악설로 규정 가능한가 아니면 실리 타산적 또는 호리피해好利避害로 볼 수 있는가에 있다. 황준연,「상앙의 세계관과 변법 사상」,『범한철학』제19집, 1999, 351~353; 송영배, 위의 글, 135, 139; 윤대식,「상앙변법의 정치적 함의」,『동양정치사상사』제3권 제1호, 2004, 186; 조천수,「상앙의 변법개혁과 법치사상」,『법

철학연구』, 제7권 제2호, 2004, 218~219.

6) 바이탈 루빈, 임철규 옮김, 『중국에서의 개인과 국가』, 서울: 현실과인식사, 1980.

7) 강정인·엄관용, 『군주론: 강한 국가를 위한 냉혹한 통치론』, 서울: 살림, 2005, 17~18.

8) 천명론天命論의 사회철학의 의의와 관련해서는 신정근, 『사람다움의 발견』, 서울: 이학사, 2005, 252~273을 보라. 이 단계에서 「중용中庸」에서 보이듯 천명은 사라지지 않고 성性과 결합하면서 다른 모습으로 부활한다. 즉 하늘이 건국 영웅에게 특별한 은총을 내리는 권한의 행사 방식에서 가능 세계의 차원에서 만인에게 규범의 근원을 내재적으로 부여하는 방식으로 자신의 역할을 수정하고 있다.

9) 전자의 대표로 양주와 맹자를 들 수 있고, 후자의 대표로 상앙과 묵자 등을 들 수 있다.

10) 이 용어는 「전국시대 '心' 주제화의 서곡」, 신정근, 『논어의 숲, 공자의 그늘』, 서울: 심산, 2006을 보라.

11) 『商君書』「修權」"世之爲治者, 多釋法而任私議, 此國之所以亂也. 先王縣權衡, 立尺寸, 而至今法之, 其分明也. 夫釋權衡而斷輕重, 廢尺寸而意長短, 雖察, 商賈不用, 爲其不必也. 不以法, 論知·能·賢·不肖者, 惟堯. 而世不盡爲堯. 是故先王知自議譽私之不可任也, 故立法明分."(高亨, 111~112; 김영식, 169)

12) 『墨子』「法儀」"雖至士之爲將相者. 皆有法. 雖至百工從事者. 亦皆有法. 百工爲方以矩. 爲圓以規. 直以繩. 正以縣. 無巧工不巧工. 皆以此五者爲法. 巧者能中之. 不巧者雖不能中. 放依以從事. 猶逾已. 故百工從事. 皆有法所度. 今大者治天事. 猶逾已. 故百工從事. 皆有法所度."

13) 묵자는 법의法儀라는 용어를 두 차례 사용하고 있다. "天下從事者. 不可以無法儀." "無法儀而其事能成者無有也."(「法儀」) 상앙의 경우 법法의 동의어로 법도法度가 쓰이는 용례는 "夫倍法度而任私議, 皆不類者也" "廢法度而好私議"(「修權」), "今夫世俗治者, 莫不釋法度而任辯慧"(「愼法」) 등이 있고, 법제法制가 쓰이는 용례는 "立法制·爲度量以禁之. 是故有君臣之義·五官之分·法制之禁, 不可不愼也." "法制設而私善行, 則民不畏刑" "法制明則民畏刑" "釋法制而任名譽也" "故明主愼法制. 言不中法者, 不聽也"(「君臣」) 등이 있다.

14) 이로 인해 초기의 변법 추진자들은 제도의 시행 단계나 후원자인 군주의 사망 이후

에 공족들의 공격을 받아 비참한 죽음을 맞았다. 예컨대 오기는 초楚의 도왕悼王과 파트너가 되어 변법을 추진하다가 도왕의 사후에 귀족의 공격을 받아 비참하게 죽었다. 상앙은 진秦의 효공孝公과 파트너가 되어 귀족의 특권을 제한하는 등 법치를 집행하다가 그의 사후에 태자 시절에 구원舊怨을 맺었던 혜문왕惠文王에 의해 죽임을 당했다. 한비는 법가의 완성자로 알려지지만 조국 한韓나라에서 정치적 견제를 받아 자신의 기량을 펼치지 못하다가 진秦에 사신으로 간 후 불귀의 객이 되었다. 이처럼 전국시대의 법가는 씨족제의 유제를 철폐하고 중앙집권적 국가와 절대 왕권을 세우려고 했던 만큼 권력을 분점하던 세족(공족)의 반발을 살 수밖에 없다. 그들은 시대를 앞서 사는 이들이 겪는 운명을 맞아야 했다고 할 수 있다.

15) 이러한 인물이나 세력을 상앙은 슬虱, 즉 일종의 기생충으로 표현하여 뿌리 깊은 증오를 나타내고 있다. 오늘날의 말로 한다면 '사회의 암적 존재'라고 할 수 있다. 「靳令」 "六蝨: 日禮·樂; 日詩·書; 日修善; 日孝弟; 日誠信; 日貞廉; 日仁·義; 日非兵; 日羞戰."

16) 고대사회 법法과 법전法典의 의의에 관해서는 杜正勝, 『編戶齊民: 傳統政治社會結構之形成』, 臺北: 聯經出版事業公司, 1990, 29~44 참조.

17) 「畫策」 "聖人知必然之理, 必爲之時勢, 故爲必治之政, 戰必勇之民, 行必聽之令. 是以兵出而無敵, 令行而天下服從. (…) 聖人見本然之政, 知必然之理, 故其制民也, 如以高下制水, 如以燥濕制火. 故日: 仁者能仁於人, 而不能使人仁; 義者能愛於人, 而不能使人愛. 是以知仁義之不足以治天下也."(高亨, 144; 김영식, 206~207)

18) 「更法」 "夫常人安於故習, 學者溺於所聞. 此兩者, 所以居官而守法, 非所與論於法之外也."

19) 「更法」 "三代不同禮而王, 五霸不同法而霸. 故知者作法, 而愚者制焉; 賢者更禮, 而不肖者拘焉. 拘禮之人不足與言事, 制法之人不足與論變. 君無疑矣."

20) 상앙의 법에는 로크나 몽테스키외가 말한 국가 권력의 분립, 즉 삼권분립의 사고가 보이지 않는다. 따라서 군주의 권력 행사에 대한 견제와 균형의 원칙이 작동할 수 있는 지반이 없다. 이런 상황에서 상앙이 아무리 입법군주제를 주장했다고 하더라도 군주를 법의 내부에 구속시킬 만한 힘은 미약했다. 즉 국가의 존립이나 군주의 양식에 기대는 방법 이외의 방안이 없었다. 그는 자유민·시민·인민이 아니라 신민을 대상으

로 정체를 구상했던 고대의 인물이다.

21)「修權」"法者, 君臣之所共操也."

22)「修權」"故堯·舜之位天下也, 非私天下之利也, 爲天下位天下也. (…) 故三王以義親, 王霸以法正諸侯, 皆非私天下之利也, 爲天下治天下. 是故擅其名而有其功, 天下樂其政, 而莫之能傷也. 今亂世之君·臣, 區區然皆擅一國之利, 而管一官之重, 以便其私, 此國之所以危也. 故公私之交, 存亡之本也."

23)「君臣」"故明主愼法制. 言不中法者, 不聽也; 行不中法者, 不高也; 事不中法者, 不爲也. 言中法, 則辯之; 行中法, 則高之; 事中法, 則爲之. 故國治而地廣, 兵彊而主尊, 此治之至也. 人君者不可察也."

24) 이사가 순자에게 고별 인사를 하고 진나라에 들어가서 펼치는 활약에 대해서는『사기』「이사열전」을 보라.

25) 여기서 선악善惡과 호오好惡의 관계에 대한 언급이 필요하다. 공리주의자처럼 좋은 것과 선한 것을 연속적으로 사유하면 둘 사이의 차이는 없다. 의무론자처럼 둘 사이를 엄격하게 갈라놓으면 서로 무관해진다. 이 경우 상앙은 의무론자보다 공리주의자에 더 가까워 보인다. 우리가 한층 더 주목해야 할 것은 상앙이 욕망의 문제를 도덕이나 윤리의 맥락을 넘어서서 고찰하고 있다는 데 있다. 오늘날의 분과학문 체계로 보면 상앙은 욕망을 사회학이나 사회철학의 맥락에서 조망하고 있는데, 이 점은 욕망을 도덕이나 윤리의 현안으로 보는 이른바 유학자들과 결정적으로 차이가 난다. 이는 자세히 논의할 문제이므로 이 정도로 해명하고 넘어간다.

26)「說民」"民之有欲有惡也."「算地」"民之性; 饑而求食, 勞而求佚, 苦則索樂, 辱則求榮."「徠民」"意民之情, 其所欲者田宅也."

27) 맹자와 순자의 경우 인성의 내용이 다르더라도 인성론은 그들의 철학에서 중심적인 위치를 차지하고 있다. 인성이 결과로 드러난 선악의 원인이 되므로 각종 사회적 문제의 해결은 늘 인성으로 환원해서 설명되고 해결책을 모색할 수 있다. 상앙은 이 틀을 완전히 전복시킨다. 인성론이 있다고 하더라도 그것은 그의 철학에서 근원을 차지하지 못하고 주변에 머문다. 근원은 공동체가 도달해야 하는 정책적 목표, 즉 부국과 강병이다. 인성론은 이 목표에 도달하기 위한 방법론 중의 하나에 불과하다. 상앙의 인

성론은 근원도 아니고 자립적이지도 않다. 나는 상앙의 인성론이 국가학으로 이어지는 지점에 뒤틀림이 엄존하고 있으므로 그의 사상을 무조건적으로 단순한 공리주의로 규정할 수 없다고 생각한다.

28) 『순자』 「성악」 "故枸木必將待檃括,烝, 矯然後直. 鈍金必將待礱, 厲然後利. 今人之性惡, 必將待師法然後正, 得禮義然後治. (…) 是以爲之起禮義, 制法度, 以矯飾人之情性, 而正之, 以擾化人之情性, 而導之也, 使皆出於治, 合於道者也."

29) 상인에 대한 상앙의 부정적 관점은 『상군서』 곳곳에 반복되어 나타난다. 외교外交·외권外權에 대한 논의는 「간령墾令」과 「근령靳令」에 보이고, 육슬에 대한 논의는 「근령」에 보인다.

30) 「算地」 "民之求利, 失禮之法; 求名, 失性之常, 奚以論其然也? 今夫盜賊上犯君上之所禁, 而下失臣子之禮. 故名辱而身危. 猶不止者. 利也. 其上世之士. 衣不煖膚, 食不滿腸, 苦其志意, 勞其四肢, 傷其五臟, 而益裕廣耳, 非生之常也, 而爲之者, 名也. 故曰: 名利之所湊, 則民道之."(高亨, 64; 김영식, 110)

31) 진나라는 부강富強한 국가를 건설하기 위해 사회와 군사 분야에서 효율성을 극대화하려고 했는데, 그 핵심에는 평민에게 작위를 부여하는 20등급의 작위爵位 제도가 있었다. 이와 관련해서는 杜正勝, 위의 책, 317~371 참조.

32) 상앙은 「산지算地」 등 『상군서』 곳곳에서 인민들이 죽음을 가볍게 여기는 경사輕死가 쉽게 일어날 수 있다는 것과 또 그런 상황을 꽤나 바람직하고 법치가 이상적으로 작동하는 상황으로 그리고 있다. 이제 우리는 그 이유를 알 만하다. 특히 상앙의 경사輕死는 이전에 양주楊朱나 상앙 이후 여불위呂不韋가 생명의 본원적 가치를 강조했던 전생全生과 극명하게 대조를 이룬다.

33) 이로써 우리는 위의 인용문 아래에 다음의 구절이 왜 이어지는지 알 수 있다. "主操名利之柄, 而能致功名者, 數也. 聖人審權以操柄, 審數以使民. 數者, 臣主之術, 而國之要也." 아울러 공자나 맹자가 이야기하는 군자, 대인 등의 존재 의의가 없어진다.

34) 「說民」 "民之所欲萬, 而利之所出一. 民非一, 則無以致欲, 故作一. 作一則力摶, 力摶則彊."(高亨, 57; 김영식, 100~101)

35) 「弱民」 "利出一孔, 則國多物; 出十孔, 則國少物. 守一者治, 守十者亂. 治則彊, 亂則弱.

彊則物來, 弱則物去. 故國致物者彊, 去物者弱."(高亨, 158; 김영식, 222)

36) 「開塞」 "今世之所謂義者, 將立民之所好, 而廢其所惡; 此其所謂不義者, 將立民之所惡, 而廢其所樂也. 二者名貿實易, 不可不察也. 立民之所樂, 則民傷其所惡; 立民之所惡, 則民安其所樂. 何以知其然也? 夫民憂則思, 思則出度; 樂則淫, 淫則生佚. 故以刑治則民威, 民威則無姦, 無姦則民安其所樂. 以義教則民縱, 民縱則亂, 亂則民傷其所惡. 吾所謂利者, 義之本也; 而世所謂義者, 暴之道也. 夫正民者, 以其所惡, 必終其所好; 以其所好, 必敗其所惡."(高亨, 77; 김영식, 124~125)

37) 「禁使」 "故至治, 夫妻·交友不能相爲棄惡蓋非, 而不害於親, 民人不能相爲隱." 이 사고는 『논어』 「자로」 18에 나오는 '부자상은父子相隱'의 이야기를 정면으로 부정하고 있다.

38) 「開塞」 "治國刑多而賞少, 故王者刑九而賞一, 削國賞九而刑一. 夫過有厚薄, 則刑有輕重; 善有大小, 則賞有多少. 此二者, 世之常用也, 刑加於罪所終, 則姦不去; 賞施於民所義, 則過不止. 刑不能去姦而賞不能止過者, 必亂."

39) 정범진 외 옮김, 『사기열전 상』, 서울: 까치, 1995, 93~94.

40) 이춘식, 『춘추전국시대의 법치사상과 세勢·술術』, 서울: 아카넷, 2002, 323~333.

41) 「開塞」 "故王者刑用於將過, 則大邪不生; 賞施於告姦, 則細過不失. 治民能使大邪不生·細過不失, 則國治. 國治必彊. 一國行之, 境內獨治. 二國行之, 兵則少寢. 天下行之, 至德復立. 此吾以殺刑之反於德, 而義合於暴也."(高亨, 79; 김영식, 126)

42) 「定分」 "故聖人爲法, 必使之明白易知, 名正, 愚知徧能知之; 爲置法官. 置主法之吏, 以爲天下師, 令萬民無陷於險危. 故聖人立天下, 而無刑死者, 非不刑殺也, 行法令, 明白易知, 爲置法官吏爲之師, 以道之知, 萬民皆知所避就, 避禍就福, 而皆以自治也."(高亨, 192; 김영식, 263)

43) 이 구절의 진정성은 좀 더 전문적으로 논의될 필요가 있다. 여기서는 글자 그대로의 의미에 집중하기 바란다. 한국의 상앙 연구자 중에 이재룡은 예외적으로 상앙의 법을 전제 군주의 이익에 이바지하는 독해에 동의하지 않는다. 그렇지만 그 반대의 주장에 대한 그의 이론적 작업은 체계적이라기보다 문제제기에 가깝다. 「전기순수법가의 국가관: 상앙의 국가관을 중심으로」, 『법철학연구』, 제3권 제2호, 2000; 「도덕과 제도, 국가권력의 분산과 집중의 연구: 상앙과 한비자의 因時制宜論」, 『법철학연구』, 제7권

제2호, 2004 등을 보라.

44) 「說民」 "斷家王, 斷官強, 斷君弱. (…) 則民斷于心. 上令而民知所以應."(高亨, 58~59; 김영식, 102)

45) 「去強」 "十里斷者國弱, 五里斷者國強. 以日治者王, 以夜治者強, 以宿治者削."(高亨, 48; 김영식, 88~89)

46) 상앙의 자율이 도대체 어떤 내용의 자율인지 생각해볼 필요가 있다. 또 상앙의 자율과 맹자의 자율을 구별하지 않고 다같이 자율이라 할 수 있을까, 라는 의문이 제기될 수 있다. 둘이 다르다면 상앙은 법가적 자율로, 맹자는 유가의 자율로 구분할 수 있을 것이다. 왜냐하면 상앙이 만든 세계에서 인민들은 "상호 감시체제에서 두려움에 떨면서 자율이 가능할까? 엄혹한 형벌이 두려워 스스로 알아서 엎드리는 것이 자율일까 의심스럽다"고 생각할 수 있기 때문이다. 이 의문은 당연히 제기될 만한 것이지만 그것에 대한 적절한 해답은 『상군서』를 벗어날 수밖에 없다. 『상군서』에서 말하는 법이 진나라에서 현실적으로 어떻게 구현되었는지, 진나라의 신민들은 당시의 법치를 어떻게 생각하고 있었는지, 진나라의 법치는 당시 다른 여섯 나라의 통치 규범과 비교해서 어떤 차별점이 있는지 등의 문제에 대한 검토가 필요하다. 그렇지 않고 진에 부정적인 한나라 사상가들의 발언이나 상앙의 반대자들이 제기한 "두려움에 떨게 했다"는 선전을 액면 그대로 믿을 수는 없다. 나는 상앙의 법치가 군주의 이익이 아니라 인민의 이익을 대변했다고 주장하지도 않고 상앙의 법치 하에서 인민이 완전히 자유를 누렸다고 주장하는 것이 아니다. 상앙의 변법과 진의 제국 형성 그리고 인민의 이해 사이에 일방적인 착취가 아니라 공통 이익의 공생 관계가 성립될 수 있다고 생각하는 것이다.

47) 한국은 도시의 골목에 CCTV를 설치하고 있다. 이것은 분명 양날의 칼이다. 한편으로 인권 침해의 우려가 있고 다른 한편으로 예방적 치안이라는 목적도 있다. 현대는 과학기술의 힘으로 사회의 사각지대를 축소하려고 하지만 전국시대의 진은 연좌제로 해결하려 했다고 할 수 있다.

48) 상앙이 법치에서 인민을 자동인형처럼 만들고자 했다는 주장은 우민화愚民化의 논의로 이어진다. 상앙은 법치가 가능하기 위해서 인민이 법을 충분히 숙지해야 한다고 생각하므로 사실 법치와 우민화는 양립할 수 없다. 물론 법치를 부정할 경우 상앙

의 법치가 사람으로 하여금 다른 세계를 꿈꾸는 앎을 모르게 했다고 본다면 우민화라고 할 수 있을 것이다. 이 우민화는 공자의 "民可使由之, 不可使知之"(「태백」 9)와 맥락이 비슷하다. 이 경우 우민화는 지성을 완전히 마비시킨다는 맥락이 아니라 성인(공자)과 공무원(상앙)이 지식이 부족하고 의지가 약한 인민을 대신해서 합리적 판단을 내린다는 맥락으로 봐야 한다. 즉 가부장적 간섭주의의 맥락이라고 할 수 있다. 즉 상앙만이 특별히 우민화 정책을 펼친 것이 아니라 유언비어와 불온사설에 휘둘리기 쉬운 인민을 보호하기 위해 국가가 공론 형성을 장악하여 관리한다는 맥락이다.

49) 「法儀」 "當皆法其父母奚若. 天下之爲父母者衆. 而仁者寡. 若皆法其父母. 此法不仁也. 法不仁不可以爲法. 當皆法其學奚若. 天下之爲學者衆. 而仁者寡. 若皆法其學. 此法不仁也. 法不仁不可以爲法. 當皆法其君奚若. 天下之爲君者衆. 而仁者寡. 若皆法其君. 此法不仁也. 法不仁不可以爲法. 故父母學君三者. 莫可以爲治法."

50) 「양혜왕 상」 1 "上下交征利, 而國危矣. (…) 苟爲後義而先利, 不奪不厭. 未有仁, 而遺其親者也. 未有義, 而後其君者也. 王亦日仁義而已矣, 何必日利?"

51) 에티엔느 드 라 보에티, 박설호 엮고 옮김, 『자발적 복종Discours de la Servitude Volontaire』, 서울: 울력, 2004; 2006 2쇄. 라 보에티는 이들이 속물이나 소인배가 아니라 공명심과 탐욕으로 불타는 인물이라고 결론내린다.

52) 바이탈 루빈은 스탈린 치하의 소련에 대한 기억에 너무 깊게 빠져 있는 탓에 상앙과 그의 법치를 전제와 압제의 틀로만 바라보고 있다. 이는 민과 국가의 공생적 관계를 엿보지 못했기 때문에 생긴 오해라고 할 수 있다. 임철규 옮김, 『중국에서의 개인과 국가』, 서울: 현실과인식사, 1980.

제 6 장

1) 이 주장은 전문 서적과 논문만이 아니라 현행 고등학교 윤리 교과서를 비롯해서 각종 교재와 사전에 두루 반영되어 있기 때문에 출처와 옹호자를 밝힐 필요가 없을 정도이다.

2) 「讀荀子」 "孟氏醇乎醇者也, 荀與揚, 大醇而少疵."

3) 김학목, 『율곡 이이의 노자』, 예문서원, 2001 참조.

4) 『사기』 「이사열전」 "乃從荀卿學帝王之術. 學已成, 度楚王不足事, 而六國皆弱, 無可爲建功者, 欲西入秦."

5) 『蘇東坡全集』 「荀卿論」 "荀卿者, 喜爲異說而不讓, 敢爲高論而不顧者也. 其言愚人之所驚, 小人之所喜也. 子思·孟軻, 世之所謂賢人君子也. 荀卿獨曰: 亂天下者, 子思·孟軻也. 天下之人, 如此其衆也. 仁人義士, 如此其多也. 荀卿獨曰: 人性惡, 桀·紂, 性也. 堯·舜, 僞也. 由是觀之, 意其爲人必也剛愎不遜, 而自許太過. 彼李斯者, 又特甚者耳."

6) 「공손추 상」 6 "人皆有不忍人之心. (…) 今人乍見孺子將入於井, 皆有怵惕惻隱之心. 非所以內交於孺子之父母也. 非所以要譽於鄕黨朋友也. 非惡其聲而然也. 由是觀之, 無惻隱之心, 非人也. (…) 惻隱之心, 仁之端也. 羞惡之心, 義之端也. 辭讓之心, 禮之端也, 是非之心, 知之端也. 人之有是四端也, 猶其有四體也."

7) 순자와 상앙은 호리피해를 주장하므로 인성론에서 공동 전선을 펼치는 것으로 보인다. 그러나 둘 사이에는 같은 점보다 다른 점이 더 많고 둘의 차이는 깊게 벌어진다. 이와 관련해서 신정근, 「상앙 法사상의 내재적 특성」, 『동양철학』 제28집, 2007 참조.

8) "人之性惡, 其善者僞也. 今人之性, 生而有好利焉, 順是, 故爭奪生而辭讓亡焉. 生而有疾惡焉, 順是, 故殘賊生而忠信亡焉. 生而有耳目之欲, 有好聲色焉, 順是, 故淫亂生而禮義文理亡焉. 然則從人之性, 順人之情, 必出於爭奪, 合於犯分亂理而歸於暴. 故必將有師法之化, 禮義之道, 然後出於辭讓, 合於文理而歸於治."

9) 순자는 성性과 정情을 두 가지 방식으로 사용한다. 예컨대 「정명」에서 "性者, 天之就也. 情者, 性之質也. 欲者, 情之應也"라고 할 때, 성과 정과 욕은 심층화의 구분이 있다. 순자는 많은 경우 성정性情 또는 정성情性을 연칭하면서 둘 사이를 구별하지 않고 쓰기도 한다. 이 글은 후자의 측면에 주목하고 있다. 순자의 인성人性·성정性情과 관련해서 이장희, 「순자 심성론에 관한 소고: 심의 자율성을 중심으로」, 『공자학』 제8집, 2001; 정재상, 「자연적 情과 당위적 情: 순자의 성정론에 대한 소고」, 『동양철학』 제35집, 2011 참조.

10) "聞見雜博, 案往舊造說, 謂之五行. 甚僻違而無類, 幽隱而無說, 閉約而無解."

11) 「등문공 상」 4 "后稷敎民稼穡, 樹藝五穀. 五穀熟而民人育. 人之有道也, 飽食·煖衣·

逸居而無教, 則近於禽獸. 聖人有憂之, 使契爲司徒, 教以人倫. 父子有親, 君臣有義, 夫婦有別, 長幼有序, 朋友有信."(「이루 하」 30) "孟子曰: 世俗所謂不孝者五. 惰其四肢, 不顧父母之養, 一不孝也. 博奕好飮酒, 不顧父母之養, 二不孝也. 好貨財私妻子, 不顧父母之養, 三不孝也. 從耳目之欲, 以爲父母戮, 四不孝也. 好勇鬪狼, 以危父母, 五不孝也."(「진심 상」 40) "孟子曰: 君子之所以教者五: 有如時雨化之者, 有成德者, 有達財者, 有答問者, 有私淑艾者. 此五者, 君子之所以教也."

12) "凡性者, 天之就也, 不可學, 不可事. …… 今人之性, 飢而欲飽, 寒而暴煖, 勞而欲休, 此人之情性也."

13) "可學而能, 可事而成之在人者, 謂之僞."

14) "滕文公爲世子, 將之楚, 過宋而見孟子. 孟子道性善, 言必稱堯舜."

15) "公都子曰: ……今日'性善', 然則彼皆非與? 孟子曰: 乃若其情, 則可以爲善矣. 乃所謂善也. 若夫爲不善, 非才之罪也."

16) 김승혜, 『원시유교: 논어·맹자·순자에 대한 해석학적 접근』, 서울: 민음사, 1994, 244 참조.(이 책의 개정판이 2001년에 지식의풍경에서 『유교의 뿌리를 찾아서』라는 제목으로 출간되었다.) 가나야 오사무는 이런 맥락에서 「성악」을 순자의 사상을 반영하는 문헌으로 보지 않는다. 金谷治, 「荀子文獻學的研究」, 『日本學士院紀要』 9-1, 1951 참조.

17) H. Dubs, "Mencius and Sun-dz on Human Nature," *Philosophy East & West*, 6, 1965, 213~222, P. 아이반호, 신정근 옮김, 『유학, 우리 삶의 철학Confucian Moral Ethic Cultivation』, 서울: 동아시아, 2008, 94~96에서 재인용.

18) 「성악」 "聖人化性而起僞, 僞起而生禮義, 禮義生而制法度."

19) 「성악」 "枸木必將待檃栝烝矯然後直, 鈍金必將待礱厲然後利. 今人之性惡, 必將待師法然後正, 得禮義然後治."

20) 「성악」 "凡古今天下之所謂善者, 正理平治也, 所謂惡者, 偏險悖亂也. 是善惡之分也已."

21) 신정근, 「관계의 고착성과 탈바꿈의 자유 사이의 긴장」, 『철학연구』 제51집, 2000, 85~87.

22) "至備, 情文俱盡. 其次, 情文代勝. 其下, 復情以歸大太一."

23) 「예론」 "夫厚其生而薄其死, 是敬其有知而慢其無知也, 是姦人之道而倍叛之心也. 君

子以倍叛之心接臧穀, 猶且羞之, 而況以事其所隆親乎!"

24) 「예론」 "一朝而喪其嚴親, 而所以送葬之者不哀不敬, 則嫌於禽獸矣, 君子耻之."

25) 「예론」 "性者, 本始材朴也. 僞者, 文理隆盛也. 無性則僞之無所加, 無僞則性不能自美. 性僞合, 然後成聖人之名, 一天下之功, 於是就也."

26) 앞에서 논의했듯이 순자의 경우 인仁은 「성악」에 주목하면 '인외仁外'이지만 「예론」에 주목하면 '인내仁內'라고 할 수 있다.

27) "由是觀之, 無惻隱之心, 非人也. 無羞惡之心, 非人也. 無辭讓之心, 非人也. 無是非之心, 非人也. 惻隱之心, 仁之端也. 羞惡之心, 義之端也. 辭讓之心, 禮之端也, 是非之心, 知之端也. 人之有是四端也, 猶其有四體也. (…) 凡有四端於我者, 知皆擴而充之矣. 若火之始然, 泉之始達. 苟能充之, 足以保四海. 苟不充之, 不足以事父母."

28) 「非相」 "人之所以爲人者, 何已也? 曰: 以其有辨也. 飢而欲食, 寒而欲煖, 勞而欲息, 好利而惡害, 是人之所生而有也, 是無待而然者也, 是禹桀之所同也. 然則人之所以爲人者, 非特以二足而無毛也, 以其有辨也." 여기에 「공손추 상」 6의 성선과 반대되는 호리피해好利惡害가 보인다.

29) 「왕제」 "水火有氣而無生, 草木有生而無知, 禽獸有知而無義. 人有氣有生有知, 亦且有義, 故最爲天下貴也. 力不若牛, 走不若馬, 而牛馬爲用何也? 曰: 人能羣. 彼不能羣也. 人何以能羣? 曰分. 分何以能行? 曰義."

30) "禮起於何也? 曰人生而有欲, 欲而部得, 則不能無求, 構而無度量分界, 則不能不爭. 爭則亂, 亂則窮. 先王惡其亂也. 故制禮義以分之."

31) 「不苟」 "欲惡取舍之權, 見其可欲也, 則必前後慮其可惡也者, 見其可利也, 則必前後慮其可害也自, 而兼權之, 孰計之, 然後定其欲惡取舍, 如是則常不失陷矣. 凡人之患, 偏傷之也. 見其可欲也, 則不慮其可惡也者. 見其可利也, 則不顧其可害也者. 是以動則必陷, 爲則必辱, 是偏傷之患也."

32) 핑가레트, 송영배 옮김, 『공자의 철학: 서양에서 바라본 예에 대한 새로운 이해』, 서광사, 1991 참조.

33) 도덕 선택과 관련해서 또 하나의 주장을 살펴볼 만하다. 정약용은 『맹자요의』에서 자주지권自主之權을 통해 도덕 계발 가능성의 근거로서 자유의지를 주장하고 있다. 이런

사유의 근원을 마테오 리치가 『천주실의』에서 자유의지를 선과 악의 근원으로 보는 것과 연결짓고 있다. 즉 자유의지와 도덕 선택을 동양과 다른 지적 전통을 가진 서양 선교사들의 영향으로 보고 있는 것이다. 송영배·금장태 외, 『한국유학과 리기철학』, 예문서원, 2000, 264~267, 282~283 참조. 도덕 선택의 기원 문제와 관련해서 나는 서양의 영향만이 아니라 순자의 사유 방식도 함께 고려해볼 만하다고 생각한다.

34) 「고자 상」 15 "孟子曰: 從其大體爲大人, 從其小體爲小人. 曰: 鈞是人也. 或從其大體, 或從其小體, 何也? 曰: 耳目之官不思, 而蔽於物, 物交物, 則引之而已矣. 心之官則思. 思則得之, 不思則不得也."

35) 「진심 상」 1 "盡其心者, 知其性也. 知其性, 則知天矣. 存其心, 養其性, 所以事天也."

36) "仁, 人心也. 義, 人路也. 舍其路而不由, 放其心而不知求. 哀哉! 人有鷄犬放, 則知求之. 有放心, 而不知求. 學問之道無他, 求其放心而已矣."

37) 「이루 상」 12 "至誠而不動者, 未之有也. 不誠, 未有能動者也."

38) 「유효」 "客有道曰: 孔子曰: 周公其盛乎! 身貴而愈恭, 家富而愈儉, 勝敵而愈戒."

39) 「유효」 "四海之內, 莫不變心易慮以化順之. 故外闔不閉, 跨天下而無蘄. 當是時也, 夫又誰爲戒矣哉!"

40) 「예론」 "孰知夫出死要節之所以養生也, 孰知夫出費用之所以養財也, 孰知夫恭敬辭讓之所以養安也, 孰知夫禮義文理之所以養情也." 원의는 신하와 군주 사이의 일이지만 이를 일반적인 관계로 확대해서 해석하고 있다.

41) 「부국」 "百姓誠賴其知也, 故相率而爲之勞苦, 以務佚之, 以養其知也." 원의는 백성과 인인仁人의 군왕 관계를 나타내지만 개인의 맥락으로 확대해서 풀이했다.

42) 「불구」 "推禮義之統, 分是非之分, 總天下之要, 治海內之衆, 若使一人. 故操彌約而事彌大. 五寸之矩, 盡天下之方也. 故君子不下室堂, 而海內之情擧積此者, 則操術然也." 비슷한 이야기가 『노자』에도 나온다. 『노자』에서는 지知를 부정하지만 명明을 부정하지 않는다. 따라서 통속적으로 『노자』가 우민화를 기획했다는 주장은 원문의 코드를 제대로 파악하지 못한 결과이다.

43) "滕文公爲世子, 將之楚, 過宋而見孟子. 孟子道性善, 言必稱堯舜."

44) "堯舜性之, 湯武身之, 五覇假之."

45) "富歲, 子弟多賴. 凶歲, 子弟多暴. 非天之降才爾殊也, 其所以陷溺其心者然也."

46) 전국시대 토지 사유화 및 공유화와 관련해서 이성규, 『중국고대제국성립사연구』, 일조각, 1997 참조.

47) 나는 여기서 순자가 민주적인 의사 결정을 한다고 주장하려는 것은 아니다. 성인(요순)이 권위주의적이면서 간섭주의적 경향이 있다면, 변심역려變心易慮는 전제적 사회의 출현을 방조할 수도 있다. 순자의 변심역려는 반드시 어떤 하나의 방향과 폐쇄적으로 연결된다기보다 방향이 열려 있다고 보는 면이 더 타당할 듯하다.

제7장

1) 주희의 학문이 지역학에서 전국학, 다시 보편학으로 확장되는 과정과 관련해서 개략적인 설명으로는 신정근, 「사고전서는 실제로 '全書'인가」, 『동양철학』 제35집, 2011 참조.

2) 주희는 당대의 자료를 수집하여 문헌을 편찬하고, 도학의 학습과 전파를 위해 교재를 집필하는 등 시대의 편집자 역할을 톡톡히 수행했다. 이런 점에서 주희는 사상가와 경학자인 것만이 아니라 전권을 휘두른 한 시대의 편집자chief of an era였던 것이다.

3) 이와 관련해서는 신정근, 「전국시대 '心' 주제화의 서곡」, 『유교사상연구』 제18집, 한국유교학회, 2003 참조.

4) 궈모뤄郭沫若와 류제劉節가 『관자』의 「內業」 「心術」(上下), 「白心」 4편을 다른 편과 분리해서 사라진 송견과 윤문의 텍스트로 추정했다. 대만과 대륙의 학계에서는 이 주장을 대부분 수용한다. 가나야 오사무金谷治는 이런 주장에 대해 신중한 입장을 피력하고 있다. 나는 네 편이 공통적으로 심을 주제로 논의하고 있지만, 「백심白心」은 나머지 세 편과 차이를 보인다고 생각한다. 여기서 나는 관자사편을 특정한 인물 또는 학파로 연결짓기보다 심을 공통 주제로 삼는다는 점에서 '관자사편'이란 용어를 그대로 사용한다.

5) 金谷治, 「心の中の心: 中國古代心理說の展開」, 『金谷治中國思想論集上卷: 中國古代の自然觀と人間觀』, 平河出版社, 1997에서도 이 표현의 의의에 대해 나름대로 주목을 하고 있다.

6) 「술이」 30 "子曰: 仁遠乎哉? 我欲仁, 斯仁至矣." 이 구절은 '…한다면'의 조건성 맥락에서도 독해가 가능하고, '…하자마자'라는 초월성의 맥락에서도 독해가 가능하다. 여기서 우리는 공자의 사유에 깃든 영웅주의, 신화적 색채 등을 확인할 수 있다. 이와 관련해서 신정근, 『논어의 숲, 공자의 그늘』, 심산, 2006, 331~351 참조.

7) 「顔淵」 20 "色取仁而行違." 「양화」 12 "色厲而內荏, 譬諸小人."

8) 「解蔽」 "心者, 形之君也, 而神明之主也; 出令而無所受令. 自禁也, 自使也, 自奪也, 自取也, 自行也, 自止也."

9) 『朱熹集』 6책, 「觀心說」 권67 "心者, 人之所以主乎身者也, 一而不二者也, 爲主而不爲客者也, 命物而不命於物者也."

10) 오늘날은 사관四官이 아니라 오관五官이 관용적으로 쓰인다. 위의 입은 혀[舌]로 바꿔 생각하면 좋겠다. 오관과 비교하면 피부의 촉감이 빠져 있다고 할 수 있다.

11) 「貴生」 "夫耳目鼻口, 生之役也. 耳雖欲聲, 目雖欲色, 鼻雖欲芬香, 口雖欲滋味, 害於生則止. 在四官者不欲, 利於生則弗爲, 由此觀之, 耳目鼻口不得擅行, 必有所制. 譬之若官職, 不得擅爲, 必有所制."

12) 「告子 상」 15 "公都子問曰: 鈞是人也. 或爲大人, 或爲小人, 何也? 孟子曰: 從其大體爲大人, 從其小體爲小人. 曰: 鈞是人也, 或從其大體, 或從其小體, 何也? 曰: 耳目之官不思, 而蔽於物. 物交物, 則引之而已矣. 心之官則思, 思則得之, 不思則不得也. 此天之所與我者, 先立乎大者, 則其小者不能奪也. 此爲大人而已矣."

13) 「盡心 하」 35 孟子曰: "養心, 莫善於寡欲. 其爲人也寡欲, 雖有不存焉者, 寡矣. 其爲人也多欲, 雖有存焉者, 寡矣."

14) 「審爲」 "中山公子牟謂詹子曰: 身在江海之上. 心居乎魏闕之下, 奈何? 詹子曰: 重生. 重生則輕利. 中山公子牟曰: 雖知之, 猶不能自勝也. 詹子曰: 不能自勝則縱之, 神無惡乎? 不能自勝而強不縱者, 此之謂重傷, 重傷之人無壽類矣."

15) 「在宥」 "崔瞿問於老聃曰: 不治天下, 安臧人心? 老聃曰: 汝愼無攖人心. 人心排下而進上, 上下囚殺. 淖約柔乎剛彊,廉劌彫琢. 其熱焦火, 其寒凝氷. 其疾俛仰之間, 而再撫四海之外, 其居也淵而靜, 其動也縣而天. 僨驕而不可係者, 其惟人心乎! 昔者, 黃帝始以仁義攖人之心. 堯舜於是乎股無胈, 脛無毛, 以養天下之形. 愁其五藏以爲仁義, 矜其血氣以規法度, 然猶有不勝也."

16) 「내업」 "凡心之刑, 自充自盈, 自生自成. 其所以失之, 必以憂樂喜怒欲利. 能去憂樂喜怒欲利, 心乃反濟. 彼心之情, 利安以寧, 勿煩勿亂, 和乃自成."

17) 「心術 하」 "節怒莫若樂, 節樂莫若禮." 「내업」 "食莫若無飽, 思莫若勿致, 節適之齊, 彼將自至." 「내업」 "節欲之道, 萬物不害."

18) 「心術 상」 "心處其道, 九竅循理. 嗜欲充益, 目不見色, 耳不聞聲. (…) 動則失位, 靜乃自得."(「經」) "耳目者, 視聽之官也, 心而無與於視聽之事, 則官得守其分矣. 夫心有欲者, 物過而目不見, 聲至而耳不聞也,"(「解」) 「심술 상」은 주장하는 부분과 그것을 다시 풀이하는 부분으로 되어 있다. 전국시대의 문헌에서 흔히 찾아볼 수 있는 형식인데, 전자를 '경經', 후자를 '해解'로 분류한다. 이와 관련해서 陳鼓應, 『管子四篇詮釋: 稷下道家代表作解析』, 北京: 商務印書館, 2006 참조.

19) 천구잉陳鼓應은 류제劉節의 「管子中所見之宋鈃一派學說」에 의거해서 이 표현을 형기의 심 또는 생리의 심과 도덕의 심으로 나누어 설명한다. 현대적 용어로 풀이한다는 점에서 그의 시도는 분명히 의의가 있지만 양자를 생리 대 도덕의 도식으로 설정할 만한 근거가 없다. 위의 책, 110~111.

20) 「心術 상」 "搖者不定, 趮者不靜, 言動之不可以觀也."

21) 「心術 상」 "陰則能制陽矣, 靜則能制動矣."

22) 「心術 상」 "虛其欲, 神將入舍. 掃除不潔, 神乃留處."

23) 「心術 하」 "人能正靜者, 筋肕而骨強. 能戴大圓者體乎大方. 鏡大清者視乎大明. 正靜不失, 日新其德, 昭知天下, 通於四極."

24) 「心術 하」 "專於意, 一於心, 耳目端, 知遠之證."

25) 특히 마지막 내정외경을 보면 우리는 성리학의 경敬 공부를 쉽게 연상할 수 있다. 하지만 성리학에서 경은 철상철하撤上撤下의 공부로서 이발과 미발을 포괄한다. 관자사편管子四篇에서는 내면보다는 외면의 수양과 관련이 있는 것으로 보인다, 이 점에서 차이가 드러난다고 할 수 있다.

1) 그리스 철학의 idea는 보는 것과 관련이 있다. 보는 것은 눈으로 지켜보는 것만이 아니라 정서적 반응과 경험적 관찰 그리고 심미적 감상과 이성적 인식으로 이어지면서 추상화의 길을 걸었다. 중국 철학의 道는 방향을 정해서 걷는 것만이 아니라 윤리적 규범과 만물의 운행 원칙으로 이어지면서 추상화의 길로 나아가지만 늘 현실의 자연으로부터 완전히 떠나지 않았다. 보다와 걷다의 차이에서 문명론의 차이를 끌어낼 수 있다. 앞으로의 과제로 남겨둔다.

2) 「문언전」 "積善之家, 必有餘慶, 積不善之家, 必有餘殃." 월천공덕은 한 해 신수가 나쁜 사람이 정월 열나흘 또는 보름날 밤에 다리를 놓으면 액운을 멀리하게 된다는 민간 세시 풍습의 일종이다.

3) 『孟子字義疏證』 「理」 "心之神明, 於事物咸足以知其不易之則. 譬有光皆能照, 而中理者, 乃其光盛, 其照不謬也."

4) 영인佞人은 후대에 아첨꾼으로 알려진 의미와 달리 『논어』나 그 이전에는 언변술이 뛰어나 상대의 말문을 막는 사람, 즉 일종의 궤변론자에 해당된다. 이와 관련해서 趙紀彬, 신정근 외 옮김, 『반논어』, 서울: 예문서원, 1996 참조.

5) 중국 철학사에서는 반야라든지 진지眞知라든지 명明이라든지 하여 이름은 다르지만 지성이 강조되고 있다. 하지만 도교와 불교에서 제기되어 널리 공유된 말로 '분별지'가 있다. 이 말은 선진시대의 지성의 역할에 회의를 표명하는 경향과 결합해서 반지성주의가 강성해지는 데에 일조를 했다. 부정시되는 분별지와 달리 지식이 긍정될 때 근본지라고 불린다. 분별지는 오늘날 학문 체계에서 과학과 부분적으로 중복된다고 생각한다. 선진시대의 반지성주의 경향에 대한 초보적인 논의는 신정근, 「전국시대 '心' 주제화의 서곡」, 『동양철학』 제18집, 2003을 보라.

6) 「이루 하」 26 "所惡於智者, 爲其鑿也. 如智者若禹之行水也, 則無惡於智矣. 禹之行水也, 行其所無事也."

7) 실용이성의 용어는 그의 저작 곳곳에서 발견될 정도로 그의 사상에서 중요한 비중을 차지하고 있다. 예컨대 정병석 옮김, 『중국고대사상사론』, 파주: 한길사, 2005; 황희경

옮김, 『역사본체론』, 서울: 들녘, 2004 등을 보라.

8) 장파張法, 유승하 외 옮김, 『동양과 서양 그리고 미학』, 서울: 푸른숲, 2001 6쇄; 니스벳, 최인철 옮김, 『생각의 지도: 동양과 서양, 세상을 바라보는 서로 다른 시선』, 파주: 김영사, 2008 6쇄 참조.

9) 이 글에서 말하는 감정은 중국 고대 철학의 '정情' 개념과 일대일 대응 관계에 있지 않다. 본문에서 다루듯이 이 글에서는 애安·애哀·락樂 등의 개별 감정을 감정에 해당되는 것으로 보고 그것이 어떤 철학적 문맥으로 쓰이는가라는 용례 분석에 초점을 둔다. 따라서 이 글은 '정情' 개념의 함의에 초점을 두는 글과는 다른 특성을 지닌다. 이 둘의 차이를 숙지하는 것은 본고의 논지를 파악하는 데에 결정적인 의의를 지닌다. '정' 개념에 관심이 있는 독자라면 陳昭瑛, 『儒家美學與經典詮釋』에 실린 「'情'概念從孔孟到荀子的轉化」를 보라.

10) 나는 혜강嵇康을 거치면서 주희의 이발已發·미발未發 철학화 작업에 이르러 감정 논의가 또 한 번 비약한다고 생각한다. 이 주제는 훗날의 작업으로 남겨두고자 한다.

11) 「酒誥」 "在昔殷先哲王, 迪畏天顯小民 (…) 誕惟民怨."

12) 「동산東山」 "我徂東山, 慆慆不歸." 아我는 주의 도읍지에서 산동山東으로 군사 원정을 떠난 이를 가리키는데, 여기서 '나' 한 사람이 아니라 예상과 달리 빨리 돌아가지 못하는 우리를 가리킨다. 「파부破斧」 "哀我人斯, 亦孔之休." 아인我人은 현대 중국어 워먼我們처럼 복수형으로 쓰이고 있다.

13) 「정풍」「褰裳」 "子惠思我, 褰裳涉溱."; 「邶風」「柏舟」 "心之憂也, 如匪澣衣."

14) "子曰: 食夫稻, 衣夫錦, 於女安乎? 曰: 安. 女安, 則爲之! 夫君子之居喪, 食旨不甘, 聞樂不樂, 居處不安, 故不爲也. 今女安, 則爲之."

15) 「팔일」 4 "林放問禮之本. 子曰: 大哉問! 禮, 與其奢也, 寧儉; 喪, 與其易也, 寧戚."

16) 「팔일」 20 "子曰: 關雎, 樂而不淫, 哀而不傷."

17) 「자로」 22 "子曰: 南人有言曰: 人而無恒, 不可以作巫醫."

18) 「안연」 10 "愛之欲其生, 惡之欲其死. 旣欲其生, 又欲其死, 是惑也."

19) 「리인」 5 "唯仁者能好人, 能惡人."

20) 「진심 상」 1 "盡其心者, 知其性也. 知其性, 則知天矣."

21) 맹자의 심 사상과 관련해서는 신정근, 『사람다움의 발견』, 서울: 이학사, 2005 참조.

22) 「자로」 23 "子曰: 君子和而不同, 小人同而不和."

23) 「자로」 20 "言必信, 行必果, 硜硜然小人哉!" 물론 『논어』 주석사에 이 구절을 초기 법가와 연관짓는 경우는 없다. 하지만 상앙과 한비자의 텍스트를 보면 그들의 법法과 이곳의 동同은 놀랄 만치 서로 일치하고 있다는 것을 알 수 있다.

24) 「고자 상」 7 "故凡同類者, 擧相似也. 何獨至於人而疑之? 聖人與我同類者."

25) 이런 사고는 「이루 하」 27의 "순임금도 사람이고 나 또한 사람이다舜人也, 我亦人也", 「고자 하」 2의 "사람은 누구나 요나 순과 같은 인물이 될 수 있다人皆可以爲堯舜"는 말로 집약된다. 이전까지 범인인 나와 성인인 순은 사람의 공통 지평에 서지 못하고 정치적으로 피치자와 치자, 사회 문화적으로 모방과 모범이라는 역할로 나뉘어져 있었다.

26) I. Kant, 李錫潤 옮김, 『판단력 비판』, 서울: 博英社, 1974; 1984 중판, 58~60.

27) 「고자 상」 7 "口之於味也, 有同嗜焉. 耳之於聲也, 有同聽焉. 目之於色也, 有同美焉."

28) 같은 곳 "心之所同然者, 何也? 謂理也義也. 聖人善得我心之之所同然耳. 故理義之悅我心, 猶芻豢之悅我口."

29) 도덕감 용어에 대해서는 박찬구, 『개념과 주제로 본 우리들의 윤리학』, 파주: 서광사, 2006, 227~45 참조.

30) 「공손추 상」 6 "人皆有不忍人之心. 先王有不忍人之心, 斯有不忍人之政矣. 以不忍人之心, 行不忍人之政, 治天下, 可運之掌上. (…) 無惻隱之心, 非人也. 無羞惡之心, 非人也. 無辭讓之心, 非人也. 無是非之心, 非人也."

31) 아이반호, 신정근 옮김, 『유교, 우리 삶의 철학』, 서울: 동아시아, 2008. 아이반호는 맹자의 불완전한 도덕감과 주희·왕양명의 완전한 성性이 양측을 구별짓는 결정적인 차이라고 보고 있다.

32) 선진시대의 사상가 또는 철학자들은 사실이든 허구든 이야기를 끌어들여 논지를 전개하고 있다. 어떤 경우는 이야기가 끝난 곳에 비평식 결론을 첨가하기도 하지만 어떤 경우는 이야기만으로 논의가 끝난다. 이처럼 이야기는 단순히 논지를 보충하거나 예시의 차원에서 머무르지 않고 적극적으로 철학의 특성을 구성하고 있다. 이런 점에 나는 동아시아 철학이 이야기(서사) 철학이라는 원초적 형태에서 출발했다고 생각한다.

앞으로 철학과 이야기의 결합은 철학의 활로로서 검토해볼 가치가 있다고 생각한다. 이와 관련해서 신정근, 「이야기철학의 변명」, 『철학과현실』 제80호, 2009 참조.

33) 「이병」 "君因兼罪典衣與典冠. 其罪典義, 以爲失其事也. 其罪典冠, 以爲越其職也."

34) 같은 곳 "劫殺擁蔽之主, 兼失刑德而使臣用之, 而不危亡者, 則未嘗有也."

35) 권력의 행사 방식과 복종 사이의 관계와 관련해서 갈브레이드는 억압적 권력·보상적 권력·조종적 권력 등으로 구분한다. J. K. 갈브레이드, 박현채 옮김, 『권력의 해부』, 서울: 한벗, 1984, 17.

36) 「세난」 "與君遊於果園, 食桃而甘, 不盡, 以其半啗君. 君曰: '愛我哉, 忘其口味, 以啗寡人!'. 及彌子色衰愛弛, 得罪於君. 君曰: '……又嘗啗我以餘桃.' 故彌子之行未變於初也, 而以前之所以見賢, 而後獲罪者, 愛憎之變也."

37) 혹자는 『한비자』에서 찾은 세 가지 이야기의 초점이 公私의 문제에 있다고 지적한다. 이 점은 나도 수긍하는 지적이고 반대하지 않는다. 이 글의 초점을 감정에 두고 있으므로 나는 이 이야기를 감정의 문맥으로 재해석했다. 그리고 그렇게 보지 못할 이유는 그 어디에도 없다. 그럼에도 감정의 문맥으로 본 것을 이 글의 치명적인 약점으로 보는 지적에는 동의하기 어렵다.

38) 「주도」 "去好去惡, 臣乃見素. 去智去舊, 臣乃自備. 故有智而不以慮, 使萬物而知其處. 有賢而不以行, 觀臣下之所因. 有勇而不以怒, 使群臣盡其武."

39) 「현학」 "不隨適然之善, 而行必然之道."

40) 「악본」 "人生而靜, 天之性也. 感於物而動, 性之欲也. 物至知知, 然後好惡形焉. 好惡無節於內, 知誘於外, 不能反躬, 天理滅矣." 인생이정人生而靜을 「중용」의 미발지중未發之中에 연결시키기도 한다.

41) 「악본」 "是故先王之制禮樂, 人爲之節 (…) 鐘鼓干戚, 所以和安樂也. (…) 樂和民聲, 政以行之, 刑以防之, 禮樂刑政, 四達而不悖, 則王道備矣."

42) "喜怒哀樂之未發, 謂之中. 發而皆中節, 謂之和. 中也者, 天下之大本也, 和也者, 天下之達道也."

43) 이런 맥락에서 보면 전국 후기에 통일이라는 사회 통합의 문제 못지않게 몸·정신의 치유, 심신의 수련이 시대의 의제로 등장하는 것은 당연하다고 할 수 있다. 『황제사

경』, 관자사편, 『회남자』 『황제내경』에서 다루는 치유와 관련해서 김희정, 『몸·국가·우주 하나를 꿈꾸다』, 서울: 궁리, 2008 참조.

44) 「악론」 "樂者, 天地之和也. 禮者, 天地之序也. 和故百物皆化, 序故群物皆別."

45) 이 문제는 주희의 사상 형성 과정에서 '중화中和' 논변이란 형태로 중요하게 다루어진다. 이와 관련해서 손영식, 『이성과 현실』, 울산: UUP, 1999, 215~311 참조.

제 9 장

1) 『요동사』, 서울: 문학과지성사, 2004.

2) 이러한 평가는 이루 다 헤아릴 수 없지만 대표적인 것으로 侯外廬 외 저, 『中國思想通史』, 北京: 人民出版社, 1980이 있다.

3) 이 글의 2절과 3절은 『董仲舒: 중화주의의 개막』(서울: 태학사, 2004, 62~80)의 논의에 토대를 두고 있다. 아울러 이 글은 중화주의가 문화 정체성과 연계된다는 점을 한층 더 뚜렷하게 부각시키면서 이후에 제기된 주장에 대한 반론을 포함하고 있다.

4) 『漢書』 「董仲舒傳」 "制曰: 蓋聞'善言天者必有徵於人, 善言古者必有驗於今.' 故朕垂問乎天人之應, 上嘉唐虞, 下悼桀紂, 寖微寖滅寖明寖昌之道, 虛心以改. 今子大夫明於陰陽所以造化, 習於先聖之道業, 然而文采未極, 豈惑虖當世之務哉? 條貫靡竟, 統紀未終, 意朕之不明與? 聽若眩與? 夫三王之教, 所祖不同, 而皆有失, 或謂久而不易者道也, 意豈異哉? 今子大夫既已著大道之極, 陳治亂之端矣, 其悉之究之, 孰之復之."

5) 나는 이 사실을 처음으로 『동중서: 중화주의의 개막』에서 밝혔다. 다들 이 구절이 『한서』에 있으리라고만 막연하게 짐작하고 있고, 강의실에서 철학사를 그렇게 가르쳤지만 출처를 물으면 속 시원하게 대답해주는 이가 없었다. 나는 당시 동중서로 학위논문을 썼던 서울대 종교학과 이연승 교수에게도 이 사실로 의견을 나눈 뒤에 계속 찾아보기로 한 적이 있다. 어떤 사람이 저서에서 이 구절이 사마광의 『자치통감』에 나온다고 했지만 해당 부분을 샅샅이 검토한 결과 찾을 수 없었다. 지금으로서는 근대의 학자들이 철학사(사상사)를 정리하면서 이 구절을 조어하지 않았나, 추정할 뿐이다. 앞으로 『민국

총서民國叢書』 등 민국시대의 저술을 통해서 이 구절의 실체를 확인하려고 한다. 이것은 중국 天涯社區(http://www.tianya.cn/techforum/content/666/9495.shtml)의 '학술중국' 코너에서 '罷黜百家, 獨尊儒術, 是出于誤解嗎?'라는 제목으로 '초점논쟁'이 벌어진 적이 있다.(2010.07.20) 중국의 연구 성과를 일별해봐도 이에 대한 확실한 증거는 제시되지 못하고 있다. 그로 인해 현재에도 '罷黜百家, 獨尊儒術'이 허구인지, 혹은 진실이라면 어떤 사태를 가리키는지 활발한 논의가 이뤄지고 있다. 管懷倫, 「漢武帝'罷黜百家, 獨尊儒術'確有其事」, 『南京社會科學』 제64기, 1994.6; 陳靜, 「'罷黜百家'旨在'表彰六經'而非'獨尊儒術'」, 『洛陽師範學院學報』, 2004년 제4기; 朱子彦, 「漢武帝'罷黜百家, 獨尊儒術'質疑」, 『上海大學學報』 제11권 제6기, 2004.11 등 참조.

6) 『春秋』大一統者, 天地之常經, 古今之通誼也. 今師異道, 人異論, 百家殊方, 指意不同, 是以上亡以持一統;法制數變, 下不知所守. 臣愚以爲諸不在六藝之科〈孔子〉之術者, 皆絕其道, 勿使並進. 邪辟之說滅息, 然後統紀可一而法度可明, 民知所從矣.

7) 박원재, 「동중서, 유교 국교화, 중화주의 싹 틔웠다」, 『동아일보』, 2004.04.16일자 기사. 이 글에서 박원재는 "한대漢代에 유교를 제외한 여타의 학술을 법적으로 강제 퇴출시킨 사례가 없다"는 나의 주장을 수용한다. 그렇지만 "학술의 독점이 반드시 법적 규정이나 정치적 명령으로 명문화돼야만 가능한 것은 아니다"라고 주장한다. 이어서 그는 '진리 해석의 독점권'으로서 '경학 성립'을 내세우면서 내가 부정하려는 '유교 국교화'를 옹호하려고 한다. 그는 한편으로 내가 제기한 "국교의 정의가 무엇인가?"라는 문제제기에 성실하게 반응했다. 그러나 그는 내가 "유교가 국교화되었다는 것을 검증할 수 있는 지표가 무엇일까?"라는 문제제기에 그다지 주의를 기울이지 않고 있다. 물론 신문이라는 짧은 지면 때문에 주의하려고 해도 의견을 표명하지 못했을 수 있다. 이 지표와 관련해서는 '거장과 경전 위주의 사상사'와 '일반적인 지식, 사상과 신앙으로서의 사상사'를 구분하려는 거자오광葛兆光, 『中國思想史』, 上海: 復旦大學出版社, 2000의 관점을 참조할 만하다.

8) 여기서 유교가 종교인가 아닌가, 라는 문제는 잠시 내버려두자. 그래서 국교, 즉 국가종교라고 할 때 나는 '종교'를 일반적인 종교의 의미로도 사용하고 그것보다 수위를 낮추어서 교의의 의미로도 사용하고 있다. 이 주제와 관련한 최근 성과로는 런지위任繼

愈, 금장태·안유경 옮김, 『유교는 종교인가』(전2권), 지식과교양, 2011 참조.

9) 『史記』 「李斯列傳」 "丞相謬其說, 絀其辭, 乃上書曰: '古者天下散亂, 莫能相一. 是以諸侯并作, 語皆道古以害今, 飾虛言以亂實, 人善其所私學, 以非上所建立. 今陛下并有天下, 別白黑而定一尊. 而私學乃相與非法教之制, 聞令下, 卽各以其私學議之, 入則心非, 出則巷議, 非主以爲名, 異趣以爲高, 率群下以造謗. 如此不禁, 則主勢降乎上, 黨與成乎下. 禁之便. 臣請諸有文學『詩』, 『書』百家語者, 蠲除去之. 令到滿三十日弗去, 黥爲城旦. 所不去者, 醫藥卜筮种樹之書. 若有欲學者, 以吏爲師.' 始皇可其議, 收去『詩』『書』百家之語以愚百姓, 使天下無以古非今."

10) 여기서는 다루지 않았지만 일본에서는 동중서 또는 무제의 유교 국교화(관학화) 주장은 상당히 약화되었다. 일본의 학자들은 텍스트를 꼼꼼하게 읽는 것으로 정평이 나 있는데, 동중서의 국교화를 부정하는 논거를 많이 찾아냈다. 그 결과 후쿠이 시게마사福井重雅는 유교의 대두를 원제 이후로 연기해야 한다고 주장한다.(『漢代儒教の史的研究−儒教の官學化をめぐる定說の再檢討』, 汲古書院, 2005.) 와타나베 요시히로渡邊義浩는 더 나아가 국교화의 네 가지 지표를 제시하면서 그 과업의 완성을 후한까지 미루어야 한다는 주장을 펼치고 있다. 김용천 옮김, 『후한 유교국가의 성립』, 동과서, 2011 참조.

11) 『한서』 「숙손통열전」 "功臣列侯諸將軍軍吏以次陳西方, 東鄕. 文官丞相以下陳東方, 西鄕. 大行設九賓, 臚句傳. 於是皇帝輦出房, 百官執戟傳警, 引諸侯王以下至吏六百石以次奉賀. 自諸侯王以下莫不震恐肅敬. 至禮畢, 盡伏, 置法酒. 諸侍坐殿上皆伏抑首, 以尊卑次起上壽. 觴九行, 謁者言'罷酒'. 御史執法舉不如儀者輒引去. 竟朝置酒, 無敢讙譁失禮者. 於是高帝曰: '吾乃今日知爲皇帝之貴也.' 拜通爲奉常, 賜金五百斤."

12) 『사기』 「숙손통열전」 "若眞鄙儒也, 不知時變." 『한서』 「숙손통열전」 "通因進曰: '諸弟子儒生隨臣久矣, 與共爲儀, 願陛下官之.' 高帝悉以爲郎. 通出, 皆以五百金賜諸生. 諸生乃喜曰: '叔孫生聖人, 知當世務.'" 한 제국 초기 유자의 의미와 관련해서는 斜東星, 「所謂'漢武帝獨尊儒術罷黜百家'辨」, 2004.2, www.confucius2000.com 참조. 제임즈 류는 송나라의 관료를 이상주의적 사대부 관료, 출세 지향적 관료, 부패 관료의 세 부류로 나눈다. 이 도식을 한 제국 초기에도 적용해볼 수 있다. 이범학 옮김, 『왕안석과 개혁정책』, 지식산업사, 1991, 97~105 참조.

13) 『史記』「酈生陸賈列傳」 참조.

14) 『史記』「酈生陸賈列傳」 "陸生時時前說稱『詩』『書』. 高帝罵之曰: '迺公居馬上而得之, 安事『詩』『書』!' 陸生曰: '居馬上得之, 寧可以馬上治之乎? 且湯武逆取而以順守之, 文武並用, 長久之術也. 昔者吳王夫差,智伯極武而亡. 秦任刑法不變, 卒滅趙氏. 鄕使秦已并天下, 行仁義, 法先聖, 陛下安得而有之?' 高帝不懌而有慙色, 迺謂陸生曰: '試爲我著秦所以失天下, 吾所以得之者何, 及古成敗之國.'陸生迺粗述存亡之徵, 凡著十二篇. 每奏一篇, 高帝未嘗不稱善, 左右呼萬歲, 號其書曰'新語.'"

15) 가의, 허부문 옮김, 『과진론·치안책』, 책세상, 2004 참조.

16) 『사기』「숙손통전」 참조.

17) 이 사태를 웅변적으로 나타내는 이야기가 절지천통絕地天通의 신화이다. 신과 인간의 소통이 중단된 이야기는 『서경』「여형呂刑」과 『국어』「초어楚語」에 나온다.

18) 이와 관련해서 『춘추번로』「삼대개제질문三代改制質文」; 신정근, 『동중서: 중화주의의 개막』, 256~278 참조.

19) 자세한 내용은 신정근, 앞의 책, 166~185 참조.

20) 『한서』「동중서열전」 "『春秋』大一統者, 天地之常經, 古今之通誼也. 今師異道, 人異論, 百家殊方, 指意不同, 是以上亡以持一統. 法制數變, 下不知所守. 臣愚以爲諸不在六藝之科,孔子之術者, 皆絕其道, 勿使並進. 邪辟之說滅息, 然後統紀可一, 而法度可明, 民知所從矣."

21) 이용주 옮김, 『사랑의 중국 문명사: 잡종문화 중국 읽기』, 서울: 이학사, 2004.

22) 일본의 경우 2000년 후지무라 신이치藤村新一가 유물을 묻어놓았다가 발견했다는 식으로 구석기의 시원을 상향조정하려다 조작으로 들통이 났다. 중국의 경우 지난 1996년부터 5년간 '하상주 단대 공정'이라는 낯선 이름의 학술 프로젝트를 진행하여 역사의 시원을 앞당겼다. 그 결과가 웨난, 심규호 외 옮김, 『천년의 학술 현안 1, 2』, 서울: 일빛, 2003으로 한국에도 소개되었다.

23) 이 용어는 하버마스의 개념이다. 이와 관련해서 가라타니 고진柄谷行人, 송태욱 옮김, 『윤리21』, 서울: 사회평론, 2001, 81~91 참조.

1) 王曉毅, 『嵇康評傳: 漢魏風骨盡 竹林遺恨長』, 南寧: 廣西教育出版社, 1994; 1995 2쇄, 혜강의 사적에 대한 간략한 소개로는 혜강, 한흥섭 옮김, 『혜강집』, 서울: 소명출판, 2006 후반부에 실린 해제를 보라. 풍도와 관련해서 도나미 마모루, 임대희·허부문 옮김, 『풍도의 길』, 소나무, 2003 참조.

2) 이때 쓴 글이 『혜강집』에 「與山巨源絕交書」라는 제목으로 남아 있다.

3) 이때 쓴 글이 『혜강집』에 「與呂長悌絕交書」라는 제목으로 전해지고 있다.

4) 혜강과 사마씨, 산도, 종회 등과 얽힌 복잡한 관계와 관련해서 짜오젠민, 곽복선 옮김, 『죽림칠현, 빼어난 속물들』, 푸른역사, 2007 참조.

5) 박낙규는 혜강의 이상세계를 구현하는 길을, 도가적 원리와 유가적 방법의 종합으로 설명한다. 박낙규, 「고대 중국의 유가와 도가 樂論의 기본 관점」 상·중, 『낭만음악』 제4권 제2호(통권 14호), 1992; 『낭만음악』 제5권 제2호(통권 18호), 1993을 보라.

6) 원래 『역경』처럼 음악 관련 문헌으로 『악경樂經』이 있었다고 전해진다. 전국시대 당시 이미 『악경』은 전해지지 않고 그 내용의 일부가 『예기禮記』 속의 「악기樂記」로 전해졌다. 문헌의 등급에서 보면 기記는 경보다 훨씬 낮다. 기는 단순히 기록물 또는 기의 집적물이란 뜻인 반면 경은 절대불변의 기준, 영원한 원칙이라는 뜻이다. '악기'는 『예기』 속의 편명으로 간주하기도 하고 『악경』의 원형을 간직하고 있는 자료로 보기도 한다. 후자의 경우 『악기』는 다시 악본樂本·악론樂論·악시樂施·악언樂言·악례樂禮·악정樂情·악화樂化·악상樂象·빈모가賓牟賈·사을師乙·위문후魏文侯 등 모두 11편으로 구분한다.

움베르트 에코는 『장미의 이름』에서 아리스토텔레스의 『시학』 2권 「희곡」 편을 중심으로 이야기를 풀어나가고 있다. 나는 에코의 착상을 『악경』의 상실에 견주어 검토해볼 만하다고 생각한다. 『악경』의 상실은 단순히 텍스트의 실전이 아니라 고대 씨족제의 유쾌한 기억을 지우고 국가(제국)의 통제를 강화하는 과정에서 일어난 사건으로 확대 해석할 수 있다. 몇 년 전부터 이를 소설화해야겠다고 공언한 뒤 아직도 본격적으로 착수하지 못하고 있다.

7) 혜강 이외의 현학가의 사상을 알아보려면 정세근 외, 『위진현학』, 예문서원, 2001 참조.

8) 혜강의 음악 사상과 관련해서 대표적인 연구자로 한흥섭을 들 수 있다. 그는 학위논문과 이후의 연구 작업에서 전근대의 음악 사상의 전체상을 밝히려고 애쓰고 있다. 한흥섭, 「혜강의 성무애락론 연구」, 홍익대학교 박사학위논문, 1995. 이 글은 나중에 『중국 도가의 음악 사상』, 서울: 서광사, 1997로 출간되었다.

9) 박낙규, 「육조시대 예술론의 특징 고찰」, 『미학』 제11집, 1986; 한흥섭 옮김, 『성무애락론』, 책세상, 2002.

10) '자율적 음악'이란 결론은 여러 연구자에게 공통적으로 보이지만 혜강과 한슬리크의 비교 연구는 이경희, 「혜강과 한슬릭의 음악미학 비교 고찰」, 『한국음악사학보』 제29집, 2002를 보라. 중국에도 이런 경향의 연구로는 杜衛, 「嵇康與漢斯立克音樂美學思想比較」, 『學術月刊』, 1990. 9期; 程亞林, 「音樂自由形式論: 聲無哀樂論新探」, 『文藝理論研究』 1991. 2期 등이 있다. 하지만 '간이지교簡易之教' '무위지치無爲之治' '무성지악無聲之樂'을 적극적으로 해석하면 혜강의 음악이 정치로부터 독립되었지만 철학(현학)과 합일되는 특징을 드러낸다. 이런 점에서 자율적 음악론에 대한 일종의 제약이 가해질 필요가 있다. 지금까지 혜강 연구에서 이 점을 지적한 경우는 없었는데, 이와 관련해서는 별고에서 상론할 예정이다.

11) 박소정, 「혜강과 완적의 음악론: 성무애락론과 악론을 중심으로」, 『도교문화연구』 제18집, 2003.

12) 「성무애락론」의 첫 번째 문답에서 진객은 '전론前論'이란 말로 『예기』 「악기」, 『여씨춘추』 「적악適樂」에 나오는 구절을 인용하면서 자기주장의 기원을 밝히고 있다. 동야주인은 이를 부정함으로써 이후에 이루어질 논지의 방향을 제시하고 있다.

13) 이외에도 「성무애락론」과 위진 현학이 연결되는 지점에 대한 논의로는 蔡仲德, 修訂版 『中國音樂美學史』, 北京: 人民音樂出版社, 2003; 2005 2쇄 부록 1 참조.

14) 이외에도 혜강이 정情 등의 용어를 다의적으로 사용한다든가 논지의 구도를 성무애락과 성유애락의 대결로 축소시키는 데에서 원인을 찾을 수 있다. 이로써 정작 혜강이 추구하는 음악의 본질은 주된 관심에서 멀어졌다.

15) 내가 본 「성무애락론」의 문헌은 『中國哲學史資料簡編 兩漢-隋唐部分』 下册, 北京: 中華書局, 1990; 殷翔·郭全芝 注, 『嵇康集注』, 合肥: 黃山書社, 1986; 蔡仲德 注譯, 『中

國音樂美學史 資料注譯』, 北京: 人民音樂出版社, 2004; 한흥섭 옮김, 『성무애락론』 『혜강집』 등이다. 「성무애락론」은 모두 8문답으로 되어 있는데, 출처를 밝힐 때 2Q나 3A와 같은 약어를 사용한다. 숫자는 몇 번째 문답인가를 나타내고, Q는 진객의 질문을, A는 동야주인의 대답을 가리킨다. 재구성의 전략을 구사하므로 관련 원문을 일일이 밝히지 않고 핵심 논지나 논증 부분을 각주에서 밝힌다.

16) 음악은 문학 작품의 내용이나 전설, 개인의 생애 등에 대한 주제를 구현하려는 표제標題 음악program music과 순수하게 음의 구성에만 관심을 갖는 절대 음악(또는 순음악)으로 구분할 수 있다. 이밖에도 음의 묘사를 목적으로 하는 묘사 음악이 있다. 진객이 말하는 음악은 국가의 흥망성쇠, 문화 영웅의 활약상을 다루므로 표제음악에 가깝다.

17) 시라카와 시즈카白川靜, 『字統』, 東京: 平凡社, 1984, 499.

18) 신정근, 「구원자로서 哲人과 유비추의 聖人」, 『철학논구』 25집, 1997, 14.

19) 공자의 음악 애호는 혜강이 비판하고 있는 정치적 교화활동으로 환원시켜 설명할 수는 없다. 그에게 음악 연주는 진리를 재현하는 맥락에 놓여 있다고 할 수 있다. 공자에게 음악이 갖는 다양하며 중층적인 의미와 관련해서 쉬푸관徐復觀, 『중국예술정신』, 서울: 동문선, 1990; 2000 재판, 49~64 참조.

20) "治世之音安以樂, 亡國之音哀以思."(1Q) 이 부분이 「악기」에는 "是故治世之音安以樂, 其政和. 亂世之音怨以怒, 其政乖. 亡國之音哀以思, 其民困. 聲音之道, 與政通矣"로 되어 있다. 혜강이 원문을 필요에 따라 축약해서 인용하고 있다는 사실을 확인할 수 있다.

21) 이런 규정은 사실 절대음감 또는 절대음고의 사전적 의미를 넘어서는 것이다. 절대음감은 원래 음을 들었을 때 다른 기준 음과 비교하지 않고 음의 높이를 식별하는 능력을 가리킨다. 이 글에서 다루는 성인은 음높이나 음악과 결부된 배경만이 아니라 음악이 전달하고자 하는 이념까지 식별할 수 있다. 필자는 절대음감이 성인의 음악적 특성을 잘 드러내고 있으므로 기존의 의미 맥락에서 확장된 방식으로 사용하고자 한다. 절대음감과 관련해서는 한국음악지각인지학회, 『음악의 지각과 인지 I』, 음악세계, 2005, 31~39 참조. 그리고 혜강은 8A에서 정성鄭聲의 악영향을 차단할 수 있는 지인

至人을 거론하고 있다. 이런 맥락에서 성인과 지인의 의미 차이가 없는 듯하다.

22) 계찰과 사광 등의 인물이 성인으로 분류될 수 있을까? 성인을 문명과 제도의 창시자로 생각한다면 그들은 성인의 반열에 들 수 없다. 하지만 그들의 특별한 청음 능력은 성이 갖는 두 세계의 소통성과도 유사한 맥락을 지니므로 그들은 성인의 확장적 의미에 해당될 수 있다.

23) "仲尼聞韶, 識虞舜之德."(1Q)

24) 『논어』「술이」 25 "子謂韶, 盡美矣, 盡善也. 謂武, 盡美矣, 未盡善也."

25) "季子在魯, 採詩觀禮, 以別風雅, 豈徒任聲, 以決臧否哉? 又仲尼聞韶, 歎其一致, 是以咨嗟, 何必因聲以知虞舜之德, 然後歎美耶?"(1A)

26) 이 이야기는 『여씨춘추』「精通」과 『新序』「雜事」 4에 나오는 고사이다. 종자기가 판본에 따라 子産으로 되어 있다. 戴校本에 따라 종자기로 고친다.

27) "寧復講詩而後下言, 習禮然後立評哉? 斯皆神妙獨見, 不待留聞積日, 而已綜其吉凶矣."

28) "哀樂之作, 亦有由而然, 此爲聲使我哀, 音使我樂也."

29) 혜강이 사용하는 용어, 예컨대 상도와 정수는 번역하기 쉽지 않다. 연구자나 번역자마다 다르게 규정할 수도 있다. 이 번역은 蔡仲德, 『中國音樂美學史 資料注譯』, 459; 한흥섭, 『혜강집』, 249를 참조했다.

30) "此皆俗儒妄記, 欲神其事而追爲耳."

31) "不可守咫尺之度而疑離婁之察, 執中庸之聽而猜鍾子之聰, 皆謂古人爲妄記也."

32) "咸池六莖大章韶夏, 此先王之至樂, 所以動天地感鬼神者也. 今必云聲音莫不象其體而傳其心, 此必爲至樂不可託之於瞽史, 必須賢人理其絃管, 爾乃雅音得全也."

33) "舜命夔擊石拊石, 八音克諧, 神人以和." 이와 관련된 주장의 출처는 『서경』「요전堯典」이다.

34) 이 이야기의 출처는 『좌전』 소공 28년이다.

35) "若神心獨悟, 闇語之當, 非理之所得也."

36) 『세종실록』 59권, 1433년(세종 15) 1월에 보면 세종이 청음에 탁월한 능력을 보이는 기사가 있다. 세종은 당시 새로운 경磬을 제작하고서 그 음을 들어본 뒤 이칙夷則 음이

약간 높게 난다는 지적을 했다. 사정을 알아보니 도공이 제작 과정에 실수를 저지른 것으로 밝혀졌다. 이 경우 세종은 진객이 말하는 맥락의 성인과 다른 맥락에서 절대음감을 가졌다고 할 수 있다. 동야주인도 세종과 같은 존재를 부정할 것 같지는 않다.

37) 현대음악에서도 음악과 정서의 관계에 대한 논의가 활발하다. 음악과 정서의 관계 그리고 음악이 정서를 유발하는 방식 등과 관련해서 한국음악지각인지학회, 『음악의 지각과 인지 I』, 299~317 참조.

38) 『논어』의 심心-색色, 내內-외外의 연속과 불연속에 대한 자세한 논의는 신정근, 『사람다움의 발견』, 서울: 이학사, 2005를 보라.

39) 「학이」 3 "巧言令色, 鮮矣仁."

40) 감정의 지위에 대해 진객과 동야주인은 차이를 보이고 있다, 성리학의 용어를 빌린다면, 진객은 감정의 수용성을 강조하면서 이발已發 차원에만 집중하는 반면, 동야주인은 감정을 실체화시키면서 기분, 정서 등과 구분하고 미발未發 차원에 대한 가능성을 시사하고 있다.

41) 이야기의 출처는 『說苑』 「辨物」이다.

42) "心戚者則形爲之動, 情悲者則聲爲之哀, 此自然相應, 不可得逃也, 唯神明者能精之耳."

43) "夫五色有好醜, 五聲有善惡, 此物之自然也."

44) 동야주인은 술 비유를 들어 '성유애락'의 문제를 지적한다. 술은 달고 쓴맛이 있다. 사람이 술을 마시면 기뻐하기도 하고 화를 내기도 한다. 여기서 동야주인은 사람이 술로 인해서 희노喜怒를 드러내게 되었지만 술 자체에 사람을 즐겁게 하고 성내게 하는 이치가 있다고 할 수 없다는 주장을 한 것이다.

45) "心應感而動, 聲從變而發. 心有盛衰, 聲亦隆殺."

46) "夫喜怒章於色診, 哀樂亦宜形於聲音, 聲音自當有哀樂."

47) 이 이야기의 출처는 『좌전』 소공 25년의 기사이다,

48) "若葛盧聞牛鳴, 知其三子爲犧, (…) 是以咸見錄載, 推此而言, 則盛衰吉凶, 莫不存乎聲音矣."

49) "此爲心與人同, 異於獸形耳, 此又吾之所疑也. 且牛非人類, 無道相通."

50) "若謂鳥獸皆能有知, 葛盧受性獨曉之, 此爲解其語而論其事, 猶傳譯異言耳, 不爲考聲音而知其情, 則非所以爲難."

51) "夫聲之於心, 猶形之於心也, 有形同而情乖, 貌殊而心均者. 何以明之? 聖人齊心等德而形狀不同也, 苟心同而形異, 則何言乎觀形而知心哉?"

52) "苟躁靜由聲, 則何爲限其哀樂?"

53) "然皆以單複高埤善惡爲體, 而人情以躁靜專散爲應." 여기에 쓰인 인정人情은 진객이 말하는 감정의 맥락이 아니다. 그렇다면 진객과 동야주인의 차이는 없어진다. 동야주인은 정情을 정욕情欲·심지心志·성정性情 등의 의미로 다양하게 구사하고 있다. 바로 이런 점이 「성무애락론」의 논지를 정확히 파악하는 데 어려움을 준다. 인정은 실제로 외부 자극에 대해 즉각적이며 숙고되지 않은 생리적이며 신경학적 반응으로, 기분에 가깝다고 할 수 있다. 이런 차이점에 대해서는 기존의 연구에서는 완전하게 해명되지 않고 있다. 따라서 혜강이 말하는 정情의 다의성과 감정의 지위는 좀 더 전문적으로 논의될 필요가 있다.

54) "若言平和哀樂正等, 則無所先發, 故終得躁靜. 若有所發, 則是有主於內, 不爲平和也. 以此言之, 躁靜者, 聲之功也. 哀樂者, 情之主也."

55) "若資偏固之音, 含一致之聲, 其所發明, 各當其分, 則焉能兼御羣理, 總發衆情耶?"

56) "由是言之, 聲音以平和爲體, 而感物無常, 心志以所俟爲主, 應感而發. 然則聲之與心, 殊塗異軌, 不相經緯."

57) 펑샤오후馮小虎는 개체를 자연적 개체, 종족 사회적 개체, 국가 사회적 개체 등으로 나누어 개인화의 과정을 추적하고 있다. 『魏晉以前個體自我的演變』, 北京: 中國人民大學出版社, 2004.

제11장

1) 기氣의 기원과 의미 변천 과정은 다음 두 책에서 자세하게 논의되고 있다. 오노자와 세이이치小野澤精一 외, 전경진 옮김, 『기의 사상: 중국에 있어서의 자연관과 인간관의

전개』, 익산: 원광대출판부, 1987; 장리원張立文 주편, 김교빈 외 옮김, 『기의 철학』, 서울: 예문서원, 1992; 2004.

2) 이연승은 동중서의 최근 연구 경향을 종합적으로 정리했다. 「董仲舒 연구사의 검토와 새로운 방향 모색」, 『대동문화연구』 제35집, 1999. 아울러 신정근, 『동중서: 중화주의의 개막』에 소개된 권장 도서 참조.

3) 좀 오래되었지만 당시의 연구 성과를 망라한 것으로 양일모, 「왕충의 자연 인식과 인간의 문제」, 서울대 석사논문, 1989가 있다. 왕충에 대한 개략적인 입문서로는 임옥균, 『왕충』, 서울: 성균관대출판부, 2005가 있다.

4) 정원재는 한국과 중국 학계를 중심으로 왕정상 연구의 경과를 정리한 바 있다. 「王廷相 철학에서 도덕 규범 실천의 근거」, 『대동문화연구』 제51집, 2005.

5) 『사기』 「맹자순경열전」 "王公大人初見其術, 懼然顧化, 其後不能行之. 是以騶子重於齊. 適梁, 惠王郊迎, 執賓主之禮. 適趙, 平原君側行撇席. 如燕, 昭王擁彗先驅, 請列弟子之座而受業, 築碣石宮, 身親往師之." 사마천은 열전의 제목을 「맹자순경열전」으로 달아놓고 실제로는 추연의 이야기를 집중해서 쓰고 있다. 어찌 보면 맹자와 순자의 굴욕이라고 할 수 있을 정도이다. 그만큼 전국시대에는 맹자와 순자의 파급력이 미약하고 추연의 영향력이 막강했다는 것을 상징적으로 보여주는 장치라고 할 수 있겠다.

6) 음양과 오행의 기원과 전개와 관련해서 량치차오 외, 김홍경 옮김, 『음양오행설의 연구』, 신지서원, 1996, 참조.

7) 『春秋繁露』 「天地陰陽」 "天地之間, 有陰陽之氣. 常漸人者, 若水常漸魚也. 所以異於水者, 可見與不可見耳. 其澹澹也. 然則人之居天地之間, 其猶魚之離水, 一也. 其無間若氣而淖於水."

8) 「爲人者天」과 「順命」에서 동중서는 사람의 기원을 한편으로 원기와 결부시키기도 하고 다른 한편으로 천과의 가족적 유대를 설정하고 있다.

9) 「王道」 "元者, 始也. (…) 王正則元氣和順." 「重政」 "元者, 爲萬物之本. 元猶原也, 其義以隨天地終始也."

10) 「五行相生」 "天地之氣, 合而爲一, 分爲陰陽, 判爲四時, 列爲五行."

11) 「基義」 "君臣父子夫婦之義, 皆取諸陰陽之道. 君爲陽, 臣爲陰. 父爲陽, 子爲陰. 夫爲陽, 妻爲陰."

12)「陽尊陰卑」"陽, 天之德. 陰, 天之刑也. 陽氣暖而陰氣寒, 陽氣予而陰氣奪, 陽氣仁而陰氣戾, 陽氣寬而陰氣急, 陽氣愛而陰氣惡, 陽氣生而陰氣殺. 是故陽常居實位, 而陰而行於盛, 陰常居空位而行於末."

13)「王道通三」"夫喜怒哀樂之發, 與清暖寒暑, 其實一貫也. 喜氣爲煖而當春, 怒氣爲淸而當秋, 樂氣爲太陽而當夏, 愛氣爲太陰而當冬."

14)「天辨人在」"人無春氣, 何以博愛而容衆? 人無秋氣, 何以立嚴而成功? 人無夏氣, 何以盛養而樂生? 人無冬氣, 何以哀死而恤喪? 天無喜氣, 亦何以暖而春生育? 天無怒氣, 亦何以清而秋殺就? 天無樂氣, 亦何以疏陽而夏養長? 天無哀氣, 亦何以激陰而冬閉藏?"

15)「同類相動」"非有神, 其數然. 物故以類相召也."

16)「必仁且智」"凡災異之本, 盡生於國家之失. 國家之失乃始萌芽, 而天出災害以譴告之. 譴告之而不知變, 乃見怪異以警駭之. 驚駭之尙不知畏恐, 其殃咎乃至. 以此見天意之仁而不欲陷人也."

17) 과학의 시대 이전에 이런 현상은 설명이 아니라 해석의 주제였다. 이것은 『춘추』나 『한서』「오행지」 등에 채록되어 있다.

18) 동중서는 인성을 세 등급으로 나누는 성삼품설性三品說을 주장한다. 그가 주목하는 보통 사람은 "성에 선한 가능성을 가지고 있지만 그 성은 아직 선과 동일하지 않다性有善質而性未善"고 주장한다. 결국 사람이 독립적으로 선한 길을 갈 수 없고 자기 밖의 왕교王敎, 즉 왕의 교화에 의존해서 선의 길로 나아갈 수 있다. 여기서도 사람의 자연성은 독립적이지 못한 불구의 상태에 있고 외적 존재의 개입에 의해서만 완전한 존재로 변신할 수 있다. 『춘추번로』에서 인성 논의는 「深察名號」와 「實性」의 두 편에서 집중적으로 다루어진다.

19) 『漢書』「董仲舒傳」"道之大原出於天. 天不變, 道亦不變."

20) 『論衡』「論死」"氣之生人, 猶水之爲氷也. 水凝爲氷, 氣凝爲人; 氷釋爲水, 人死復神."

21)「訂鬼」"夫人之所以生者, 陰陽氣也. 陰氣主爲骨肉, 陽氣主爲精神. 人之生也, 陰陽氣具, 故骨肉堅, 精神盛. 精氣爲知, 骨肉爲強."

22)「論死」"人之所以生者, 精氣也, 死而精氣滅. (…) 人用神氣生, 其死復歸神氣."「四諱」

"元氣, 天地之精微也."

23)「自然」"天地合氣, 萬物自生. 猶夫婦合氣, 子自生矣. 萬物之生, 含血之類, 知飢知寒. 見五穀可食, 取而食之; 見絲麻可衣, 取而衣之. 或說以爲天生五穀以食人, 生絲麻以衣人. 此謂天爲人作農夫桑女之徒也, 不合自然. 故其義疑, 未可從也. 試依道家論之. (…) 夫天之不故生五穀絲麻以衣食人. 由其有災變不欲以譴告人也. 物自生, 而人衣食之; 氣自變, 而人畏懼之. 以若說論之, 厭於人心矣. (…) 夫人之施氣也, 非欲以生子, 其施而子自生矣. 天動不欲以生物, 而物自生. 此則自然也. 施氣不欲爲物, 而物自爲. 此則無爲. 謂天自然無爲者何? 氣也恬淡無欲, 無爲無事者也. (…) 妖氣爲鬼, 鬼象人形, 自然之道, 非或爲之也."

24)「命祿」"凡人遇偶及遭累害, 皆由命也. 有死生壽夭之命, 亦有貴賤貧富之命. 自王公逮庶人, 聖賢及下愚, 凡有首目之類, 含血之屬, 莫不有命. 命當貧賤, 雖富貴之, 猶涉禍患, [失其富貴]矣. 命當富貴, 雖貧賤之, 猶逢福善, [離其貧賤]矣."

25)「福虛」"世論行善者福至, 爲惡者禍來. 禍福之應, 皆天也. 人爲之, 天應之. (…) 徒見行事有其文傳, 又見善人時遇福, 故遂信之, 謂之實然. 斯言或時賢聖欲勸人爲善, 著必然之語, 以明德報."

26) 한 제국 자연재해 발생의 빈도와 관련해서 김석우, 「한대 자연 재해 기사의 신뢰도 검토」, 『동북아 문화연구』 제10집, 2006 참조. 재해의 발생과 정치 윤리적 해독의 관련성에 대해서 이연승, 「동중서: 음양의 조절론자」, 『대동문화연구』 제58집, 2007 참조. 『한서』「오행지」의 일반적인 특성 및 『고려사』「오행지」의 분석과 관련해서 이희덕, 『고려시대 천문사상과 오행설연구』, 일조각, 2000 참조.

27) 이런 상황은 왕충의 이론적 한계나 실천적 게으름의 소산으로만 볼 수는 없다. 그것은 이론적 상상을 허용하지 않은 세계의 폐쇄성이 빚어낸 비극일 수도 있기 때문이다. 그럼에도 불구하고 우리가 그에게 운명론에서 벗어나길 바란다면, 그로 하여금 학자가 아니라 혁명가의 길을 걷도록 요구하는 것이다. 물론 시대의 한계 안에서도 그가 운명의 사슬을 초극할 수 있는 길은 있다. 사회적 인정·불인정과 개인적 행·불행과 다른 절대 가치나 이념의 세계로 들어서는 길이고, 유한의 몸에 무한의 생명을 담는 길이다. 전자는 현학에서 성리학으로 이르는 리理철학이고 후자는 기의 수양을 통

해 무한 활력의 획득을 목적으로 하는 양생술이다.

28) 「공손추 상」 2 "敢問何爲浩然之氣? 曰: 難言也. 其爲氣也, 至大至剛, 以直養而無害, 則塞於天地之間. 其爲氣也, 配義與道. 無是, 餒也."

29) 이러한 기氣철학의 성취에 가장 가까운 인물은 장재라고 할 수 있다. 장재의 기철학과 관련해서는 정용환, 『장재의 철학: 氣 해석과 성리학적 개념 체계』, 서울: 경인문화사, 2007; 모영환, 「장재와 안원을 통해 본 유가 인성론의 전개에 관한 연구」, 성균관대 박사학위논문, 2010을 보라.

30) 『王氏家藏集』 「答天問」 "太古鴻濛, 道化未形, 元氣渾涵, 茫昧無朕. 不可以象求, 故曰太虛, 不知其所始, 故曰太極."

31) 『王氏家藏集』 「太極辯」 "元氣之外無太極, 陰陽之外無氣. 以元氣之上, 不可意象求, 故曰太極. 以天地萬物未形, 渾淪沖虛, 不可以名義別, 故曰元氣. 以天地萬物旣形, 有淸濁牝牡屈伸往來之上, 故曰陰陽. 三者一物也, 亦一道也. 但有先後之序耳."

32) 『愼言』 「道體」 "氣者造化之本, 有渾渾者, 有生生者, 皆道之體也. 生則有滅, 故有始有終, 渾然者充塞宇宙, 無迹無執, 不見其始, 安知其終? 世儒只知氣化而不知氣本, 皆于道遠."

33) 『內臺集』 「答何栢齋造化論十四首」 "元氣之上無物."

34) 『愼言』 「道體」 "氣有聚散, 無滅息."

35) 『內臺集』 「答何柏齋造化論」 "愚嘗謂天地水火萬物, 皆從元氣而化. 皆由元氣本體具有此種, 故能化出天地水火萬物."

36) 『王氏家藏集』 「五行辨」 "夫天地之間無非氣之所爲者, 其性其種已各具于太始之先矣. 金有金之種, 木有木之種, 人有人之種, 物有物之種. 各个完具, 不相假措."

37) 이러한 기초적인 논의와 관련해서는 주 1에 제시한 오노자와 세이이치와 장리원의 책 참조.

38) 『주자어류』 권13 "有是理, 方有這物事. 如草木有個種子, 方生出草木."

39) 『雅述』 상 "有氣卽有道. 氣有變化, 是道有變化. 氣卽道, 道卽氣, 不得以離合論者. 或謂氣有變, 道一而不變, 是道自道, 氣自氣, 岐然二物, 非一貫之妙也. (…) 況人事盛衰得喪, 杳無定端, 乃謂道一而不變, 得乎? 氣有常有變, 則道有變有不變."

40)『愼言』「文王」“六經之道, 仲尼刪述焉, 博而有要, 閎而愈精, 施之天下, 中庸廣遠, 萬世不可易也.”;『王氏家藏集』권30「策問」“至於孔子, 刪述六經, 爲萬世法, 而後治道大成. 所謂師表百王, 垂憲萬世是也. 故後世崇報, 皆以王禮祀夫子, 蓋萬世不易之典也.”

41) 리철학자 주희에게도 귀신의 존재, 산과 물 등의 요괴는 정상적인 리理로 설명하기 어려운 영역이다. 그렇다고 그 존재에 리가 전혀 없다고도 할 수 없다. 이런 난점에 대한 논의로는 이용주,『주희의 문화 이데올로기』, 231~236을 보라.

제 12 장

1) 페이샤오퉁費孝通은 1930년대 중국 향촌사회에 대한 현지 조사를 통해서 그 사회의 특성을 '예치의 질서' '송사 없는 사회' '무위 정치' '장로 통치'로 해명했다. 이경규 옮김,『중국 사회의 기본 구조』, 서울: 일조각, 1995; 1997 중판.

2) 여기서는 '사회'를, 동물과 구별되는 인간다운 가치를 실현하려고 하며 주어진 세계에서의 해방이 아니라 그것을 개선 내지 구원함을 목표로 하는 느슨한 조직적 연대라는 맥락으로 쓴다. 따라서 이 사회는 자연권, 자연 상태, 계약 등의 개념으로 인간의 자연적 욕구를 긍정하며 신분적 예속에서의 해방을 추구하고, 국가·교회의 권위로부터 벗어나는 자유를 목표로 했던 서양의 17, 18세기 '시민사회'의 사회와 다르다.

3)『사기』권68「상군열전」제8, 경인문화사 영인본, 2229ㄴ. 또 변법가로서 상앙의 선배격인 서문표도 수리 시설을 하며 반대하는 주장에 맞서 “民可以樂成, 不可與慮始”라고 말하면서 공사를 강행한다.『사기』권126,「골계열전」제66, 3213ㄴ.

4) 이러한 분업론은『국어』「노어 상」,『좌전』양공 9, 성공 13년 등에 보인다. 자세한 점은 송영배, 증보판『중국사회사상사』, 서울: 사회평론, 1998, 54~55 참조.

5)『좌전』을 보면 첫 기사에서 정나라의 장공莊公과 공숙단共叔段이 때로는 치졸한 수단을 동원하면서 권력 투쟁을 벌이고 있다. 이외에도 춘추전국시대의 군주들은 제왕학을 배운 절제된 치자가 아니라 근친상간, 호화사치, 형벌 남용 등 상식을 넘어선 언행을 보이는 경우가 허다하다.

6) 오늘날 사회의 여러 부분이 다양화되고 전문화되면서 정치와 행정이 일방적으로 독주하던 시대는 끝났다. 종래 국정 관리에서 정부에 의한 일방적인 통치를 government라고 한다면, 요즘 정부와 시민사회 그리고 다양한 사회조직 사이의 유기적인 결합에 의해서 공공의 문제를 해결하는 경향을 governance라고 한다. 오늘날과 전국시대의 상황이 정확히 일치하지는 않지만 공자와 맹자를 위시한 유교적 지식인들은 군주가 관료제를 매개로 자신의 의지를 일방적으로 통치하는 것보다 학자-관료만이 아니라 사회적 원로, 즉 삼로三老와 오경五更 그리고 민원을 종합적으로 청취해서 권력을 행사할 것을 요구했다. 따라서 유교적 지식인의 국정 운영은 오늘날 거번먼트보다 거버넌스 쪽에 훨씬 가깝다고 할 수 있다. 거버넌스는 공치共治, 협치協治 등으로 풀이된다.

7) 이러한 경향으로 인해 맹자는 당시에 호변好辯, 즉 어디에 가나 누구를 만나나 논쟁을 벌이기를 좋아하는 사람으로 알려졌다. 「등문공 하」 9에 보면 맹자는 자신의 호변을 두고 시대 상황 때문에 어쩔 수 없이 그렇게 되었다는 변명을 늘어놓고 있다. 『순자』 「비십이자」 "其持之有故, 其言之成理."

8) 「왕제」 "夫兩貴之不能相事, 兩賤之不能相使, 是天數也. 埶位齊而欲惡同, 物不能澹則必爭, 爭則必亂, 亂則窮矣."

9) 장리원張立文, 『朱熹思想研究』, 北京: 中國社會科學出版社, 1981, 488~494 참조.

10) "問: 子罕言命, 若人義禮智五常皆是天所命. 加貴賤死生壽夭之命有不同, 如何? 曰: 都是天所命. 稟得精英之氣, 便爲聖, 爲賢, 便是得理之全, 得理之正. 稟得清明者, 便英爽. 稟得敦厚者, 便溫和. 稟得清高者, 便貴. 稟得豊厚者, 便富. 稟得久長者, 便壽. 稟得衰頹薄濁者[一本作: 衰落孤單者, 便爲貧爲賤爲夭.], 便爲愚, 不肖, 爲貧, 爲賤, 爲夭. 天有那氣生一箇人出來, 便有許多物隨他來." 『주자어류』 제1책, 北京: 中華書局, 1983, 권4: 항목 92.

11) 진시황 이후 제국의 군주는 '황제'로 불린다. '천자'도 동일한 대상에 대한 다른 명칭으로 간주된다. 엄밀히 말하자면 이것은 '일실이명一實二名'의 사례로 각각 지시하는 내용이 다르다. 천자는 하늘과 교섭하는 계기를, 황제는 유덕자가 국가를 지배하는 계기를 가리킨다. 이러한 점은 『백호통의』의 "或稱天子, 或稱帝王何? 以爲接上稱天子者, 明以爵事天也. 接下稱帝王者, 明爲號天下至尊之稱, 以號令臣下也"(「號」)에서 처음으로

명백하게 정의된다. 陳立 撰·吳則虞 點校, 『白虎通德論』 上, 北京: 中華書局, 1994, 47. 한국어 번역은 신정근 옮김, 『백호통의』, 소명출판, 2005 참조. 전통사회에서 이 두 가지 계기에 대해 유교 지식인은 천자의 계기에, 군주는 황제의 계기에 주목하여 서로 상대를 견인하려고 했다.

12) 중국 철학의 용어로 말하면 이 양자의 대립은 '의義' 대 '리利', '왕王' 대 '패覇', '도의道義' 대 '사공事功' 논쟁이라고 할 수 있다. 이런 논쟁의 일례로 주희와 진량의 왕패 논쟁에 대해서는 이승환, 「주자와 진량의 왕패 논쟁」, 『유가사상의 사회 철학적 논쟁』 제10장, 서울: 고려대학교 출판부, 1998, 286~321; 손영식, 「주희와 진량 논쟁」, 『이성과 현실』 제10장, 울산: UUP, 1999, 360~392 참조.

13) 이 개념에 대한 자세한 논의는 신정근, 「'관계'의 고착성과 '탈바꿈'의 자유 사이의 긴장」, 『철학연구』, 제51집, 2000, 69~90 참조.

14) 정전제의 형성과 역사적 진행에 대해서는 吳慧, 『井田制硏究』, 北京: 農業出版社, 1985 참조.

15) 이 구절에 대한 다양한 논의에 대해서는 劉寶楠 撰·高流水 點校, 『論語正義』 下, 北京: 中華書局, 1990; 1992 2쇄, 681~663; 程樹德 撰, 程俊英·蔣見元 點校, 『論語集釋』 제4책, 北京: 中華書局, 1990; 1992 2쇄, 1194~1199 참조.

16) 『論語古今註』, 증보 『與猶堂全書』 제2책, 서울: 경인문화사, 1987, 권9, 19ㄴ~23ㄱ. 정약용은 정조와 함께 서울을 떠나 화성(수원)으로 도성을 옮겨서 신조선을 세우려는 구상을 했다. 그는 이 구상의 정당성을 『논어』에서 찾아내려고 했던 것이다. 이렇게 보면 사서오경은 전근대에도 객관적인 의미만큼 주관적인 독해가 병행되었다고 할 수 있다.

17) 이러한 사고는 맹자의 "폭군은 제거될 수 있다"(「양혜왕 하」 8), "동족의 세습 귀족은 제후를 교체할 수 있다"(「만장 하」 9), "군주와 사직은 교체 대상이 될 수 있다"(「진심 하」 14) 등의 말에서 여실히 나타난다.

18) 이성규, 「중국 고대 황제권의 성격」; 신채식, 「송 이후의 황제권」, 동양사학회 편, 『동아사상의 왕권』, 서울: 도서출판 한울, 1993, 7~65, 66~101.

19) 송영배, 증보 『중국사회사상사』, 서울: 사회평론, 1998, 133~291.

20) 사실 관료와 유교의 연관성은 일의적으로 단정하기 쉽지 않다. 그들이 유교 문헌에 대한 소양을 갖춰 관료가 된다는 점에서 일단 양자는 연관성을 지닌다고 할 수 있다. 반면 과거제도에 대한 뿌리 깊은 비판, 관료가 된 이후의 유교에 대한 신념, 고전 유교 문헌에 대한 복수의 해석을 둘러싼 군자와 소인 논쟁 등을 고려하면 모든 관료가 유교 지식인이라고 단정할 수는 없을 듯하다. 따라서 나는 이 장에서 유교 지식인을 도덕적 자기 계발과 사회 구원에 대한 체계적인 지식을 보유하면서 관직 이상을 구현하기 위한 사회적 실천력의 확보를 믿는 사람으로 본다. 이때 유교 지식인은 재야에서 향촌 질서를 주도하거나 현실 정치에서 왕명을 받들어 유교적 가치를 현재화하고자 하는 두 가지 양상을 보일 수 있다. 흔히 서경덕·조식처럼 전자의 은거형 지식인을 처사, 은일, 일사逸士라고 부르고, 조광조·이이처럼 후자의 참여형 지식인을 학자-관료, 현사顯士라고 불렀다. 제임스 류는 송나라 관료를 이상주의적인 사대부 관료, 출세지향적 관료(무사 안일형, 실무가형), 부패 관료(부패 타락형, 권력 추구형)로 분류한다. 이범학 옮김, 『왕안석과 개혁 정책』, 서울: 지식산업사, 1991, 94~105 참조. 한편 홍승현은 사대부의 분치자 의식을 송나라 이전 한 제국에서부터 찾을 수 있다고 주장한다. 홍승현, 『사대부와 중국 고대 사회: 사대부의 등장과 정치적 각성에 대한 연구』, 혜안, 2008 참조.

21) "彦博曰: 爲與士大夫治天下, 非與百姓治天下也." 李燾 撰, 『續資治通鑑長編』 제317책, 臺北: 商務印書館, 1983, 권221-5ㄴ.

22) 이승환, 「주자의 형이상학에 담긴 사회 철학적 함의」, 앞의 책, 330~335 참조.

23) 『唐宋八家文』 상, 『한문대계』 제2책, 東京: 富山房, 1911; 1972 증보판, 권10: 49~52; 『景宗實錄』, 옹정 2년 7월, 『淸寶錄』 제7책, 北京: 中華書局, 1985, 권22: 355~359.

24) 송나라 사대부의 특성에 대해서는 미와자키 이치사다宮崎市定, 「宋代の士風」, 『アジア史硏究』 제4책, 京都: 同朋舍, 1957; 1975 2쇄, 130~169 참조.

25) 유방은 춘추전국시대 이후에 상대적으로 자유로웠고 평등했던 사회의 최대 수혜자였다. 그는 한의 고조가 된 뒤 제국의 질서 원리를 가족적 유대, 개인의 능력, 군주의 절대권 중 어디에 초점을 둘 것인가라는 문제에 직면했다. 이 문제는 한 제국 이후 '공公'과 '사私', '친친親親'과 '존존尊尊' 등을 주제로 끊임없이 논쟁의 대상이 되었다. 한대의 공사 논의에 대해서는 오가타 이사무尾形勇, 『中國古代の'家'と國家: 皇帝支配下の

秩序構造』, 東京: 岩波書店, 1979, 187~205 참조.

26) 유교의 악에 대한 기초적인 논의는 곽신환, 「악에 대한 유가 철학적 이해」, 한국정신문화연구원 철학·종교 연구실, 『악이란 무엇인가』, 서울: 도서출판 창, 1992, 161~185 참조.

27) 신정근, 「공자의 국가관: 가족주의인가, 인문주의인가?」, 한국중국학회, 제21차 중국학 국제학술대회보 참조.

28) 이러한 책임관으로 인해 동아시아 사회는 범죄의 책임자를 지옥까지 좇아가서 추궁하는 관념이 약하다. 아무도 책임지지 않아 거국적 저항에 직면하게 되면, 행위의 실질적 책임자보다는 실질적 책임자 주변의 사람을 희생양으로 삼아서 그에게 책임을 떠넘긴다. 이로써 엄격한 책임 추궁이 아니라 일종의 분풀이(화풀이) 놀음이 잦다. 중국의 경우 마오쩌둥은 신중국의 아버지이지만 문화혁명과 같은 범죄를 저지르기도 했다. 하지만 공식적으로 과보다는 공이 많다는 식으로 책임을 묻는다. 일본의 경우 2차 세계대전의 패전국으로 아시아인들에게 이루 말할 수 없는 고통을 주었지만 원폭의 피해자라는 입장을 내세우고 있다. 피해를 주기도 했지만 그에 상응하는 것 이상으로 고통을 겪었다면 사죄할 필요가 없다는 것이다. 한국(남한)의 경우 군사독재 정권은 근대화와 경제 성장을 내세우며 인권의 유린과 초법적 통치를 부득이한 결과라고 항변한다. 입장이 궁색해지면 구국의 결단이라느니 역사적 심판을 들먹이며 견결한 신념을 복창하고 있다. 북한의 경우 김씨 일가는 조국해방의 기치를 내걸며 권력의 세습과 고질적인 식량난이 외국의 경제제재 때문이라며 책임을 떠넘기고 있다. 정치인들은 입만 열만 무한책임을 느낀다고 하지만 실제로 무책임의 면죄부를 누리고 있다. 고통이 있는 곳에 책임이 없다면 정의가 살아 있다고 할 수 없을 것이다. 정치적 상황에 따라 정의가 반짝 주목을 받고 넘어갈 일이 아니라 동아시아인의 책임관과 정의를 포괄해서 깊이 생각해볼 필요가 있다.

29) 미조구치 유조는 주자학의 이러한 특성을 '일기완결성'으로 규정한다. 그러나 이 일기완결성은 이공李塨을 거쳐 대진戴震에 이르러서 파탄난다고 주장한다. 김용천 옮김, 『중국 전근대 사상의 굴절과 전개』, 서울: 동과서, 1999, 354~395 참조. 이 책의 개정판이 2007년에 같은 출판사에서 나왔다.

30) 전통시대 소농 생산 방식이 가계의 만성적인 적자를 보전하기 위해 가내 수공업에 종사하게 되는 점에 대해서는 로이드 이스트만, 이승휘 옮김, 『중국사회의 지속과 변화: 중국 사회경제사 1550~1949』, 서울: 돌베개, 1999, 119~144 참조.

31) 이 말은 원래 R. F. Johnston, *Lion and Dragon in Northern China*, New York: Dutton, 1910, 359~360에 나오는 용어이다. 이스트만, 이승휘 옮김, 위의 책, 107에서 재인용함. 존스턴의 책은 Cambridge University Press에서 2011년에 재간행되었다. 존스턴(1874~1938)은 스코틀랜드 출신으로 옥스퍼드대학에서 학사와 석사학위를 받았다. 그는 홍콩에서 관료생활을 시작했으며 1919년 청 제국 마지막 황제 선통제의 사부가 되었다. 선통제가 제위에서 물러난 뒤에 그는 다시 영국 관리로 돌아갔다. 그의 저서로는 『화북의 사자와 용』 외에도 『자금성의 황혼Twilight in the forbidden city』 『유교와 현대 중국Confucianism and Modern China』 『불자의 중국Buddhist China』 등이 있다.

32) 제임스 류, 이범학 옮김, 앞의 책, 82에서 재인용.

33) 공자는 「옹야」 22에서 '先難後獲'을 말하면서 유교 지식인은 결실보다는 고통에 민감해야 한다고 주문했다. 이에 대한 가장 훌륭한 풀이는 북송 범중엄의 「악양루기岳陽樓記」에 나오는 "先天下之憂而憂, 後天下之樂而樂"이라는 구절이라고 할 수 있다. 이 구절은 줄여서 '先憂後樂'으로 일컬어진다.

34) 「婺州金華縣社倉記」, 『朱熹集』 제7책, 成都: 四川教育出版社, 1996, 4116.

35) 조동원, 「주희의 사회개혁론」, 『역사와 인간의 대응』, 서울: 한울, 1985, 524~525, 557.

36) 사실 전근대 사회의 사회구성체는 이렇게 간단하게 논의할 대상이 아니다. 그것 자체만으로도 글의 범위를 벗어날 정도이다. 여기서는 문제의식만 보여주는 정도로 글의 내용을 제한하고자 한다. 이와 관련해서 이 글과 비슷한 입장으로 가지 노부유키, 김태준 옮김, 『유교란 무엇인가』, 서울: 지영사, 1996, 111~130 참조.

37) 찰즈 허커, 박지훈·박은화·이명화 공역, 『중국문화사』, 서울: 한길사, 1985, 308.

38) 유럽의 중세에 자유농민이 결혼을 하려면 봉건 영주에게 '혼인 허가권'에 따른 '혼인세' '혼전 순결 상실세' '초야권' 등을 지불하거나 응해야 했다. 전성우, 「서양 중세의 가족」, 『전통과 현대』 2000년 겨울호(통권 14호), 전통과현대, 55~57 참조. 나는 중국 전

통시대 인민에 대한 황제의 지배를 1) 제도적으로, 의무로 규정되는 내용들 2) 실질적으로 행사되는 점, 이렇게 둘로 나눠 이 둘을 종합함으로써 과연 전제專制인지 여부를 판정해야 한다고 생각한다.

39) 쑨원, 권오석 옮김, 『삼민주의』, 서울: 홍익출판사, 1995, 177.

40) 페이샤오퉁, 이경규 옮김, 『중국 사회의 기본 구조』, 서울: 일조각, 1995; 1997 중판, 50~57. 현 중국은 태생 단계에 '향촌에서 도시로' 전략을 펼쳤지만 오늘날에는 '개발된 도시에서 저개발의 서쪽 육성으로'라는 산업화 전략을 짜고 있다.

41) 향촌건설 운동은 멀리 하심은何心隱(1417~1579)의 취화당聚和堂 운영에서부터 1930년 이후 량수밍梁漱溟, 페이샤오퉁費孝通에게까지도 여전히 유효한 사회 개혁의 일환으로 고려되었다. 한예원, 「하심은의 이상사회론」, 『양명학』 제11호, 2004; 강중기, 「양수명의 현대 신유학」, 서울대 박사학위논문, 2000, 147~199; 최승희, 「비효통의 사회사상」, 한국사회사연구회, 『중국·소련의 사회사상』, 서울: 문학과지성사, 1990, 55~116 참조.

42) 양종국, 『송대 사대부 사회 연구』, 서울: 삼지원, 1996, 63~72.

43) 미우라 구니오, 김영식·이승연 옮김, 『인간 주자』, 서울: 창작과비평사, 1996, 241.

44) 「沈繼祖劾晦庵先生疏」, 李心傳, 『道命錄』, 北京: 中華書局, 1985, 권7 상, 67~71.

45) 이 상소가 사실이 아니라 풍문에 근거한 날조라는 점에 대해서 束景南, 『朱子大全』, 福建教育出版社, 1992, 938~978 참조.

46) 조성환, 「중국 근대 민족주의의 이론 형성과 정치 전략」, 『중국·소련의 사회사상』, 문학과지성사, 1990, 11~54.

47) 이 구절은 이기동·최일범 옮김, 『청대학술개론』, 여강출판사, 1987, 96(번역문), 63(원문)에 있다. 량치차오의 '선변'과 관련해서 陳世華, 「梁啓超'善變'原因新論」, 『學術探索』, 2006, 제5기; 김춘남, 「양계초의 국가사상」, 『동국사학』 제21집, 동국사학회, 1987, 75 참조.

48) 백종현, 『칸트 <실천이성비판> 논고』, 서울: 성천문화재단, 1995, 53~66; 김영건, 「맹자의 성선설은 타당한 논변인가」, 『오늘의 동양사상』, 2001년 봄 제4호, 예문동양사상연구원, 338~354 참조.

49) 주희는 '인仁'을 '공公'으로 해석함으로써 사회적, 자연적 관계를 넘어서 '공정의 원리'를 주장하는 듯하다. 그러나 이것은 또 기존의 설명 방식과 유사하게 우주적 연대 의식天地萬物一體으로 풀이되고 있다. 이에 대한 정체 규명은 다음의 작업으로 미룬다.

50) 이 장에 인용되지 않았지만 서양의 사회사상사 정리를 위해 다음의 책을 읽었다. 平田清明 엮음, 장하진 옮김, 『사회사상사: 비판적 사회 인식의 발생사』, 서울: 한울, 1982; 1984 재판; C. B. 맥퍼슨, 이유동 옮김, 『소유적 개인주의의 정치 이론』, 서울: 인간사랑, 1991.

51) 홍승표, 「유교와 사회학의 새로운 지평」, 『유교문화연구』, 제1집, 유교문화연구소, 2000, 120.

52) 마루야마 마사오·가토 슈이치, 임성모 옮김, 옮긴이의 말, 『번역과 일본의 근대』, 서울: 이산, 2000, 219~220.

53) 이 이야기와 'society'의 번역 과정에 대해서는 위의 책, 129~130; 옮긴이 주 204~205 각주 7번 참조. 그리고 '사社'의 기원과 연구 성과에 대해서는 모리야 미쓰오守屋美都雄, 『中國古代の家族と國家』, 京都: 東洋史研究會, 1968, 250~294; 이경규, 「중국고대사회의 '社'에 관한 일고찰」, 『경희사학』, 제16·17 합본호, 1991 참조.

제13장

1) 『사고전서』와 관련된 전반적인 사항은 켄트 가이, 양휘웅 옮김, 『사고전서』, 생각의나무, 2009 참조.

2) 처음에 『사고전서』는 황제의 어람용으로 4질을 만들려고 계획했다. 1782년 1질을 완성한 뒤 이듬해에 차례로 3부를 만들어 봉천奉天의 문소각文溯閣, 원명원圓明園의 문원각文源閣, 열하熱河 행궁 안의 문진각文津閣에 보관했다. 최초의 한 질이 완성되었을 때 4질 외에 추가로 3질을 만들기로 하여 1787년에 완성한 뒤에 각각 양주揚州의 문회각文匯閣, 진강鎭江의 문종각文宗閣, 항주의 문란각文瀾閣에 보관하여 일반인이 열람하게 했다. 강남 지역의 장서가들이 『사고전서』의 편찬을 위해 선본을 제공한 탓에 일반

인을 위한 열람용이 주로 강남 지역에 수장되었다. 총 7질이 동시에 완성된 것이 아니라 시차를 두고 완성된 탓에 『사고전서』의 종수와 책수가 조금씩 다르다. 『사고전서』 편찬을 위해 각 성省의 채진본采進本의 숫자를 검토해보면 총 1만 1204종 중 광동廣東은 12종, 운남雲南은 4종에 지나지 않지만 절강浙江은 4061종에 이를 정도로 편차가 극심하다. 李常慶, 『四庫全書出版硏究』, 中州古籍出版社, 2008, 16.

3) 『提要』 卷首, 「범례」 9則, "今于所列諸書, 各撰爲提要. 分之則散弁諸編, 合之則共爲總目. 每書先列作者之爵里以論世知人, 次考本書之得失, 權衆說之異同, 以及文字增刪, 篇帙分合, 皆詳爲訂辨, 巨細不遺. 而人品學術之醇疵, 國紀朝章之法戒, 亦未嘗不各昭彰癉, 用著勸懲. 其體例悉承聖斷, 亦古來之所未有也."

4) 『제요』를 작성한 인물로 총찬관 紀昀(1724~1815)과 陸錫熊(1734~1792), 찬수관 戴震(1724~1777)·邵晉涵(1743~1796)·余集(1738~1823)·周永年(1730~1791) 등이 있다. 이들 중 기윤은 『사고전서』의 편찬에 핵심 역할을 했고 특히 경부 각 류의 서를 썼으며, 대진은 經部와 天文算法類의 제요를 많이 쓴 것으로 알려진다. 司馬朝軍, 『四庫全書與中國文化』, 武漢大學出版社, 2010, 5~14 참조. 四庫館에는 총괄·교감·행정·謄錄 필사 등 다양한 기능을 담당하는 관리로 채워져 있었다. 이들의 품계와 인원 그리고 직무와 관련해서 켄트 가이, 양휘웅 옮김, 『사고전서』, 생각의나무, 2009, 150 참조.

5) 『사고전서』의 편제와 듀이십진분류표DDC나 한국십진분류표KDC의 비교 그리고 『사고전서』의 편찬 기준과 관련해서 신정근, 「『四庫全書』는 실제로 '全書'인가?: 유가 중심성의 강화」, 『동양철학』 제35집, 2011 참조.

6) 『제요』 권수, 「범례」 10則, "四部之首, 各冠以總序, 撮述其源流正變, 以挈綱領. 四十三類之首, 亦各冠以小序, 詳述其分并改隸, 以析條目. 如其義有未盡, 例有未該, 則或于子目之末, 或于本條之下, 附注案語, 以明通變之由."

7) 『제요』 권수, 「범례」 10則, "聖賢之學, 主于明體以達用. 凡不可見諸事實者, 皆屬卮言. 儒生著書, 務爲高論. 陰陽太極, 累牘連篇, 斯已不切人事矣. (…) 凡斯之類, 并辟其異說, 黜彼空言, 庶讀者知致遠經方, 務求爲有用之學."

8) 강진석, 「북송유가의 체용론 연구」, 『중국연구』 28권, 2001; 김영관, 「송초 교육개혁과 胡瑗의 교육사상」, 『중앙사론』 30집, 2009 참조.

9) 나카스나 아키노리, 강길중·김지영·장원철 옮김, 『우아함의 탄생』, 민음사, 2009, 81~82. 건양은 당시 시험용 교재, 유서 등 상업출판에 열을 올리느라 교정도 제대로 보지 못했다. 주희 사후 홍치弘治 12년(1499)에 건양의 서점가에 대화재가 나서 고금의 서판이 잿더미로 변했다. 마침 같은 해에 공자의 고향 곡부 궐리闕里에서도 화재가 났다. 1000킬로미터 떨어진 두 곳에 화재가 동시에 발생하자 당시 허천석許天錫은 건양이 그간 상업출판을 반성하고 순정한 학문의 발신지가 되어야 한다고 주장할 정도였다.(위의 책, 96~97)

10) 진정, 김효민 옮김, 『중국과거문화사』, 동아시아, 2003, 222~244.

11) 도가와 요기오 외, 조성을·이동철 옮김, 『유교사』, 이론과실천, 1990: 1994 2쇄, 293.

12) 淡江大學中國文學系 主編, 『兩岸四庫學』, 學生書局, 1998 참조.

13) 켄트 가이, 앞의 책 참조.

14) 劉葉秋, 김장환 옮김, 『중국유서개설』, 학고방, 2005; 余慶蓉·王晉卿 저, 남태우·송일기 역, 『중국목록학사상사』, 태일사, 2009; 라이신샤, 박정숙 옮김, 『중국의 고전목록학』, 한국학술정보(주), 2009 참조.

15) 나카스나 아키노리, 강길중·김지영·장원철 옮김, 『우아함의 탄생』, 민음사, 2009 참조.

16) 『제요』의 범례를 보면 편찬자들은 『사고전서』가 이전에 '일찍이 없었던 새로운 일'로 그 의의를 부여하고 있다. 『提要』 권수, 「범례」 1則, "是書卷帙浩博, 爲亘古所無." 10則, "其體例悉承聖斷, 亦古來之所未有也." 현대적인 연구자가 『사고전서』의 의의를 논하는 글로 李常慶, 『四庫全書出版研究』, 中州古籍出版社, 2008, 205~207; 司馬朝軍, 『四庫全書與中國文化』, 2~14 참조.

17) 昌彼得, 「四庫學的展望」, 淡江大學中國文學系 主編, 『兩岸四庫學』, 臺北: 學生書局, 1998 참조.

18) 『影印文淵閣四庫全書』 제1책, 臺灣商務印書館, 1986.

19) 胡楚生, 「楊家駱教授對于四庫學的貢獻」, 『兩岸四庫學』, 臺北: 學生書局, 1998 참조.

20) 司馬朝軍, 『四庫全書總目研究』, 北京: 社會科學文獻出版社, 2004, 2~6; 張傳峰, 『四庫全書總目學術思想研究』, 上海: 學林出版社, 2007, 22~27 참조.

21) 杜文才, 「錢大昕題跋與四庫全書總目提要」, 『貴圖學刊』, 1995年 第4期 참조.

22) 유월俞樾과 개링턴 굿리치는 『사고전서』를 학술의 통제가 아니라 사상의 통제로, 장병린章炳麟은 기윤을 이민족 정부의 앞잡이로 보았다.(켄트 가이, 앞의 책, 184~185 참조)

23) 허벽, 「四庫全書考」, 『동방학지』 제53집, 연세대학교 국학연구원, 1986; 변인석, 「四庫全書의 수량적 고찰」, 『사총』 제30집, 고려대학교 역사연구소, 1986; 정석원, 「四庫全書에 대하여」, 『인간과 경험동서남북』 제3집, 한양대학교 민족학연구소, 1991; 변인석, 「四庫全書의 朝鮮關係補遺」, 『대구사학』 제12·13집, 1977; 김호, 「四庫全書와 存目에 收錄된 韓國人 著作과 그 文化意義」, 『중국문학연구』 제40집, 한국중문학회, 2010; 박영순, 「四庫全書總目 詩文評類 提要의 문학 비평적 특징」, 『중국어문학논집』 제32호, 중국어문학연구회, 2005; 이제우, 「清代四庫全書總目을 통해 본 '晩明小品'의 현상과 평가」, 『중국학연구』 제26집, 중국학연구회, 2003 등이 있다.

24) 『提要』 卷首, 「범례」 1則, "每進一編, 必經親覽. 宏綱巨目, 悉稟天裁. (…) 睿鑒高深, 迥非諸臣管蠡之所及. 隋時訓示, 曠若發蒙. 八載以來, 不能一一彈記. 謹錄歷次恭奉聖諭爲一卷, 載諸簡端. 俾共知我皇上稽古右文, 功媲刪述." 계고우문의 논리는 『사고전서』 편찬의 강력한 후원자였던 건륭제의 聖諭에도 그대로 보인다. 『제요』 1 卷首, "聖諭乾隆三十七年正月初四日, "朕稽古右文, 聿資治理. 幾余典學, 日有孜孜." 후한 장제章帝가 오경五經의 동이를 조정하기 위해 백호관白虎觀 회의를 주재하여 그 결과를 『백호통의白虎通義』로 묶어낸 적이 있다. 『사고전서』와 『제요』의 편찬도 『백호통의』의 정리 과정과 놀라울 만큼 일치한다. 이와 관련해서 신정근, 「한대유가의 국가질서와 가족질서의 문제에 대한 연구」, 서울대학교 석사논문, 1990 참조.

25) 켄트 가이, 앞의 책, 63~75 참조.

26) 이러한 판단의 밑바탕에는 알게 모르게 '아시아 전제군주론'의 사고가 깔려 있다. 이에 대한 비판적인 연구로는 송영배, 『중국사회사상사』, 사회평론, 1998; 신정근, 「유교 지식인의 '사회' 개선의 의의」, 『동양철학연구』 26집, 2001 참조.

27) 종래 『사고전서』의 편찬을 전제군주제 확립을 위한 사상 탄압으로 보면서 그 근거로 수집 도서의 폐기와 저자의 처벌을 든다. 편찬과 탄압의 연관성은 좀 더 명백한 인과관계에 의해서 분석될 필요가 있다. 아울러 전근대의 황제를 단순히 정치적 주권자라는 틀 안에서 보기 때문에 편찬과 탄압을 기계적으로 연관시킨다. 전근대의 황제는 유

일신을 상정하지 않는 문화적 토양에서 주권자라는 정치적 측면만이 아니라 문화의 수호자이자 질서의 확립자라는 종교문화적 지도자라는 복합적 특성을 가지고 있다. 이와 관련해서는 신정근, 『동중서: 중화주의의 개막』, 태학사, 2004 참조.

28) 당나라는 성씨가 1400개, 남송은 2600개가 있었다고 한다. 『百家姓』(遠方出版社, 2006)에 따르면 중국인의 90퍼센트가 504개 성씨에 속한다.

29) 『提要』 1 經部1 易類1, 51, "唐徐堅初學記, 以太宗御製升列歷代之前, 盖臣子尊君之大義. 焦竑國史經籍志, 朱彝尊經義考, 并踵前規." 이 이야기는 범례 2則에도 나온다.

30) 『提要』 1, 經部1, 易類1, 51, "俾尊卑有序, 而時代不淆. 聖度謙沖, 酌中立憲, 實爲千古之大公." 이 이야기는 범례 2則에도 나온다.

31) 봉선의식의 의의와 관련해서 이연승, 「진한시대 봉선설에 대한 연구」, 『종교문화비평』, 2009 참조.

32) 『提要』 1, 經部1, 易類1, 55, "弼全廢象數, 又變本加厲耳. 平心而論, 闡明義理, 使『易』不雜於術數者, 弼與康伯深爲有功. 祖尙虛無, 使『易』竟入於老莊者, 弼與康伯亦不能無過. 瑕瑜不掩, 是其定評. 諸儒偏好偏惡, 皆門戶之見, 不足據也."

33) 켄트 가이, 앞의 책, 207~260 참조.

34) 姚瑩, 「行狀」, 『國朝耆獻類徵』, 147: 17b, "纂修者競尙神奇, 厭薄宋元以來儒者, 以爲空疏, 掊擊訕笑之不遺餘力."(켄트 가이, 앞의 책, 239~240 재인용)

35) 『제요』 1 권1, 「經部總敍」, 49, "消融門戶之見, 而各取所長, 則私心祛而公理出, 公理出而經義明矣. 盖經者非他, 卽天下之公理而已. 今參稽衆說, 務取持平, 各明去取之故."

36) 물론 『사고전서』와 『제요』가 순정한 학술 의지를 온전히 구현하고 있는 것은 아니다. 예컨대 명나라의 학문[明學], 특히 陽明學에 강한 부정적인 태도를 피력하고, 주희가 四書를 중시했던 경학관을 부정하고 五經 중심으로 경학을 재구성하고 있다. 『사고전서』와 『제요』는 공정성과 실용성(현실성)을 강조했음에도 불구하고 편견을 드러내고 있는데, 공정한 평가를 위해서 앞으로 이에 대한 연구가 필요하다.

37) 두웨이밍, 성균관대학교 학이회 역, 『유학 제3기 발전에 관한 전망』, 아세아문화사, 2008 참조.

38) 李澤厚는 자신의 저술 곳곳에 유학 4기설의 주장을 되풀이하고 있다. 일례를 든다면

리쩌허우, 노승현 역, 「유학의 4기를 말하다」, 『학설』, 들녘(코기토), 2005, 9~46 참조.

39) 『제요』 권1, 「經部總敍」 49, "經禀聖裁, 垂型萬世, 删定之旨, 如日中天, 無所容其贊述. 所論次者, 詁經之說而已. 自漢京以後, 垂二千年, 儒者沿波, 學凡六變. 其初專門授受, 遞禀師承, 非惟詁訓相傳, 莫敢同異, 卽篇章字句, 亦恪守所聞, 其學篤實謹嚴, 及其弊也拘. 王弼·王肅稍持異議, 流風所扇, 或信或疑, 越孔·賈·啖·趙以及北宋孫復·劉敞等, 各自論說, 不相統攝, 及其弊也雜. 洛·閩繼起, 道學大昌, 擺落漢唐, 獨研義理, 凡經師舊說, 俱排斥以爲不足信. 其學務別是非, 及其弊也悍. 〈如王柏·吳澄攻駁經文, 動輒删改之類.〉 學脈旁分, 攀緣日衆, 驅除異已, 務定一尊. 自宋末以逮明初, 其學見異不遷, 及其弊也黨. 〈如『論語集註』誤引包咸"夏瑚商璉"之說, 張存中『四書通證』卽闕此一條以諱其誤. 又如王柏删「國風」三十二篇, 許謙疑之, 吳師道反以爲非之類.〉 主持太過, 勢有所偏, 才辨聰明, 激而橫決. 自明正德·嘉靖以後, 其學各抒心得, 及其弊也肆. 〈如王守仁之末派皆以狂禪解經之類.〉 空談臆斷, 考證必疏, 於是博雅之儒引古義以抵其隙. 國初諸家, 其學徵實不誣, 及其弊也瑣. 〈如一字音訓動辨數百言之類.〉 要其歸宿, 則不過漢學·宋學兩家, 互爲勝負. 夫漢學具有根柢, 講學者以淺陋輕之, 不足服漢儒也. 宋學具有精微, 讀書者以空疏薄之, 亦不足服宋儒也."

40) 『제요』 1 권1, 易類1 小序, 50, "易之爲書, 推天道以明人事者也. (…) 又易道廣大, 無所不包, 旁及天文·地理·樂律·兵法·韻學·算術以逮方外之爐火, 皆可援易以爲說, 而好異者又援以入易. 故易說愈繁."

41) 『제요』 1 권3, 역류3, 86~87. 양만리는 송나라 학자로 『성재역전誠齋易傳』 20권을 지었다. 그의 책은 당시 서점에서 정이의 『역전』과 함께 『정양역전程楊易傳』으로 유통되었는데, 문학적 특색으로 인해 비판을 받기도 했다. 그는 『역경』을 해석하면서 기자箕子의 올곧은 성격을 명이괘明夷卦 풀이에 끌어들이는 등 인사의 실례를 들어 384효를 풀이했다. 『사고제요』 권3에서 이러한 『성재역전』의 특징을 인사증경引史證經으로 보며 양만리의 해석법을 옹호하고 있다. "三百八十四爻, 可以例舉矣. 舍人事而談天道, 正後儒說易之病, 未可以引史證經, 病萬里也."

42) 『제요』 1 권1, 易類1, 50. "『左傳』所記諸占, 蓋猶太卜之遺法. 漢儒言象數, 去古未遠也. 一變而爲京·焦, 入于禨祥, 再變而爲陳·邵, 務窮造化, 易遂不切于民用. 王弼盡黜象數,

說以老莊. 一變而胡瑗·程子, 始闡明儒理, 再變而李光·楊萬里, 又參證史事, 易遂日啓其論端. 此兩派六宗, 已互相攻駁."

43) 易類의 小序에서는 이를 "易之爲書, 推天道以明人事"(50), 『성재역전』의 제요에서는 "聖人作易, 本以吉凶悔吝示人事之所從"(87)으로 표현하고 있다.

44) 『제요』에서는 도서의 평가를 교훈적 가치와 매우 강하게 결합시킨다. 송나라 양간楊簡(1141~1226)은 육구연의 제자로서 『역경』을 해석하면서 상수象數와 사물事物을 경시하고 주로 인심人心을 강조한 끝에 선禪의 색채를 띠게 되었다. 이에 따라 그는 동시대에 '이단異端'이니 '문자가훼文字可毁'니 하는 극단적인 비판을 받았다. 그럼에도 불구하고 『사고전서』에서는 그의 『楊氏易傳』 20권을 저록했는데, 이는 정현鄭玄이 『의례』를 풀이하면서 참위를 인용했지만 주희는 그 부분을 삭제하지 않고 내버려두면서 이 풀이를 남겨두는 것이 바로 그것을 없애는 길이라고 한 것과 비슷하다. 정현처럼 이름이 후세에 널리 알려진 사람의 경우 잘못된 주장을 살려두지 않는다면 후대 사람들이 그의 실수를 알 길이 없는 것이다.(『제요』 1 권3, 易類3, 84, "存之正所以廢之. 蓋其名既爲後世所重, 不存其說, 人無由知其失也. 今錄簡及宗傳之『易』, 亦猶是意云.") 이처럼 잘못된 주장마저 교육적 효과를 위해서 남겨두는, 학문적 확인 사살을 실시하고 있다.

45) 『제요』 1 권2, 易類2, 65, "軾作『易傳』, 自恨不知數學, 而其學又雜以禪. 故朱子作『雜學辨』, 以軾是書爲首. (…) 至其他推闡理勢, 言簡意明, 往往足以達難顯之情, 而深得曲譬之旨. 蓋大體近于王弼, 弼之說惟暢玄風, 軾之說多切人事. 其文辭博辨, 足資啓發, 又烏可一概斥耶?"

46) 『제요』 1 권1, 易類1 小序, 50, "聖人覺世牖民, 大抵因事以寓教. (…) 『尙書』『春秋』寓于史."

47) 『제요』 1 권11, 書類1 小序, 322, "『書』以道政事, 儒者不能異說也."

48) 『제요』 1 권11, 書類1 小序, 322, "「小序」之依託, 「五行傳」之附會, 久論定矣. 諸家聚訟, 猶有四端. 日今文·古文, 日錯簡, 日「禹貢」山水, 日洪範疇數."

49) 『제요』 1 권11, 書類1 小序, 322, "夫古文之辨, 至閻若璩始明. 朱彝尊謂是書久頒於學宮, 其言多綴輯逸經成文, 無悖於理, 汾陰漢鼎, 良亦善喻." 주이존의 주장은 『경의고』 권74, "又按古文尙書, 晉唐以來未有疑焉者, 疑之自吳才老始, 而朱子大疑之" 참조.

50) 이 성어는 『초사』「卜居」의 "긴 척도 짧을 때가 있고, 짧은 촌도 길 때가 있으며, 널린 물건도 부족할 때가 있고, 밝은 지혜도 밝지 못할 때가 있으며, 점복도 미치지 못하는 것이 있고, 신령함도 통하지 못하는 것이 있다夫尺有所短, 寸有所長, 物有所不足, 智有所不明, 數有所不逮, 神有所不通"는 내용에 기원을 두고 있다.

51) 이 성어는 韓愈, 「進學解」의 "옥찰·단사 등의 약품과 적전·청지 등의 약재, 소 오줌과 말의 똥, 찢어진 북의 가죽 등을 모두 거두어 모아두고 쓰일 때를 기다려 버리는 일이 없는 것이 의사의 현명함이다玉札丹砂, 赤箭青芝, 牛溲馬勃, 敗鼓之皮, 俱收并蓄, 待用無遺者, 醫師之良也"에 기원을 두고 있다.

52) 요내가 찬수관을 사임하면서 한 말은 『사고전서』의 특성을 압축적으로 나타낸다.(켄트 가이, 앞의 책, 240쪽 재인용) "모든 찬수관들은 사람이 아직 보지 못한 책을 보기를 바랐지만 나는 누구나 늘 보는 책을 읽기를 바랐을 뿐이다諸君皆欲讀人未見之書, 某則願讀人所常見書耳."

53) 『사고전서』의 편찬이 시작된 해에 『백과전서』는 출간이 되었다. 2010년 6월 15일에서 7월 15일까지 한 달간 서울대학교 중앙도서관은 『백과전서』의 완질(드문 초판 원본 4300질 중의 한 질)을 구입해서 일반에게 공개한 적이 있다.

54) 張傳峰, 『四庫全書總目學術思想研究』, 學林出版社, 2007, 1; 陳曉華, 『四庫全書與十八世紀的中國知識分子』, 社會科學文獻出版社, 2009, 32 참조.

55) 서양에서 구텐베르크의 인쇄술이 16세기 종교혁명에 기여하고, 18세기 독서문화와 기술 발전 사이의 간격이 미완의 프랑스 혁명의 진로를 예고했다. 이와 관련해서 육영수, 『책과 독서의 문화사: 활자 인간의 탄생과 근대의 재발견』, 책세상, 2010 참조.

제 14 장

1) "維新百日, 出亡十六年, 三周大地, 游遍四洲, 經三十一國, 行六十萬里." 이 말은 귀국 이후 캉유웨이가 당대 유명한 서예가 우창쉬吳昌碩(1844~1927)에게 도장을 파줄 곳을 부탁하고서 도장에 새길 글로 지은 것이다.

2) 캉유웨이의 세 차례 여행과 관련해서 宗志武, 「評康有爲'三周大地'之行」, 『吉林工程技術師範學園學報』, 2004.11, v.20 n.11 참조.

3) 캉유웨이가 무술변법 전후로 펼쳤던 학문·정치활동과 관련해서 민두기, 『중국근대개혁운동의 연구: 康有爲 중심의 1898년 개혁 운동』, 일조각, 1985. 캉유웨이의 경학과 초기 저작에 대한 연구로는 湯志鈞, 『康有爲與戊戌變法』, 北京: 中華書局, 1984; 朱維錚, 『求索眞文明: 晚清學術史論』, 上海古籍出版社, 1996; 坂出祥伸, 『康有爲』, 集英社, 1985 등 참조.

4) 캉유웨이는 가족관계를 떠나서 '천민이 되자去家界爲天民'는 맥락에서 천민을 사용한다. 확대 해석한다면 전통적인 삼강오륜에 매인 존재[臣民]에서 그러한 관계의 그물을 벗어나 평등을 누리는 새로운 사람을 天民으로 명명했다고 볼 수 있다. 근대에 이르러 군주에 대한 예속을 나타내는 신민을 대신해서 공민·시민·인민·국민·백성 등이 창조되거나 재활용되었다. 지금 보면 다른 말은 살아 있지만 천민은 사어에 가깝다. 이러한 사정도 별도로 연구할 만한 가치가 있다. 이러한 의미는 캉유웨이가 창조한 말이지만 천민天民이란 말 자체는 이미 전국시대의 『맹자』 「만장 상」 7, 「만장 하」 1, 「진심 상」 19에서 쓰이고 있다.

5) 흑백黑白 차별과 같은 인종 편견은 『대동서』 丁部 「去種界同人類」에 '대동세大同世'에서도 극복하기 어려운 것으로 말하고 있다. 이성애 옮김, 『대동서』, 민음사, 1991(을유문화사, 2006), 275 이하 참조. 아울러 박희병은 캉유웨이의 평등 속의 차별과 최한기의 평등 속의 공영을 대비시키고 있다. 『운화와 근대』, 돌베개, 2003, 155-173 참조.

6) 이 글에서 캉유웨이의 저작은 모두 『康有爲全集』 전12집, 中國人民大學出版社, 2007을 저본으로 삼는다.(앞으로 캉유웨이의 저작을 인용할 때 '5: 333' 식의 약어를 사용한다. 5는 전집의 권수이고 333은 해당 권수의 쪽수를 나타낸다.) 『論語注』 『孟子微』 등의 존재가 국내 학계에 조금 알려져 있지만 『中庸注』는 그다지 알려져 있지 않다. 이연도는 『대동서』와 『논어주』를 통해서 캉유웨이의 진화론을 밝힌 적이 있다. 「근대중국의 진화론과 역사관」, 『한국철학논집』 제20집, 2007 참조. 중국에는 『論語注』 『孟子微』의 연구 논문이 나오기 시작했지만 『中庸注』에 대해선 아직 본격적인 연구가 진행되지 않고 있다.

7) 「大學注序」(1902.8), 『康有爲全集』(6: 355). 『大學注』의 실체가 확인되지 않는다고 하더라

도 '서序'가 있고, 또 캉유웨이가 광저우廣州의 만목초당萬木草堂의 강의록을 기록한 『萬木草堂講義』(1897)에도 「講大學」의 강의록이 있다.(2: 300-301) 이로 보면 캉유웨이는 사서四書에 대한 재해석을 시도했다고 판단하더라도 크게 무리가 없을 것이다.

8) 『我史』(1899.1. 『康南海自編年譜』로도 불린다)에 따르면 캉유웨이는 1879년에 서양 사정 관련 서적을 여러 종류 읽었고 또 홍콩에 가서 서양 문물을 목격하고서 서학西學 서적을 구입했다. 또 1882년(25세)에 상하이로 가서 西書를 상당수 구입하고서 탐독한 뒤에 나름 서학에 일가견을 갖게 되었으며 또 고루한 견해를 버리게 되었다[自是大講西學, 始盡釋故見]고 자평하고 있다.(제5집, 63)

9) 리쩌허우가 바로 이런 견해를 대표한다. 그는 "이후의 다른 저서, 특히 『중용주』와 『맹자미』 등의 경전 주석서에서는 현실 사회, 봉건 경전과 타협적이고 조화로운 태도를 취했다"고 평가를 내리고 있다.(임춘성 옮김, 『중국근대사상사론』, 한길사, 2005, 224.)

10) 캉유웨이는 1901~1902년 인도의 다르질링에 머무를 때 『대동서』를 완성했다고 한다. 1차 완성 이후에도 계속 보완되었다. 『대동서』 저술 시기와 관련해서 湯志鈞, 『康有爲與戊戌變法』, 中華書局, 1984; 리쩌허우, 임춘성 옮김, 『중국근대사상론』, 한길사, 2005 참조. 『대동서』에 대한 개괄적인 소개로는 조경란, 「캉유웨이 대동서 이해」, 『중국 근현대 사상의 탐색: 캉유웨이에서 덩샤오핑까지』, 삼인, 2003 참조.

11) 樓宇烈, 「借古爲今乎? 戀古非今乎? 康有爲學術著作選編後」, 『書品』, 1989, 제2기.

12) 캉유웨이는 변법 유신을 추진할 인재를 양성하기 위해서 광저우 中山4路 長興里3호에 만목초당萬木草堂을 열었다. 처음에는 구씨서원邱氏書院을 빌려 강학을 하다가 인원이 20여 명에서 100여 명으로 늘어나자 더 큰 장소로 두 차례 이사를 했다. 세 장소를 모두 만목초당이라 통칭한다. 이때의 학생으로는 천첸추陳千秋·량치차오梁啓超 등이 있다. 만목초당은 1894년 캉유웨이의 회시會試 참가로 한 차례 중단되기도 했다.

13) 당시의 사정을 보여주는 자료로 문인 장보전張伯楨이 기록한 강의록 『康南海先生講學記』(1896 가을), 기록자가 알려지지 않은 『萬木草堂口說』(1896, 『南海康先生口說』이라고도 함), 『萬木草堂講義』(1897) 등이 있다. 각각 『康有爲全集』 2: 103-124, 131-207, 277-303에 포함되어 있다. 세 자료 모두 캉유웨이가 무술변법 이전에도 『중용』을 풀이하고 있다는 사실을 알려준다.

14) 우리는 캉유웨이가 『중용』을 비롯해서 전통적인 문헌을 연구할 때 주석사 전통을 고려하지 않고 자신의 목적을 텍스트에 삽입하고 있다는 것을 알 수 있다. 일종의 외삽外插 방법론이다. 여기에는 문헌의 원의와 해석자의 관점이 어떻게 일치할 수 있는가라는 왜곡의 문제가 제기될 수 있다. 이와 관련해서 캉유웨이는 별다른 문제의식을 드러내지 않는다. 나는 캉유웨이의 외삽이 텍스트의 해석이라기보다 재해석에 가깝다고 생각한다.

15) "昔講學廣州, 嘗爲之注. 戊戌遭沒, 稿多散佚, 吾旣流亡, 不知所屆. (…) 遂慮掩先聖之隱光, 而失後學之正路. 不敢自隱, 因潤色夙昔所論思, 寫付于世."(5: 369)

16) 량수밍이 문화文化의 차이를 발견하고서 유교 재해석의 길을 열어젖혔다. 캉유웨이는 역사歷史의 차이를 발견하고서 유교 재해석의 실마리를 보여줬다. 차이는 곧 점층적 단계로 이어졌고 '단계段階'는 유교의 중국이 다시 발을 딛고 일어설 수 있는 '계단階段'이 되었다. 보통 놓치고 있지만 캉유웨이의 삼세설과 삼통설은 량수밍에서 문화삼로향설文化三路向說로 모습을 바꿔서 나타난다. 캉유웨이와 량수밍의 비교 연구는 보다 전문적인 논의를 필요로 하므로 이 글에서 시사하는 차원에서만 논의를 제한하고자 한다. 신정근, 「량수밍 문화철학의 동선: 근대의 모방과 좌절에서 탈근대의 기획과 선취로」, 『동양철학연구』 58권, 2009 참조.

17) 주희와 일본 고학파의 차이는 임옥균, 「주자와 일본 古學派의 『중용』 해석」, 『동양철학연구』 제63집, 2010 참조. 정약용과 오규 소라이의 차이는 금장태, 「『중용』의 체제와 道의 기본 구조: 다산과 荻生徂徠의 『중용』 해석」, 『동아연구』 제40집, 2002 참조. 『중용』 16장에 대한 해석의 차이는 서근식, 「『중용』 16장 「귀신장」에 대한 비교 연구: 주자, 왕부지, 伊藤仁齋, 정약용을 중심으로」, 『유교문화연구』 제8집, 2004 참조.

18) 1장의 경우 "此章總論孔敎之本"으로 말하지만 2–7장까지 아무런 언급이 없다가 10장 끝에 8–10장을 묶어서 "右三章言欲行中庸之道, 非有知仁勇三德不可, 而擧大舜顏子子路以爲標也"로 총평하고 있다. 아마 캉유웨이는 내용 면에서 총평을 꼭 해야 한다고 생각한 것이 아니라 필요한 경우에 하는 것으로 여긴 듯하다.

19) 『중용장구』 "人自不察, 是以有過不及之弊."

20) 『중용장구』의 경우 13–1은 "子曰: 道不遠人 (…) 不可以爲道"이고, 13–2는 "詩云: 伐

柯伐柯 (…) 改而止"이고, 13-3은 "忠恕違道不遠 (…) 亦勿施於人"이고, 13-4는 "君子之道四 (…) 君子胡不慥慥爾"이다. 『중용주』의 경우 13-1은 『중용장구』와 같고, 13-2는 "詩云: 伐柯伐柯 (…) 故君子以人治人"이고, 13-3은 "改而止"이고, 13-4는 『중용장구』의 13-3과 같다.

21) 『중용주』 "此章舊錯簡在素位章下, 鬼神章上, 于義不倫. 今移在此, 庶與下子臣弟友相銜不紊焉."(5: 374) 구舊는 『중용장구』를 말하고, 소위장素位章은 『중용장구』의 14장, 귀신장鬼神章은 『중용장구』의 16장, 하자신제우下子臣弟友는 『중용장구』의 13-4를 가리킨다.

22) 자유로운 정신이 기존의 정설에 얽매이지 않고 독창적인 해석을 감행할 수도 있지만 근거 제시를 소홀히 한 채 자기주장을 일방적으로 설파하는 자의적인 독해로 이어질 수도 있다. 캉유웨이는 도道를 사람들이 공통으로 실행할 수 있다는 측면을 강조한다. 이는 1-1 주석의 "循人人公共稟受之性, 則可公共互行, 故謂之道也"(5: 369), 1-2 주석의 "然非人所共由, 不謂之道. (…) 行之非人人所共由, 卽非人道也"(5: 370), 13-4 주석의 "道者, 人所共行也. 必與人同之而後可"(5: 374)에서 여실하게 확인할 수 있다. 또 캉유웨이는 公法·公理라는 말을 빈번하게 사용하고 있다. 이와 관련해서 馬永康, 「康有爲與'公理'」, 『中山大學學報』, 2009년 제3기 제49권(총 219기) 참조. 그리고 사실 주희가 「中庸章句序」에서 『중용』을 도통 전승의 유래[道統之傳, 有自來矣]라는 맥락에서 읽어내겠다고 했지만 그 선언도 캉유웨이와 마찬가지로 개인의 자유로운 이성에 바탕을 두고 있을 뿐 객관적 근거를 제시한 것은 아니다. 더 정확하게 말하면 주희와 캉유웨이 모두 객관적 근거를 제시하는 데에 일차적인 관심을 두지 않았다. 후대의 철학에서 지배적인 지위를 차지하느냐에 따라 그 선언이 공인이 되느냐 되지 않느냐의 차이가 생겨난다.

23) "仲尼曰: 君子中庸, 小人反中庸. (…) 君子而時中, (…) 小人而無忌憚." 시중時中을 중의 시간화로 보는 관점은 신정근, 『중용: 극단의 시대를 넘어 균형의 시대로』, 사계절, 2010, 121~126 참조.

24) "舜, 其大知也與! 舜好問而好察邇言, 隱惡而揚善, 執其兩端, 用其中於民."

25) "夫婦之愚, 可以與知焉. 及其至也, 雖聖人, 亦有所不知焉. 夫婦之不肖, 可以能行焉.

及其至也, 雖聖人, 亦有所不能焉. (…) 君子之道, 造端乎夫婦. 及其至也, 察乎天地."

26) 『중용주』 2-1 "君子者, 從儒教中人, 履中庸之道者也. 小人者, 背儒教之徒, 故反中庸之行也."(5: 371)

27) 『중용주』 3 "惟孔子中庸之道, 雖極平常, 而實詣其至極. 惜諸子之偏邪, 而不能爲也. 民, 謂當時諸子之徒."(5: 371)

28) 『중용주』 4 "諸子紛綸, 天下滔滔, 從之不辨善惡."(5: 371) 『중용주』 5 "諸子橫流, 尙深恐其不行, 而歎息之也."(5: 371)

29) 주희는 원문의 소은행괴素隱行怪를 『한서』「예문지」의 용례에 따라 색은행괴索隱行怪의 타동사와 목적어 구문으로 고쳐서 읽는다. 캉유웨이는 원문을 고치지 않고 그대로 풀이하고 있다.

30) 『중용주』 11-1 "素隱, 如老學之隱退曲全. 行怪, 如墨子之生不歌, 死無服."(5: 372)

31) 캉유웨이는 이 차이와 대립을 7장의 이교異教, 11-1의 외도外道·이교異教와 11-3의 공교孔教라는 말로 한층 더 분명하게 표현하고 있다.

32) 『중용주』 7 "天下之學者, 皆自以爲知者, 然未從中庸之道, 未幾卽爲異教所誘."(5: 371) 캉유웨이는 사서를 포함한 경서의 의미 세계를 정통과 이단(또는 이교)의 대립 구도로 해석하는 시도를 곳곳에서 보이곤 한다.

33) 『중용주』 1-3 "此孔子保合天生之性, 洗藏于密, 養成神明, 以爲發教之本也."(5: 370) 1-6 "惟孔子之性情能得中和之極, 故孔子之道教亦得中和之極, 而可配天地, 本神明, 育萬物也. 此章總論孔教之本也."(5: 371)

34) 『중용주』 24 "前知之理, 蓋實有之. 經史傳記, 繁不勝證. (…) 孔子作易, 用知來物, 逆數豫定, 非大聖至神, 安能制此至聖如神? 故非一孔之士所能測也."(5: 383) 캉유웨이는 공자를 『주역』만이 아니라 예禮를 만든 작자作者로 보고 있다. 27-2 "孔子所制禮儀三百, 威儀三千."(5: 385)

35) 『중용주』 26-1 "天行之健, 自強不息, 歷古彌永, 發揚彌昭, 惟孔子以之." 26-2 "此言孔子與天地同用." 26-3 "此言孔子與天地同體."(5: 384)

36) "詩云: 維天之命, 於穆不已. (…) 文王之德之純. 蓋曰文王之所以爲文也. 純亦不已."

37) 「자한」 9 "文王旣沒, 文不在玆乎!"

38) 『중용주』 26-8 "公羊曰: 王者孰謂? 謂文王. 王氏愆期曰: 文王, 孔子也. 何氏休曰: 蓋孔子爲撥亂改制之文王. 子思言其道純美, 同天之悠久, 博厚高明以不能絶于後世也." (5: 385)

39) 『중용주』 27-1 "贊歎孔子之道之大, 下則能育萬物, 上則峻極于天也."(5: 385)

40) 『중용주』 16-2 "雖至仁聖, 難與命爭. 故孔子神聖, 臣于昏愚之定·哀. (…) 君子知是皆有命, 故思不出位, 任投所遇, 安之若素."(5: 375)

41) 『중용주』 33-2 "孔子內省于心, 但以不忍之心救世. 故以布衣素王, 而無所疚病."(5: 391)

42) 『중용주』 12-2 "孔子制作, 雖博大精微, 而運世有宜, 時地各限."(5: 373) 12-3 "惟孔子之道, 實無不包. 發乾元統天廣大之論, 則天下之人驚疑惝恍, 無能受者, 故莫載焉."(5: 373)

43) 「중용장구서」 "繼往聖, 開來學, 其功反有賢於堯舜者."

44) 『論語集注』 「술이」 1 "孔子, 刪詩書, 定禮樂, 贊周易, 脩春秋. 皆傳先王之舊, 而未嘗有所作也. 故其自言如此."

45) "唯天下至誠, 爲能經綸天下之大經, 立天下之大本." 『중용주』 32-1 "鄭氏康成曰: 至誠, 謂孔子也. 大經, 謂六藝, 而指春秋也. 大本, 孝經也."(5: 390) 원문 확인은 십삼경주소 정리본 『禮記正義』 15, 北京大學出版社, 2000, 1705 참조.

46) 『중용주』 28-2 "議禮制度考文, 皆孔子改制之事也. 六經皆是其[=孔子之. 필자주]口說." (5: 386) 32-1 "六經出自孔子久矣. 孔子作者爲經, 微言爲說, 弟子傳者爲傳, 後學述者爲記."(5: 390) 33-1 "孔子之書爲六經, 孔子之言爲口說."(5: 391)

47) 『중용주』 32-1 "春秋爲素王改制之書, 該括諸經, 發明三世, 比之群經尤大."(5: 390-391) 아울러 캉유웨이는 『춘추』의 탁고개제가 동중서의 『춘추번로』 「三代改制質文」에서 가장 완전한 형태로 드러났다고 주장한다. 이와 관련해서 『중용주』 28-25: 386, 29-15: 387 참조. 동중서의 탁고개제와 관련해서 신정근, 『동중서: 중화주의의 개막』, 태학사, 2004 참조. 『춘추번로』 번역은 신정근, 『동중서의 춘추번로: 춘추-역사 해석학』, 태학사, 2006 참조.

48) 캉유웨이는 『중용주』의 26-85: 385부터 『중용』과 삼세·삼통의 탁고개제설을 결부시

키기 위해서 적극적으로 주석을 달고 있다. 『중용』 29장의 "王天下, 有三重焉"에서 삼중三重을 三世之統(5: 387)으로 해석하고 있다.

49) 『한서』 「董仲舒傳」 "道之大原出於天, 天不變, 道亦不變."

50) 『중용주』 2-2 "其統異, 其世異, 則其道亦異. 故君子當因其所處之時, 觀其會通, 以行其典禮"(5: 371) 28-1 "古今異宜, 日新其道. 今世當用今法, 若遠引神農之并耕, 禹之土階土簋, 非徒不行, 亦且招灾. 此孔子改三世之制, 開新王之法, 以治後世. 而子思引之, 以攻時流守舊復古之徒也."(5: 386)

51) 캉유웨이 스스로 『중용주』에서 진화進化를 반복해서 사용하고 있다. 대표적인 것으로 27-3 "天人進化, 無有窮盡, 不可守舊以自安."(5: 386) 탕즈쥔湯志鈞은 난세에서 태평으로 나아진다는 캉유웨이의 삼세를 역사진화론(통속진화론)으로 간주하고 있다. 『近代經學與政治』, 中華書局, 1989, 167.

52) 馬永康, 「論語注解中的公羊學取向」, 『孔子研究』, 2008년 제3기 참조.

53) 『중용주』 2-2 "適當其時, 則此時之中庸, 故爲之時中."(5: 371)

54) 캉유웨이의 탁고개제가 진화로 해석되려면 도道의 불변성을 말한 동중서와 달리 변화된 도를 주장해야 한다. 변화된 도는 그의 『大同書』에서 자세하게 논의되고 있다. 캉유웨이는 『중용주』에서 평등平等, 자임自主, 입헌立憲을 주장했다. 이 주장만으로도 캉유웨이는 동중서에 비해 도변道變을 말했다고 할 수 있다. 예컨대 『중용』 13장의 충서忠恕를 13-2 "與民同之, 自主平等"(5: 374)으로 풀이했다. 또 『중용주』 29-1에서 승평세升平世에 할 일로 "應發自主自立之義, 公議立憲之事, 若不改法則大亂生"(5: 387)이라 주장했다. 캉유웨이의 자유自由, 자주지권自主之權과 관련해서 양일모, 「번역의 사상사: 강유위와 엄복」, 『중국학보』 제40집, 1999 참조.

55) 캉유웨이는 생물학을 『주역』의 생성 변화와 결부시켜 이해하고 있다. "天地之大德曰生, 生生之謂易. 能知天地生物之故, 萬物生生之原 (…) 生物之學者, 化生之學也."(3: 288)

56) 『중용주』 29-1 "孔子之法, 務在因時."(5: 387)

57) 『중용주』 10-4 "物立于群生間, 強則存, 弱則敗. 故人道之自保, 皆戰勝之餘力. 立國立教者皆然."(5: 372)

58) "天之生物, 必因其材而篤焉. 故栽者培之, 傾者覆之." 원문의 천天은 캉유웨이의 경우 두 가지로 해석 가능하다. 하나는 자연으로 보는 것이고 다른 하나는 의지적 존재로 보는 것이다. 먼저 전자로 풀이하고 후자는 나중에 논의하려고 한다. 이런 측면이 캉유웨이의 사상에서 드러나는 모순이다.

59) 『중용주』 18−3 "美種而壯良者, 天則繁殖之. 惡種而微弱者, 天則剪覆之也. 物競天擇, 優勝劣敗. 孔子發天因之理以勸之."(5: 376~377)

60) 물경物競과 천택天擇은 옌푸가 『천연론』에서 진화를 설명하면서 그 두 가지 원리를 표현한 말이다. 이와 관련해서 자세히 논의한 내용은, 양일모, 「중국 근대성 문제와 『천연론』」, 『중국학보』 제53집, 2006; 옌푸, 양일모·이종민·강중기 옮김, 『천연론』, 소명출판, 2008, 50~51 참조.

61) 사회진화론은 제국주의와 식민지에서 각각 달리 사회적 영향력을 끼치는데, 이와 관련해서는 전복희, 『사회진화론과 국가사상』, 한울아카데미, 1996 참조.

62) 『중용주』 22 "明德既明, 民皆維新, 自進化于文明, 盡人性也. 山川昆蟲草木, 莫不得所栽培, 傾覆裁成, 輔相天地之宜, 盡物性也."(5: 382)

63) 캉유웨이도 인용하듯이 「계사전」의 "積善之家, 必有餘慶"의 경우 유교에서도 응보 관념이 가능하다. 그는 여기에 그치지 않고 통속적인 귀신 관념, 불교 문헌, 위서緯書 등을 망라해서 응보 관념을 강화시키고 있다. 그중에 불교가 가장 특징적이므로 수용이라고 표현했다.

64) "大德者, 必得其位, 必得其祿, 必得其名, 必得其壽. (…) 故大德者, 必受命."

65) "無憂者, 其惟文王乎? (…) 武王末受命."

66) 『중용주』 16−3 "孝經緯曰: 善惡, 報也. (…) 祖宗善惡之因, 而子孫受報, 此傳于氣者也. 報者, 天之順理, 不能不順以受之. 故當慎作諸因, 而神聖但以救人爲日行也."(5: 375)

67) 『중용주』 17−1 "鬼從人從腦, 魂氣上升之形. 神從列星上示, 電氣屈伸之義. (…) 佛氏專言鬼, 耶氏專言神, 孔子兼言鬼神, 而盛稱其德. 惟程朱以爲天地之功用, 張子以爲二氣之良能, 由于阮瞻無鬼論來, 于是鬼神道息, 非孔子神道設教意也."(5: 376)

68) 『중용주』 18−2 "電氣吸引."(5: 376) 17−3 "有電則必有光, 電光則有力以生萬物."(5: 376)

69)『중용주』 17-3 "神氣卽電氣也, 故皆從申, 而神尤爲電氣之主."(5: 376)

70)『중용주』 1-6 "天地萬物皆同氣也. (…) 乾坤爲父母, 萬物同胞體, 電氣流徙, 無有遠邇, 莫不通焉."(5: 371)

71) 캉유웨이도『孟子微』에서 에테르以太를 인仁이나 불인인지심不忍人之心의 도덕 관념과 연계시켜서 논의하고 있다. 캉유웨이가 전기電氣와 에테르以太를 같은 것으로 보았는지 좀 더 면밀한 분석을 필요로 한다.

72) "恨大義未光, 微言不著, 予小子旣推知孔子改制之盛德大仁."(5: 369)

73) 량수밍의 책은 강중기 옮김,『동서문화와 철학』, 솔, 2005 참조. 나는 이러한 논의가 다시 甘陽,『통삼통』, 北京: 三聯書店, 2007로 이어진다고 생각한다. 이와 달리 이른바 현대 신유학자들은 중국 문화를 유형이 아니라 인류 문명의 대안으로 격상시키고 있다.

제15장

1) B. Russell, *The Problem of China*, New York: The Century Co., 1922, 254. 이 책은 이순희 옮김,『러셀, 북경에 가다』, 천지인, 2009로 번역되었다.

2) 량수밍의 생애, 학적 성장 과정과 관련해서는 강중기,「梁漱溟의 현대신유학」, 서울대학교 철학박사학위논문, 2000, 11~43; 최홍식,「梁漱溟의 문화철학에 관한 연구」, 성균관대학교 철학박사학위논문, 2002 참조. 위 글에 반영되어 있지만 량수밍의 전기와 관련해서 빼놓을 수 없는 성과로는 G. S. Alitto, *The Last Confucian: Liang Shu-ming and the Chinese Dilemma of Modernity*, Berkeley: University of California Press, 1979를 검토해볼 만하다.

3)『梁漱溟全集』 제3권, 3.『梁漱溟全集』은 모두 8권으로 되어 있는데, 서지사항은 濟南: 山東人民出版社, 1989.5~1993.6이다. 앞으로『梁漱溟全集』을 인용할 경우 "『전집』 3-3"과 같이 약칭한다. 앞의 번호는『전집』의 권수를 나타내고 뒤의 번호는 해당 권의 쪽수를 가리킨다.

4)『我的自學小史』「中學時期之自學」,『전집』 2-679.『散篇論述』「我對人類心理認識前後轉變不同」,『전집』 7-130(강중기, 371).

5)『東西文化及其哲學』,『전집』 1-333(강중기, 39). 이 책은 한국어 번역본이 있다. 서지사항은 강중기 옮김,『동서문화와 철학』, 서울: 솔, 2005이다. 앞으로『東西文化及其哲學』을 인용할 때 원서 출처 다음에 강, ㅇㅇ처럼 번역본의 쪽수를 병기한다.

6) 명청 제국과 선교사, 예수회와 도미니칸 사이의 전례 논쟁과 관련해서 김병태,「명말청초 '전례논쟁'의 선교사적 이해」,『한국기독교와 역사』 제28호, 2008 참조.

7) Lin Yü-sheng, 이병주 옮김,『중국의식의 위기: 5·4기 급진적 반전통주의』, 서울: 대광문화사, 1999, 33.

8)『東西文化及其哲學』,『전집』 1-333~4(강, 40~1).

9)『東西文化及其哲學』,『전집』 1-346~51(강, 56~64).

10)『東西文化及其哲學』,『전집』 1-336(강, 43~4).

11)『東西文化及其哲學』,『전집』 1-351(강, 63~4).

12)『東西文化及其哲學』,『전집』 1-347~8(강, 58).

13)『東西文化及其哲學』,『전집』 1-349(강, 60).

14)『東西文化及其哲學』,『전집』 1-353(강, 65).

15)『東西文化及其哲學』,『전집』 1-355(강, 68~9).

16)『東西文化及其哲學』,『전집』 1-354(강, 67).

17)『東西文化及其哲學』,『전집』 1-362~370(강, 78~88).

18) 중국 근대의 과학주의에 대한 연구로는 郭穎頤, 雷頤 譯,『中國現代思想中的唯科學主義(1900~1950)』, 南京: 江蘇人民出版社, 1989 참조.

19) 이 논쟁의 진행 과정과 논점에 대해서는 리쩌허우, 김형종 옮김,『중국현대사상사론』, 파주: 한길사, 2005, 105~125를 보라. 논쟁 참여자들의 글을 모은 자료집을 보면 당시 논쟁의 전모를 파악할 수 있다. 왕멍린汪孟鄰 편,『科學與人生觀之論戰』, 香港: 中文大學近代史料出版組, 1973. 이것은 1923년 상하이上海의 亞東圖書館에서 간행된 책자의 복사본이다.

20)『구유심영록』에 대한 자세한 이해를 위해서는 백지운,「반면교사로서의 유럽: 량

치차오梁啓超의 『구유심영록歐游心影錄』에 대한 일고찰」, 『중국현대문학』 제39호, 2006.12, 165~192 참조.

21) 張品興 主編, 『梁啓超全集』 제5책, 北京: 北京出版社, 1999, 2968~2987 참조.

22) 『東西文化及其哲學』, 『전집』 1-331(강, 37).

23) 『東西文化及其哲學』, 『전집』 1-493~4(강, 274~5). 이런 변화의 추세와 관련해서 사회조사라든지 통계 분석이라든지 계량적 증거를 제시하지도, 사회의 병리 현상에 대한 문명 비판의 분석을 내놓지도 않는다. 량수밍 개인의 직관에 따른 판단이라고 할 수 있다.

24) 『東西文化及其哲學』, 『전집』 1-482(강, 256).

25) 『東西文化及其哲學』, 『전집』 1-488~9(강, 266~8).

26) 『東西文化及其哲學』, 『전집』 1-492(강, 271).

27) 『東西文化及其哲學』, 『전집』 1-493(강, 273).

28) 량수밍은 자신의 학적 결실과 서구 학자의 결론을 동일시하는 사례로 맥두걸McDougall의 『사회 심리학 입문An Introduction to Social Psychology』과 러셀Russell의 『사회개조의 원리Principles of Social Reconstruction』를 제시하고 있다. 후자는 위자쥐余家菊에 의해 민국 9년(1920)에 번역되었다. 이외에 프로이트의 '잠재의식', 크로포트킨이 『상호부조론』에서 말한 '사회본능'도 량수밍의 사상 형성에 영향을 끼쳤다.

29) 『散篇論述』 「我對人類心理認識前後轉變不同」, 『전집』 7-134(강, 377).

30) 『我的自學小史』 「出世思想」, 『전집』 2-691. 량수밍은 어린 시절 부친 량지梁濟에게 받은 영향으로 실용적인 경향[好用]이 강했는데, 그 결과 초기의 인생철학에서 실제적인 이해를 중시하게 되었다. 이렇게 실용과 이해를 중시하는 특징은 훗날 학습에 따르면 전통 철학 중에 묵자墨子나 서양철학의 공리주의와 일치하는 것으로 여겨진다. 아버지는 묵자나 공리주의를 배운 적이 없지만, 결과론적으로 보면 의도하지 않았어도 그것과 부합하는 측면을 가지게 된 것이다. 량수밍은 아버지의 사고방식을 암합暗合이라고 표현했지만, 량수밍의 학적 경험과 여정도 암합의 특성을 드러내고 있다.

31) 량수밍은 『동서문화와 철학』(1921), 『중국문화요의』(1949), 『인심과 인생』(1984)에서 동서문화의 차이와 중국 문화의 특성을 이론적으로 규명하려고 했고, 『향촌건설이론(일명

중국민족의 앞길)』(1936)에서 중국 문화의 특성을 현실에 구현하려고 했다. 사상가이자 실천가라고 할 수 있다. 이처럼 지행합일을 주장했던 점에서 알리토 가이Alitto Guy가 량수밍을 마지막 유자the last confucian로 규정하는 것은 일리가 있다. 이때 '마지막'이란 말이 량수밍을 기준으로 삼는다거나 량수밍의 특성을 수사적으로 표현하는 것이라면 문제가 없다. 하지만 이 '마지막'이 량수밍의 어떤 시기 이후를 실제로 지시하는 것이라면 문제가 있다.

32) 『東西文化及其哲學』, 『전집』 1-496~7(강, 278).

33) 『東西文化及其哲學』, 『전집』 1-496(강, 277). 량수밍은 『東西文化及其哲學』에서 무의식無意識을 사용하고, 「我對人類心理認識前後轉變不同」에서는 하의식下意識과 잠의식潛意識을 사용한다. 용어의 혼용에서 보이듯 량수밍은 정신분석학이 소개된 초기에 활약하면서 개념 번역 또는 개념 정립의 혼란을 그대로 보여주고 있다. 이런 실례는 '무의식'의 경우에만 한정되지 않고 끊임없이 되풀이되어 나타나는데, 이것은 그의 저작을 이해하기 어렵게 만드는 요인이 되기도 한다.

34) 량수밍이 출처를 밝히고 있지 않지만 충동은 주로 프로이트의 에로스나 리비도와 같은 성적 충동을 고려한 용어 선택으로 보이고, 본능은 맥두걸과 러셀의 영향으로 보인다. 한편 훗날 량수밍은 자신이 『東西文化及其哲學』을 강연하고 집필할 당시 여러 심리학파에서 사용하는 용어, 즉 본능, 직각直覺, 감정, 충동, 잠재의식 등을 끌어와서 이리저리 난삽하게 이야기한 게 옳지 않았다고 술회할 뿐만 아니라 본능을 인간의 본성(또는 본심)으로 간주할 수 없다는 점을 수긍했다. 『散篇論述』「我對人類心理認識前後轉變不同」, 『전집』 7-136(강, 380). 이러한 오해와 미숙함은 다시 1984년에 쓰인 『人心與人生』에서 어느 정도 수정, 보완되고 있다.

35) 『散篇論述』「我對人類心理認識前後轉變不同」, 『전집』 7-133(강, 377).

36) 『東西文化及其哲學』, 『전집』 1-458(강, 216). 강중기의 번역은 이런 용어의 혼선에 주목하지 못하고 원문의 성性을 본성本性으로 옮기고 있다. 량수밍은 공자가 직접적으로 성선을 주장하지 않았지만 『주역』의 "繼之者善, 成之者性"에 깃든 형이상학이 성선을 함축한다고 주장한다. 나아가 그는 후스胡適가 『中國哲學史大綱』에서 공자의 도덕을 습관으로 풀이하는 것을 위험한 것이라며 강력하게 비판하고 있다.

37) 『散篇論述』「我對人類心理認識前後轉變不同」, 『전집』 7-132(강, 373). 강중기는 감정과 충동이 동의어에 가까운 위상을 가지고 병렬된 것으로, 감정이 인간의 행동을 추동하는 힘이 있음을 함의하게 하려는 용어 선택으로 해명하고 있다.

38) 이하 인식론 논의는 별도의 표시가 없는 한 『東西文化及其哲學』, 『전집』 1-395~401(강, 122~130)의 내용을 재구성한 것이다.

39) 강중기는 일찍이 량수밍의 인식론을 직각주의 인식론으로 분류하고 그 속에서 칸트 인식론의 자취를 읽어낼 수 있다고 주장했다. 다만 칸트의 자취를 확인할 수 있지만 량수밍과 칸트 인식론 사이의 정확한 대응 관계를 읽어낼 수 없으므로 '영향을 받았다'는 그 이상의 판단을 내리기를 유보하고 있다. 「梁漱溟의 현대신유학」, 서울대학교 철학박사논문, 2000, 111~112 각주 43.

40) 여기서 다루지는 않지만 종교宗教와 미육美育은 1920년대 중국 문제를 해결하는 강력한 방법으로 강구되었다. 캉유웨이는 유교를 국교화하는 것, 즉 공교孔教를 제창한 반면, 량수밍 등은 미육으로 종교를 대신할 수 있다고 주장했다. 근대 중국 사상가의 종교 담론과 관련해서 이용주, 『동아시아 근대사상론: '전통'의 해석과 창조』, 이학사, 2009, 제7장 참조.

41) 천성림, 『근대중국 사상세계의 한 흐름: 사조·논쟁·인물』, 신서원, 2002, 245~246. 문화 개념에 대한 보다 자세한 논의는 원승룡, 『문화이론과 문화철학』, 서광사, 2007 참조.

42) 『東西文化及其哲學』, 『전집』 1-352(강, 65).

43) 동아시아 국제질서가 조공질서에서 상호 경쟁적인 만국공법의 질서로 탈바꿈하는 과정과 관련해서 김용구, 『만국공법』, 소화, 2008 참조.

44) 현대 한국과 중국 학계에서 동서 문화는 유형론보다 융합론의 측면에서 논의, 연구되고 있다. 이런 사태를 량수밍의 관점에서 본다면 두 가지 설명이 가능할 듯하다. 하나는 융합론이 가진 위험성을 제대로 간파하지 못한다는 우려가 제기될 수 있다. 다른 하나는 동양 문화가 소멸될지 모른다는 위기 상황이 종결되고 동서 문화가 제3의 길로 수렴될 수 있다는 안도감을 나타낼 수 있다.

45) 『東西文化及其哲學』, 『전집』 1-338~43(강, 46~52).

46) 『東西文化及其哲學』, 『전집』 1-381~3(강, 103~6).

47) 『東西文化及其哲學』, 『전집』 1-392(강, 117).

48) 이 논법에 따르면 서양 문화가 한계를 보이기에 앞서 성숙된 중국과 인도 문화가 출현한 것을 설명해야 하는 부담이 생긴다. 이를 위해 동양 문화 조숙론早熟論을 펼친다.

49) 삼통三統과 관련해서 신정근, 『동중서: 중화주의의 개막』, 태학사, 2004, 262~266 참조. 간양甘陽은 『通三統』, 北京: 三聯書店, 2007에서 현대 중국에 공존해야 할 세 가지 문화 전통을 제시하면서 문화 전통의 연속성을 확보하려고 했다. 차이를 소거하고 살펴보면 동중서 이래의 삼통은 중국 문화의 통합을 위해서 다양한 버전으로 반복되고 있다.

50) 『東西文化及其哲學』, 『전집』 1-396(강, 123).

51) 『東西文化及其哲學』, 『전집』 1-442(강, 186).

52) 『東西文化及其哲學』, 『전집』 1-444~5(강, 190~1).

53) 『東西文化及其哲學』, 『전집』 1-443(강, 187~8).

54) 『東西文化及其哲學』, 『전집』 1-448~9(강, 196~7).

55) 『東西文化及其哲學』, 『전집』 1-446, 449~50(강, 192, 199~200).

56) 『東西文化及其哲學』, 『전집』 1-452(강, 203~6).

57) 汪暉, 『現代中國思想的興起』 하권 제2부, 北京: 三聯書店, 2004, 1309.

58) 『散篇論述』 「我對人類心理認識前後轉變不同」, 『전집』 7-137(강, 380). 이 말은 『동서문화와 그 철학』이 출간된 뒤 그것의 문제점을 지적하는 맥락에서 한 말이다. 나는 이 말이 량수밍의 학적 특성을 나타낸다고 본다.

제 16 장

1) 「大宗師」 "彼遊方之外者也, 而丘遊方之內者也."

2) 「深察名號」 "循三綱五紀, 通八端之理, 忠信而博愛, 敦厚而好禮, 乃可謂善." 「基義」 "王道之三綱, 可求於天."

3) "按禮緯含文嘉云: 三綱, 謂君爲臣綱, 父爲子綱, 夫爲妻綱矣." 물론 몇몇 연구자들은 '삼강三綱'의 용어와 세 가지 내용이 직접적으로 보이지 않지만 『춘추번로』와 『함문가』 이전부터 그러한 용어와 내용에 비견될 만한 것이 있었다고 주장하기도 한다. 예컨대 팡푸龐樸는 『한비자』「忠孝」의 "臣事君, 子事父, 妻事夫, 三者順則天下治, 三者逆則天下亂. 此天下之常道也"에 근거해서 '삼강'이 유가儒家가 아니라 법가法家에서 유래했다고 주장했다. 반면 딩딩丁鼎은 『儀禮』「喪服」에서 상복 규정에 근거해서 '삼강' 관념이 『의례』에 기본적으로 깔려 있다고 주장하고 있다. 자세한 내용은 「〈儀禮·喪服〉所蘊含的三綱五倫觀念」, 『管子學刊』, 2002년 제3기 참조. 여기서는 명시적인 표현과 직접적 규정을 대상으로 삼는 것이 목적이니 유사 관념에 대한 검토는 논외로 한다.

4) 「등문공 상」 4 "聖人有憂之, 使契爲司徒, 教以人倫. 父子有親, 君臣有義, 夫婦有別, 長幼有序, 朋友有信." 맹자의 '오륜' 없는 오륜의 내용은 륜倫의 다양한 조합 가능성을 배제하지 않는다. 명나라 이후 '오륜'은 륜倫을 오五로 규정하고 있다. 둘은 같은 점이 있지만 여기서는 다른 점에 주목하여 논의를 진행하고자 한다.

5) 편자나 책 내용과 관련해서 『四庫全書 總目提要』「集部 總集類 存目」, 5231 참조. 근래에 이 책은 『幼學日誦五倫詩選』 5권, 濟南: 齊魯書社, 1997로 출간되었다.

6) 책은 오륜총론五倫總論을 필두로 해서 차례로 군도君道, 신도臣道, 부도父道, 자도子道, 부부의 도, 붕우의 도를 다루고 있다.

7) 『大漢和辭典』 권1, 514.

8) 「堯典」 "克明俊德, 以親九族 (…) 愼徽五典, 五典克從."

9) 공안국孔安國은 오전五典을 오상五常의 가르침으로 풀이하고 구체적으로 부의父義, 모자母慈, 형우兄友, 제공弟恭, 자효子孝 등을 열거하고 있다.(『상서정의』, 61)

10) 「미자」 8 "不仕無義. 長幼之節, 不可廢也. 君臣之義, 如之何其廢之? 欲潔其身, 而亂大倫."

11) 자연학 분야의 음양陰陽과 오행五行도 처음에 별도의 계통을 가지고 있다가 전국시대 추연에 의해서 하나의 틀로 결합된다. 인문학 분야의 삼강과 '오륜' 결합 과정에 대해서 질문을 던진 경우는 아직 확인하지 못했다.

12) 「三綱六氣」 "三綱者, 何謂也? 謂君臣, 父子, 夫婦也. 六紀者, 謂諸父, 兄弟, 族人, 諸

舅, 師長, 朋友也. 故含文嘉曰: 君爲臣綱, 父爲子綱, 夫爲婦綱. 又曰: 敬諸父兄, 六紀道行, 諸舅有義, 族人有序, 昆弟有親, 師長有尊, 朋友有舊." 육기 중 다섯은 '오륜' 형식으로 되어 있지만 제부는 다르다. 이 구문을 "六氣道行, 諸父有敬 …… "으로 고친다면 육기 모두 '오륜'의 형식으로 바꿀 수 있다. 번역은 신정근 옮김, 『백호통의』, 309~310.

13) 『백호통의』는 사상적으로 많은 부분에서 『춘추번로』와 공유하는 바가 있는데, 후자의 「심찰명호」에는 '삼강육기三綱五紀'로 되어 있다.

14) 「爲政」 23 "子曰: 殷因於夏禮, 所損益可知也. 周因於殷禮, 所損益, 可知也." 마융의 주석 "所因: 謂三綱五常. 所損益, 謂文質三統." (『논어정의』, 26쪽). 주희도 『논어집주』에서 마융의 주석을 수용해서 부연 설명하고 있다.

15) 『한서』 「동중서전」 "仁誼義禮智信, 五常之道, 王者所當修飭也." 『백호통의』 「情性」 "五常者何? 謂仁義禮智信也."

16) 『주자어류』 등 주희의 글과 말 속에 '삼강오상'은 일일이 예를 들 수 없을 정도로 빈번하게 쓰이고 있다.

17) 조선에는 세종 13년(1431) 『三綱行實圖』를 필두로 해서 중종 12년(1517) 『二倫行實圖』와 정조 21년(1797) 『五倫行實圖』 등이 간행되면서 유교 윤리를 사대부만이 아니라 일반 계층으로 확산시키려 했다. 특기할 만한 것은 김안국金安國(1478~1543)이 중종 11년(1516) 경연에서 『삼강행실도』의 간행과 반포로 교화의 효과가 컸던 만큼 삼강과 장유長幼·붕우朋友의 이륜二倫을 덧보태 오륜五倫의 규범을 갖추어야 한다고 주장한 점이다. 그의 '오륜' 언급은 앞에서 살펴본 명나라의 오륜시五倫詩와 오륜서五倫書보다 반세기쯤 뒤의 일이다. 동시 현상인지 영향 관계인지 확실하지 않다. 과문의 탓으로 단정할 수는 없지만 '삼강오륜'은 임기중의 『한국역대가사문학집성』을 검색해보면 19세기 후반의 가사에서 집중적으로 발견된다. 대표적으로 「삼강오륜가」의 작자 유언형(1856~1930)은 19세기 중반에서 20세기를 살았던 인물이다. 우리나라에서 '삼강오륜'이란 용어는 막연한 추측과 달리 19세기 중반 이후에 널리 쓰이다가 20세기에 이르러서야 유교 윤리를 대변하는 말로 여겨지지 않았나, 라고 조심스럽게 생각해본다. 앞으로 '삼강오상'과 '삼강오륜'의 경쟁이나 '삼강오륜'의 득세가 명청시대와 구한말에 어떻게

일어났는지 지속적으로 살펴볼 필요가 있다.

18) 이와 관련해서 정인재, 「도덕성 회복을 위한 동양철학의 한 시론: 인륜의 현대적 해석을 중심으로」, 『철학윤리교육연구』 제10권 제21호, 1994; 馮天瑜, 「五倫說: 建構和諧社會應當汲納的歷史資源」, 『武漢大學學報(人文科學版)』 제61권 제2기, 2008.3; 張淵, 「淺析儒家傳統現代轉化的家庭動力: 以三綱權威主義與五倫仁愛思想爲中心」, 『內蒙古農業大學學報(社會科學版)』 제10권 총제42기, 2008년 제6기 참조.

19) 「기의」 "君臣, 父子, 夫婦之義, 皆取諸陰陽之道." 350 「양존음비」 "此皆天之近陽而遠陰."

20) 『예기』 「禮運」 "何謂人義? 父慈子孝, 兄良弟悌, 夫義婦聽, 長惠幼順, 君仁臣忠." 『논어』 「팔일」 19 "定公問: 君使臣, 臣事君, 如之何? 孔子對曰: 君使臣以禮, 臣事君以忠."

21) 『순자』 「王制」 "君者舟也, 庶人者水也. 水則載舟, 水則覆舟."

22) 『예기』 「樂記」 "樂者爲同, 禮者爲異. 同則相親, 異則相敬. 樂勝則流, 禮勝則離."

23) 「基義」 "凡物必有合."

24) "五倫之要, 百行之原, 相傳數千年, 實在于此. 故知君臣之綱, 則民權之說不可行也. 知父子之綱, 則父子同罪免喪廢祀之說不可行也. 知夫婦之綱, 則男女平權之說不可行也." 華夏出版社, 2002, 34.

25) 『吳虞文錄』, 「說孝」, 黃山書社, 2008, 9.

26) 『吳虞文錄』, 「家族制度爲專制主義之根據論」, 黃山書社, 2008, 4.

27) 『吳虞文錄』, 「吃人與禮教」, 黃山書社, 2008, 31-32. 청말민국초에 많은 사회 사상가들이 유교의 강상예교가 사람을 잡아먹는다고 비판했는데, 루쉰도 『狂人日記』에서 인의도덕이 사람을 잡아먹는다고 보았다.

28) 『譚嗣同全集』 하책 「자서」, 290 "初當衝決利祿之網羅, 次衝決俗學若考據, 若詞章之網羅, 次衝決羣學之網羅, 次衝決君主之網羅, 次衝決倫常之網羅, 次衝決天之網羅, 次衝決全球羣教之網羅, 終衝決佛法之網羅."

29) 캉유웨이는 "가족관계를 떠나서 천민이 되자去家界爲天民"는 맥락에서 천민을 사용한다. 확대 해석한다면 전통적인 삼강·오륜에 매인 존재臣民에서 그러한 관계의 그물을 벗어나 평등을 누리는 새로운 사람을 천민으로 명명했다고 볼 수 있다. 근대에 이르러 군주에 대한 예속을 나타내는 신민을 대신해서 공민公民·시민市民·인민人民·국민

國民·백성百姓 등이 창조되거나 재활용되었다. 지금 보면 다른 말은 살아 있지만 천민은 사어에 가깝다. 이러한 사정도 별도로 연구할 만한 가치가 있다. 천민이란 말 자체는 전국시대의 『맹자』「만장 상」 7, 「만장 하」 1, 「진심 상」 19에서 처음으로 쓰이고 있다.

30) 이와 관련해서 사덕을 논하는 서론 격의 글을 보라. 자세한 맥락은 이혜경, 『천하관과 근대화론: 양계초를 중심으로』, 서울: 문학과지성사, 2002, 211~228 참조.

31) 『梁啓超全集』 제2책, 北京出版社, 1999, 660~661.

32) 『헤럴드경제』 2010.09.20 기사.

33) 박찬구, 『개념과 주제로 본 우리들의 윤리학』, 서광사, 2006, 154~161.

34) 『상군서』「去強」 "國有禮樂孝弟, 必削至亡."

35) 『한비자』「五蠹」 "以是觀之, 夫父之孝子, 君之背臣也."

36) 「忠孝」 "天下皆以孝悌忠順之道爲是也, 而莫知察孝悌忠順之道而審行之, 是以天下亂. (…) 臣之所聞曰: "臣事君, 子事父, 妻事夫. 三者順, 則天下治. 三者逆, 則天下亂. 此天下之常道也." (…) 廢常上賢, 則亂. 舍法任智, 則危. 故曰: 上法而不上賢."

37) 오늘날 이러한 규범의 재배치는 부드럽게 작동하지 못하고 '지하철 반말녀'처럼 각종 'ㅇㅇ남'과 'ㅇㅇ녀'를 양산하면서 파열음을 일으킨다.

38) 정인재, 「도덕성 회복을 위한 동양철학의 한 시론: 인륜의 현대적 해석을 중심으로」, 『철학윤리교육연구』 제10권 제21호, 1994.4, 105~142 참조. 그는 인용하면서 출처를 생략했는데, 서지사항은 다음과 같다. 李亦園, 「'富而好禮'的傳統與現代文化基礎」, 『劇變與調適』, 臺北: 敦理出版社, 1986, 72~81.

39) 「만장 상」 9 "孔子曰: '有命.' 孔子進以禮, 退以義. 得之不得曰'有命.'"

40) 「만장 하」 9 "王曰: 請問貴戚之卿. 曰君有大過則諫. 反覆之而不聽, 則易位. (…) 請問異姓之卿. 曰君有過則諫. 反覆之而不聽, 則去."

41) 『顔氏家訓』「治家」 "夫不義, 則婦不順矣." 『家範』「夫婦」 "夫婦以義事, 義絕而離之."

42) 『논어』「안연」 5 "司馬牛憂曰: 人皆有兄弟, 我獨亡. 子夏曰: 商聞之矣, 死生有命, 富貴在天. 君子敬而無失, 與人恭而有禮. 四海之內, 皆兄弟也, 君子何患乎無兄弟也?"

43) "故天地之塞, 吾其體, 天地之帥, 吾其性. 民吾同胞, 物吾與也."

44) 『한겨레신문』 2010년 11월 3일자 국제면 기사. 유교 윤리는 오늘날의 기업의 사회적

책임처럼 전통시대 상업활동의 규제 이념으로 작용했다. 이와 관련해서 신정근, 「사익 추구의 정당화: 원망의 대상에서 주체의 일원으로」, 『동양철학』 제32집, 2009.12 참조.

45) 미국의 Dell 사가 AS에 소홀했다가 그 일이 인터넷을 통해서 큰 문제가 되고 매출상으로 엄청난 손실을 본 이후 소비자의 불만을 전향적으로 수용해서 재기한 적이 있다. 제프 자비스, 이진원 옮김, 『구글 노믹스』, 21세기북스, 2010 참조.

46) 「안연」 2 "己所不欲, 勿施於人." 황금률과 관련해서 문병도, 「孔孟의 恕의 도덕 판단 방법론에 관한 소고」, 『동양철학』 제8집, 1997; 신정근, 「도덕원칙으로 恕 요청의 필연성」, 『동양철학』 제21집, 2004.7 참조.

47) 「基義」 "凡物必有合. 合: 必有上, 必有下. 必有左, 必有右. 必有前, 必有後. 必有表, 必有裏. 有美必有惡, 有順必有逆, 有喜必有怒, 有寒必有暑, 有晝必有夜, 此皆其合也. 陰者陽之合, 妻者夫之合, 子者父之合, 臣者君之合. 物莫無合, 而合各有陰陽."

48) 길희성, 『인도철학사』, 민음사, 1984, 55.

제 17 장

1) 이 평가는 동아시아 연구물에 대한 전반적이며 포괄적인 맥락에서 내리는 것이 아니다. 동아시아 철학에서 나라마다 연구자마다 관점도 다를 수 있고 성취도도 같지 않을 수 있기 때문이다. 여기서 나는 다만 앞으로 우리가 추구해야 할 전향적前向的 측면보다는 배제해야 할 퇴행退行 또는 퇴영적退嬰的 측면에 주목하므로 이러한 평가를 내린다. 나는 우리 주위의 몇몇 연구자가 위의 물음에 긍정적인 평가를 받을 만하다는 것을 원천적으로 부정하지 않는다.

2) 여기서는 동아시아 철학을 연구하는 실천적 방법론을 다루지는 않는다. 이와 관련해서는 심재룡 외, 『한국에서 철학하는 자세들』, 서울: 집문당, 1986 참조. 그리고 역사적 유물론을 중국 철학사의 해석에 적용하는 사례로는 양재혁·최윤수·조윤숙 편저, 『중국철학강의』, 서울: 돌베개, 1990 참조. 철학연구회가 1999년 겨울에 「동서의 학문관과 사유방법」을 주제로 학술대회를 개최하기도 했다. 2000년대에도 변화된 상황에서 새로

운 방법론 논의가 활성화될 필요성이 제기되고 있다.

3) 여기서 훈고와 훈고학은 중의적으로 쓰인다. 하나는 한나라 시대에 경전(문헌) 해석의 학문 방법론을 가리킨다. 다른 하나는 오늘날 우리나라에서 행해지는 정해正解 논쟁을 가리킨다. 한국은 사회 경제적 변화와 달리 철학에서 아직도 만년 수입국의 처지를 벗어나지 못하고 있다. 수입된 철학을 연마하면서 자주 외국 철학자의 책을 제대로 번역했느니 개념을 올바로 옮겼느니 하는 정해 논쟁을 벌인다. 수입의 대상이 중국에서 일본, 유럽, 미국으로 바뀌었을 뿐 학문 방식은 여전히 훈고학의 형태를 벗어나지 못하고 있다.

4) 자세하게 따지면 훈고訓詁에서 훈訓과 고詁는 각각 초점을 달리한다. 훈은 내용을 분석하거나 상황을 묘사하는 것이고, 고는 오늘의 말로 과거의 말을 풀이하거나 표준적인 말로 지역적인 말을 풀이하여 언어 사용자로 하여금 시간과 공간의 한계를 뛰어넘어 소통하게 하는 것이다. 훈고의 의미 변화에 대한 초보적인 논의로는 胡樸安, 『中國訓詁學史』, 臺北: 臺灣商務印書館, 1939; 1988 11쇄, 10~11 참조.

5) 이 이야기는 원래 환담의 『新論』「正經」에 있었지만 그 책이 일실되어 전해지지 않는다. 지금은 『한서』「예문지」에서 안사고가 육예류六藝類의 소서小序를 풀이하는 주에 있고, 嚴可均의 『全漢文』에 수록되어 있다. 진근군秦近君은 『문심조룡』「논설論說」의 "若秦延君之注堯典, 十餘萬字"에 보면 진연군秦延君으로 되어 있다. 그리고 『한서』「유림전儒林傳」의 "秦恭延君, (…) 守小夏侯說文. 恭增師法至百萬言, 爲城陽內史"에 보면 이름이 진공秦恭이고 연군은 그의 자로 보인다. 근군은 연군과 글자가 비슷해서 생긴 오자로 보인다. "왈약계고曰若稽古"에서 왈약은 '월약越若' '오약奧若'과 같이 뜻이 없는 발어사이므로 단순히 '지난 일을 살펴보다'는 뜻으로 추억을 회상하는 맥락을 나타낼 뿐이다. 『문심조룡』「논설」에 보면 주보朱普가 『상서』를 30만 자에 걸쳐서 설명했다고 한다. 『후한서』「환욱전桓郁傳」에 보면 환욱의 아버지 환영桓榮이 주보로부터 상서의 해설을 전수했는데, 모두 40만 자로 되어 있다고 한다.

6) 『한서』「유흠전」 "分文析字, 煩言碎辭, 學者罷老且不能究其一藝." 『한서』「유림전」과 「예문지」의 원문과 주석에 보면 다른 사례들이 소개되어 있다. 이와 관련해서 楊天宇, 「略論漢代今古文經學的鬪爭與融合」, 『鄭州大學學報哲學社會科學版』, 2001, 第2期; 陳寒

鳴, 「魏晉南北朝隋唐時期的注疏經學」, 『烏有之鄉』(http://www.wyzxsx.com) 2009.08.20 참조.

7) 진나라가 전국시대를 통일한 후 이사는 사상의 통제를 실시했다. 그때 고대 문헌 『시경』과 『서경』을 들먹이거나 고대를 근거로 삼아 현재를 비판하는 행위를 금지시키고자 했다. 그는 훈고학이 과거를 기준으로 현재를 볼모로 삼을 가능성을 간파했다고 할 수 있다. 『사기』 「진시황본기」 "有敢偶語『詩』『書』者, 棄市. 以古非今者, 族."

8) 유흠은 「移書讓太常博士」에서 훈고학이 언어 낭비를 자행할 뿐만 아니라 사법師法의 패거리 의식을 성채로 삼아서 진리를 독점하려고 하면서 오히려 진리 탐구를 위한 공정한 마음을 저버린다고 비판했다. "信口說而背傳記, 是末師而非往古, 猶欲保殘守缺, 挾恐見破之私意, 而無從善服義之公心, 或懷妒嫉, 不考情實, 雷同相從."

9) 이러한 상호 부정은 한나라의 금문今文·고문古文 논쟁으로 진행되었다. 이와 관련해서 졸고 「漢代儒家의 國家秩序와 家族秩序의 문제에 대한 연구: 『白虎通』의 今·古學派의 論爭을 중심으로」에서 논쟁의 논점을 분석했다. 김근은 『한자는 중국을 어떻게 지배했는가』, 서울: 민음사, 1999에서 금고문 논쟁을 권력 담론으로 분석하고 있다.

10) 『法言』 「寡見」 "今之學也, 非獨爲之華藻也, 又從而繡其鞶帨." 『한서』 「양웅전」 "揚雄少而好學, 不爲章句, 訓詁通而已, 博覽無所不見." 왕충王充도 양웅과 닮은꼴의 학문관을 보여주고 있다. 『후한서』 「왕충전」 "好博覽而不守章句, 遂博通衆流百家之言."

11) 훈고학이 한 제국 이후에 축소되는 현상과 관련해서 陳寒鳴, 「魏晉南北朝隋唐時期的注疏經學」, 『烏有之鄉』(http://www.wyzxsx.com 2009.08.20) 참조.

12) 안병걸은 경학에 대한 주석이 시대마다 특징을 달리한다고 주장한다. 「주석으로서의 학문과 비판으로서의 학문」, 『철학연구』 제47집, 1999년 겨울호, 83~94; 김근은 중국학 연구에서 세 가지 실세 중의 하나로 고증학을 열거하고 그것의 부당성을 공격하고 있다. 「중국학, 무엇을 위한 학문인가?」, 『中國語文學誌』 제7집, 2000, 15~34.

13) 전근대에 중국으로부터 사상을 수용하고 근대에 구미로부터 철학을 수용했지만 과연 우리가 사상과 철학에 기여할 만한 어떤 철학적 사유를 해냈는지 반성해볼 일이다. 논쟁이 없었던 것은 아니지만 정해 논쟁을 넘어서 철학의 패러다임을 바꿀 만한 것인지도 되짚어볼 일이다.

14) 학學의 다양한 주석과 관련해서 寥名春, 「『論語』「學而」章新探」, 國際版 『儒教文化研究』 제6집, 2006, 164~165 참조.

15) 『백호통의白虎通義』에서 학은 사람의 성정을 다스리고 개개인의 본분을 인지하도록 만든다. "故學以治性, 慮以變情. 故玉不琢不成器, 人不學不知義." 陳立, 『白虎通疏證』(上), 北京: 中華書局, 1994; 1997 2쇄, 254. 형병이 『논어소論語疏』에서 인용하고 있는 『백호통의』의 내용과 현재 통용본 『백호통의』의 내용에는 약간의 출입이 있다.

16) "人性皆善, 而覺有先後. 後覺者必效先覺之所爲, 乃可以明善而復其初也." 주희의 학學에 대한 설명은 『朱子文集』「答張敬夫」에서 한층 더 자세하게 논의되고 있다. 程樹德, 『論語集釋』 제1책, 北京: 中華書局, 1990; 1992 2쇄, 3.

17) 이완재, 『동양철학을 하는 방법』, 부산: 소강, 1997; 1999 2쇄, 63. 앞으로 이 책의 내용을 분석할 때 별도의 표시 없이 본문에서 쪽수만을 밝힌다.

18) 강영안·최진덕, 「수양으로서의 학문과 체계로서의 학문」, 『철학연구』 제47집, 1999년 겨울호, 36.

19) 조남호·신정근 옮김, 『反논어』, 서울: 예문서원, 1996, 389~397.

20) 이완재 식과 자오지빈 식의 연구는 대립적이다. 전자는 서양의 동일성에 포섭될 수 없는 동양의 차이성을 강조하면서 생존의 권리를 주장한다. 그렇지만 이 차이의 특권을 내세우는 것만큼 그것의 한계를 비판하는 데에는 게으르다. 후자는 역사 발전의 단계설에 정초해 있는 만큼 그 속성상 과거 전통의 총체성을 비판적으로 겨냥한다. 그렇지만 그 비판이 사상의 단절성을 밝히느라 연속성의 계기를 성찰하지 못한다. 전자는 공간의 지역성에, 후자는 시간의 지역성에 각각 초점을 두는 등 또 다른 차이가 있다.

21) 동아시아 학문의 사부 체제와 관련해서 신정근, 「『四庫全書』는 실제로 '全書'인가?—유가 중심성의 강화」, 『동양철학』 제35집, 2011 참조.

22) 서구의 학술 용어가 근대 동아시아의 공용어로 번역되어 소개되는 실례를 확인하려면 다음의 책을 보라. 柳父章, 서혜영 옮김, 『번역어 성립 사정』, 서울: 일빛, 2003; 石塚正英·柴田隆行, 『哲學·思想飜譯語 事典』, 東京: 論創社, 2003; 2004 2쇄.

23) 니시 아마네西周(1829~1897)는 philosophy를 '철학'으로 번역했다. 이와 관련해서 백종현, 『독일철학과 20세기 한국의 철학』, 철학과현실사, 1998 참조. 니시 아마네는 주자

학의 리理를 물리와 심리로 구분했다가 다시 생물학(해부학)을 통해 둘의 재결합을 시도했다. 우리는 시도의 성패를 떠나서 그의 시도를 통해서 전근대의 범주 개념이 근대의 사상으로 전환되는 과정을 엿볼 수 있다. 이와 관련해서 김성근, 「니시 아마네西周에 있어서 '리理' 관념의 전회와 그 인간학적 취약성」, 『대동문화연구』 73, 2011 참조.

24) 李澤厚, 김형종, 『중국현대사상사의 굴절』, 서울: 지식산업사, 1992; 1998 5쇄, 13~62.

25) 한국의 근대 철학에는 국가의 요청 또는 정권의 욕망에 반공反共 이념이라는 스펙트럼이 추가되었다. 한국은 좌우 이념 대결로 인해 전쟁을 겪었기 때문에 공산주의에 대한 증오는 상식과 토론의 문제 이전에 신앙과 확신의 대상이다. 근대 경험의 중층성은 봉건적 압제로부터 자유와 해방을 추구했던 서구의 근대와 다른 양상을 띠게 만들었다. 우리가 이 중층성을 단순히 서구적 근대를 기준으로 한 '왜곡'으로 간주하지 않고 굴절된 현실로 보고 성찰할 때, 건전한 미래 기획의 토대를 확보할 수 있을 것이다.

26) 차이나의 근현대사는 1910년대의 신문화운동新文化運動, 1960~70년대의 문화대혁명, 1980~90년대 문화열文化熱과 같이 '문화文化'를 통해(중심으로) 전개되었다. 이 '文化'는 culture의 역어로서 문화나 civilization의 역어로서 문명과 의미상으로 겹치기도 하고 비껴나기도 한다. 이와 관련해서는 좀 더 세밀한 연구가 필요하다.

27) 현대 신유학은 문화·철학·학술의 사조를 가리키는 복합적 용어이다. 문화 사조의 특성과 관련해서는 鄭家棟, 한국철학사상연구회 논전사분과 옮김, 『현대 신유학』, 서울: 예문서원, 1993, 35~68 참조.

28) 이와 관련해서 근대의 역사학과 민족주의의 유착 관계를 비판적으로 다룬 P. 두아라, 문명기 옮김, 『민족으로부터 역사 구출하기: 근대 중국의 새로운 해석』, 삼인, 2004 참조.

29) '유교'라는 명칭이 의의가 있다고 하더라도 나는 그것을 단일한 특성으로 환원되는 유일한 것이라기보다 시대적 조건마다 새롭게 구성되는 복수의 것으로 간주한다. 19세기에 만들어진 국학國學으로서 유교는 그 이전의 유교들과 구별되는 특성을 갖는다.

30) 錢穆, 『國學概論』, 北京: 商務印書館, 1997. 최근 러우위례樓宇烈는 북경대학이 개최한 강좌에서 '국학國學' 용어의 역사와 다양한 의미를 간략하게 설명하고 있다. 「當下

的國學只是文化産業」,『人民日報』 기사(http://www.people.com.cn/), 李健亞 기자 정리. 국학國學은 때로는 국수國粹·국고國故·중국학中國學·지나학支那學·한학漢學 등의 말로 쓰이기도 한다. 국학과 관련해서 자세한 논의는 劉兆祐·江弘毅 외, 『國學基礎文庫』『國學導讀』, 北京: 中國人民大學出版社, 2005 참조.

31) 『薝園國學散藁』는 제1편 조선고서해제, 제2편 국학인물론, 제3편 고사변정, 제4편 양명학연론, 제5편 비문·추념문, 제6편 산고 등으로 구성되어 있다. 이와 관련해서 남궁효, 「정인보의 '조선학' 이론에 관한 연구」, 『실학사상연구』 제8집, 1996; 이황직, 「위당 조선학의 개념과 의미에 관한 연구」, 『현상과 인식』 통권 112호, 2010 참조.

32) 국제뇌교육종합대학원대학교가 운영하는 국학원에서 국학을 정의하는 방식이다. "넓은 의미의 국학은 우리나라, 우리 민족과 관련된 총체적 학문을 말합니다. 그중에서도 국학은 우리 민족문화 전반에 면면히 이어져온 고유의 사상과 정신으로 다른 나라, 다른 민족과 구별되는 것을 말합니다. (…) 『천부경天符經』에서 말하는 '인중천지일人中天地一', 즉 '하늘과 땅과 사람이 하나라는 천지인 사상'은 국학의 결정체이며 핵심입니다."(http://www.kookhakwon.org/02mu/menu_02.php)

33) 한형조, 「왜 다시금 국학인가」, 『한겨레21』 1997.02.20, 제145호; 이에나가 사부로家永三郎, 이영 옮김, 『일본문화사』, 서울: 까치, 1999; 2002 4쇄, 230~238.

34) 인문학의 퇴조만큼 동아시아(동양) 철학도 현실에서도 화려한 각광을 받지 못한다. 우리는 이런 잃어버린 영광을 재현하는 것은 아니더라도 생명의 연장을 위해서 스스로 고유성과 정체성 면에서 국학에 의존하려는 전략적 사고의 유혹을 경계해야 한다.

35) 한대 이후부터 당대까지 학술 영역에서의 사상적 전개가 선진시대와 한나라 시대만큼 주도적이지 못했다. 사상의 개척보다 실현에 방점이 찍히면서 위진시대부터 문학과 회화 등 문예가 크게 일어나기 시작했다. 당 제국 하면 한유 등 몇몇 인물을 제외하고 이백과 두보같이 시인을 기억하지 사상가를 그렇게 많이 기억하지 못한다. 사장학은 당나라 문학의 시대라는 점을 상징적으로 나타낸다. 하지만 이는 유학을 중심으로 이 시기를 개관하는 것이다. 한 제국의 붕괴 이후로 불교가 사상계에 가세했고 도교는 국가도교의 지위를 누릴 정도로 제도적 기반을 다졌다. 이런 점에서 당을 도교의 시대로 부를 수 있다.

36)『國學槪論』, 39, 364-365.

37) 한국 철학사는 어떻게 서술될 수 있을까? 아마 가장 통속적인 내용은 원효의 화엄과 정토, 지눌의 선교일치, 조선전기의 성리학, 조선후기의 실학, 근대의 서구 문물의 수용 등으로 서술될 것이다.

38)『논어』의 서恕를 통해서도 공자가 씨족제 바깥에 서성이는 낯선 자의 대우 문제에 골몰하고 있었으며 개인 씨족에 대한 국가의 절대적 우위를 확립하려는 시도를 부정하고 있는 것을 우리는 알 수 있다. 이와 관련해서는 신정근,『논어의 숲, 공자의 그늘』, 서울: 심산, 2006 참조.

39) 신정근,『동중서: 중화주의의 개막』, 서울: 태학사, 2004 참조. 이후 주희朱熹나 왕수인王守仁 그리고 이지李贄 등도 자기 이전의 철학사와 연속되는 측면을 강조하지만 동시에 단절적 측면과 창조적 사유를 위해 고투했다. 우리는 도통론道統論에 따른 철학사 이해에 너무 사로잡힌 나머지 부친 살해와 같은 사상적 모험에 덜 주목한다. 이와 관련해서는 개략적으로나마 신정근,『논어의 숲, 공자의 그늘』, 68~76 참조.

40) 스콧 니어링, 김라합 옮김,『스콧 니어링 자서전』, 실천문학사, 2000; 헬렌 니어링·스콧 니어링, 류시화 옮김,『조화로운 삶』, 보리 2000. 밀란 쿤데라, 김병욱 옮김,『느림』, 민음사, 1995 참조.

41) 인용하지는 않았지만 논문을 구상하면서 도움을 받은 글이 있다. 김석수,「근대 이후의 합리성의 본질과 칸트 철학의 中庸的 意義」,『유교의 현대적 해석과 미래적 전망』, 서울: 청계, 2004, 99~186 참조.

42) 왕수인은 도덕적 창조성 문제를 양지로 풀어냈다. 왕수인만이 아니라 주희를 괴롭혔던 것이 도덕적 행위를 위한 객관적인 개별 지식의 습득 문제였다. 주희는 선험적인 도덕 능력 이외에 객관적인 지식의 확장을 위해 격물格物의 단계를 설정했다. 왕수인은 객관적인 지식을 진심眞心·성誠으로 흡수하고서 그것 자체의 별도의 지위를 인정하지 않았다.『傳習錄』中-139 "夫舜之不告而娶, 豈舜之前已有不告而娶者爲之準則, 故舜得以考之何典,問諸何人, 而爲此邪? 抑亦求諸其心一念之眞知, 權輕重之宜, 不得已而爲此邪? 武之不葬而興師, 豈武之前已有不葬而興師者爲之準則, 故武得以考之何典,問諸何人, 而爲此邪? 抑亦求諸其心一念之良知, 權輕重之宜,不得已而爲此邪? 使

舜之心而非誠,武之心而非誠於爲救民, 則其不告而娶與不葬而興師, 乃不孝·不忠之大者. 而後之人不務致其良知, 以精察義理於此心感應酬酢之間, 顧欲懸空討論此等變常之事, 執之以爲制事之本, 以求臨事之無失, 其亦遠矣. 其餘數端, 皆可類推, 則古人致知之學, 從可知矣."

출처

*각 장의 글은 원래 논문집에 실렸던 것을 대폭 수정·보완한 것이다.

1장 『철학과 현실』 통권78호, 철학문화연구소, 2008년 가을호.

2장 『철학논구』 제25집, 서울대학교 철학과, 1997.

3장 『철학논구』 제27집, 서울대학교 철학과, 1999.

4장 『대동문화연구』 제37집, 대동문화연구원, 2000.

5장 『동양철학』 제28집, 한국동양철학회, 2007.

6장 『동양철학연구』 제67집, 동양철학연구회, 2011.

7장 『동양철학연구』 제57집, 동양철학연구회, 2009.

8장 『유교사상연구』 제33집, 한국유교학회, 2008.

9장 『한중언어문화연구』 제6집, 한국현대중국연구회, 2004.

10장 『유교사상연구』 제32집, 한국유교학회, 2008.

11장 『동양철학연구』 제52집, 동양철학연구회, 2007.

12장 『유교문화연구』 제2집, 유교문화연구소, 2001.

13장 『대동문화연구』 제75집, 대동문화연구원, 2011.

14장 『대동문화연구』 제72집, 대동문화연구원, 2010.

15장 『동양철학연구』 제58집, 동양철학연구회, 2009.

16장 『동양철학』 제34집, 한국동양철학회, 2010.

17장 『동양철학연구』 제47집, 동양철학연구회, 2006.

1. 원전과 번역 원전

『시경』『서경』『좌전』『예기』『논어』『노자』『묵자』『맹자』『장자』『순자』『한비자』『대학』『중용』

『전국책』(『십삼경주소』『한문대계』, 『중화서국』본)

『여씨춘추』『사기』『한서』『후한서』『법언』『안씨가훈』(『중화서국』본)

『주희집』『전습록』『맹자자의소증』(『중화서국』본)

王引之, 『經義述聞 尙書下』, 『皇淸經解』(阮元 編刊, 王進祥 重編)본, 18책, 19113권, 漢京文化事業有限公司, 25.

金啓華, 『詩經全譯』, 南京: 江蘇古籍出版社, 1986.

服部宇之吉, 『毛詩』, 『漢文大系』본, 제12책, 東京: 富山房, 1969; 영인본, 서울: 民族社, 1982

屈萬里, 『尙書今註今譯』, 臺北: 商務印書館, 1969; 1986 11쇄.

顧寶田·洪澤湖 주역, 『尙書譯註』, 吉林文史出版社, 1995, 1996 2쇄.

星野恒, 『尙書』, 『漢文大系』 제12책, 東京: 富山房, 1972 증보판.

竹添進一郎, 『左氏會箋』, 『漢文大系』 제10책, 東京: 富山房, 1972 증보판.

楊伯峻, 『春秋左傳注』, 北京: 中華書局, 1981; 1983 2쇄.

劉寶楠, 高流水 點校, 『論語正義』, 北京: 中華書局, 1990; 1992 2쇄.

程樹德, 程俊英·蔣見元 點校, 『論語集釋』 제4책, 北京: 中華書局, 1990; 1992 2쇄.

安井衡, 『論語集說』, 『漢文大系』 제1책, 東京: 富山房, 1972 증보판.

高亨, 『商君書注譯』 北京: 中華書局, 1974.

陳奇猷, 『韓非子集釋』, 上海: 上海人民出版社, 1974.

郭沫若, 『管子集校』

姜濤, 『管子新注』, 濟南: 齊魯書社, 2006.

陳鼓應, 『管子四篇詮釋: 稷下道家代表作解析』, 北京: 商務印書館, 2006.

陳奇猷,『呂氏春秋校釋』 책4, 上海: 學林出版社, 1984.

董仲舒, 蘇輿,『春秋繁露義證』, 北京: 中華書局, 1992.

劉向,『新序』, 臺北: 商務印書館, 1968.

陳立, 吳則虞 點校,『白虎通德論』, 北京: 中華書局, 1994.

王充, 黃暉 撰,『論衡校釋』(전4책), 北京: 中華書局, 1996.

中村璋八·藤井反子,『五行大義全釋』(상권), 東京: 明治書院, 1986.

朱熹,『中庸章句』

劉勰, 龍必錕 역주,『文心雕龍全譯』, 貴州人民出版社, 1992; 1996 3쇄.

殷翔·郭全芝 注,『嵇康集注』, 合肥: 黃山書社, 1986.

주희, 여정덕 편,『주자어류』 제1책, 北京: 中華書局, 1983.

주희,『朱熹集』 제7책, 成都: 四川教育出版社, 1996.

李心傳,『道命錄』, 北京: 中華書局, 1985.

李 燾,『續資治通鑑長編』 제317책, 臺北: 商務印書館, 1983.

王廷相,『王廷相集』(전4권), 北京: 中華書局, 1989; 2009 2쇄.

정약용, 증보『與猶堂全書』 제2책, 서울: 경인문화사, 1987.

阮 元, 鄧經元 點校,『揅經室集』, 北京: 中華書局, 1993.

張之洞,『勸學篇』

吳虞,『吳虞文錄』

梁漱溟,『梁漱溟全集』, 濟南: 山東人民出版社, 1989.5~1993.6.

康有爲,『康有爲全集』(전12집), 中國人民大學出版社, 2007.

정인보,『薝園國學散藁』.

張品興 主編,『梁啓超全集』 제5책, 北京: 北京出版社, 1999.

紀昀 總纂,『四庫全書總目提要』(全4册), 河北人民出版社, 2000.

四庫全書研究所整理,『欽定四庫全書總目』(全2册), 中華書局, 1997.

中國軍事史編寫組 編,『武經七書注譯』,『孫子』 卷上, 北京: 解放軍出版社, 1986.

『唐宋八家文』 상,『한문대계』 제2책, 東京: 富山房, 1911; 1972 증보판.

『中國哲學史資料簡編 兩漢-隋唐部分』下册, 北京: 中華書局, 1990.

『淸實錄』 제7책, 北京: 中華書局, 1985.
李孝定, 『甲骨文字集釋』 제14권, 中央硏九院歷史語言硏究所傳刊 50, 臺北: 中央硏九院歷史語言硏究所, 1965.
郝懿行, 『爾雅正義』, 『釋詁』 하, 『皇淸經解』 16책.
許愼, 段玉裁 注, 『說文解字注』, 上海: 古籍出版社, 1988.
朱駿聲, 『說文通訓定聲』 상책, 臺北: 世界書局, 1985.
王筠, 『說文解字句讀』, 北京: 中華書局, 1988.
徐鍇, 『說文解字繫傳』, 北京: 中華書局, 1987.
湯可敬, 『說文解字今釋』 하책, 岳麓書社, 1997; 2000 3쇄.
劉熙, 『釋名』
『大漢和辭典』, 『漢語大詞典』

가의, 허부문 옮김, 『과진론·치안책』, 서울: 책세상, 2004.
김학주 옮김, 『서경』, 서울: 명문당, 개정증보판 2002.
동중서, 신정근 옮김, 『동중서의 춘추번로 춘추–역사 해석학』, 파주: 태학사, 2006.
반고 편, 신정근 옮김, 『백호통의』, 서울: 소명출판, 2005.
상앙, 김영식 옮김, 『상군서』, 서울: 홍익출판사, 2000.
왕충, 이주행 옮김, 『논형』 부분역, 서울: 소나무, 1996.
——, 성기옥 옮김, 『논형: 구허 삼증편』, 행길, 2001.
혜강, 한흥섭 옮김, 『성무애락론』, 서울: 책세상, 2002.
혜강, 한흥섭 옮김, 『혜강집』, 서울: 소명출판, 2006.
정약용, 이지형 옮김, 『역주 매씨서평』, 서울: 문학과지성사, 2002.
황견 엮음, 이장우·우재호·장세후 옮김, 『고문진보 전집』, 서울: 을유문화사, 2001; 2003 3쇄.

2. 한국어 자료

강정인·엄관용, 『군주론: 강한 국가를 위한 냉혹한 통치론』, 서울: 살림, 2005.

길희성, 『인도철학사』, 민음사, 1984.

김근, 『한자는 중국을 어떻게 지배했는가』, 서울: 민음사, 1999.

김승혜, 『원시유교: 논어·맹자·순자에 대한 해석학적 접근』, 서울: 민음사, 1994.

김용구, 『만국공법』, 소화, 2008.

김학목, 『율곡 이이의 노자』, 예문서원, 2001.

김학주, 『중국고대문학사』, 서울: 신아사, 2000.

김한규, 『요동사』, 서울: 문학과지성사, 2004.

김희정, 『몸·국가·우주 하나를 꿈꾸다』, 서울: 궁리, 2008.

민두기, 『중국근대개혁운동의 연구: 康有爲 중심의 1898년 개혁 운동』, 일조각, 1985.

박희병, 『운화와 근대』, 돌베개, 2003.

박찬구, 『개념과 주제로 본 우리들의 윤리학』, 파주: 서광사, 2006.

백종현, 『칸트 〈실천이성비판〉 논고』, 서울: 성천문화재단, 1995.

———, 『독일철학과 20세기 한국의 철학』, 철학과현실사, 1998.

손영식, 『이성과 현실』, 울산: UUP, 1999.

송영배, 『중국사회사상사』, 사회평론, 1998.

송영배·금장태 외, 『한국유학과 리기철학』, 예문서원, 2000.

신정근, 『동중서: 중화주의의 개막』, 파주: 태학사, 2004.

———, 『사람다움의 발견』, 서울: 이학사, 2005

———, 『논어의 숲, 공자의 그늘』, 서울: 심산, 2006.

신정근 옮김, 『동중서의 춘추번로: 춘추-역사 해석학』, 태학사, 2006.

———, 『유학, 우리 삶의 철학』, 동아시아, 2008.

———, 『중용: 극단의 시대를 넘어 균형의 시대로』, 사계절, 2010.

———, 『사람다움이란 무엇인가』, 파주: 글항아리, 2011.

양종국, 『송대 사대부 사회 연구』, 서울: 삼지원, 1996.

원승룡, 『문화이론과 문화철학』, 서광사, 2007.

육영수, 『책과 독서의 문화사: 활자 인간의 탄생과 근대의 재발견』, 책세상, 2010.

임옥균, 『왕충』, 서울: 성균관대학교 출판부, 2005.

이성규, 『중국고대제국성립사연구』, 일조각, 1997.

이승환, 『유가사상의 사회 철학적 논쟁』, 서울: 고려대학교 출판부, 1998.

이완재, 『동양철학을 하는 방법』, 부산: 소강, 1997; 1999 2쇄.

이용주, 『주희의 문화 이데올로기』, 서울: 이학사, 2003.

———, 『동아시아 근대사상론: '전통'의 해석과 창조』, 이학사, 2009.

이춘식, 『춘추전국시대의 법치사상과 세勢·술術』, 아카넷, 2002.

이혜경, 『천하관과 근대화론: 양계초를 중심으로』, 서울: 문학과지성사, 2002.

이희덕, 『고려시대 천문사상과 오행설연구』, 일조각, 2000.

전복희, 『사회진화론과 국가사상』, 한울아카데미, 1996.

정세근 외, 『위진현학』, 예문서원, 2001.

정용환, 『장재의 철학: 氣 해석과 성리학적 개념 체계』, 서울: 경인문화사, 2007.

조경란, 『중국 근현대 사상의 탐색: 캉유웨이에서 덩샤오핑까지』, 삼인, 2003.

천성림, 『근대중국 사상세계의 한 흐름: 사조·논쟁·인물』, 신서원, 2002.

한국음악지각인지학회, 『음악의 지각과 인지 I』 서울: 음악세계, 2005.

한흥섭, 「혜강의 성무애락론 연구」, 홍익대학교 박사학위논문, 1995.

홍승현, 『사대부와 중국 고대사회: 사대부의 등장과 정치적 각성에 대한 연구』, 혜안, 2008.

강영안·최진덕, 「수양으로서의 학문과 체계로서의 학문」, 『哲學硏究』 제47집, 1999년 겨울호.

강중기, 「梁漱溟의 현대신유학」, 서울대학교 철학박사논문, 2000.

강진석, 「북송유가의 체용론 연구」, 『중국연구』 28권, 2001.

곽신환, 「악에 대한 유가철학적 이해」, 한국정신문화연구원 철학·종교연구실, 『악이란 무엇인가』, 서울: 도서출판 창, 1992.

금장태, 「『중용』의 체제와 道의 기본 구조: 다산과 荻生徂徠의 『중용』 해석」, 『동아연구』

제40집, 2002.
김근, 「중국학, 무엇을 위한 학문인가?」, 『中國語文學誌』 제7집, 2000.
김병태, 「명말청초 '전례논쟁'의 선교사적 이해」, 『한국기독교와역사』 제28호, 2008.
김석수, 「근대 이후의 합리성의 본질과 칸트 철학의 中庸的 意義」, 『유교의 현대적 해석과 미래적 전망』, 서울: 청계, 2004.
김석우, 「한대 자연 재해 기사의 신뢰도 검토」, 『동북아 문화연구』 제10집, 2006.
김선자, 「서사문학 초기 형태로서의 신화: 고대 사시를 중심으로」, 『중국소설논총』 4, 1995.
김성근, 「니시 아마네西周에 있어서 '리理' 관념의 전회와 그 인간학적 취약성」, 『대동문화연구』 73, 2011.
김영건, 「맹자의 성선설은 타당한 논변인가」, 『오늘의 동양사상』, 2001년 봄 제4호, 예문동양사상연구원.
김영관, 「송초 교육개혁과 胡瑗의 교육사상」, 『중앙사론』 30집, 2009.
김춘남, 「양계초의 구가 사상」, 『동국사학』 제21집, 1987, 東國史學會.
김호, 「四庫全書와 存目에 收錄된 韓國人 著作과 그 文化意義」, 『중국문학연구』 제40집, 한국중문학회, 2010.
남궁효, 「정인보의 '조선학' 이론에 관한 연구」, 『실학사상연구』 제8집, 1996.
모영환, 「장재와 안원을 통해 본 유가 인성론의 전개에 관한 연구」, 성균관대 박사학위논문, 2010.
문병도, 「孔孟의 恕의 도덕 판단 방법론에 관한 소고」, 『동양철학』 제8집, 1997.
박낙규, 「고대 중국의 유가와 도가 樂論의 기본 관점」 상, 『낭만음악』 제4권 제2호(통권14호), 1992.
———, 「고대 중국의 유가와 도가 樂論의 기본 관점」 중, 『낭만음악』 제5권 제2호(통권18호), 1993.
———, 「육조시대 예술론의 특징 고찰」, 『미학』 제11집, 1986.
박성진, 「춘추와 좌전의 成書문제: 楊伯峻 『춘추좌전주』 前言을 중심으로」, 『중국어문논역총간』 제8집, 2001.

박소정, 「혜강과 완적의 음악론: 성무애락론과 악론을 중심으로」, 『도교문화연구』 제18집, 2003.

박영순, 「四庫全書總目 詩文評類 提要의 문학 비평적 특징」, 『중국어문학논집』 제32호, 2005.

박종현, 「希臘人들의 탐구정신의 전개과정」, 『哲學硏究』 5, 1970.

백지운, 「반면교사로서의 유럽: 량치차오梁啓超의 『구유심영록歐游心影錄』에 대한 일고찰」, 『중국현대문학』 제39호, 2006.12.

변인석, 「四庫全書의 朝鮮關係補遺」, 『대구사학』 제12·13집, 1977.

———, 「四庫全書의 수량적 고찰」, 『사총』 제30집, 고려대학교 역사연구소, 1986.

서근식, 「『중용』 16장 「귀신장」에 대한 비교 연구: 주자, 왕부지, 伊藤仁齋, 정약용을 중심으로」, 『유교문화연구』 제8집, 2004

송영배, 「고대중국 상앙학파의 법치주의: 그 진보성과 반동성」, 『철학과현실』, 통권2호, 1988.

신정근, 「漢代儒家의 國家秩序와 家族秩序의 문제에 대한 연구」, 1990.

———, 「구원자로서 哲人과 유비추의 聖人」, 『철학논구』 25집, 1997.

———, 「'책임적 행위자' 용어[自/己]의 기원」, 『철학논구』 27, 서울대 철학과, 1999.

———, 「춘추시대 공자의 '仁' 사상과 도덕적 행위자의 특성」, 『대동문화연구』 34, 성균관대 대동문화연구원, 1999.

———, 「고대 중국 '仁' 사상의 형성과 발전에 관한 연구」, 서울대 철학박사학위논문, 1999.

———, 「관계의 고착성과 탈바꿈의 자유 사이의 긴장」, 『철학연구』 제51집, 2000.

———, 「공자의 국가관: 가족주의인가, 인문주의인가?」, 한국중국학회, 제21차 중국학 국제학술 대회보.

———, 「유교 지식인의 '사회' 개선의 의의」, 『동양철학연구』 26집, 2001.

———, 「전국시대 '心' 주제화의 서곡」, 『유교사상연구』 제18집, 2003.

———, 「'의지'와 '앎' 문제의 대두」, 『동양철학연구』 제38집, 2004.

———, 「도덕원칙으로 恕 요청의 필연성」, 『동양철학』 제21집, 2004.

———, 「상앙 法사상의 내재적 특성」, 『동양철학』 제28집, 2007.

———, 「이야기철학의 변명」, 『철학과현실』 제80호, 2009.

———, 「량수밍梁漱溟 문화철학의 동선」, 『동양철학연구』 제58집, 2009.

———, 「사익 추구의 정당화: 원망의 대상에서 주체의 일원으로」, 『동양철학』 제32집, 2009.

———, 「『四庫全書』는 실제로 '全書'인가?-유가 중심성의 강화」, 『동양철학』 제35집, 2011.

신채식, 「송 이후의 황제권」, 동양사학회 편, 『동아사상의 왕권』, 서울: 도서출판 한울, 1993.

심경호, 「시라카와 시즈카의 문자학 세계」, 『한자한문연구』 창간호, 2005.

안병걸, 「주석으로서의 학문과 비판으로서의 학문」, 『철학연구』 제47집, 1999년 겨울호.

양일모, 「왕충의 자연 인식과 인간의 문제」, 서울대 석사학위논문, 1989.

———, 「번역의 사상사: 강유위와 엄복」, 『중국학보』 제40집, 1999.

———, 「중국 근대성 문제와 『천연론』」, 『중국학보』 제53집, 2006.

윤대식, 「상앙 변법의 정치적 함의」, 『동양정치사상사』 제3권 제1호, 2004.

이경규, 「중국고대사회의 '社'에 관한 일고찰」, 『경희사학』, 제16·17 합본호, 1991.

이경희, 「혜강과 한슬릭의 음악미학 비교 고찰」, 『한국음악사학보』 제29집, 2002.

이성규, 「중국 고대 황제권의 성격」, 동양사학회 편, 『동아사상의 왕권』, 서울: 도서출판 한울, 1993.

이연도, 「근대중국의 진화론과 역사관」, 『한국철학논집』 제20집, 2007.

이연승, 「董仲舒 연구사의 검토와 새로운 방향 모색」, 『대동문화연구』 제35집, 1999.

———, 「동중서: 음양의 조절론자」, 『대동문화연구』 제58집, 2007.

이연승, 「진한시대 봉선설에 대한 연구」, 『종교문화비평』, 2009.

이장희, 「순자 심성론에 관한 소고: 심의 자율성을 중심으로」, 『공자학』 제8집, 2001.

이재룡, 「전기 순수법가의 국가관: 상앙의 국가관을 중심으로」, 『법철학연구』, 제3권 제2호, 2000.

———, 「도덕과 제도, 국가권력의 분산과 집중의 연구: 상앙과 한비자의 因時制宜論」,

『법철학연구』, 제7권 제2호, 2004.
이제우, 「淸代四庫全書總目을 통해 본 '晩明小品'의 현상과 평가」, 『중국학연구』 제26집, 중국학연구회, 2003.
이황직, 「위당 조선학의 개념과 의미에 관한 연구」, 『현상과 인식』 통권 112호, 2010.
임옥균, 「주자와 일본 古學派의 『중용』 해석」, 『동양철학연구』 제63집, 2010.
전성우, 「서양 중세의 가족」, 『전통과 현대』 2000년 겨울호(통권 14호), 전통과 현대사.
정석원, 「四庫全書에 대하여」, 『인간과 경험동서남북』 제3집, 한양대학교 민족학연구소, 1991.
정원재, 「王廷相 철학에서 도덕규범 실천의 근거」, 『대동문화연구』 제51집, 2005.
정재상, 「자연적 情과 당위적 情: 순자의 성정론에 대한 소고」, 『동양철학』 제35집, 2011.
제해성, 「좌전의 저자와 저작 시기에 관한 검토」, 『중국어문학논집』 제64호, 2010.
조동원, 「주희의 사회개혁론」, 『역사와 인간의 대응』, 서울: 한울, 1985.
조성환, 「중국근대 민족주의의 이론 형성과 정치 전략」, 한국사회사연구회 편, 『중국·소련의 사회사상』, 서울: 문학과지성사, 1990.
조천수, 「상앙의 변법개혁과 법치사상」, 『법철학연구』, 제7권 제2호, 2004.
최승희, 「비효통의 사회사상」, 한국사회사연구회 편, 『중국·소련의 사회 사상』, 서울: 문학과지성사, 1990.
최홍식, 「梁漱溟의 문화철학에 관한 연구」, 성균관대학교 철학박사학위논문, 2002.
한예원, 「하심은의 이상사회론」, 『양명학』 제11호, 2004.
한형조, 「왜 다시금 국학인가」, 『한겨레 21』 1997.02.20, 제145호.
허벽, 「전국책에 나타난 인칭대명사연구: 특히 제일인칭을 중심으로」, 『동방학지』 40집, 1983.
———, 「四庫全書考」, 『동방학지』 53집, 연세대학교 국학연구원, 1986
———, 「『사기』와 『삼국사기』의 비교연구: 제1칭대사를 중심으로」, 『동방학지』 114집, 2001.
———, 「『삼국사기』의 제1, 제2인칭대사 연구」, 『동방학지』 133집, 2006.
홍승표, 「유교와 사회학의 새로운 지평」, 『유교문화연구』, 제1집, 유교문화연구소, 2000.

황준연, 「상앙의 세계관과 변법 사상」, 『범한철학』 제19집, 1999.

정인재, 「도덕성 회복을 위한 동양철학의 한 시론: 인륜의 현대적 해석을 중심으로」, 『철학윤리교육연구』, 제10권 제21호, 1994.

張淵, 「淺析儒家傳統現代轉化的家庭動力: 以三綱權威主義與五倫仁愛思想爲中心」, 『內蒙古農業大學學報社會科學版』, 제10권 총제42기, 2008년 제6기

丁 鼎, 「〈儀禮·喪服〉所蘊含的三綱五倫觀念」, 『管子學刊』, 2002년 제3기

馮天瑜, 「五倫說: 建構和諧社會應當汲納的歷史資源」, 『武漢大學學報人文科學版』 제61권 제2기, 2008.3.

3. 중국어 자료

甘陽, 『通三統』, 北京: 三聯書店, 2007.

葛榮晉, 『王廷相和明代氣學』, 北京: 中華書局, 1990.

葛兆光, 『中國思想史』, 上海: 復旦大學出版社, 2000.

管懷倫, 「漢武帝'罷黜百家, 獨尊儒術'確有其事」, 『南京社會科學』 총제64기, 1994.6.

顧頡剛, 『古史辨』 제1책, 47 「論今文尙書著作時代書」, 上海: 上海古籍出版社, 1982, 200~206.

郭沫若, 『甲骨文字研究』, 『郭沫若全集』(考古編) 제1권, 北京: 科學出版社, 1982.

淡江大學中國文學系 主編, 『兩岸四庫學』, 臺北: 學生書局, 1998.

段玉裁, 『說文解字注』, 上海: 上海古籍出版社, 1988.

杜正勝, 『編戶齊民: 傳統政治社會結構之形成』, 臺北: 聯經出版事業公司, 1990.

劉起釪, 『尙書學史』, 北京: 中華書局, 1989.

劉起釪, 『尙書源流及傳本』, 沈陽: 遼寧大學出版社, 1997.

劉兆祐·江弘毅 외 著, 《國學基礎文庫》『國學導讀』, 北京: 中國人民大學出版社, 2005.

劉澤華, 『先秦政治思想史』, 天津: 南開大學出版社, 1984.

李常慶, 『四庫全書出版研究』, 中州古籍出版社, 2008.

束景南, 『朱子大全』, 福建教育出版社, 1992.

司馬朝軍, 『四庫全書總目研究』, 社會科學文獻出版社, 2004.

司馬朝軍, 『四庫全書編纂考』, 武漢大學出版社, 2005.

司馬朝軍, 『四庫全書與中國文化』, 武漢大學出版社, 2010.

王力, 『中國語法理論』, 北京: 中華書局, 1957.

汪孟鄰 編, 『科學與人生觀之論戰』, 香港: 中文大學近代史料出版組, 1973.

王文亮, 『中國聖人論』, 北京: 中國社會科學出版社, 1993.

王曉毅, 『嵇康評傳: 漢魏風骨盡 竹林遺恨長』, 南寧: 廣西教育出版社, 1994; 1995 2쇄.

王興明, 『謀智·聖智·知智: 謨略與中國觀念文化形態』, 上海: 三聯書店, 1995.

汪暉, 『現代中國思想的興起』 하권 제2부, 北京: 三聯書店, 2004.

吳慧, 『井田制研究』, 北京: 農業出版社, 1985.

張立文, 『朱熹思想研究』, 北京: 中國社會科學出版社, 1981.

張傳峰, 『四庫全書總目學術思想研究』, 學林出版社, 2007.

周積明, 『文化視野下的四庫全書總目』, 中國青年出版社, 2001.

周法高, 『中國古代語法 稱代編』, 臺北: 中央研究院歷史語言研究所, 1959.

蔡仲德, 增訂版 『中國音樂美學史 資料註譯』, 人民音樂出版社, 2004.

蔡仲德, 修訂版 『中國音樂美學史』, 北京: 人民音樂出版社, 2003; 2005 2쇄.

陳夢家, 『尙書通論』, 北京: 中華書局, 2005, 2007 2쇄.

錢穆, 『國學概論』, 北京: 商務印書館, 1997.

陳曉華, 『四庫全書與十八世紀的中國知識分子』, 社會科學文獻出版社, 2009.

湯志鈞, 『康有爲與戊戌變法』, 北京: 中華書局, 1984.

湯志鈞, 『近代經學與政治』, 中華書局, 1989.

馮小虎, 『魏晉以前個體自我的演變』, 北京: 中國人民大學出版社, 2004.

傅修延, 『先秦敍事研究: 關于中國敍事傳統的形成』, 北京: 東方出版社, 1999.

Andrew H. Plaks(浦安迪), 『中國敍事學』, 北京: 北京大學出版社, 1996; 1998 2쇄.

胡樸安, 『中國訓詁學史』, 臺北: 臺灣商務印書館, 1939; 1988 11쇄.

侯外廬 외 저, 『中國思想通史』, 北京: 人民出版社, 1980.

郭沫若, 「沈子簋」, 『兩周金文辭大系圖錄考釋』 제2책, 北京: 科學出版社, 1958.

斜東星, 「所謂'漢武帝獨尊儒術罷黜百家'辨」, 2004.2, www.confucius2000.com

杜文才, 「錢大昕題跋與四庫全書總目提要」, 『貴圖學刊』, 1995年 第4期.

寥名春, 「論語 學而章新探」, 國際版 『儒敎文化硏究』 제6집, 2006.

李香平, 「重釋'余一人'」, 『考古與文物』, 2003年 1期, 83~84.

樓宇烈, 「當下的國學只是文化産業」, 『人民日報』 기사(http: //www.people.com.cn/)

樓宇烈, 「借古爲今乎? 戀古非今乎? 康有爲學術著作選編後」, 『書品』, 1989, 제2기.

許倬雲, 「春秋戰國間的社會變動」, 歷史語言硏究所集刊, 34책하, 臺北, 1963, 559~573.

馬永康, 「康有爲與'公理'」, 『中山大學學報』, 2009년 제3기 제49권총 219기.

馬永康, 「論語注解中的公羊學取向」, 『孔子硏究』, 2008년 제3기.

楊天宇, 「略論漢代今古文經學的鬪爭與融合」, 『鄭州大學學報哲學社會科學版』, 2001, 第2期.

R. T. Ames(安樂哲), 「孔子思想中'聖人'槪念淺釋」, 國立臺灣大學創校四十周年 國際中國哲學硏討會 論文集, 臺北, 1986, 245~273.

趙紀彬, 「略論先泰哲學思想的起源, 派別和成就」, 『困知錄』 상책, 北京: 中華書局, 1982 2쇄.

張榮明, 「『書』『詩』中'哲'義小考」, 『管子學刊』 2005年 第1期, 74~76, 105.

焦國成, 『中國古代人我關系論』, 北京: 人民大學出版社, 1991.

朱子彦, 「漢武帝'罷黜百家, 獨尊儒術'質疑」, 『上海大學學報』 제11권 제6기, 2004.11.

宗志武, 「評康有爲'三周大地'之行」, 『吉林工程技術師範學園學報』, 2004.11, v.20 n.11.

陳世華, 「梁啓超'善變'原因新論」, 『學術探索』, 2006, 제5기.

陳昭瑛, 「'情'槪念從孔孟到荀子的轉化」, 『儒家美學與經典詮釋』, 上海: 華東師範大學出版社, 2008.

陳靜, 「'罷黜百家'旨在'表彰六經'而非'獨尊儒術'」, 『洛陽師範學院學報』, 2004년 제4기.

陳寒鳴, 「魏晉南北朝隋唐時期的注疏經學」, 『烏有之鄕』(http://www.wyzxsx.com 2009.08.20)

胡厚宣, 「釋'余一人'」, 『歷史硏究』, 1957년 제1기, 75~78.

胡厚宜, 「中國奴隷社會最高統治者的稱號問題」, 『紀念顧頡剛學術論文集』 上, 巴蜀書社,

1990.

두웨이밍, 성균관대학교 학이회 옮김, 『유학 제3기 발전에 관한 전망』, 아세아문화사, 2008.

라오쓰광勞思光, 정인재 옮김, 『중국 철학사』(고대편), 서울: 탐구당, 1986.

라이신샤, 박정숙 옮김, 『중국의 고전목록학』, 한국학술정보, 2009.

량수밍, 강중기 옮김, 『동서문화와 철학』, 솔, 2005.

량치차오, 이기동·최일범 옮김, 『청대학술개론』, 여강출판사, 1987.

런지위任繼愈, 금장태·안유경 옮김, 『유교는 종교인가』(전2책), 지식과교양, 2011.

劉葉秋, 김장환 옮김, 『중국유서개설』, 학고방, 2005.

류택화, 장현근 옮김, 『중국정치사상사선진편』(상하), 동과서, 2002.

李學勤, 하영삼 옮김, 『古文學者 첫걸음』, 서울: 동문선, 1991.

李澤厚, 김형종, 『중국현대사상사의 굴절』, 서울: 지식산업사, 1992; 1998 5쇄.

———, 정병석 옮김, 『중국고대사상사론』, 파주: 한길사, 2005.

리쩌허우, 임춘성 옮김, 『중국근대사상사론』, 한길사, 2005.

———, 김형종 옮김, 『중국현대사상사론』, 파주: 한길사, 2005.

———, 황희경 옮김, 『역사본체론』, 서울: 들녘. 2004.

———, 노승현 옮김, 『학설』, 들녘(코기토), 2005.

쉬푸관徐復觀, 『중국예술정신』, 서울: 동문선, 1990; 2000 재판.

徐復觀, 고재욱·이철운·유성선 옮김, 『중국경학사의 기초』, 춘천: 강원대학교 출판부, 2007.

쑨원, 권오석 옮김, 『삼민주의』, 서울: 홍익출판사, 1995.

옌푸, 양일모·이종민·강중기 옮김, 『천연론』, 소명출판, 2008.

웨난, 심규호 외 옮김, 『천년의 학술 현안 1, 2』, 서울: 일빛, 2003.

余慶蓉·王晉卿, 남태우·송일기 역, 『중국목록학사상사』, 태일사, 2009.

趙紀彬, 신정근·조남호 옮김, 『반논어』, 서울: 예문서원, 1996.

蔣伯潛·蔣祖怡, 최석시·강정화 역주, 『유교경전과 경학』, 서울: 경인문화사, 2002.

張立文 주편, 김교빈 외 옮김, 『기의 철학』, 서울: 예문서원, 1992; 2004.
장징, 이용주 옮김, 『사랑의 중국 문명사: 잡종문화 중국 읽기』, 서울: 이학사, 2004.
張法, 유승하 외 옮김, 『동양과 서양 그리고 미학』, 서울: 푸른숲, 2001 6쇄.
鄭家棟, 한국철학사상연구회 논전사분과 옮김, 『현대신유학』, 서울: 예문서원, 1993.
짜오젠민, 곽복선 옮김, 『죽림칠현, 빼어난 속물들』, 푸른역사, 2007.
캉유웨이, 이성애 옮김, 『대동서』, 민음사, 1991(을유문화사, 2006)
페이샤오퉁費孝通, 이경규 옮김, 『중국 사회의 기본 구조』, 서울: 일조각, 1995; 1997 중판.
皮錫瑞, 이홍진 옮김, 『중국경학사』, 서울: 동화출판공사, 1984.
陳靜, 김효민 옮김, 『중국과거문화사』, 동아시아, 2003.
何耿鏞, 장영백 외 역해, 『경학개설』, 서울: 청아출판사, 1992; 1999 개정판 1쇄.

4. 일본어 자료

加藤常賢, 『漢字の起原』, 東京: 角川書店, 1971.
鎌田正, 『左傳の成立と其の展開』, 東京: 大修館書店, 1963.
守屋美都雄, 『中國古代の家族と國家』, 京都: 東洋史研究會, 1968.
佐川修, 『春秋學論考』, 東京: 東方書店, 1983.
白川靜, 『字統』, 東京: 平凡社, 1984.
尾形勇, 『中國古代の'家'と國家: 皇帝支配下の秩序構造』, 東京: 岩波書店, 1979.
小倉芳彦, 『中國古代政治思想研究: 『左傳』研究ノート』, 東京: 青木書店, 1970.
福井重雅, 『漢代儒教の史的研究-儒教の官學化をめぐる定說の再檢討』, 汲古書院, 2005.
石塚正英·柴田隆行, 『哲學·思想飜譯語 事典』, 東京: 論創社, 2003; 2004 2쇄.
語言研究會 編, 『漢字起原の研究』, 東京: 駿南社, 1934.

宮崎市定, 「宋代の士風」, 『アジア史研究』 제4책, 京都: 同朋舍, 1957; 1975 2쇄.
金谷治, 「荀子文獻學的研究」, 『日本學士院紀要』 9-1, 1951.

金谷治, 「心の中の心:中國古代心理說の展開」, 『金谷治中國思想論集上卷: 中國古代の自然觀と人間觀』, 平河出版社, 1997.
藤堂明保, 「ふにつを意味するコトバ」, 『日本中國學會報』 19, 1967.

가라타니 고진, 송태욱 옮김, 『윤리21』, 서울: 사회평론, 2001.
가지 노부유키, 김태준 옮김, 『유교란 무엇인가』, 서울: 지영사, 1996.
나카스나 아키노리, 강길중·김지영·장원철 옮김, 『우아함의 탄생』, 민음사, 2009.
도나미 마모루, 임대희·허부문 옮김, 『풍도의 길』, 소나무, 2003.
마루야마 마사오·가토 슈이치, 임성모 옮김, 『번역과 일본의 근대』, 서울: 이산, 2000.
미우라 구니오, 김영식·이승연 옮김, 『인간 주자』, 서울: 창작과비평사, 1996.
미조구치 유조, 김용천 옮김, 『중국 전근대 사상의 굴절과 전개』, 서울: 동과서, 1999.
시라카와 시즈카·우메하라 다케시, 이경덕 옮김, 『주술의 사상』, 파주: 사계절, 2008.
야나부 아키라, 서혜영 옮김, 『번역어 성립 사정』, 서울: 일빛, 2003.
오노자와 세이이치 외, 전경진 옮김, 『기의 사상: 중국에 있어서의 자연관과 인간관의 전개』, 이리: 원광대출판부, 1987.
와타나베 요시히로, 김용천 옮김, 『후한 유교국가의 성립』, 동과서, 2011.
이에나가 사부로, 이영 옮김, 『일본문화사』, 서울: 까치, 1999; 2002 4쇄.
도가와 요기오 외, 조성을·이동철 옮김, 『유교사』, 이론과실천, 1990; 1994 2쇄.
히라타 기요아키 엮음, 장하진 옮김, 『사회사상사: 비판적 사회 인식의 발생사』, 서울: 한울, 1982; 1984 재판.

5. 영어 자료

Ronald G. Dimberg, *The Sage and Society: The Life and Thought of Ho Hsin-Yin*, Hawaii: The University Press of Hawaii, 1974.
B. Russell, *The Problem of China*, New York: The Century Co., 1922.
Shun Kwong-loi, *Mencius and Early Chinese Thought*, California: Stanford University Press,

1997.
Xu Zhuoyun, *Ancient China in Transition-An Analysis of Social Mobility, 722-222 B. C.*, Stanford: Stanford University Press, 1965, 141~174.
P. J. Ivanhoe, *Confucian Moral Self Cultivation*, New York: Peter Lang Publishing, 1993.
Alitto Guy, *The Last Confucian: Liang Shu-ming and the Chinese Dilemma of Modernity*, Berkeley: University of California Press, 1979.

Kim Myeong-Seok, "An Inquiry into the Development of the Ethical Theory of Emotion in the Analects and the Mencius", Asian Languages and Cultures Uni. of Michigan PhD Dissertation, 2008.
Wm T. de Bary, "Individualism and Humanitarianism in Late Ming Thought," Wm. T. de Bary ed., Self and Society in Ming Society, New York & London: Columbia UP, 1970
Ronald C. Egan, "Narrative in Tso Chuan", *Harvard Journal of Asiatic Studies*, v.37 n.2, 1977.
R. T Ames, "The Meaning of Body in Classical Chinese Philosophy," T. P. Kasulis ed, *Self as Body in Asian Theory and Practice*, Albany: SUNY, 1993.
John C. Y. Wang, "Early Chinese Narrative: The Tso-Chuan as Example", Andrew H. Plaks ed., *Chinese Narrative: Critical and Theoretical Essays*, Princeton, New Jersey: Princeton University Press, 1977.
A. Y. C. King, "The individual and Group in Confucianism: A Relational Perspective," D. J. Munro ed, *Individualism and Holism*, Ann Arbor: Center for Chinese Studies The University of Michigan, 1985.
W. Kubin, "On the Problem of the Self in Confucianism," S. Krieger & R. Trauzettel ed., *Confucianism and the Modernization of China*, Mainz: Hase & Koehler Verlag, 1991.
H. Fingarette, "The Problem of the Self in the Analects," *PEW*, v.29, n.2, 1979.
H. Fingarette, "How the Analects Portrays the Ideal of Efficacious Authority", *Journal of Chinese Philosophy*, vol.8, Honolulu, 1981, 29~50.

J. K. 갈브레이드, 박현채 옮김, 『권력의 해부』, 서울: 한벗, 1984.
라인홀드 니버, 이한우 옮김, 『도덕적 인간과 비도덕적 사회』, 서울: 문예출판사, 2004.
니스벳, 최인철 옮김, 『생각의 지도: 동양과 서양, 세상을 바라보는 서로 다른 시선』, 파주: 김영사, 2008 6쇄.
스콧 니어링, 김라합 옮김, 『스콧 니어링 자서전』, 실천문학사, 2000.
헬렌 니어링·스콧 니어링, 류시화 옮김, 『조화로운 삶』, 보리, 2000.
P. 두아라, 문명기 옮김, 『민족으로부터 역사 구출하기: 근대 중국의 새로운 해석』, 삼인, 2004.
G. Ryle, 이한우 옮김, 『마음의 개념』, 서울: 文藝出版社, 1994.
러셀, 이순희 옮김, 『러셀, 북경에 가다』, 천지인, 2009.
로이드 이스트만, 이승휘 옮김, 『중국사회의 지속과 변화: 중국 사회경제사 1550~1949』, 서울: 돌베개, 1999.
바이탈 루빈, 임철규 옮김, 『중국에서의 개인과 국가』, 서울: 현실과인식사, 1980.
니콜로 마키아벨리, 강정인·문지영 옮김, 개역판 『군주론』, 서울: 까치, 2003; 2005 7쇄.
C. B. 맥퍼슨, 이유동 옮김, 『소유적 개인주의의 정치 이론』, 서울: 인간사랑, 1991.
에티엔느 드 라 보에티, 박설호 엮고 옮김, 『자발적 복종원제: Discours de la Servitude Volontaire』, 서울: 울력, 2004; 2006 2쇄.
아리스토텔레스, 김재홍·강상진·이창우, 『니코마코스 윤리학』, 이제이북스, 2006.
아리스토텔레스, 최명관 옮김, 『니코마코스 윤리학』, 서울: 서광사, 1984.
아리스토텔레스, 천병희 옮김, 『시학』, 서울: 문예출판사, 1976; 1997 개역판 11쇄.
아이반호, 신정근 옮김, 『유교, 우리 삶의 철학』, 서울: 동아시아, 2008.
Lin Yü-sheng, 이병주 옮김, 『중국의식의 위기: 5·4기 급진적 반전통주의』, 서울: 대광문화사, 1999.
제임스 류, 이범학 옮김, 『왕안석과 개혁 정책』, 서울: 지식산업사, 1991.
제프 자비스, 이진원 옮김, 『구글노믹스』, 21세기북스, 2010.
I. 칸트, 李錫潤 옮김, 『판단력 비판』, 서울: 博英社, 1974; 1984 중판.
켄트 가이, 양휘웅 옮김, 『사고전서』, 생각의나무, 2009.

밀란 쿤데라, 김병욱 옮김, 『느림』, 민음사, 1995.

윌리엄 K. 프랑케나, 황경식 옮김, 『윤리학』, 종로서적, 1987.

핑가레트, 송영배 옮김, 『공자의 철학: 서양에서 바라본 예에 대한 새로운 이해』, 서광사, 1991.

찰즈 허커, 박지훈·박은화·이명화 공역, 『중국 문화사』, 서울: 한길사, 1985.

Terence Hawkes(1970), 沈明鎬 옮김, 『은유』, 서울대학교 출판부 개정판1쇄, 1986.

찾아보기

:ㄱ

:ㄴ

:ㄷ

:ㄹ

:ㅁ

:ㅂ

:ㅅ

:ㅇ

:ㅍ

:ㅎ

철학사의 전환
© 신정근 2012

1판 1쇄 | 2012년 1월 30일
1판 3쇄 | 2016년 3월 25일

지은이 | 신정근
펴낸이 | 강성민
편집장 | 이은혜
편 집 | 박세중 이두루 박은아 곽우정 차소영
마케팅 | 정민호 이연실 정현민 김도윤 양서연
홍 보 | 김희숙 김상만 이천희
독자 모니터링 | 황치영

펴낸곳 | (주)글항아리 출판등록 | 2009년 1월 19일 제406-2009-000002호

주소 | 10881 경기도 파주시 회동길 210
전자우편 | bookpot@hanmail.net
전화번호 | 031-955-8891(마케팅) | 031-955-8898(편집부)
팩스 | 031-955-2557

ISBN 978-89-93905-86-1 93150

· 글항아리는 (주)문학동네의 계열사입니다.

· 이 도서의 국립중앙도서관 출판시도서목록(CIP)은 e-CIP홈페이지(http://www.nl.go.kr/ecip)와 국가자료공동목록시스템(http://www.nl.go.kr/kolisnet)에서 이용하실 수 있습니다.
(CIP제어번호: CIP2012000089)